DIREITO DAS OBRIGAÇÕES

(PARTE ESPECIAL)

CONTRATOS

COMPRA E VENDA
LOCAÇÃO
EMPREITADA

PEDRO ROMANO MARTINEZ
Professor Catedrático da Faculdade de Direito de Lisboa

DIREITO DAS OBRIGAÇÕES

(PARTE ESPECIAL)

CONTRATOS

COMPRA E VENDA
LOCAÇÃO
EMPREITADA

2.ª EDIÇÃO

(7.ª Reimpressão da edição de Maio/2001)

DIREITO DAS OBRIGAÇÕES (PARTE ESPECIAL)

AUTOR
PEDRO ROMANO MARTINEZ

EDITOR
EDIÇÕES ALMEDINA, S.A.
Rua Fernandes Tomás, n°s 76 a 80
3000-167 Coimbra
Tel.: 239 851 904 · Fax: 239 851 901
www.almedina.net · editora@almedina.net

PRÉ-IMPRESSÃO
G.C. – GRÁFICA DE COIMBRA, LDA.

IMPRESSÃO E ACABAMENTO
PAPELMUNDE

Setembro, 2018

DEPÓSITO LEGAL
165579/01

Os dados e as opiniões inseridos na presente publicação
são da exclusiva responsabilidade do(s) seu(s) autor(es).

Toda a reprodução desta obra, por fotocópia ou outro qualquer
processo, sem prévia autorização escrita do Editor, é ilícita
e passível de procedimento judicial contra o infractor.

 GRUPOALMEDINA

Biblioteca Nacional de Portugal – Catalogação na Publicação
MARTINEZ, Pedro Romano
Direito das obrigações: parte especial: contratos: compra e
venda locação empreitada. – 2ª ed. – (Manuais universitários)
ISBN 978-972-40-1547-7
CDU   347
         378

Nota introdutória

No Curso de Direito é frequentemente descurado o estudo da parte especial do Direito das Obrigações.

Na Faculdade de Direito de Lisboa, na disciplina de Direito Privado, cujo conteúdo é variável, já foram leccionados contratos, em particular o arrendamento, mas, ultimamente, têm sido ministradas outras matérias. Tendo em conta esta lacuna no plano de curso, nos últimos anos, na cadeira de Direito das Obrigações, sob a regência do Prof. Doutor Menezes Cordeiro, por vezes, são leccionados alguns contratos; nesta sequência, neste ano lectivo (1999/2000), em que fui incumbido da regência de Direito das Obrigações, optei por incluir no programa da disciplina os contratos de compra e venda, de locação e de empreitada, constantes destas lições.

Na Faculdade de Direito da Universidade Católica, em Lisboa, a disciplina de Contratos em Especial, de cuja regência fui incumbido, não constava do elenco do curso, tendo nele sido incluída, como cadeira optativa do 5° ano, no ano lectivo de 1994/95. A disciplina de Contratos em Especial foi, por duas vezes, leccionada na Universidade Católica, na antiga Faculdade de Ciências Humanas, nos anos lectivos de 1978/79 e de 1983/84, tendo, na primeira das vezes, a regência sido atribuída ao Senhor Prof. Doutor Inocêncio Galvão Telles e, na segunda, ao Senhor Dr. Alexandre de Sousa Machado. No programa da disciplina, que agora se designa por Contratos Civis, incluem-se os três contratos que se estudam nestas lições.

Crê-se que esta cadeira tem um papel relevante na formação de alunos de direito, em particular daqueles que optaram por seguir os seus estudos numa área de Direito Privado.

Sendo a matéria de contratos ministrada nas últimas aulas de uma cadeira anual com um programa extenso (Direito das Obrigações) — Faculdade de Direito de Lisboa — ou numa cadeira designada semestral, que corresponde a pouco mais de um trimestre de aulas — Faculdade de Direito da Universidade Católica —, havia que tomar uma opção: desenvolver a matéria respeitante a um contrato em especial ou estudar de forma relativamente sintética as várias figuras contratuais consideradas paradigmáticas. Optou-se pela segunda via. Deste modo, partindo-se do pressuposto de que os contratos de compra e venda, de locação e de empreitada correspondem às situações paradigmáticas, respectivamente da alienação de bens, da atribuição do gozo sobre coisas e da prestação de serviços, foram estas as três figuras contratuais escolhidas.

Nos pontos respeitantes a cada um dos três contratos paradigmáticos indica-se a legislação principal, bem como a bibliografia geral. A propósito da bibliografia, importa esclarecer que o estudo dos contratos não pode ficar circunscrito a estes apontamentos, em razão do carácter incompleto dos mesmos, carecendo sempre de ser preenchido por algumas das obras indicadas.

Os contratos que constam destas lições foram anteriormente publicados separadamente: a compra e venda e a locação incluída num volume intitulado *Contratos em Especial*, 2ª ed., Lisboa, 1996, e a empreitada na obra intitulada *Contrato de Empreitada*, Coimbra, 1994, ambos esgotados há algum tempo. Nesta reformulação considerou-se oportuno introduzir certas modificações estruturais, várias correcções (formais e substanciais), preencher algumas lacunas, com esclarecimentos complementares e, especialmente, fazer referência às alterações legislativas mais recentes.

Um trabalho de investigação, como este, é, essencialmente, individual, mas não pode deixar de se reconhecer o contributo resultante do diálogo mantido com os meus alunos e, em particular, a prestigiosa colaboração da minha mulher, não só pelas sugestões feitas, como também pelo estímulo para a execução desta *empreitada* e compreensão pelas horas dedicadas a este trabalho.

Espera-se, num próximo ano lectivo, continuar a desenvolver estas lições.

Porto, Março de 2000

Nota à 2ª edição

Decorrido menos de um ano sobre a data em que foi publicada a 1ª edição, justificava-se proceder somente à actualização legislativa no domínio compra e venda quanto a contratos celebrados fora dos estabelecimentos comerciais e da locação, em particular no arrendamento; contudo, aproveitou-se o ensejo para introduzir uma diferente sistematização nalguns pontos, com novos números e alíneas, e actualizar as referências de jurisprudência.

Porto, Março de 2001

Lista das Principais Abreviaturas

ABGB   – Allgemeines Bürgerliches Gesetzbuch (Código Civil Austríaco)
Ac.   – Acórdão
ADC   – Anuario de Derecho Civil;
ADSTA   – Acórdãos Doutrinários do Supremo Tribunal Administrativo;
anot.   – anotação
art.(s)   – artigo(s)
BFD   – Boletim da Faculdade de Direito da Universidade de Coimbra;
BGB   – Bürgerliches Gesetzbuch (Código Civil Alemão)
BGH   – Bundesgerichtshof (Supremo Tribunal Alemão);
BMJ   – Boletim do Ministério da Justiça
CC   – Código Civil
CC 1867   – Código Civil de 1867;
CCBr.   – Código Civil Brasileiro
CCEsp.   – Código Civil Espanhol
CCFr.   – Código Civil Francês
CCIt.   – Código Civil Italiano
CCom.   – Código Comercial
CCom 1833 – Código de Comércio de 1833;
Cfr.   – Confira
C H   – Código de Hamurábi;
cit.   – citada
CJ   – Colectânea de Jurisprudência
CJ (STJ)   – Colectânea de Jurisprudência. Acórdãos do Supremo Tribunal de Justiça;
CO   – Código das Obrigações (Suíça);
Coment.   – Comentário,
CPC   – Código de Processo Civil
CssFr.   – Cour de Cassation (Supremo Tribunal Francês);
CssIt.   – Corte di Cassazione (Supremo Tribunal Italiano);
D.   – Digesto;
Dir.   – O Direito;
ed.   – edição
ex.   – exemplo;
FS   – Festschrift;

Gaz. Pal.	– Gazette du Palais;
JCP	– Juris-Classeur Périodique;
LCCG	– Lei das Cláusulas Contratuais Gerais (Decreto-Lei n.º 446/85, de 25 de Outubro);
Liv.	– Livro;
loc.	– local (ou locais);
n. (nn.)	– nota(s) de ropapé;
NJW	– Neue Juristische Wochenschrift;
n.º(s)	– número(s)
ob.	– obra
Ord. Af.	– Ordenações Afonsinas;
Ord. Man.	– Ordenações Manuelinas;
Ord. Fil.	– Ordenações Filipinas;
p. (pp.)	– página(s)
p. ex.	– por exemplo;
RAF	– Regime do Arrendamento Florestal
RAR	– Regime do Arrendamento Rural
RAU	– Regime do Arrendamento Urbano
RDE	– Revista de Direito e Economia
RDES	– Revista de Direito e de Estudos Sociais
Rel. Cb.	– Tribunal da Relação de Coimbra
Rel. Év.	– Tribunal da Relação de Évora
Rel. Lx.	– Tribunal da Relação de Lisboa
Rel. Pt.	– Tribunal da Relação do Porto
REOP	– Regime das Empreitadas de Obras Públicas, aprovado pelo Decreto-Lei n.º 59/99, de 2 de Março;
RFDUL	– Revista da Faculdade de Direito da Universidade de Lisboa
RGEU	– Regime Geral das Edificações Urbanas
RLJ	– Revista de Legislação e de Jurisprudência
ROA	– Revista da Ordem dos Advogados
RTDC	– Revue Trimestrielle de Droit Civil;
s. (ss.)	– seguinte(s)
STJ	– Supremo Tribunal de Justiça
T.	– Tomo
TJ	– Tribuna da Justiça;
ult.	– último(a)
v.	– *versus*
Vd.	– *Vide;*
VOB-B	– Verdingungsordnung für Bauleistung (Ordenação Alemã das Cláusulas do Contrato de Construção), Parte B;
Vol.	– Volume

Plano

I. Compra e venda

Noção e efeitos essenciais
Modalidades típicas de compra e venda
Particularidades no regime do não cumprimento

II. Locação

Conceito e aspectos preliminares
Modalidades de locação
Efeitos essenciais
Vicissitudes da relação contratual
Cessação do contrato
Arrendamento

III. Empreitada

Introdução
Evolução legislativa
Conceito
Subempreitada
Formação e execução do contrato
Extinção do contrato
Responsabilidade do empreiteiro

I

COMPRA E VENDA

Plano

I. Noção e efeitos essenciais

§ 1. Noção legal; aspectos complementares
§ 2. Classificação do contrato

1. Contrato típico
2. Contrato oneroso
3. Contrato sinalagmático
4. Contrato obrigacional e real
5. Contrato de execução instantânea; excepções

§ 3. Forma
§ 4. Efeitos reais

1. Ideia geral
2. Excepções
3. Cláusula de reserva de propriedade
   a) Noção
   b) Eficácia
   c) Risco

§ 5. Efeitos obrigacionais

1. Regras gerais
2. Entrega da coisa
3. Pagamento do preço
   a) Aspectos gerais; determinação
   b) Cumprimento
   c) Particularidades
   d) Despesas do contrato

II. Modalidades típicas de compra e venda

§ 1. Questão prévia
§ 2. Venda a filhos ou netos

§ 3. Venda de bens futuros, frutos pendentes e partes componentes ou integrantes

   1. Aspectos gerais
   2. Venda de bens futuros
   3. Venda de frutos pendentes
   4. Venda de partes componentes ou integrantes

§ 4. Venda de bens de existência ou titularidade incerta
§ 5. Venda de coisas sujeitas a contagem, pesagem ou medição

   1. Caracterização
   2. Venda de coisas *ad mensuram* e *ad corpus*
   3. Correcção
   4. Resolução
   5. Prazo

§ 6. Venda a contento
§ 7. Venda sujeita a prova
§ 8. Venda a retro
§ 9. Venda a prestações

   1. Noção
   2. Regime
   3. Imperatividade
   4. Cláusula penal
   5. Aplicação do regime a outros contratos

§ 10. Venda-locação
§ 11. Venda sobre documentos
§ 12. Venda de coisa em viagem
§ 13. Compra e venda comercial
§ 14. Venda celebrada fora do estabelecimento comercial

   1. Razão de ser
   2. Venda a distância
   3. Venda ao domicílio
   4. Venda automática
   5. Venda esporádica
   6. Vendas em cadeia e forçadas

III. Particularidades no regime do não cumprimento

§ 1. Princípios gerais da responsabilidade contratual; a presunção de culpa

§ 2. Venda de bens alheios

1. Noção
2. Regime
   a) Nulidade
   b) Convalidação do contrato
3. Imperatividade
4. Venda comercial de coisa alheia

§ 3. Venda de coisa ou direito litigioso

§ 4. Venda de bens onerados

1. Noção de bem onerado
2. Consequências
   a) «Anulabilidade»
   b) «Convalescença» do contrato
   c) Redução do preço
   d) Indemnização

§ 5. Venda de coisas defeituosas

1. Noção de defeito
   a) Qualidade normal e acordada
   b) Valor e utilidade da coisa
2. Defeito oculto e defeito aparente
3. Coisa defeituosa e cumprimento defeituoso
4. Consequências
   a) Resolução
   b) Reparação do defeito ou substituição da coisa
   c) Redução do preço
   d) Indemnização
   e) Relação entre os diversos meios jurídicos
   f) Garantia
5. Exercício dos direitos; prazos
6. Regimes especiais
   a) Animais
   b) Responsabilidade do produtor
   c) Defesa do consumidor

Principal legislação:

Código Civil (arts. 874° ss.)
Código Comercial (arts. 463° ss.)
Decreto-Lei n.° 143/2001, de 26 de Abril

I. NOÇÃO E EFEITOS ESSENCIAIS

§ 1. Noção legal; aspectos complementares

I. A importância económica do contrato de compra e venda é incontestável[1]. A transacção de bens tem tido, em todas as sociedades, mesmo nas mais rudimentares, um papel primordial.

Daí que a compra e venda, para além da relevância interna, apresenta uma importância considerável a nível internacional, tendo, na sequência dos trabalhos do Instituto Internacional para a Unificação do Direito Privado, iniciados em 1930, e da Convenção da Haia de 1964, sido aprovada em Viena, a 11 de Abril de 1980, a Convenção das Nações Unidas sobre os Contratos de Compra e Venda Internacional de Mercadorias[2].

II. A compra e venda corresponde ao negócio jurídico paradigmático de entre os contratos onerosos, em especial de alienação de bens (art. 939° CC). Por exemplo, dação em cumprimento (art. 838° CC)[3]

---

[1] MALAURIE/AYNÈS, *Droit Civil. Les Contrats Spéciaux*, 6ª ed., Paris, 1992, p. 51, afirmam tratar-se do mais usual dos contratos e dividem a obra indicada em duas partes: Primeira parte, a compra e venda (pp. 51 ss.); Segunda parte, os outros contratos (pp. 271 ss.).

[2] Sobre esta questão, cfr. BENTO SOARES/MOURA RAMOS, *Contratos Internacionais. Compra e Venda. Cláusulas Penais. Arbitragem*, Coimbra, 1985; HONNOLD, *Uniform Law for International Sales*, 2ª ed., Deventon, Boston, 1991; CAEMMERER/SCHLECHTRIEM *Kommentar zum Einheitlichen UN-Kaufrecht* (Org. por Peter SCHLECHTRIEM), Munique, 1990; DÍEZ PICAZO Y PONCE DE LÉON (Org.), *La Compraventa Internacional de Mercaderias. Comentario de la Convención de Viena*, Madrid, 1998; RABEL, *Das Recht des Warenkaufs. Eine rechtsvergleichende Darstellung*, Vol. II, Tubinga, 1958. Sobre a regulação jurídica da compra e venda internacional, veja-se também LIMA PINHEIRO, «Venda Marítima Internacional: Alguns Aspectos Fundamentais da sua Regulação Jurídica» Boletim da Faculdade de Direito de Bissau, n.° 5, 1998, pp. 173 ss. e, num plano muito específico, FERRER CORREIA, *A Venda Internacional de Objectos de Arte e a Protecção do Património Cultural*, Coimbra, 1994.

[3] Quanto à aplicação das regras da compra e venda à dação em cumprimento, cfr. Ac. STJ de 7/1/1993, CJ (STJ), I (1993), T. I, p. 10.

20   *Direito das Obrigações*

e troca ou escambo[1] — contrato atípico no actual Código Civil, mas regulado no Código Civil de 1867 (art. 1592°) e a que ainda se alude no art. 480° CCom. —, bem como outras transmissões, por exemplo a cessão de créditos (arts. 577° ss. CC), o trespasse (art. 115° RAU), o trespasse de usufruto (art. 1444° CC), além de novas figuras contratuais (p. ex., *leasing* e *factoring*). Os designados contratos de futuros (art. 253° Código dos Valores Mobiliários) poderão igualmente consubstanciar uma compra e venda a termo inicial ou de coisa futura, com a particularidade de ser negociada em bolsa (art. 252° Código dos Valores Mobiliários)[2].

A compra e venda pode inclusive ser usada com finalidades distintas daquelas que usualmente explicam este contrato sem que daí decorra qualquer ilicitude. Deste modo, por exemplo o reporte (arts. 477° ss. CCom.) tem subjacente dois contratos de compra e venda com uma finalidade de concessão de crédito[3].

Por outro lado, as regras da compra e venda encontram ainda aplicação em contratos relativamente aos quais não esteja em causa a alienação de bens; por exemplo, o regime da compra e venda de bens alheios vale em relação à falta de legitimidade para constituir ou transmitir uma hipoteca[4].

---

[1] O contrato de troca ou escambo, mesmo em Portugal, encontra-se, por vezes, designado por *countertrade*, figura normalmente associada ao comércio internacional de troca de produtos (cfr. FRIGNANI, *Factoring, Leasing, Franchising, Venture capital, Leverage buy-out, Hardshipclause, Countertrade, Cash and carry, Merchandising, Know-how*, 5ª ed., Turim, 1993, pp. 429 ss.). Acerca das relações históricas e conceptuais entre a compra e venda e a troca, cfr. GHESTIN/DESCHÉ, *La Vente*, Paris, 1990, pp. 32 ss. CASTAN TOBEÑAS, *Derecho Civil Español, Comun y Foral*, T. IV, *Derecho de Obligaciones. Las Particulares Relaciones Obligatorias*, 15ª ed., Madrid, 1993, p. 62, de forma sintética, apresenta a seguinte distinção: quando se troca coisa por coisa realiza-se um escambo, se se troca coisa por dinheiro celebra-se uma compra e venda e no caso de se trocar dinheiro por dinheiro está-se perante um contrato bancário de câmbio, muitas vezes designado impropriamente por contrato de compra e venda de divisas. O contrato de troca, sem previsão na maior parte das ordens jurídicas, encontra-se desenvolvidamente regulamentado no Código Civil Austríaco (ABGB), nos §§ 1045 a 1052.

[2] Sobre a compra e venda de valores mobiliários, *vd.* PAULA COSTA E SILVA, «Compra, Venda e Troca de Valores Mobiliários», *Direito dos Valores Mobiliários*, Lisboa, 1997, pp. 247 ss.

[3] Cfr. MENEZES CORDEIRO, *Manual de Direito Comercial*, Vol. I, Coimbra, 2001, pp. 626 ss.

[4] A transmissão da hipoteca (arts. 727° ss. CC), como de outros direitos reais de garantia (p. ex., penhor, art. 676° CC), pode não pressupor a cessão do crédito que garante, mas deve ser realizada «com observância das regras próprias da cessão de créditos» (art. 727°, n.° 1 CC).

Daí ser a compra e venda um dos contratos a que o legislador dedica mais extensa regulamentação.

A tutela do consumidor, em particular no que respeita à compra e venda de coisas móveis, apresenta especial relevância nesta sede em economias de mercado, tendo este aspecto sido alvo de tutela por directivas comunitárias[1].

III. A terminologia legal, ao aludir a duas palavras «compra e venda», não implica a existência de dois negócios jurídicos, pois os termos «compra» e «venda», indissoluvelmente ligados do ponto de vista linguístico, representam a mesma unidade conceptual[2]; a expressão usada pretende explicar as duas realidades do contrato: a aquisição do direito e a respectiva alienação, que não se podem dissociar.

IV. A noção legal de compra e venda consta do art. 874° CC: «Compra e venda é o contrato pelo qual se transmite a propriedade de uma coisa, ou outro direito, mediante um preço». A fonte deste preceito encontra-se no Código Civil Italiano (art. 1470) e no art. 1544° do Código Civil de Seabra, por sua vez influenciado pelo Código Civil Francês (art. 1583).

Da noção constante do art. 874° CC depreende-se que a compra e venda é um contrato translativo da propriedade ou de outro direito sobre um bem. Por via de um contrato de compra e venda não se transmitem coisas, mas direitos; podem ser direitos reais, direitos de crédito, direitos de autor, entre outros[3]. Apesar de um tradicional âmbito de aplicação amplo, e com reflexos na legislação, a compra e venda é entendida como o negócio jurídico mediante o qual se transmitem coisas, ou melhor, a pro-

---

[1] Sobre a questão, *vd.* BOCCHINI, *La Vendita di Cose Mobili*, Milão, 1994, pp. 11 ss. e veja-se *infra* III.§ 5.6.c)

[2] Cfr. BADENES GASSET, *El Contrato de Compraventa*, tomo 1, 3ª ed., Barcelona, 1995, p. 11. Noutros espaços jurídicos, a terminologia legal encontra-se associada a uma só das realidades, p. ex., no Direito alemão fala-se em contrato de compra (*Kaufvertag*), que implica necessariamente a venda do bem comprado; o mesmo se passa no ordenamento inglês quanto à *sale of goods*, e até em França onde se alude simplesmente à *vente*. A terminologia complexa, em que se associa a venda à compra, é específica de ordens jurídicas como a portuguesa, a brasileira, a espanhola e a italiana. Para uma explicação histórica da terminologia complexa, baseada na *emptio vendictio*, com duas *stipulationes*, *vd.* VERA-CRUZ PINTO, «O Direito das Obrigações em Roma (III Parte)», Revista Jurídica AAFDL, n.° 21, 1997, pp. 134 s.

[3] Quanto a uma exemplificação mais completa, cfr. PIRES DE LIMA/ANTUNES VARELA, *Código Civil Anotado*, Vol. II, 4ª ed., Coimbra, 1997, anot. 4 ao art. 874°, p. 162.

priedade ou outro direito sobre coisas. Daí a frequente alusão a coisas (p. ex., arts. 874°, 875°, 876°, 879° CC), o que não impede a aplicação directa do regime estabelecido nos arts. 874° ss. CC a contratos mediante os quais se alienem direitos de crédito[1]. Por via de uma compra e venda podem alienar-se direitos sobre coisas móveis ou imóveis, presentes ou futuras, corpóreas ou incorpóreas, fungíveis ou infungíveis, universalidades, etc. (cfr. arts. 203° ss. CC), valendo as regras gerais que respeitam aos requisitos do objecto negocial, nomeadamente quanto à possibilidade, licitude e determinabilidade (art. 280° CC). Importa, no fundo, distinguir o objecto imediato da compra e venda, que é um direito, do objecto mediato, que poderá ser uma coisa.

V. No contrato de compra e venda, como é regra geral, vale o princípio de liberdade contratual (art. 405° CC), pelo que as partes são livres de celebrar o negócio jurídico, assim como de estabelecer o conteúdo que entenderem. O princípio da autonomia privada encontra-se limitado no que respeita a certos contratos de compra e venda, por motivos de vária ordem, relacionados muitas vezes com o tipo de bem objecto do negócio jurídico ou com a protecção do consumidor[2].

---

[1] Certos autores, p. ex. GHESTIN/DESCHÉ, *La Vente*, cit., pp. 56 ss., BÉNABENT, *Droit Civil, Les Contrats Spéciaux*, 2ª ed., Paris, 1995, p. 17, consideram que mediante uma compra e venda só se transmitem direitos reais. Trata-se, contudo, de uma visão demasiado restrita do objecto deste contrato, pois parece nada obstar, por exemplo, à venda do direito de autor (art. 44° do Código do Direito de Autor e dos Direitos Conexos), à alienação da herança (arts. 2124° ss. CC) e de outros direitos, como os que respeitam a patentes, etc. Além disso, também em contratos análogos à compra e venda, a que se aplicam as regras desta, alienam-se direitos obrigacionais. É o caso do trespasse (art. 115° RAU), que corresponde à transmissão, em simultâneo, de direitos reais e de direitos obrigacionais. Todavia, por exemplo BÉNABENT, *Les Contrats Spéciaux*, cit., p. 18, nestes casos, considera que se está perante uma compra e venda de coisa incorpórea, denominada cessão, razão pela qual, a divergência apontada é meramente terminológica.

Em sentido conforme ao do texto, que se encontra mais de acordo com o sistema jurídico português, cfr. LARENZ, *Lehrbuch des Schuldrechts*, II-1, *Besonderer Teil*, 13ª ed., Munique, 1986, § 39.I, pp. 6 s. e § 45.I e III, pp. 159 ss. e 170 s.; TRABUCCHI, *Istituzioni di Diritto Civile*, 33ª ed., Pádua, 1992, pp. 680 s.

[2] Veja-se, por exemplo, as limitações na venda de meios auxiliares de diagnóstico (Portaria n.° 942/98, de 30 de Outubro), as condições na actividade de comércio de armamento (Decreto-Lei n.° 397/98, de 17 de Dezembro, alterado pela Lei n.° 153/99, de 14 de Setembro, e o Decreto-Lei n.° 396/98, de 17 de Dezembro, alterado pela Lei n.° 164/99, de 14 de Setembro), ou na comercialização de alimentos compostos para animais (Decreto-Lei n.° 350/90, de 6 de Maio e Decreto-Lei n.° 181/99, de 22 de Maio), a compra e venda

I – Compra e Venda

A compra e venda como negócio jurídico assente na liberdade de emissão de duas declarações de vontade sofre uma alteração na designada venda executiva, em que a transferência do direito não tem por base um contrato, mas uma decisão judicial[1].

VI. A compra e venda pressupõe o pagamento de um preço, que será um dos aspectos, senão o principal, pelo qual se distingue este contrato do de doação (art. 940° CC)[2].

VII. A capacidade e a legitimidade para a celebração de contratos de compra e venda segue as regras gerais, com as especificidades enunciadas, por exemplo, em sede de venda de bens alheios. Tendo em conta as regras gerais, nomeadamente as que decorrem da representação, a compra e venda pode ser ajustada por profissionais em nome e por conta de qualquer das partes ou com recurso à actividade de mediação[3].

§ 2. Classificação do contrato

1. Contrato típico

Com base no disposto no Código Civil (arts. 874° ss.) e no Código Comercial (arts. 463° ss.), para além de outros diplomas, pode qualificar--se a compra e venda como um contrato típico e nominado. E, nos termos gerais, corresponde a um contrato consensual (art. 219° CC), tendo-se, porém, estabelecido algumas excepções, como as que advêm do disposto no art. 875° CC (*vd. infra* n.° I. § 3).

---

de habitação social (Decreto Lei n.° 189/97, de 29 de Julho; Decreto Lei n.° 141/88, de 22 de Abril; Decreto-Lei n.° 288/93, de 20 de Agosto) e a cláusula de inalienabilidade durante cinco anos de casas do Fundo de Fomento da Habitação (cfr. Ac. Rel. Pt. de 5/1/1998, CJ XXIII, T. I, p. 177).

[1] Quanto à venda executiva, *vd*. ROMANO MARTINEZ, «Venda Executiva», *in* AAVV, *Aspectos do Novo Processo Civil*, Lisboa, 1997, pp. 325 ss.

[2] Não sendo fixado um preço, o contrato não é havido como de compra e venda (Ac. STJ de 23/10/1997, CJ (STJ), 1997, T. III, p. 91).

[3] A actividade de mediação imobiliária encontra-se regulada no Decreto-Lei n.° 77/99, de 16 de Março e Portaria n.° 957/99, de 30 de Outubro.

2. Contrato oneroso

I. Tendo em conta que a transmissão do direito se faz em contrapartida do pagamento de um preço, a compra e venda qualifica-se como um contrato oneroso, na medida em que dele advêm vantagens económicas para ambas as partes; vantagens essas que, evidentemente, não precisam ser de valor equivalente. Não deixa de ser compra e venda se o preço acordado for excessivamente baixo ou elevado em relação ao valor do direito transferido[1].

II. Sendo um contrato oneroso é, em regra, comutativo (*emptio rei speratae*), mas pode ser aleatório, como se prevê nos arts. 880°, n.° 2 e 881° CC. No n.° 2 do art. 880° CC (*emptio spei*), faz-se directamente alusão à natureza aleatória do contrato, pelo que uma das prestações será devida sem que a outra se possa efectuar; o mesmo ocorre na previsão do art. 881° CC. Porém, se nada for acordado nesse sentido, as duas prestações encontram-se numa correspondência económica, sem, contudo, ser necessário que tenham uma equivalência de valor.

3. Contrato sinalagmático

Da noção legal retira-se igualmente que a compra e venda é um contrato sinalagmático, pois as prestações das partes — vendedor e comprador —, na relação contratual, em particular as de entrega da coisa e de pagamento do preço, funcionam em termos de correspectividade; são recíprocas e interdependentes. O carácter sinalagmático da compra e venda infere-se não só da noção legal, como também dos efeitos essenciais (art. 879° CC)[2].

---

[1] A este propósito cabe referir que a compra e venda implica a transferência de um direito, em princípio com conteúdo patrimonial, mas nada obsta a que se transaccionem direitos sem valor pecuniário (contra GHESTIN/DESCHÉ, *La Vente*, cit., pp. 7 e 45 ss.), pois as prestações não carecem de ter conteúdo pecuniário (art. 398°, n.° 2 CC). Assim, não deixa de ser compra e venda a transacção de fotografias de família sem valor de mercado que um irmão faz a outro. Com respeito às vendas por preço excessivamente elevado, importa aludir às chamadas vendas filantrópicas (*vd.* GHESTIN/DESCHÉ, *La Vente*, cit., pp. 337 s.), designadamente as aquisições de bens feitas com funções sociais que, apesar de serem compras e vendas, podem encapotar uma doação, constituindo um contrato misto (cfr. ANTUNES VARELA, *Das Obrigações em Geral*, Vol. I, 10ª ed., Coimbra, 2000, pp. 295 ss.).

[2] No mesmo sentido, com base no disposto no § 433 BGB, cfr. LARENZ, *Schuldrechts*, II-1, cit., § 39.I, p. 6, § 42.II, p. 95 e § 43.I, p. 104.

I – Compra e Venda

Esta reciprocidade de prestações está na base da troca de bens, que é a função económica essencial deste negócio jurídico[1].

4. Contrato obrigacional e real

I. Numa outra classificação, a compra e venda é um contrato obrigacional, por oposição a contrato real *quoad constitutionem*, como o depósito (art. 1185° CC). No contrato real *quoad constitutionem*, a relação contratual só se constitui após a entrega da coisa; no caso do depósito, depois de o depositante entregar a coisa ao depositário. Diferentemente, a compra e venda corresponde um contrato em cujo processo formativo a entrega da coisa é dispensável, razão pela qual se qualifica como contrato obrigacional; para a celebração do negócio jurídico basta o consenso.

II. Nesta sequência, cabe referir que a compra e venda é um contrato real *quoad effectum*, pois, por via de regra, a transferência do direito, designadamente real, objecto do negócio jurídico, dá-se por mero efeito do contrato (art. 408°, n.° 1 CC)[2]. Por exemplo, no momento em que se celebra a escritura de venda de um prédio, independentemente da sua entrega, transfere-se a propriedade para o comprador.

Mas nem sempre assim ocorre, como se depreende do disposto no n.° 2 do art. 408° CC. Estando, designadamente, em causa a venda de coisa genérica (p. ex., 100 Kg de trigo), a transferência da propriedade dá-se aquando da concentração (art. 541° CC) e não com a celebração do contrato. Em tais casos, o efeito translativo fica dependente de um facto futuro, que na hipótese indicada é a concentração.

Todavia, em qualquer das hipóteses, a transferência da propriedade não depende da celebração de segundo negócio jurídico; é sempre consequência do contrato de compra e venda, não carecendo de subsequente acto de disposição[3].

5. Contrato de execução instantânea; excepções

I. Normalmente, a compra e venda corresponde a um contrato de execução instantânea, mas pode assumir características de um contrato de

---

[1] Cfr. GHESTIN/DESCHÉ, *La Vente*, cit., p. 6.

[2] Cfr. PIRES DE LIMA/ANTUNES VARELA, *Código Civil Anotado*, II, cit., anot. 2 ao art. 874°, p. 161; GALVÃO TELLES, «Contratos Civis», BMJ 83 (1959), p. 118.

[3] Cfr. GALVÃO TELLES, «Contratos Civis», cit., p. 118.

26   *Direito das Obrigações*

execução continuada, nomeadamente, conformando a sua natureza com a de um contrato de fornecimento (p. ex., contrato de fornecimento de gás[1]).

De facto, na maioria das situações, os efeitos do contrato de compra e venda esgotam-se num só momento; o efeito translativo é imediato e, depois, há a ter em conta a entrega da coisa e o pagamento do preço. Mesmo quando estas prestações são divididas e escalonadas no tempo, que ocorre em especial com o preço, trata-se de uma única prestação, que só se considera realizada a final[2]; assim, se o preço for pago em prestações, a principal obrigação do comprador só se encontrará cumprida quando todas as prestações estiverem saldadas.

II. Diferentemente, por exemplo num contrato de fornecimento de gás, cada prestação, apesar de integrada num todo contratual, tem autonomia; deste modo, o pagamento efectuado num mês não é uma parcela do preço. No contrato de fornecimento, uma das partes obriga-se a, sucessiva ou continuadamente, prestar bens, sendo o preço dos mesmos pago de forma periódica[3]. Mesmo no caso de fornecimento sucessivo (p. ex.,

---

[1] O contrato de fornecimento de gás, como muitos dos contratos de fornecimento, não corresponde a uma situação paradigmática de compra e venda, até porque, as mais das vezes, pressupõe prestações típicas de outros contratos, como seja o aluguer do contador, a obrigação de prestar serviços (p. ex., reparações), constituindo contratos mistos. Com respeito aos contratos de fornecimento de água, energia eléctrica e gás, *vd.*, Lei n.° 23/96, de 26 de Julho, que considera tratar-se de serviços públicos essenciais, pretendendo-se, com este diploma, proteger o utente (art. 1°); nesta sequência, veja-se o Decreto-Lei n.° 195/99, de 8 de Junho, no que respeita à caução em serviços públicos essenciais exigida a consumidores. Sobre a matéria consulte-se PINTO MONTEIRO, «A Protecção do Consumidor de Serviços Públicos Essenciais», *Estudos de Direito do Consumidor*, n.° 2, Coimbra, 2000, pp. 333 ss.

Qualificando o contrato de fornecimento de energia eléctrica como compra e venda, cfr. Ac. STJ de 22/2/2000, CJ (STJ) 2000, T. I, p. 110.

[2] No caso dirimido pelo Ac. Rel. Pt. de 27/6/1991, CJ XVI (1991), T. III, p. 263, estava em causa a venda de 2300 toneladas de ferro, a efectuar em três lotes. Era uma só obrigação dividida em três momentos. Por isso, como bem se decidiu, a perda de interesse devida à mora na primeira entrega afecta as sucessivas entregas. Não sendo necessário recorrer-se, como se fez no aresto em causa, à interpretação extensiva para concluir no sentido de que a mora, ao incidir sobre parte da prestação, pode implicar perda de interesse nas restantes partes.

[3] O contrato de fornecimento de bens tem, muitas vezes, suscitado dúvidas de qualificação, podendo consubstanciar uma compra e venda, uma empreitada ou um contrato misto. Sobre esta questão, cfr. *Infra*, Empreitada.

BADENES GASSET, *El Contrato de Compraventa*, cit., I, pp. 86 ss., qualifica-o como um contrato atípico afim da compra e venda. Do mesmo modo, CAPOZZI, *Dei Singoli Contratti*, Vol. 1°, Milão, 1988, pp. 11 s., qualifica a compra e venda como um contrato

I – Compra e Venda

fornecimento mensal de cerveja a um estabelecimento), o vínculo jurídico é um só, mas as prestações são distintas; não se trata de parcelas de uma mesma prestação[1]. Não obstante serem prestações distintas, há uma estreita relação entre elas, derivada do facto de terem por base o mesmo vínculo jurídico.

Esta questão tem particular interesse em sede de defeitos da prestação[2]. Uma outra particularidade dos contratos de fornecimento respeita aos frequentemente acordados pactos de exclusividade, que podem suscitar dúvidas em termos de cláusulas contratuais gerais, de direito de concorrência, de responsabilidade de terceiros em caso de violação desses pactos, etc.

§ 3. Forma

I. Quanto à forma, a compra e venda segue as regras gerais dos arts. 217° ss. CC, vigorando o princípio da liberdade de forma (art. 219° CC).

Contudo, para a venda de direitos sobre bens imóveis, o art. 875° CC exige a celebração do contrato por escritura pública[3]. O art. 875° CC fala

---

necessariamente de execução instantânea, distinguindo-a do contrato de fornecimento, em que a entrega da coisa corresponde a uma prestação periódica (pp. 271 ss.); veja-se igualmente TORRENTE/SCHLESINGER, *Manuale di Diritto Privato*, 15ª ed., Milão, 1997, pp. 546 s.

Em sentido diverso, FRAN MARTINS, *Contratos e Obrigações Comerciais*, 14ª ed., Rio de Janeiro, 1998, pp. 150 ss., qualifica o contrato de fornecimento como uma compra e venda complexa, em que a fase executiva do contrato se desdobra em várias prestações parciais, autónomas, mas dependentes do consentimento inicial; de igual forma, GALGANO, *Diritto Privato*, 9ª ed., Pádua, 1996, p. 530, identifica o cntrato de fornecimento com uma compra e venda obrigacional de execução continuada.

[1] Em sentido terminologicamente diverso, CASTAN TOBEÑAS, *Derecho de Obligaciones*, cit., p. 74, afirma tratar-se de um fraccionamento do objecto total da prestação contratual, mas em que cada prestação é independente e autónoma, constituindo objecto próprio de uma obrigação. Sobre a distinção entre a venda em que a coisa é prestada por partes e o contrato de fornecimento, que designa por «espécie diferenciada de venda», *vd.* MESSINEO, *Manuale di Diritto Civile e Commerciale*, Vol. IV, *Singoli Raporti Obbligatori*, 8ª ed., Milão, 1954, pp. 148 ss.

[2] Admitindo-se que o não cumprimento definitivo ou o cumprimento defeituoso de uma prestação, desde que grave, possa ser causa de resolução do contrato, cfr. ROMANO MARTINEZ, *Cumprimento Defeituoso, em especial na Compra e Venda e na Empreitada*, reimpressão, Coimbra, 2001, pp. 296 ss.

[3] Cfr. art. 80°, n.° 1 do Código de Notariado.

Quanto a idênticas exigências de forma no Direito francês, cfr. GHESTIN/DESCHÉ, *La Vente*, cit., pp. 263 ss. e no Direito alemão, cfr. ESSER/WEYERS, *Schuldrecht*, II, *Besonderer Teil*, 7ª ed., Heidelberga, 1991, § 3.2, pp. 12 ss.; REINICKE/TIEDTKE, *Kaufrecht*, 5ª ed., Berlim, 1992, pp. 12 ss.

28 *Direito das Obrigações*

em «venda de bens imóveis», mas aplica-se à transmissão de direitos sobre bens imóveis, seja propriedade, usufruto, hipoteca, etc. Trata-se, pois, da alienação de direitos reais sobre bens imóveis.

Esta exigência de documento autêntico pode ser dispensada se o bem for adquirido com recurso ao crédito bancário, caso em que se requer que o contrato seja tão-só reduzido a forma escrita (Decreto-Lei n.º 255/93, de 15 de Julho[1]). A escritura pública também não é exigida no caso de compra e venda do direito real de habitação periódica (art. 12° do Decreto-Lei n.º 275/93, de 5 de Agosto, com as alterações introduzidas pelo Decreto--Lei n.º 180/99, de 22 de Maio).

A escritura pública pode igualmente ser exigida como forma de celebração de outros contratos de compra e venda. É o que acontece no caso de transmissão de quotas de sociedades (art. 228° do Código das Sociedades Comerciais[2]), na alienação da herança (art. 2126° CC) ou na transmissão total e definitiva do conteúdo patrimonial do direito de autor (art. 44° do Código do Direito de Autor e dos Direitos Conexos).

Por vezes, são exigidas outras formas para o ajuste de um contrato de compra e venda. Por exemplo, a compra e venda de navio terá de ser celebrada por documento escrito com reconhecimento presencial das assinaturas dos outorgantes (art. 10° Decreto-Lei n.º 201/98, de 10 de Julho)[3] e no contrato de compra e venda ao domicílio impõe-se a redução a escrito do negócio jurídico (art. 16° do Decreto-Lei n.º 143/2001, de 26 de Abril). Quanto à venda do direito real de habitação periódica, exige-se que a declaração das partes seja feita no certificado predial, com reconhecimento presencial da assinatura do alienante (art. 12° do Decreto-Lei n.º 275/93, de 5 de Agosto)[4].

---

[1] Sobre o crédito à habitação, veja-se o Decreto-Lei n.º 349/98, de 11 de Novembro, alterado pelo Decreto-Lei n.º 137-B/99, de 22 de Abril e pelo Decreto-Lei n.º 320/2000, de 15 de Dezembro.

[2] Veja-se, contudo, a simplificação por via da dispensa de escritura pública de determinados actos relativos a sociedades, ao estabelecimento individual de responsabilidade limitada e ao agrupamento complementar de empresas, constante do Decreto-Lei n.º 36/2000, de 14 de Março.

[3] Como se refere no Ac. Rel. Év. de 3/3/1994, CJ XIX (1994), T. II, p. 247, com base no disposto no art. 78° do Decreto-Lei n.º 245/72, de 31 de Julho, as compras e vendas de embarcações de valor superior a 50 000$00 têm de ser formalizadas por escritura pública. Neste aresto tinha-se em causa o revogado art. 490° CCom., que exigia documento autêntico ou autenticado.

[4] Para um elenco de situações em que é exigida forma na compra e venda, cfr. ARMANDO BRAGA, *Contrato de Compra e Venda*, 3ª ed., Porto, 1994, pp. 27 e 28.

A propósito da forma, nos contratos de compra e venda mercantil, nos termos do art. 1° do Decreto n.º 19 490, de 21 de Março de 1931, poder-se-ia ser levado a concluir

I – Compra e Venda

II. Relacionada com a forma há que aludir à exigência de certas formalidades para a celebração do contrato. Assim, na escritura pública para transmissão de prédios urbanos ou de suas fracções autónomas é necessário que se faça prova perante o notário da inscrição na matriz predial e correspondente licença de utilização (Decreto-Lei n.º 281/99, de 26 de Julho).

III. A falta da forma legalmente prescrita para o contrato de compra e venda, nos termos do art. 220° CC, acarreta a nulidade do negócio jurídico, seguindo o regime geral dos arts. 286° ss. CC[1]. Não assim quanto à falta de formalidades que, não sendo respeitadas, determinam contra-ordenações ou sanções acessórias (p. ex., arts. 5° e 6° do Decreto-Lei n.º 281/99).

IV. Para além das exigências legais de forma, podem as partes acordar quanto a uma forma convencional (art. 223° CC), caso em que o contrato de compra e venda deverá revestir a forma especial estipulada. A autonomia privada não fica, porém, limitada por tal ajuste, podendo as partes, a todo o momento, alterar essa estipulação, inclusive por acordo tácito[2].

V. Apesar de não se encontrar verdadeiramente relacionado com a forma, há ainda a aludir ao registo. É evidente que o registo, para além de ulterior, faltando, não põe em causa a validade do contrato de compra e venda. Trata-se, pois, de um ónus imposto ao adquirente, subsequente ao contrato, tendo em vista a segurança jurídica, na medida em que os factos não registados, sendo registáveis, não produzem efeitos contra terceiros de boa fé (cfr. arts. 5° e 17°, n.º 2 do Código do Registo Predial e arts. 3° e 38° do Código do Registo de Bens Móveis)[3]. Com respeito

---

que, sendo o pagamento a prazo e não estando o preço representado por letras, como deve ser prestada factura ou conta, o negócio seria formal. Mas essa não parece ser a interpretação mais correcta do preceito; nesses casos, a falta de factura só obsta ao recurso directo à acção executiva, cfr. Ac. Rel. Lx. de 21/4/1994, CJ XIX (1994), T. II, p. 128.

[1] Quanto ao regime geral da nulidade constante do Código Civil, cfr. OLIVEIRA ASCENSÃO, *Teoria Geral do Direito Civil*, Vol. II, Coimbra, 1999, pp. 316 e 320 ss.; CARVALHO FERNANDES, *Teoria Geral do Direito Civil*, Vol. II, 2ª ed., Lisboa, 1996, pp. 382 ss.; HEINRICH HÖRSTER, *A Parte Geral do Código Civil Português. Teoria Geral do Direito Civil*, Coimbra, 1992, pp. 518 ss.

[2] Sobre esta questão, cfr. REINICKE/TIEDTKE, *Kaufrecht*, cit., pp. 32 ss.

[3] Quanto aos efeitos do registo, cfr. OLIVEIRA ASCENSÃO, *Direitos Reais*, 5ª ed., Coimbra, 1993, pp. 351 ss.; ISABEL PEREIRA MENDES, *Código do Registo Predial Anotado*,

30   *Direito das Obrigações*

ao registo subsequente a um contrato de compra e venda há a ter em conta o art. 2°, n.° 1, alínea a) do Código do Registo Predial e o art. 11°, n.° 1, alínea a) do Código do Registo de Bens Móveis[1].

§ 4. Efeitos reais

1. Ideia geral

I. No contrato de compra e venda importa analisar, em separado, os efeitos reais e obrigacionais. A produção automática dos efeitos reais está relacionada com a concepção adoptada no sistema jurídico português, mas não tem de se verificar, de imediato, em todos os contratos de compra e venda.

II. Nos termos do disposto na alínea a) do art. 879° CC, a transmissão da propriedade da coisa ou da titularidade do direito é um dos efeitos essenciais da compra e venda e opera automaticamente, por mero efeito do contrato (art. 408°, n.° 1 CC).

Com o Código Civil de Seabra (art. 1544°), por influência do Código Civil Francês[2], no Direito português, os efeitos reais derivados da compra

---

6ª ed., Coimbra, 1994, pp. 55 ss. e 90 ss. A este propósito, consulte-se a alteração ao Código do Registo Predial introduzida pelo Decreto-Lei n.° 533/99, de 11 de Dezembro, que acrescentou um n.° 4 ao art. 5° daquele diploma; com esta alteração pretendeu pôr-se termo a uma controvérsia jurisprudencial e doutrinária sobre a noção de terceiro para efeito de registo.

[1] O facto de ser exigido o registo não significa que o negócio seja formal. Assim, não obstante ser requerido o registo dos veículos automóveis (arts. 10°, n.° 1, alínea a) e 41° ss. do Código do Registo de Bens Móveis), o contrato de compra e venda que tenha por objecto automóveis é consensual (cfr. Ac. STJ de 14/10/1997, BMJ 470, p. 630). Importa esclarecer que o Código do Registo de Bens Móveis ainda não entrou em vigor, pois aguarda-se que seja publicada a respectiva regulamentação, mantendo-se em vigor o Decreto-Lei n.° 54/75, de 12 de Fevereiro sobre o registo de automóveis; *vd.* MOITINHO DE ALMEIDA, *O Processo Cautelar de Apreensão de Veículos Automóveis*, 5ª ed., Coimbra, 1999.

[2] O efeito real no Direito francês não resulta directamente da noção legal de compra e venda (art. 1582 CCFr.), mas em particular da regra constante do art. 1583 CCFr. e do facto de se considerar nula a venda de coisa alheia (art. 1599 CCFr.). A solução consagrada no Código Civil Francês leva a que HUET, *Les Principaux Contrats*, Paris, 1996,

I – Compra e Venda

e venda passaram a produzir-se, por via de regra, aquando da celebração do contrato; assim sendo, a transmissão ou constituição de direitos reais opera por mero efeito do contrato de compra e venda. A expressão «mero efeito do contrato», constante do n.° 1 do art. 408° CC, implica que a transferência ou constituição de direitos reais não está na dependência da tradição da coisa, nem do respectivo registo de aquisição[1]; de modo diverso, nos sistemas jurídicos que mantiveram a tradição romanística, a transmissão da propriedade ou de outro direito está associada à tradição da coisa ou à realização de outro acto jurídico capaz de transferir a titularidade do direito[2].

---

pp. 45 ss., entenda que na compra e venda há três elementos constitutivos: a coisa, o preço e a propriedade.

Para a solução que veio a ser preconizada no Código Civil Francês, para além de outras razões, terá tido um peso significativo a acentuada desvalorização monetária que se verificou durante a Revolução Francesa. Perante tal desvalorização, aos vendedores era preferível não cumprir o contrato, indemnizando eventualmente o comprador ou invocando alteração das circunstâncias, pois o bem vendido já tinha um valor muito superior ao do dinheiro que ia receber. Cfr. MALAURIE/AYNÈS, *Les Contrats Spéciaux*, cit., p. 53. Algo de semelhante se passou em Portugal com respeito às alterações introduzidas, em 1980 e 1986, no regime do contrato-promessa.

[1] Quanto às possíveis interpretações da expressão da lei «mero efeito do contrato», cfr. PEDRO DE ALBUQUERQUE, «Contrato de Compra e Venda. Introdução. Efeitos Essenciais e Modalidades», *Direito das Obrigações*, Vol. III, 2ª ed., Lisboa, 1991, pp. 24 s., RAÚL VENTURA, «O Contrato de Compra e Venda no Código Civil», ROA 43 (1987), T. III, pp. 593 ss., concluindo que, no Direito português, a compra e venda tem sempre eficácia real.

O princípio do efeito real estabelecido no Código Civil Francês (cfr. GHESTIN/ /DESCHÉ, *La Vente*, cit., pp. 589 ss.; BÉNABENT, *Les Contrats Spéciaux*, cit., pp. 13 e 85 ss.; MALAURIE AYNÈS, *Les Contrats Spéciaux*, cit., pp. 171 ss.), para além de ter influenciado o Direito português, também teve peso considerável no Direito italiano, onde a transferência da propriedade é, nos termos dos arts. 1376 e 1470 CCIt., consequência do contrato (cfr. RESCIGNO, *Manuale del Diritto Privato Italiano*, 7ª ed., Nápoles, 1987, p. 787; TRABUCCHI, *Istituzioni*, cit., p. 681).

[2] Por vezes fala-se na natureza real da compra e venda associada com as situações que se viveram designadamente na Grécia Antiga, em que a perfeição do contrato só ocorria com a tradição da coisa e o pagamento do preço; ou seja, o contrato de compra e venda só se celebrava quando a coisa fosse entregue ao comprador e o preço pago ao vendedor.

Sobre a compra e venda no Direito romano, *vd*. RAÚL VENTURA (segundo lições de), *Direito Romano. Obrigações*, Lisboa, 1951-52, pp. 256 ss.

Quanto à distinção entre compra e venda real e obrigacional, *vd*. GALVÃO TELLES, «Venda Obrigacional e Venda Real», RFDUL, Vol. V (1948), pp. 76 ss. e «Contratos Civis», cit., pp. 117 ss. Veja-se igualmente ORLANDO DE CARVALHO, *Direito das Coisas (Do Direito das Coisas em Geral)*, Coimbra, 1977, pp. 269 ss.

Para a evolução histórica da natureza obrigacional e real da compra e venda, desde o Direito romano, passando pelo Direito visigótico e as Ordenações do Reino, até à codi-

32   *Direito das Obrigações*

A solução consagrada no nosso sistema encontra-se estabelecida em outras ordens jurídicas de diferentes famílias, como em França, art. 1583 CCFr.[1], ou na Grã-Bretanha, com o *Sale and Suply of Goods Act* 1994[2]. Mantiveram-se, de certo modo, na sequência da tradição romanística, mas com contornos diversos, os regimes alemão, suíço, austríaco, espanhol e brasileiro[3]. Em termos gerais, a tradição do Direito romano, que se seguiu nas Ordenações do Reino, apontava para a compra e venda como um contrato com eficácia meramente obrigacional, ficando a transferência da propriedade ou de outro direito real dependente da tradição da coisa

---

ficação oitocentista, pode consultar-se SÍLVIA ALVES, *Alguns aspectos acerca da Natureza Obrigacional ou Real da Compra e Venda Civil na História do Direito Português*, Relatório de Mestrado, Lisboa, 1990.

[1] Cfr. DUTILLEUL/DELEBECQUE, *Contrats Civils et Commerciaux*, 3ª ed., Paris, 1996, pp. 161 ss.

[2] Cfr. DOBSON, *Sale of Goods and Consumer Credit*, Londres, 1996, pp. 24 ss.

[3] No Direito alemão, como se depreende do disposto nos §§ 276, 277, 325, 433, 873, 925, 929, 932 e 936 BGB (em especial § 433.I BGB), a compra e venda é um contrato meramente obrigacional, pois, sobre o vendedor impende a obrigação de transmitir a propriedade da coisa vendida para o comprador. Cfr. ESSER/WEYERS, *Schuldrecht*, II, cit., § 4.I, p. 14; LARENZ, *Schuldrechts*, II-1, cit., § 40.I, pp. 22 ss., em especial, pp. 25 ss.; REINICKE/TIEDTKE, *Kaufrecht*, cit., p. 1 s. e pp. 69 ss.

No Direito suíço, o art. 184 do Código das Obrigações também aponta para uma natureza obrigacional da compra e venda. No art. 184.1 CO define-se compra e venda como o contrato através do qual o vendedor se obriga a entregar a coisa vendida ao comprador e a transferir-lhe a propriedade.

No Direito austríaco, nos termos do § 1053 ABGB, a transmissão da propriedade está igualmente na dependência da tradição da coisa, cfr. GSCHNITZER, *Österreisches Schuldrecht, Besonderer Teil und Schadenersatz*, 2ª ed., Viena, 1988, pp. 33 ss.

No Direito espanhol, com base nos arts. 609, 1095, 1445, 1461 e 1475 CCEsp., a doutrina sustenta que a compra e venda tem somente eficácia obrigacional, operando a transmissão do direito sobre bens móveis com a entrega. Cfr. ALBALADEJO, *Derecho Civil*, II, *Derecho de Obligaciones*, Vol. 2°, *Los Contratos en Particular y las Obligaciones no Contractuales*, 10ª ed., Barcelona, 1997, pp. 11, 12 e 40 ss.; BADENES GASSET, *El Contrato de Compraventa*, cit., I, pp. 47 ss. e pp. 54 ss.; CASTAN TOBEÑAS, *Derecho de Obligaciones*, cit., pp. 65 ss. e 106 ss.; DÍEZ-PICAZO/GULLÓN, *Sistema de Derecho Civil*, Vol. II, 2ª ed., Madrid, 1999, p. 255. Porém, no caso de outorga de escritura pública, nos termos do art. 1462.2 CCEsp., há uma presunção de entrega da coisa, cfr. DÍEZ-PICAZO/GULLÓN, *Sistema*, cit., p. 265.

No Direito brasileiro, a natureza obrigacional da compra e venda resulta da noção deste contrato (art. 1122 CCBr.), onde se afirma que o vendedor «(...) se obriga a transferir o domínio de certa coisa (...)», e do disposto no art. 620 CCBr., de onde consta que «O domínio das coisas (móveis) não se transfere pelos contratos antes da tradição». Sobre a questão, *vd*. FRAN MARTINS, *Contratos*, cit., pp. 111 s.; SILVA PEREIRA, *Instituições de Direito Civil*, Vol. III, 10ª ed., Rio de Janeiro, 1998, pp. 104 ss.

I – Compra e Venda

ou de subsequente acto jurídico capaz de produzir a transmissão da titu-laridade[1].

Admite-se, deste modo, a existência de uma dissociação entre o direito de propriedade (ou outro direito real) e a posse. No actual sistema jurídico português, se a compra e venda não for acompanhada da tradição, real ou simbólica, da coisa, a posse só se transfere por constituto pos-sessório (art. 1264° CC). O constituto possessório, em particular no que respeita à compra e venda, é o meio de fazer acompanhar a posse sobre a coisa da titularidade do direito alienado. Atendendo a este regime, no sis-tema jurídico português, a compra e venda qualifica-se como um contrato *real quoad effectum*.

III. A propósito da transmissão imediata do efeito real, cabe esclare-cer que nem todos os contratos de compra e venda pressupõem a transfe-rência de direitos sobre coisas. De facto, nem sempre o objecto de uma compra e venda se encontra associado com a alienação de direitos reais. Estando em causa outros direitos, por exemplo de crédito ou de autor, o efeito translativo também será imediato; o direito transfere-se para o adquirente por mero efeito do contrato.

IV. Associada com a transmissão imediata do efeito real nos termos do art. 408°, n.° 1 CC, encontra-se a transferência do risco. O risco do perecimento ou deterioração das coisas alienadas, como dispõe o n.° 1 do art. 796° CC e nos termos da máxima *periculum est emptoris*, é assumido pelo comprador no momento da celebração do contrato, excepto nas situa-ções em que a coisa não lhe foi entregue por se ter estabelecido um termo a favor do alienante (art. 796°, n.° 2 CC) ou por se ter aposto uma condição ao contrato (art. 796°, n.° 3 CC). Pode, no fundo, dizer-se que, por prin-cípio, a titularidade do direito e o risco se reúnem na mesma pessoa (*res perit domino*)[2].

---

[1] Sobre a compra e venda obrigacional no Direito Romano, *vd.* VERA-CRUZ PINTO, «O Direito das Obrigações em Roma», cit., pp. 133 s. e RAÚL VENTURA, *Direito Romano. Obrigações*, cit., pp. 256 ss.

No Direito alemão, a transferência da propriedade da coisa vendida opera, após a celebração do contrato de compra e venda, por acordo corroborado com a entrega e, no caso de imóveis, o referido acordo de transferência tem de ser acompanhado do registo, cfr. REINICKE/TIEDTKE, *Kaufrecht*, cit., pp. 2 e 69.

[2] Para maiores desenvolvimentos, cfr. ROMANO MARTINEZ, *Cumprimento Defei-tuoso*, cit., pp. 324 ss.

Esta regra é válida em ordenamentos de famílias jurídicas diferentes do romano-

2. Excepções

I. Por via de regra, o efeito real (transmissão da propriedade ou de outro direito real) está associado com a celebração do contrato, sendo de produção imediata, mas pode estar igualmente relacionado com outros factores, por força dos quais a transferência do direito é diferida no tempo[1]. Mas o efeito real pressupõe a perfeição negocial, isto é, o encontro de vontades; se o contrato ainda não se celebrou não se transfere o direito.

II. Nas obrigações genéricas é com a concentração (arts. 541° e 542° CC), posterior à celebração do contrato, que o efeito translativo se produz. Assim, no caso de terem sido vendidos 1000 Kg de maçã, na maioria das situações, será com a entrega das maçãs (cumprimento) que se transfere a propriedade[2].

-germânico, como na Grã Bretanha, nos termos da secção 20 da *Sale and Suply of Goods Act*, 1994, cfr. DOBSON, *Sale of Goods*, cit., pp. 42 ss.

A solução é diversa quanto ao momento da aquisição do risco no Direito brasileiro, em que a propriedade se transfere com a tradição, correndo o risco, até esse momento, por conta do vendedor, cfr. ORLANDO GOMES, *Obrigações*, 8ª ed., Rio de Janeiro, 1988, p. 230. O mesmo se passa na Alemanha em que, por força do disposto no § 466.I BGB, o risco se transfere para o comprador com a tradição, cfr. ESSER/WEYERS, *Schuldrecht*, II, cit., § 8.III, p. 94; LARENZ, *Schuldrechts*, II-1, cit., § 42.II, pp. 96 ss., até porque a transferência da propriedade também se encontra associada com a tradição.

Todavia, mesmo nos ordenamentos jurídicos em que a transmissão da propriedade não constitui efeito automático da compra e venda, há quem defenda que o risco é assumido pelo comprador desde a data do contrato, cfr. ALBALADEJO, *Derecho de Obligaciones*, 2°, cit., pp. 49 ss.

[1] Sobre este ponto cfr. CAPOZZI, *Dei Singoli Contratti*, cit., p. 91; RESCIGNO, *Diritto Privato*, cit., pp. 787 s. e TRABUCCHI, *Istituzioni*, cit., p. 681, que consideram, em tais hipóteses, a existência de uma compra e venda obrigatória ou com efeitos puramente obrigatórios. Trata-se de uma posição própria da doutrina italiana, atento o disposto no art. 1476 CCIt., onde se alude à obrigação de fazer adquirir a propriedade. Para uma explicação comparativa entre o sistema italiano e o português neste domínio, cfr. RAÚL VENTURA, «O Contrato de Compra e Venda ...», cit., pp. 590 ss.

Relativamente às situações em que, estando em causa um bem indeterminado, não pode haver transferência do direito real, DOBSON, *Sale of Goods*, cit., p. 29, em explicação à secção 16 da *Sale and Suply of Goods Act*, 1994, esclarece que se trata de uma consequência derivada do bom senso.

[2] Para esta questão é de estrema importância a distinção entre obrigações genéricas e específicas. Assim, a venda de 1000 Kg de maçã é uma obrigação genérica, mas a venda das maçãs que se encontram em certo armazém, cuja quantidade, aproximadamente, é de 1000 Kg será uma obrigação específica. Cfr. Ac. Rel. Év. de 30/3/1995, CJ XX (1995), T. II, p. 257, onde se qualifica a venda de uma dada pilha de cortiça, que vai ser

Relativamente às obrigações alternativas (arts. 543° ss. CC), o efeito translativo está associado com a escolha da prestação, isto é, com a sua determinação, desde que conhecida das partes. Assim sendo, a transmissão do direito real opera quando a escolha feita por quem compete, em regra o devedor (art. 543°, n.° 2 CC), chegar ao conhecimento da contraparte.

Estando em causa a venda de coisa relativamente futura, o efeito translativo fica na dependência da constituição da propriedade (ou de outro direito real) sobre essa coisa futura por parte do alienante. Deste modo, quando são vendidos bens alheios nessa qualidade, o direito real só se transfere para o adquirente na data em que o direito se constituir na esfera jurídica do alienante.

Sendo vendida coisa absolutamente futura, o direito só será adquirido pelo comprador a partir do momento em que a coisa tiver existência, isto é, passar a coisa presente.

A transferência do direito real pode igualmente estar associada com a separação do bem alienado. É o que acontece, por exemplo, no caso de venda da fruta de um pomar, em que a transmissão verifica-se no momento da colheita dos frutos[1].

III. Por via convencional, a transmissão do direito real pode ficar diferida para momento posterior à celebração do contrato, dependendo de facto futuro, certo ou incerto (p. ex., condição ou termo, arts. 270° ss. CC).

É frequente que o efeito translativo fique na dependência do facto futuro e incerto, que é o pagamento do preço; tal ocorre, por exemplo, na compra e venda com reserva de propriedade (art. 409° CC). A mesma ideia já foi defendida com respeito às vendas realizadas em supermercados, onde se admite que a transferência da propriedade só opere no acto de confirmação feito junto da caixa registadora, no final das compras[2]; contudo,

---

depois pesada, como obrigação específica, pois o objecto já está determinado, apesar de o peso e o preço ainda o não estarem. Para outros exemplos quanto a esta distinção, cfr. BIHL, *Le Droit de la Vente*, Paris, 1986, pp. 147 s. Como refere o autor citado (ob. e loc. cit.), as operações de pesagem, medição, etc., sendo a obrigação específica, em nada alteram as regras da distribuição do risco.

[1] Cfr. Ac. STJ de 23/4/1998, CJ (STJ) 1998, T. II, p. 46, relativo ao contrato de compra e venda de resina a extrair dos pinheiros de um pinhal do vendedor, destruído, entretanto, por um incêndio. Veja-se também o Ac. Rel. Cb. de 26/1/1993, CJ XVIII (1993), T. I, p. 24.

[2] Cfr. GHESTIN/DESCHÉ, *La Vente*, cit., 614 ss., que aludem a tal posição, mas tecem várias dúvidas quanto à mesma.

na venda em auto-serviço (p. ex., supermercado), o contrato de compra e venda só se conclui depois da apresentação do produto na caixa, devendo entender-se que o estabelecimento faz um convite a contratar e o cliente a proposta de compra[1].

IV. Em todas estas situações, a transferência do direito real funciona sempre de modo automático; continua a ser efeito do contrato[2], mas completado por outro facto. Por isso, nestes casos, a transmissão ou constituição dos direitos reais não se dá no momento da celebração do contrato, mas posteriormente, sem carecer de subsequente negócio jurídico. Dito de outro modo, a transferência da propriedade pode não ser efeito imediato do contrato, mas será sempre efeito directo do contrato[3].

3. Cláusula de reserva de propriedade

a) Noção

I. A cláusula de reserva de propriedade, prevista no art. 409° CC, apresenta-se, pelo menos em termos teóricos, como uma condição ou um termo suspensivos da transferência da propriedade ou de outro direito real[4].

---

[1] Sobre a questão, com uma explicação de outra ordem, *vd.* VERMELLE, *Droit Civil, Les Contrats Spéciaux*, Paris, 1996, p. 28.

[2] No sentido de que a transferência do direito decorre unicamente do contrato, por interpretação do termo «mero», constante do art. 408° CC, cfr. PEDRO DE ALBUQUERQUE, «Contrato de Compra e Venda...», cit., pp. 26 s.; RAÚL VENTURA, «O Contrato de Compra e Venda ...», cit., pp. 593 s.

[3] Ou, como sintetiza RAÚL VENTURA, «O Contrato de Compra e Venda ...», cit., p. 618, «a transmissão opera-se sempre por efeito do contrato, mas nem sempre no momento do contrato».

Este é um dos aspectos em que a compra e venda com reserva de propriedade se distingue do contrato promessa de compra e venda.

[4] É evidentemente discutível que a cláusula de reserva de propriedade constitua uma condição ou um termo suspensivos, cfr. RAÚL VENTURA, «O Contrato de Compra e Venda ...», cit., pp. 615 s. Em sentido afirmativo, cfr. RESCIGNO, *Diritto Privato*, cit., pp. 788 s. Numa perspectiva menos conforme com os princípios, mas eventualmente mais adequada ao comum das situações reais, já foi defendido que o proprietário é o comprador, tendo-se estabelecido uma condição resolutiva (cfr. CUNHA GONÇALVES, *Tratado de Direito Civil*, Vol. VIII, Coimbra, 1934, p. 349 e, em particular, com desenvolvimento e referências à doutrina estrangeira no mesmo sentido, ANA MARIA PERALTA, *A Posição Jurídica do Comprador na Compra e Venda com Reserva de Propriedade*, Coimbra, 1990,

I – Compra e Venda

Trata-se de uma cláusula frequentemente acordada, em especial no caso de contrato de compra e venda com espera de preço, por exemplo, na compra e venda a prestações, em que a propriedade não se transfere para o comprador enquanto o preço não for pago[1]. Nos termos do art. 409°, n.° 1 CC, a reserva de propriedade pode estar relacionada com o cumprimento das obrigações do comprador, *maxime* o pagamento do preço, ou com a verificação de qualquer outro evento, podendo a cláusula ser aposta na venda de coisas móveis (genéricas[2] ou específicas) ou imóveis[3].

II. O *pactum reservati dominii* é uma cláusula livremente aponível ao contrato de compra e venda, relativamente à qual valem as regras gerais de formação dos negócios jurídicos[4]. A cláusula em questão segue a forma do

---

pp. 24 ss. e pp. 110 ss.). Sobre esta questão, *vd.* também Ac. STJ de 24/6/1982, BMJ 318, p. 349; Ac. STJ de 24/1/1985, RLJ 115, p. 380. Tal solução não é de aceitar atento o disposto na lei. Designadamente, não parece sustentável a tese de LIMA PINHEIRO, *A Cláusula de Reserva de Propriedade*, Coimbra, 1988, pp. 23 ss., pp. 108 ss. e p. 120, no sentido de a reserva de propriedade corresponder a uma garantia ou mesmo a um direito de penhor sem posse por parte o vendedor, porque não há que confundir a finalidade prática, muitas vezes prosseguida pelas partes, com a estrutura conceitual de um instituto jurídico. É um facto que a reserva de propriedade funciona, frequentemente, como uma convenção de garantia acessória, mas essa é uma finalidade eventual, podendo não estar no espírito das partes. Mais curial parece ser a posição defendida por ANA MARIA PERALTA, *A Posição Jurídica*, cit., pp. 154 ss., de qualificar a posição jurídica do comprador com reserva de propriedade como um direito real de aquisição. LIMA PINHEIRO, *A Cláusula*, cit., pp. 54 ss., admite a hipótese de reconhecer ao comprador na venda com reserva de propriedade uma expectativa jurídica real. Posição idêntica é sustentada por LUÍS MENEZES LEITÃO, *Direito das Obrigações*, Vol. I, Coimbra, 2000, pp. 178 s., que depois de contestar a qualificação desta cláusula como uma condição, afirma que consubstancia uma expectativa real de aquisição.

[1] Daí falar-se no *pactum reservati dominii donec pretium solvatur*. Como refere LARENZ, *Schuldrechts*, II-1, cit., § 43.II, pp. 108 e 111s., a cláusula de reserva de propriedade tem um significado relevante como meio de segurança nas vendas a crédito.

No Ac. STJ de 29/2/1996, CJ (STJ) 1996, T. I, p. 108, entendeu-se que, nos termos do Decreto-Lei n.° 98/88, de 5 de Maio, a venda de cortiça feita pelo Estado presume-se feita com reserva de propriedade.

[2] Nada obsta a que a cláusula de reserva de propriedade seja aposta em contratos mediante os quais o efeito real não é de produção imediata. Deste modo, se numa compra e venda de coisa genérica for ajustada a reserva de propriedade, a cláusula só produz efeitos após a concentração da prestação.

[3] Comparando o art. 409°, n.° 1 CC com idênticas disposições de diplomas de outros países, RAÚL VENTURA, «O Contrato de Compra e Venda ...», cit., p. 607, conclui que o preceito inserido no Código Civil Português é «muito mais liberal».

[4] Não obstante haver liberdade quanto ao ajuste da cláusula de reserva de propriedade, ela não pode ser aposta após a celebração do contrato, diferentemente do que ocorre

negócio jurídico onde é aposta e produz efeitos em relação a terceiros se for registada, caso o direito sobre o bem objecto da venda esteja sujeito a registo (art. 409°, n.° 2 CC). No caso de falência do comprador, a cláusula de reserva de propriedade só será oponível à massa falida se tiver sido estipulada por escrito (art. 155°, n.° 4 do Código dos Processos Especiais de Recuperação da Empresa e de Falência), pelo que, nessa hipótese, para a aposição dessa cláusula — para além do registo, quando requerido —, pode ser exigida maior formalidade do que a respeitante ao contrato de onde ela consta.

b) Eficácia

I. Em relação à cláusula de reserva de propriedade acordada numa compra e venda de coisa móvel não sujeita a registo, a sua eficácia não é questionável *inter partes*, mas não pode ser oponível a terceiros de boa fé[1].

De facto, não havendo registo, apesar de não valer no sistema jurídico português a regra «posse vale título», diferentemente do que ocorre em outros ordenamentos jurídicos (p. ex., art. 2279 CCFr.)[2], o legislador preocupa-se em tutelar a aparência das situações. É isso que ocorre, nomeadamente no caso de coisa comprada a comerciante (art. 1301° CC)

---

com outras condições. De facto, como a propriedade se transmite por mero efeito do contrato, não pode, depois de celebrado o negócio jurídico, estipular-se a reserva de propriedade, porque esta já se transferiu. Tal só será possível com respeito a contratos que não impliquem a transferência imediata da propriedade (p. ex., compra e venda de coisa genérica). Cfr. RAÚL VENTURA, «O Contrato de Compra e Venda ...», cit., pp. 605 s.

A solução é diversa no Direito alemão, na medida em que no contrato de compra e venda, sendo meramente obrigacional, pode a cláusula de reserva de propriedade ser acordada até à entrega da coisa, cfr. REINICKE/TIEDTKE, *Kaufrecht*, cit., p. 349.

[1] Contra, ARMANDO BRAGA, *Compra e Venda*, cit., p. 72 e RAÚL VENTURA, «O Contrato de Compra e Venda ...», cit., p. 608, fazendo uma interpretação *a contrario* do n.° 2 do art. 409° CC. Por sua vez, PIRES DE LIMA/ANTUNES VARELA, *Código Civil Anotado*, Vol. I, 4ª ed., Coimbra, 1987, anot. 3 ao art. 409°, p. 376, consideram que existe oponibilidade em relação a terceiros, por não ter valor o princípio posse vale título. No mesmo sentido, LUÍS MENEZES LEITÃO, *Direito das Obrigações*, cit., p. 176; ANA MARIA PERALTA, *A Posição Jurídica*, cit., p. 49 e LIMA PINHEIRO, *A Cláusula*, cit., p. 73. Cfr. também Ac. Rel. Pt. de 12/1/1993, CJ XVIII (1993), T. II, p. 175. Quanto a esta tomada de posição, em particular questionando a situação em que podem ficar os terceiros de boa fé, cfr. VAZ SERRA, «Efeitos dos Contratos (Princípios Gerais)», BMJ 74 (1958), pp. 358 e 368, pronunciando-se pela inoponibilidade da cláusula a terceiros de boa fé.

[2] Cfr. MENEZES CORDEIRO, *Da Boa Fé no Direito Civil*, I, Coimbra, 1985, pp. 443 ss., 456 ss. e 461 ss.

I – Compra e Venda 39

e no penhor (arts. 669° ss. CC). Este último, ao incidir sobre coisas móveis não registáveis, pressupõe, à excepção das situações especiais de penhor mercantil, o desapossamento da coisa.

Por outro lado, vigora o princípio da relatividade dos contratos (art. 406°, n.° 2 CC), nos termos do qual a cláusula de reserva de propriedade, como cláusula contratual que é, por si (sem registo), não será oponível em relação a terceiros.

Além disso, não se entenderia que no caso de compra e venda de coisa sujeita a registo, a falta do registo da cláusula implicasse a sua eficácia só *inter partes* (art. 409°, n.° 2 CC) e sendo vendidas coisas móveis não sujeitas a registo a oponibilidade da cláusula de reserva de propriedade fosse *erga omnes*[1]. Na realidade, a regra constante do art. 409°, n.° 2 CC determina que o regime da reserva de propriedade se afasta daquele que o legislador estabeleceu a propósito da condição, no art. 274°, n.° 1 CC; deste preceito conclui-se que o princípio geral é o da sujeição dos actos de disposição de bens ou direitos que constituem objecto de negócio condicional à própria condição, mas relativamente à reserva de propriedade, no que respeita à oponibilidade a terceiros, é necessária a publicidade (registo), razão pela qual, em relação a bens móveis não sujeitos a registo, não se pode aplicar o princípio da eficácia absoluta.

Acresce que em caso de incumprimento, designadamente pela falta de pagamento do preço, cabe ao comprador resolver o contrato de compra e venda, mas a resolução, nos termos do art. 435°, n.° 1 CC, não prejudica os direitos adquiridos por terceiros, salvo se a cláusula de reserva de propriedade tiver sido registada[2].

Pode ainda dizer-se, não obstante o reduzido valor deste tipo de argumentos, que a eficácia *erga omnes* da cláusula de reserva de propriedade em relação a bens não registáveis facilita o ajuste de acordos fraudulentos em prejuízos de terceiros de boa fé.

II. Em relação às compras e vendas de automóveis com reserva de propriedade rege o Decreto-Lei n.° 54/75, de 12 de Fevereiro (modificado pelo Decreto-Lei n.° 242/82, de 22 de Junho), nos termos do qual, se o

---

[1] Relembre-se que, nos termos gerais, como costuma dizer-se, «o registo não dá nem tira direitos», pelo que a falta de registo do direito, por exemplo de propriedade que se tenha adquirido, não obsta à oponibilidade do mesmo *erga omnes*. Sendo, portanto, de entender a regra do art. 409°, n.° 2 CC como uma limitação à oponibilidade dos direitos.

[2] Excepção idêntica ocorre no domínio da cláusula a retro, nos termos do art. 932° CC. *Vd.* ponto respeitante à venda a retro.

40   *Direito das Obrigações*

comprador faltar ao cumprimento das suas obrigações, cabe ao vendedor, em juízo, requerer a apreensão do veículo[1].

III. No caso de ter sido celebrado um contrato de compra e venda com reserva de propriedade, mesmo que tenha havido tradição da coisa, é discutível que se transfira a posse[2], mas, sem dúvida, a cláusula de reserva de propriedade obsta a que se transmita o direito real (p. ex., de propriedade) sobre o bem a que se reporta a compra e venda.

Desta concepção jurídica resulta para o comprador alguma incerteza, pois ele tem a expectativa jurídica de adquirir o direito real não oponível a terceiros que, entretanto, hajam adquirido o mesmo direito por negócio celebrado com o vendedor[3]. Nesta sequência, será eventualmente de aceitar a atribuição ao comprador com reserva de propriedade do direito de retenção (art. 754° CC) a partir do momento em que a coisa lhe tenha sido entregue e ele seja credor quanto à devolução de parte do preço já pago. Outra solução passará pela qualificação da reserva de propriedade como um direito real de aquisição atribuído ao comprador[4] e oponível a terceiros, desde que registado (art. 409°, n.° 2 CC). Assim sendo, o comprador poderia opor aos credores do vendedor o seu direito real, como modo de obstar à penhora da coisa adquirida[5].

---

[1] Este regime tem, depois, de se relacionar com a compra e venda a prestações, até porque a reserva de propriedade na compra e venda de veículos está normalmente associada à venda a prestações. Sobre esta questão, *vd.* MOITINHO DE ALMEIDA, *O Processo Cautelar de Apreensão de Veículos Automóveis*, 5ª ed., Coimbra, 1999.

[2] No sentido de se tratar de um mero detentor, cfr. GHESTIN/DESCHÉ, *La Vente*, cit., p. 667. Tem sido esta a posição de alguma jurisprudência, cfr. Ac. STJ de 24/6/1982, BMJ 318, p. 394; Ac. Rel. Pt. de 19/5/1981, CJ VI (1981), T. III, p. 127.

Diferentemente, considerando estar-se perante uma verdadeira posse, solução que parece mais correcta, cfr. ANA MARIA PERALTA, *A Posição Jurídica*, cit., pp. 67 ss.; LIMA PINHEIRO, *A Cláusula*, cit., pp. 48 ss.; RAÚL VENTURA, «O Contrato de Compra e Venda ...», cit., pp. 610 e 623. De facto, admitindo-se que o promitente comprador, havendo tradição da coisa, tem posse sobre a mesma, por maioria de razão, o comprador com reserva de propriedade, tendo-lhe sido entregue a coisa, adquire a posse.

[3] Sobre esta questão, cfr. ANA MARIA PERALTA, *A Posição Jurídica*, cit., pp. 40 ss., admitindo que, como se transferiu a posse para o comprador com reserva de propriedade, que parece ser a solução mais curial, a sua posição jurídica ficaria melhor salvaguardada pelo recurso às acções possessórias.

[4] Cfr. ANA MARIA PERALTA, *A Posição Jurídica*, cit., pp. 154 ss. A este propósito, REINICKE/TIEDTKE, *Kaufrecht*, cit., pp. 365 ss., fazem alusão a uma expectativa (*Anwartschaftsrecht*) do comprador com reserva de propriedade.

[5] Quanto à problemática da posição do comprador com reserva de propriedade perante os credores do vendedor, cfr. REINICKE/TIEDTKE, *Kaufrecht*, cit., pp. 361 ss.

I – Compra e Venda

c) *Risco*

A cláusula de reserva de propriedade, por aplicação do artigo 796°
CC, poderia levar a concluir que, não obstante ter havido tradição da coisa,
o risco não se transfere para o adquirente enquanto perdurar o efeito sus-
pensivo.

De facto, nos termos da parte final do n.° 3 do art. 796° CC, o risco
corre por conta do alienante na pendência da condição suspensiva e a
cláusula de reserva de propriedade funciona como condição suspensiva
quanto à transferência da propriedade[1]. Porém, a reserva de propriedade,
na maioria das situações, é ajustada com um mero efeito de garantia,
principalmente quando acordada nos contratos de compra e venda com
espera de preço. A cláusula de reserva de propriedade é vulgarmente
acordada como garantia, com efeitos idênticos, por exemplo aos da hipoteca — razão pela qual não é usual acordar-se a cláusula de reserva de
propriedade na venda de imóveis —, mas em que o comprador fica com
o gozo da coisa, justificando-se que assuma o inerente risco[2].

Deste modo, sempre que tenha havido entrega da coisa deve entender-se que o risco se transferiu, não só por esta razão de ordem prática,
como por três outros motivos[3].

No art. 796°, n.° 1 CC fala-se também em transferência do domínio,
levando a admitir que o risco possa estar associado à relação material com
a coisa e não só à titularidade do direito real. Dito de outro modo, o risco

---

[1] Sobre a controvérsia em torno da qualificação da cláusula de reserva de propriedade, discutindo se constitui uma condição suspensiva ou resolutiva, *vd*. FRAN MARTINS,
Contratos, cit., pp. 113 s., assim como RIBEIRO LUÍS, «O Problema do Risco no Contrato
de Compra e Venda com Reserva de Propriedade», CJ 1981, T. III, pp. 15 ss. Veja-se ainda
supra nota 4 da p. 36.

[2] Daí que certos autores considerem a cláusula de reserva de propriedade como
uma garantia real (ao lado de outros direitos reais de garantia). Cfr. as posições indicadas
por ANA MARIA PERALTA, *A Posição Jurídica*, cit., pp. 24 ss., bem como a solução de LIMA
PINHEIRO, *A Cláusula*, cit., pp. 23 ss. e pp. 108 ss., de qualificar a reserva de propriedade
como um penhor sem posse conferida ao vendedor. *Vd*. também, VAZ SERRA, «Efeitos
dos Contratos...», cit., p. 356. Apesar de a finalidade (garantia) estar na base do ajuste,
a reserva de propriedade, estruturalmente, não corresponde a uma garantia.

[3] Cfr. ARMANDO BRAGA, *Compra e Venda*, cit., pp. 72 e 92; LIMA PINHEIRO,
A Cláusula, cit., p. 46; RAÚL VENTURA, «O Contrato de Compra e Venda ...», cit., p. 610.
Vd. Ac. STJ de 5/3/1996, CJ (STJ), IV (1996), T. I, p. 119.

A solução de que o risco é assumido pelo comprador a partir do momento em que
a coisa vendida com reserva de propriedade lhe é entregue, vem claramente prescrita na
parte final do art. 1523 CCIt., cfr. BOCCHINI, *La Vendita*, cit., pp. 291 ss., em especial
p. 307 e TRABUCCHI, *Istituzioni*, cit., p. 693.

relaciona-se com a titularidade das vantagens sobre uma coisa atribuídas a certa pessoa e, havendo tradição, essas vantagens são conferidas ao comprador.

Por outro lado, no n.º 3 do art. 796º CC, em caso de condição resolutiva, considera-se que, tendo a coisa sido entregue ao comprador, o risco corre por conta deste; ora, com respeito à condição suspensiva, não se prevê a hipótese de ter havido entrega da coisa ao adquirente, pelo que, nesse caso, a solução deverá ser a oposta à estabelecida no preceito; ou seja, mesmo quando se trate de condição suspensiva, a tradição da coisa importa a transferência do risco.

Além isso, a reserva de propriedade constituiria igualmente uma condição resolutiva, de modo a obstar à aplicação do art. 886º CC, permitindo ao vendedor resolver o contrato de compra e venda em caso de falta de pagamento do preço; deste modo, sendo a condição resolutiva e tendo havido tradição da coisa, o risco corre por conta do comprador (art. 796º, n.º 3 CC).

§ 5. Efeitos obrigacionais

1. Regras gerais

Além de particularidades do regime da compra e venda, concretamente as obrigações de entregar a coisa e de pagar o preço, do contrato pode resultar uma multiplicidade de obrigações para as partes. Tratar-se-á de prestações secundárias ou acessórias que resultam dos princípios gerais, como as obrigações de informação[1], conselho e segurança, ou de regras específicas, como as obrigações de garantia relativamente à coisa vendida. A estas obrigações acrescem ainda as que forem ajustadas atendendo a particulares interesses das partes.

2. Entrega da coisa

I. Na alínea b) do art. 879º CC estabeleceu-se, como um dos efeitos essenciais da compra e venda, a obrigação, que impende sobre o alienante,

---

[1] Relativamente às informações a prestar ao comprador, *vd.* HUET, *Les Principaux Contrats*, cit., pp. 215 ss.

de entregar a coisa vendida. Sendo o dever de entregar a coisa vendida uma obrigação que advém do contrato, e não se tratando de um elemento necessário à sua formação, a compra e venda não é um negócio jurídico real *quoad constitutionem*. Como a compra e venda corresponde a um negócio jurídico real *quoad effectum*, a entrega da coisa nada tem que ver com a transmissão do direito.

Mesmo nas obrigações genéricas, em que a concentração costuma estar associada à entrega da coisa (cumprimento, art. 541° CC), a transferência da propriedade é consequência directa do contrato e indirecta da concentração da prestação.

A entrega, por vezes, nem sequer produz efeitos a nível da transmissão da posse, pois, mesmo que a tradição da coisa não se tenha verificado no momento da celebração do contrato, a posse é, nessa altura, adquirida pelo comprador por via do constituto possessório (art. 1264° CC). Assim, a tradição, regra geral, corresponde simplesmente a uma transferência da detenção da coisa.

II. Sobre o vendedor, nem sempre impende a obrigação de entrega: se o comprador já tinha a coisa em seu poder — *traditio brevi manu* — (p. ex., quando o proprietário vende a casa ao inquilino), ou não se estando perante uma compra e venda de direitos reais, mas de direitos de crédito, pela natureza das situações, não há o dever de entrega[1].

Por outro lado, das regras gerais (art. 767° CC) ou de cláusula contratual pode decorrer que a entrega não corresponda a uma obrigação do vendedor mas de terceiro; assim será, nomeadamente, quando a coisa vendida se encontra depositada num armazém à guarda de terceiro[2].

A entrega, quando tem de se efectuar, pode fazer-se pela tradição material ou simbólica da coisa vendida.

III. O dever de entregar o bem vendido corresponde a uma prestação de entrega da coisa, que segue as regras gerais do cumprimento (arts. 762° ss. CC) e do não cumprimento das obrigações (arts. 790° ss. CC). Mas

---

[1] RAÚL VENTURA, «O Contrato de Compra e Venda ...», cit., pp. 620 s., apresenta outros exemplos em que não há a obrigação de entregar a coisa (p. ex., quando é vendida coisa que foi furtada ao vendedor, ficando o comprador de proceder a todas as diligências para que a coisa venha à sua posse), concluindo que a validade da compra e venda não é afastada desde que «o comprador fique colocado na situação em que ficaria um comprador se a obrigação de entrega existisse e ficasse cumprida (...)».

[2] Cfr. DOBSON, *Sale of Goods*, cit., pp. 180 s.

44 *Direito das Obrigações*

importa aludir a algumas especificidades, características da obrigação de entrega da coisa vendida.

IV. Sendo a entrega da coisa o cumprimento de uma obrigação, aplicam-se-lhe as regras gerais deste acto jurídico quanto, por exemplo, ao princípio geral da boa fé, ao tempo e ao lugar de realização da prestação.

O vendedor, ao entregar a coisa, bem como o comprador, ao exigi-la, devem proceder de boa fé (art. 762°, n.° 2 CC).

A coisa deve ser entregue ao comprador na data acordada; as partes têm liberdade de ajustar um termo, certo ou incerto, para o cumprimento da obrigação de entrega, como ocorre em qualquer prestação[1]. Na falta de acordo quanto à data de entrega, cabe ao adquirente exigir a todo o tempo o cumprimento da obrigação, podendo o vendedor, independentemente da interpelação, entregar a coisa ao comprador (art. 777°, n.° 1 CC).

A coisa, na falta de estipulação em contrário, é entregue no lugar onde se encontrava ao tempo da conclusão do contrato (art. 773°, n.° 1 CC) ou onde vier a ser produzida (art. 773°, n.° 2 CC). No caso de obrigações de envio encontra aplicação o art. 797° CC. Assim, se o vendedor se obrigar a enviar a coisa para local diferente do lugar do cumprimento, o risco transfere-se com a entrega ao transportador[2].

Para a hipótese de contrato de compra e venda comercial, o art. 473° CCom. impõe, na falta de convenção em sentido diverso, que, sendo a coisa vendida à vista, deverá ser posta à disposição do comprador nas vinte e quatro horas seguintes à da celebração do contrato; caso contrário (p. ex., venda sobre amostra, que não é à vista), o prazo será fixado judicialmente (art. 473°, § único CCom.). Tratando-se de compra e venda a pronto realizada em feira ou mercado, como dispõe o art. 475° CCom., a entrega da coisa, não havendo disposição das partes em sentido diferente, deve ser feita de imediato ou, o mais tardar, no dia seguinte. Se este prazo tiver

---

[1] A este propósito, FRAN MARTINS, *Contratos*, cit., pp. 146 ss., alude às vendas a termo, mas esta terminologia indicia tão-só a existência de um termo quanto ao cumprimento de prestações das partes no contrato.

[2] Acerca da transferência do risco nas obrigações de envio, cfr. LARENZ, *Schuldrechts*, II-1, cit., § 42.II, pp. 100 ss., que também conclui, nos termos do § 447.I BGB, no sentido de transferir-se o risco para o comprador com a entrega ao expedidor. No mesmo sentido, cfr. ESSER/WEYERS, *Schuldrecht*, II, cit., § 8.III, pp. 94 e 96 ss. Veja-se ainda BOCCHINI, *La Vendita*, cit., pp. 33 ss., relativamente às vendas com obrigação de expedição de coisa e pp. 74 ss., no que respeita à venda com transporte. Cfr. igualmente LUMINOSO, *I Contratti Tipici e Atipici*, Milão, 1995, pp. 86 ss.

I – Compra e Venda   45

decorrido, sem que qualquer das partes exija o cumprimento do contrato, haver-se-á este por sem efeito (art. 475°, § único CCom.).

Caso o comprador não aceite o cumprimento da obrigação de entrega da coisa vendida, cabe ao vendedor recorrer à consignação em depósito, nos termos gerais (arts. 841° ss. CC)[1].

V. Como a entrega corresponde ao cumprimento de uma obrigação do vendedor, as respectivas despesas, por princípio, devem ser suportadas por ele. É o que ocorre, por exemplo, com respeito às despesas de empacotamento e de transporte. Porém, quanto a estas últimas, importa determinar se se trata de uma obrigação de envio para lugar diferente do do cumprimento, caso em que as despesas do transporte são imputadas ao comprador.

VI. O vendedor tem de entregar a coisa no estado em que se encontrava ao tempo do ajuste contratual (art. 882°, n.° 1 CC)[2].

Após a celebração do contrato, impõe-se ao vendedor, por um lado, a obrigação de não praticar actos que alterem o estado da coisa e, por outro, o dever de praticar actos relativos à conservação da mesma. Deste modo, sobre o vendedor impende também um dever de custódia, que é instrumental em relação à entrega da coisa no estado em que se encontrava[3]. As despesas da guarda da coisa, correspondendo esta obrigação a um acto instrumental da entrega, são suportadas pelo devedor.

Associado com este dever de guarda do bem alienado pode estar o de entregar documentos relativos à coisa ou direito (art. 882°, n.° 2 e 3 CC)[4].

---

[1] Sobre a questão, *vd.* BOCCHINI, *La Vendita*, cit., pp. 175 ss.

[2] Trata-se de um dever que, como justamente refere PEDRO DE ALBUQUERQUE, «Contrato de Compra e Venda...», cit., p. 30, não tem sentido com respeito a coisas futuras e a coisas indeterminadas; ou melhor dizendo, tal dever só encontra justificação em momento posterior ao do acordo, isto é, a partir do começo de existência — para coisas futuras — ou da especificação — para coisas indeterminadas. Cfr. RAÚL VENTURA, «O Contrato de Compra e Venda ...», cit., p. 627. Quanto às deteriorações ocasionadas em coisas futuras ou indeterminadas antes da entrega, cfr. o disposto no art. 918° CC.

[3] Cfr. PIRES DE LIMA/ANTUNES VARELA, *Código Civil Anotado*, II, cit., anot. 2 ao art. 882°, p. 172. RAÚL VENTURA, «O Contrato de Compra e Venda ...», cit., pp. 628 ss., inclui a obrigação de guardar a coisa vendida na de entregá-la no estado em que se encontrava ao tempo da venda.

[4] Quanto aos documentos a entregar, para além do título de propriedade ou de outro direito (como o título de registo de propriedade e o livrete dos veículos automóveis), incluem-se a caderneta predial, as licenças de construção, de utilização, de circulação etc., certificados, planta do prédio, contrato de arrendamento em vigor de parte ou da totalidade

46   *Direito das Obrigações*

Salvo estipulação em contrário, a coisa vendida deve ser entregue juntamente com as partes integrantes e frutos pendentes (art. 882°, n.° 2 CC)[1], mas, em princípio, não é devida a entrega das coisas acessórias (art. 210°, n.° 2 CC)[77].

A obrigação de entregar a coisa no estado em que se encontrava não altera as regras do risco decorrentes do art. 796° CC[2]; nos termos deste preceito, o risco corre por conta do comprador (art. 796°, n.° 1 CC), desde que não tenha sido constituído termo quanto à entrega da coisa a favor do alienante (art. 796°, n.° 2 CC), ou estabelecida condição resolutiva ou suspensiva sem entrega da coisa (art. 796°, n.° 3 CC). Assim, se a coisa se deteriorar por causa não imputável ao vendedor entre a data da celebração do contrato e a da entrega, não estando esta dilação fundada em nenhuma das situações invocadas, o risco é assumido pelo comprador.

Caso a deterioração seja imputável ao vendedor, encontram aplicação as regras do cumprimento defeituoso. Deste modo, se a coisa, entre a data da venda e a da entrega, se deteriorar, adquirindo vícios ou perdendo qualidades, havendo culpa do vendedor, que se presume (art. 799° CC), ele é responsável pelo não cumprimento da obrigação de entrega (art. 918° CC).

---

do prédio vendido, «pedigree» do animal, etc.; cfr. BIHL, *Vente*, cit., p. 212; ARMANDO BRAGA, *Compra e Venda*, cit., p. 89, nota 2; GHESTIN/DESCHÉ, *La Vente*, cit., pp. 731 ss.; PIRES DE LIMA/ANTUNES VARELA, *Código Civil Anotado*, II, cit., anot. 4 ao art. 882°, p. 173. RAÚL VENTURA, «O Contrato de Compra e Venda ...», cit., p. 633, considera não haver obrigação de entrega de documento contido em arquivo público de que se possa extrair certidão ou que respeite a situações pretéritas da coisa. A não entrega de documentos, no caso o livrete e o título de registo de propriedade, permite que o comprador recorra à excepção de não cumprimento e recuse o pagamento do preço (Ac. Rel. Pt. de 26/9/1996, CJ XXI, T. IV, p. 201).

[1] A expressão frutos pendentes deve ser entendida num sentido amplo, de forma a abranger também todos os frutos que a coisa tenha produzido desde a data da celebração do contrato até à entrega (cfr. art. 213° CC). Na realidade, atento o facto de que a propriedade se transmite com o ajuste, os frutos percebidos após essa data pertencem ao comprador, e, nessa medida, devem-lhe ser entregues juntamente com a coisa. Diferentemente, PEDRO DE ALBUQUERQUE, «Contrato de Compra e Venda...», cit., p. 32, nota 6; RAÚL VENTURA, «O Contrato de Compra e Venda ...», cit., p. 631, consideram que os frutos percebidos entre a data da venda e a da entrega são devidos ao comprador porque ele é o proprietário da coisa vendida durante esse período; concluindo, portanto, que a obrigação de entrega desses frutos não advém do contrato de compra e venda.

[2] De modo diverso, quanto à compra e venda de veículos automóveis, o art. 2°, n.° 3 do Decreto-Lei n.° 54/75, de 12 de Fevereiro, determina que o negócio jurídico que tenha por objecto automóveis, salvo declaração em contrário, abrange os objectos acessórios existentes no veículo, ainda que não indispensáveis ao seu funcionamento.

[78] Cfr. RAÚL VENTURA, «O Contrato de Compra e Venda ...», cit., p. 639.

I – Compra e Venda 47

VII. Na falta de entrega da coisa vendida estar-se-á perante uma situação de incumprimento e importa determinar se é imputável ao vendedor, sabendo-se que vale a regra da presunção de culpa (art. 799°, n.° 1 CC).

É, todavia, lícito ao vendedor recusar a entrega da coisa vendida se estiverem preenchidos os pressupostos da excepção de não cumprimento (art. 428° CC). Mesmo que o vendedor, nos termos do art. 468° CCom., se tenha obrigado a entregar a coisa vendida antes de lhe ser pago o preço, considerar-se-á exonerado de tal obrigação se o comprador falir antes da entrega, caso em que poderá recorrer à excepção de não cumprimento[1].

Perante uma situação de incumprimento, não havendo impossibilidade nem perda do interesse, o comprador pode reagir através da execução específica, em particular, quando se trate de uma obrigação de entrega de coisa certa (art. 827° CC). Porém, se ele já é proprietário ou titular de outro direito real também lhe é facultada a possibilidade de interpor uma acção de reivindicação (art. 1311° CC) ou uma acção de restituição (art. 1278° CC), se adquiriu a posse, designadamente, por constituto possessório (art. 1264° CC).

Em qualquer dos casos, nos termos gerais, o comprador terá direito a ser indemnizado (arts. 562° ss. CC), mas a indemnização derivada do incumprimento da obrigação de entrega, em particular a que advém da mora (arts. 804° ss. CC), só tem sentido ser exigida conjuntamente com a obrigação de entrega de coisa certa.

VIII. A obrigação de entrega é o principal dever que impende sobre o vendedor; mas, ao lado dele, podem surgir outras obrigações, assentes em princípios gerais, tais como os deveres de informação e conselho, ou de assistência pós-venda[2]. Estes deveres do vendedor têm tendência para

---

[1] Quanto à compatibilidade do art. 468° CCom. com os arts. 161° ss. do Código dos Processos Especiais de Recuperação da Empresa e de Falência, cfr. CARVALHO FERNANDES/LABAREDA, *Código dos Processos Especiais de Recuperação da Empresa e de Falência Anotado*, 3ª ed., Lisboa, 1999, anot. 3 ao art. 161°, pp. 422 s. OLIVEIRA ASCENSÃO, «Efeitos da Falência sobre a Pessoa e Negócios do Falido», ROA 55 (1995), III, p. 663, é de opinião que o art. 468° CCom. foi «objecto de revogação global operada pelo Código de Falência».

[2] São deveres que advêm de princípios gerais, em particular da boa fé, não sendo necessário que o legislador os reitere. Daí parecer desnecessária a regra constante do art. 4°, n.° 1 da Lei n.° 23/96, de 26 de Julho que, ao estabelecer quanto aos contratos de fornecimento de água, gás, etc., determina que «O prestador do serviço deve informar conveniente(mente) a outra parte das condições em que o serviço é fornecido e prestar-lhe todos os esclarecimentos que se justifiquem, de acordo com as circunstâncias».

48 *Direito das Obrigações*

alargar-se sempre que o comprador é um consumidor final[1]. Como em relação a qualquer outra obrigação, o incumprimento de tais deveres faz incorrer o vendedor em responsabilidade contratual.

3. Pagamento do preço

a) Aspectos gerais; determinação

I. Nos termos do disposto na alínea c) do art. 879° CC, constitui um dos efeitos essenciais da compra e venda a obrigação de pagar o preço[2]. Trata-se de uma obrigação pecuniária (art. 550° CC) que impende sobre o comprador; obrigação essa que, por via de regra, será de quantidade (em escudos ou euros), podendo também ser em moeda específica (arts. 552° ss. CC) ou em moeda estrangeira (art. 558° CC)[3].

Se a contraparte se obriga a efectuar prestações não pecuniárias, em vez de uma compra e venda, estar-se-á perante uma troca, podendo até consubstanciar um contrato misto de compra e venda e troca (p. ex., venda de automóvel novo com entrega de veículo usado[4]) ou de compra e venda e prestação de serviço[5].

II. Para a determinação do preço vale um princípio de liberdade contratual; contudo, em certos casos, o preço pode ser fixado por entidade pública. Por exemplo, no que respeita aos medicamentos e combustíveis o Governo estabelece parâmetros para a fixação do respectivo preço

---

[1] Sobre esta questão, *vd.* LARENZ, *Schuldrechts*, II-1, cit., § 43.a, pp. 127 ss.; REINICKE/TIEDTKE, *Kaufrecht*, cit., pp. 408 ss.

[2] Como referia PAULO no Digesto 18.1.1.1, apesar de a compra e venda ter a sua origem na permuta, não há venda sem entrega de dinheiro.

[3] Cfr. Ac. STJ de 29/6/1993, CJ (STJ), I (1993), T. II, p. 170.

[4] Sobre a compra e venda de automóvel novo recebendo em troca veículo usado, considerando tratar-se, não de duas compras e vendas, mas de um contrato unitário, um *typengemischtervertrag*, em que a parte da contraprestação da venda do automóvel novo correspondente ao veículo usado é uma troca, cfr. LARENZ, *Schuldrechts*, II-1, cit., § 42.I, pp. 92 s. Sobre esta problemática veja-se também REINICKE/TIEDTKE, *Kaufrecht*, cit., pp. 288 ss., que assentam no pressuposto da existência de dois contratos de compra e venda, admitindo também poder, em certos casos, tratar-se de um só contrato com elementos de compra e venda e de troca. A mesma ideia de dupla venda, como duas operações indissociáveis, encontra-se em DUTILLEUL/DELEBECQUE, *Contrats Civils*, cit., p. 94.

[5] Quanto a esta última situação, cfr. LARENZ, *Schuldrechts*, II-1, cit., § 42.I, pp. 90 s.

I – Compra e Venda

e em relação a determinados produtos, em especial produtos agrícolas, o Governo fixa o preço mínimo[1].

A determinação do preço de bens pelo Governo é própria de economias dirigistas; na actual situação económico-política a tendência aponta para uma menor intervenção do Estado na economia, deixando à autonomia privada e à lei da oferta e da procura a estipulação dos preços.

Na eventualidade, pouco comum, de as partes não fixarem o preço e de não terem incumbido terceiro ou uma delas de o fazer, tal como preceitua o art. 400° CC, este será determinado nos termos do art. 883° CC[2].

No art. 466° CCom., prevê-se a hipótese de as partes acordarem quanto a um critério de determinação do preço ou de este ter ficado, também por vontade das partes, ao arbítrio de terceiro; além destas hipóteses, nos termos do disposto no art. 400° CC, a determinação do preço pode ser conferida a uma das partes, devendo ser feita segundo juízos de equidade[3].

---

[1] Relacionado com esta questão, cabe aludir a outras limitações à autonomia privada, como a que advém do Decreto-Lei n.° 176/96, de 21 de Setembro (alterado pelo Decreto-Lei n.° 216/2000, de 2 de Setembro), ao instituir o preço fixo no livro, a determinação pelo Governo do preço da habitação em programas de habitação de custos controlados (Decreto-Lei n.° 141/88, de 22 de Abril e Portaria n.° 427/99, de 15 de Junho) ou a indicação dos preços de géneros alimentícios (Decreto-Lei n.° 138/90, de 26 de Abril e Decreto-Lei n.° 162/99, de 13 de Maio), da venda a retalho (Decreto-Lei n.° 162/99, de 13 de Maio) e dos preços de medicamentos (Portaria n.° 713/2000, de 5 de Setembro).

[2] Como preceitua o art. 883° CC, recorre-se ao preço comummente praticado pelo vendedor ou, na falta deste, ao preço de mercado e, na insuficiência destes critérios, como refere PEDRO NUNES DE CARVALHO, *Dos Contratos: Teoria Geral dos Contratos; Dos Contratos em Especial*, Lisboa, 1994, p. 131 e nota 1 da mesma página, está-se perante um dos casos em que, por lei, se admite o recurso à justiça do caso concreto, a efectuar pelo tribunal nos termos do art. 4°, alínea a) CC.

Sobre o recurso ao art. 883° CC em caso de omissão do notário em indicar o preço numa escritura de compra e venda de imóvel, *vd.* ALBINO MATOS, «Venda sem Preço e Averbamento de Rectificação», ROA 59 (1999) II, pp. 764 s.

[3] Os contratos de distribuição, que se protelam no tempo, como o fornecimento de electricidade a uma casa ou de cerveja a um estabelecimento da especialidade, pressupõem que o preço dos bens sucessivamente fornecidos venha a ser actualizado, sendo, muitas vezes, confiada essa modificação, nos termos do art. 400° CC, ao vendedor, o qual deverá determinar os novos preços segundo juízos de equidade. Para tais hipóteses, o art. 1474 CCIt. estabelece uma presunção de que as partes queriam referir-se ao preço normalmente praticado pelo vendedor (cfr. TORRENTE/SCHLESINGER, *Manuale*, cit., p. 534).

Tal solução parece não se enquadrar no ordenamento jurídico francês onde, nos termos do art. 1592 CCFr., não se admite que o preço seja fixado por terceiro; o mesmo ocorre no sistema brasileiro, em que tal cláusula constituiria uma condição potestativa pura, não admitida nos termos dos arts. 115 e 1125 CCBr. (cfr. ARNOLDO WALD, *Obri-*

50   *Direito das Obrigações*

Pode ainda ocorrer, o que é usual, que, por acordo, o preço seja fixado por referência a elementos ainda desconhecidos (p. ex., preço que vier a ser praticado em determinado local e data [*v.g.* Bolsa de valores][1]) ou indexado a certos valores, nomeadamente, nos termos do art. 551° CC.

Por via da autonomia privada, muitas outras formas de determinação do preço podem ser ajustadas. Pense-se na hipótese de o preço ser fixado em função da rendibilidade da coisa vendida, cláusula por vezes acordada nas vendas de patentes. Estas situações podem, em certos casos, conformar um contrato misto[2].

São diversas as situações em que as partes ainda não acordaram quanto ao montante do preço, por estarem em negociações em relação ao mesmo, caso em que o contrato não se encontra concluído (art. 232° CC).

III. Ainda quanto à determinação do preço devido, cabe indicar que se encontra prevista a possibilidade de, nos termos do art. 884° CC, ele ser reduzido. As hipóteses de redução do preço, afora os casos da redução do contrato (art. 292° CC) e de impossibilidade parcial (art. 793°, n.° 1 CC), estão, em particular, relacionadas com o cumprimento defeituoso do contrato por parte do vendedor; é o que acontece, por exemplo, na situação prevista no art. 911° CC[3].

---

gações e Contratos, 13ª ed., S. Paulo, 1998, p. 294). Porém, para os casos em apreço, na doutrina francesa, aceita-se a estipulação do preço pelo vendedor, considerando que o contrato não é de compra e venda, mas sim de distribuição. Cfr. MALAURIE/AYNÈS, *Les Contrats Spéciaux*, cit., pp. 145 ss. e 149 ss. Distinguindo também o contrato de fornecimento do de compra e venda, cfr. PUIG BRUTAU, *Compendio de Derecho Civil*, Vol. II, Barcelona, 1987, pp. 354 s.

[1] São usuais os contratos de compra e venda em que, para fixação do preço, por via da chamada «cláusula do preço do dia» (cfr. ESSER/WEYERS, *Schuldrecht*, II, cit., § 8.II, p. 85), se remete para um valor que é alterado diariamente.

[2] Nos arts. 1158 ss CCBr. prevê-se o designado pacto de melhor comprador, do mesmo modo, no art. 1944 CC Colombiano admite-se que a compra e venda seja celebrada com um pacto nos termos do qual, se no prazo de um ano surgir terceiro que ofereça melhor preço, o contrato resolve-se caso o comprador não esteja disposto a pagar o valor que esse terceiro oferece (cfr. GÓMEZ ESTRADA, *De los Principales Contratos Civiles*, 3ª ed., Bogotá, 1996, pp. 123 s.). Sobre este acordo, por vezes designado *pactum addictionis in diem* ou *pactum in diem addictio*, vd. MESSINEO, *Manuale di Diritto Civile e Commerciale*, Vol. IV, *Singoli Raporti Obbligatori*, 8ª ed., Milão, 1954, p. 69; SILVA PEREIRA, *Instituições*, cit., pp. 136 s; ARNOLDO WALD, *Obrigações e Contratos*, cit., p. 303. Este pacto já era conhecido no Direito Romano, vd. VERA-CRUZ PINTO, «O Direito das Obrigações em Roma», cit., p. 153.

[3] Para além deste caso refira-se ainda as correcções de preço estabelecidas nos arts. 887° ss. e 902° CC.

I – Compra e Venda

IV. O preço, não estando fixado por entidade pública, pode ser livremente estipulado pelas partes, não havendo qualquer necessidade de corresponder ao valor (de mercado ou outro) da coisa vendida, desde que não ponha em causa as regras da concorrência. Salvo em caso de vício da vontade (p. ex., erro vício [art. 251° CC] ou coacção moral [art. 255° CC] e, em particular, no caso de usura [art. 282° CC][1]), o contrato de compra e venda em que o preço seja manifestamente exorbitante ou irrisório é, ainda assim, válido[2]. Diferente destas situações são aquelas em que o montante irrisório ou exorbitante do preço corresponde a um erro de uma das partes, seja erro na declaração (art. 247° CC) ou erro-vício (art. 251° CC), sendo o negócio anulável nos termos gerais. O valor insignificante ou excessivo pode ainda consubstanciar uma simulação, caso em que se aplica o disposto nos arts. 240° ss. CC[3].

Para além do montante, cabe ainda averiguar do acordo das partes se o preço foi ajustado CIF (*cost, insurance and freight*), FOB (*free on board*), FAS (*free alongside ship*)[4], CAS (*cash against documents*)[5]

---

[1] Acerca do negócio usurário, *vd.* PEDRO EIRÓ, *Do Negócio Usurário*, Coimbra, 1990, em especial pp. 21 ss., com referência aos pressupostos da usura, constantes do art. 282° CC.

[2] Como referem DÍEZ-PICAZO/GULLÓN, *Sistema*, cit., p. 263, numa economia liberal, as coisas valem o que por elas se paga. Diversamente, BÉNABENT, *Les Contrats Spéciaux*, cit., pp. 30 s., considera nula a venda em que o preço seja vil, porque não há venda. Do mesmo modo, MALAURIE/AYNÈS, *Les Contrats Spéciaux*, cit., pp. 153 ss. e DUTILLEUL/DELEBECQUE, *Contrats Civils*, cit., pp. 138 s., consideram que a compra e venda só é válida se o preço for sério. Idêntica posição vem sustentada por SILVA PEREIRA, *Instituições*, cit., p. 111, onde distingue o preço irrisório do injusto, considerando que, no primeiro caso, não há compra e venda. Parece que estes autores, pelo menos em face do Direito português, estariam a laborar num erro: o preço vil, não sério ou irrisório pode ser, por exemplo, usurário, e, nessa medida, o negócio jurídico é inválido. Neste sentido, cfr. LARENZ, *Schuldrechts*, II-1, cit., § 42.I, p. 91.

A questão do preço justo, tradicionalmente muito discutida (cfr. S. TOMÁS DE AQUINO, *Suma Teológica*, II Parte, Secção 2, *Tratado da Justiça*, T. V, 2ª ed., Porto Alegre, 1980, qu. 77, art. 1, p. 2617), deve, no Direito português, ser aferida em sede de vícios da vontade. Para além disso, pontualmente, surgem na lei soluções para certas questões, como a que advém do disposto no art. 897° CC, para a compra e venda de coisas sujeitas a contagem, pesagem ou medição. Sobre a introdução da exigência do preço justo no Direito Romano, feita ao tempo de Justiniano, *vd.* VERA-CRUZ PINTO, «O Direito das Obrigações em Roma», cit., p. 140.

[3] Acerca da validade de uma doação dissimulada sob um contrato de compra e venda simulado, cfr. Ac. STJ de 12/3/1996, RLJ 129 (1996/97), p. 263, anotado favoravelmente por HENRIQUE MESQUITA a pp. 271 e 301 ss.

[4] Cfr. Ac. Rel. Lx. de 25/10/1990, CJ XV (1990), T. IV, p. 159.

[5] *Vd.* Ac. Rel. Lx. de 21/11/1996, CJ XXI, T. V, p. 109.

ex quai, etc., pois tais estipulações têm consequências a nível de responsabilidade e riscos que as partes assumem no negócio. Por exemplo, no caso de ter sido acordado um preço CIF, isso implica que o vendedor assume a responsabilidade e o risco até ao momento em que a coisa vendida chega ao seu destino; mas sendo aceito um preço FOB ou FAS, a solução é exactamente inversa: a responsabilidade e o risco do transporte são suportados pelo comprador[1].

b) *Cumprimento*

I. Correspondendo a obrigação de pagar o preço a uma prestação pecuniária, encontram aplicação as regras gerais do cumprimento (arts. 762° ss. CC) e do não cumprimento das obrigações (arts. 790° ss. CC) — tanto não imputável (arts. 790° ss. CC), como imputável ao comprador (arts. 798° ss. CC). Além disso, nos termos gerais, o comprador pode recorrer à excepção de não cumprimento (arts. 428° ss. CC) se a coisa não for entregue ou à *exceptio non rite adimpleti contractus* se a coisa vendida e entregue padecer de defeito[2].

O preço deve ser pago pelo comprador — ou por terceiro (art. 767° CC) — no momento especialmente acordado para o efeito ou, na falta deste, na data estipulada para a entrega da coisa. Quanto ao modo de pagamento, vale, em primeiro lugar, o acordo das partes. Na falta de qualquer acordo, ainda que tácito, o preço deve ser pago na totalidade, podendo ser efectuado em espécie ou, quando a lei impõe a sua aceitação, por meio de cheque[3]. Não tendo as partes acordado em sentido diverso, as despesas de pagamento (p. ex., transferência bancária) correm por conta do comprador.

II. O comprador que não tenha pago o preço na data do vencimento entra em mora (art. 804° CC), sendo, se nada for acordado em sentido

---

[1] Sobre estes termos que são apostos, em especial, nas vendas marítimas ou em que haja qualquer transporte da mercadoria vendida, cfr. BADENES GASSET, *El Contrato de Compraventa*, cit., I, pp. 25 ss.; LIMA PINHEIRO, «Venda Marítima Internacional: Alguns Aspectos Fundamentais da sua Regulamentação», Boletim da Faculdade de Direito de Bissau, n.° 5, 1998, pp. 208 ss.; CALVÃO DA SILVA, «Anotação ao Acórdão da Relação de Lisboa de 12 de Outubro de 2000 (Venda CIF: Carta-partida, Conhecimento de embarque e seguro de carga)», RLJ 133 (2000), pp. 205 s.

[2] Sobre a suspensão de pagamento do preço, atenta a perspectiva limitada do art. 1502 CCEsp, *vd.* BUSTOS VALDIVIA, *La Suspensión del Pago del Precio en la Compraventa*, Valencia, 1999, em particular pp. 55 ss.

[3] Quanto a outras formas de pagamento, como a transferência bancária, cartão de crédito, letra, etc., dependem de acordo que, muitas vezes, é tácito.

I – Compra e Venda

diverso, devidos juros de mora (art. 806° CC). Ao vendedor cabe, por via da acção de cumprimento exigir o preço em falta, acrescido de juros de mora, os quais, sendo a dívida civil, na falta de convenção em contrário, ascendem a 7%.

c) Particularidades

I. Por último, importa fazer referência a duas excepções ao regime geral das obrigações, uma respeitante ao cumprimento e outra ao não cumprimento, sendo, contudo, ambas normas supletivas.

II. Quanto ao lugar do pagamento, no art. 885° CC estabelece-se uma norma que se afasta da regra geral do art. 774° CC. Sendo acordado que o preço é pago no momento da entrega da coisa, como se está perante uma obrigação pecuniária, o art. 774° CC apontaria para a prestação ser cumprida no domicílio do credor, que seria o vendedor. Porém, nos termos do n.° 1 do art. 885° CC, o lugar do pagamento do preço será no local onde a coisa deva ser entregue, atento o acordo das partes ou as regras quanto ao lugar do cumprimento do art. 773° CC. Esta excepção tem uma razão de ser. Justifica-se que o preço seja pago no local de entrega da coisa para possibilitar às partes o recurso à excepção de não cumprimento do contrato (art. 428° CC)[1]. Todavia, tendo as partes acordado no pagamento do preço em momento diverso do da entrega da coisa, regra geral ulteriormente (p. ex., compra e venda com espera de preço), a prestação será efectuada no domicílio do credor (arts. 774° e 885°, n.° 2 CC).

Mesmo no caso de a coisa já lhe ter sido entregue, ao comprador cabe ainda o recurso à excepção de não cumprimento (art. 428° CC), recusando o pagamento do preço se, dentro dos prazos que a lei lhe confere, detectar discordâncias entre a coisa entregue e a que era devida ou divergências com respeito ao objecto da compra e venda.

III. Em relação ao incumprimento, a falta de pagamento do preço verificada depois da entrega da coisa e da transferência da propriedade não faculta ao vendedor a possibilidade de recorrer à resolução do contrato (art. 886° CC)[2]. Mesmo perante uma hipótese de incumprimento defini-

---

[1] Como referem PIRES DE LIMA/ANTUNES VARELA, *Código Civil Anotado*, II, cit., anot. 1 ao art. 885°, p. 176, a regra constante do art. 885° CC «constitui um nítido afloramento do carácter sinalagmático do contrato».

[2] Solução diversa vigora no sistema jurídico italiano, nos termos do disposto no art. 1519 CCIt. (cfr. BOCCHINI, *La Vendita*, cit., pp. 233 ss.; LUMINOSO, *I Contratti*, cit.,

54 *Direito das Obrigações*

tivo, por exemplo, após o decurso do prazo admonitório (art. 808° CC), o vendedor não pode resolver o contrato de compra e venda com base em falta de pagamento do preço, como se depreenderia do regime geral (art. 801° CC), se não tiver, no acordo em questão, salvaguardado esse direito. Deste modo, ao vendedor, em tal caso, é unicamente facultada a acção de cumprimento (arts. 817° ss. CC).

Refira-se que este regime especial só encontra aplicação quando estiverem conjuntamente preenchidas duas condições: transmissão da propriedade e entrega da coisa. Pelo que, antes da entrega, o vendedor, apesar de ter havido transferência da propriedade por mero efeito do contrato, pode usar a excepção de não cumprimento (art. 428° CC), recusando-se a entregar a coisa enquanto o preço não lhe for pago[1]. Por outro lado, mesmo que tenha havido entrega da coisa, se a propriedade não tiver sido transmitida (p. ex., em caso de reserva de propriedade, art. 409° CC), ao vendedor cabe o direito de resolver o contrato nos termos gerais. Excepcionalmente, na hipótese de falência do comprador, nos termos dos arts. 164° e 201°, n.° 5 do Código dos Processos Especiais de Recuperação da Empresa e de Falência, o vendedor pode exigir a devolução da coisa já remetida ao adquirente, desde que este ainda a não tenha recebido (art. 164°, n.° 1 do mesmo diploma) ou, sendo a venda a crédito, mesmo depois de o bem entrar no armazém do falido se puder ser identificado e separado dos que pertencem à parte restante da massa (art. 201°, n.° 5 do diploma indicado)[2].

d) Despesas do contrato

Associadas com o pagamento do preço estão, normalmente, as despesas do contrato que, salvo convenção ou usos em contrário, são suportadas pelo comprador (art. 878° CC)[3]. Trata-se das despesas do contrato

---

pp. 163 ss.; RESCIGNO, *Diritto Privato*, cit., p. 691) e, na ordem jurídica francesa, como dispõe o art. 1654 CCFr. (cfr. HUET, *Les Principaux Contrats*, cit., pp. 356 s.). Refira-se que este autor, na sequência de Troplong, critica vigorosamente a solução estabelecida no Código Civil Francês, por pôr em causa a segurança no comércio dos bens.

[1] No caso do contrato de fornecimento de água, gás e energia eléctrica, nos termos do art. 5°, n.os 1 e 2 da Lei n.° 23/96, de 26 de Julho, a prestação de serviços só pode ser suspensa com pré-aviso, por escrito, com antecedência mínima de oito dias.

[2] Sobre esta questão, cfr. OLIVEIRA ASCENSÃO, «Efeitos da Falência..», cit., pp. 665 s.

[3] HUET, *Les Principaux Contrats*, cit., p. 352, atendendo a idêntica solução no Direito francês (art. 1593 CCFr.), explica que, caso contrário, o vendedor faria repercutir no preço as despesas do contrato e a solução seria a mesma, isto é, em última análise, seriam tais despesas suportadas pelo comprador.

em si, como as respeitantes à escritura e outros custos inerentes ao negócio jurídico (p. ex., fiscais, como o imposto de selo, a sisa ou o IVA), excluindo as despesas preparatórias, designadamente honorários de terceiros que prepararam o contrato, como intermediários ou advogados e despesas para a obtenção de documentos necessários à celebração da escritura (p. ex., certidões). O art. 878° CC fala em «outras (despesas) acessórias (que) ficam a cargo do comprador». Mas a acessoriedade parece estar somente relacionada com a celebração do contrato de compra e venda, como é o caso de algumas das mencionadas despesas fiscais, não englobando outros custos, como o transporte ou o empacotamento da mercadoria vendida[1].

---

[1] Em sentido diverso, cfr. Ac. Rel. Lx. de 25/10/1990, CJ XV (1990), T. IV, p. 159, onde se afirma que, com base no disposto no art. 878° CC, «Entre as despesas acessórias figuram o transporte e as embalagens» (p. 160). Mas tal asserção parece errónea, pois as despesas de embalagem e o transporte para o lugar do cumprimento são despesas a cargo de quem tem de cumprir a prestação de entrega da coisa: o vendedor. Tratando-se de transporte para lugar distinto do do cumprimento (como na situação em litígio), a despesa é suportada pelo comprador, não por ser acessória do contrato, mas por não corresponder a um dever da contraparte, porque é uma prestação suplementar.

Com uma solução diferente da estabelecida no nosso Código Civil, vd. o art. 1455 CCEsp., que distribui as despesas pelas partes (cfr. BADENES GASSET, El Contrato de Compraventa, I, cit., pp. 327 ss.), assim como o art. 1862 CC Colombiano, que aponta para idêntica repartição das despesas (cfr. GÓMEZ ESTRADA, De los Principales Contratos Civiles, cit., p. 27).

II. MODALIDADES TÍPICAS DE COMPRA E VENDA

§ 1. Questão prévia

A natural e tendencial atipicidade de conteúdo nos contratos de compra e venda permite detectar uma multiplicidade de situações, mas faz-se somente referência a modalidades de compra e venda reguladas no Código Civil, no Código Comercial e no Decreto-Lei n.º 143/2001, de 26 de Abril, que se denominam de «típicas». Para além destas, a autonomia privada pode criar outras modalidades, como a venda em grupo, muito divulgada há alguns anos, especialmente no que respeita à aquisição de automóveis novos[1].

§ 2. Venda a filhos ou netos

I. A venda a filhos ou netos pode considerar-se uma modalidade de compra e venda, atento o facto de se estar perante um contrato com uma particularidade de regime: a exigência de consentimento por parte de terceiros. De facto, não obstante a limitação se encontrar relacionada com os sujeitos do negócio jurídico, o problema não se subsume à incapacidade

---

[1] Quanto a esta figura, *vd*. ARNOLDO WALD, *Obrigações e Contratos*, cit., pp. 317 s. e Ac. Rel. Lx. de 19/10/2000, CJ XXV, T. IV, p. 127.

Refira-se, porém, que as por vezes designadas novas modalidades de compra e venda, como seja as vendas realizadas em grandes espaços comerciais ou por meio de distribuidor automático, se reconduzem à típica compra e venda com particularidades no que respeita à formação da vontade (sobre estes regimes, *vd*. BACHINI, *Le Nuove Forme Speciali di Vendita ed il Franchising*, Pádua, 1999, pp. 4 ss. e pp. 43 ss.). Quanto à venda por intermédio da internet, veja-se BACHINI, ob. cit., pp. 141 ss. e MENEZES CORDEIRO, *Manual de Direito Comercial*, cit., pp. 429 ss.

Sobre a tipicidade, cfr. RUI PINTO DUARTE, *Tipicidade e Atipicidade nos Contratos*, Coimbra, 2000, pp. 30 ss. e PEDRO PAIS DE VASCONCELOS, *Contratos Atípicos*, Coimbra, 1995, pp. 21 ss.

ou à ilegitimidade das partes, mas antes a uma particularidade de regime da compra e venda. Daí a sua inclusão entre as modalidades típicas.

II. No art. 877° CC estabeleceram-se limitações à celebração de contratos de compra e venda que os pais e avós façam a filhos e netos[1]. A exigência de consentimento dos outros filhos ou netos tem em vista evitar que, mediante contratos de compra e venda, sejam ocasionados prejuízos na legítima, nomeadamente, no caso de se simular uma compra e venda para realizar uma doação[2]. A proibição constante do art. 877° CC deve ser completada, apesar de as razões serem diversas, com a que consta do art. 1714°, n.° 2 CC, onde se limita o ajuste de compras e vendas entre cônjuges[3].

A previsão legal só abrange duas situações: a venda a filhos e a venda a netos; não carecendo de qualquer autorização a venda a bisnetos ou a quaisquer outros parentes, nem as situações em que os vendedores são os filhos ou netos[4].

---

[1] Trata-se de limitações que vêm na sequência do que dispunham as Ordenações e o art. 1565° do Código Civil de 1867. Em sentido idêntico, estabelece o art. 1132 CCBr.

[2] Cfr. ARMANDO BRAGA, *Compra e Venda*, cit., p. 48; PIRES DE LIMA/ANTUNES VARELA, *Código Civil Anotado*, cit., anot. 2 ao art. 877°, p. 165. Como refere PEDRO NUNES DE CARVALHO, *Dos Contratos*, cit., p. 133, na medida em que se pretendem evitar vendas encapotadas, o preceito seria desnecessário, pois tal situação já estaria sancionada pela nulidade dos negócios simulados (art. 240° CC); porém, como esclarece o mesmo autor (*ob. e loc. cit.*), o preceito em causa justifica-se pois, para além de a prova da simulação ser, em si, difícil, «as dificuldades são acrescidas dada a confiança existente entre parentes próximos, que não conservarão sequer "escritos de reserva"».

[3] Para maiores desenvolvimentos, *vd.* RITA LOBO XAVIER, *Limites à Autonomia Privada na Disciplina das Relações Patrimoniais entre os Cônjuges*, Coimbra, 2000, pp. 222 ss.

[4] De facto, tratando-se de regime excepcional deverá ser entendido nos estritos limites estabelecidos na norma, até porque as razões de tal excepção não valem em outras situações. Cfr. ARMANDO BRAGA, *Compra e Venda*, cit., p. 49; RAÚL VENTURA, «O Contrato de Compra e Venda ...», cit., p. 267. Contra PEDRO NUNES DE CARVALHO, *Dos Contratos*, cit., pp. 133 e 134. Para maiores desenvolvimentos, considerando que o disposto no art. 877° CC não é aplicável à venda de padrasto a enteado, cfr. PINTO MONTEIRO, «Venda de Padrasto a Enteado», CJ XIX (1994), T. IV, pp. 5 ss. Também com base na excepcionalidade da norma, considerou-se inaplicável à venda de imóvel feita pelo pai a uma sociedade por quotas constituída por ele e alguns dos filhos (Ac. Rel. Lx. de 20/5/1997, CJ XXII, T. III, p. 95).

Com respeito às vendas feitas por filhos a seus pais cabe aludir à proibição constante do art. 1892°, n.° 1 CC, aplicável aos que estejam sujeitos ao poder paternal. Tais vendas são anuláveis nos termos do art. 1893° CC.

I – Compra e Venda

Mas já estarão abrangidas na proibição do art. 877° CC, sob pena de haver fraude à lei, as situações em que a venda seja feita por interposta pessoa; ou seja, quando o filho ou neto adquira indirectamente um bem dos pais ou avós[1].

No caso de compra e venda a filhos, o consentimento, que não carece de forma especial[2], será dado pelos outros filhos, ou seus sucessores, sempre que aqueles tenham falecido. Se os outros filhos não quiserem ou não puderem dar o seu consentimento, nomeadamente por serem incapazes, poderá o mesmo ser suprido por decisão judicial (art. 877°, n.° 1 CC).

Tratando-se de compra e venda a netos, a autorização será concedida pelos filhos que representem as várias estirpes e pelos irmãos do neto beneficiado[3].

A falta de consentimento acarreta a anulabilidade do negócio jurídico[4], que pode ser requerida por quem não deu a autorização (art. 877°, n.° 2 CC), o qual, nos termos gerais do art. 342° CC, deverá fazer a prova dessa falha[5].

A aplicação deste regime suscitará dúvidas estando em causa a alienação de uma quota-parte do direito, em que a limitação constante do art. 877° CC pode colidir com o direito de preferência estabelecido no art. 1409° CC. Assim, se o pai, comproprietário com os filhos, pretende vender a sua quota-parte a terceiro, será estranho que um dos filhos, para exercer o seu direito de preferência, tenha de obter o consentimento dos irmãos, em contrapartida, a solução oposta pode viabilizar uma hipótese de fraude à lei.

---

[1] Cfr. Raúl Ventura, «O Contrato de Compra e Venda ...», cit., pp. 267 ss. Nesta sequência, no Ac. Rel. Lx. de 15/12/1993, CJ XVIII (1993), T. V, p. 157, considerou-se abrangida na proibição do art. 877° CC, a venda feita por sogro a nora casada em regime de comunhão de adquiridos com o filho do alienante.

[2] Não é exigida forma especial para o consentimento, mesmo quando esteja em causa a alienação de bens para cuja compra e venda se exige forma especial (p. ex., imóveis); sem forma, designadamente escrita, pode é haver dificuldade de fazer prova do consentimento. Cfr. Raúl Ventura, «O Contrato de Compra e Venda ...», cit., p. 273.

[3] Cfr. Pires de Lima/Antunes Varela, *Código Civil Anotado*, cit., anot. 2 ao art. 877°, p. 165.

[4] A anulabilidade pode ser parcial, cfr. Ac. Rel. Cb. de 23/3/1999, CJ XXIV, T. II, p. 24, em que a venda foi feita pelos vários comproprietários, um dos quais era pai dos compradores.

[5] Cfr. Armando Braga, *Compra e Venda*, cit., p. 49; Pires de Lima/Antunes Varela, *Código Civil Anotado*, cit., anot. 3 ao art. 877°, p. 166; Raúl Ventura, «O Contrato de Compra e Venda ...», cit., p. 274.

§ 3. Venda de bens futuros, frutos pendentes e partes componentes ou integrantes

1. Aspectos gerais

A matéria respeitante à venda de bens futuros, frutos pendentes e partes componentes ou integrantes vem regulada no art. 880° CC, preceito que tem por epígrafe «Bens futuros, frutos pendentes e partes componentes ou integrantes» e onde se lê: «1. Na venda de bens futuros, de frutos pendentes ou de partes componentes ou integrantes de uma coisa, o vendedor fica obrigado a exercer as diligências necessárias para que o comprador adquira os bens vendidos, segundo o que for estipulado ou resultar das circunstâncias do contrato».

A ideia geral que se retira do art. 880° CC é a de que o contrato de compra e venda será válido, ainda que os bens alienados não estejam na disponibilidade do vendedor, por serem bens futuros, frutos pendentes e partes componentes ou integrantes; nada obstando a que se celebre um contrato de compra e venda por parte de um vendedor que não dispõe dos bens pelas razões indicadas.

No fundo, a situação prevista no art. 880°, n.º 1 CC corresponde a uma venda sob condição suspensiva; trata-se de um contrato de compra e venda ao qual é aposta uma condição suspensiva, sujeita às regras gerais dos arts. 270° ss. CC. Concretamente, a condição respeita ao facto de os bens passarem para a disponibilidade do vendedor e, a partir desse momento, o contrato de compra e venda produzirá efeitos, designadamente, no que respeita à transferência da propriedade.

Esta é uma das excepções ao disposto no art. 408°, n.º 1 CC, constante do n.º 2 do mesmo preceito. Conjugando o art. 408° CC com o art. 880° CC, a transferência da propriedade sobre a coisa alienada não se dá no momento da celebração do contrato, mas quando o bem entrar na disponibilidade do vendedor, por exemplo, se o bem futuro passar a presente ou o fruto pendente for colhido.

2. Venda de bens futuros

I. Quanto aos bens futuros, que é a primeira situação prevista no art. 880°, n.º 1 CC, há a ter em conta o disposto no art. 211° CC, onde se encontra regulada a matéria dos bens futuros. O art. 211° CC, sob a epígrafe «coisas futuras», dispõe que: «São coisas futuras as que não estão em

I – *Compra e Venda* 61

poder do disponente, ou a que este não tem direito, ao tempo da declaração negocial». Deste preceito retira-se que há dois tipos de coisas futuras.

A primeira situação respeita às coisas futuras que não estão em poder do disponente no momento em que este emite a declaração negocial. Trata-se de casos em que aquele que vende certa coisa ainda não é titular do direito que pretende alienar. A lei não impede, assim, que se proceda à venda, por exemplo de bens alheios, desde que essa situação, a falta de titularidade do direito, seja conhecida do comprador. Por conseguinte, se o comprador sabe que os bens adquiridos não estão na disponibilidade jurídica do vendedor, nada impede a celebração do contrato de compra e venda. A compra e venda de coisa futura na perspectiva de alheia não se confunde com a venda de bens alheios, regulada nos arts. 892° ss. CC, em que a falta de legitimidade não foi tida em conta pelo comprador.

Estes são os bens que se costumam designar por relativamente futuros; eles existem na realidade, só que não se encontram na esfera jurídica do disponente.

Também se está perante uma compra e venda de coisa futura quando o bem existe na natureza mas ainda não foi apropriado pelo alienante (*res nullius*); trata-se de coisas que existem *in rerum natura*, como o peixe por pescar ou a caça por caçar[1].

O segundo tipo de bens futuros respeita àqueles que são chamados de absolutamente futuros; eles não têm ainda existência material no momento da celebração do contrato. É o que ocorre, mormente, em relação a bens que ainda não se criaram ou que vão ser construídos. Imagine-se que alguém vende uma mesa que vai fazer ou um quadro que vai pintar; a coisa ainda não tem existência (*in rerum natura*), mas a compra e venda pode ser ajustada.

Estas hipóteses de compra e venda de coisa futura podem confundir-se com as situações de empreitada com fornecimento de materiais pelo empreiteiro, nem sempre se apresentando evidente a distinção entre estas figuras[2].

Já não suscitam tais confusões as situações de venda de coisas que têm de ser separadas e, até à separação, são absolutamente futuras. Por exemplo, a venda de pinheiros de um pinhal; antes de serem cortados, os

---

[1] Cfr. PIRES DE LIMA/ANTUNES VARELA, *Código Civil Anotado*, cit., anot. 2 ao art. 880°, pp. 169 s.

[2] Quanto a esta distinção, cfr. *infra*, *Empreitada*. Problema idêntico pode suscitar-se na hipótese de alienação de um bem com obrigação de o alienante nele realizar uma obra (cfr. BADENES GASSET, *El Contrato de Compraventa*, cit., I, p. 69).

pinheiros são coisas imóveis (art. 204°, n.° 1, alínea c) CC), mas o contrato respeita à venda de coisas móveis futuras[1].

O bem é absolutamente futuro, não existe, mas o contrato de compra e venda será válido nos termos do art. 880° CC[2], embora sob condição de a coisa futura se tornar presente (*conditio iuris*); por isso, o negócio jurídico não está sujeito a uma forma especial necessária para a alienação de bem presente (bem imóvel), pois o bem futuro será um bem móvel.

Um subtipo desta modalidade de compra e venda de coisas futuras é a que respeita ao fornecimento continuado de determinados bens, como água, gás e electricidade[3]; o fornecedor obriga-se a proporcionar de modo continuado bens que, evidentemente, no momento em que o contrato é celebrado, não se encontram na sua disponibilidade, devendo retirá-los da natureza (p. ex., água), produzi-los (p. ex., electricidade ou gás) ou adquiri-los.

II. Se o vendedor não actua de molde a que a coisa deixe de ser futura, por exemplo, não adquire a coisa alheia, não pesca o peixe ou não apanha os frutos, não cumpre a prestação a que ficou adstrito.

Esse incumprimento pode ou não ser culposo; valem, em tais casos, as regras gerais, excepto se tiver sido atribuído ao contrato de compra e venda carácter aleatório, a chamada *emptio spei*, aplicando-se o art. 880°, n.° 2 CC[4]. Não tendo o contrato natureza aleatória, o não cumprimento

---

[1] Cfr. Ac. STJ de 28/5/1996, BMJ 457, p. 350; Ac. STJ de 10/4/1997, CJ (STJ) 1997, T. II, p. 39 e BMJ 466, p. 477; Ac. Rel. Cb. de 26/1/1993, CJ XVIII (1993), T. I, p. 24.

[2] RAÚL VENTURA, «O Contrato de Compra e Venda ...», cit., pp. 283 ss., em particular, p. 287, considera este tipo de compra e venda como negócio incompleto ou em via de formação, na medida em que, à data do ajuste, ainda lhe falta um elemento essencial: a coisa. O mesmo autor (*ob. cit.*, p. 285) critica a natureza condicional da compra e venda de coisa futura, alegando que a condição não pode incidir sobre um elemento essencial do negócio; mas, do ponto de vista jurídico, nada impede que se estabeleça uma condição quanto à existência do objecto do negócio. Neste sentido, propugnando pela validade de tal contrato, cfr. GALVÃO TELLES, «Contratos Civis», cit., p. 123.

[3] Cfr. PIRES DE LIMA/ANTUNES VARELA, *Código Civil Anotado*, cit., anot. 6 ao art. 874°, p. 162. Sobre os contratos de fornecimento de água, energia eléctrica e gás, *vd.* Lei n.° 23/96, de 26 de Julho e veja-se *supra* n.° I. § 2.5.

[4] Sem acordo nesse sentido, em que se atribui carácter aleatório ao contrato (art. 880°, n.° 2 CC) ou por se acordar na venda de bens de titularidade incerta (art. 881° CC), a regra aponta para a natureza comutativa do contrato de compra e venda (*emptio rei speratae*). Para a distinção entre *emptio rei speratae* (contrato de compra e venda comutativo) e *emptio spei* (contrato de compra e venda aleatório), *vd.* BADENES GASSET, *El Contrato de Compraventa*, cit., I, pp. 145 ss., que reconhece a existência de uma incerteza em ambos os contratos, mas com natureza jurídica diversa. ARNOLDO WALD, *Obrigações e Contratos*, cit., p. 293, apresenta uma diferente concepção ao contrapor a *emptio*

culposo importa a obrigação de indemnizar pelo interesse negativo; para além disso, se a coisa futura alienada não se transformar em coisa presente, o contrato de compra e venda é ineficaz[1].

3. Venda de frutos pendentes

Os frutos pendentes podem ser, nomeadamente, os frutos naturais respeitando a bens de produção periódica; é o caso da venda das maçãs de um pomar, maçãs essas que ainda estão na árvore. São frutos pendentes e de produção periódica, pois, em princípio, todos os anos as macieiras produzirão maçãs, podendo acordar-se quanto à venda das mesmas antes de elas terem sido produzidas. Os exemplos mencionados correspondem a uma venda de frutos pendentes, regida pelo art. 880°, n.° 1 CC.

Quanto a este tipo de compra e venda coloca-se o mesmo problema da transferência da propriedade; a transferência da propriedade não se processa no momento da celebração do contrato, mas sim quando os frutos forem colhidos (art. 408°, n.° 2 CC). Neste caso, os efeitos não se produzem *ex tunc*, mas sim *ex nunc*[2], ou seja, não têm eficácia retroactiva.

4. Venda de partes componentes ou integrantes

Relativamente à venda de partes componentes ou integrantes, o problema em causa respeita à complexidade de qualificação; sendo difícil distinguir a parte integrante da parte componente. Há que recorrer às regras da Teoria Geral para determinar o que seja uma parte integrante e uma parte componente, mas sempre surgem dúvidas de qualificação. Por exemplo, em princípio parece estar assente, não se costumando levantar dificuldades, quanto a qualificar a estrutura de um telhado como parte com-

---

spei (venda totalmente aleatória) à *emptio rei speratae* (venda parcialmente aleatória). Comummente, entende-se que a *emptio spei* é um contrato aleatório e a *emptio rei speratae* um contrato comutativo, cfr. GALGANO, *Diritto Privato*, 9ª ed., Pádua, 1996, p. 526.

[1] A ineficácia do negócio jurídico advém do facto de a condição não se ter preenchido, nos termos gerais dos arts. 270° ss. CC. A transformação da coisa futura em coisa presente é uma condição suspensiva que, não se preenchendo, obsta à produção de efeitos do negócio jurídico (art. 270° CC). Diferentemente, RAÚL VENTURA, «O Contrato de Compra e Venda ...», cit., pp. 288 s., considera que, em tal caso, o contrato de compra e venda é nulo, em razão da falta de um elemento essencial, a coisa.

[2] Cfr. PIRES DE LIMA/ANTUNES VARELA, *Código Civil Anotado*, cit., anot. 5 ao art. 880°, pp. 170 s.

ponente de um edifício ou as persianas como parte integrante, mas surgem variadíssimas dificuldades.

Uma dessas dificuldades, muito discutida na jurisprudência, respeita à qualificação dos elevadores. Frequentemente, durante a construção de um prédio, o fornecedor dos elevadores vende-os ao empreiteiro com uma cláusula de reserva de propriedade, o que é válido sem forma especial nem registo, pois trata-se da venda de um bem móvel não sujeito a registo (*vd.* art. 409°, n.° 2 CC *a contrario*). Mas o elevador, depois de vendido, é montado no edifício e passa a integrar-se na estrutura do prédio. Normalmente, depois, o prédio acaba por ser vendido por andares a várias pessoas, que passam a ser os condóminos, e surgem duas questões. Por um lado, importa saber em que medida a cláusula de reserva de propriedade é oponível aos compradores dos andares, até porque ela, apesar de constar do contrato celebrado entre o vendedor do elevador e o empreiteiro, não se encontra registada (*vd. supra* n.° I. § 4.3.b)). Por outro, cabe determinar se o elevador é ou não uma parte integrante do prédio, pois o regime difere em função disso. Se o elevador for qualificado como parte integrante, em razão da sua ligação material ao prédio com carácter de permanência (art. 204°, n.° 3 CC), é considerado coisa imóvel (art. 204°, n.° 1, alínea e) CC). Dito de outro modo, quando a coisa móvel (elevador) se integra na imóvel (prédio) perde a sua autonomia. Nesses termos, a cláusula de reserva de propriedade aposta no contrato de compra e venda não produz efeitos com respeito a terceiros[1].

---

[1] Considerando que não há integração do elevador no prédio onde foi instalado se as coisas tiverem donos distintos, cfr. Ac. Rel. Lx. de 18/1/1990, CJ XV (1990), T. I, pp. 146 ss.; Ac. Rel. Pt. de 12/1/1993, CJ, XVIII (1993), T. II, p. 175. Diversamente, sustenta-se que os elevadores, mesmo vendidos com reserva de propriedade, se instalados em prédio com mais de três andares, são parte componente do mesmo no Ac. Rel. Lx. de 20/5/1993, CJ XVIII (1993), T. III, p. 107.

Esta última solução, excluindo a condição de os elevadores serem instalados em prédio com mais de três andares, parece a mais razoável. Caso contrário, pense-se onde se poderia chegar se as janelas, as portas ou os azulejos do prédio tivessem sido vendidos ao construtor do mesmo com reserva de propriedade. Acresce que, partindo do pressuposto de a cláusula de reserva de propriedade incluída em contratos de compra e venda de coisas móveis não registáveis, ser inoponível a terceiros de boa fé (*vd. supra* n.° I § 4.3.b)), não seria de aceitar a oponibilidade da cláusula de reserva de propriedade estabelecida na venda de elevadores.

Para evitar as dificuldades referidas de tal cláusula de reserva de propriedade, a jurisprudência, por vezes, qualifica o contrato como de empreitada, considerando nula a cláusula de reserva de propriedade, cfr. Ac. STJ de 6/7/1994, CJ (STJ) II (1994), T. II,

§ 4. Venda de bens de existência ou titularidade incerta

I. A matéria respeitante à venda de bens de existência ou titularidade incerta encontra-se regulada nos arts. 881° CC e 467°, 1 CCom.

O art. 467°, 1 CCom. não regula verdadeiramente esta questão, porque limita-se a fazer uma remissão para as regras de Direito Civil, entre as quais, em especial o art. 881° CC. No art. 881° CC lê-se: «Quando se vendam bens de existência ou titularidade incerta e no contrato se faça menção dessa incerteza, é devido o preço, ainda que os bens não existam ou não pertençam ao vendedor, excepto se as partes recusarem ao contrato natureza aleatória.»

Do disposto neste preceito conclui-se que a validade da compra e venda não é posta em causa; nada impede que se celebre um contrato de compra e venda relativamente a um bem cuja existência ou titularidade se apresente como incerta, desde que essa situação de incerteza seja conhecida do comprador. Se se vende determinado bem duvidando-se da sua existência, avisado o comprador deste facto, nada obsta à celebração do contrato de compra e venda. E, em princípio, tal contrato tem carácter aleatório.

A lei permite a celebração de contratos de compra e venda com carácter aleatório (*emptio spei*). É isso que ocorre neste preceito (art. 881° CC), bem como no n.° 2 do art. 880° CC.

A diferença entre os dois preceitos reside no facto de no art. 881° CC se presumir que o contrato tem natureza aleatória, enquanto, nos termos do disposto no n.° 2 do art. 880° CC, o carácter aleatório depende de estipulação das partes.

II. Tendo o contrato natureza aleatória, mesmo que o bem não exista ou não venha a pertencer ao vendedor, como o comprador quis correr esse risco, tem de pagar o preço (art. 881° CC). A situação é similar com respeito ao disposto no n.° 2 do art. 880° CC; se o bem futuro não se tornar

---

p. 181; Ac. STJ de 17/11/1994, CJ (STJ), II (1994), T. III, p. 143; Ac. STJ de 14/2/1995, CJ (STJ), III (1995), T. I, p. 88; Ac. STJ de 6/4/1995, CJ (STJ), III (1995), T. II, p. 33. Solução com a qual não se pode deixar de concordar. Sobre este ponto, veja-se também *infra*, *Empreitada*. A questão ficou tendencialmente resolvida com o Ac. do Pleno do STJ de 31/1/1996, ROA 56 (1996), I, p. 291, no qual se uniformiza jurisprudência nos seguintes termos: «A cláusula de reserva de propriedade convencionada em contrato de fornecimento e instalação de elevadores em prédios urbanos torna-se ineficaz logo que se concretize a respectiva instalação». Veja-se também o comentário de MENEZES CORDEIRO a este Ac. do Pleno, ROA 56 (1996), I, pp. 319 ss.

presente, o fruto pendente não puder ser colhido, etc.[1], o preço é devido desde que se tenha conferido natureza aleatória ao contrato.

No fundo, ao estabelecer-se um contrato com carácter aleatório, assumindo-se um determinado risco, certamente o preço acordado será inferior ao que seria normal; o comprador corre o risco na expectativa de obter o bem por um preço inferior. Há quem considera que a *emptio spei* não se enquadra na noção de compra e venda, porque o preço pago não é contrapartida da coisa vendida, pois esta não existe; dito de outro modo, sendo o carácter comutativo (troca de coisa por dinheiro) próprio da compra e venda, faltando a coisa, o contrato será de outro tipo[2]. Não parece, contudo, que a natureza comutativa seja uma característica necessária da compra e venda: é isso que ocorre normalmente, mas a lei permite que assim não seja. Por outro lado, no momento da formação, não há diferença entre a compra e venda de coisa futura, com ou sem carácter aleatório; o contrato, em qualquer dos casos, está na dependência do preenchimento de uma condição: que a coisa se torne presente. Acresce que, tendo o contrato natureza aleatória, se a coisa vier a existir, procede-se à troca da coisa por dinheiro, sem que o carácter aleatório seja afectado; ou seja, a alea vale tanto para as hipóteses em que o preço é devido sem que a coisa seja prestada, como para aquelas em que se permuta coisa por dinheiro. Por conseguinte, não é o carácter aleatório que impede a qualificação do contrato como de compra e venda.

III. Na situação prevista no art. 881° CC, se houver uma impossibilidade quanto à existência do bem, aplicam-se as regras gerais. Nessa medida, sendo a impossibilidade originária, o contrato é nulo e, em tal caso, o preço não é devido. Mas se se tratar de uma impossibilidade superveniente, o preço será devido desde que a causa da impossibilidade esteja abrangida no carácter aleatório do contrato.

---

[1] Nestes casos, o efeito real (transmissão da propriedade) não opera.

Sobre a venda de frutos pendentes (laranjas de um pomar) com carácter aleatório, cfr. Ac. Rel. Év. de 18/3/1993, CJ XVIII (1993), T. II, p. 264.

[2] RAÚL VENTURA, «O Contrato de Compra e Venda ...», cit., pp. 292 s.

GSCHNITZER, *Schuldrecht*, cit., p. 27, como exemplos de compra e venda, alude à alienação de um bilhete de lotaria, situação em que é notório o carácter aleatório. PIRES DE LIMA/ANTUNES VARELA, *Código Civil Anotado*, II, cit., anot. 4 ao art. 880°, p. 170, indicam que, em tal caso, o objecto da compra e venda é a própria *spes*.

I – Compra e Venda

§ 5. Venda de coisas sujeitas a contagem, pesagem ou medição

1. Caracterização

I. No que respeita à matéria da venda de coisas sujeitas a contagem, pesagem ou medição regem os arts. 887° a 891° CC e o art. 472° CCom.

II. Do art. 472° CCom. retira-se que, sendo as coisas vendidas por conta, peso ou medida, o risco corre por conta do vendedor até que elas sejam contadas, pesadas ou medidas, salvo se a contagem, pesagem ou medição não foi realizada por culpa do comprador[1].

No art. 472° CCom. estabeleceu-se uma regra quanto à repartição do risco; «o risco corre por conta do vendedor, até que se verifique a contagem, pesagem ou medição». Trata-se, no fundo, de contratos de compra e venda de coisas indeterminadas, mais propriamente de bens genéricos, em que a determinação se verificará com a contagem, medição ou pesagem, que corresponde à especificação da prestação, antes da qual não se transfere, nem a propriedade, nem o risco[2].

No contrato mercantil de compra e venda de coisas sujeitas a contagem, pesagem ou medição, como se referiu anteriormente (I. § 4.2), a transferência da propriedade, nos termos do art. 408°, n.° 2 CC, só opera depois de a prestação ter sido determinada, ou seja, após a concentração.

Do mesmo modo, o risco é assumido pelo vendedor enquanto a prestação for indeterminada; a partir da concentração (contagem, medição ou pesagem) o risco corre por conta do comprador, excepto se esta não se verificou por culpa sua. A excepção constante do art. 472° CCom. equivale à incluída na parte final do art. 541° CC, onde se alude à mora do credor. No fundo, estando a transferência do risco, por via de regra, associada à transmissão da propriedade, como até à concentração não se produz o efeito real, que caracteriza a compra e venda, o risco mantém-se na esfera do vendedor. Mas a compra e venda comercial de coisas sujeitas a contagem, pesagem ou medição não tem de ter por objecto, necessa-

---

[1] *Vd.* CUNHA GONÇALVES, *Da Compra e Venda no Direito Comercial Portuguez*, Vol. I, Coimbra, 1909, pp. 474 ss.

[2] Cfr. Ac. STJ de 10/4/1997, CJ (STJ) 1997, T. II, p. 39, em que estava em causa a venda de eucaliptos, cujo volume teria de ser medido.

68   *Direito das Obrigações*

riamente, coisas genéricas; pode vender-se uma coisa específica que vai, depois, ser contada, pesada ou medida[1].

Este regime estabelecido na lei mercantil não resolve os problemas suscitados pela venda de coisas sujeitas a contagem, pesagem ou medição, às quais, mesmo no domínio comercial, se aplicam as regras de Direito Civil[2].

III. Os arts. 887° a 891° CC vêm estabelecer regras quanto à determinação do preço; regras essas que têm em vista a resolução do problema de eventuais divergências entre o valor declarado na compra e venda e aquele que se determinaria pela multiplicação do número, peso ou medida na situação real. Pode ocorrer que, num dado contrato de compra e venda, tenha sido fixado um preço global para aqueles bens, mas procedendo a uma multiplicação entre, designadamente, o peso da coisa vendida e o valor da unidade (p. ex., Kg), se detecta uma divergência. Em tal hipótese, nos termos do art. 887° CC, prevalecerá o preço determinado pela multiplicação; perante um erro de cálculo, a lei impõe a respectiva correcção.

Mas importa distinguir duas situações: as que advêm do erro de cálculo na operação aritmética de fixação do preço, das que resultam de uma realidade diversa.

Admitindo que alguém vende 1000 Kg de trigo (obrigação genérica) a 50$00 o quilograma, se do contrato constar que o preço é de 60 000$00, há uma divergência que se resolve pela prevalência do preço determinado pela multiplicação, que seria de 50 000$00. Neste caso, chega-se a esta solução pela aplicação do disposto no art. 249° CC, porque se está perante um erro de cálculo.

Diferentemente, se tiver sido acordada a venda dos 1000 Kg de trigo que se encontram armazenados em determinado silo (obrigação específica), a 50$00 o quilograma, se na realidade só lá estiverem 900 Kg, em vez de ser devido o preço acordado de 50 000$00, o comprador terá de pagar 45 000$00. No segundo exemplo, a conclusão advém do disposto no art. 887° CC.

Neste último caso, a correcção só se justifica se a divergência não for essencial a ponto de, por via do erro (arts. 247° ss. CC), se poder recorrer à anulação do negócio jurídico[3]. Salvo prova em contrário, as divergências

---

[1] Cfr. Ac. Rel. Év. de 30/3/1995, CJ XX (1995), T. II, p. 257, em que estava em causa a venda de uma dada pilha de cortiça, cujo preço resultava da respectiva pesagem.

[2] Cfr. RAÚL VENTURA, «O Contrato de Compra e Venda ...», cit., p. 318.

[3] Para uma distinção entre a divergência de medida e o erro vício, cfr. MEDINA DE LEMUS, *Cabida y Calidad en la Compraventa de Inmuebles*, Madrid, 1989, pp. 254 ss.

I – Compra e Venda

quanto à contagem, pesagem e medição não constituem hipóteses de erro vício; pode até dizer-se que há uma presunção legal de, em princípio, ser-lhes aplicável o disposto nos arts. 887° ss. CC, normas especiais, tendencialmente vocacionadas para resolver este tipo de problemas.

O regime da venda de coisas sujeitas a contagem, pesagem ou medição pode ter particular relevância prática no que respeita aos contratos de fornecimento de bens, que se protelam no tempo, como por exemplo, a venda de energia eléctrica[1], de água e de gás. Nestas situações, por vezes, têm surgido casos em que se detectam divergências entre os valores apresentados à cobrança e aqueles que se determinariam em função do que foi fornecido. Trata-se de plausíveis erros de contas, em que o preço cobrado não corresponde ao valor a que se chegaria pela multiplicação do preço da unidade pelo montante fornecido (erro de cálculo) ou em que há divergência entre o valor efectivamente fornecido e o que vem indicado (p. ex., apura-se o valor em razão de 1000 m^3 de água, quando só foram fornecidos 900 m^3 de água). No primeiro caso, as divergências são rectificadas nos termos do art. 249° CC. Na segunda hipótese, tais erros deverão de ser corrigidos nos termos dos arts. 887° ss. CC.

IV. As hipóteses de venda sujeita a contagem, pesagem ou medição, previstas nos arts. 887° a 891° CC, são distintas das situações em que há

---

[1] O contrato de fornecimento de energia eléctrica parece consubstanciar uma venda continuada de um bem (a electricidade), cujo preço é fixado a x por unidade. Cfr. Ac. Rel. Pt. de 19/4/1993, CJ XVIII (1993), T. II, p. 217. Mas nos Ac. STJ de 30/1/1997, CJ (STJ) 1997, T. I, p. 85; Ac. STJ de 27/10/1998, CJ (STJ) 1998, T. III, p. 87; Ac. STJ de 22/2/2000, CJ (STJ) 2000, T. I, p. 110; Ac. Rel. Pt. de 29/4/1993, CJ XVIII (1993), T. II, p. 229; Ac. Rel. Cb. de 6/1/1996, CJ XXI (1996), T. I, p. 5, não se enquadrou a situação no disposto nos arts. 887° ss. CC, porque correspondia a uma compra e venda de coisa genérica e não determinada. Também não considerou aplicável o art. 887° CC ao contrato de fornecimento de energia eléctrica o Ac. STJ de 10/11/1993, CJ (STJ), I (1993), T. III, p. 113, por considerar que aquele preceito tem por pressuposto uma alienação na qual o objecto foi inteiramente entregue, o que não ocorre com respeito à electricidade. Diversamente, no Ac. STJ de 6/5/1998, BMJ 477, p. 451, aplicou-se à compra e venda de energia eléctrica o disposto nos arts. 887° ss. CC, por se entender que os preceitos se reportam a coisas determinadas quanto à qualidade e determináveis em relação à quantidade, que, nos termos do acórdão citado, não corresponde a uma coisa genérica. De igual modo, no Ac. STJ de 22/2/2000, CJ (STJ) 2000, T. I, p. 110, entendeu-se que a compra e venda de energia eléctrica não integra uma alienação de coisa indeterminada, *maxime* genérica, pois era vendida energia eléctrica individualizada por elementos diferenciadores que a definiam: «baixa tensão» e «potência contratada de 300KVA». A solução destes arestos é dificilmente sufragável, pois assenta numa concepção *sui generis* de prestação específica, que restringe drasticamente o conceito de prestação genérica.

um contrato de compra e venda de determinado bem com entrega de quantidade diferente da acordada.

Se alguém acordar na venda de uma pluralidade de bens e não entregar essa quantia, não é de aplicar o art. 887º CC, porque há uma entrega de quantidade diversa daquela que estava acordada. Neste caso, o problema, em princípio, subsume-se a um incumprimento parcial do contrato. Assim, se alguém ficou obrigado a entregar 1000 Kg de trigo a 50$00 o quilo e, em vez de prestar os 1000 Kg, entrega só 500 Kg de trigo, há um cumprimento parcial do contrato, devendo recorrer-se às regras gerais do incumprimento parcial, concretamente aos arts. 804º ss. CC e ao art. 802º CC, estando inviabilizada a aplicação do art. 887º CC.

Torna-se necessário distinguir esta situação, em que a compra e venda de 1000 Kg de trigo respeita a coisa genérica, da indicada no exemplo anteriormente referido de uma compra e venda dos 1000 Kg de trigo que se encontravam armazenados em determinado silo, em que a prestação é específica; o art. 887º CC está especialmente vocacionado para aplicar-se à compra e venda de coisas específicas, determinadas e não genéricas[1].

V. É, todavia, necessário ter em conta outros aspectos. Pode acontecer que numa situação destas encontrem aplicação as regras do cumprimento defeituoso, previstas nos arts. 913º ss. CC, porque está em causa uma hipótese de *error in qualitate*.

Quando se compra um terreno, tendo o vendedor afirmado, ainda que de boa fé, que ele tinha 1000 m^2, se só tem 800 m^2, pode considerar-se que, em vez de uma coisa determinada com medida diferente (art. 888º CC), foi entregue bem com características diversas das asseguradas (art. 913º CC), porque, por exemplo, a diferença de área não permite edificar nos termos previstos, razão pela qual encontram aplicação as regras do cumprimento defeituoso[2].

Por conseguinte, o regime estabelecido no art. 888º CC aplicar-se-á desde que não se esteja perante uma situação de cumprimento defeituoso.

---

[1] GALVÃO TELLES, «Contratos Civis», cit., p. 124 e RAÚL VENTURA, «O Contrato de Compra e Venda ...», cit., pp. 298 s., consideram este regime exclusivamente aplicável à compra e venda de coisas determinadas. A este propósito cabe referir que os problemas de divergência de medição, em outros ordenamentos jurídicos, como o espanhol ou o italiano, só se suscitam com respeito a bens imóveis, ou seja, coisas específicas. Cfr. MEDINA DE LEMUS, *Cabida y Calidad*, cit., pp. 144 ss. e pp. 233 ss.; RESCIGNO, *Manuale*, cit., pp. 797 s.

[2] Para uma explicação mais desenvolvida, cfr. ROMANO MARTINEZ, *Cumprimento Defeituoso*, cit., pp. 215 ss.

I – Compra e Venda　　　71

Por outro lado, pode ocorrer que se apliquem as regras do erro caso se verifique a existência deste vício na formação da vontade negocial[1].

2. Venda de coisas *ad mensuram* e *ad corpus*

I. Sendo vendida coisa determinada em que o preço não tenha sido fixado por unidade, há que aplicar o art. 888° CC. Nos termos deste preceito, é devido o preço declarado não obstante da multiplicação entre o número, peso ou medida e a unidade resultar um valor diverso. Porém, pode ser pedida a redução ou aumento proporcional do preço se a divergência entre a quantidade declarada e a efectiva for superior a um vigésimo daquela (art. 888°, n.° 2 CC).

II. No caso do art. 887° CC está em causa uma situação em que se vendem bens cuja forma de determinação do preço é a unidade, a medida ou o peso. Diferentemente, no art. 888° CC pretende-se regular uma situação algo diversa, em que prepondera o preço declarado, porque o mesmo não é fixado em função da pesagem ou medição, mas com base na coisa determinada.

Isto corresponde à distinção entre as compras e vendas de coisas *ad mensuram* e *ad corpus*[2].

No art. 887° CC tem-se em conta a compra e venda de coisa *ad mensuram*, em que prevalece a unidade, o peso ou a medida dos bens alienados. A venda de coisas a tanto por unidade, peso ou medida teria plena justificação nos contratos cujo objecto se reporta a coisas genéricas, mas nada obsta a que se alienem coisas específicas *ad mensuram*, por exemplo, a venda de todo o trigo que se encontra em determinado celeiro a tanto por quilograma ou a venda do terreno y, cujas estremas se encontram perfeitamente delimitadas, a x o hectare. E o art. 887° CC regula especialmente a venda de coisas específicas *ad mensuram*, não se aplicando, por via de regra, às compras e vendas de coisas genéricas.

No caso do art. 888° CC está em causa a compra e venda de coisas *ad corpus*, em que prepondera a determinação do preço da coisa em si, independentemente do seu número, peso ou dimensões concretas.

---

[1] No Ac. STJ de 22/1/1998, CJ (STJ) 1998, T. I, p. 33, em que parte do terreno vendido não era propriedade dos vendedores, recorreu-se ao erro-vício para reduzir o negócio jurídico.

[2] Sobre estes tipos de venda no *Corpus Iuris Civilis*, cfr. MEDINA DE LEMUS, *Cabida y Calidad*, cit., pp. 21 ss.

O problema da venda *ad corpus*, prevista no art. 888° CC, pode encontrar-se relacionado com uma outra questão. Se, por exemplo, alguém vende um terreno por x escudos, afirmando que o mesmo tem 1000 m^2, em princípio, estar-se-á perante uma venda *ad corpus*, pois o que está em causa é aquele terreno, delimitado, com um preço unitário, e não um somatório de metros quadrados como forma de fixação da contrapartida pecuniária. Assim, quando se afirmou que o terreno tinha 1000 m^2, mas de facto só tem 950 m^2, sabendo-se que o preço do metro quadrado tido por base naquele contrato foi de y escudos, nos termos do art. 888° CC, prevalece o preço declarado, independentemente de a multiplicação entre a área efectiva e o valor do metro quadrado apontarem para outra importância. Excepto se a divergência para mais (p. ex., 1100 m^2) ou para menos (p. ex., 900 m^2) for superior a um vigésimo (5%), caso em que poderá ser pedido o aumento ou a redução proporcional do preço[1].

3. Correcção

Os erros mencionados não serão tidos em conta, principalmente estando em causa contratos de fornecimento continuado de bens, se forem compensadas as faltas com excessos, como determina o art. 889° CC. Para haver a referida compensação é necessário, primeiro, que se esteja perante a venda de uma pluralidade de coisas com um preço unitário, pressupondo a existência de um só contrato; segundo, que se trate de coisas determinadas e homogéneas.

Tal ocorre, nomeadamente, no caso de, no mesmo contrato, se venderem dois prédios rústicos por determinado preço, tendo-se verificado que um deles tem mais 100 m^2 e o outro menos 80 m^2 do que o declarado. Mas se, por exemplo, no mesmo documento estiver indicado que foram fornecidos 500 Kwh de electricidade e 200 m^3 de gás, quando, na realidade, o fornecimento respeita a 450 Kwh de electricidade e a 250 m^3 de gás, poder-se-ia também proceder à compensação dos respectivos

---

[1] PIRES DE LIMA/ANTUNES VARELA, *Código Civil Anotado*, II, cit., anot. 2 ao art. 888°, p. 180, consideram que a correcção do preço só é de fazer em relação à parte que exceda o vigésimo, pois «a diferença até ao vigésimo da quantidade declarada (é) como uma espécie de *carência* imposta supletivamente às partes pela lei».

Vd. também o Ac. Rel. Lx. de 5/11/1996, CJ XXI, T. V, p. 79 e o Ac. Rel. Év. de 8/5/1997, CJ XXII, T. III, p. 280. Neste último aresto afirma-se que a regra de correcção prevista no n.° 2 do art. 888° CC é supletiva, podendo ser afastada por acordo.

valores[1]. É, contudo, discutível que este último exemplo se enquadre na previsão do art. 889° CC[2]. Pois, por um lado, o gás e a electricidade não são coisas homogéneas e, por outro, o facto de serem facturados em conjunto não pressupõe necessariamente a existência de um só contrato. Assim sendo, nesta hipótese só por via analógica seria possível recorrer à compensação, nos termos do art. 889° CC, o que é discutível atento o disposto no art. 11° CC.

4. Resolução

No domínio deste tipo de vendas, a regra aponta no sentido de só ser concedida a possibilidade de exigir a correcção do preço sempre que, verificadas as contas, se determinar que esse preço não está correcto. Porém, o art. 891° CC vem admitir, em determinadas circunstâncias, que, em vez da correcção, seja pedida a resolução do contrato.

Este direito de resolver o contrato foi, tão-só, atribuído ao comprador, porque o vendedor estará em melhores condições para apreciar o número, peso ou medida da coisa vendida; além disso, o comprador é que poderá encontrar-se numa situação de dificuldade quanto a pagar um excesso em relação ao preço convencionado[3].

A resolução do contrato só é possível na medida em que a diferença entre o preço estabelecido e aquele que se determina pela regra da multiplicação, atento o que foi efectivamente fornecido, seja superior a um vigésimo[4]. A lei admite o recurso à resolução do contrato na hipótese de grandes diferenças entre o preço fixado e o que seria devido atentas as quantidades prestadas; todavia, tal resolução só é viável na

---

[1] Este exemplo melhor se entenderá esclarecendo que, na área de Lisboa, vulgarmente, as facturas respeitantes ao consumo de electricidade e de gás são apresentadas à cobrança num único documento. A este propósito cabe aludir ao disposto no art. 5°, n.° 4 da Lei n.° 23/96, de 26 de Julho, onde se determina que a falta de pagamento de um serviço de fornecimento de água, gás ou energia eléctrica, não determina a suspensão de outro dos serviços, «ainda que incluído na mesma factura, salvo se forem funcionalmente indissociáveis».

[2] RAÚL VENTURA, «O Contrato de Compra e Venda ...», cit., p. 304, considera que não, pois, devendo estar-se perante coisas homogéneas, elas deveriam ser da mesma natureza.

[3] Cfr. RAÚL VENTURA, «O Contrato de Compra e Venda ...», cit., p. 308.

[4] Para uma explicação pormenorizada do modo de determinação do vigésimo, cfr. RAÚL VENTURA, «O Contrato de Compra e Venda ...», cit., p. 307.

74   *Direito das Obrigações*

medida em que o vendedor exija o pagamento desse excesso (art. 891°, n.° 1 CC)[1].

Excluindo esta hipótese em que se admite a resolução do contrato, o único caminho possível é o da correcção do preço.

5. Prazo

I. Para além das referidas particularidades, a especificidade deste regime reside no facto de nem sempre o erro ter de ser corrigido.

II. Em primeiro lugar, quanto à correcção do erro, surge uma diferença no que respeita à repercussão do decurso do tempo na relação jurídica (arts. 296° ss. CC). Em princípio, se alguém cobrou indevidamente uma quantia ou se não recebeu uma importância a que tinha direito, desde o momento do vencimento inicia-se um prazo de prescrição, regra geral de vinte anos (art. 309° CC). Todavia, no art. 890° CC estabeleceu-se, não uma regra de prescrição, mas sim de caducidade.

O prazo de caducidade para exigir a correcção do erro vai de seis meses a um ano a contar da entrega da coisa, dependendo das circunstâncias: é de seis meses quando se trata de coisas móveis e, sendo imóveis, o prazo foi alargado para um ano (art. 890° CC)[2]. Por via de regra, a contagem do prazo inicia-se com a entrega da coisa; porém, se a diferença só se tornar exigível em momento posterior à entrega, é a partir dessa altura que se começa a contar o prazo de caducidade (art. 890°, n.° 1 *in fine* CC); por último, sendo a coisa transportada, o prazo só começa a correr no dia em que o comprador a receber (art. 890°, n.° 2 CC).

Como se está perante um prazo de caducidade, ao contrário do que ocorre na prescrição, não há suspensão nem interrupção do prazo; por outro lado, trata-se de um prazo mais curto do que em caso de prescrição

---

[1] Nos termos do art. 890° CC, o vendedor tem um prazo de seis meses a um ano para exigir o pagamento desse excesso.

[2] No art. 10° da Lei n.° 23/96, de 23 de Julho, que se aplica aos contratos de fornecimento de água, energia eléctrica e gás, estabeleceu-se um regime confuso de prescrição e caducidade de seis meses. Por um lado, parece que o legislador desconhecia o disposto no art. 890° CC, por outro, no art. 10°, n.° 1 do citado diploma estabelece-se uma prescrição de seis meses após a prestação do serviço (à imagem do disposto no art. 316° CC, sem, todavia, se tratar de uma prescrição presuntiva) e no n.° 2 do mesmo preceito determina-se que o direito ao recebimento das diferenças de preço motivadas por erro caduca dentro de seis meses após o pagamento. Parece que se estabelecem indistintamente prazos de prescrição e de caducidade, como se da mesma coisa se tratasse.

que, neste caso, iria de cinco a vinte anos (arts. 310°, alínea g) e 309° CC), consoante os casos.

Resta referir que o prazo de caducidade estabelecido no art. 890° CC só encontra aplicação com respeito às acções em que esteja em causa a contagem, pesagem ou medição da coisa vendida e não o incumprimento do contrato. Neste último caso, valem as regras gerais[1].

III. Por outro lado, quanto à resolução também se estabeleceu um prazo particular. A partir do momento em que o vendedor requeira, por escrito, o pagamento desse excesso de preço, ao comprador que não tenha actuado com dolo, é conferido um prazo de três meses para exercer o direito à resolução do contrato (art. 891°, n.° 2 CC).

Também aqui, à imagem do que ocorre no art. 890° CC, está-se perante um prazo de caducidade e não de prescrição.

§ 6. Venda a contento

I. A venda a contento vem prevista nos arts. 923° e 924° CC e no art. 470° CCom. Trata-se de uma venda feita sob condição de a coisa agradar ao comprador, ou seja, em que o negócio jurídico de compra e venda está dependente da aprovação do adquirente em relação à coisa vendida[2].

Esta condição (*ad gustum*) aposta no contrato corresponde a uma condição imprópria, por ser potestativa, dependendo a sua verificação tão-só da vontade do comprador. O adquirente terá de verificar se a coisa vendida lhe agrada numa perspectiva subjectiva, não sujeita a ser apreciada judicialmente[3]. Apesar de, na prática, a diferença ser difícil de deter-

---

[1] Para maiores desenvolvimentos entre as acções de diferença de medida e de falta de cumprimento, cfr. MEDINA DE LEMUS, *Cabida y Calidad*, cit., pp. 234 ss.

[2] Tradicionalmente comum, em particular nos contratos de venda de certos produtos agrícolas, como o vinho e o azeite, era a cláusula *ad gustum*. Cfr. MANUELA CALVO ANTÓN, *La Venta a Prueba*, Barcelona, 1995, p. 13. No sentido de aplicar o regime da venda a contento às alienações de vinho, azeite e outros produtos alimentares, *vd.* art. 1587 CCFr., cfr. BIHL, *La Vente*, cit., pp. 138 ss.; GHESTIN/DESCHÉ, *La Vente*, cit., pp. 631 s. Como refere CALVO ANTÓN, *La Venta*, cit., p. 15, esta cláusula era também frequentemente aposta em contratos de venda de animais, em particular cavalos e mulas.

[3] Por isso, FRAN MARTINS, *Contratos*, cit., p. 142, alude à necessidade de degustação da mercadoria e na consequente satisfação do comprador para que a condição se preencha.

minar, a degustação não corresponde a um direito de arrependimento[1], como se estabelece por exemplo na venda do direito real de habitação periódica ou nas vendas ao domicílio e por correspondência; neste último caso, ainda que a coisa seja do agrado do comprador, este pode não querer o negócio jurídico ajustado, em razão nomeadamente das cláusulas nele insertas.

No caso de venda a contento comercial (art. 470° CCom.), a condição vale por força da natureza do contrato e não por determinação das partes; este é o regime estabelecido para a compra e venda de coisas não à vista e cuja qualidade não seja conhecida no comércio[2]. Afora esta situação, a compra e venda comercial só será a contento se as partes assim acordarem.

É frequente o ajuste de uma venda a contento, especialmente nas vendas feitas por catálogos, em que são enviados ou disponibilizados catálogos aos interessados que pretendem adquirir o bem anunciado, se agradar. No caso de não agradar, a coisa será devolvida.

A lei prevê duas modalidades de venda a contento, a primeira estabelecida no art. 923° CC e a segunda no art. 924° CC.

II. A primeira modalidade de venda a contento não corresponde a um contrato de compra e venda, pois, como determina o art. 923°, n.° 1 CC, «A compra e venda (...) vale como proposta de venda». Apesar de no art. 923° CC se falar de compra e venda, na realidade não se trata de uma verdadeira venda, porque não há contrato.

Como se determina no art. 923° CC, existe uma simples proposta contratual. O vendedor faz uma proposta contratual de compra e venda ao comprador e este aceita-la-á ou não. O negócio jurídico só estará concluído depois de a proposta ter sido aceita. Nesta primeira modalidade de venda a contento há unicamente uma proposta.

Relativamente à aceitação desta proposta verifica-se uma inversão das regras gerais. Por via de regra, a aceitação é uma manifestação de vontade por parte do destinatário de uma proposta assente na liberdade de

---

[1] O direito ao arrependimento pode ter igualmente natureza contratual, aludindo-se ao designado *pactum displicentiae*, que pode ter efeito bilateral, *vd*. MESSINEO, *Manuale*, cit., p. 69. Todavia, há quem equipare a cláusula *ad gustum* ao *pactum displicentiae*, cfr. SILVA PEREIRA, *Instituições*, cit., pp. 130 ss. Quanto à origem romana deste acordo, *vd*. VERA-CRUZ PINTO, «O Direito das Obrigações em Roma», cit., pp. 153 s.

[2] Cfr. Ac. Rel. Pt. de 4/7/1995, CJ XX (1995), T. IV, p. 167. Veja-se ainda CUNHA GONÇALVES, *Da Compra e Venda*, cit., Vol. I, pp. 428 ss.

I – Compra e Venda

declaração e, normalmente, o silêncio não é entendido como aceitação (cfr. art. 218° CC). Diferentemente, nesta modalidade de venda a contento presume-se a existência de uma aceitação se o comprador, nos prazos do art. 228° CC, ou seja, nos prazos convencionais ou legais de aceitação das propostas contratuais, nada disser (art. 923°, n.° 2 CC). Do silêncio do declaratário, em vez de se concluir pela rejeição, como é usual, pressupõe--se que aceitou a proposta e, consequentemente, o contrato de compra e venda considerar-se-á concluído decorrido o prazo de aceitação[1]. Nesta hipótese, o silêncio de uma das partes funciona como aceitação; esta é uma das excepções, previstas o art. 218° CC, em que se admite que o silêncio possa valer como declaração negocial[2].

No caso das vendas por catálogo há regras que invertem este regime. Tendo em conta a defesa do consumidor, considera-se que a solução estabelecida no art. 923° CC não deve valer nas vendas por catálogos, porque isso seria uma forma de pressionar os potenciais compradores a darem uma resposta (*vd. infra* vendas forçadas).

Por último, resta referir que nesta primeira modalidade de venda a contento, a partir do momento em que a proposta se considera aceita, o comprador já não pode rejeitar a coisa com base no facto de esta lhe não agradar, uma vez que o contrato já se celebrou.

III. Na segunda modalidade de venda a contento, prevista no art. 924° CC, está-se perante um verdadeiro contrato de compra e venda, só que esse contrato está sujeito a uma condição: a de ao comprador agradar ou não aquele bem. Trata-se de uma condição resolutiva e potestativa em relação ao comprador[3]. Caso a coisa não agrade, é-lhe facultado o direito de resolver o negócio. Ao comprador, de modo discricionário[4], é conferido o direito de fazer cessar os efeitos de um contrato de compra e venda.

---

[1] Solução idêntica consta do § 496 BGB, cfr. LARENZ, *Schuldrecht*, II-1, cit., § 44.I, p. 144.

[2] A este propósito, veja-se o Ac. STJ de 9/1/1996, BMJ 453, p. 437.

[3] Segundo PEDRO NUNES DE CARVALHO, *Dos Contratos*, cit., p. 144, como se está perante uma condição potestativa, o contrato não fica sujeito a uma verdadeira condição resolutiva, devendo antes qualificar-se como um contrato revogável unilateralmente pelo comprador. Não parece que se trate de uma verdadeira revogação, pois, entre outros aspectos, a extinção do vínculo contratual opera com eficácia retroactiva.

Quanto à natureza potestativa da condição, com referência ao Direito romano, Cfr. CALVO ANTÓN, *La Venta*, cit., p. 16. Sobre a condição potestativa aposta neste tipo de compra e venda, *vd.* LARENZ, *Schuldrecht*, II-1, cit., § 44.I, p. 144.

[4] Trata-se de uma decisão discricionária do comprador, pois, como costuma dizer--se: «os gostos e as cores não se discutem».

À resolução do contrato de compra e venda a contento, nos termos do n.º 1 do art. 924º CC, aplicam-se os arts. 432º ss. CC. Assim sendo, a resolução, tendo eficácia retroactiva, implica a destruição do negócio jurídico desde o momento da sua celebração. O direito de resolução do contrato não é afastado por ter sido recebido o bem (art. 924º, n.º 2 CC).

A resolução do contrato de compra e venda a contento corresponde a uma extinção do vínculo contratual, ao qual se aplicam as regras gerais dos arts. 432º ss. CC, e que deverá ser feita dentro de um prazo acordado. Se, porém, as partes não acordaram quanto a um prazo para o exercício do direito de resolução, dispõe o art. 924º, n.º 3 CC que o prazo será determinado pelos usos. Esta é uma das remissões da lei, não muito frequentes, para os usos, que passam a ser atendíveis nos termos do art. 3º, n.º 1 CC. Na falta de usos, deverá o vendedor fixar um prazo razoável.

IV. Na venda a contento comercial, prevista no art. 470º CCom., a lei estabeleceu um prazo para o exercício do direito de resolução no art. 471º CCom. Assim, o direito potestativo do comprador deverá ser exercido no acto da entrega da coisa se a examinar nessa altura, ou, não a examinando, dentro de oito dias. O legislador comercial não designa esta modalidade como venda a contento, denominando-a «Compras de cousas não à vista nem designáveis por padrão», mas ao admitir que, por se tratar de bens vendidos não à vista nem com qualidade conhecida no comércio, o comprador pode, examinando-as, distratar (resolver) o contrato caso não lhe convenham, instituiu uma venda a contento na segunda modalidade (art. 924º CC)[1].

V. Relacionado com a venda a contento pode aludir-se à venda a consignação, em que a coisa comprada (normalmente livros, revistas, artigos de artesanato ou géneros alimentares) pode ser devolvida se o comprador, num certo prazo, não a conseguir revender, com direito a reaver o preço pago ou, não tendo o pagamento sido efectuado, deixa de ser devida a prestação do preço[2]. Está implícita uma cláusula de resolução

---

[1] Cfr. Ac. Rel. Pt. de 4/7/1995, CJ XX (1995), T. IV, p. 167, onde se conclui que, não servindo a coisa ao comprador, o contrato não produz efeitos e o risco da perda da coisa é suportado pelo vendedor.

[2] Sobre a figura, que designa por «contratto estimatorio», vd. MESSINEO, Manuale, cit., pp. 154 ss. No Direito brasileiro também se faz referência a este contrato, usando a terminologia italiana (cfr. art. 400 do Projecto de Código Civil Brasileiro) e SILVA PEREIRA, Instituições, cit., pp. 143 ss., em especial p. 144, considera que se trata de uma obrigação alternativa, concluindo (p. 146) que nesta modalidade de compra e venda não

do contrato a favor do comprador; a cláusula não é verdadeiramente potestativa, pois o seu exercício não está dependente de um puro contento do comprador, mas da não realização do fim, normalmente a revenda do bem num certo período de tempo.

Este tipo negocial suscita dúvidas, em particular no que respeita ao regime do risco da coisa e à transferência da propriedade em caso de falência de uma das partes[1].

VI. Na venda a contento, como se trata de um contrato de compra e venda sob condição resolutiva, importa determinar quem corre o risco da perda ou deterioração da coisa. Para tal, há que recorrer ao art. 796° CC, nos termos do qual o risco transfere-se com a celebração do contrato. Mas o problema que se pode colocar é o de saber quem suporta o risco se o comprador resolver o contrato e a coisa tiver perecido no período de tempo que mediou entre a celebração e a resolução do negócio jurídico.

Nos termos do art. 796°, n.° 3 CC, onde se lê: «Quando o contrato estiver dependente de condição resolutiva, o risco do perecimento durante a pendência da condição corre por conta do adquirente, se a coisa lhe tiver sido entregue; (...)» e tendo em conta que na compra e venda a contento se está na pendência de uma condição resolutiva, a destruição ocasional do bem é um risco que corre por conta do comprador, desde que a coisa lhe tenha sido entregue.

§ 7. Venda sujeita a prova

I. A venda sujeita a prova encontra a sua regulamentação no art. 925° CC e no art. 469° CCom.[2].

---

se transfere a propriedade da coisa, mas só a disponibilidade. Veja-se igualmente BIHL, *La Vente*, cit., pp. 137 ss.

Para um estudo desenvolvido do designado contrato estimatorio, pode consultar-se a monografia de MARCELLA SARALE, *Il Contratto Estimatorio. Tra Vendita e Atipicità*, Milão, 1991.

[1] Sobre a questão, *vd.* MARCELLA SARALE, *Il Contratto Estimatorio*, cit., pp. 49 ss. e pp. 119 ss. Como refere GALGANO, *Diritto Privato*, cit., p. 530, neste contrato está em causa uma regra de repartição do risco na distribuição de bens.

[2] Sobre esta questão, *vd.* CALVO ANTÓN, *La Venta*, cit. em especial pp. 65 ss. BIHL, *La Vente*, cit., pp. 139 ss., distingue as vendas a prova das sujeitas a referência (tipo, amostra, desenho ou plano). Cfr. igualmente REINICKE/TIEDTKE, *Kaufrecht*, cit., pp. 304 s. e BOCCHINI, *La Vendita*, cit., pp. 263 ss.

No art. 469° CCom. estão em causa contratos de compra e venda condicionais. Aquilo a que, no art. 469° CCom., se denomina de venda sobre amostra ou por designação de padrão, corresponde a situações em que se celebra um contrato de compra e venda, ficando o negócio jurídico na dependência de uma condição, que é a de o bem vendido corresponder à amostra apresentada ou ao padrão mencionado[1].

O contrato não fica na dependência de uma condição potestativa, mas antes de uma condição determinada por um critério objectivo, que será o da amostra ou o do padrão.

Nos termos do art. 471° CCom., o contrato considera-se perfeito, não podendo ser resolvido com esse fundamento, a partir do momento em que o comprador, tendo recebido e examinado a coisa, não reclamar contra a sua falta de qualidade ou, se a não examinar, deixar passar o prazo de oito dias, sem reclamar. Se alguém compra um tecido, tendo em conta uma determinada amostra, caso o tecido não corresponda exactamente à amostra, há uma divergência que justifica a aplicação da regra do art. 469° CCom., permitindo-se, por conseguinte, que o contrato de compra e venda seja resolvido.

II. Idêntica solução encontra-se estabelecida no art. 925° CC, em relação à venda sujeita a prova. Trata-se igualmente de uma venda sob condição suspensiva (art. 925°, n.° 1 CC); os efeitos essenciais do contrato ficam suspensos até que a condição — de o bem vendido corresponder à amostra apresentada ou ao padrão indicado — se verifique[2].

Se o bem vendido for idóneo ao fim a que se destina e tiver as qualidades asseguradas pelo vendedor (art. 925°, n.° 1 CC), o contrato será eficaz desde a data da celebração, caso contrário não produzirá efeitos.

Em tais casos, não se permite ao comprador que verifique se o bem lhe agrada, cabe-lhe tão-só apreciar se corresponde à amostra no sentido de ser idóneo e de ter as qualidade asseguradas; devendo a prova ser feita no prazo e segundo a modalidade estabelecida pelo contrato ou pelos usos e, na falta destes, por um padrão de razoabilidade (art. 925°, n.° 2 CC).

A venda sujeita a prova, contrariamente ao que é a regra, pode ser subordinada a uma condição resolutiva pelas partes (art. 925°, n.° 1 parte

---

[1] Cfr. Ac. Rel. Lx. de 26/10/1995, CJ XX (1995), T. IV, p. 130.

[2] De modo idêntico, qualificando tal cláusula como uma condição suspensiva, cfr. BOCCHINI, *La Vendita*, cit., p. 263 e RESCIGNO, *Manuale*, cit., p. 788, que, para tal, se baseia no disposto no art. 1521 CCIt.

final CC); em tal caso, o negócio jurídico só deixa de produzir efeitos se a condição se verificar.

O comprador tem o ónus de comunicar ao vendedor o resultado da prova, sob pena de a inidoneidade do bem não lhe aproveitar para efeitos de extinção do vínculo contratual (art. 925°, n.° 3 CC).

III. A venda sujeita a prova apresenta aspectos similares com a venda a contento, estando incluídas na mesma secção do Código Civil (Secção VII do Capítulo respeitante à compra e venda, com a epígrafe: «Venda a contento e venda sujeita a prova»).

Apesar das similitudes existentes, porque ambas são vendas sujeitas a condição, há algumas divergências que importa indicar[1].

Por um lado, a condição nelas estabelecida é diferente; na venda a contento (segunda modalidade) trata-se de uma condição resolutiva, enquanto na venda sujeita a prova a condição, por via de regra, é suspensiva.

Para além disso, na venda a contento a condição está dependente de uma causa potestativa (*pactum displicentiae*), ao passo que na venda sujeita a prova o critério é objectivo: para se saber se a venda é válida importa averiguar (p. ex., por inspecção, experiência ou laudo de perito) se o bem entregue corresponde à amostra ou ao padrão. Sendo um critério objectivo, ao contrário da condição potestativa, pode o mesmo ser alvo de apreciação judicial.

Por último, quando a venda sujeita a prova estiver dependente de uma condição suspensiva, a regra quanto ao risco será diferente. Nos termos do art. 796°, n.° 3 CC, no caso de vendas sujeitas a condição suspen-

---

[1] Como refere CALVO ANTÓN, *La Venta*, cit., pp. 67 s., apesar de o Direito espanhol as ter tratado de modo uniforme (art. 1453 CCEsp.) e de certos autores, mesmo italianos (citados nas notas 93 e 94) identificarem a venda *ad gustum* com a venda a prova, estas duas modalidades não correspondem a figuras jurídicas idênticas, reguladas pelos mesmos princípios. A autora em causa (*ob. cit.*, p. 72) acaba por concluir que no Direito espanhol só está regulada uma das modalidades, a venda a prova.

No Direito alemão distingue-se a *Kauf nach Probe* (§ 494 BGB) — venda sujeita a prova —, da *Kauf auf Probe*, também designada por *Kauf auf Belieben* (§ 495 BGB) — venda a contento, cfr. LARENZ, *Schuldrecht*, II-1, cit., § 44.I, pp. 142 ss.; REINICKE/TIEDTKE, *Kaufrecht*, cit., pp. 304 s. A doutrina alemã alude ainda a uma terceira modalidade, a chamada *Kauf zur Probe*, em que o comprador adquire determinado produto e, se este lhe agradar, encomenda outros idênticos (cfr. autores e obras citados). Este terceiro tipo não apresenta qualquer especificidade: a compra e venda efectivamente realizada segue o regime comum e os negócios jurídicos que vierem eventualmente a ser celebrados podem ficar sujeitos à cláusula «a prova». A mesma distinção tripartida encontra-se no Direito austríaco, com base no disposto nos §§ 1080 ss. ABGB, cfr. GSCHNITZER, *Schuldrecht*, cit., pp. 53 s.

siva vale o princípio de que o risco não se transfere para o comprador, mesmo que este já tenha recebido o bem[1]; assim, se o bem não corresponde à amostra ou ao padrão, o risco continua na esfera jurídica do alienante, e se ficar destruído por uma causa de força maior, o comprador nada terá de pagar[2]. O comprador, numa venda sujeita a prova, deve fazer um uso diligente da coisa, unicamente relacionado com a prova a efectuar; os danos causados na coisa por negligência sua são-lhe imputados, mas o risco é suportado pelo vendedor.

IV. Havendo dúvidas quanto ao que as partes pretenderam estabelecer, não se determinando pela interpretação das declarações negociais se a vontade nelas expressa aponta para uma venda a contento ou para uma venda sujeita a prova, presume o art. 926° CC que se trata de uma venda a contento[3].

Do preceito em causa deduz-se que a presunção legal afasta o regime da venda sujeita a prova, mas poder-se-ia questionar se foi dada qualquer prevalência a alguma das modalidades de venda a contento. Apesar de não ser totalmente esclarecedor, parece que, ao falar-se na primeira modalidade de venda, prevalece a figura prevista no art. 923° CC[4], mas se se determinar que foi celebrado um verdadeiro contrato, na dúvida, deverá prevalecer a modalidade de venda estabelecida no art. 924° CC.

§ 8. Venda a retro

I. A venda a retro vem prevista nos arts. 927° ss. CC. Trata-se de um contrato de compra e venda em que se confere ao vendedor a faculdade de, querendo, resolver o contrato[5].

---

[1] Justifica-se, neste caso, que a entrega do bem, ao contrário do que se aludiu anteriormente com respeito à reserva de propriedade, não implique a transferência do risco, pois, além de se encontrarem suspensos os efeitos da compra e venda, entre os quais a transferência da propriedade, o regime existe para se determinar se a coisa é adequada aos interesses do comprador e não para garantir a contraprestação do vendedor.

[2] No mesmo sentido, CALVO ANTÓN, *La Venta*, cit., p. 14 e pp. 149 ss., invocando em seu favor o peso do Direito romano.

[3] Solução idêntica consta do § 495.I BGB, *vd.* LARENZ, *Schuldrecht*, II-1, cit., § 44.I, p. 144.

[4] Neste sentido, cfr. GALVÃO TELLES, «Contratos Civis», cit., p. 133.

[5] PEDRO NUNES DE CARVALHO, *Dos Contratos*, cit., pp. 145 s. e nota 1 da mesma página, critica a terminologia legal (resolução), considerando tratar-se de uma revoga-

I – Compra e Venda

Este tipo contratual serve, amiúde, para financiar o vendedor, o qual, sem recorrer a outros meios, designadamente ao crédito hipotecário, e sem perder a possibilidade de reaver a titularidade do bem, pode obter o dinheiro de que carece. Por exemplo, se alguém precisa de dinheiro, em vez de hipotecar um dos seus bens, ou em vez de o vender «definitivamente», vende-o a retro; deste modo, recebe o dinheiro da venda, e se mais tarde quiser recuperar o bem, porque a sua fortuna mudou, resolve o contrato[1].

A venda a retro associa-se muitas vezes a uma modalidade negocial usurária, ao permitir que um proprietário em dificuldades económicas aliene a retro um bem por uma quantia relativamente baixa, estabelecendo-se que, em caso de resolução, teria de ser pago um valor muito superior; ou seja, para reaver o bem seria necessário pagar muito mais do que aquilo pelo qual ele fora vendido. Por outro lado, a compra e venda a retro poderia ser usada como forma de ultrapassar a proibição legal do pacto comissório (art. 694° CC), estabelecida em relação à hipoteca e às outras garantias reais de origem convencional. Através da venda a retro, o credor ficaria com o bem do devedor. Tendo em conta estes aspectos, no Código Civil de 1867 (art. 1587°) a figura da venda a retro veio a ser proibida.

Não foi essa a posição do legislador de 1966; considerou-se que a venda a retro, não obstante os perigos que poderia acarretar, por facilitar a conclusão de negócios usurários, representava uma forma viável de resolver alguns problemas, designadamente o do recurso ao crédito[2]. Só que, para evitar determinados abusos por parte de credores sem escrúpulos, o legislador estabeleceu no art. 928° CC que as vantagens patri-

---

ção. Não é esse, porém, o sentido desta secção, em que se alude frequentemente à resolução (é o que ocorre em todos os artigos da secção VIII, à excepção do art. 932° CC), com o consequente recurso ao regime geral dos arts. 432° ss. CC.

Em relação à natureza jurídica da venda a retro, considerando que não se trata de um negócio condicionado puro, mas de um poder de resoluçao, ctr. CAPOZZI, *Dei Singoll Contratti*, cit., pp. 145 ss. A venda é diferente da cláusula de revenda ao vendedor; sobre o *pactum de retro vendendo* no Direito Romano, *vd* VERA-CRUZ PINTO, «O Direito das Obrigações em Roma», cit., p. 154.

[1] Com respeito à compra e venda a retro como modo de constituir uma garantia de cumprimento, cfr. ROMANO MARTINEZ/FUZETA DA PONTE, *Garantias de Cumprimento*, 2ª ed., Coimbra, 1997, pp. 134 ss. Sobre as vantagens da figura, *vd.* GHESTIN/DESCHÉ, *La Vente*, cit., pp. 635 ss. e LUMINOSO, *I Contratti*, cit., pp. 108 ss. Acerca da venda a retro, com uma explicação histórica, distinção de figuras afins e indicação de causas da figura, *vd.* VIVAS TESÓN, *La Compraventa con Pacto de Retro en el Código Civil*, Valencia, 2000, pp. 65 ss., pp. 97 ss. e pp. 213 ss.

[2] Neste sentido, cfr. GALVÃO TELLES, «Contratos Civis», cit., p. 136.

moniais para o comprador têm de estar delimitadas; mais propriamente proíbe que na venda a retro se estabeleçam vantagens patrimoniais para o comprador como contrapartida da resolução do contrato (art. 928°, n.° 1 CC), ou que se acorde quanto a uma devolução de preço superior ao fixado na venda (art. 928°, n.° 2 CC). Se se estabelecer que, na hipótese de resolução, o comprador, para devolver o bem, recebe um preço superior ao que pagou, estar-se-ia perante uma forma usurária, proibida pelo art. 928° CC.

Não obstante a validade da figura, é necessário verificar se a venda a retro não consubstancia um outro negócio jurídico com uma solução não permitida por lei; assim, se a partes pretendem ajustar uma hipoteca com pacto comissório e, para evitar a proibição legal (art. 694° CC), celebram uma venda a retro, esta via indirecta pode determinar uma actuação em contrariedade à lei[1].

II. A fim de evitar que a situação de indefinição proveniente da cláusula a retro se prolongue por muito tempo, o legislador estabeleceu prazos máximos para o exercício do direito de resolução de dois e de cinco anos a contar da data da celebração do contrato de compra e venda, consoante se trate de coisas móveis ou imóveis (art. 929° CC)[2]. Estes prazos de caducidade são imperativos, sendo, portanto, improrrogáveis.

Já se encontra no domínio da autonomia privada o estabelecimento de um prazo mínimo (igual ou inferior ao legal) antes do decurso do qual está vedado ao vendedor o recurso à resolução do contrato[3].

III. Na venda a retro é aposta uma condição resolutiva, a exercer pelo vendedor de modo potestativo, dando-lhe a possibilidade de reaver o bem alienado, mediante a devolução do preço recebido.

---

[1] Neste sentido, considerando discutível a validade de tais actos quando a função de retrovenda seja a de contornar a proibição de pacto comissório, cfr. ARNOLDO WALD, *Obrigações e Contratos*, cit., p. 300. Quanto à admissibilidade de um negócio fiduciário que está na base da constituição de uma garantia indirecta, *vd.* ROMANO MARTINEZ/FUZETA DA PONTE, *Garantias de Cumprimento*, cit., pp. 29 ss.

[2] A solução é idêntica no Direito italiano, nos termos do disposto no art. 1501 CCIt., cfr. RESCIGNO, *Manuale*, cit., p. 789. Diferentemente, no Direito alemão (§ 503 BGB) os prazos são de trinta e de três anos; acresce que estes prazos são supletivos. Cfr. LARENZ, *Schuldrecht*, II-1, cit., § 44.II, p. 146.

[3] Tal prazo pode justificar-se, como referem PIRES DE LIMA/ANTUNES VARELA, *Código Civil Anotado*, cit., anot. 4 ao art. 929°, p. 224, «a fim de o comprador se assegurar do uso da coisa durante um período mínimo».

Como se trata de um contrato de compra e venda sob condição resolutiva, na pendência desta, o risco corre por conta do comprador nos termos do art. 796°, n.° 3 CC.

IV. Relativamente à resolução do contrato de compra e venda com cláusula a retro há algumas particularidades relativamente às regras gerais de Direito Civil, que importa indicar.

Por um lado, a resolução tem de ser feita mediante notificação judicial avulsa, como vem previsto no art. 930° CC; enquanto, nos termos gerais, a declaração de resolução não carece de forma. Além disso, estando em causa a resolução de um contrato de compra e venda de coisa imóvel, ela terá de ser reduzida a escritura pública (art. 930° CC).

Em segundo lugar, no que respeita à produção de efeitos, à resolução da venda a retro aplica-se o disposto nos arts. 432° ss. CC, mas há a ter em conta que, contrariamente ao disposto no art. 435° CC, nos termos do qual a resolução não prejudica os direitos adquiridos por terceiro, neste caso ela pode produzir efeitos relativamente a terceiros, desde que se trate de compra e venda de coisas sujeitas a registo e a cláusula a retro esteja registada (art. 932° CC). À imagem do que ocorre na compra e venda com reserva de propriedade, estar-se-ia aqui também perante um direito real de aquisição.

Deste modo, nos termos do art. 435°, n.° 1 CC, em caso de resolução do contrato, os direitos de terceiros não são prejudicados, só podendo ser postos em causa aqueles que forem registados depois do registo da acção de resolução (art. 435°, n.° 2 CC). Contudo, em caso de venda a retro, os direitos de terceiros constituídos antes da resolução do contrato podem ser postos em causa se, tratando-se de compra e venda de coisas sujeitas a registo (imóveis ou móveis sujeitos a registo) a cláusula a retro estava registada.

Ainda quanto a particularidades com respeito ao disposto nos arts. 432° ss. CC, cabe aludir à regra constante do art. 931° CC. Neste preceito foi imposto, de forma supletiva, a obrigação de o vendedor, nos quinze dias subsequentes à notificação judicial, entregar ao comprador aquilo que lhe seja devido em termos de preço, despesas do contrato, etc. Esta obrigação não é sinalagmática da de restituir a coisa[1], pois é de realização prévia. Diferentemente do que ocorre em sede de resolução de contratos, não se pode, neste caso, recorrer à excepção de não cumprimento.

---

[1] Cfr. PIRES DE LIMA/ANTUNES VARELA, *Código Civil Anotado*, II, cit., anot. 3 ao art. 931°, pp. 225 s.

§ 9. Venda a prestações

1. Noção

I. A compra e venda a prestações vem regulada nos arts. 934° ss. CC[1], e corresponde a um tipo de venda a crédito

A venda a crédito, entre outros aspectos, distingue-se da compra e venda em que o comprador recorreu ao crédito, porque, nesta última, quando muito, pode existir uma união de contratos (mútuo e compra e venda). Ou seja, na compra e venda com recurso ao crédito, o comprador celebra um contrato de mútuo e outro de compra e venda, podendo, eventualmente, os dois contratos estar coligados; situação esta muito frequente sempre que o empréstimo é feito em função de uma compra e venda determinada, em particular, quando o preço é pago directamente pelo mutuante ao vendedor[2]. Diferentemente, a compra e venda a crédito corresponde a um único negócio jurídico em que o vendedor, assumindo vestes similares às de um mutuante, aceita receber o preço (ou parte dele) mais tarde; todavia, o vendedor não empresta dinheiro ao comprador, o que seria necessário para se estar perante um contrato de mútuo (art. 1142° CC)[3].

A modalidade da venda a prestações teve uma grande importância prática, facilitando a transacção de bens que são entregues ao comprador antes do pagamento integral do preço, mas, por motivos vários, em particular de ordem económica numa determinada conjuntura, essa relevância

---

[1] Sobre esta matéria, *vd.*, PINTO MONTEIRO, «Sobre o Não Cumprimento na Venda a Prestações (Algumas Notas)», *O Direito* 122 (1990), pp. 555 ss.; HUMBERTO PELÁGIO, *Da Venda a Prestações. Ensaio sôbre a Venda de Cousas Móveis para Uso ou Consumo*, Lisboa, 1941; VASCO LOBO XAVIER, «Venda a Prestações: Algumas Notas sobre os Artigos 934° e 935° do Código Civil», RDES XXI (1974), n.ᵒˢ 1-4, pp. 199 ss.; TERESA ANSELMO VAZ, *Alguns Aspectos do Contrato de Compra e Venda a Prestações e Contratos Análogos*, Coimbra, 1995.

A preocupação de proteger o comprador neste tipo de compra e venda não é específico do Direito português, *vd.* BADENES GASSET, *El Contrato de Compraventa*, II, cit., pp. 748 ss., com referência a vários ordenamentos a pp. 781 ss. e BLASCO GASCÓ, *Las Ventas a Plazos de Bienes Muebles*, Valencia, 2000, pp. 14 ss. e pp. 20 ss., onde se estabelece a relação entre a venda a prestações e o crédito ao consumo.

[2] Acerca da venda financiada por terceiro, cfr. ESSER/WEYERS, *Schuldrecht*, II, cit., § 9.III, pp. 104 ss.; REINICKE/TIEDTKE, *Kaufrecht*, cit., pp. 452 ss.

[3] Todavia, BLASCO GASCÓ, *Las Ventas a Plazos*, cit., pp. 20 s., alude ao contrato de financiamento feito pelo próprio vendedor.

prática foi limitada, essencialmente pelo Decreto-Lei n.º 457/79, de 21 de Novembro.

Considerou-se que a venda a prestações era uma forma de aumentar o consumo, o que levaria a um incremento da inflação; para reduzir a inflação, e no âmbito de uma política de controlo dos preços, o legislador achou por bem limitar a venda a prestações.

Por outro lado, numa perspectiva de protecção do consumidor, entendeu-se que a venda a prestações poderia comportar dois riscos. Em primeiro lugar, o risco de, por vezes, os vendedores se aproveitarem da incúria dos compradores menos esclarecidos, obtendo o pagamento de preços mais elevados do que seria normal ou a inclusão de qualquer cláusula abusiva. Além disso, sabendo-se quão aliciante é comprar agora e pagar mais tarde, a venda a prestações pode constituir uma das formas de levar ao sobre-endividamento que, quando toma proporções elevadas numa sociedade, tem consequências altamente nefastas. Foi esta a *occasio legis* da intervenção legislativa verificada em 1979.

Porém, o Decreto-Lei n.º 457/79 veio a ser revogado pelo Decreto-Lei n.º 63/94, de 28 de Fevereiro, tendo sido levantadas as limitações estabelecidas à compra e venda a prestações. Do Decreto-Lei n.º 63/94 consta um único artigo onde se dispõe que está revogado o Decreto-Lei n.º 457/79, mas da leitura do preâmbulo infere-se que o legislador considerou, por um lado, que a protecção do consumidor (comprador) estava assegurada pelas regras constantes da directiva comunitária transposta para a ordem jurídica portuguesa pelo Decreto-Lei n.º 359/91, de 21 de Setembro. Este diploma, no qual se estabeleceu a defesa do consumidor sempre que haja recurso ao crédito para o consumo, era suficiente no que respeita à protecção do comprador a prestações. Quanto ao problema da desvalorização monetária, parece que a questão foi, de algum modo, ultrapassada, pela redução substancial das altas taxas de inflação dos anos setenta e oitenta.

Também no sentido da limitação da liberdade contratual, na Portaria n.º 229-A/89, de 18 de Março estabeleceram-se restrições à estipulação da venda a prestações, impondo, nomeadamente, quanto à celebração destes contratos, a forma escrita no caso de o preço exceder quarenta mil escudos.

II. Na compra e venda a prestações, o pagamento do preço é feito rateadamente. O preço devido corresponde a uma obrigação unitária que, todavia, foi dividida e escalonada no tempo no que respeita ao seu cumprimento; ou seja, o preço acordado é uma única obrigação liquidável em prestações, com vencimentos diferidos no tempo.

A compra e venda a prestações implica o estabelecimento de dois regimes especiais, de certo modo diversos das regras gerais. Primeiro, em relação ao regime especial da compra e venda, estabelecido no art. 886° CC e, segundo, relativo ao regime geral das obrigações, constante do art. 781° CC.

2. Regime

I. Nos termos do art. 886° CC, como já foi referido, contrariamente à regra geral do art. 801° CC, não se faculta ao vendedor, salvo cláusula em contrário, a possibilidade de resolver o contrato de compra e venda por falta de pagamento do preço, mesmo que este não cumprimento seja definitivo, se já foi transmitido o direito sobre a coisa e feita a entrega desta[1].

No art. 934° CC, atento o facto de o direito não se ter transmitido por via da cláusula de reserva de propriedade, admite-se que a falta de pagamento do preço constitua causa de resolução do contrato. Assim sendo, esta regra constante do art. 934° CC representa uma concretização do regime especial do art. 886° CC, só que, neste, a solução é supletiva e, naquele, imperativa.

A resolução o contrato, estabelecida no art. 934° CC, só é concedida ao vendedor, e não ao comprador. De facto, o legislador, tanto no art. 934° CC, como no art. 886° CC, só pretende limitar o direito de resolução do contrato que, nos termos gerais (art. 801° CC), seria conferido ao vendedor. Quanto ao comprador não existem limitações; daí que o adquirente possa resolver o contrato perante o incumprimento definitivo da obrigação do vendedor, em particular, do dever de entrega da coisa[2].

II. No art. 781° CC dispõe-se que a falta de pagamento de uma das prestações em que se fraccionou a obrigação, importa o vencimento de todas as outras prestações. Independentemente da discussão

---

[1] Acerca da resolução na compra e venda, em particular, nas situações de falta de pagamento do preço, cfr. ROVIRA JAEN, *El Pacto Resolutorio en la Venta de Bienes Inmuebles (Su Razón Histórica)*, Madrid, 1996, em especial, pp. 180 ss. e 234 ss.

[2] Por isso, como bem se determinou no Ac. Rel. Év. de 23/4/1992, CJ XVII (1992), T. II, p. 291, a cláusula de reserva de propriedade aposta numa compra e venda a prestações «é uma cláusula de funcionamento a favor do vendedor» (p. 293), não conferindo ao comprador o direito de desistir do contrato, invocando que a propriedade não se transmitiu.

I – Compra e Venda

se, neste caso, se está perante um vencimento ou uma exigibilidade antecipada[1], verifica-se uma diferença com respeito ao disposto no art. 934° CC.

Nos termos deste último preceito é necessário o preenchimento de certos pressupostos, designadamente que a prestação em falta exceda um oitavo do preço[2], para que se dê a exigibilidade antecipada. Acresce que, relativamente à compra e venda a prestações parece não restarem dúvidas quanto a não se tratar de um vencimento antecipado, pois no preceito alude-se à perda do benefício do prazo, constante do art. 780° CC, pelo que o vencimento deverá ser precedido da interpelação, nos termos gerais válidos para as obrigações puras.

III. Quanto à compra e venda a prestações, tendo em conta as consequências do incumprimento por parte do comprador, importa distinguir várias situações.

A compra e venda a prestações pode ser ajustada com uma cláusula de reserva de propriedade (art. 409° CC). Nesse caso, tendo sido entregue a coisa objecto do contrato[3], a falta de pagamento de uma prestação superior a um oitavo do preço faculta ao vendedor o recurso, em alternativa, a dois meios: a resolução do contrato ou a exigibilidade antecipada das prestações vincendas, por via da perda do benefício do prazo.

Este regime suscita algumas questões.

Primeiro, o facto de se ter restringido o recurso à resolução do contrato para a hipótese de existência de reserva de propriedade é criticável *de iure condendo*, pois não haveria razões que obstassem a que se acordasse de modo diverso, permitindo-se, por via convencional, que a resolução do

---

[1] *Vd.* GALVÃO TELLES, *Direito das Obrigações*, 7ª ed., Coimbra, 1997, pp. 263 ss.; ANTUNES VARELA, *Das Obrigações em Geral*, Vol. II, 7ª ed., Coimbra, 1999, pp. 52 ss.

[2] Esta exigência de a prestação em falta exceder um oitavo do preço teve por fonte o art. 1525 CCIt. Sobre esta questão no Direito italiano, cfr. TRABUCCHI, *Istituzioni*, cit., p. 694. De facto, a solução consagrada no Código Civil Português baseou-se, essencialmente, no Direito italiano, não tendo a lei alemã de 16 de Maio de 1894, várias vezes alterada, tido influência substancial no Direito português. Sobre esta lei, onde a compra e venda a prestações se encontra regulamentada de forma bastante pormenorizada, cfr. LARENZ, *Schuldrecht*, II-1, cit., § 43.a.I, pp. 127 ss. Refira-se que a mencionada lei alemã foi revogada pela lei do crédito ao consumo, que só introduziu pequenas modificações na situação vigente, cfr. ESSER/WEYERS, *Schuldrecht*, II, cit., § 9.II, pp. 102 ss.

[3] Com respeito ao risco em caso de compra e venda com reserva de propriedade e entrega da coisa, *vd. supra* o ponto relativo à cláusula de reserva de propriedade.

90   *Direito das Obrigações*

contrato fosse pedida sem ter sido estabelecida uma cláusula de reserva de propriedade[1].

Todavia, o legislador decidiu nestes termos no intuito de limitar as situações vexatórias para o comprador, em que se lhe pudesse exigir a devolução da coisa comprada sendo ele proprietário[2]. Por outro lado, a solução oposta poderia, eventualmente, acarretar menor protecção para terceiros que confiaram na titularidade do direito por parte do comprador.

Em segundo lugar, quando se fala num oitavo do preço, no termo «preço» estão abrangidas todas as quantias pagas pelo comprador ao vendedor em razão da alienação da coisa, mesmo que não lhe tenham dado esse nome. Se ao preço propriamente dito acrescem impostos e outras despesas que o comprador tem de pagar ao vendedor, a oitava parte é determinada em relação ao todo. Já não quanto a despesas pagas a terceiro, como por exemplo, ao notário junto do qual foi celebrado o contrato.

Por último, a opção entre os pedidos de resolução do contrato e de exigibilidade antecipada com base na perda do benefício do prazo não é total.

Primeiro, porque a resolução só pode ser pedida nos termos gerais; isto é, depois de se estar perante uma situação de incumprimento definitivo total (art. 801°, n.° 2 CC) ou parcial, sendo grave (art. 802° CC). Porém, a exigência de um oitavo do preço parece corresponder sempre a um incumprimento grave, pelo que, sendo definitivo, não terá de passar por outro crivo[3].

Segundo, nada obsta a que o vendedor exija o pagamento das prestações vincendas com base na perda do benefício do prazo, depois de ter decorrido o prazo admonitório.

---

[1] Até porque, sendo o art. 886° CC uma norma supletiva, não estando em causa uma compra e venda a prestações, as partes podem acordar quanto à possibilidade de resolução do contrato, apesar de não ter sido estabelecida uma cláusula de reserva de propriedade e a coisa haver sido entregue.

[2] TERESA ANSELMO VAZ, *Alguns Aspectos*, cit., pp. 17 e 18, embora criticando a solução legal, considera que nos termos do art. 934° CC, será válida a venda sem reserva de propriedade com cláusula de resolução. Mas não parece que tal solução seja válida, pois, sendo o regime estabelecido no art. 934° CC imperativo (*vd. infra*), não parece que possa ser ajustada uma compra e venda a prestações sem reserva de propriedade, mas com entrega da coisa, em que se acorde quanto à possibilidade de o vendedor resolver o contrato em caso de falta de pagamento.

[3] Cfr. VASCO LOBO XAVIER, «Venda a Prestações ...», cit, pp. 205 ss. Em sentido diverso, considerando sempre a necessidade de averiguar da importância do não cumprimento à luz do art. 802° CC, cfr. PINTO MONTEIRO, «Sobre o Não Cumprimento...» cit., p. 562.

I – Compra e Venda

Faltando o comprador ao pagamento de uma prestação superior a um oitavo do preço, o vendedor pode interpelá-lo, exigindo o pagamento das prestações vincendas. A partir desse momento, o comprador entra em mora relativamente a todas as prestações não pagas, mora essa que se poderá transformar em incumprimento definitivo depois de decorrido o prazo admonitório do art. 808° CC.

Só após o incumprimento definitivo é que poderá ser pedida a resolução do contrato, em alternativa à exigência do preço em falta, acrescido dos juros de mora. Mas, depois de interposta a acção de condenação quanto ao pagamento do preço em dívida, não pode o vendedor mudar de ideias e intentar uma acção de resolução do contrato[1]; todavia, determinando-se a inviabilidade da cobrança do crédito por via judicial, designadamente em caso de insuficiência do património do comprador, pode o vendedor invocar o seu direito de propriedade e resolver o contrato[2].

Se estiverem em dívida duas prestações, mesmo que de valor inferior a um oitavo do preço, parece dever entender-se que também se aplicam as soluções estabelecidas em alternativa para a hipótese de falta de uma prestação de valor superior a um oitavo[3]. De facto, tendo o comprador reiterado o incumprimento, a falta de confiança daí decorrente justifica a aplicação das mesmas regras.

---

[1] Em sentido diferente, cfr. PIRES DE LIMA/ANTUNES VARELA, *Código Civil Anotado*, II, cit., anot. 7 ao art. 934°, p. 230, considerando que o «vendedor pode, compreensivelmente preferir a manutenção à resolução do contrato, mas não querer, legitimamente, abrir mão do domínio da coisa sem o efectivo pagamento da totalidade do preço». Num sentido idêntico ao defendido no texto, *vd.* RAÚL VENTURA, «O Contrato de Compra e Venda ...», cit., p. 612 e VASCO LOBO XAVIER, «Venda a Prestações ...», cit, p. 210, apontando, este último autor, para a preclusão de uma via depois de o comprador ter eleito a outra de forma incompatível com a primeira (pp. 215 s.)

[2] É diversa a posição sustentada por VASCO LOBO XAVIER, «Venda a Prestações ...», cit, pp. 216 ss., ao admitir que o vendedor pode nomear à penhora o bem alienado com reserva de propriedade. Essa nomeação à penhora é possível se o contrato não for resolvido, entendendo-se que o vendedor renuncia à resolução do contrato de compra e venda (Ac. Rel. Lx. de 9/7/1998, CJ XXIII, T. IV, p. 101).

[3] Cfr. ARMANDO BRAGA, *Compra e Venda*, cit., p. 149; PIRES DE LIMA/ANTUNES VARELA, *Código Civil Anotado*, II, cit., anot. 1 ao art. 934°, p. 228; TERESA ANSELMO VAZ, *Alguns Aspectos*, cit., p. 19; VASCO LOBO XAVIER, «Venda a Prestações ...», cit, p. 245. Veja-se igualmente o Ac. Rel. Lx. de 7/12/1995, CJ XX (1995), T. V, p. 135.

Segundo PIRES DE LIMA/ANTUNES VARELA (*ob. e loc. cit.*) é de manter a protecção do comprador que já faltou, por várias vezes, ao pagamento de prestações inferiores a um oitavo se os anteriores incumprimentos já foram purgados. No mesmo sentido, VASCO LOBO XAVIER, «Venda a Prestações ...», cit, pp. 248 s.

IV. A compra e venda a prestações, apesar de não ser habitual, pode ter sido acordada com reserva de propriedade, mas sem entrega da coisa. Nesse caso, não previsto no art. 934º CC, ao vendedor é atribuída, em alternativa, a faculdade de resolver o contrato nos termos gerais (art. 801º CC)[1] — uma vez que, por um lado, tendo sido acordada a reserva de propriedade e, por outro, como a coisa não foi entregue, a resolução não estaria precludida pelo art. 886º CC — e a exigência das prestações vincendas, sendo discutível que este último direito se deva conformar nos parâmetros do art. 934º CC.

V. Tendo sido ajustada uma compra e venda a prestações sem reserva de propriedade, se a coisa não tiver sido entregue, ao vendedor cabe exigir as prestações vincendas; quanto a este direito importa também apreciar se deve aplicar-se o regime geral ou o disposto no art. 934º CC e, se for esta última a solução, atender-se-á à perda do benefício do prazo se faltar uma prestação superior a um oitavo do preço ou se estiverem em falta duas prestações[2]. Quanto à resolução do contrato, encontram aplicação as regras gerais (art. 886º CC), eventualmente conjugadas com o disposto no art. 934º CC: tendo a coisa sido entregue, a resolução não pode ser requerida ainda que se encontre em falta o pagamento de uma prestação superior a um oitavo do preço ou de duas prestações; não tendo a coisa sido entregue ao comprador, o pedido de resolução do contrato depende somente do facto de se estar perante um incumprimento definitivo, nos termos gerais (arts. 801º e 808º CC).

VI. Em qualquer das situações, na hipótese de o vendedor optar pela resolução do contrato, para além das regras gerais dos arts. 432º ss. CC, é preciso ter em conta que, tendo a coisa sido entregue ao comprador, muitas das vezes, terá havido um desgaste do bem, que deverá ser ponderado em termos indemnizatórios.

Assim sendo, requerida a resolução, procede-se à repristinação das prestações contratuais; ou seja, o vendedor recebe, de volta, a coisa vendida e devolve as prestações do preço recebidas. Todavia, como o uso que o comprador deu à coisa implica, naturalmente, a desvalorização

---

[1] Cfr. VASCO LOBO XAVIER, «Venda a Prestações ...», cit, p. 241, esclarecendo que o disposto no art. 934º CC só encontra justificação no caso de o comprador se encontrar na posse da coisa comprada.

[2] Cfr. VASCO LOBO XAVIER, «Venda a Prestações ...», cit, pp. 257 s.

da mesma, o vendedor poderá exigir uma indemnização respeitante a essa perda de valor[1].

3. Imperatividade

Discute-se se o art. 934° CC corresponde a uma norma supletiva ou imperativa. Na parte final deste preceito consta «sem embargo de convenção em contrário», que pode ser sinónimo de salvo acordo em contrário[2]. Todavia, tem sido defendida a imperatividade desta norma por motivos de defesa do consumidor associados com a protecção da parte mais desfavorecida e menos esclarecida[3], por razões históricas do preceito e por comparação com outros ordenamentos jurídicos[4].

4. Cláusula penal

No art. 935°, n.° 1 CC encontra-se uma limitação quanto à estipulação de cláusula penal, considerando-se que esta não pode ultrapassar metade do preço, mas aceitando-se, consoante os casos, o estabelecimento

---

[1] Sobre esta questão, admitindo que o direito a essa indemnização por perda do valor pode ser feito valer por via de compensação, não devolvendo o vendedor a parte do preço recebida que perfaça o montante dessa indemnização, cfr. Ac. Rel. Cb. de 26/1/1994, CJ XIX (1994), T. I, p. 23.

[2] A expressão, literalmente, também poderia ser entendida como não sendo admitida convenção em contrário, interpretando-se o «sem embargo de ...» como «mesmo que haja ...» ou «apesar de ...», o que não parece, todavia, uma interpretação gramaticalmente muito correcta.

[3] Trata-se, contudo, de uma visão nem sempre correcta, pois não raras vezes o adquirente a prestações não é o contraente mais débil, com menor poder económico; pense-se, designadamente, nas grandes empresas que compram a prestações máquinas, automóveis, etc.

[4] Cfr. PIRES DE LIMA/ANTUNES VARELA, *Código Civil Anotado*, II, cit., anot. 9 ao art. 934°, p. 230; PINTO MONTEIRO, «Sobre o Não Cumprimento...», cit., pp. 558 s.; VASCO LOBO XAVIER, «Venda a Prestações ...», cit, pp. 230 ss., em especial pp. 233 ss.; TERESA ANSELMO VAZ, *Alguns Aspectos*, cit., pp. 7 ss. e pp. 23 e 24. *Vd.* também Ac. Rel. Lx. de 3/12/1992, CJ XVII (1992), T. V, p. 131, invocando em seu favor o regime das cláusulas contratuais gerais. Veja-se igualmente o Ac. STJ de 29/9/1993, CJ (STJ), I (1993), T. III, p. 38; Ac. STJ de 2/3/1994, CJ (STJ), II (1994), T. I, p. 133; Ac. Rel. Lx. de 7/12/1995, CJ XX (1995), T. V, p. 135.

Com respeito a outros ordenamentos jurídicos em que a protecção conferida ao comprador de coisa a prestações é ainda mais acentuada, cfr. DíEZ-PICAZO/GULLÓN, *Sistema*, cit., pp. 295 ss.

94 Direito das Obrigações

da indemnização com base no dano negativo ou positivo[1]. Está em causa, na sequência do disposto nos arts. 810° ss. CC, em particular no art. 812° CC, a proibição de estabelecer cláusulas penais abusivas.

Admite-se, porém, que as partes acordem quanto ao ressarcimento de todo o prejuízo, e caso este ultrapasse a metade do preço, a indemnização será devida até esse valor[2]. Contudo, provados prejuízos superiores a metade do preço, a indemnização para cobrir tais danos não fica sujeita ao limite indicado.

Atentas as particularidades do art. 935°, n.° 1 CC, a cláusula penal nele referida assenta nos pressupostos dos arts. 810° ss. CC, designadamente do art. 812° CC quanto à possibilidade de redução equitativa.

Se, como determina o n.° 2 do art. 935° CC, as partes acordarem em que, no caso de incumprimento, o vendedor faz suas as prestações efectuadas, tal cláusula é válida, mas só vale relativamente a metade do preço[3]. Porém, se o prejuízo for superior à metade do preço, o vendedor pode fazer suas as prestações pagas superiores a essa metade, mas, mesmo que o prejuízo seja superior às prestações recebidas, não pode exigir o remanescente[4]. A convenção no sentido de as prestações pagas não serem restituídas vale como cláusula de limitação máxima da responsabilidade civil.

---

[1] Conforme refere VASCO LOBO XAVIER, «Venda a Prestações ...», cit, pp. 261 s., esta indemnização só se justifica em caso de resolução do contrato, pois quanto ao dano positivo estaria em causa a aplicação do art. 806° CC, sendo devidos juros e não a indemnização do art. 935° CC. Todavia, o dano positivo pode, nalguns casos, não ficar ressarcido pelos juros de mora; pense-se na hipótese de danos morais, em que o limite estabelecido no art. 935° CC tem pleno cabimento. Por outro lado, os juros de mora podem exceder metade do preço e volta a ter sentido aplicar o art. 935° CC ao dano positivo.

[2] Acerca da cláusula penal estipulada no art. 935° CC, cfr. PINTO MONTEIRO, *Cláusula Penal e Indemnização*, Coimbra, 1990, pp. 58 ss. e «Sobre o Não Cumprimento...», cit., pp. 567 e 568, que, apesar de considerar não se tratar de uma verdadeira cláusula penal, por o pagamento ser feito antes da violação do contrato, conclui pela subsunção ao regime regra, em razão da identidade funcional.

Quanto à redução da cláusula, nos termos do art. 935° CC, cfr. Ac. Rel. Lx. de 3/5/1990, CJ XV (1990), T. II, p. 108.

[3] Cfr. Ac. STJ de 29/9/1993, CJ (STJ), I (1993), T. III, p. 38; Ac. Rel. Pt. de 10/10/1995, CJ XX (1995), T. IV, p. 213; Ac. Rel. Lx. de 7/12/1995, CJ XX (1995), T. V, p. 135.

[4] Neste caso (n.° 2), diferentemente do que ocorre no n.° 1 do mesmo preceito, há um limite máximo, independente dos danos, que advém da disposição legal.

5. Aplicação do regime a outros contratos

O regime estabelecido para a compra e venda a prestações aplica-se a outros contratos em que se pretende obter resultado equivalente (art. 936°, n.º 1 CC). Sejam contratos atípicos, como a troca e a venda em grupo[1], ou típicos, como a dação em cumprimento. Com respeito à troca, dação em cumprimento e demais contratos onerosos que impliquem a alienação de bens ou o estabelecimento de encargos sobre eles, o regime da venda a prestações já encontraria aplicação, atento o disposto no art. 939° CC. Assim sendo, a norma constante do art. 936°, n.º 1 CC deve ser entendida no sentido de, além da previsão estabelecida no art. 939° CC, o regime em questão valer também em relação a contratos que não tenham em vista a transmissão onerosa de bens, como a empreitada. No domínio da empreitada é, inclusive, frequente acordar-se o pagamento do preço a prestações.

A aplicação do regime protector da compra e venda a prestações a situações análogas não está na dependência da averiguação da existência de uma eventual ou potencial parte fraca no contrato, pois, não obstante o regime em questão ter em vista a protecção do contraente débil, encarado normalmente enquanto consumidor final, ele aplica-se mesmo quando as partes se encontrem jurídica ou economicamente equilibradas a até às situações em que o desequilíbrio está a favor do comprador.

Ainda quanto à aplicação extensiva do regime da compra e venda a prestações, há que aludir ao facto de nas situações jurídicas análogas raramente se estipular a reserva de propriedade, mas isso não obsta à validade da extensão do regime em apreço. Relevante é que tenha sido acordado um pagamento rateado do preço.

Complexa é a aplicação do regime da compra e venda a prestações a negócios jurídicos que prosseguem finalidades idênticas, como o aluguer de longa duração e a locação financeira, relativamente aos quais a aplicação destas regras pode suscitar sérias dificuldades[2].

---

[1] Sobre a figura, *vd*. Ac. Rel. Lx. de 10/10/2000, CJ XXV, T. IV, p. 127.

[2] Pronunciando-se pela não aplicação, *vd*. TERESA ANSELMO VAZ, *Alguns Aspectos*, cit., pp. 77 ss.

Sobre o aluguer de longa duração, veja-se por exemplo Ac. rel. Pt. de 19/4/1999, CJ XXIV, T. II, p. 204; Ac. Rel. Cb. de 29/2/2000, CJ XXV, T. I, p. 39.

§ 10. Venda-locação

No art. 936°, n.° 2 CC alude-se a uma figura que se poderá denominar por venda-locação, modalidade próxima da locação financeira[1], à qual também se faz referência no art. 163° do Código dos Processos Especiais de Recuperação da Empresa e de Falência. Trata-se de uma locação em que foi aposta uma cláusula nos termos da qual o locatário se poderá tornar proprietário do bem depois de satisfeitas todas as rendas ou alugueres pactuados.

Esta figura aproxima-se mais da venda a prestações, em cuja secção vem tratada, do que da locação[2], mas consubstancia uma união alternativa de contratos[3], pois, em função de factores vários, cumprir-se-á um contrato (compra e venda) ou o outro (locação). Se o locatário pagar todas as prestações, o contrato converte-se em compra e venda; caso queira restituir a coisa antes do pagamento integral do preço, estar-se-á perante uma locação.

De facto, sendo requerida a resolução do contrato, esta, ao contrário do que acontece nos contratos de execução continuada (art. 434°, n.° 2 CC), como é o caso da locação, abrange as prestações já efectuadas, ou seja, tem eficácia retroactiva. Assim sendo, de modo imperativo, estabeleceu-se que, sendo locado um bem com a cláusula de, após o pagamento das rendas ou alugueres pactuados, a propriedade (ou outro direito real) se transferir para o locatário, resolvido o contrato, deverá o locador devolver as rendas ou alugueres recebidos.

Pretende-se com esta regra evitar que o locatário/comprador não perca todo o investimento realizado, porque ele estava na expectativa de adquirir o bem, razão pela qual o valor das rendas ou alugueres acordados, muito naturalmente, deveria exceder aquilo que, em princípio, seria ajustado numa comum locação; dito de outro modo, as rendas ou alugueres, implicitamente, abrangem o preço da compra e venda e não só o valor de utilização do bem.

---

[1] Quanto à venda-locação, denominando-a «locação-venda», cfr. PEREIRA COELHO, *Arrendamento*, Coimbra, 1988, pp. 24 s.; TERESA ANSELMO VAZ, *Alguns Aspectos*, cit., pp. 37 ss. e pp. 65 ss. Em relação à locação financeira, *vd.* ROMANO MARTINEZ, *Contratos em Especial*, 2ª ed., Lisboa, 1996, pp. 309 ss.

[2] Para uma distinção entre a venda a prestações com reserva de propriedade e a locação, *vd.* ALMEIDA COSTA, Comentário ao Ac. STJ de 24/1/1985, RLJ 1985/86, pp. 335 ss.

[3] Cfr. GALVÃO TELLES, *Manual dos Contratos em Geral*, 3ª ed., Lisboa, 1965, p. 398, nota 2.

I – Compra e Venda 97

Porém, sendo pedida a resolução, pelo desgaste do bem, cabe ao vendedor ser indemnizado nos termos gerais.

§ 11. Venda sobre documentos

A matéria da venda sobre documentos vem regulada nos arts. 937° s. CC.

A particularidade desta compra e venda reside no facto de a entrega da coisa, que é um dos efeitos do contrato de compra e venda, ser substituída pela entrega do seu título representativo (art. 937° CC). Deste modo, o vendedor, em vez de proceder à tradição da coisa, entrega o título que representa a titularidade do direito sobre essa mesma coisa[1].

A figura da venda sobre documentos tem particular importância no domínio das transacções comerciais, onde é frequente que, em vez de se entregar a mercadoria, se faculte o título representativo da titularidade sobre essa mesma mercadoria. Ocorre até que, por vezes, a mercadoria está depositada em armazém e o vendedor entrega ao comprador o título — *Warrant* —, que permite o acesso ao armazém, e com base no qual a mercadoria pode ser levantada. O mesmo ocorre, por exemplo, no caso de mercadoria em viagem (art. 938° CC) ou a desalfandegar, em que é entregue o documento que permite ao comprador receber a mercadoria do transportador ou levantá-la na alfândega.

Em qualquer caso, estão em causa situações em que há uma substituição na titularidade, mediante a entrega de documentos, pelo facto de a coisa se encontrar na detenção de terceiro por conta do vendedor[2].

§ 12. Venda de coisa em viagem

I. Na secção que respeita à venda sobre documentos encontram-se reguladas as compras e vendas celebradas quando a coisa está em viagem (art. 938° CC)[3].

---

[1] Sobre os títulos representativos de mercadorias, *vd.* BOCCHINI, *La Vendita*, cit., pp. 361 ss.

[2] Cfr. PIRES DE LIMA/ANTUNES VARELA, *Código Civil Anotado*, II, cit., anot. 2 ao art. 937°, p. 253.

[3] Esta norma contém um regime similar ao constante do art. 1529 CCIt.; sobre a questão, *vd.* BOCCHINI, *La Vendita*, cit., pp. 391 ss.

Estando a coisa vendida em viagem no momento em que é celebrado o contrato, importa, primeiro, saber se é do conhecimento de ambas as partes que o bem se encontra em trânsito de um lugar para outro, porque se só um dos contraentes conhece essa situação não se aplica o art. 938° CC.

No caso de compra e venda de coisas em viagem, para a validade do contrato basta a entrega ao comprador dos documentos representativos do objecto vendido.

Por conseguinte, o vendedor não entrega a coisa porque a mesma está em viagem, não se encontrando na sua disponibilidade material, o que é frequente nas importações de bens, mas a venda realiza-se mediante entrega dos respectivos documentos.

II. Na venda de coisa em viagem importa distinguir se, entre os vários documentos, foi entregue ao comprador a apólice de seguro respeitante à mercadoria em trânsito. Em caso afirmativo, mesmo que a coisa já se tivesse perdido no momento da celebração do contrato por causa não imputável ao vendedor, o preço será devido (art. 938°, n.° 1, alínea a) CC).

No fundo, isto implica que o risco corre por conta do comprador (art. 938°, n.° 1, alínea c) CC). Só que, nos termos da alínea a) deste preceito, o comprador suporta o risco de a coisa já não existir à data do ajuste. Nesta sequência, também os defeitos da coisa ocasionados em viagem são suportados pelo comprador, que não pode pedir a resolução do contrato com base em tais defeitos (art. 938°, n.° 1, alínea b) CC).

Se, pelo contrário, não for entregue a apólice de seguro não se transfere o risco; deste modo, caso o seguro apenas cubra parte dos riscos, o vendedor só se exime da responsabilidade nesses termos (art. 938°, n.° 3 CC).

Este regime deve-se ao facto de, com o contrato de seguro, os prejuízos inerentes à coisa, inclusive a sua total destruição mesmo antes da celebração do contrato, já terem sido transferidos para uma seguradora e, nessa medida, justifica-se que o comprador assuma todos os riscos, porque ele será depois ressarcido pela seguradora.

Na hipótese de o vendedor não ter segurado a mercadoria em trânsito, aplicam-se as regras gerais do incumprimento, designadamente do cumprimento defeituoso, e do risco (eventualmente, o art. 797° CC). Quando o regime excepcional estabelecido no art. 938° CC não encontra aplicação, recorre-se às regras gerais.

Nos termos do n.° 2 do art. 938° CC, o regime excepcional estabelecido nas alíneas a) e b) do n.° 1 não vale sempre que o vendedor tenha dolosamente ocultado a situação ao comprador de boa fé. Não se ressalvou a regra de que o risco fica a cargo do comprador desde a data da compra (art. 938°, n.° 1, alínea c) CC), porque, para além de corresponder à regra geral (art. 796° CC), o regime do risco nada tem que ver com a ocultação dolosa de informações.

§ 13. Compra e venda comercial

A compra e venda comercial, estabelecida nos arts. 463° ss. CCom., prende-se com a noção de actos de comércio, constante do art. 2° CCom.[1].

No art. 463° CCom. faz-se referência às situações que integram a compra e venda comercial e, desse elenco, parece poder concluir-se que, por princípio, a venda comercial está associada às situações em que os bens são destinados à revenda[2]. Há, todavia, excepções: «As compras e vendas de partes ou de acções de sociedades comerciais» (art. 463°, 5 CCom.), mesmo que não destinadas a revenda, são comerciais.

No art. 464° CCom. indicam-se quais os contratos que não constituem compra e venda comercial, do qual se conclui que não são comerciais as compras de coisas efectuadas por comerciante para o seu consumo, mesmo que as venha a revender depois de as utilizar.

Atendendo ao critério legal, a compra e venda pode revestir natureza comercial para uma das partes e não para a outra; dependendo, pois, a sua qualificação da perspectiva[3].

À imagem do que ocorre na compra e venda de Direito Civil (art. 883° CC), o preço pode não ficar determinado no momento do ajuste

---

[1] Sobre a figura, *vd.* MENEZES CORDEIRO, *Manual de Direito Comercial*, Vol. I, Coimbra, 2001, pp. 617 ss. e CUNHA GONÇALVES, *Da Compra e Venda no Direito Comercial Portuguez*, Vols. I e II, Coimbra, 1909 e 1912.

[2] Considerando que a enumeração não é taxativa, com um voto contra, *vd.* Ac. Rel. Év. de 12/12/1996, CJ XXI, T. V, p. 273. No Direito brasileiro, nos termos do art. 191 do Código do Comércio, entende-se que são comerciais as vendas de produtos destinados a revenda ou aluguer por parte do comprador dos mesmos, cfr. FRAN MARTINS, *Contratos*, cit., pp. 115 s. No Direito português, se o aluguer corresponder a um acto de comércio do comprador, a compra e venda também será comercial.

[3] Cfr. Ac. STJ de 10/4/1997, CJ (STJ) 1997, T. II, p. 39, onde se conclui que a compra e venda era comercial para o comprador, mas não para o vendedor.

100   *Direito das Obrigações*

e o art. 466° CCom. prevê que o mesmo possa vir a ser fixado por terceiro, indicado no contrato. Nos termos gerais, é essencial que o preço seja
determinável por critérios objectivos, sob pena de a indeterminabilidade
conduzir à nulidade do contrato (arts. 280° e 400° CC).

As restantes particularidades da compra e venda comercial, em especial a venda de coisa alheia (art. 467°, 2 e § único CCom.) e as modalidades de compra e venda, como a venda sobre amostra (art. 470° CCom.),
são analisadas em conjunto com o regime da compra e venda de Direito
Civil, até porque, por via de regra, os preceitos do Cógigo Comercial
remetem para as disposições de Direito Civil[1].

§ 14. Venda celebrada fora do estabelecimento comercial

1. Razão de ser

A matéria relacionada com os contratos de compra venda a distância, ao domicílio, automática, esporádica, em cadeia e forçada, tendo em
vista a protecção do consumidor, tem uma actualidade que implicou
várias intervenções legislativas, mediantes as quais foram transpostas
para a ordem jurídica interna directivas comunitárias. Primeiro, com
uma terminologia algo diversa da actual, a regulamentação desses contratos constava no Decreto-Lei n.° 272/87, de 3 de Julho, alterado pelo
Decreto-Lei n.° 243/95, de 13 de Setembro, e da Portaria n.° 1300/95,
de 31 de Outubro[2]. Estes diplomas foram recentemente revogados pelo
Decreto-Lei n.° 143/2001, de 26 de Abril, que, transpondo a Directiva
n.° 97/7/CE, do Parlamento Europeu e do Conselho, de 20 de Maio, regu-
lamentou, entre outros, os contratos de compra e venda a distância, ao
domicílio e equiparados, por meios automáticos e esporádicos, proibindo
também determinadas modalidades de vendas.

---

[1] Por isso, CUNHA GONÇALVES, *Da Compra e Venda*, cit., Vol I, p. 13, esclarce que
o Código Comercial contém várias lacunas em matéria de compra e venda.

[2] Idênticas intervenções legislativas verificaram-se noutros espaços jurídicos, por
exemplo, em França com a Lei de 22 de Dezembro de 1972 (cfr. BIHL, *La Vente*, cit.,
pp. 38 ss.; GHESTIN/DESCHÉ, *La Vente*, cit., pp. 309 ss.). Em relação ao sistema italiano,
vd. BACHINI, *Le Nuove Forme Speciali di Vendita*, cit., pp. 67 ss.; BOCCHINI, *La Vendita*,
cit., pp. 89 ss. e pp. 427 ss., assim como LUMINOSO, *I Contratti*, cit., pp. 100 s., com referência ao diploma de 15/1/1992.

I – Compra e Venda   101

Este regime, como se esclarece no preâmbulo do diploma, tem em vista a protecção do consumidor, de modo a evitar situações de erro dificilmente enquadráveis nas regras gerais de vícios da vontade dos arts. 247° ss. CC[1].

2. Venda a distância

I. A compra e venda a distância é uma modalidade de distribuição comercial a retalho; só que, diferentemente da venda ao domicílio, a iniciativa negocial cabe ao comprador, pois foi o consumidor (comprador) que encomendou os bens ou serviços que se encontravam publicitados em catálogos, revistas, televisão[2], etc. (art. 2° do Decreto-Lei n.° 143/2001). Enquanto as vendas ao domicílio se caracterizam por não ter havido qualquer encomenda, na venda por correspondência é o consumidor que encomenda os produtos, com base na publicidade apresentada pelo distribuidor desses mesmos bens ou serviços. Para além da iniciativa negocial caber ao consumidor, o contrato de compra e venda a distância caracteriza-se igualmente pela utilização exclusiva de uma ou mais técnicas de comunicação a distância, tanto na negociação como na celebração do contrato (art. 2°, alínea a) Decreto-Lei n.° 143/2001), constituindo a comunicação a distância num qualquer meio que possibilite o ajuste de um contrato sem necessidade da presença física e simultânea do vendedor e comprador (art. 2°, alínea b) Decreto-Lei n.° 143/2001).

O regime dos contratos a distância não se aplica no âmbito de serviços financeiros, às vendas automáticas, à venda de direitos sobre bens imóveis e às vendas realizadas em leilões (art. 3°, n.° 1 Decreto-Lei n.° 143/2001), assim como ao contrato de compra e venda de géneros alimentícios, bebidas ou outros bens de consumo doméstico corrente fornecidos ao consumidor por distribuidores que efectuem circuitos frequentes e regulares (art. 3°, n.° 2, alínea a) Decreto-Lei n.° 143/2001).

---

[1] Nesta perspectiva protectora, além da Lei de Defesa do Consumidor, veja-se por exemplo o regime da compra e venda de géneros alimentícios misturados com brinde (Decreto-Lei n° 158/99, de 11 de Maio).

[2] Sobre a televenda, veja-se o art. 25°-A do Código da Publicidade (alterado pelo Decreto-Lei n° 275/98, de 9 de Setembro). Relativamente à compra e venda por correspondência, consulte-se ARNALDO FILIPE OLIVEIRA, «Contratos Negociados à Distância. Alguns Problemas Relativos ao Regime de Protecção dos Consumidores. Da Solicitação e do Consentimento em Especial», Revista Portuguesa de Direito do Consumo, 7, 1996, pp. 52 ss. e FERNANDO SANTOS SILVA, «Dos Contratos Celebrados à Distância», Revista Portuguesa de Direito do Consumo, 5, 1996, pp. 45 ss.

102   *Direito das Obrigações*

II. O regime do contrato de compra e venda a distância, além de aspectos relacionados com o cumprimento das prestações das partes — entrega da coisa (art. 9° Decreto-Lei n.° 143/2001) e pagamento do preço por cartão de crédito ou de débito (art. 10° Decreto-Lei n.° 143/2001) —, apresenta duas particularidades: informações a prestar ao consumidor (arts. 4° e 5° Decreto-Lei n.° 143/2001) e direito de livre resolução (arts. 6° a 8° Decreto-Lei n.° 143/2001).

Nas várias alíneas do art. 4°, n.° 1 Decreto-Lei n.° 143/2001 indicam-se as informações de que o consumidor deve dispor antes de celebrar o contrato, algumas das quais devem ser confirmadas por escrito ou através de outro suporte durável até à entrega do bem (art. 5°, n.° 1 Decreto-Lei n.° 143/2001). A essas informações acrescem as que constam do art. 5°, n.° 3 Decreto-Lei n.° 143/2001, que devem ser prestadas ao comprador até à entrega do bem.

III. Na venda a distância atribuiu-se ao comprador a faculdade de resolver o contrato nos catorze dias subsequentes à entrega da mercadoria, podendo o prazo para exercer o direito de resolução prolongar-se por três meses se o vendedor não cumprir as obrigações constantes do art. 5° Decreto-Lei n.° 143/2001 (art. 6° Decreto-Lei n.° 143/2001). O direito de livre resolução não é, porém, conferido ao comprador no caso de fornecimento de bens cujo preço dependa de flutuações de taxa de mercado financeiro que o vendedor não possa controlar, na venda de gravações áudio e vídeo, de discos e de programas informáticos de que o comprador tenha retirado o selo de garantia de inviolabilidade e nos contratos de compra e venda de jornais e revistas (art. 7° Decreto-Lei n.° 143/2001).

A possibilidade concedida a uma das partes, no caso ao comprador, de resolver o contrato dentro de certo prazo sem necessidade de invocar qualquer causa justificativa, nem pagamento de uma indemnização à contraparte, afasta-se dos pressupostos gerais em que assenta a resolução dos contratos[1].

---

[1] MALAURIE/AYNÈS, *Les Contrats Spéciaux*, cit., pp. 73 ss., denominando este prazo de «cooling-off period», consideram que, durante este «arrefecimento», o contrato ainda não se concluiu, tornando-se definitivo só após o decurso do prazo legal (que no Direito francês é de sete dias). Esta concepção não corresponde à solução estabelecida na lei portuguesa, em que se pressupõe a existência de um contrato validamente celebrado, mas resolúvel; por isso, é dificilmente perceptível o disposto no art. 20°, n.° 2 Decreto-Lei n.° 143/2001, que se poderia interpretar no sentido de, antes do decurso do prazo de resolução, o contrato ainda não se concluiu.

I – *Compra e Venda*

Neste caso, o direito de exercer a resolução do contrato parte de um pressuposto, comum a vários outros diplomas, como por exemplo no direito real de habitação periódica (art. 16° do Decreto-Lei n.° 275/93, de 5 de Agosto, onde se estabelece um prazo de dez dias para o comprador resolver o contrato de compra e venda), de proteger a parte mais fraca, mediante o afastamento de regras gerais. É igualmente esse o sentido do art. 8°, n.° 4 da Lei n.° 24/96, de 31 de Julho (Lei de Defesa do Consumidor), ao estabelecer o direito de resolver o contrato no prazo de sete dias, apesar de incaracteristicamente lhe chamar «direito de retractação do contrato», sempre que a informação acerca do bem ou serviço se mostre deficiente. Do mesmo modo, nos contratos de crédito ao consumo, no art. 8° do Decreto-Lei n.° 359/91, de 21 de Setembro, sob a epígrafe «período de reflexão», atribui-se ao consumidor a possibilidade de revogar a sua declaração no prazo de sete dias úteis a contar da assinatura do contrato. Cabe ainda aludir ao direito de o trabalhador revogar o acordo revogatório nos dois dias subsequentes ao da cessação do contrato de trabalho (art. 1° Lei n.° 38/96, de 1 de Agosto) e de revogar a rescisão do contrato em termos idênticos (art. 2° Lei n.° 38/96)[1].

Nestes casos, está-se perante o que, por vezes, se designa de direito de arrependimento, o qual confere a uma das partes num negócio jurídico o direito de se «arrepender» desse contrato, resolvendo-o[2]. Sendo, contudo, de reprovar a discrepância legislativa no que respeita a prazos para exercer a faculdade de resolução do contrato; era de sete dias o prazo no diploma revogado (art. 11°, n.° 1 do Decreto-Lei n.° 272/87), idêntico prazo de sete dias consta da Lei de Defesa do Consumidor (art. 8°, n.° 4 da Lei n.° 24/96) e do regime aplicável aos contratos de crédito ao consumo (art. 8° do Decreto-Lei n.° 359/91), foi reduzido de catorze para dez dias no regime do direito real de habitação periódica (art. 16° do Decreto-Lei n.° 275/93, redacção do Decreto-Lei n.° 180/99, de 22 de Maio) e estabeleceram-se prazos de dois dias no domínio laboral (Lei n.° 38/96). Em particular, o prazo de catorze dias do art. 6° Decreto-Lei n.° 143/2001

---

[1] Cfr. ROMANO MARTINEZ, *Direito do Trabalho*, II Vol., *Contrato de Trabalho*, 2° Tomo, 3ª ed., Lisboa, 1999, pp. 310 ss. e p. 371. Sobre o arrependimento, contestando-o, *vd*. JOANA VASCONCELOS, «A Revogação do Contrato de Trabalho», Direito e Justiça, 1997, T. 2, pp. 173 ss.

[2] Sobre o designado direito de arrependimento, *vd*. JANUÁRIO GOMES, «Sobre o "Direito de Arrependimento" do Adquirente do Direito Real de Habitação Periódica (Time-Sharing) e a sua Articulação com Direitos Similares noutros Contratos de Consumo», Revista Portuguesa de Direito do Consumo, 3, 1995, pp. 70 ss.

104   *Direito das Obrigações*

não se coaduna com o prazo estabelecido no art. 8°, n.° 4 da Lei de Defesa do Consumidor, e os dois diplomas podem aplicar-se aos mesmos contratos.

Poder-se-ia dizer que na compra e venda a distância está implícita uma cláusula a contento; se o consumidor, no prazo de catorze dias, achar que o bem fornecido não lhe agrada, pode resolver o contrato, mas há uma diferença entre a cláusula a contento e o direito de arrependimento, apesar de poderem conduzir a idênticos resultados. No art. 6°, n.° 1 Decreto-Lei n.° 143/2001 incluiu-se uma cláusula resolutiva a favor do comprador, que lhe permite, caso o bem fornecido não seja do seu agrado, resolver o contrato; mas este direito assiste-lhe ainda que o bem lhe agrade, se concluir que determinada cláusula do contrato é desajustada ao seu interesse, pois não tem de invocar o motivo. Este último fundamento não se coaduna com a cláusula a contento.

Tendo em conta a possibilidade concedida ao comprador de resolver o contrato, deve concluir-se no sentido de a compra e venda a distância ser um negócio jurídico celebrado sob condição resolutiva, com as consequências inerentes a esse facto, designadamente quanto ao risco, aplicando-se o disposto no art. 796°, n.° 3 CC.

Para o exercício do direito de resolução previsto no art. 6° do diploma em análise há uma exigência de forma diversa da que decorre do disposto no Código Civil. A regra é a da não exigência de forma no que respeita à declaração de resolução do contrato (art. 436°, n.° 1 CC). Porém, relativamente à resolução do contrato de compra e venda a distância, o art. 6°, n.° 5 Decreto-Lei n.° 143/2001 impõe que seja feita por carta registada com aviso de recepção.

Resolvido o contrato, como é regra atento o princípio da retroactividade (art. 434°, n.° 1 CC), devem as partes devolver as prestações que receberam em execução do negócio jurídico, tendo-se neste caso estabelecido que o vendedor tem trinta dias para reembolsar o comprador do preço e despesas pagos, devendo o comprador conservar o bem para o restituir durante o prazo de trinta dias a contar da data da sua recepção (art. 8°, n.ºs 1 e 2 Decreto-Lei n.° 143/2001). Também como decorre das regras gerais, havendo uma união de contratos entre a compra e venda a distância e um mútuo com vista a financiar o consumidor para este poder efectuar aquela aquisição, a resolução da compra e venda nos termos do art. 6° Decreto-Lei n.° 143/2001 determina a resolução do mútuo (art. 8°, n.° 3 Decreto-Lei n.° 143/2001).

3. Venda ao domicílio

I. A venda ao domicílio constitui uma modalidade de distribuição comercial a retalho, em que o contrato de compra e venda é concluído no domicílio do consumidor (comprador), sem que da parte deste tenha havido qualquer pedido (art. 13°, n.° 1 Decreto-Lei n.° 143/2001). Corresponde, pois, às situações em que, sem se ter feito qualquer encomenda, aparece um vendedor à porta do consumidor, propondo-lhe a aquisição de determinados bens. O termo domicílio é entendido em sentido amplo, de molde a não só abranger as situações de domicílio voluntário, profissional ou legal (arts. 82° ss. CC), como qualquer outro lugar (casa de amigos, escritório, *roulote* na rua, etc.) onde o consumidor, por aí permanecer com alguma continuidade, possa ser abordado pelos potenciais vendedores, vulgarmente designados por vendedores porta-a-porta. Do art. 13°, n.° 2 Decreto-Lei n.° 143/2001 resulta que o legislador apelida de contratos equiparados aqueles em que o ajuste se faça no local de trabalho do consumidor, em reuniões promovidas pelo fornecedor em casa de um dos potenciais adquirentes, etc., mas, de facto, parece que, em vez de uma equiparação, o legislador recorre, mediante este subterfúgio, a uma noção ampla de domicílio, entendendo que corresponde a qualquer lugar, fora do estabelecimento comercial do fornecedor, em que o consumidor se encontre por lá permanecer normalmente ou por aí ter comparecido ocasionalmente, ainda que o tenha feito com base numa comunicação comercial feita pelo fornecedor.

Nos termos do disposto no art. 14° Decreto-Lei n.° 143/2001, excluem-se do âmbito deste negócio jurídico os contratos que respeitem à venda de direitos sobre bens imóveis e ao fornecimento de bens alimentares com entregas domiciliárias frequentes e regulares, bem como os contratos de seguro e os relativos a valores mobiliários, não se lhes aplicando, portanto, o regime da venda ao domicílio.

II. Os contratos de compra e venda ao domicílio têm de ser celebrados por escrito (art. 16°, n.° 1 Decreto-Lei n.° 143/2001). Trata-se de uma excepção à regra geral do art. 219° CC, de onde consta o princípio de liberdade de forma. Mas não só é necessário que o contrato seja celebrado por escrito, como também desse escrito têm de constar as menções indicadas nas várias alíneas do n.° 1 do art. 16° do citado diploma. Admite-se, todavia, que se o valor da compra e venda for inferior a 60 euros não é necessário que o contrato seja celebrado por escrito; bastará, então, uma simples nota de encomenda ou documento equivalente, assinado pelo consumidor (art. 16°, n.° 4 do mesmo diploma).

106   *Direito das Obrigações*

III. Tal como em relação à venda a distância, neste tipo de contrato de compra e venda dá-se a possibilidade ao comprador de resolver o contrato nos catorze dias subsequentes à sua celebração ou à entrega da mercadoria, se esta for feita posteriormente ao ajuste (art. 18°, n.° 1 Decreto-Lei n.° 143/2001)[1]. O regime da resolução da venda ao domicílio quanto ao dever de informação, forma de exercício e consequências é idêntico ao que se indicou a propósito da compra e venda a distância.

4. Venda automática

Sempre que o bem seja colocado à disposição do consumidor para este o adquirir mediante a utilização de qualquer tipo de mecanismo e pagamento antecipado do seu preço está-se perante aquilo que o legislador designa por venda automática (art. 21°, n.° 1 Decreto-Lei n.° 143/2001).

Para tais vendas, exige-se que os equipamentos possuam determinadas características, nomeadamente no que respeita a informações a prestar ao consumidor quanto à identificação do responsável e regras de manuseamento (art. 22° Decreto-Lei n.° 143/2001), determinando-se a responsabilidade solidária entre o proprietário do equipamento e o titular do espaço onde este se encontra instalado por indemnizações devidas em caso de não fornecimento do bem ou de deficiência na restituição do preço, assim como por violação das informações impostas no art. 22° Decreto-Lei n.° 143/2001 (art. 23° Decreto-Lei n.° 143/2001).

5. Venda esporádica

Consideram-se vendas especiais esporádicas as realizadas de forma ocasional fora dos estabelecimentos comerciais, em instalações ou espaços privados especialmente contratados ou disponibilizados para o efeito (art. 24°, n.° 1 Decreto-Lei n.° 143/2001).

Em caso de venda esporádica, ao comprador é conferido o direito de resolver o contrato nos catorze dias imediatos à data da celebração do contrato ou à data da entrega do bem, nos termos estabelecidos para a venda ao domicílio (art. 24°, n.° 2 Decreto-Lei n.° 143/2001).

---

[1] Solução reiterada no art. 9°, n.° 7 da Lei de Defesa do Consumidor (Lei n.° 24/96, de 31 de Julho), com um prazo de sete dias.

6. Vendas em cadeia e forçadas

I. As vendas em cadeia, também designadas por vendas em sistema de «pirâmide» ou de «bola de neve»[1], encontram-se proibidas, tal como estabelece o art. 27°, n.° 1 Decreto-Lei n.° 143/2001.

As vendas em cadeia são aquelas em que o preço dos bens ou dos serviços será reduzido, podendo mesmo chegar à total exclusão, caso o comprador angarie clientes interessados em adquirir os mesmos bens àquele vendedor (art. 27°, n.° 2 do mesmo diploma).

Assim, se alguém vende bens ou serviços por um determinado preço, admitindo que esse valor será reduzido em função de o comprador conseguir angariar clientes, aos quais aquele fornecedor consiga vender os mesmos bens ou serviços estar-se-á perante uma venda em cadeia. O legislador entendeu que deveria proibir a venda em cadeia tendo em conta que era uma forma inaceitável de pressão sobre os consumidores, constituindo um tipo de publicidade menos correcta.

A proibição em causa não abrange outras vantagens que sejam concedidas ao comprador, como prémios por angariar clientes.

Do mesmo modo, também se encontra proibida a designada «venda ligada», em que um primeiro contrato de compra e venda fica subordinado à aquisição pelo mesmo comprador de outro bem que aquele vendedor, ou quem este designar, pretende comercializar, desde que não exista uma relação de complementaridade entre os dois bens (art. 30° Decreto-Lei n.° 143/2001).

II. As vendas forçadas estão igualmente proibidas nos termos do disposto no art. 28° Decreto-Lei n.° 143/2001.

Consideram-se vendas forçadas as práticas comerciais mediante as quais se admite que o silêncio do comprador (consumidor) constitui aceitação da proposta de venda de bens ou serviços (art. 28°, n.° 1 do mesmo diploma).

A mesma proibição já se poderia deduzir do disposto no art. 218° CC, porque, nos termos deste preceito, não valendo o silêncio como declaração negocial, chegar-se-ia à conclusão de que tal aceitação nas vendas forçadas não tinha valor. Só nos casos determinados na lei — como na hipótese de venda a contento (art. 923°, n.° 2 CC) —, nos usos ou em con-

---

[1] Cfr. BIHL, *La Vente*, cit., pp. 86 s.; DUTILLEUL/DELEBECQUE, *Contrats Civils*, cit., pp. 93 s.

venção é que a atitude omissiva de alguém pode ser vista como uma aceitação negocial.

Apesar de ser essa a conclusão que se retira do art. 218° CC, o legislador reitera a proibição dessa prática (art. 28° do diploma em análise) — até para evitar que se lhe pudesse aplicar o regime da venda a contento — e acrescenta no art. 29° do mesmo Decreto-Lei que se eventualmente forem enviados produtos não encomendados, nem objecto de qualquer contrato, com um pedido de pagamento do respectivo preço, não há a obrigação de os pagar, nem sequer de os devolver, podendo o comprador (consumidor) conservá-los a título gratuito.

Em tal caso, considera-se que não foi ajustado nenhum contrato de compra e venda, pois falta a aceitação por parte do comprador, e o consumidor nem sequer é obrigado a devolver os bens que lhe foram enviados, mas, devolvendo-os, tem direito a ser reembolsado das respectivas despesas.

É igualmente entendida como venda forçada, e portanto proibido, o negócio jurídico em que o vendedor se aproveite de uma situação de especial debilidade do consumidor, inerente à pessoa deste ou provocada por aquele (art. 28°, n.° 2 Decreto-Lei n.° 143/2001), hipótese prevista no art. 282° CC, sob a epígrafe «Negócios usurários», onde se estatui a anulabilidade.

Dos arts. 26° ss. Decreto-Lei n.° 143/2001 consta a proibição do ajuste de certos contratos, com a correspondente contra-ordenação para o vendedor (art. 32° Decreto-Lei n.° 143/2001), sem pôr em causa as consequências que decorrem das regras de Direito Civil, como a inexistência de contrato por falta de uma declaração de vontade (art. 218° CC) e a anulabilidade ou modificação do negócio jurídico em razão da usura (arts. 282° e 283° CC).

III. PARTICULARIDADES NO REGIME DO NÃO CUMPRIMENTO

§ 1. Princípios gerais da responsabilidade contratual; a presunção de culpa

O não cumprimento das obrigações emergentes do contrato de compra e venda implica responsabilidade contratual nos termos gerais, levando à aplicação das regras do não cumprimento, estabelecidas nos arts. 798° ss. CC.

Trata-se, por via de regra, de um facto ilícito e culposo, presumindo--se a existência de culpa relativamente ao não cumprimento por parte de qualquer dos intervenientes, seja do comprador ou do vendedor (art. 799°, n.° 1 CC)[1]. A responsabilidade pelo inadimplemento determina-se nos termos gerais, tanto em caso de mora como de incumprimento definitivo de prestações decorrentes da compra e venda, com as excepções constantes deste negócio jurídico, nomeadamente a estabelecida no art. 886° CC.

Para além do regime regra, interessa especialmente estudar as particularidades estabelecidas no domínio da compra e venda, relativamente a aspectos de não cumprimento das prestações que impendem sobre as partes.

De entre esses regimes com particularidades cabe analisar quatro: a venda de bens alheios, a venda de coisa ou direito litigioso, a venda de bens onerados e a venda de coisas defeituosas.

---

[1] Sobre a problemática da culpa na responsabilidade contratual, em particular se corresponde à *faute* do Direito francês, que englobaria a culpa e a ilicitude num conceito unitário, *vd*. MENEZES CORDEIRO, *Da Responsabilidade Civil dos Administradores das Sociedades Comerciais*, Lisboa, 1996, pp. 468 ss. Em crítica a esta posição, veja-se MENEZES LEITÃO, *Direito das Obrigações*, Vol. I, Coimbra, 2000, pp. 309 s.

§ 2. Venda de bens alheios

1. Noção

I. A venda de bens alheios encontra-se regulada nos arts. 892° ss. CC, bem como no art. 467° CCom. Para além destas regras, há ainda a ter em conta as eventuais repercussões penais de uma venda de coisa alheia, que pode consubstanciar uma burla (art. 217° do Código Penal).

O princípio geral aponta no sentido de que *nemo dat quod non habet*, mas há excepções.

II. Considera-se que há venda de bens alheios sempre que, na qualidade de vendedor, alguém celebra um contrato de compra e venda sem legitimidade, por não ser titular do direito a que se reporta a alienação ou por agir sem representação. É, no fundo, o negócio mediante o qual alguém «aliena, como próprio, um direito de outrem»[1].

O vendedor não tem a titularidade do direito que pretende alienar se, por exemplo, não é o proprietário dos bens vendidos e, por conseguinte, falta-lhe legitimidade para celebrar um contrato mediante o qual pretenda vender o direito de propriedade sobre tais bens[2]. Também não tem legitimidade quem carece de poderes de representação; se alguém age em representação de outrem, mas sem lhe terem sido conferidos poderes de representação, estar-se-á perante uma situação de falta de legitimidade, abrangida na venda de bens alheios[3].

---

[1] *Vd.* Paulo Olavo Cunha, «Venda de Bens Alheios», ROA 47 (1987), p. 425. Cfr. Ac. STJ de 5/3/1996, CJ (STJ) IV (1996), T. I, p. 132.

Sobre a venda de bens alheios, atendendo à falta de regulamentação da figura no Direito espanhol, *vd.* Fernández Villavicencio Álvarez-Ossorio, *Compraventa de Cosa Ajena*, Barcelona, 1994, que, a pp. 64 ss., alude ao sistema português, iniciando o número com a seguinte frase lapidar: «El Derecho portugués, normalmente olvidado (...) resulta particularmente interessante (...)»; todavia, a autora, que se baseou exclusivamente no texto da lei e nos trabalhos de Cunha Gonçalves (1934), de Galvão Telles (1997) e de Rodrigues Bastos (1982), dá um panorama do sistema português no que respeita à compra e venda de coisa alheia pouco esclarecedor. Sobre a questão, com uma perspectiva essencialmente de incumprimento contratual atenta a estrutura da compra e venda obrigacional, *vd.* Rubio Garrido, *La Doble Venta y la Doble Disposición*, Barcelona, 1994.

[2] Do mesmo modo, carece de legitimidade quem, sendo titular de um direito sobre a coisa, aliena outro direito sobre o mesmo bem. Por exemplo, o usufrutuário que vende a propriedade ou o comproprietário que aliena parte especificada de coisa comum (art. 1408°, n.° 2 CC).

[3] Com respeito à representação, cabe aludir ao facto de que esta pode ser sem poderes, nos termos dos arts. 268° e 471° CC. Em caso de representação sem poderes é

III. Todavia, não se considera compra e venda de bens alheios a alienação de determinado bem cuja titularidade seja de terceiro, desde que as partes o tenham considerado como coisa relativamente futura, nos termos dos arts. 880°, 893° e 904° CC; ou seja, é válida a compra e venda de bem alheio se as partes tiverem presente esse aspecto. No fundo, trata-se de um contrato aleatório, que vai ficar na dependência de um facto futuro e incerto, a aquisição da propriedade ou de outro direito real sobre a coisa por parte do vendedor, para uma posterior transmissão ao comprador.

A este propósito, importa referir que, apesar de ser uma venda de bens alheios, não se lhe aplica este regime, à excepção do disposto no art. 894° CC, sempre que o vendedor tenha declarado que não garante a sua legitimidade ou que não responde pela evicção (art. 903°, n.° 2 CC)[1].

Também não é considerada compra e venda de coisa alheia, a alienação de bens de outrem promovida por entidades públicas. Há entidades públicas que podem, em determinadas circunstâncias, promover a venda de bens, cuja titularidade não possuem. É o que acontece, designadamente,

---

conferido ao comprador, que desconhecia a falta de poderes do vendedor, a faculdade de rejeitar ou revogar o negócio (art. 268°, n.° 4 CC); regime este que não pode conduzir a solução diversa da estabelecida em sede de compra e venda de coisa alheia (contra PAULO OLAVO CUNHA, «Venda de Bens Alheios», cit., p. 425). De facto, em termos indemnizatórios, não parece aceitável que o comprador de um bem deva ficar em situação diversa em caso de ter negociado com quem indevidamente se arroga como titular do direito real sobre a coisa alienada ou com o falso representante do legítimo titular. Assim, quando no art. 268°, n.° 4 CC se fala na possibilidade de revogação ou rejeição do negócio, trata-se de um direito de exercício transitório, «Enquanto o negócio não for ratificado (...)»; depois de negada a ratificação vale o regime da compra e venda de coisa alheia.

Nesta sequência, cabe referir que também se poderá estar perante uma compra e venda de coisa alheia no caso de o vendedor ter agido sem representação (p. ex., gestão de negócios não representativa [art. 471° CC] e mandato sem representação [arts. 1180° ss. CC]) quando o dono do negócio não aprova a gestão (arts. 469° e 471° CC) ou o mandante não assume as obrigações contraídas pelo mandatário (art. 1182° CC). Se, pelo contrário, houver aprovação da gestão e assunção das dívidas a venda de coisa alheia como própria não se subsume ao regime em apreço (cfr. PAULO OLAVO CUNHA, «Venda de Bens Alheios», cit., p. 425).

[1] Tradicionalmente, a evicção correspondia à responsabilidade que advinha do facto de o comprador do bem alheio ficar privado do objecto adquirido, por efeito da actuação do legítimo titular do direito em causa. Hoje, a responsabilidade derivada da celebração de uma compra e venda de coisa alheia existe independentemente de qualquer reivindicação efectuada pelo titular do direito. Cfr. GALVÃO TELLES, «Contratos Civis», cit., pp. 128 s.

nas vendas judiciais promovidas pelos tribunais. Em tais casos não se trata de uma venda de bens alheios, nos termos dos arts. 892° ss. CC, sendo essas vendas válidas.

Não se aplicará igualmente o regime da compra e venda de coisa alheia à venda de coisas fora do comércio[1].

Por último, estando em causa uma compra e venda de coisa indeterminada, como a transmissão da propriedade (ou de outro direito real) só opera com a concentração, antes desta, não se aplica o regime da compra e venda de coisa alheia.

2. Regime

a) Nulidade

I. A consequência da venda de bens alheios é a nulidade do negócio jurídico. Nulidade essa que, nos termos gerais, pode afectar a totalidade do contrato ou só parte dele. Para a hipótese de nulidade parcial, o art. 902° CC remete para o art. 292° CC.

Esta solução está associada, apesar de não ser condição necessária[2], ao facto de a transmissão da propriedade se encontrar automaticamente relacionada com a celebração do contrato de compra e venda[3].

---

[1] Cfr. Paulo Olavo Cunha, «Venda de Bens Alheios», cit., p. 425. Quanto à compra e venda de coisas fora do comércio, a que se aplicam os princípios da teoria geral do direito civil, vd. Malaurie/Aynès, Contrats Spéciaux, cit., pp. 128 ss.

[2] Cfr. Paulo Olavo Cunha, «Venda de Bens Alheios», cit., p. 449.

[3] Daí que noutros ordenamentos jurídicos em que a compra e venda tem efeitos meramente obrigacionais, o legislador não imponha a sanção da nulidade, cfr. Castan Tobeñas, Derecho de Obligaciones, cit., pp. 86 s. e 118 ss.; Díez-Picazo/Gullón, Sistema, cit., pp. 260 s.; Reinicke/Tiedtke, Kaufrecht, cit., p. 69. O vendedor está tão-só obrigado a transferir a propriedade da coisa para o comprador; não o fazendo, incumpre essa obrigação. Deste modo, não é, sequer, compra e venda de coisa alheia a segunda alienação que o dono faz antes de a primeira venda se encontrar perfeita, cfr. Díez-Picazo/Gullón, Sistema, cit., p. 279.

Não assim no ordenamento jurídico francês, em que a regra é igualmente a da nulidade da compra e venda de coisa alheia, nos termos do art. 1599 CCFr., cfr. Bénabent, Contrats Spéciaux, cit., p. 24. Porém, como refere o mesmo autor (ob. cit., pp. 94 ss.), em caso de dupla venda, sendo a coisa imóvel, o diferendo resolve-se nos termos das regras de registo predial, mas sendo a coisa móvel e corpórea, prevalece o direito do comprador a quem foi transmitida a posse (art. 1141 CCFr.), pois vigora o princípio «posse vale título» (art. 2279 CCFr.). A solução é idêntica no Direito espanhol, cfr. Castan Tobeñas, Derecho de Obligaciones, cit., pp. 119 s.

I – Compra e Venda 113

Tratando-se de uma nulidade, ela pode ser invocada por qualquer interessado (art. 286° CC). Nestes casos, um dos interessados será o verdadeiro titular dos bens alienados que, evidentemente, pode e tem interesse em invocar a nulidade do negócio jurídico[1].

Este interessado não é obrigado a arguir a nulidade do contrato, na medida em que, tendo a titularidade do direito real, através de uma acção de reivindicação ou, eventualmente, por via de uma acção de restituição da posse, poderia igualmente fazer valer os seus direitos. Mas para além das acções de reivindicação e de restituição, pode ainda o titular do direito real invocar a nulidade do contrato.

II. A nulidade da compra e venda de bens alheios produz os efeitos normais, estabelecidos no art. 289° CC[2], mas interessa aludir a algumas especificidades.

Estando o comprador de boa fé, se não puder restituir a coisa comprada, por exemplo porque se perdeu, tem mesmo assim direito à restituição do preço pago (art. 894° CC). Este regime constitui uma excepção à regra geral, não pelo facto de no art. 289° CC não se fazer alusão à necessidade de quem invoca a nulidade estar de boa fé, porque a boa fé constitui um princípio geral de todo o ordenamento jurídico, mas na medida em que não se impõe à parte que não pode devolver a prestação recebida (que será o comprador) a obrigação de restituir o valor correspondente. Assim, o comprador de boa fé, mesmo que não possa restituir a coisa ou se esta se encontra deteriorada ou diminuiu de valor por causa que não lhe seja imputável, nada tem a devolver, mas pode exigir a restituição do preço (art. 894°, n.° 1 CC). Excepto se houver tirado proveito da perda ou diminuição do valor dos bens, em que o proveito será compensado com o montante a haver do vendedor (art. 894°, n.° 2 CC)[3]. Esta excepção tem em vista evitar uma situação de locupletamento à custa alheia.

---

[1] Cfr. Ac. STJ de 13/12/1994, BMJ, 342, p. 361. Em sentido diverso, considerando que o dono da coisa vendida não pode invocar a invalidade, cfr. Ac. Rel. Cb. de 8/11/1983, CJ VIII (1983), T. V, p. 52.

[2] Cfr. Ac. Rel. Év. de 6/4/2000, CJ XXV, T. II, p. 271.

[3] A este propósito cabe aludir ao facto de, não obstante o comprador de boa fé estar obrigado a devolver a coisa, faz seus os frutos, naturais ou civis, percebidos até ao dia em que souber que o bem é alheio (art. 1270° CC). Estando o comprador de má fé, deve restituir todos os frutos que a coisa produzir (art. 1271° CC). Sobre a questão, *vd.* MENEZES CORDEIRO, *Da Boa Fé no Direito Civil*, cit., pp. 501 s.

A especificidade de regime referida vale também para a hipótese de o vendedor se encontrar de boa fé[1], pois trata-se de um risco que a lei faz impender sobre ele; independentemente da boa ou má fé do alienante, o comprador que não puder restituir a coisa comprada tem direito à restituição do preço pago.

No fundo, o art. 894° CC vem estabelecer o princípio de que o risco, no caso de uma compra e venda de bens alheios, corre por conta do vendedor.

Cabe também referir que, nos termos gerais, os efeitos da nulidade da compra e venda de bens alheios não são tidos em conta sempre que estiverem em causa as regras de registo dos arts. 5° e 17°, n.° 2 do Código do Registo Predial, bem como do art. 38° do Código do Registo de Bens Móveis[2]. Assim, se o comprador de bem alheio com registo a seu favor, o vende a terceiro de boa fé, e este tiver registado a sua aquisição como titular do direito sobre um bem sujeito a registo, nos termos do art. 5° e, em especial, do art. 17°, n.° 2 do Código do Registo Predial, o direito deste último será inatacável, a não ser que alguém invoque sobre o bem uma posse susceptível de lhe conferir a titularidade do direito por via da usucapião.

Nessa medida, o comprador não tem de restituir o bem adquirido e manter-se-á na titularidade do direito sobre aquela coisa, porque a fé pública do registo lhe confere essa mesma titularidade.

Do mesmo modo, constitui excepção ao regime civil da compra e venda de coisa alheia a regra estabelecida no art. 2076°, n.° 2 CC, onde se admite a validade da venda de coisa alheia efectuada pelo herdeiro aparente[3].

III. A nulidade estabelecida para o caso de compra e venda de bens alheios não é uma verdadeira nulidade, trata-se de uma figura designada por invalidade atípica. Para além da nulidade e da anulabilidade, como formas de invalidade, há figuras atípicas, por vezes denominadas de nulidade mista.

---

[1] Cfr. PIRES DE LIMA/ANTUNES VARELA, *Código Civil Anotado*, II, cit., anot. 1 ao art. 894°, p. 187.

[2] Como se esclareceu anteriormente, o Código de Registo de Bens Móveis ainda não entrou em vigor.

[3] Sobre esta questão, cfr. PAULO OLAVO CUNHA, «Venda de Bens Alheios», cit., p. 471. Como referem MALAURIE/AYNÈS, *Contrats Spéciaux*, cit., p. 137, a venda realizada por herdeiro aparente é válida, porque *error communis facit ius*.

I – Compra e Venda

Neste caso está-se perante uma nulidade atípica porque, por um lado, o vendedor não pode opor a invalidade ao comprador de boa fé (art. 892° CC). Não obstante o vendedor ser um interessado, nos termos do art. 286° CC, estando o comprador de boa fé, não pode aquele arguir a nulidade; dito de outro modo, o regime regra do art. 286° CC, em sede de compra e venda de bens alheios, sofre limitações, nos termos do disposto no art. 892° CC, o que leva a qualificar a nulidade em questão como atípica, também por vezes designada mista.

Por outro lado, também o comprador doloso não pode opor a nulidade ao vendedor de boa fé (art. 892° CC). Trata-se de limitações quanto à possibilidade de invocar a nulidade, que constituem excepção ao disposto no art. 286° CC[1].

Será discutível se esta invalidade é de conhecimento oficioso. Sendo de conhecimento oficioso, aqueles a quem ela não aproveita, por via indirecta, desde que levem qualquer questão emergente do contrato a apreciação judicial, podem dela retirar as vantagens. Diferentemente, não sendo de conhecimento oficioso, que parece ser a solução mais adequada, em casos limite, poderia o tribunal impor o cumprimento de um contrato nulo[2].

Importa esclarecer que quando no art. 892° CC se fala em boa fé e em dolo, estes conceitos são entendidos em sentido subjectivo, como formas psicológicas. Portanto, está de boa fé quem não sabe que o bem é alheio[3] e age dolosamente quem pretende causar prejuízo a outrem[4]. Estas situações psicológicas são aferidas no momento da celebração do negócio jurídico.

IV. Em segundo lugar, a nulidade estabelecida para a hipótese de venda de bens alheios é atípica, porque pode ser sanada. A nulidade é um tipo de invalidade não sanável, mas no art. 895° CC admite-se a convalidação do contrato de compra e venda, mediante a aquisição do direito

---

[1] Como refere GALVÃO TELLES, «Contratos Civis», cit., p. 127, são «compreensíveis razões de moralidade e justiça» que levam ao estabelecimento destas limitações.

[2] PAULO OLAVO CUNHA, «Venda de Bens Alheios», cit., pp. 452 s., pronuncia-se por uma solução de compromisso.

[3] Cabe esclarecer que se trata de boa fé em sentido ético, pelo que o desconhecimento negligente não é tutelado. Assim, se alguém compra na rua um relógio de ouro por 10 000$00, pode não ter a certeza de que o bem é alheio, mas não se pode considerar de boa fé quanto a esse desconhecimento.

[4] Sobre estes conceitos, cfr. MENEZES CORDEIRO, *Da Boa Fé no Direito Civil*, cit., I, pp. 497 ss.

116 Direito das Obrigações

sobre o bem alienado por parte do vendedor. Se o vendedor, entretanto, por qualquer meio (p. ex., compra e venda, sucessão, usucapião), vier a adquirir a titularidade do direito alienado, fica sanado o vício. Isto constitui uma forma de sanar a nulidade, situação só prevista na lei para a anulabilidade (art. 288° CC)[1].

A nulidade deixa, porém, de ser sanável a partir do momento em que tiver sido posta em causa a validade do contrato, designadamente por via de um pedido judicial de declaração de nulidade (art. 896° CC).

Sempre que o vendedor de coisa alheia, posteriormente à celebração do contrato, venha a adquirir a titularidade do direito, a transferência deste (seja propriedade, usufruto, etc.) opera *ipso iure*, não sendo necessária a celebração de posterior acto jurídico (art. 895° CC).

b) Convalidação do contrato

I. Sobre o vendedor de bem alheio impende a obrigação de sanar o vício ou, como diz a lei (art. 897° CC), de convalidar o contrato. A obrigação de convalidar o contrato de compra e venda de bem alheio constitui uma obrigação de resultado[2], relativamente à qual o comprador de boa fé pode exigir o estabelecimento de um prazo para o seu cumprimento (art. 897°, n.° 2 CC).

O contrato não se convalida se, entretanto, ocorrer algum dos factos previstos nas quatro alíneas do n.° 1 do art. 896° CC. Ou seja, quando houver um pedido judicial de declaração de nulidade do contrato, formulado por um dos contraentes (alínea a)); se for pedida a restituição do preço ou pagamento da indemnização, no todo ou em parte, com aceitação do credor (alínea b)); caso se estabeleça uma transacção entre os contraentes, na qual se reconheça a nulidade do contrato (alínea c)); se, por declaração escrita, feita por um dos estipulantes ao outro, se determinar que ele quer que o contrato seja declarado nulo (alínea d)).

Se o vendedor de bens alheios não convalidar o contrato de compra e venda, será obrigado a indemnizar a contraparte nos termos do art. 900° CC. Trata-se de um obrigação autónoma, distinta das que advêm do disposto nos arts. 898° e 899° CC, pois decorre do não cumprimento de

---

[1] A sanação de situações de nulidade também se encontra prevista em outros casos, como no art. 17° da Lei do Contrato de Trabalho, que faz referência à designada convalidação do contrato, cfr. ROMANO MARTINEZ, *Direito do Trabalho*, Vol. II, *Contrato de Trabalho*, 1° Tomo, 3ª ed., Lisboa, 1999, pp. 198 ss.

[2] Cfr. ARMANDO BRAGA, *Compra e Venda*, cit., p. 105; PAULO OLAVO CUNHA, «Venda de Bens Alheios», cit., p. 458.

um dever legal de sanar o vício. Mas na eventualidade de haver prejuízos comuns, a lei ressalva a hipótese de duplicação de indemnizações (art. 900°, n.° 1, *in fine* CC).

II. Caso a nulidade não possa ser sanada, o vendedor também tem de indemnizar o comprador, só que esta é uma indemnização distinta da prevista no art. 900° CC. Na hipótese constante deste último preceito está em causa uma indemnização por não cumprimento da obrigação de convalidar o contrato, mas encontram-se previstas outras indemnizações, provenientes do facto de se ter celebrado uma compra e venda de bens alheios, que não pode ser convalidada (arts. 898° e 899° CC).

Para esta situação, a lei distingue dois tipos de indemnização: em caso de dolo de qualquer dos contraentes, prevista no art. 898° CC; e para a hipótese de não haver dolo nem culpa, baseada em responsabilidade objectiva, prevista no art. 899° CC.

No primeiro caso, a indemnização funda-se em acto culposo e abrange os danos causados, tanto na hipótese de ter havido convalidação, pela delonga na transferência do direito, como quando não haja sanação do vício, pelo prejuízo derivado da celebração de um contrato inválido.

No segundo caso, em relação ao vendedor que venda bens alheios, mesmo sem culpa, prevê-se a obrigação de indemnizar o comprador nos termos da responsabilidade objectiva, só que a indemnização está limitada aos danos emergentes que não resultem de despesas voluptuárias, estando excluídos os lucros cessantes (art. 899° CC).

Relativamente à indemnização prevista no art. 898° CC, o legislador fala em dolo, estabelecendo que haverá obrigação de indemnizar se houver dolo. Porém, esta referência ao dolo não deve ser entendida na contraposição estudada em responsabilidade civil, entre dolo e mera culpa. Não é nesse sentido que no art. 898° CC é usada a expressão dolo, mas em oposição à boa fé.

Assim, parece que o art. 898° CC deverá ser interpretado no sentido de haver lugar à indemnização se houver negligência. De outro modo chegar-se-ia à conclusão, algo bizarra, de que no art. 898° CC se prevê uma indemnização com base em dolo e no art. 899° CC uma responsabilidade objectiva, não estando prevista qualquer indemnização para a hipótese de mera culpa. Por conseguinte, não é necessária a intenção, basta a negligência do vendedor para que haja responsabilidade nos termos do art. 898° CC.

Para além da indemnização, o vendedor garante ao comprador de boa fé o pagamento de benfeitorias realizadas na coisa (art. 901° CC). Estão

118 *Direito das Obrigações*

em causa, nos termos gerais (art. 1273° CC), só as benfeitorias necessárias e úteis, pois as voluptuárias não são indemnizáveis (art. 1275° CC).

O vendedor que tenha satisfeito o valor das benfeitorias ao comprador fica sub-rogado nesse direito em relação ao titular do direito (art. 592°, n.° 1 CC)[1].

O comprador de má fé, nos termos gerais (art. 1273° CC), não perde o direito à indemnização pelas benfeitorias realizadas em relação ao titular do direito, só que o vendedor não lhe garante o pagamento.

III. A obrigação de convalidar o contrato e as indemnizações referidas, tanto a que advém do incumprimento da obrigação de convalidar o contrato, como as derivadas de responsabilidade subjectiva e objectiva do vendedor pela celebração da venda de coisa alheia, constituem a chamada responsabilidade por evicção.

Responsabilidade por evicção era a terminologia clássica, adoptada no Código Civil de 1867. No Código Civil actual essa terminologia foi praticamente abandonada, mas, todavia, subsiste no art. 903°, n.° 2 CC, onde se continua a fazer referência à figura da responsabilidade por evicção.

3. Imperatividade

Relativamente à compra e venda de coisa alheia, o legislador impôs limites à autonomia privada, considerando que esta deveria ser coarctada no que respeita ao estabelecimento de cláusulas de exclusão da responsabilidade. É esse o sentido do art. 903° CC, que, no n.° 1, não permite o afastamento de certas regras caso aquele a quem aproveitam as cláusulas de exclusão ou de limitação tenha agido com dolo; mas na situação prevista no n.° 2 do mesmo preceito, a exclusão ou limitação da responsabilidade, independentemente de dolo de qualquer das partes, não pode afastar a regra da restituição do preço.

Assentou-se, assim, no pressuposto de que as partes não poderiam afastar completamente as regras estabelecidas nos arts. 892° ss. CC (art. 903°, n.° 1 CC), considerando-se algumas delas como imperativas. Em princípio, o regime é imperativo, só tendo carácter supletivo as disposições indicadas no n.° 1 do art. 903° CC. Além disso, nos termos do mesmo preceito, mesmo quando, por convenção, for afastada a aplicação de normas supletivas, tal nunca pode aproveitar a quem tenha agido com

---

[1] Cfr. PIRES DE LIMA/ANTUNES VARELA, *Código Civil Anotado*, II, cit., anot. 1 ao art. 901°, p. 194.

dolo se a contraparte estava de boa fé. Porém, quando o vendedor declare que não garante a sua legitimidade, afasta-se a aplicação de todo o regime (art. 903°, n.° 2 CC), pois, em tal caso, o comprador está ciente do risco que assume. O mesmo ocorre sempre que o vendedor declarar que não responde pela evicção.

Em qualquer dos casos, por não se considerar o contrato como totalmente aleatório, é sempre devida a restituição do preço (art. 903°, n.° 2 *in fine*, por remissão para o art. 894° CC).

4. Venda comercial de coisa alheia

Contrariamente ao que se passa no Direito Civil, em que a compra e venda de bens alheios é nula, no Direito Comercial é permitida a alienação de coisa alheia, como estabelece o art. 467°, 2 CCom.[1].

No Direito Comercial a solução é diversa, pois estão em causa razões de celeridade e de tutela na circulação de bens[2]. Relativamente às compras e vendas comerciais não havia motivos para limitar a validade dos contratos, não existindo, à partida, nenhum impedimento quanto à sua celebração, sendo até frequentes casos em que comerciantes vendem mercadorias que vão adquirir ou que já adquiriram, mas ainda não lhes foram entregues e a titularidade não se transmitiu, porque se tratava de coisas indeterminadas[3].

Sobre o vendedor que celebra uma compra e venda comercial de bens alheios impende também a obrigação de convalidar o contrato, como estabelece o art. 467°, § único CCom., nos moldes estabelecidos no Direito Civil. Não sendo convalidado, o negócio jurídico não produz os efeitos típicos da compra e venda.

Se o vendedor não proceder à convalidação do contrato de compra e venda, nos termos do art. 467°, § único CCom., há uma violação do contrato e o vendedor será responsabilizado por perdas e danos, devendo indemnizar o comprador pelos prejuízos que lhe tenha causado.

O art. 467°, § único CCom. nada esclarece quanto a esta indemnização, pelo que a mesma deve pautar-se pelas regras estabelecidas em Direito Civil.

---

[1] *Vd.* CUNHA GONÇALVES, *Da Compra e Venda no Direito Comercial Portuguez*, Vol. I, Coimbra, 1909, pp. 239 ss.

[2] Cfr. PAULO OLAVO CUNHA, «Venda de Bens Alheios», cit., p. 462.

[3] Cfr. CUNHA GONÇALVES, *Da Compra e Venda*, Vol. I, pp. 224 ss.

No fundo, apesar de encarada por um prisma diverso, a solução, em termos finais, acaba por ser similar no Direito Civil e no Direito Comercial; naquele, parte-se do pressuposto de que o contrato é nulo, podendo ser convalidado, e neste, à partida, o contrato é válido, mas não produzirá efeitos se não for convalidado. E, em qualquer dos casos, há responsabilidade civil emergente da celebração de um contrato de compra e venda de bens alheios.

§ 3. Venda de coisa ou direito litigioso

I. A venda de coisa ou direito litigioso, prevista no art. 876° CC, corresponde, não a uma diferente modalidade do contrato de compra e venda, mas a uma limitação da autonomia privada. Trata-se de uma restrição específica à liberdade contratual no seio do contrato de compra e venda; a par dela, de carácter genérico, surgem diversas regras que coarctam a autonomia da vontade, como as que advêm da lei das cláusulas contratuais gerais (Decreto-Lei n.° 446/85, de 25 de Outubro), do regime da falência (Decreto-Lei n.° 132/93, de 23 de Abril) ou da lei dos salários em atraso (Lei n.° 17/86, de 14 de Junho, p. ex., art. 14°, n.° 2), bem como as restrições que surgem por via das regras da incapacidade das partes, sejam pessoas singulares (arts. 122° ss. CC) ou colectivas (art. 160° CC) e dos requisitos do objecto do negócio (art. 280° CC)[1].

Limita-se a possibilidade de as partes celebrarem contratos de compra e venda que tenham por objecto coisa ou direito litigioso, essencialmente para evitar intuitos especulativos derivados do aproveitamento de situações em relação às quais há alguma indecisão[2].

A determinação do que seja um direito litigioso e de quem está, em tal caso, inibido de ser comprador encontra-se estabelecido no art. 579° CC, a propósito da cessão de créditos[3]. Litigioso é «o direito que tiver

---

[1] Para uma consideração geral destes aspectos relacionados com a compra e venda, cfr. BADENES GASSET, *El Contrato de Compraventa*, I, cit., pp. 400 ss. e GHESTIN/ /DESCHÉ, *La Vente*, cit., pp. 290 ss.

[2] Proibições deste tipo em sede de compra e venda encontram-se também em outros ordenamentos jurídicos, cfr. ALBALADEJO, *Derecho de Obligaciones*, 2°, cit., pp. 13 s.

[3] Daí RAÚL VENTURA, «O Contrato de Compra e Venda ...», cit., p. 262, considerar que há uma duplicação na regulamentação legal.

I – Compra e Venda

sido contestado[1] em juízo contencioso, ainda que arbitral, por qualquer interessado» (art. 579°, n.° 3 CC) e estão inibidos de adquirir direitos litigiosos os juízes, magistrados do Ministério Público, funcionários de justiça e mandatários judiciais, que exercem habitualmente a sua actividade na área onde o processo decorre, bem como os peritos e outros auxiliares de justiça que tenham intervenção no respectivo processo (art. 579°, n.° 1 CC).

II. A sanção para o desrespeito desta limitação é a nulidade do contrato (art. 876°, n.° 2 CC); estabeleceu-se o regime da nulidade por uma razão de ordem pública, derivada da proibição legal[2].

Para além da nulidade, a violação ao disposto no art. 876° CC acarreta a obrigação de indemnizar pelo interesse contratual negativo (art. 876° CC)[3].

A nulidade estabelecida no art. 876° CC vale também para a hipótese de a compra e venda ter sido realizada por interposta pessoa (art. 579°, n.° 2 CC), para posterior retransmissão; ou seja, abrange igualmente as designadas compras e vendas indirectas[4].

O legislador, à imagem do que ocorre em outras situações (p. ex., art. 410°, n.° 3 CC, a propósito do contrato promessa e art. 892° CC quanto à compra e venda de coisa alheia), estabeleceu uma nulidade atípica, pois não permite que o comprador a possa invocar (art. 876°, n.° 3 CC), ao contrário do que dispõe o art. 286° CC.

§ 4. Venda de bens onerados

1. Noção de bem onerado

I. Se sobre o bem transmitido incidirem ónus que excedam os limites normais de direitos da mesma categoria, nomeadamente, uma servidão

---

[1] O termo «contestado» não deve ser entendido em sentido técnico, como resposta a uma petição inicial, mas como direito controvertido, considerando-se litigioso o direito a partir da propositura da acção. Cfr. RAÚL VENTURA, «O Contrato de Compra e Venda ...», cit., pp. 263 ss.

[2] Cfr. PIRES DE LIMA/ANTUNES VARELA, *Código Civil Anotado*, II, cit., anot. 2 ao art. 876°, p. 164.

[3] Cfr. PIRES DE LIMA/ANTUNES VARELA, *Código Civil Anotado*, II, cit., anot. 2 ao art. 876°, p. 164.

[4] Cfr. DÍEZ-PICAZO/GULLÓN, *Sistema*, cit., p. 258.

122   Direito das Obrigações

de passagem, um contrato-promessa de compra e venda com tradição da coisa, um contrato de locação, privilégios creditórios, uma hipoteca, etc., estar-se-á perante uma hipótese de compra e venda com vício de direito, ou seja, de um contrato de compra e venda que incide sobre bens onerados, previsto no art. 905° CC.

Situação esta que corresponde a um incumprimento das obrigações do vendedor, na modalidade de cumprimento defeituoso[1]. De facto, o vendedor, tanto no caso de alienação de coisa genérica, como específica, está adstrito a efectuar uma prestação sem defeito, a entregar uma coisa conforme ao disposto no contrato, pois só desse modo se satisfaz o interesse do comprador[2].

II. Na definição de defeito, o legislador assenta num padrão de normalidade e fala em «limites normais inerentes a direitos da mesma categoria» (art. 905° CC).

Não se consideram vícios de direito os ónus ou limitações que estiverem dentro dos limites normais inerentes a direitos daquela categoria, designadamente, os limites legais do direito de propriedade, como os decorrentes das relações de vizinhança ou as servidões legais, bem como os que advêm de regras de Direito Público, nomeadamente imposições de ordem fiscal, assim como servidões públicas, por exemplo, de condutas de água[3].

Mas já pode considerar-se que há um defeito de direito se sobre o bem incidirem direitos reais de gozo menores (servidão não aparente, usufruto, etc.), direitos reais de garantia (hipoteca[4], privilégios creditórios, etc.), direitos reais de aquisição (contrato-promessa com eficácia real,

---

[1] O cumprimento defeituoso corresponde a uma das três modalidades de não cumprimento das obrigações. Não obstante o Código Civil de 1966 na Secção II (Livro II, Título I, Capítulo VII), subordinada ao «Não Cumprimento», só aludir ao incumprimento definitivo (arts. 801° ss. CC) e à mora (arts. 804° ss. CC), a *communis opinio* aponta para a existência de um terceiro tipo de incumprimento: o cumprimento defeituoso, a que se faz referência no art. 799°, n.° 1 CC, em termos gerais e, em particular, a propósito da compra e venda (arts. 905° ss. e 913° ss. CC) e da empreitada (arts. 1218° ss. CC). Cfr. ROMANO MARTINEZ, *Cumprimento Defeituoso*, cit., pp. 117 ss. e 147 ss. Sobre a noção de cumprimento defeituoso, cfr. autor e obra citada, pp. 129 ss.

[2] Cfr. ROMANO MARTINEZ, *Cumprimento Defeituoso*, cit., pp. 151 s.

[3] Cfr. ROMANO MARTINEZ, *Cumprimento Defeituoso*, cit., pp. 194 e 196 ss.

[4] No sentido de a venda de dois andares hipotecados, quando se referiu estarem livres de ónus ou encargos, constituir defeito de direito, cfr. Ac. STJ de 23/6/1988, TJ, 48 (1988), p. 24.

I – Compra e Venda

etc.), obrigações *propter rem* (cânone superficiário, etc.) ou direitos obrigacionais (locação, etc.)[1]. Será ainda de incluir no defeito de direito uma inaptidão jurídica para o fim a que a coisa se destina, que corresponda a uma limitação do padrão normal (p. ex., imóvel vendido sem a licença necessária para o fim a que se destina[2]).

Mas é pressuposto que o ónus seja concomitante com a celebração do contrato, pois se, após ser ajustado o negócio, o vendedor registou uma reserva de propriedade em termos diversos dos acordados, não há compra e venda de coisa onerada[3].

III. É duvidoso e tem sido alvo de acesa polémica determinar se a compra e venda de acções, em que o adquirente não foi devidamente informado acerca da situação económica da empresa, integre uma hipótese de compra e venda de bens onerados, particularmente quando essa transacção de acções importa a chamada «venda da empresa»[4].

---

[1] Cfr. ROMANO MARTINEZ, *Cumprimento Defeituoso*, cit., pp. 193 ss.

[2] *Vd*. ROMANO MARTINEZ, *Cumprimento Defeituoso*, cit., p. 198 e cfr. Ac. STJ de 6/4/2000, CJ (STJ) 2000, T. II, p. 27.

[3] Cfr. Ac. STJ de 3/3/1998, BMJ 475, p. 629 e CJ (STJ) 1998, T. I, p. 117.

[4] Sobre esta questão há, hoje, uma extensa bibliografia, em grande parte relacionada com o litígio dirimido pelo acórdão do Tribunal Arbitral de 31 de Março de 1993, que opunha o Banco Mello ao Banco Pinto & Sotto Mayor, transcrito na RLJ 126 (1993//94), pp. 128 ss. e na ROA 1995, pp. 87 ss. RITA AMARAL CABRAL, «A Responsabilidade por Prospecto e a Responsabilidade Pré-contratual. Anotação ao Acórdão do Tribunal Arbitral de 31 de Março de 1993», ROA 1995, pp. 191 ss.; MENEZES CORDEIRO, Acórdão de 31 de Março de 1993. Anotação, ROA 1995, pp. 123 ss.; PESSOA JORGE, «Erro de Avaliação na Venda de Empresa Privatizada», O Direito 125 (1993), T. II-IV, pp. 357 ss.; HENRIQUE MESQUITA, Tribunal Arbitral. Acção Proposta pelo Banco Mello contra o Banco Pinto e Sotto Mayor e decidida por Acórdão de 31 de Março de 1993, RLJ 127 (1994/95), pp. 155 ss. (=) *Oferta Pública de Venda de Acções e Violação do Dever de Informar (Comentário a uma Operação de Privatização)*, Coimbra, 1996, pp. 75 ss.; MANUEL PORTO//FERNANDO NASCIMENTO, «Processo de Privatização da Sociedade Financeira Portuguesa», ROA 1994, pp. 973 ss., CALVÃO DA SILVA, «Compra e Venda de Empresas», CJ XVIII (1993), T. II, pp. 8 ss. (=) *Estudos de Direito Comercial (Pareceres)*, Coimbra, 1996, pp. 139 ss.; MANUEL GOMES DA SILVA/RITA AMARAL CABRAL, «Responsabilidade Pré--contratual», O Direito 127 (1995), T. III/IV, pp. 439 ss.; MARCELO REBELO DE SOUSA, «Responsabilidade Pré-contratual — Vertentes Privatística e Publicística», O Direito 125 (1993), T. III-IV, pp. 383 ss.; GALVÃO TELLES, «Culpa na Formação do Contrato», O Direito 125 (1993), T. III-IV, pp. 333 ss.; ANTUNES VARELA, Tribunal Arbitral. Acórdão de 31 de Março de 1993, RLJ 126 (1993/94), pp. 160 ss. Mais recentemente, veja-se o Ac. Rel. Pt. de 17/2/2000, CJ XXV, T. I, p. 220. No estrangeiro, *vd*. LARENZ, *Schuldrecht*, II-1, cit., § 45.II, pp. 163 ss.

Mesmo quando a sociedade cujas acções são alienadas tenha assumido dívidas ou prestado garantias que não foram dadas a conhecer ao adquirente, parece que se trata, antes, de um problema de *culpa in contrahendo*, subsumível ao art. 227° CC. De facto, em rigor, nas situações descritas, sobre as acções transaccionadas não incidem quaisquer ónus que excedam os limites normais; o que ocorre é que as acções não representam o valor esperado no capital social. Há uma deficiente informação e, consequentemente, culpa na formação do contrato[1].

IV. A função desta Secção V sobre a venda de bens onerados é a de proteger o adquirente para que o direito transaccionado seja transmitido livre de ónus e encargos, com vista a não ficar sujeito a limitações provenientes de direitos de terceiro, as mais das vezes, com a consequente redução do valor do bem. Esta protecção só se justifica em caso de desconhecimento do facto por parte do comprador, pois se a situação lhe foi comunicada não há que o tutelar[2].

Nestes termos, tal como com respeito à culpa *in contrahendo*, está em causa a tutela da boa fé, só que a previsão do art. 905° CC é mais restrita do que aquela que consta do art. 227° CC. Tendo em conta essa maior especificidade, na venda de bens onerados prevêem-se consequências mais pormenorizadas do que a genérica obrigação de indemnizar, decorrente da culpa na formação dos contratos.

V. No art. 912° CC, o legislador estabeleceu limites à autonomia privada, considerando que determinadas normas constantes desta secção são imperativas. No mesmo sentido de limitação da liberdade contratual, de molde a punir actuações dolosas, considerou-se que certas regras só podem ser afastadas por acordo das partes, desde que não tenha havido dolo do vendedor.

VI. Cabe indicar as consequências específicas estabelecidas em sede de compra e venda de bens onerados.

---

[1] Quanto ao prospecto, conteúdo e responsabilidade, *vd.* arts. 134° ss. Código dos Valores Mobiliários.

[2] Por isso, em princípio, estando registado o encargo, por exemplo, hipoteca, o comprador não o poderá desconhecer, mas se o vendedor declarou que sobre o bem vendido não impendiam ónus ou encargos, justifica-se que o comprador tenha confiado nessa declaração e deva ser tutelado. Cfr. Ac. STJ de 23/6/1988, TJ, 48 (1988), p. 24.

I – Compra e Venda

2. Consequências

a) *«Anulabilidade»*

I. No art. 905° CC fala-se na anulabilidade do contrato fundada em erro ou dolo[1]. Esta referência, porém, não deve ser entendida como uma remissão para o regime geral do erro e do dolo, como vícios da vontade (arts. 247° ss. CC) e para o regime da anulabilidade (arts. 285° ss. CC). Não obstante a remissão, parece que a situação deve, antes, ser enquadrada numa hipótese de resolução, pelas razões que se seguem[2].

II. Primeiro, o regime do erro e do dolo (arts. 247° ss. CC) não se aplica às restantes consequências previstas nesta Secção V; isto é, não encontra aplicação no que respeita à expurgação de ónus ou limitações

---

[1] Quanto à distinção entre erro e cumprimento defeituoso, cfr. ROMANO MARTINEZ, *Cumprimento Defeituoso*, cit., pp. 35 ss. O erro respeita à formação da vontade e o cumprimento defeituoso à execução do contrato (p. 38), pelo que o regime do erro só se aplica às situações de *error in corpore* (p. ex., compra-se um cavalo julgando que foi o vencedor na prova de salto nas olimpíadas de 1996, quando foi outro o cavalo vencedor dessa prova) e de *error in substantia* (p. ex., quando se julga comprar um anel de ouro, que afinal é de prata dourada); diferentemente, nos casos de *error in qualitate* (p. ex., o automóvel vendido tem um defeito no sistema de travagem), não há erro, mas cumprimento defeituoso, porque estão em causa as qualidades normais, próprias de coisas daquele tipo (autor e obra citada, pp. 41 ss.). Ou seja, se o bem vendido não é aquele sobre que incidiu o negócio jurídico, há erro, mas se não há divergência quanto à coisa em si, só que ela não tem as qualidades próprias de um bem daquele tipo, há cumprimento defeituoso.

[2] É de referir que, em termos gerais, a anulabilidade e a resolução, apesar de os seus fundamentos se verificarem em momentos diferentes, prosseguem o mesmo fim e têm idêntico regime, designadamente quanto à eficácia *ope voluntate* e à eliminação retroactiva dos efeitos do negócio (art. 433° CC). Mas divergem em três pontos: quanto aos efeitos em relação a terceiros (arts. 289° e 291° CC, por um lado e art. 435° CC, por outro); na medida em que a resolução não pode ser invocada por quem não estiver em condições de restituir o que houver recebido (art. 432°, n.° 2 CC), limitação não válida em sede de anulabilidade (art. 289°, n.° 1 *in fine* CC); e em relação à eficácia *ex nunc* da resolução do contrato de execução continuada ou periódica (art. 434°, n.° 2 CC). Poder--se-ia acrescentar que a anulabilidade é de exercício judicial, enquanto a resolução faz-se mediante declaração extrajudicial (art. 436°, n.° 1 CC), porém, nos termos do art. 291°, n.° 1 *in fine* CC, a anulabilidade pode ser acordada pelas partes, o que indicia não ser de exercício judicial.

Sobre estas questões, cfr. ROMANO MARTINEZ, *Cumprimento Defeituoso*, cit., pp. 261 ss.; BAPTISTA MACHADO, «Acordo Negocial e Erro na Venda de Coisas Defeituosas», BMJ 215 (1972), pp. 5 ss.; CARNEIRO DA FRADA, «Erro e Incumprimento ou Não-conformidade da Coisa com o Interesse do Comprador», O Direito 121 (1989), III, pp. 461 ss.

126 Direito das Obrigações

(art. 907° CC), à redução do preço (art. 911° CC) e ao pedido de indemnização (art. 909° CC). Estas consequências estão na dependência do regime geral do incumprimento dos contratos e não das regras respeitantes aos vícios na formação dos negócios jurídicos, não se justificando que as várias consequências da Secção sobre compra e venda de bens onerados encontrassem fundamentos diversos.

Os deveres de eliminar os defeitos, de substituir a coisa, de reduzir o preço[1] e de indemnizar, previstos nas secções respeitantes ao cumprimento defeituoso, em sede de compra e venda, são estranhos ao regime do erro.

O regime do cumprimento defeituoso, estabelecido a propósito do contrato de compra e venda, tem como finalidade restabelecer o equilíbrio entre as prestações. Não sendo esse reequilíbrio possível, pode-se pôr termo ao contrato. Em caso de erro parte-se de um pressuposto inverso: o contrato é, em princípio, inválido, mas pode ser confirmado. Esta diversidade de pontos de vista não se coaduna com uma contemporização de regimes; não se pode, por conseguinte, recorrer em parte às regras do erro e, noutra, às do incumprimento.

Segundo, sempre que sobre o bem alienado impenda um ónus não declarado, o contrato não foi cumprido, mas não se está perante um problema de invalidade negocial. A invalidade dos contratos respeita à sua formação, e não a um deficiente cumprimento, como é o caso da venda de bens onerados.

Terceiro, nas situações de erro-vício, como os casos de erro e dolo, há uma falsa representação da realidade no momento da formação do negócio jurídico, mas tal hipótese não se harmoniza com a convalescença do contrato da iniciativa do vendedor. Não é que não esteja prevista a possibilidade de convalidação do negócio jurídico anulável, só que esse meio jurídico está na dependência da vontade do errante, que seria o comprador (art. 288° CC), e não do que causou o erro — no caso o vendedor —, como ocorre na venda de bens onerados.

Em quarto lugar, o regime do erro não se ajusta à solução de o comprador perder o direito de anular o contrato, sempre que, entre a celebração do contrato e o cumprimento da obrigação de entrega, o vício tenha sido sanado.

---

[1] A acção estimatória não corresponde a uma especialidade do regime da redução dos negócios jurídicos (art. 292° CC), pois, nos termos do art. 911° CC, não há uma invalidade parcial do contrato. Trata-se tão-só de restabelecer o equilíbrio entre as prestações, cfr. ROMANO MARTINEZ, *Cumprimento Defeituoso*, cit., p. 263 e pp. 360 ss.

I – Compra e Venda

Por outro lado, e em quinto lugar, se a coisa vendida for genérica não há erro, só cumprimento defeituoso (art. 918° CC) e nada parece justificar uma dualidade de regime na venda de coisa genérica e específica, em caso de vício de direito.

Como sexto argumento, é de referir que no art. 912°, n.° 2 CC, o legislador sentiu a necessidade de ressalvar efeitos da anulação, considerando que as cláusulas derrogadoras do regime são válidas, apesar da invalidade do contrato em que se encontram inseridas. Ora, depois do negócio anulado não subsistem cláusulas do mesmo; isto só é viável em sede de compra e venda de bens onerados, porque não se trata de uma verdadeira anulação.

III. A alusão, constante do art. 905° CC, aos requisitos legais da anulabilidade, tem de ser interpretada em duas vertentes. Por um lado, no sentido de o comprador não poder pôr termo ao contrato com base em defeito de que tenha, ou pudesse ter tido conhecimento, no momento da celebração do contrato. Por outro, considerando que só se justifica a cessação do vínculo contratual caso a violação do dever obrigacional, por parte do vendedor, seja de tal forma grave, que não permita a manutenção do negócio jurídico.

Em suma, esta anulação tem de ser sempre aferida atentos os pressupostos do incumprimento dos contratos, em sentido idêntico ao que ocorre em caso de resolução[1].

b) «Convalescença» do contrato

I. Como segunda consequência da venda de bens onerados é de referir a exigência de convalescença do contrato (art. 906° CC). Mediante a chamada convalescença pretende-se sanar o vício de direito através da sua remoção, isto é, eliminando o defeito (ónus). A obrigação de eliminar o defeito de direito impende sobre o vendedor que, sem dar conhecimento do facto à contraparte, vendeu um bem onerado.

O pedido de resolução do contrato, ou de anulabilidade como diz o art. 905° CC, não está dependente da exigência do dever de eliminar o defeito, não satisfeita. O comprador pode pretender exercer os seus direitos em alternativa, exigindo a eliminação dos defeitos e, como pedido subsidiário, a resolução do contrato. Mas nada impede que o comprador opte por qualquer das pretensões, sem qualquer dependência entre elas.

---

[1] Cfr. ROMANO MARTINEZ, *Cumprimento Defeituoso,* cit., pp. 263 ss.

Por outro lado, como dispõe o n.º 2 do art. 906º CC, mesmo depois de sanado o vício de direito, pode ser requerida a resolução do contrato se o prejuízo derivado do ónus ou limitação já tiver sido causado. Além disso, a remoção do ónus ou limitação, depois de interposta judicialmente a acção com vista à cessação do vínculo contratual, não produz a convalescença do contrato (art. 906º, n.º 2 CC).

A sanação do vício de direito faz-se mediante a eliminação dos ónus ou limitações existentes (art. 907º, n.º 1 CC), assim como pelo cancelamento do registo de ónus ou limitações, mesmo que eles, na realidade, não existam (art. 907º, n.º 3 CC).

II. O não cumprimento da obrigação de fazer convalescer o contrato, no prazo fixado pelo tribunal a requerimento do comprador, constitui o vendedor em responsabilidade civil, devendo pagar a correspondente indemnização (art. 910º CC).

Deste modo, tendo sido vendido um direito sobre determinado bem com um ónus não declarado, por exemplo um contrato-promessa de compra e venda com tradição da coisa, o vendedor tem a obrigação de eliminar o ónus, no caso o direito de retenção, pagando a indemnização devida ao promitente comprador.

c) Redução do preço

Como terceira consequência da venda de bens onerados é de indicar o pedido de redução do preço (art. 911º CC).

A redução do preço acordado na compra e venda de bem onerado, como vem estabelecido no art. 911º CC, regula-se pelo disposto no art. 884º CC. Nessa redução vai ser tida em conta a desvalorização da coisa motivada pelo ónus oculto. Nos termos do art. 884º CC, a redução seguirá dois processos: sendo fixados preços parciais de vários bens alienados por via do mesmo contrato de compra e venda, a redução será feita em relação às parcelas afectadas (n.º 1); havendo um preço global, sem discriminação de parcelas, a redução será feita por meio de avaliação (n.º 2). Avaliação esta que pode ser feita por acordo das partes ou judicialmente[1].

---

[1] Para maiores desenvolvimentos, cfr. ROMANO MARTINEZ, *Cumprimento Defeituoso*, cit., pp. 357 ss.

I – Compra e Venda

d) *Indemnização*

I. A quarta consequência consiste na obrigação de indemnizar. Esta indemnização pode assentar na culpa do vendedor (art. 908° CC) ou derivar de uma situação de responsabilidade objectiva (art. 909° CC).

Relativamente ao dever de indemnizar fundado em responsabilidade subjectiva, cabe esclarecer que, apesar do art. 908° CC fazer menção ao dolo, o termo não é empregue, neste preceito, no sentido usado em responsabilidade civil, por oposição a mera culpa[1]. Nesta secção, o legislador faz alusão ao dolo como forma agravada de erro (como vício da vontade) e, da letra do art. 908° CC, não se pode entender que a indemnização só será devida em caso de dolo e não de actuação negligente. Deste modo, o dever de indemnizar, previsto no art. 908° CC, baseia-se na culpa do vendedor e engloba todos os danos que integram o interesse contratual negativo.

A lei admite também uma situação de responsabilidade civil objectiva no art. 909° CC que, diversamente da subjectiva, só abrange os danos emergentes, não estando excluídas as despesas voluptuárias, como no art. 899° CC.

A estas obrigações de indemnizar acresce a que vem prevista no art. 910° CC, para o caso de não cumprimento da obrigação de fazer convalescer o contrato.

II. A obrigação de indemnizar, prevista nestes preceitos, pode cumular-se com qualquer dos outros pedidos de resolução do contrato, de redução do preço e de convalidação do negócio jurídico. De facto, nos arts. 908° e 909° CC prevê-se que seja devida indemnização se o contrato for anulado (resolvido), que corresponde ao dano negativo[2]. Mas a indemnização prevista no art. 910° CC, pela violação do dever de eliminar o vício de direito, acresce à que o comprador tenha direito nos termos dos arts. 908° e 909° CC (art. 910°, n.° 1 CC), só que agora atende-se ao dano positivo (cfr. art. 910°, n.° 2 CC). Com respeito à

---

[1] Por vezes, a lei usa o mesmo termo com sentidos diferentes: boa fé (arts. 227° e 612° CC); negócio (arts. 261°, n.° 1 e 464° CC); causa (arts. 473°, n.° 2 e 1007°, alínea f) CC). O mesmo se passa em termos de dolo (arts. 253° e 483°, n.° 1 CC). No art. 253° CC, o dolo é entendido como erro qualificado (*arglistige Täuschung,* no Direito alemão); enquanto no art. 483°, n.° 1 CC vem referido como actuação deliberada no domínio da responsabilidade civil (*Vorzätzlich,* no Direito alemão).

[2] Cfr. Pires de Lima/Antunes Varela, *Código Civil Anotado,* II, cit., anot. 2 ao art. 908°, p. 200.

130   *Direito das Obrigações*

redução do preço, aplicam-se as mesmas regras indemnizatórias, atento o disposto no n.º 2 do art. 911º CC.

§ 5. Venda de coisas defeituosas

1. Noção de defeito

I. A matéria da compra e venda de coisas defeituosas encontra-se regulada nos arts. 913º ss. CC[1]. Deste preceito consta uma noção ampla de coisa defeituosa, que abrange os sentidos objectivo e subjectivo de defeito[2] e que importa analisar

a) Qualidade normal e acordada

I. A coisa é defeituosa se tiver um vício ou se for desconforme atendendo ao que foi acordado. O vício corresponde a imperfeições relativamente à qualidade normal de coisas daquele tipo, enquanto a desconformidade representa uma discordância com respeito ao fim acordado. Os vícios e as desconformidades constituem o defeito da coisa. É evidente que a qualidade normal depreende-se do fim definido no acordo das partes, mas para melhor entender a noção de defeito, há vantagem em distinguir a qualidade normal da assegurada[3].

---

[1] Sobre a compra e venda de coisas defeituosas há uma extensa bibliografia; além de ROMANO MARTINEZ, *Cumprimento Defeituoso,* cit. e obras citadas nessa dissertação, como publicações posteriores pode indicar-se: FENAY PICÓN, *Falta de Conformidad e Incumplimiento en la Compraventa,* Madrid, 1996; PINTO MONTEIRO/PAULO MOTA PINTO, «La Protection de L'Acheteur de Choses Défectueuses en Droit Portugais», Boletim da Faculdade de Direito, Vol. LXIX (1993), pp. 259 ss.; LE TOURNEAU, *La Responsabilité des Vendeurs et Fabricants,* Paris, 1997; TEIXEIRA DE SOUSA, «O Cumprimento Defeituoso e a Venda de Coisas Defeituosas», *Ab Uno ad Omnes 75 Anos da Coimbra Editora,* Coimbra, 1998, pp. 567 ss. Este último autor distingue a compra e venda de coisas defeituosas do cumprimento defeituoso, partindo do pressuposto que aquela vale para a compra e venda de coisas específicas e este para a compra e venda de coisas genéricas, não estabelecendo uma fronteira entre o erro sobre o objecto (art. 251º CC) e o regime dos arts. 913º ss. CC.

[2] Sobre o sentido objectivo e subjectivo de defeito, *vd.* ROMANO MARTINEZ, *Cumprimento Defeituoso,* cit., pp. 163 ss. Veja-se também o Ac. Rel. Pt. de 3/11/1999, CJ XXIV, T. V, p. 221.

[3] Sobre esta questão, cfr. ROMANO MARTINEZ, *Cumprimento Defeituoso,* cit., pp. 167 ss.

I – Compra e Venda

Quando não houver acordo específico das partes acerca do fim a que a coisa se destina atende-se à função normal de coisas da mesma categoria (art. 913°, n.° 2 CC). Há um padrão normal relativamente à função de cada coisa, e é com base nesse padrão que se aprecia da existência do vício. Por exemplo, pressupõe-se que a máquina funcione ou que na casa não haja infiltrações de água. O critério funda-se num padrão de normalidade, que corresponde ao tipo ideal[1].

II. A falta de qualidade pode igualmente ser aferida em função do que foi assegurado; não quer dizer que a qualidade assegurada afaste o padrão de normalidade, mas pode completá-lo. Se foi afirmado que o computador tem determinadas características, que o barco é adequado para certos fins, etc.[2], pode estar em causa a mera especificação do bem (p. ex., é um barco à vela com três mastros) ou a promessa de uma qualidade própria, para além do padrão médio (p. ex., o andar em apreço tem melhores acabamentos do que os restantes andares do mesmo prédio)[3].

Deste modo, também se estará perante uma coisa defeituosa se ela for de qualidade diversa da acordada. No âmbito da qualidade diversa da acordada é de incluir a hipótese de compra e venda sobre amostra, prevista no art. 919° CC e art. 469° CCom[4]. De facto, o art. 919° CC, quanto à compra e venda sobre amostra, uma das modalidades de compra e venda a que se aludiu a propósito da venda sujeita a prova, estabelece que, caso o bem entregue não corresponda à amostra, estar-se-á perante uma situação de cumprimento defeituoso, na medida em que a coisa não possui a qualidade acordada. Nesta situação, a qualidade acordada corresponde

---

[1] Esse padrão de normalidade é, por vezes, condicionado por lei ao fixar certos critérios de qualidade e segurança mínimos dos produtos, designadamente para a marcação «CE». Sobre esta questão, cfr., p. ex., o Decreto-Lei n.° 103/92, de 30 de Maio (marcação CE), o Decreto-Lei n.° 237/92, de 27 de Outubro (brinquedos), o Decreto-Lei n.° 378/93, de 5 de Novembro (elevadores, etc.), o Decreto-Lei n.° 128/93, de 3 de Abril (capacetes, etc.), o Decreto-Lei n.° 383/93, de 18 de Novembro (balanças, etc.), o Decreto-Lei n.° 43/93, de 20 de Fevereiro (equipamentos médicos), o Decreto-Lei n.° 130/92, de 6 de Julho (aquecedores, etc.), todos alterados pelo Decreto-Lei n.° 135/95, de 14 de Julho.

O problema da qualidade e segurança mínimos dos produtos prende-se igualmente com a defesa do consumidor, cfr. Lei n.° 24/96, de 31 de Julho (*vd. infra*).

[2] Cfr. Ac. STJ de 3/3/1998, CJ (STJ) 1998, T. I, p. 107, no que respeita ao consumo prometido de um tractor.

[3] Cfr. ROMANO MARTINEZ, *Cumprimento Defeituoso,* cit., pp. 189 ss.

[4] Quanto ao cumprimento defeituoso em caso de compra e venda comercial sobre amostra, cfr. Ac. Rel. Év. de 12/12/1996, CJ XX, T. V, p. 273.

132 *Direito das Obrigações*

à da amostra, não podendo a coisa vendida ter uma qualidade diversa da que foi ajustada, sob pena de se enquadrar numa situação de cumprimento defeituoso.

b) Valor e utilidade da coisa

I. Associado com o padrão de normalidade encontra-se a redução ou extinção do valor ou da utilidade da coisa vendida. No art. 913°, n.° 1 CC fala-se em vício que desvalorize a coisa, até porque estando a qualidade normalmente relacionada com o preço, a falta da qualidade implica uma redução ou extinção do valor. Daí que, sendo o preço da coisa vendida elevado, não estando em causa outros factores, como a escassez do bem, é de presumir a sua boa qualidade. Inversamente, o preço reduzido pode ser entendido como uma compensação derivada da falta de qualidade (p. ex., venda de bens de refugo)[1].

II. Para além da desvalorização, o art. 913°, n.° 1 CC alude também à inadequação da coisa ao fim a que se destina. A utilidade a retirar da coisa infere-se do contrato e pode ser uma finalidade normal de coisas da mesma categoria (art. 913°, n.° 2 CC) ou uma aptidão particular, acordada de modo explícito ou implícito[2].

2. Defeito oculto e defeito aparente

O defeito da coisa vendida só pressupõe a aplicação do regime da venda de coisas defeituosas caso o comprador o desconheça sem culpa. Há, pois, que distinguir o defeito oculto do defeito aparente e do defeito conhecido[3].

O defeito oculto é aquele que, sendo desconhecido do comprador, pode ser legitimamente ignorado, pois não era detectável através de um

---

[1] Cfr. ROMANO MARTINEZ, *Cumprimento Defeituoso,* cit., pp. 175 ss. Quanto às vendas com redução de preço (saldos, liquidações, etc.), *vd.* Decreto-Lei n.° 253/86, de 25 de Agosto. Para uma análise micro-económica da compra e venda, em particular no que respeita aos conhecimentos assimétricos das partes (vendedor e comprador), partindo da visão do mercado de carros usados, *vd.* FERNANDO ARAÚJO, «Uma Nota sobre Carros Usados», *Estudos Jurídicos em Homenagem ao Professor João Lumbrales*, Coimbra, 2000, pp. 181 ss.

[2] Cfr. ROMANO MARTINEZ, *Cumprimento Defeituoso*, cit., pp. 176 ss.

[3] Quanto à distinção, cfr. ROMANO MARTINEZ, *Cumprimento Defeituoso,* cit., pp. 181 ss.

exame diligente. De modo inverso, sempre que a desconformidade se puder revelar mediante um exame diligente[1], o defeito é aparente. Por último, o defeito conhecido corresponde aos vícios da coisa que foram revelados ao comprador, tanto pela contraparte, como por terceiro, ou de que ele se apercebeu pela sua perícia.

Atento o princípio da boa fé e o regime da responsabilidade civil, não se pode equiparar o comprador que desconhece o defeito, àquele que está cônscio da situação, ou que dele não sabe por negligência. Deste modo, a responsabilidade derivada da venda de coisas defeituosas só existe em caso de defeitos ocultos[2].

3. Coisa defeituosa e cumprimento defeituoso

I. O facto de o defeito da coisa ser superveniente, isto é, de sobrevir após a celebração do contrato, não impede a aplicação das regras sobre incumprimento, relacionadas com o vício da coisa. Na realidade, o art. 918° CC, relativamente às situações de defeito superveniente, remete para as regras gerais do não cumprimento; mas esta remissão para o regime do não cumprimento não obsta a que, depois, nas particularidades próprias advenientes dos vícios, se apliquem os arts. 913° ss. CC[3].

O art. 918° CC aplica-se às hipóteses de defeito superveniente verificado em coisa presente que, no momento da celebração do contrato de compra e venda, não padecia de qualquer vício ou desconformidade, assim como no caso de venda de coisa absolutamente futura que vem a ser realizada com defeito. Por outro lado, este regime encontra igualmente aplicação sempre que esteja em causa a venda de coisa indeterminada de certo género que se revela defeituosa no momento da concentração[4].

II. Tem sido frequente admitir-se que o regime é diverso, consoante a coisa vendida esteja ou não determinada à data da venda; mais concretamente, considera-se que, faltando a qualidade, a teoria dos vícios redibitórios teria aplicação sendo a obrigação específica, mas não se fosse genérica, pois, neste último caso, o problema seria de incumprimento do

---

[1] Quanto ao dever de exame e à capacidade do comprador para o realizar, cfr. ROMANO MARTINEZ, *Cumprimento Defeituoso*, cit., pp. 183 ss.

[2] Cfr. Ac. Rel. Lx. de 6/2/1997, CJ XXII, T. I, p. 112.

[3] Para uma explicação mais pormenorizada, cfr. ROMANO MARTINEZ, *Cumprimento Defeituoso*, cit., pp. 201 ss. e 211 s.

[4] Cfr. Ac. STJ de 30/4/1997, CJ (STJ) 1997, T. II, p. 75.

contrato[1]. Daqui resultaria a existência de dois regimes diversos aplicáveis à compra e venda de coisa defeituosa consoante a coisa fosse determinada (arts. 913° ss. CC) ou indeterminada (arts. 798° ss. CC); nesta última hipótese recorrer-se-ia ao regime regra do cumprimento defeituoso, sendo as regras específicas da compra e venda invocáveis só em caso de venda de coisa determinada.

A diferenciação pode justificar-se no espaço jurídico alemão, atento o disposto no § 480 BGB, mas no sistema jurídico português tal distinção não pode ser aceita.

Tanto no caso de a coisa ser determinada como indeterminada, os atributos de qualidade fazem parte da prestação devida.

Por outro lado, a obrigação genérica transforma-se em específica com a concentração e esta, por via de regra, verifica-se aquando do cumprimento, mas nunca depois deste (art. 541° CC). Assim sendo, não pode haver cumprimento defeituoso de obrigação genérica; o defeito da prestação só se pode reportar a uma coisa específica.

Na compra e venda de coisa específica ou genérica, a garantia derivada do cumprimento defeituoso tem sempre o mesmo conteúdo.

Do disposto no art. 918° CC poderia inferir-se o contrário. Na medida em que o referido preceito manda aplicar as regras relativas ao não cumprimento das obrigações quando a coisa for indeterminada de certo género, seria admissível concluir-se, *a contrario sensu*, que, nos demais casos, tal regime não teria aplicação. Esta dualidade seria absurda e não pode estar consagrada na lei. Não se justifica que nas obrigações genéricas o regime da responsabilidade por cumprimento defeituoso seja diverso do das específicas. Imaginem-se estas duas hipóteses: A. entrega a B. mil arrobas de cortiça que não correspondem à qualidade estabelecida no contrato de compra e venda; ou A. vende a B. as mil arrobas de cortiça que extraiu do seu montado, as quais não condizem com a qualidade indicada. O mesmo se diga no caso de alguém comprar um computador de modelo idêntico ao que está em exposição na montra, ou adquirir o único computador daquele modelo que se encontra na loja e, em qualquer dos casos, o aparelho apresentar defeito.

Como seria absurdo que o art. 918° CC pretendesse estabelecer, para a compra e venda de coisas futuras e indeterminadas, um regime de

---

[1] Cfr. MANUEL DE ANDRADE, *Teoria Geral da Relação Jurídica,* Vol. II, Coimbra, 1966, pp. 231 e 232, n. 2; CARNEIRO DA FRADA, «Erro e Incumprimento...», cit., pp. 478 ss.; TEIXEIRA DE SOUSA, «O Cumprimento Defeituoso e a Venda de Coisas Defeituosas», cit., pp. 567 ss.

responsabilidade por cumprimento defeituoso diverso do previsto nos art. 913° ss. CC, há que retirar outro sentido ao preceito. No art. 918° CC, o legislador pretendeu unicamente esclarecer que, nos casos previstos na disposição legal, encontram aplicação as regras gerais relativas à transferência da propriedade e do risco; ou seja, o regime do cumprimento defeituoso, previsto nos arts. 913° ss. CC, destina-se também a regular os casos de venda de coisa indeterminada, após a transferência da propriedade ou do risco. Nestes termos, do preceito em causa não é lícito retirar qualquer conclusão *a contrario*, no sentido de ter sido estabelecido um regime diverso, porque tal ilação opor-se-ia ao espírito do sistema.

III. O regime do cumprimento defeituoso, estabelecido nos arts. 913° ss. CC, vale tanto no caso de ser prestada a coisa devida, mas esta se apresentar com um defeito, como também para as hipóteses em que foi prestada coisa diversa da devida (o chamado *aliud*). É indiferente que se tenha vendido um automóvel com uma deficiência no sistema de travagem ou com uma cor diversa da acordada; em qualquer caso, o comprador tem de verificar o desvio à qualidade contratual, pois ambas as situações representam uma desconformidade que segue o mesmo regime[1].

Nestes termos, em primeiro lugar, a noção de defeito implica a existência de um vício que desvalorize ou impeça a realização do fim a que a coisa se destina, independentemente de esse vício se manifestar posteriormente à celebração do contrato, desde que, nessa altura, já existisse em potência.

4. Consequências

As consequências da compra e venda de coisas defeituosas determinam-se atentos três aspectos: em primeiro lugar, na medida em que se trata de um cumprimento defeituoso, encontram aplicação as regras gerais da responsabilidade contratual (arts. 798° ss. CC); segundo, no art. 913°, n.° 1 CC faz-se uma remissão para a secção anterior, que respeita à compra e venda de bens onerados; terceiro, nos arts. 914° ss. CC, para a compra e venda de coisas defeituosas, estabeleceram-se algumas particularidades.

---

[1] Para maiores desenvolvimentos, cfr. ROMANO MARTINEZ, *Cumprimento Defeituoso,* cit., pp. 219 ss.

136 *Direito das Obrigações*

Tendo em conta estes três aspectos, importa determinar quais são as consequências da compra e venda de coisas defeituosas, mas cabe distinguir entre as que advêm do regime regra do incumprimento, das especialmente fixadas para a compra e venda de coisas defeituosas, ainda que por remissão para a compra e venda de coisas oneradas.

Nos termos gerais, incumbe ao comprador a prova do defeito (art. 342°, n.° 1 CC)[1] e presume-se a culpa do vendedor, se a coisa entregue padecer de defeito (art. 799°, n.° 1 CC)[2].

Provado o defeito e não tendo sido ilidida a presunção de culpa do vendedor, do regime geral do incumprimento das obrigações decorre o direito de o comprador recusar a entrega de coisa defeituosa. Apesar de o Código Civil nada prever quanto à possibilidade de o credor rejeitar a prestação defeituosa que lhe for oferecida, tal inferência pode retirar-se do princípio da integralidade do cumprimento (art. 763°, n.° 1 CC). De facto, se o credor não está obrigado a receber uma prestação cuja quantidade não corresponde à devida, também não pode ser compelido a aceitar um cumprimento quando a qualidade da coisa a entregar seja diversa da acordada[3]. Relacionado com a recusa de aceitar a prestação, cabe referir a excepção de não cumprimento a invocar pelo comprador que, com respeito à venda de coisas defeituosas, pode ser entendida como *exceptio non rite adimpleti contractus*[4].

Quanto ao regime especial estabelecido a propósito da compra e venda de coisas defeituosas importa aludir a quatro consequências.

a) Resolução

Em primeiro lugar, se for vendida uma coisa defeituosa, ao comprador é facultado o exercício do direito de resolução do contrato. A remissão que o art. 913° CC faz para o art. 905° CC levaria a pressupor que

---

[1] Cfr. Ac. STJ de 5/3/1996, CJ (STJ) 1996, T. I, p. 118; Ac. STJ de 3/3/1998, CJ (STJ) 1998, T. I, p. 107; Ac. Rel. Cb. de 8/4/1997, CJ XXII, T. II, p. 38; Ac. Rel. Cb. de 20/4/1999, CJ XXIV, T. II, p. 34.

[2] Sobre esta questão, cfr. ROMANO MARTINEZ, *Cumprimento Defeituoso*, cit., pp. 273 ss.

[3] Cfr. ROMANO MARTINEZ, *Cumprimento Defeituoso*, cit., pp. 288 ss., com explicações mais pormenorizadas sobre quando e como se pode recusar a prestação defeituosa.

[4] Cfr. ROMANO MARTINEZ, *Cumprimento Defeituoso*, cit., pp. 290 ss. Com conclusão idêntica, *vd*. Ac. Rel. Cb. de 20/4/1999, CJ XXIV, T. II, p. 34; consulte-se ainda Ac. STJ de 30/4/1997, CJ (STJ) 1997, T. II, p. 75; Ac. STJ de 18/2/199, CJ (STJ) 1999, T. I, p. 117; Ac. STJ de 30/11/2000, CJ (STJ) 2000, T. III, p. 150; Ac. Rel. Pt. de 11/11/1999, CJ XXIV, T. V, p. 187.

I – Compra e Venda   137

não se estaria perante uma resolução, pois fala-se em anulabilidade do contrato. Porém, pelas razões invocadas a propósito da compra e venda de coisas oneradas relativamente ao art. 905° CC, parece que também, quanto ao art. 913° CC, deve entender-se que se trata de uma resolução do contrato.

Para além das razões invocadas no número anterior, a propósito da compra e venda de bens onerados, se se estivesse perante um caso de erro-vício, caberia perguntar porque não seriam de aplicar os prazos gerais (art. 287° CC), não se justificando que, para determinadas consequências, no que respeita à venda de coisas defeituosas, tivessem sido estabelecidos prazos curtos (arts. 916° e 917° CC). Admitindo-se que se trata de erro-vício poderia até concluir-se que, em caso de venda de coisas defeituosas, os prazos seriam diversos consoante a consequência que se pretendesse fazer valer — anulação, por um lado, e as restantes pretensões, por outro —, o que não teria sentido.

Aos motivos indicados acresce ainda que a Lei de Defesa do Consumidor (Lei n.° 24/96), relativamente aos direitos do consumidor, adquirente de coisas defeituosas, independentemente de serem coisas genéricas ou específicas, confere o direito a exigir a resolução do contrato (art. 12°, n.° 1), não se fazendo qualquer referência à sua invalidade. O mesmo ocorre na Convenção de Viena sobre Compra e Venda Internacional, em cujo art. 49 se atribui ao comprador de coisa defeituosa, seja genérica ou específica, o direito de resolver o contrato de compra e venda.

Refira-se, por último, que, em relação à compra e venda de coisas defeituosas, a posição da jurisprudência é praticamente unânime no sentido de aplicar o regime do incumprimento dos contratos e não o da anulabilidade[1].

---

[1] Quanto à jurisprudência importa distinguir, em particular, duas posições: os arestos que, aludindo à anulação com base em erro, não retiram qualquer conclusão do regime do erro e aqueles que afirmam peremptoriamente não se tratar de erro, mas de incumprimento.

Com respeito à primeira tendência, *vd*. Ac. STJ de 26/7/1977, BMJ 269 (1977), p. 152; Ac. STJ de 25/10/1990, BMJ 400 (1990), p. 631; Ac. STJ de 25/2/1993, CJ (STJ), I (1993), T. I, p. 154; Ac. Rel. Lx. de 30/7/1981, CJ VI (1981), T. IV, p. 92; Ac. Rel. Lx. de 27/5/1993, CJ XVIII (1993), T. III, p. 116.

Na segunda tendência, afastando o regime do erro e aplicando as regras do incumprimento, são de indicar: Ac. STJ de 15/3/1957, BMJ 65 (1957), p. 454; Ac. STJ de 21/5/1981, BMJ 307 (1981), p. 250; Ac. STJ de 3/4/1990, BMJ 396 (1990), p. 376; Ac. STJ de 29/6/1995, CJ (STJ) III (1995), T. II, p. 143; Ac. Rel. Lx. de 6/12/1988, CJ XIII (1988), T. V, pp. 114; Ac. Rel. Cb. de 28/3/1989, CJ XIV (1989), T. II, p. 47;

138 Direito das Obrigações

b) Reparação do defeito ou substituição da coisa

I. Como segunda consequência, é de aludir à chamada convalescença do contrato, prevista no art. 906° CC a propósito de compra e venda de coisas oneradas que, em relação à compra e venda de coisas defeituosas, assume duas vertentes.

Numa primeira faceta, consagra-se a possibilidade de o comprador exigir a reparação do defeito, prevista no art. 914° CC[1]. Esta obrigação só existe na medida em que seja possível a sua realização. É frequente, nomeadamente em matéria de alimentos deteriorados, que a eliminação do defeito não seja viável.

A eliminação de defeitos, para além de exigida pelo comprador, pode ser oferecida pelo vendedor. Em tal caso, não pode a contraparte opor-se a essa oferta, se a recusa contrariar a boa fé.

A reparação do defeito não é exigível se implicar uma actuação excessivamente onerosa para o vendedor, atento o proveito do comprador. Esta solução não resulta dos preceitos relativos à compra e venda, constando só do regime do contrato de empreitada (art. 1221°, n.° 2 CC), mas, apesar da lacuna, atento o princípio de boa fé no cumprimento da obrigação assim como no exercício do direito correspondente (art. 762°, n.° 2 CC), não é aceitável que o direito à reparação do defeito da coisa vendida seja exigível sempre que a despesa que isso pressupõe para o vendedor seja desproporcionada em relação ao proveito do comprador[2].

II. Em segundo lugar, também prevista no art. 914° CC, foi consagrada a faculdade de o comprador exigir a substituição da coisa defeituosa[3].

Ac. Rel. Pt. de 13/5/1993, CJ XVIII (1993), T. III, p. 201; Ac. Rel. Pt. de 5/5/1997, CJ XXII, T. III, p. 179.

Sobre esta matéria, cfr. ROMANO MARTINEZ, *Cumprimento Defeituoso*, cit., pp. 267 ss.

Relativamente a este problema, em sede de compra e venda de coisas oneradas, a jurisprudência não se tem pronunciado, pois são pouco frequentes as questões de compra e venda de bens onerados discutidas em tribunal. O mesmo não se pode dizer em relação à compra e venda de coisas defeituosas.

[1] Sobre o dever de eliminação do defeito, cfr. ROMANO MARTINEZ, *Cumprimento Defeituoso*, cit., pp. 335 ss.

[2] É este o sentido do disposto no art. 3°, n.° 3 da Directiva 1999/44/CE, de 25 de Maio, relativa a certos aspectos da venda de bens de consumo e das garantias a ela relativas.

[3] Quanto ao dever de substituição da coisa defeituosa, cfr. ROMANO MARTINEZ, *Cumprimento Defeituoso*, cit., pp. 349 ss.

I – Compra e Venda

A possibilidade de exigir a substituição da coisa defeituosa só existe relativamente a coisas fungíveis, definidas no art. 207° CC (art. 914° CC). Sendo a coisa defeituosa, por exemplo uma obra de arte, não há, evidentemente, o dever de a substituir.

Tal como com respeito à eliminação dos defeitos, a substituição da coisa pode ser oferecida pelo vendedor, devendo, na base dos pressupostos gerais da boa fé, o comprador aceitar a substituição.

De modo idêntico ao que ocorre em sede de eliminação de defeitos, não é exigível a entrega de coisa substitutiva se corresponder a uma prestação excessivamente onerosa para o vendedor, atento o proveito do comprador.

III. Se o vendedor não cumprir estas obrigações de reparar o defeito ou de substituir a coisa, será responsabilizado. Trata-se de uma responsabilidade derivada do incumprimento dos deveres de eliminação dos defeitos ou de substituição da coisa, determinada nos termos do art. 910° CC, preceito que se aplica por força da remissão feita no art. 913°, n.° 1 CC.

c) *Redução do preço*

A terceira consequência da venda de coisa defeituosa respeita à redução do preço estipulado no contrato.

O direito de exigir a redução do preço, previsto no art. 911° CC, aplicável também por remissão do art. 913°, n.° 1 CC, não apresenta qualquer particularidade com respeito à compra e venda de coisas oneradas.

d) *Indemnização*

Como quarta consequência da compra e venda de coisas defeituosas é de aludir ao direito de pedir uma indemnização, nos termos gerais dos arts. 562° ss. CC. Esta indemnização baseia-se na culpa do vendedor, nos termos do art. 908° CC, por remissão do art. 913°, n.° 1 CC[1].

Diversamente do que ocorre na compra e venda de coisas oneradas, na venda de coisas defeituosas só foi estabelecida uma responsabilidade subjectiva; o vendedor será responsável na medida em que tenha culpa,

---

[1] A determinação do dano ressarcível fixa-se nos parâmetros gerais, nomeadamente atendendo ao disposto nas regras sobre a obrigação de indemnizar (arts. 562° ss. CC). Veja-se, porém, SOLER PRESAS, *La Valoración del Daño en el Contrato de Compraventa*, Pamplona, 1998, com referência às diferentes indemnizações em função do tipo de incumprimento.

como se depreende do disposto no art. 915° CC, onde se estipula que não é devida indemnização se o vendedor não tiver culpa; contudo, como a culpa do vendedor se presume (art. 799°, n.° 1 CC) a diferença, em termos práticos, não é significativa. Por outro lado, há ainda a ter em conta a excepção constante do art. 921° CC, onde, por via de cláusula contratual, pode emergir uma responsabilidade objectiva (*vd. infra* alínea f)).

A obrigação de indemnizar estabelecida no art. 915° CC não é independente das pretensões anteriormente indicadas, pois está sujeita a idênticos pressupostos e é complementar destas. A indemnização não pode ser pedida em substituição de qualquer dos outros pedidos (eliminação do defeito, redução do preço, etc.), mas em complemento deles, com vista a reparar o prejuízo excedente [1].

Para além desta indemnização, há a ter em conta a que advém da aplicação do regime geral da responsabilidade aquiliana. De facto, da situação defeituosa da coisa vendida podem emergir danos no próprio objecto (diminuição e exclusão de valor ou de utilidade), a que se podem chamar danos *circa rem*, bem como danos pessoais sofridos pelo comprador ou ocasionados no seu património, que se podem designar por danos *extra rem*[2]. Pense-se no exemplo da garrafa de gás adquirida que explode, causando danos pessoais e patrimoniais ao comprador[3]. Quando a prestação defeituosa causa, em simultâneo, danos *circa rem* e *extra rem*, o comprador tem direito a uma prestação indemnizatória, mas há um concurso de normas. O concurso não é entre responsabilidades, mas entre normas específicas que estabelecem regimes diversos, por exemplo, quanto ao decurso do prazo (arts. 498° e 916° CC)[4].

e) Relação entre os diversos meios jurídicos

Os diversos meios jurídicos facultados ao comprador em caso de defeito da coisa vendida não podem ser exercidos em alternativa. Há uma

---

[1] Cfr. ROMANO MARTINEZ, *Cumprimento Defeituoso,* cit., pp. 311 ss., em particular, pp. 316 ss.

[2] Para maiores desenvolvimentos, cfr. ROMANO MARTINEZ, *Cumprimento Defeituoso,* cit., pp. 232 ss. Veja-se também, no mesmo sentido, Ac. Rel. Cb. de 31/5/1994, CJ XIX (1994), T. III, p. 22 (em especial pp. 23 s.).

[3] Sobre o rebentamento de uma garrafa de gás adquirida, cfr. Ac. Rel. Lx. de 25/6/1985, CJ X (1985), T. III, p. 173, confirmado pelo Ac. STJ de 22/4/1986, BMJ 356 (1986), p. 349. Quanto a outros exemplos de concurso, cfr. Ac. Rel. Lx. de 6/12/1988, CJ XIII (1988), T. V, p. 114; Ac. Rel. Év. de 31/1/1991, CJ XVI (1991), T. I, p. 292; Ac. Rel. Pt. de 20/2/1992, CJ XVII (1992), T. I, p. 237.

[4] Cfr. ROMANO MARTINEZ, *Cumprimento Defeituoso,* cit., pp. 254 ss.

espécie de sequência lógica: em primeiro lugar, o vendedor está adstrito a eliminar o defeito da coisa e, não sendo possível ou apresentando-se como demasiado onerosa a eliminação do defeito, a substituir a coisa vendida; frustrando-se estas pretensões, pode ser exigida a redução do preço, mas não sendo este meio satisfatório, cabe ao comprador pedir a resolução do contrato[1].

A indemnização cumula-se com qualquer das pretensões com vista a cobrir os danos não ressarcíveis por estes meios. Assim, por exemplo, além da eliminação do defeito, e na medida em que por este meio não fiquem totalmente ressarcidos os danos do comprador, cabe-lhe exigir uma indemnização compensatória. Mas a indemnização por sucedâneo pecuniário não funciona como alternativa aos diversos meios jurídicos facultados ao comprador em caso de defeito da coisa vendida.

Este regime jurídico não obsta à aplicação de regras gerais em alternativa se a situação concreta se incluir nas respectivas previsões legais. Deste modo, sendo, por exemplo, viável o recurso à excepção de não cumprimento, porque o pagamento do preço se encontrava diferido para momento posterior à entrega da coisa, cabe ao comprador excepcionar o cumprimento até que o defeito seja eliminado[2].

f) Garantia

Se for dada garantia de bom funcionamento, nos termos do art. 921° CC, estabeleceu-se uma responsabilidade sem culpa do vendedor. Assim, se o alienante vendeu o bem dando garantia de bom funcionamento, por força desta cláusula, sendo defeituosa a coisa, mesmo que o vendedor não tenha culpa, é responsável; trata-se de uma responsabilidade objectiva.

Esta responsabilidade objectiva só vale com respeito aos deveres de reparar a coisa e de proceder à sua substituição (art. 921°, n.° 1 CC), não se aplicando às restantes pretensões edilícias.

5. Exercício dos direitos; prazos

I. Para haver responsabilidade por cumprimento defeituoso, em caso de compra e venda de coisas defeituosas, é necessário que seja previamente

---

[1] Cfr. ROMANO MARTINEZ, *Cumprimento Defeituoso,* cit., pp. 389 ss.
[2] Neste sentido, *vd*. Ac. STJ de 18/2/1999, CJ (STJ) 1999, T. I, p. 117, admitindo a excepção de não cumprimento como modo de obrigar o vendedor a proceder à reparação ou substituição da máquina de lavar automática.

feita a denúncia do defeito (art. 916° CC)[1]. Importa que o comprador comunique ao vendedor o facto de a coisa entregue padecer de um determinado defeito, ou seja, que tem vícios ou que não corresponde à qualidade acordada. A denúncia será, pois, um ónus que impende sobre o comprador.

A denúncia é uma declaração negocial receptícia, sem forma especial para ser emitida, mediante a qual se comunicam, de forma precisa e circunstanciada, os defeitos de que a coisa padece.

Não será necessário denunciar o defeito se o vendedor tiver agido com dolo (art. 916°, n.° 1 CC). É evidente que se o alienante actuou dolosamente não se torna necessário que o comprador lhe comunique a existência do defeito na coisa; tendo o vendedor actuado com dolo, já sabe que a coisa é defeituosa, não sendo necessária a comunicação do defeito. A comunicação (denúncia) justificar-se-á na medida em que o vendedor não se tenha apercebido daquela situação[2]. Nesta sequência, não é igualmente de exigir a denúncia, desde que o vendedor, após a entrega da coisa, tenha reconhecido a existência do defeito. Nesse caso, a denúncia seria inútil[3].

II. Na maioria das situações, a denúncia deverá ser feita nos trinta dias subsequentes ao do conhecimento do defeito por parte do comprador (art. 916°, n.° 2 CC), mas tratando-se de compra e venda comercial o prazo é de oito dias, também a contar do conhecimento do defeito (art. 471° CCom.)[4].

---

[1] Acerca da denúncia, cfr. ROMANO MARTINEZ, *Cumprimento Defeituoso,* cit., pp. 329 ss.

[2] Cfr. ROMANO MARTINEZ, *Cumprimento Defeituoso,* cit., pp. 333 ss. Veja-se também Ac. STJ de 23/4/1998, BMJ 476, p. 389.

[3] Cfr. ROMANO MARTINEZ, *Cumprimento Defeituoso,* cit., p. 333 e Ac. Rel. Cb. de 28/6/1994, CJ XIX (1994), T. III, p. 41 ss.

[4] Há quem defenda que o prazo se deve contar a partir da entrega e não do conhecimento (cfr. jurisprudência citada por ROMANO MARTINEZ, *Cumprimento Defeituoso,* cit., na nota 5 da p. 375). Porém, a unidade do sistema jurídico aponta para a conjugação entre os arts. 916° CC e 471° CCom., devendo este último ser interpretado no sentido de o prazo se iniciar com o conhecimento, só que, sobre o comprador, impende o dever de examinar a coisa; por isso, o prazo deve ter início não na data da descoberta efectiva, mas naquela em que o defeito deveria ter sido descoberto, se o comprador tivesse agido diligentemente (cfr. ROMANO MARTINEZ, *Cumprimento Defeituoso,* cit., pp. 375 ss.). Quanto à jurisprudência majoritária no sentido apontado, cfr. ROMANO MARTINEZ, *Cumprimento Defeituoso,* cit., nota 2, p. 376 e ainda Ac. STJ de 26/1/1999, BMJ 483, p. 235; Ac. Rel. Év. de 12/12/1996, CJ XXI, T. V, p. 273; Ac. Rel. Cb. de 13/4/1999, CJ XXIV, T. II, p. 32. Em sentido contrário, cfr. Ac. Rel. Lx. de 27/5/1993, CJ XVIII (1993), T. III, p. 115; Ac. Rel. Lx. de 26/10/1995, CJ XX (1995), T. IV, p. 130.

I – Compra e Venda 143

Por outro lado, a denúncia tem de ser feita nos seis meses posteriores à entrega da coisa (art. 916°, n.° 2 CC). Assim, o comprador tem seis meses a contar da entrega da coisa para descobrir o defeito; depois de descoberto o defeito, o adquirente tem trinta dias para o comunicar ao vendedor. Se o defeito for detectado ao fim de sete meses após a entrega já nada poderá ser feito, mas se for descoberto cinco meses e meio depois da entrega, ao comprador cabe fazer a denúncia nos restantes quinze dias.

O prazo de seis meses a contar da entrega, previsto no art. 916°, n.° 2 CC, foi também estabelecido para a hipótese de coisas que devam ser transportadas (art. 922° CC). Em qualquer dos casos, os prazos só começam a correr a partir do momento em que o comprador passa a ter o contacto material com a coisa, pois é a contar dessa altura que ele terá possibilidade de descobrir o defeito.

Por isso, sendo entregue uma coisa substitutiva, reinicia-se o prazo a partir dessa entrega. Nesta sequência, justifica-se também um reinício do prazo se tiver havido uma tentativa frustrada de eliminação do defeito[1].

III. Os prazos indicados correspondiam à solução estabelecida no ordenamento jurídico para todas as hipóteses de compra e venda de coisas defeituosas. Porém, a solução legal estabelecida no art. 916° CC tinha sido criticada, pois não se justificaria que este prazo de seis meses também valesse em situações de compra e venda de imóveis; em tais casos, seis meses após a entrega, seria, muitas das vezes, um prazo demasiadamente curto para a descoberta dos defeitos e, nessa medida, eram frequentes os casos em que os compradores de imóveis nada podiam fazer[2].

Tendo em conta esta problemática e o facto de a jurisprudência, por demasiado formalista, nunca ter conseguido ultrapassar tais dificuldades, o legislador decidiu intervir e acrescentou o n.° 3 ao art. 916° CC.

Esse n.° 3 do art. 916° CC foi introduzido pelo Decreto-Lei n.° 267/94, de 25 de Outubro, que alterou vários artigos do Código Civil. De facto, este diploma tinha particularmente em vista alterar alguns artigos do Código Civil relativos à propriedade horizontal, mas, depois, talvez um

---

[1] Cfr. ROMANO MARTINEZ, *Cumprimento Defeituoso*, cit., pp. 379 ss. Sobre esta questão, veja-se igualmente o disposto no art. 4°, n.° 4 da Lei n.° 24/96, de 31 de Julho (Lei de Defesa do Consumidor).

[2] Cfr. críticas à anterior solução legal, com alusão ao direito comparado em ROMANO MARTINEZ, *Cumprimento Defeituoso*, cit., pp. 153 ss. Veja-se a posição maioritária da jurisprudência portuguesa, no sentido de aplicar os prazos curtos dos arts. 916° e 917° CC às compras e vendas de edifícios, citada na nota 3 da p. 156 da obra citada.

144   *Direito das Obrigações*

pouco a despropósito, na parte final, decidiu igualmente alterar dois artigos da parte especial do Direito das Obrigações, concretamente os arts. 916° e 1225° CC, este último relativo aos prazos de garantia no contrato de empreitada.

No n.° 3 do art. 916° CC lê-se: «Os prazos referidos no número anterior são, respectivamente, de um e de cinco anos, caso a coisa vendida seja um imóvel». No fundo, em relação à denúncia, sendo a coisa vendida imóvel, o prazo de trinta dias passa para um ano e o prazo de garantia de seis meses para cinco anos[1]. Verificou-se, pois, um alargamento dos prazos estabelecidos no art. 916° CC[2].

IV. Cabe, todavia, indagar se estes prazos valem em relação a qualquer defeito ou só para defeitos graves. À imagem do que ocorre com respeito à empreitada[3], parece que tal alargamento só se justifica para defeitos graves nos imóveis, pois em relação a pequenos defeitos não tem razão de ser um prazo alargado de cinco anos. Pense-se na hipótese de a fechadura da porta da casa que, ao fim de quatro anos, avaria; não se justifica demandar o vendedor por tal defeito.

No art. 917° CC, na sequência do disposto no preceito anterior, vem estabelecer-se um prazo de caducidade da acção[4]; trata-se de um prazo

---

[1] No Ac. Rel. Lx. de 30/11/1995, CJ XX (1995), T. V, p. 127, considerou-se que, como a norma em questão veio resolver um diferendo jurisprudencial, é uma lei interpretativa e, portanto, nos termos do art. 13° CC, tem eficácia retroactiva.

[2] Atento este alargamento do prazo, perdem, em grande parte, interesse as discussões quanto à interpretação do art. 917° CC (cfr. essa polémica em ROMANO MARTINEZ, *Cumprimento Defeituoso,* cit., pp. 367 s.). Em termos jurisprudencais, a polémica teria ficado resolvida pelo Assento STJ de 4/12/1996 DR I Série de 30/1/1997 e BMJ 462, p. 94, que optou pela aplicação do prazo estabelecido no art. 917° CC a todas as situações.

[3] É evidente que, hoje, o art. 1225°, n.° 1 CC, diferentemente do que se passava na versão original do preceito, deixou de aludir a defeitos graves, mas parece que deverá continuar a interpretar-se a disposição legal no mesmo sentido.

[4] A lei fala em caducidade da «acção de anulação» (art. 917° CC), podendo, numa interpretação literal, entender-se que tal prazo não se aplicaria aos restantes meios jurídicos facultados ao comprador (p. ex., eliminação do defeito). Neste sentido, cfr. Ac. STJ de 4/5/1995, CJ (STJ) III (1995), T. II, p. 63; Ac. STJ de 18/4/1996, CJ (STJ) 1996, T. II, p. 29; Ac. STJ de 12/11/1998, CJ (STJ) 1998, T. III, p. 106; Ac. Rel. Lx. de 26/4/1994, CJ XIX (1994), T. III, p. 77.

Tal posição não colhe. A unidade do sistema jurídico impõe a aplicação do art. 917° CC a todas as outras pretensões. Cfr. ROMANO MARTINEZ, *Cumprimento Defeituoso,* cit., pp. 367 s.; Assento STJ de 4/12/1996 DR I Série de 30/1/1997 e BMJ 462, p. 94; Ac. STJ de 25/2/1993, CJ (STJ), I (1993), T. I, p. 154; Ac. STJ de 12/1/1994, CJ (STJ), II (1994), T. I, p. 34; Ac. Rel. Cb. de 31/5/1994, CJ XIX (1994), T. III, p. 22.

para interpor a acção judicial contra o vendedor com base em responsabilidade por cumprimento defeituoso.

Se o comprador não tiver denunciado o defeito, a acção terá de ser intentada nos prazos fixados para a denúncia; nesse caso, a acção a intentar contra o vendedor tem o valor de uma denúncia, pois não é obrigatório que, antes da propositura da acção, tenha havido denúncia do defeito.

Nestes termos, se alguém compra um determinado bem e, ao fim de três meses, descobre que ele tem um defeito, pode, imediatamente, interpor uma acção judicial contra o vendedor.

Porém, se o comprador tiver procedido à denúncia do defeito, terá de intentar a acção judicial nos seis meses posteriores à denúncia; este prazo de seis meses conta-se a partir da data em que foi feita a denúncia (art. 917° CC).

Para as coisas móveis, o limite máximo de garantia retira-se da conjugação de dois prazos: o de denúncia, que é de seis meses a contar da entrega (art. 916°, n.° 2 CC) e o prazo para interpor a acção judicial, que é de seis meses desde a denúncia (art. 917° CC). O prazo de garantia pode, assim, estender-se até um ano a contar da entrega[1]. Estando em causa coisas imóveis, o limite máximo de garantia pode atingir cinco anos e meio a contar da entrega, pois aos cinco anos desde a entrega da coisa vendida para a denúncia do defeito (art. 916°, n.° 3 CC) somam-se mais seis meses para interpor a acção judicial (art. 917° CC).

Surge, deste modo, uma divergência de prazos entre as usuais compras e vendas de imóveis e aquelas em que o vendedor do imóvel foi quem o construiu, modificou ou reparou. De facto, nos termos do art. 1225°, n.° 4 CC[2], se o vendedor do imóvel foi quem o construiu, modificou ou reparou, aplicam-se as regras da empreitada, nos termos das quais a garantia é de cinco anos a contar da entrega (art. 1225°, n.° 1 CC), sendo o prazo para interpor a acção judicial de um ano desde a denúncia (art. 1225°, n.° 2 CC)[3].

Todos estes prazos a que se fez referência são de caducidade. Quanto ao art. 917° CC, tal decorre do disposto no próprio preceito. Rela-

---

[1] Como se conclui no Ac. STJ de 23/4/1998, BMJ 476, p. 389, este prazo de caducidade vale ainda que o vendedor tenha agido dolosamente, pois o dolo só torna desnecessária a denúncia, mas não altera os prazos dos arts. 916° e 917° CC.

[2] Preceito igualmente introduzido no Código Civil pelo Decreto-Lei n.° 267/94, de 25 de Outubro.

[3] Cfr. Ac. Rel. Lx de 30/11/1995, CJ XX (1995), T. V, p. 127.

146 *Direito das Obrigações*

tivamente ao art. 916° CC a lei é omissa, mas devem entender-se igualmente como sendo prazos de caducidade, por força do disposto no art. 298°, n.° 2 CC.

6. Regimes especiais

Por último, relativamente a questões inerentes à compra e venda de coisas defeituosas, resta aludir a três regimes especiais.

a) Animais

O primeiro desses regimes especiais respeita à compra e venda de animais defeituosos, previsto no art. 920° CC[1]. Este preceito remete para a legislação especial, a qual continua ainda a ser o Decreto de 16 de Dezembro de 1886. Para além deste, há a ter igualmente em conta dois outros diplomas que respeitam à compra e venda de solípedes para a Guarda Nacional Republicana (Decreto n.° 13 544, de 28 de Abril 1927 [arts. 25° a 29°]) e para o Exército (Decreto n.° 18 563, de 5 de Julho de 1930 [arts. 61° a 64°]). Mas é no Decreto de 16 de Dezembro de 1886 (arts. 49° a 58°) que se encontra o tratamento genérico do problema dos vícios redibitórios que podem existir relativamente aos animais vendidos.

No diploma em causa apresenta-se um elenco das doenças reputadas como vícios e, perante a existência das mesmas[2], pode o comprador resolver o contrato — a chamada acção redibitória (art. 49°) — ou pedir uma redução do preço — acção *quanti minoris* (art. 50°). Não está prevista a possibilidade de ser exigida a substituição do animal, nem a eliminação do defeito.

O aspecto particular desta regulamentação respeita à necessidade de ser requerido um exame médico no prazo de dez dias a contar da entrega do animal (art. 52° do Decreto de 1886). No demais, valem os prazos de garantia estabelecidos no Código Civil[3].

---

[1] Sobre esta matéria, cfr. ROMANO MARTINEZ, *Cumprimento Defeituoso*, cit., pp. 212 ss.; PINTO MONTEIRO/AGOSTINHO GUEDES, «Venda de Animal Defeituoso», CJ XIX (1994), T. V, pp. 5 ss. e Ac. Rel. Cb. de 2/2/1999, CJ XXIV, T. I, p. 24.

[2] O elenco em causa, tanto na indicação das doenças (defeitos), como na referência aos tipos de animais, é indicativa, cfr. ROMANO MARTINEZ, *Cumprimento Defeituoso*, cit., pp. 213 ss.

[3] Cfr. Ac. Rel. Pt. de 13/5/1993, CJ XVIII (1993), T. III, p. 201.

b) Responsabilidade do produtor

I. Outra situação especial, relativamente recente, corresponde à responsabilidade do produtor[1]. Esta responsabilidade encontra-se regulada no Decreto-Lei n.º 383/89, de 6 de Novembro, que transpôs para a ordem jurídica interna a directiva comunitária respeitante a tal matéria, e que foi recentemente alterado pelo Decreto-Lei n.º 131/2001, de 24 de Abril.

Com a institucionalização da responsabilidade do produtor pretendeu-se que certas situações, em que era difícil responsabilizar alguém pelos danos causados, os lesados não deixassem de ser indemnizados; considerou-se, então, que se os danos fossem causados por produtos postos em circulação, dever-se-ia responsabilizar o produtor dos mesmos.

Frequentemente, ocorria que o vendedor directo de tais produtos não podia ter conhecimento dos defeitos e, nessa medida, a responsabilidade facilmente seria afastada (arts. 914º e 915º CC). É comum que o vendedor de uma determinada máquina, sendo mero elo de ligação entre o produtor e o consumidor, não tenha conhecimentos técnicos para se aperceber da existência de determinados defeitos das máquinas que vende, podendo assim facilmente afastar a culpa e com isso a sua responsabilidade. Tal situação é patente sempre que o produto seja comercializado em embalagens fechadas, como ocorre com grande parte dos produtos alimentares.

Em tais casos, o consumidor não tinha possibilidade de demandar ninguém. A estas situações acrescia que, sendo os prazos da responsabilidade edilícia curtos, dificilmente se poderia demandar o vendedor; mesmo que isso acontecesse em relação ao consumidor final, o vendedor, mero intermediário, já não poderia, em regresso, demandar o fornecedor. Deste modo, o produtor, que estava no topo de uma cadeia de contratos de compra e venda, nunca seria responsabilizado.

II. Para fazer face a estas dificuldades, surge a figura da responsabilidade do produtor. No Decreto-Lei n.º 383/89 estabeleceu-se que a responsabilidade do produtor é objectiva (art. 1º do Decreto-Lei n.º 383/89); ele responde, portanto, independentemente da culpa, desde que coloque em circulação um produto com defeitos. A indemnização ser-lhe-á exigida

---

[1] Sobre esta matéria, para além da monografia de CALVÃO DA SILVA, *Responsabilidade Civil do Produtor*, Coimbra, 1990, *vd.* ROMANO MARTINEZ, *Cumprimento Defeituoso*, cit., pp. 66 ss. e bibliografia aí citada. Com referências à directiva comunitária e à correspondente lei espanhola sobre responsabilidade por danos causados por produtos defeituosos (Lei n.º 22/1994, de 6 de Julho), *vd.* GÓMEZ CALERO, *Responsabilidad Civil por Productos Defectuosos*, Madrid, 1996.

directamente pelo lesado, mesmo que entre este e o produtor não existisse qualquer relação contratual; está-se, pois, perante uma hipótese de responsabilidade aquiliana objectiva. A responsabilidade do produtor perdura por um período de dez anos (art. 12° do Decreto-Lei n.° 383/89), com os limites de franquia estabelecidos no art. 9° do mesmo diploma. Por via da alteração introduzida pelo Decreto-Lei n.° 131/2001, eliminou-se o limite máximo de indemnização que constava da versão inicial do diploma.

A responsabilidade do produtor não pretende substituir os regimes de responsabilidade civil existentes, em particular o que decorre do disposto nos arts. 913° ss. CC, mas antes criar uma nova responsabilidade que se pode cumular, tanto com a delitual comum, como com a contratual.

c) Defesa do consumidor

I. No que respeita ao regime da compra e venda, a Lei de Defesa do Consumidor (Lei n.° 24/96, de 31 de Julho) estabeleceu uma maior protecção do comprador e, quanto aos defeitos da coisa, interessa em particular o disposto nos arts. 4° e 12° da referida lei.

Depois de se determinar que as coisas vendidas a consumidor devem ser aptas a satisfazer os fins a que se destinam e produzir os efeitos que se lhe atribuem (art. 4°, n.° 1), dispõe-se que, sendo a coisa defeituosa e não tendo o consumidor sido esclarecido desse facto antes da celebração do contrato, pode exigir ao vendedor a reparação da coisa, a sua substituição, a redução do preço ou a resolução do contrato (art. 12°, n.° 1). A responsabilidade do vendedor no que respeita aos tradicionais quatro meios edilícios é objectiva, como resulta do mesmo preceito. A estes direitos acresce o direito à indemnização por danos patrimoniais e não patrimoniais (art. 12°, n.° 4), a que se aplicam as regras gerais da responsabilidade civil.

Para fazer valer o seu direito à reparação ou substituição da coisa, à redução do preço ou à resolução do contrato, o comprador tem de denunciar o defeito nos termos gerais (art. 12°, n.° 2), sendo, relativamente ao fornecimento de bens móveis não consumíveis, o prazo mínimo de garantia de um ano (art. 4°, n.° 2), e de cinco anos o período mínimo de garantia para os bens imóveis (art. 4°, n.° 3). Os prazos de garantia suspendem-se durante o período de tempo em que o consumidor se achar privado do uso dos bens em virtude das operações de reparação resultantes de defeitos originários (art. 4°, n.° 4). Após a denúncia do defeito, o comprador tem de intentar a acção judicial no prazo de seis meses, descontando-se o tempo despendido com as operações de reparação (art. 12°, n.° 3).

II. Igualmente no que respeita à defesa do consumidor em caso de compra e venda, importa atender à Directiva 1999/44/CE do Parlamento Europeu e do Conselho, de 25 de Maio de 1999, relativa a certos aspectos da venda de bens de consumo e das garantias a ela relativas[1].

Do art. 3° da Directiva resulta que o comprador pode exigir a reparação do defeito ou a substituição da coisa assim como a redução do preço e a rescisão (resolução) do contrato de compra e venda. A reparação do defeito e a substituição da coisa não são exigíveis no caso de tais prestações serem impossíveis ou desproporcionadas. A responsabilidade do vendedor é objectiva, como se retira do contexto da exigência de conformidade; havendo desconformidade há responsabilidade do vendedor, que só é afastada nos casos previstos neste preceito.

O vendedor é responsável durante um prazo de garantia regra de dois anos, devendo, em princípio, a denúncia ser feita no prazo de dois meses a contar da detecção do defeito (art. 5°).

---

[1] Sobre a Directiva 1999/44/CE, veja-se JERÔME FRANK, «Directive 1999/44 du 25 mai 1999 sur certains aspects de la vente et garanties des biens de consomation JOCE L 171, 7 juillet 1999», *Estudos de Direito do Consumo*, n.° 2, Coimbra, 2000, pp. 159 ss. e, em especial, o exaustivo estudo de PAULO MOTA PINTO, «Conformidade e Garantias na Venda de Bens de Consumo. A Directiva 1999/44/CE e o Direito Português», *Estudos de Direito do Consumo*, n.° 2, Coimbra, 2000, pp. 197 ss.

150 Direito das Obrigações

Bibliografia geral sobre o contrato de compra e venda

ALBALADEJO, Manuel – *Derecho Civil*, II, *Derecho de Obligaciones*, Vol. 2°, *Los Contratos en Particular y las Obligaciones no Contractuales*, 10ª ed., Barcelona, 1997, pp. 9 a 94;

ALBUQUERQUE, Pedro de – «Contrato de Compra e Venda. Introdução. Efeitos Essenciais e Modalidades», *Direito das Obrigações*, Vol. III, 2ª ed., Lisboa, 1991, pp. 11 a 48;

ATIYAH, Patrick – *The Sale of Goods*, 8ª ed., Londres, 1991;

BACHINI, Francesco – *Le Nuove Forme Speciali di Vendita ed il Franchising*, Pádua, 1999;

BADENES GASSET, Ramón – *El Contrato de Compraventa*, Tomos I e II, 3ª ed., Barcelona, 1995;

BÉNABENT, Alain – *Droit Civil. Les Contrats Spéciaux*, 2ª ed., Paris, 1995, pp. 13 a 185;

BIANCA, Cesare Massimo – *La Vendita e la Permuta in Trattato di Diritto Civile Italiano (Vassalli)*, Vol. VII, T. I (2 Volumes), 2ª ed., Turim 1993;

BIHL, Luc – *Droit de la Vente*, Paris, 1986;

BOCCHINI, Fernando – *La Vendita di Cose Mobili, Artt. 1510-1530, in Il Codice Civile Commentario*, Milão, 1994;

BRAGA, Armando – *Contrato de Compra e Venda*, 3ª ed., Porto, 1994;

CALVO ANTÓN, Manuela – *La Venta a Prueba*, Barcelona, 1995;

CAPOZZI, Guido – *Dei Singoli Contratti*, Vol. 1°, *Compravendita, Riporto, Permuta, Contratto Estimatorio, Somministrazione, Locazione*, Milão, 1988, pp. 5 a 209;

CARVALHO, Pedro NUNES DE – *Dos Contratos: Teoria Geral dos Contratos; Dos Contratos em Especial*, Lisboa, 1994, pp. 127 a 149;

CASTAN TOBEÑAS, José – *Derecho Español Común y Foral*, Tomo IV, *Derecho de Obligaciones. Las Particulares Relaciones Obligatorias*, 15ª ed., actualizada por José Fernandis Vilella, Madrid, 1993, pp. 58 a 199;

CUNHA, Paulo OLAVO – «Venda de Bens Alheios», ROA 47 (1987), pp. 419 a 472;

DÍEZ-PICAZO, Luis e Antonio GULLÓN – *Sistema de Derecho Civil*, Vol. II, 8ª ed., Madrid, 1999, pp. 255 a 301;

DOBSON, Paul – *Sale of Goods and Consumer Credit*, 5ª ed., Londres, 1996;

DUTILLEUL, François Collart e Philippe DELEBECQUE – *Contrats Civils et Commerciaux*, 3ª ed., Paris, 1996, pp. 35 a 284;

ESSER, Josef e Hans-Leo WEYERS – *Schuldrecht*, Tomo II, *Besonderer Teil*, 7ª ed., Heidelberga, 1991, §§ 3 a 11, pp. 11 a 119;

FRADA, Manuel CARNEIRO DA – «Perturbações Típicas do Contrato de Compra e Venda», *Direito das Obrigações*, Vol. III, 2ª ed., Lisboa, 1991, pp. 49 a 96;

GALGANO, Francesco – *Diritto Privato*, 9ª ed., Pádua, 1996, pp. 519 a 534;

GHESTIN, Jacques e Bernard DESCHÉ – *Traité des Contrats. La Vente*, Paris, 1990;

GONÇALVES, Luiz da CUNHA – *Da Compra e Venda no Direito Comercial Partuguez*, Vols. I e II, Coimbra, 1909 e 1912;
– *Tratado de Direito Civil*, Vol. VIII, Coimbra, 1934;

GROSS, Bernard e Philippe BIHR – *Contrats*, Tomo I, *Ventes*, Paris, 1993;

GSCHNITZER, Franz – *Österreichisches Schuldrecht. Besonderer Teil und Schadenersatz*, 2ª ed., Viena, 1988, pp. 24 a 75;

HUET, Jérôme – *Les Principaux Contrats Spéciaux, in Traité de Droit Civil*, sob a direcção de Jacques Ghestin, Paris, 1996, pp. 45 a 581;

I – Compra e Venda

LARENZ, Karl – *Lehrbuch des Schuldrechts*, Tomo II-1, *Besonderer Teil*, 13ª ed., Munique, 1986, §§ 39 a 45, pp. 6 a 171;

LIMA, Fernando PIRES DE e João ANTUNES VARELA – *Código Civil Anotado*, Vol. II, 4ª ed., Coimbra, 1997, pp. 160 a 236;

LUMINOSO, Angelo – *I Contratti Tipici e Atipici*, Milão, 1995, pp. 3 a 190;

MAINGUY, Daniel – *Contrats Spéciaux*, Paris, 1998, pp. 17 a 160;

MALAURIE, Philippe e Laurent AYNÈS – *Droit Civil. Les Contrats Spéciaux*, 6ª ed., Paris, 1992, pp. 51 a 267;

MARTINEZ, Pedro ROMANO – *Cumprimento Defeituoso, em especial na Compra e venda e na Empreitada*, reimpressão, Coimbra, 2001;

MARTINS, Fran – *Contratos e Obrigações Comerciais*, 14ª ed., Rio de Janeiro, 1998, pp. 107 a 181;

MESSINEO, Francesco – *Manuale di Diritto Civile e Commerciale*, Vol. IV, *Singoli Rapporti Obbligatori*, 8ª ed., Milão, 1954, pp. 51 a 160;

O'CALLAGHAN, Xavier – *Compendio de Derecho Civil*, T. II, *Derecho de Obligaciones*, Vol. 2º, *Contratos en Particular*, 2ª ed., Madrid, 1996, pp. 9 a 76;

PERALTA, Ana Maria – *A Posição Jurídica do Comprador na Compra e Venda com Reserva de Propriedade*, Coimbra, 1990;

PEREIRA, Caio Mário da SILVA – *Instituições de Direito Civil*, Vol. III, 10ª ed., Rio de Janeiro, 1998, pp. 103 a 147;

PINHEIRO, Luís LIMA – *A Cláusula de Reserva de Propriedade*, Coimbra, 1988;

PUIG BRUTAU, José – *Compendio de Derecho Civil*, Vol. II, Barcelona, 1987, pp. 351 a 403;

REINICKE, Dietrich e Klaus TIEDTKE – *Kaufrecht*, 5ª ed., Berlim, 1992;

RESCIGNO, Pietro – *Manuale del Diritto Privato Italiano*, 7ª ed., Nápoles, 1987, pp. 787 a 801;

RUBINO, Domenico – *La Compravendita*, 2ª ed., Milão, 1971;

SCHLECHTRIEM, Peter – *Schuldrecht. Besonderer Teil*, 2ª ed., Tubinga, 1991, pp. 1 a 71;

SELLAR, David – *Sale of Goods*, Edimburgo, 1995;

TELLES, Inocêncio GALVÃO – «Venda Obrigacional e Venda Real», RFDUL, Vol. V (1948), pp. 76 a 87;

– «Contratos Civis», BMJ 83 (1959), pp. 117 a 141;

TORRENTE, Andrea e Piero SCHLESINGER – *Manuale di Diritto Privato*, 15ª ed., Milão, 1997, pp. 523 a 547;

TRABUCCHI, Alberto – *Istituzioni di Diritto Civile*, 33ª ed., Pádua, 1992, pp. 680 a 696;

VAZ, Teresa ANSELMO – *Alguns Aspectos do Contrato de Venda a Prestações e Contratos Análogos*, Coimbra, 1995;

VENTURA, Raúl – «O Contrato de Compra e Venda no Código Civil», ROA 43 (1983), pp. 261 a 318 e pp. 587 a 643;

VERMELLE, Georges – *Droit Civil. Les Contrats Spéciaux*, Paris, 1996, pp. 6 a 45,

WALD, Arnoldo – *Obrigações e Contratos*, 13ª ed., São Paulo, 1998, pp. 292 a 320;

XAVIER, Vasco LOBO – «Venda a Prestações: Algumas Notas sobre os Artigos 934° e 935° do Código Civil», RDES XXI (1974), n.ᵒˢ 1 a 4, pp. 199 a 266.

II

LOCAÇÃO

Plano

I. Conceito e aspectos preliminares

§ 1. Noção legal
1. Questões gerais
2. Direito de gozo
3. Transitoriedade
4. Onerosidade

§ 2. Classificação do contrato
§ 3. Formação do contrato
1. Regime regra
2. Legitimidade
3. Objecto

§ 4. Forma do contrato

II. Modalidades de locação

§ 1. Arrendamento e aluguer
§ 2. Tipos de arrendamento

III. Efeitos essenciais

§ 1. Obrigações do locador
1 Enunciação
2. Entregar a coisa
3. Assegurar o gozo da coisa

§ 2. Obrigações do locatário
1. Enunciação
2. Pagamento da renda ou aluguer
a) Aspectos gerais
b) Vencimento

c) Lugar do pagamento
d) Alteração do montante
e) Incumprimento
f) Garantia
3. Restituição da coisa

IV. Vicissitudes da relação contratual

§ 1. Transmissão da posição contratual
1. *Emptio non tollit locatum*
2. Transmissão da posição do locatário
a) Transmissão *mortis causa*
b) Transmissão *inter vivos*

§ 2. Sublocação
1. Noção
2. Autorização e limites
3. Regime

V. Cessação do contrato

§ 1. Remissão
§ 2. Resolução
1. Resolução exercida pelo locador
2. Resolução exercida pelo locatário

§ 3. Revogação
§ 4. Denúncia
1. Noção
2. Exercício

§ 5. Caducidade
1. Sentidos estrito e amplo
2. Excepções
3. Direito a novo arrendamento
4. Consequências

VI. Arrendamento

§ 1. Vicissitudes na recente evolução histórica
§ 2. Arrendamento rural
1. Noção

II – Locação
157

2. Forma e conteúdo do contrato
3. Renda
4. Benfeitorias
5. Vicissitudes

§ 3. Arrendamento florestal

1. Noção
2. Duração
3. Renda
4. Benfeitorias
5. Vicissitudes

§ 4. Arrendamento urbano

1. Regras gerais

a) Caracterização
b) Duração
c) Obras
d) Renda
e) Outras despesas
f) Direito de preferência
g) Cessação do contrato

1) Resolução
2) Denúncia
3) Acção de despejo

2. Arrendamento para habitação

a) Questões prévias
b) Âmbito
c) Renda
d) Novo arrendamento
e) Duração limitada
f) Transmissão da posição contratual
g) Cessação

3. Arrendamento para comércio ou indústria

a) Caracterização
b) Transmissão *mortis causa*
c) Transmissão *inter vivos*

1) Cessão de exploração
2) Trespasse

d) Duração limitada

e) Cessação

4. Arrendamento para o exercício de profissões liberais

5. Arrendamento para outros fins

Principal legislação:

Código Civil (arts. 1022° ss.)

Decreto-Lei n.° 385/88, de 25 de Outubro (Regime do Arrendamento Rural – RAR)

Decreto-Lei n.° 394/88, de 8 de Novembro (Regime do Arrendamento Florestal – RAF)

Decreto-Lei n.° 321-B/90, de 15 de Outubro (Regime do Arrendamento Urbano – RAU)

I. CONCEITO E ASPECTOS PRELIMINARES

§ 1. Noção Legal

1. Questões gerais

I. A noção legal do contrato de locação encontra-se no art. 1022º CC: «Locação é o contrato pelo qual uma das partes se obriga a proporcionar à outra o gozo temporário de uma coisa, mediante retribuição»[1].

A locação tem um papel económico e social relevante, pois permite dissociar o direito de propriedade (ou outro direito real de gozo — p. ex., usufruto, superfície) do direito de gozo sobre a coisa[2]. Por um lado, o proprietário (usufrutuário, superficiário, etc.), caso não utilize os seus bens, pode auferir uma quantia se facultar o gozo deles a outrem; por outro, quem carece de coisas, não tendo meios para as adquirir ou interesse nisso, pode usufruir das vantagens de bens alheios, mediante uma contrapartida.

Do ponto de vista terminológico, o emprego dos verbos relacionados com a execução do contrato de locação[3] (locar, arrendar, alugar) pode levar a alguma ambiguidade. Assim, ao afirmar-se que alguém arrendou uma casa, tanto pode significar que, na qualidade de locador, a deu de arrendamento, como, assumindo as vestes de locatário, a tomou de arrendamento.

---

[1] Idêntica definição consta do art. 1º RAU, tendo, com respeito ao objecto, a «coisa» sido substituída pelo «prédio urbano». Cfr. MENEZES CORDEIRO/CASTRO FRAGA, *Novo Regime do Arrendamento Urbano Anotado*, Coimbra, 1990, anot. art. 1º, p. 51.

[2] Cfr. MALAURIE/AYNÈS, *Droit Civil. Les Contrats Spéciaux*, 6ª ed., Paris, 1992, p. 323.

[3] O termo locação tem a sua origem na expressão latina *locatio conductio*, que compreendia três modalidades: a *locatio conductio rei*, antecedente da actual locação; a *locatio conductio operarum*, que corresponde aos contratos de trabalho e de prestação de serviços; e a *locatio conductio operis faciendo*, que deu origem ao contrato de empreitada.

160   *Direito das Obrigações*

Em razão da imprecisão dos verbos, assumindo dois sentidos opostos, é necessário, muitas vezes, precisar o significado do termo usado[1].

II. Da noção legal constante do art. 1022° CC retiram-se três elementos: pressupõe-se que se proporcione a outrem o gozo de uma coisa; o gozo terá de ser concedido de forma temporária; o gozo é proporcionado mediante retribuição.

Importa analisar estes três elementos do contrato de locação.

2. Direito de gozo

I. Proporcionar o gozo implica que seja concedido ao locatário um direito de desfrute sobre a coisa. Mas há que qualificar este direito de gozo.

Cabe primeiro perguntar se se trata de um direito pessoal de gozo, nos termos do art. 407° CC, ou se, pelo contrário, constitui um direito real de gozo, ao lado dos outros direitos reais de gozo, como a propriedade, o usufruto, a superfície, o uso e habitação, etc.

A questão é controversa e importa carrear para a discussão o que vem disposto no art. 1037°, n.° 2 CC. Neste artigo lê-se: «O locatário que for privado da coisa ou perturbado no exercício dos seus direitos pode usar, mesmo contra o locador, dos meios facultados ao possuidor nos artigos 1276° e seguintes».

Na medida em que no art. 1037°, n.° 2 CC se conferiu ao locatário a possibilidade de usar as acções de defesa da posse dos arts. 1276° ss. CC, poder-se-ia concluir que ele, pelo menos, tem a posse. Apesar de ser discutível, para parte da doutrina, a posse é um direito real e, nessa medida, o locatário seria titular do direito real de posse[2].

Mas esta solução não é líquida, porque poder-se-á considerar, antes, que ao locatário foi só concedida a possibilidade de usar os meios de defesa da posse, ou, como diz o art. 1037°, n.° 2 CC, os meios facultados ao possuidor, sem, contudo, lhe ser conferida a própria posse. De facto,

---

[1] Sobre esta questão, cfr. BÉNABENT, *Droit Civil. Les Contrats Spéciaux*, 2ª ed., Paris, 1995, p. 189.

[2] Considerando o arrendatário como verdadeiro possuidor, apesar de qualificar o arrendamento como direito obrigacional, cfr. Ac. STJ de 21/12/1982, BMJ 322 (1983), p. 338. Veja-se também o Ac. Rel. Év. de 7/4/1988, CJ XIII (1988), T. II, p. 259. Sobre a questão importa consultar MENEZES CORDEIRO, *A Posse: Perspectivas Dogmáticas Actuais*, 2ª ed., Coimbra, 1999, pp. 72 ss., onde se conclui que o locatário «dispõe da posse, ainda que não extensiva à usucapião» (p. 73).

o art. 1037º, n.º 2 CC utiliza uma fórmula algo ambígua; nele não se diz que o locatário passa a possuidor ou que é titular do direito de posse, afirma-se tão-só que são conferidos ao locatário os mesmos meios facultados ao possuidor; por conseguinte, pode não haver uma concessão da posse, mas sim uma equiparação de situações, ou seja, são atribuídos os meios sem o inerente direito. Mas o locatário, nos termos do art. 1253º, alínea c) CC, não é um detentor, pois não possui a coisa locada em nome do locador; ele é possuidor nos termos limitados do seu direito, não podendo nomeadamente invocar a usucapião. Dito de outro modo, o locatário não tem posse correspondente ao exercício do direito de propriedade ou de outro direito real, sendo-lhe conferida uma posse especial correspondente ao exercício de um direito pessoal de gozo.

II. De certo modo relacionado com esta questão, há que discutir o problema de saber se se está perante um direito pessoal de gozo ou um direito real de gozo.

Parte da doutrina, em especial OLIVEIRA ASCENSÃO[1] e MENEZES CORDEIRO[2], tem defendido que se trata de um direito real de gozo, ao lado dos outros direitos reais.

A posição defendida por esses autores baseia-se, entre outros aspectos, por um lado, no facto de a locação, principalmente no que respeita ao arrendamento urbano, ter passado a constituir uma forma não verdadeiramente temporária de gozo da coisa; na realidade, de modo diverso do que tradicionalmente se estabelecera, o arrendamento passou a constituir uma situação jurídica com alguma perenidade de cedência do gozo de uma coisa. A cedência do gozo de uma coisa apresenta-se, assim, com uma certa continuidade, principalmente limitando-se a possibilidade de o locador reaver o bem, o que levaria a admitir alguma semelhança entre a posição do locatário e a de outros titulares de direitos reais de gozo, como o uso e habitação ou o usufruto. Além disso, o gozo atribuído ao locatário confere-lhe um poder sobre coisa corpórea, consubstanciado

---

[1] *Direito Civil. Reais*, 5ª ed., Coimbra, 1993, pp. 534 ss., onde, entre os direitos reais de gozo, ao lado da servidão e da superfície, inclui o arrendamento. Note-se que, para o autor citado, a natureza real é conferida só ao arrendamento (modalidade de locação) e não à locação em geral.

[2] *Da Natureza do Direito do Locatário*, Lisboa, 1980, pp. 13 ss. Recentemente, MENEZES CORDEIRO, *A Posse:*, cit., pp. 71 ss., depois de considerar que a contraposição entre direitos reais e direitos de crédito não é racional, pois advém de uma clivagem histórico-cultural, conclui que o direito do locatário é um direito pessoal de gozo, estruturalmente real, mas que não é reconhecido como direito real.

162   *Direito das Obrigações*

no seu uso e, eventualmente, fruição. Acresce que, e do ponto de vista da qualificação é este o aspecto mais relevante, ao locatário é conferido um direito de gozo inerente a uma coisa, oponível *erga omnes*, tendo sido consagrado no ordenamento jurídico português o princípio *emptio non tollit locatum* (art. 1057° CC) e atribuídas acções possessórias ao locatário (art. 1037°, n.° 2 CC)[1].

Porém, para a doutrina tradicional em Portugal, ao locatário não foi conferido um direito real[2]. De facto, a locação encontra-se entre os contratos em especial, no domínio do Direito das Obrigações, admitindo-se, por isso, que atribui direitos de crédito, não conferindo direitos reais às partes.

Por outro lado, depois das alterações recentemente introduzidas no domínio do arrendamento urbano, restituiu-se ao contrato de locação a sua característica da temporalidade, aproximando-o de novo das situações creditícias.

O contrato de locação, em particular o arrendamento urbano, durante um determinado período serviu como modo de garantir o direito à habitação, e, nessa medida, o aspecto transitório, que caracteriza o contrato de locação, deixou de prevalecer, ao ponto de quase se poder dizer que, então,

---

[1] Cfr. MENEZES CORDEIRO, *Da Natureza*, cit., pp. 69, 85 ss., 98 ss. e 114 ss.

[2] Cfr. PEREIRA COELHO, *Arrendamento. Direito Substantivo e Processual*, Coimbra, 1988, pp. 17 ss.; GALVÃO TELLES, *Arrendamento*, Lisboa, 1945/46, pp. 305 ss.; PIRES DE LIMA/ANTUNES VARELA, *Código Civil Anotado*, Vol. II, 4ª ed., Coimbra, 1997, anot. 2 ao art. 1022°, p. 342 e anot. 2 ao art. 1° RAU, p. 480.

A jurisprudência é unânime neste sentido, cfr. Ac. STJ de 4/5/1956, BMJ 57 (1956), p. 342; Ac. STJ de 14/6/1957, BMJ 68 (1957), p. 581; Ac. STJ de 22/7/1966, BMJ 161 (1966), p. 393 (com anotação favorável de VAZ SERRA, RLJ 100 (1967/68), pp. 200 ss.); Ac. STJ de 19/2/1974, BMJ 234 (1974), p. 237; Ac. STJ de 21/12/1982, BMJ 322 (1983), p. 338; Ac. STJ de 3/12/1998, BMJ 482, p. 219; Ac. Rel Pt. de 28/1/1966, Jurisprudência das Relações, Ano 12 (1966), T. I, p. 131; Ac. Rel. Év. de 16/1/1986, CJ XI (1986), T. I, p. 225.

No Direito Romano, a *locatio conductio rei* só criava um vínculo de natureza pessoal, fazendo nascer direitos de crédito, dela não resultando qualquer direito real, cfr. VERA-CRUZ PINTO, «O Direito das Obrigações em Roma», Revista Jurídica, AAFDL, n.° 23, 1999, p. 139.

Noutros ordenamentos jurídicos predomina também a concepção nos termos da qual o direito do locatário tem natureza creditícia. Quanto ao Direito espanhol, cfr. ALBALADEJO, *Derecho Civil*, II, *Derecho de Obligaciones*, 2°, *Los Contratos en Particular y las Obligaciones no Contractuales*, 10ª ed., Barcelona, 1997, pp. 181 ss.; em relação ao Direito alemão, cfr. BROX, *Besonderes Schuldrecht*, 12ª ed., Munique, 1985, § 11.I.1, p. 107; para o Direito francês, cfr. MALAURIE/AYNÈS, *Contrats Spéciaux*, cit., pp. 334 s.

II – Locação

o arrendamento, por força das alterações legislativas, veio substituir a enfiteuse, direito real abolido em 1976[1]. Porém, após as recentes alterações introduzidas no regime do arrendamento, essencialmente as aprovadas em 1988 e em 1990 (*vd. infra* n.° V. § 1), a ideia de que a locação substituiu a enfiteuse deixou de ter sentido, pois, mesmo no domínio do arrendamento urbano, a transitoriedade já não é posta em causa e, nessa medida, a locação, entendida como direito obrigacional, parece ganhar um novo alento, deixando, em grande parte, de se justificar a sua qualificação como direito real.

Acresce que, por via da locação, ao locatário é conferido o gozo da coisa, mas não um poder directo e imediato sobre ela, idêntico ao dos titulares de direitos reais; só lhe é conferida a afectação das utilidades da coisa. Além disso, tem-se admitido, ao lado dos direitos reais, situações equivalentes sem natureza real; é o que ocorre, nomeadamente no direito real de habitação periódica — com natureza real — e no direito de habitação turística — com natureza obrigacional — (arts. 1° ss. e 45° ss. do Decreto-Lei n.° 275/93, de 5 de Agosto). Nesta sequência, cabe referir que a locação, diferentemente dos direitos reais de gozo, tem unicamente por fonte o contrato, não podendo constituir-se por testamento ou usucapião[2].

Por outro lado, a figura da *emptio non tollit locatum* não é mais do que uma cessão da posição contratual que opera por força da lei, não podendo dela retirar-se qualquer conclusão[3]. Para além disso, as con-

---

[1] A enfiteuse de prédios rústicos foi extinta pelo Decreto-Lei n.° 195-A/76, de 16 de Março (com alterações da Lei n.° 108/97, de 16 de Setembro) e a respeitante a prédios urbanos pelo Decreto-Lei n.° 233/76, de 2 de Abril.

[2] Cfr. PINTO FURTADO, *Manual do Arrendamento Urbano*, 2ª ed., Coimbra, 1999, pp. 23 ss. Excepcionalmente, a relação jurídica arrendatícia pode constituir-se por via judicial (art. 1793° CC), cfr. autor e ob. cit., p. 30. Para além da situação especial do art. 1793° CC, a relação locatícia terá por base uma decisão judicial sempre que se possa recorrer à execução específica, nos termos gerais do art. 830° CC, e na hipótese especial em que é facultado o recurso à execução específica para efectivar o direito a novo arrendamento (art. 95°, n.° 1 RAU). Sobre a invalidade de um arrendamento constituído por decisão judicial em acção de execução específica, *vd.* PAULA COSTA E SILVA, «Irrelevância da Ilegitimidade Superveniente de um dos Comproprietários na Constituição de Arrendamento por Decisão Judicial Proferido em Acção de Execução Específica. Anotação ao Acórdão do Supremo Tribunal de Justiça de 15 de Abril de 1993», ROA 54 II (1994), pp. 665 ss.

[3] Acerca da *emptio non tollit locatum*, *vd. infra* n.° IV. § 1.1.

A este propósito cabe referir que no contrato de trabalho também se prevê a transmissão da posição contratual do empregador para aquele que tenha adquirido o estabelecimento (art. 37° da Lei do Contrato de Trabalho). Desta cessão da posição contratual de origem legal não se pode igualmente concluir pela natureza real da relação laboral, tese que, aliás, ninguém defende.

164   *Direito das Obrigações*

sequências do princípio *emptio non tollit locatum*, ao implicarem que o direito do locatário é nomeadamente oponível ao adquirente do bem locado, bem como aos credores do locador, são transitórias. Na medida em que a locação permite um gozo temporário, essa oponibilidade também é temporária; pelo que, por exemplo, o adquirente, chegado o termo do prazo, pode denunciar o contrato, reavendo o bem.

As acções possessórias conferidas ao locatário correspondem somente a um meio que lhe é atribuído, sem implicar a existência de uma posse correspondente ao exercício de um direito real, como já foi anteriormente referido.

Ao locatário, diferentemente do que ocorre na generalidade dos direitos reais de gozo, não lhe é conferida a faculdade de proporcionar a outrem o gozo total ou parcial da coisa (art. 1038°, alínea g) CC).

Cabe acrescentar que a posição jurídica do locatário mantém uma permanente ligação ao contrato locativo, nunca se autonomizando deste, como é regra nos direitos reais[1]. Nesta sequência, importa referir que a locação mantém-se enquanto forem cumpridas as obrigações emergentes do contrato, pressuposto em que não assentam os direitos reais.

Por último, nos termos da noção legal de locação (art. 1022° CC), a entrega da coisa não é um elemento integrante do contrato[2]. O locador vincula-se a proporcionar ao locatário o gozo temporário da coisa; a obrigação de entrega (art. 1031°, alínea a) CC) nasce do contrato e corresponde ao cumprimento de uma das prestações que dele emergem, não sendo um efeito real do negócio jurídico[3].

---

[1] Cfr. HENRIQUE MESQUITA, *Obrigações Reais e Ónus Reais*, Coimbra, 1990, pp. 171 ss. Deste autor (ob. cit., pp. 161 ss.) veja-se o elenco de preceitos sobre locação explicáveis apenas em sede obrigacional, apesar de o autor (pp. 175 ss.) acabar por concluir num sentido dualista.

[2] Do art. 1022° CC consta que «uma das partes se obriga a proporcionar à outra», pressupondo ser a entrega consequência ou dever do contrato. Talvez propositadamente, na noção constante do art. 1° RAU fala-se em que «uma das partes concede à outra». Esta formulação, diferentemente da anterior, permite a interpretação — com a qual não se pode concordar — no sentido de a entrega fazer parte da noção de arrendamento, ou seja, que o contrato só se forma com a entrega do prédio arrendado. Em crítica a esta noção constante do art. 1° RAU, cfr. PINTO FURTADO, *Manual*, cit., pp. 223 s. e PAIS DE SOUSA, *Anotações ao Regime do Arrendamento Urbano*, 6ª ed., Lisboa, 2001, p. 60, esclarecendo este último autor que o termo concessão se associa normalmente à exploração de bens ou serviços de interesse público, conferida por entidade pública.

[3] Cfr. Ac. STJ de 19/2/1974, BMJ 234 (1974), p. 237. Em sentido oposto, cfr. OLIVEIRA ASCENSÃO, «Locação de Bens dados em Garantia...», cit., pp. 380 ss.

Noutros ordenamentos jurídicos também se estabeleceu que uma das obrigações do

II – Locação

Nesta medida, a locação corresponderia a uma das hipóteses de constituição de direitos pessoais de gozo, mencionadas no art. 407° CC (cfr. art. 1682°-A, n.° 1, alínea a) CC).

Como excepção ao princípio da prioridade da constituição, há a ter em conta os efeitos do registo do contrato de arrendamento (art. 407° *in fine* CC)[1]. Deste modo, a regra é a da prevalência do direito mais antigo em data, desde que o arrendamento não esteja sujeito a registo ou, estando-o, não tenha sido registado. Assim, sendo dada em locação uma coisa a certa pessoa se, depois, o mesmo bem for locado a outrem, prevalece o direito do primeiro locatário, mesmo que a coisa já tivesse sido entregue ao segundo locatário. Na hipótese de o arrendamento estar sujeito a registo (p. ex., arrendamento por mais de seis anos, art. 2°, n.° 1, alínea m) do Código do Registo Predial), em caso de celebração de sucessivas locações do mesmo bem, prevalece a primeiramente registada.

A figura dos direitos pessoais de gozo aparece, em especial, por influência de um autor italiano GIORGIANNI[2]. No Código Civil, para além da referência genérica constante do art. 407° CC, não se encontra qualquer qualificação de figuras integrando direitos pessoais de gozo[3]. Daí que qualificar como direito pessoal de gozo o direito do locatário, seria um caminho possível[4], embora polémico.

III. Sendo um direito de gozo, apesar de pessoal, por via de regra, atribui ao locatário o poder de usar, eventualmente de fruir e até de dispor

---

locador é a de entregar a coisa, como o § 536 BGB (cfr. ESSER/WEYERS, *Schuldrecht*, II, *Besonderer Teil*, 7ª ed., Heidelberga, 1991, § 14.II.1, p. 131.) ou o art. 1270.1 CCFr. (cfr. MALAURIE/AYNÈS, *Contrats Spéciaux*, cit., pp. 363 s.).

[1] É de salientar que o arrendamento, diferentemente dos direitos reais que incidem sobre imóveis, não está, em princípio, sujeito a registo. Para CARVALHO FERNANDES, *Lições de Direitos Reais*, 3ª ed., Lisboa, 1999, pp. 167 s., este é um dos elementos que leva a concluir no sentido de o arrendamento ser um direito pessoal.

[2] *Contribuio ulla Teoria dei Diritti di Godimente su Cosa Altrui*, Milão 1940. Em Portugal, veja-se o estudo da figura em JOSÉ ANDRADE MESQUITA, *Direitos Pessoais de Gozo*, Coimbra, 1999.

[3] Veja-se, todavia, o disposto no art. 1682°-A, n.° 1, alínea a) CC.

[4] Cfr. PEREIRA COELHO, *Arrendamento*, cit., p. 19, nota 1; CARVALHO FERNANDES, *Direitos Reais*, cit., pp. 166 e 173; JOSÉ ANDRADE MESQUITA, *Direitos Pessoais de Gozo*, cit., pp. 28 ss. Este último autor, apesar de considerar que há aspectos da locação que se afastam do esquema meramente creditório (pp. 33 ss.), é de opinião que prevalecem os aspectos creditórios. Veja-se também CAPOZZI, *Dei Singoli Contratti*, Milão, 1988, p. 310.

da coisa[1]. A distinção entre o simples uso, por um lado, e o uso e fruição, por outro, depende de a coisa locada ser produtiva. Não sendo produtiva (p. ex., arrendamento para habitação), o locatário só tem o uso da coisa; diferentemente, tratando-se de coisa produtiva (p. ex., arrendamento rural), o locatário terá o uso e a fruição da coisa[2]. Esta é até uma distinção comum em outras ordens jurídicas, designadamente italiana e alemã, entre tipos de locação, onde se contrapõe a *locazione* ao *affitto* (arts. 1571 ss. e 1615 ss. CCIt.)[3] e a *Miete* à *Pacht* (§§ 535 ss. e 581 ss. BGB)[4], respectivamente.

Para além do uso e fruição, ao locatário pode, por lei ou cláusula contratual, ser concedido o poder de disposição, tanto material (p. ex., arrendatário autorizado a fazer obras para alterar a estrutura do prédio), como jurídica (p. ex., inquilino a quem foi concedido o poder de transmitir ou onerar o seu direito).

Apesar de se ter concluído que a locação, não obstante o poder de gozo atribuído ao locatário, é um direito obrigacional, importa reconhecer que a finalidade conseguida com este contrato pode ser atingida mediante o recurso a direitos reais menores. Assim, se alguém pretende viver em casa alheia durante certo lapso, pode adquirir esse direito por via de uma locação ou de um usufruto; do mesmo modo, estando certa pessoa interessada em desenvolver uma exploração silvícola em terreno de outrem, tal direito pode-lhe ser conferido através de uma locação ou de uma superfície.

---

[1] Quanto ao poder de uso e fruição, cfr. PEREIRA COELHO, *Arrendamento*, cit., p. 9; JOSÉ ANDRADE MESQUITA, *Direitos Pessoais de Gozo*, cit., pp. 139 ss.

[2] No anteprojecto da autoria de GALVÃO TELLES, «Contratos Civis», BMJ 83 (1959), pp. 114 ss., distinguia-se a locação de coisas produtivas (arts. 69° ss.) e não produtivas (arts. 86° ss.), mas tal contraposição não passou para o Código Civil. Sobre a distinção entre uso e fruição de coisas arrendadas, cfr. GALVÃO TELLES, *Arrendamento*, Lisboa, 1945/46, pp. 86 ss.

[3] Cfr. TRABUCCHI, *Istituzioni di Diritto Civile*, 32ª ed., Pádua, 1991, p. 700. A este propósito RESCIGNO, *Manuale del Diritto Privato Italiano*, 7ª ed., Nápoles, 1987, p. 804, afirma que a *locazione* é o género de que o *affitto* constitui uma espécie, caracterizado pela natureza produtiva do bem.

[4] Cfr. BROX, *Schuldrecht*, cit., §§ 9 e 13, pp. 86 ss. e 119 ss.; ESSER/WEYERS, *Schuldrecht*, II, cit., §§ 14 e 23, pp. 129 ss. e 192 ss.; LARENZ, *Lehrbuch des Schuldrechts*, II/1, *Besonderer Teil*, 13ª ed., Munique, 1986, § 48.I, p. 213.

A situação é idêntica no Direito austríaco (§ 1091 ABGB) quanto à contraposição entre os contratos de *Miete* e de *Pacht*, cfr. GSCHNITZER, *Österreichisches Schuldrecht, Besonderer Teil und Schadenersatz*, 2ª ed., Viena, 1988, pp. 93 ss.

3. Transitoriedade

Em segundo lugar, da noção legal constante do art. 1022° CC, retira--se que a locação é uma forma de proporcionar o gozo temporário de uma coisa. Assim, a transitoriedade é uma característica deste negócio jurídico, não obstante a locação, muitas das vezes, perdurar por vários anos. Mas não são estas situações de facto que alteram a característica do contrato de locação: a transitoriedade. Um direito que se constitui transitoriamente pode perdurar durante um determinado período, ainda que longo.

4. Onerosidade

O terceiro elemento da noção legal corresponde ao pagamento de uma retribuição. Daqui se infere que o contrato de locação é um negócio jurídico oneroso, diferentemente do comodato que implica também um gozo de bens alheios, mas de forma gratuita[1].

A retribuição faz, portanto, parte da noção legal, pelo que não pode haver contratos de locação gratuitos.

O facto de se falar simplesmente em retribuição, sem a adjectivar de certa ou determinada, como se fazia no Código Civil de 1867 (art. 1595°), permite retirar duas conclusões. Por um lado, tolera que, num contrato, se estabeleça uma retribuição escalonada (p. ex., uma renda inferior até terminarem as obras do metropolitano, que será aumentada no mês seguinte à da abertura da nova estação à porta do prédio, ou que o aumento se verificará quando findarem as obras de remodelação do próprio edifício)[2]. Por outro, faculta o ajuste de retribuições variáveis, designadamente em géneros, em função de factores vários. A renda ou o aluguer pode (e em relação a uma parte é até frequente) ser fixada com base no rendimento auferido mensal ou anualmente pelo locatário na utilização do bem locado. Nestes casos, será lícito considerar que o contrato celebrado, para além da locação, engloba, nalguma medida, um contrato de sociedade ou uma parceria agrícola, consubstanciando um contrato misto.

---

[1] Cfr. Ac. STJ de 21/5/1998, CJ (STJ) 1998, T. II, p. 95.

[2] Cfr. Pires de Lima/Antunes Varela, *Código Civil Anotado*, II, cit., anot. 1 ao art. 1022°, pp. 341 s.; Ac. Rel. Pt. de 26/10/1977, CJ II (1977), T. V, p. 1197; Ac. Rel. Év. de 2/2/1988, CJ XIII (1988), T. I, p. 267. Há, todavia, que atender às especificidades de certos arrendamentos, cfr. *infra* ponto n.° VI. § 4.1.d).

O problema está em saber se a retribuição deve ser acordada em dinheiro, pois o art. 1022° CC fala só em retribuição, sem especificar[1]. Quanto ao arrendamento urbano, o art. 19°, n.° 1 do Regime do Arrendamento Urbano (RAU) estabelece que o quantitativo da renda tem de ser fixado em escudos, não havendo, pois, dúvidas quanto ao facto de a retribuição não só corresponder a uma prestação pecuniária, como também ter de ser fixada em escudos (ou euros), integrando, desta forma, uma obrigação pecuniária de quantidade.

Mas já quanto ao arrendamento rural, no art. 7° do Regime do Arrendamento Rural (RAR) vem admitir-se que a renda possa, pelo menos parcialmente, ser fixada em géneros. Neste caso, o legislador admitiu a possibilidade de a retribuição não ser necessariamente fixada em escudos, podendo ser em géneros. O mesmo se diga quanto ao arrendamento florestal nos termos do art. 10° do Regime do Arrendamento Florestal (RAF), onde também se estabeleceu a possibilidade de a renda ser fixada em géneros.

Por conseguinte, à excepção do arrendamento urbano, e tendo em conta o princípio da liberdade contratual (art. 406° CC), em particular a liberdade de estipulação, a retribuição (renda ou aluguer) pode ser fixada não em dinheiro, mas em géneros; todavia, a prática, na grande maioria das situações, aponta para retribuições pecuniárias.

§ 2. Classificação do contrato

I. O contrato de locação é um negócio jurídico sinalagmático, porque implica a obrigação de proporcionar o gozo de uma coisa como contrapartida do dever de pagar a retribuição. Assim sendo, os deveres de pagar a retribuição e de proporcionar o gozo da coisa encontram-se numa relação sinalagmática, havendo reciprocidade e interdependência entre estas duas prestações[2].

---

[1] Apesar de no art. 1543 CCEsp. se falar em preço certo, a doutrina admite que a retribuição possa não ser em dinheiro, cfr. ALBALADEJO, *Derecho de Obligaciones*, 2°, cit., p. 155. Já no § 535.II BGB alude-se a retribuição (*Entgelts*) — cfr. BROX, *Schuldrecht*, cit., § 10.III, pp. 98 s. —, num sentido idêntico ao do ordenamento jurídico português.

[2] Daí que, enquanto o locador não realizar as obras indispensáveis à habitabilidade do prédio arrendado, o inquilino, com base na excepção de não cumprimento do contrato (arts. 428° ss. CC), pode recusar o pagamento da renda e não fica obrigado a manter a residência no local, cfr. Ac. Rel. Lx. de 6/4/1995, CJ XX (1995), T. II, p. 111; Ac. Rel. Cb. de 27/6/1995, CJ XX (1995), T. III, p. 47; Ac. Rel. Pt. de 4/3/1996, CJ XXI (1996), T. II, p. 177.

II. Por outro lado, o contrato de locação qualifica-se como um negócio jurídico oneroso, porque dele emergem vantagens patrimoniais para ambas as partes; é pressuposto deste contrato que tanto o locador como o locatário retirem vantagens patrimoniais da situação jurídica constituída.

De entre os contratos onerosos, por via de regra, a locação apresenta-se como um contrato comutativo; trata-se de um contrato comutativo, porque, normalmente, as prestações de ambas as partes estão determinadas e são conhecidas de antemão, sabendo os contraentes previamente aquilo com que vão contar.

Porém, nada obsta a que, com base na autonomia privada, as partes estabeleçam um contrato de locação com carácter aleatório, em que, pelo menos uma das prestações esteja dependente de alguma incerteza, ficando na subordinação de factores vários casuais ou inclusivamente determinados pela vontade de uma das partes.

O carácter oneroso deste negócio jurídico não impede que, na falta de equilíbrio entre as prestações, o contrato se qualifique como de locação; nada obsta a que, por exemplo, a renda seja exorbitante ou irrisória em relação ao valor comercial do bem locado. O limite ao desequilíbrio entre as prestações encontra-se nas regras gerais de formação dos contratos, nomeadamente a simulação ou a usura.

III. O contrato de locação corresponde a um negócio jurídico obrigacional. É evidente que esta qualificação não é pacífica. Para se qualificar a locação como um contrato obrigacional está a pressupor-se que deste negócio jurídico não emergem direitos reais para as partes. O contrato é obrigacional por oposição aos contratos reais *quoad constitutionem* e *quoad effectum*.

Sobre esta questão, importa, primeiro, discutir a obrigação que impende sobre o locador de entregar a coisa locada, como estabelece o art. 1031°, alínea a) CC. Trata-se de uma prestação de entrega de coisa certa, que emerge do contrato de locação.

Diferentemente, o contrato de comodato, que apresenta similitudes com a locação, qualifica-se como um contrato real *quoad constitutionem*, porque, nos termos do art. 1129° CC, preceito de onde consta a noção de comodato, estabeleceu-se que faz parte do conceito deste contrato a entrega da coisa; ou seja, sem a entrega da coisa não se chega a celebrar validamente um contrato de comodato. Como a entrega da coisa emprestada faz parte da própria noção, o comodato qualifica-se como um contrato real *quoad constitutionem*.

170   *Direito das Obrigações*

Mas tal não ocorre com respeito à locação. Do conceito de locação, estabelecido no art. 1022° CC, não consta a entrega da coisa locada; a entrega da coisa é uma obrigação que advém do contrato validamente celebrado, nos termos do art. 1031°, alínea a) CC[1]. Assim sendo, depois de celebrado o contrato, nasce para o locador a obrigação de entregar a coisa.

Daí a diferença entre a locação e o comodato; neste, não basta dizer que se empresta um determinado bem, enquanto o bem comodatado não for entregue ao comodatário não há contrato; diferentemente, no que respeita à locação, o negócio jurídico existe e é válido mediante o mero consenso e do contrato emerge a obrigação de entrega da coisa (art. 1031°, alínea a) CC).

Deste modo, para a doutrina tradicional, a locação é um contrato obrigacional[2]. A solução oposta parte do princípio de que a situação jurídica emergente do contrato de locação corresponde a um negócio jurídico real *quoad constitutionem*, considerando a entrega elemento constitutivo do negócio jurídico; mas tal tomada de posição não se coaduna com a obrigação de entrega, constante do citado art. 1031°, alínea a) CC.

IV. A locação é um contrato de execução continuada, na medida em que a sua realização se protela no tempo[3].

Quando alguém (o locador) proporciona a outrem o gozo de uma coisa, essa situação, por via de regra, protela-se durante certo lapso mais ou menos longo. Da parte do locatário, em contrapartida, nasce a obrigação de pagar a respectiva renda ou aluguer. A execução do contrato protrai-se, portanto, no tempo, e implica uma certa continuidade, não sendo um contrato de execução instantânea.

Nos termos do art. 1026° CC, se as partes nada estipularem quanto à duração do contrato, pressupõe-se que ela vai ser aferida pela unidade de tempo correspondente à retribuição fixada; deste modo, será em função da retribuição acordada ao dia, à semana, ao mês, ao semestre, que se depreende qual o período de duração do contrato.

Porém, no que respeita aos arrendamentos urbanos, e nos termos do art. 10° RAU, é pressuposta a existência de um lapso mínimo de dura-

---

[1] Cfr. PIRES DE LIMA/ANTUNES VARELA, *Código Civil Anotado*, II, cit., anot. 4 ao art. 1022°, p. 343.

[2] Cfr. PEREIRA COELHO, *Arrendamento*. cit., pp. 16 e 17 ss.

[3] Sobre esta questão, aludindo à continuação nos deveres de permissão e tolerância quanto ao gozo da coisa e as inerentes obrigações de a manter em estado de proporcionar a adequada utilidade, cfr. LARENZ, *Schuldrechts*, II/1, cit., § 48.II, pp. 219 s.

II – Locação 171

ção desse arrendamento; se as partes nada estipularem, o prazo será de seis meses.

Tal como dispõe o art. 1025° CC, «A locação não pode celebrar-se por mais de trinta anos (...)». Trata-se de um limite máximo com vista a evitar, em particular, a celebração de contratos de arrendamento por períodos muito longos (p. ex., cem anos), em razão de inconvenientes a nível jurídico e económico, em especial derivados da indisponibilidade que o contrato de locação confere ao proprietário dos bens[1]. Sendo o contrato ajustado por prazo superior a trinta anos, reduz-se a esse limite, nos termos do art. 292° CC.

Após o decurso do lapso de tempo pelo qual se celebrou o contrato de locação, este renova-se automaticamente por igual período se não houver oposição de qualquer das partes, como estabelece o art. 1054° CC[2]. Por conseguinte, não havendo oposição à renovação, o contrato de arrendamento não caduca, como seria regra nos termos gerais de Direito Civil, para a hipótese de um negócio jurídico ser celebrado a termo final, pois renova-se por um período idêntico ao do prazo pelo qual foi celebrado[3] e assim sucessivamente; mas ao contrato de aluguer aplicam-se as regras gerais de Direito Civil, caducando no termo do prazo, se as partes não acordarem a renovação automática.

Da parte do locador há uma obrigação continuada, que se mantém inalterada durante a vigência do contrato, no que respeita à possibilidade de facultar ao locatário o gozo da coisa.

Relativamente ao locatário, existe uma obrigação reiterada e periódica de pagar a retribuição; esse dever de pagar a retribuição normalmente reitera-se pelos períodos da vigência do contrato, podendo ser semanal, mensal, etc.

Por outro lado, a execução continuada do contrato de locação apresenta consequências a vários níveis. Tem efeitos não só quanto à renovação do contrato como também relativamente à sua extinção, de que se

---

[1] Excepto no domínio do arrendamento florestal, em que se admite a vigência do contrato por um prazo máximo de setenta anos (art. 7° RAF).

[2] No n.° 1 do art. 1054° CC fala-se em «findo o prazo do arrendamento», pelo que a regra da renovação automática, atenta a letra da lei, valerá só para o arrendamento e não em relação ao aluguer. É, todavia, de criticar que este preceito, a aplicar-se só ao arrendamento e não a toda a locação, tenha sido incluído na parte geral do contrato de locação e não na parte especial, respeitante ao arrendamento.

[3] Como determina o n.° 2, parte final, do art. 1054° CC, o prazo de renovação não pode ser superior a um ano, pelo que se for acordado um contrato de locação por prazo superior a um ano, ao renovar-se, reduz-se o período de vigência àquele limite.

falará a seguir. Para além disso, vai acarretar consequências a nível da sua execução, designadamente, permitindo ajustar uma sublocação, figura prevista nos arts. 1060° ss. CC, que se proceda à transmissão da posição contratual, como vem previsto nos arts. 1057° ss. CC, bem como o estabelecimento de deveres de realizar obras de conservação, etc. Estas questões serão posteriormente analisadas.

V. O contrato de locação pode ainda classificar-se em função do fim. O fim do contrato vai depender do que foi expressa ou tacitamente acordado (p. ex., comercial, rural, habitacional, ou fins mais específicos: garagem, colocação de propaganda, etc.). Na eventualidade de não resultar do ajuste, nos termos do art. 1027° CC, a coisa locada pode ser aplicada para quaisquer fins lícitos (art. 3°, n.° 1 RAU)[1].

Nada obsta, porém, a que a locação em causa tenha vários fins, que podem ou não estar dependentes uns em relação aos outros (art. 1028° CC); é o que acontece, nomeadamente no arrendamento para habitação e exercício de profissão liberal[2]. No n.° 2 do art. 1028° CC estabeleceu-se um princípio de autonomia entre os fins, levando a que a invalidade quanto a um não afecte a validade do negócio em relação aos demais. Não será assim se não puderem dissociar-se os vários fins do contrato (art. 1028°, n.° 2 CC)[3] ou se, existindo um fim principal, a invalidade afectar este (art. 1028°, n.° 3 CC)[4]. Em relação ao arrendamento, a regra aponta para que o contrato se destine a um fim habitacional (art. 3°, n.° 2 RAU)[5].

VI. Por via de regra, o contrato de locação, na óptica do locador, é celebrado *intuitu personae*. Daí que, nos termos do art. 1038°, alínea f) CC, não seja permitido ao locatário proporcionar a outrem o gozo total ou

---

[1] A licitude do fim pode, nalguns casos, estar relacionada com a licença de utilização do prédio (art. 9° RAU): assim, um andar licenciado para habitação não pode ser arrendado para o exercício do comércio (cfr. Ac. STJ de 25/11/1999, CJ (STJ) 1999, T. III, p. 122).

[2] A locação com pluralidade de fins distingue-se do contrato misto, em que se reúnem regras de tipos contratuais distintos. Quanto à pluralidade de fins no arrendamento *vd.* art. 3°, n.° 1 RAU. Sobre a questão, consulte-se o Ac. Rel. Lx. de 7/5/1998, CJ XXIII, T. III, p. 88.

[3] Cfr. Ac. STJ de 27/4/1999, CJ (STJ) 1999, T. II, p. 66; Ac. Rel. Lx. de 21/5/1998, CJ XXIII, T. III, p. 107.

[4] Cfr. Ac. Rel. Lx. de 7/5/1998, CJ XXIII, T. III, p. 88.

[5] Como refere MARGARIDA GRAVE, *Regime do Arrendamento Urbano. Anotações e Comentários*, Lisboa, 1999, pp. 46 s., esta presunção tem de se conjugar com a licença de utilização do prédio, a que alude o art. 9° RAU.

II – Locação 173

parcial da coisa e o art. 1051°, alínea d) CC determine a caducidade do contrato em caso de morte (ou extinção, sendo pessoa colectiva) do locatário. Mas esta regra tem variadas excepções, como no caso de trespasse (art. 115° RAU), em que se admite a transferência *inter vivos* do gozo da coisa, sem o assentimento do locador, bem como as hipóteses de transmissão *mortis causa* da posição do locatário (*vd. infra* ponto IV. § 1.2.a)).

Relativamente ao locatário, a relação contratual é fungível, como se conclui do disposto no art. 1057° CC. O direito de preferência que, muitas vezes, lhe é conferido não põe em causa esta asserção, pois ao locatário não foi atribuído o direito de obstar a que se realize uma transferência, *inter vivos* ou *mortis causa*, da posição do locador.

§ 3. Formação do contrato

1. Regime regra

A locação é um contrato sujeito ao regime regra dos negócios jurídicos (arts. 217° ss. CC)[1] e dos contratos em geral (arts. 405° ss. CC), mas importa ter em conta algumas particularidades no que respeita à legitimidade para dar um bem em locação.

2. Legitimidade

A legitimidade do locador determina-se pelo poder de administrar a coisa objecto da locação[2]. Assim, o locador poderá ser o proprietário, o usufrutuário[3], o superficiário ou o titular de outro direito real que confira

---

[1] Sobre a celebração de contratos de locação mediante o recurso a modelos previamente elaborados, em que se aplica o regime das cláusulas contratuais gerais, *vd.* GRASSELLI, *La Locazione di Immobili*, Pádua, 1999, pp. 11 s.

[2] Cfr. DUTILLEUL/DELEBECQUE, *Contrats Civils*, cit., pp. 352 ss. ou, como refere GRASSELLI, *La Locazione*, cit., p. 17, a legitimidade determina-se pela disponibilidade para administrar o bem locado. Este autor (ob. cit., pp. 18 s.) contrapõe a locação aos direitos reais, explicando que, naquela, o locador pode não ser titular de um direito real sobre a coisa, enquanto para constituir um direito real menor o concedente tem de ser titular de um direito real.

[3] Quanto à legitimidade para intentar a acção de despejo por parte do usufrutuário / / locador, *vd.* Ac. Rel. Pt. de 6/4/1999, CJ XXIV, T. II, p. 188.

a administração do bem. Além disso, também pode dar de locação o titular de um direito obrigacional de gozo sobre a coisa, que lhe confira o poder de a administrar, como o locatário no que respeita ao ajuste de uma sublocação ou o comodatário que dá a coisa comodatada em locação, em ambos os casos com autorização da contraparte. Por último, pode dar em locação quem por via negocial (p. ex., mandatário com representação ou promitente comprador após a tradição da coisa) ou legal (p. ex., representação legal) tem poderes de administração da coisa.

Este regime de legitimidade relaciona-se com o facto de o contrato de locação constituir, por via de regra, um negócio jurídico de administração. Porém, se o contrato de locação for celebrado por um prazo superior a seis anos, estar-se-á perante um negócio jurídico de disposição (art. 1024°, n.° 1 CC). Ao estabelecer que a celebração de um contrato de locação representa um acto de administração, implicitamente está a determinar-se a legitimidade de quem pode conceder o gozo temporário de uma coisa mediante retribuição, tais como o mandatário, o representante legal, o cabeça de casal, o curador, o liquidatário judicial[1]. Ao mesmo tempo, no n.° 2 do art. 1024° CC limita-se o poder dos contitulares relativamente ao arrendamento de prédio indiviso; em tal caso, é necessário o assentimento de todos, sob pena de invalidade do negócio.

Não obstante a legitimidade do locador determinada nos parâmetros referidos, sabendo-se que o contrato caduca quando cesse o direito ou findem os poderes legais de administração com base nos quais o negócio jurídico foi celebrado (art. 1051°, n.° 1, alínea c) CC), no contrato de arrendamento urbano deve mencionar-se a natureza do direito do locador, sempre que o contrato seja celebrado com base num direito temporário ou em poderes de administração de bens alheios (art. 8°, n.° 2, alínea b) RAU).

3. Objecto

I. Não há limitações legais específicas quanto ao objecto do contrato de locação, podendo ser locada qualquer coisa móvel ou imóvel[2]. Suscita, todavia, dúvidas a questão de saber se podem ser objecto de um contrato

---

[1] Cfr. PEREIRA COELHO, *Arrendamento*, cit., pp. 98 ss.; PIRES DE LIMA/ANTUNES VARELA, *Código Civil Anotado*, II, cit., anot. 1 ao art. 1024°, p. 345.

[2] São frequentes os alugueres de roupa de cerimónia, de disfarces de carnaval, cassetes de vídeo, máquinas, animais, automóveis, mobiliário, etc. — como coisas móveis — e os arrendamentos de casas, terras, etc. — como coisas imóveis.

II – Locação

de locação as coisas consumíveis[1] ou fungíveis. Apesar de a lei não o impor, do conceito de locação parece poder concluir-se que não pode ser locada uma coisa consumível[2] ou fungível, pois seria difícil imaginar a obrigação do locador de assegurar o gozo da coisa durante a vigência do contrato e o dever do locatário de a restituir no fim do contrato. O dever de restituição da coisa locada findo o contrato (art. 1038°, alínea i) CC) pressupõe a devolução da mesma coisa e não de uma idêntica[3]. Refira-se, a propósito, que o usufruto de coisas consumíveis (art. 1451° CC) desvirtua o instituto, pois transforma o direito real de usufruto no crédito a uma prestação do mesmo género, qualidade ou quantidade, ou na obrigação de pagar o valor da coisa.

II. Igualmente problemática é a admissibilidade de locação de coisas incorpóreas (p. ex., uma patente[4]); tradicionalmente, circunscreve-se o objecto da locação ao gozo de coisas corpóreas, mas esta estrutura negocial é perfeitamente adaptável a permissão de gozo sobre coisas incorpóreas.

III. Ainda em termos de qualificação negocial, não se deverá entender que haja locação quando se tem essencialmente em conta a aquisição de frutos da coisa, mas há situações de fronteira. Assim, quando alguém tem em vista, durante um período longo, adquirir árvores de uma propriedade, pode ajustar uma compra e venda continuada de coisa futura ou cele-

---

[1] Em sentido negativo, considerando que a coisa locada não pode ser consumível, atento o disposto no Código Civil Espanhol, cfr. ALBALADEJO, *Derecho Civil*, II, *Derecho de Obligaciones*, Vol. 2°, *Los Contratos en Particular y las Obligaciones no Contractuales*, 10ª ed., Barcelona, 1997, pp. 159 s.; no art. 1974 Código Civil Colombiano afirma-se expressamente que só se arrendam coisas que se possam usar sem se consumir, cfr. GÓMEZ ESTRADA, *De los Principales Contratos Civiles*, 3ª ed., Bogotá, 1996, pp. 188 s. Vd. também BÉNABENT, *Contrats Spéciaux*, cit., p. 193, que, ao não admitir a locação de coisas consumíveis, aceita como lícito o consumo de frutos da coisa locada.

[2] Excepto se o uso acordado não implicar o seu consumo. Imagine-se o aluguer de fruta exótica para exposição numa sala de banquete, cfr. ALBALADEJO, *Derecho de Obligaciones*, 2°, cit., p. 153.

[3] O contrato mediante o qual se permite o uso de uma coisa consumível (p. ex., gasolina) ou de uma coisa fungível (p. ex., dinheiro) com a obrigação de devolver bem idêntico pode, designadamente, consubstanciar um mútuo (art. 1142° CC).

[4] Em sentido afirmativo, considerando que a natureza incorpórea da patente não obsta a que o contrato de licença se enquadre na figura genérica da locação, *vd.* OSÓRIO DE CASTRO, *Os Efeitos da Nulidade da Patente sobre o contrato de Licença de Invenção Patenteada*, Porto, 1994, pp. 84 ss. Como refere o autor (ob. cit., p. 86), a licença pressupõe a transferência do gozo da invenção.

176   *Direito das Obrigações*

brar um arrendamento florestal; a diferença estará em que, no segundo caso, o potencial adquirente das árvores tem o gozo do solo onde elas estão ligadas, o que não ocorre no primeiro caso[1].

§ 4. Forma do contrato

I. O contrato de locação, nos termos gerais do art. 219° CC, não carece de forma; como qualquer negócio jurídico, pode ser celebrado sem necessidade de respeitar uma forma especial.

Porém, no domínio do contrato de locação as excepções ao princípio geral do art. 219° CC são várias.

II. Em primeiro lugar, com respeito à celebração do contrato de arrendamento é exigida a forma escrita. Assim, o contrato de arrendamento urbano, tanto para habitação, como para o exercício do comércio ou indústria e profissão liberal, deve ser celebrado por escrito, em documento particular, como estabelece o art. 7°, n.° 1 RAU[2]. O mesmo acontece em relação ao arrendamento rural, nos termos do art. 3°, n.° 1 RAR, sendo a situação idêntica quanto ao arrendamento florestal, como dispõe o art. 4° RAF. Deste modo, nas várias situações de arrendamento, a lei exige que o contrato seja celebrado por documento escrito, excepto no que respeita aos arrendamentos a que não se aplica o regime do arrendamento urbano (art. 5°, n.° 2 RAU).

Por vezes, é exigida ainda uma maior formalidade, ao estipular--se que o contrato tem de ser celebrado por escritura pública. Em certos contratos de arrendamento, o legislador impôs a sua celebração por documento autêntico (escritura pública). É o que acontece, por exemplo,

---

[1] Cfr. DUTILLEUL/DELEBECQUE, *Contrats Civils et Commerciaux*, 3ª ed., Paris, 1996, p. 290.

[2] Quanto a formalidades na celebração do contrato por escrito, designadamente a celebração em triplicado e a entrega de um dos exemplares na Repartição de Finanças, cfr. ARAGÃO SEIA, *Arrendamento Urbano Anotado e Comentado*, 3ª ed., Coimbra, 1997, pp. 147 ss.

Refira-se que a simplificação de forma, deixando de ser exigida escritura pública para a celebração de contratos de arrendamento urbano para comércio, indústria e exercício de profissão liberal, advém da alteração introduzida pelo Decreto-Lei n.° 64-A/2000, de 22 de Abril, na sequência da política legislativa de desformalização da prática de alguns actos (veja-se, por exemplo, o Decreto-Lei n.° 36/2000, de 14 de março, sobre actos relativos a sociedades, etc.).

em relação aos arrendamentos sujeitos a registo (art. 1029°, n.° 1, alínea a) CC). Os arrendamentos sujeitos a registo são aqueles que forem celebrados por período superior a seis anos, nos termos do art. 2°, n.° 1, alínea m) do Código do Registo Predial e do art. 80°, alínea b) do Código de Notariado[1]. A escritura pública foi dispensada nos contratos de arrendamento urbano para comércio, indústria e exercício de profissão liberal, assim como nos contratos de arrendamento urbano sujeitos a registo, atentas as alterações introduzidas no art. 7°, n.os 2 e 3 RAU pelo Decreto-Lei n.° 64-A/2000, de 22 de Abril; todavia, não tendo sido alterado o art. 1029° CC, pode concluir-se que o n.° 1, alínea b) deste preceito foi alvo de uma revogação sistemática, mas subsiste o disposto no n.° 1, alínea a) e no n.° 2 do art. 1029° CC para a locação de imóveis não sujeita ao regime do arrendamento urbano, em que continuaria a ser exigida escritura pública nos arrendamentos sujeitos a registo[2], mas a solução é problemática tendo em conta a revogação da alínea l) do n.° 2 do art. 80° do Código do Notariado, onde se fixava a exigência de escritura pública para os arrendamentos sujeitos a registo. Desta confusão legislativa talvez se possa concluir que deixou de ser exigida escritura pública em qualquer contrato de arrendamento.

III. Para além da exigência de forma especial, em certos contratos de locação é imprescindível que deles constem várias menções. Por exemplo, no art. 8° RAU, sob epígrafe «Conteúdo», indicam-se algumas referências que têm de constar no contrato[3]. É evidente que estas indicações não se relacionam verdadeiramente com o conteúdo do contrato, como se deter-

---

[1] No Direito espanhol também se exige escritura pública para a celebração de arrendamento por prazo superior a seis anos (art. 1280 CCEsp.), cfr. ALBALADEJO, *Derecho de Obligaciones*, 2°, cit., pp. 158 s. No Direito italiano, a distinção faz-se entre contratos com prazo inferior e superior a nove anos (art. 1572 CCIt.), exigindo-se, para estes últimos, a forma escrita e a inscrição, se o objecto locado for imóvel (art. 2643, n.° 8 CCIt.), cfr. TRABUCCHI, *Istituzioni*, cit., p. 701.

[2] Serão casos raros, pois nem o arrendamento rural, nem o arrendamento florestal estão sujeitos a registo (cfr. art. 2°, n.° 1, alínea m), parte final do Código do Registo Predial, art. 3°, n.° 5 RAR e art. 6°, n.° 3 RAF); tal solução aplicar-se-ia, por exemplo, a arrendamentos de espaços não habitáveis para armazenagem (art. 5°, n.° 1, alínea e) RAU) ou num arrendamento de prédio rústico, não rural nem florestal, nem para comércio ou indústria, como o arrendamento de um campo de golfe.

[3] Atentas estas menções até parece que o legislador, qual professor, ensina como se deve fazer um contrato. PIRES DE LIMA/ANTUNES VARELA, *Código Civil Anotado*, II, cit., anot. 1 ao art. 8° RAU, p. 503, relacionam esta indicação legal com um Regulamento da Guarda Nacional Republicana.

178　　Direito das Obrigações

mina pela leitura desse art. 8° RAU; todavia, exige-se que o contrato não só seja celebrado por escrito, como também dele constem, designadamente a identidade das partes[1], a identificação e localização do local arrendado[2] e o quantitativo da renda. A falta destas menções só determina a nulidade do contrato quando não possam ser supridas nos termos gerais, em particular do art. 293° CC (art. 8°, n.° 4 RAU).

Ainda podem ser requeridas outras formalidades. Por exemplo, para a celebração de um contrato de arrendamento urbano é exigida a apresentação da licença de utilização do locado, como estabelece o art. 9° RAU[3]. A falta desta formalidade, sendo imputável ao senhorio, determina a sujeição deste ao pagamento de uma coima (art. 9°, n.° 5 RAU) e concede ao arrendatário o direito de resolver o contrato, cumulado com a correspondente indemnização (art. 9°, n.° 6 RAU). Contudo, tratando-se de arrendamento não habitacional em local licenciado apenas para a habitação, o contrato é nulo (art. 9°, n.° 7 RAU).

IV. Nos casos em que a lei exige uma determinada forma para a celebração do contrato de locação, nem sempre a falta dessa forma implica a nulidade do negócio jurídico[4]. Contrariamente ao que vem disposto no art. 220° CC, nos termos do qual a falta de forma implica a nulidade do negócio jurídico, o contrato de arrendamento sem a forma prescrita na lei pode ser válido.

Faltando a forma escrita no contrato de arrendamento urbano para habitação, comércio e indústria ou exercício de profissão liberal, essa inobservância só pode ser suprida pela exibição do recibo de renda, nos termos do art. 7°, n.° 2 RAU[5]. Por conseguinte, se o contrato de arrenda-

---

[1] A identificação das partes relaciona-se com a capacidade e a legitimidade, tanto do locador como do locatário. Sobre esta questão, *vd.* CARLOS ALEGRE, *Regime do Arrendamento Urbano Anotado*, Coimbra, 1991, pp. 54 ss.; PEREIRA COELHO, *Arrendamento*, cit., pp. 98 ss.; ARAGÃO SEIA, *Arrendamento Urbano*, cit., pp. 81 ss.

[2] A determinação do objecto prende-se com princípios gerais do objecto negocial (art. 280° CC), cfr. PEREIRA COELHO, *Arrendamento*, cit., pp. 108 ss.

[3] As licenças de utilização são passadas pelas Câmaras Municipais após vistoria efectuada ao prédio quando terminadas as obras de construção ou de remodelação.

[4] Sobre o eventual abuso de direito em caso de se invocar a nulidade do contrato de arrendamento por falta de forma, *vd.* PEREIRA COELHO, «Breves Notas ao "Regime do Arrendamento Urbano"», RLJ 126, pp. 199 s.

[5] A forma escrita para o arrendamento urbano não é uma simples formalidade *ad probationem*, pois a sua falta só pode ser suprida pela apresentação do recibo de renda e o contrato fica sujeito ao regime da renda condicionada. Ou seja, provando-se a existência do contrato por via do recibo de renda, por força da lei, o regime será o da renda condi-

II – Locação

mento urbano não for celebrado por escrito em documento particular, desde que o inquilino apresente um recibo do pagamento da renda, está suprida a falta de forma, sendo, em tal caso, o contrato submetido ao regime da renda condicionada, sem aumento de renda. Não sendo apresentado o recibo de renda, o contrato é nulo nos termos do art. 220° CC[1], pois a relação de facto sem qualquer substracto formal não vale como contrato[2].

No caso de arrendamento rural, permite-se que qualquer das partes possa, a todo o tempo, exigir a redução a escrito do contrato, não podendo a nulidade deste, por falta de forma, ser invocada pela parte que se tenha recusado a reduzir a escrito o negócio jurídico, como diz o art. 3°, n.os 3 e 4 RAR[3]. E parece que, perante a omissão da lei, não poderá a falta de forma ser suprida por decisão judicial, à imagem do que ocorre no arrendamento florestal (art. 5°, n.° 1 RAF), pois esta é uma norma excepcional e o art. 35°, n.° 5 RAR estabelece que a acção não pode ser recebida se não for acompanhada de um exemplar do contrato, a menos que se alegue ser a falta imputável à parte contrária[4].

Quanto ao arrendamento florestal admite-se que a falta de forma seja suprida por decisão judicial. Assim, tendo as partes celebrado um contrato de arrendamento florestal sem respeitarem a forma escrita, pode essa falta

---

cionada, mesmo que o acordo das partes fosse noutro sentido, caso em que se procede a uma conversão legal. PEREIRA COELHO, «Breves Notas ...», cit., RLJ 126, p. 197, alude a uma espécie de forma alternativa, quando o legislador aceita a substituição da forma escrita pelo recibo de renda.

[1] Daí que se tenha generalizado a prática de celebrar contratos de arrendamento verbalmente, sem passar recibo de renda, com óbvias vantagens, até de ordem fiscal, para o senhorio. No fundo, a exigência de forma acaba por não ser um meio de beneficiar o arrendatário. Contudo, a recusa de emissão do recibo de renda constitui crime de especulação (art. 14° diploma preambular do RAU).

[2] Diferentemente, no Direito Italiano, por via de uma alteração legislativa introduzida em 1998, admite-se, em determinadas circunstâncias, a existência de uma relação locaticia de facto se se verificarem todos os requisitos do contrato e as declarações de vontade forem inequívocas, cfr. GRASSELLI, *La Locazione*, cit., pp. 10 s. Importa esclarecer que a exigência de forma para todos os arrendamentos urbanos não afecta a validade dos contratos celebrados antes da entrada em vigor da lei, como decorre do princípio geral de aplicação das leis no tempo (art. 12°, n.° 2 CC)

[3] Cfr. Ac. Rel. Év. de 29/9/1994, CJ XIX (1994), T. IV, p. 265.

[4] De forma diversa, parece ter-se admitido no Ac. Rel. Pt. de 25/5/1995, CJ XX (1995), T. III, p. 225, que o tribunal, apesar de não ter sido apresentado exemplar do contrato nem invocada a imputabilidade da contraparte, podia conhecer da existência e validade do contrato. Em sentido oposto, considerando extinta a instância caso não se apresente exemplar do contrato ou prova de que a falta de forma é imputável à contraparte, cfr. Ac. STJ de 9/1/1996, CJ (STJ) IV (1996), T. I, p. 35.

180   *Direito das Obrigações*

de forma ser suprida por uma decisão judicial, como dispõe o art. 5°, n.° 1 RAF, a qualquer momento[1].

A falta de escritura pública — se se admtir que é necessária — e de registo relativamente aos arrendamentos celebrados por período superior a seis anos, sendo o contrato celebrado por escrito particular, não implica a sua nulidade, mas tão-só a redução daquele prazo, convertendo-se num arrendamento por prazo não superior a seis anos, nos termos do art. 1029°, n.° 2 CC e o do art. 7°, n.° 3 RAU. Neste caso, a falta de forma tem como consequência a redução do contrato e não a sua nulidade, nos termos gerais do regime da redução dos negócios jurídicos (art. 292° CC), só que de forma imperativa[2/3].

O novo regime simplificado quanto à forma do contrato de arrendamento para comércio, indústria ou exercício de profissão liberal, tendo em conta o disposto no art. 12°, n.° 2 CC, não convalida os contrato de arrendamento ajustados antes da sua entrada em vigor que não tenham sido celebrados por escritura pública[4].

Nos arrendamentos para outros fins (art. 123° RAU), excluídas as situações a que não se aplica o Regime do Arrendamento Urbano (art. 5°, n.° 2 RAU), a falta de escrito implica a nulidade do contrato sem possibilidade de esta invalidade ser suprida pelo recibo de renda.

---

[1] Cfr. Ac. STJ de 5/5/1994, CJ (STJ) II (1994), T. II, p. 81.

[2] Pereira Coelho, «Breves Notas ...», cit., RLJ 126, p. 198, entende que esta conversão só vale se o contrato tiver sido celebrado por escrito, não sendo, em tal caso, invocável o recibo de renda.

[3] Antes da alteração do art. 7° RAU pelo Decreto-Lei n.° 64-A/2000, discutia-se qual a consequência para a falta de escritura pública no caso de arrendamento para comércio, indústria ou exercício de profissão liberal. Cfr. Ac. Rel. Cb. de 5/3/1996, CJ XXI (1996), T. II, p. 10. Deve, porém, esclarecer-se que a nulidade do contrato de locação, tendo havido execução e atendendo ao disposto no art. 289° CC, não implica a devolução das rendas pagas (Ac. Rel. Lx. de 26/6/1997, CJ XXII, T. III, p. 126) e há o dever de pagar o valor das rendas como indemnização do uso do prédio (Ac. Rel. Év. de 27/5/1999, CJ XXIV, T. III, p. 263). Quanto à aplicação da lei no tempo, atendendo à alteração legislativa que respeita à forma, *vd*. Menezes Cordeiro/Castro Fraga, *Novo Regime*, cit., p. 41. A este propósito, esclareça-se que o art. 7° RAU correspondia ao art. 1029° CC, do qual foi expurgado o n.° 3 (art. 5° do diploma preambular do RAU), onde se admitia que a nulidade era apenas invocável pelo arrendatário, que podia fazer prova do contrato por qualquer meio. Deste modo, a falta de forma será punida com a nulidade do contrato, nos termos gerais (art. 220° CC).

[4] Sobre a conversão de um contrato de arrendamento nulo por falta de forma (escritura pública) num contrato-promessa de arrendamento, *vd*. Ac. Rel. Lx. de 15/12/1999, CJ XXIV, T. V, p. 125.

II. MODALIDADES DE LOCAÇÃO

§ 1. Arrendamento e aluguer

I. Do art. 1023° CC consta uma distinção nos termos da qual «A locação diz-se arrendamento quando versa sobre coisa imóvel, aluguer quando incide sobre coisa móvel».

Estabeleceu-se, pois, uma distinção terminológica básica entre dois tipos de locação, o arrendamento e o aluguer (ou aluguel[1]), consoante o objecto locado seja imóvel ou móvel.

O contrato de locação, tradicionalmente, encontra-se vocacionado para regular a utilização de bens imóveis, mas o aluguer tem tido um incremento nos últimos tempos, não só no que respeita a veículos automóveis, como também de equipamento de obras (p. ex., gruas e andaimes), material informático e até mobiliário, nomeadamente mesas e cadeiras para festas[2] e ainda o aluguer de barcos, distinto do contrato de fretamento de navios (Decreto-Lei n.° 191/87, de 29 de Abril), apesar de poder haver similitudes entre os dois negócios jurídicos, principalmente estando em causa o contrato de fretamento a tempo (arts. 22° ss. Decreto-Lei n.° 191/87)[3].

II. Distinguir o contrato de locação em função do objecto sobre que incide ser uma coisa móvel ou uma coisa imóvel, será um critério discutível e que se apresenta um pouco alheado dos problemas actuais. Hoje

---

[1] Termo que, em Portugal, caiu em desuso, mas que continua a ser utilizado no Brasil, no sentido de contraprestação do locatário e também como modo de identificar o contrato, tanto de aluguer como de arrendamento, cfr. SILVA PEREIRA, *Instituições de Direito Civil*, Vol. III, 10ª ed., Rio de Janeiro, 1998, p. 175 e *passim*.

[2] *Vd.* HUET, *Les Principaux Contrats Civils*, Paris, 1996, p. 795. Quanto ao aluguer de material informático, *vd.* GALGANO, *Diritto Privato*, 9ª ed., Pádua, 1996, pp. 547 ss., em especial p. 549.

[3] Para uma distinção entre estes dois contratos, *vd.* GALGANO, *Diritto Privato*, cit., pp. 544 ss.

em dia, a distinção entre coisa móvel e imóvel perdeu a importância que teve nos Direitos Romano e Intermédio; esta contraposição tem razão de ser numa sociedade agrária, mas, actualmente, talvez tenha perdido sentido. O mesmo se diga na distinção feita na compra e venda, em que é exigida escritura pública para a alienação de imóveis e não para a de móveis.

III. A distinção entre arrendamento e aluguer, não obstante apresentar-se como basilar, não corresponde verdadeiramente a uma substancial diferença de regime[1]; dizendo de outra forma, a lei começa por distinguir, no art. 1023° CC, o arrendamento do aluguer, mas só se encontram regras especiais relativas a certos tipos de arrendamento, não tendo sido estabelecido nenhum regime específico para o aluguer[2].

No fundo, o esquema da lei é o seguinte: primeiro, sem pôr em causa os princípios das obrigações e dos contratos em geral (arts. 405° ss. CC), estabeleceram-se regras gerais, comuns a toda a locação[3], onde se inclui o arrendamento e o aluguer e, depois, surgem as regras especiais, próprias de certos tipos de arrendamento; o aluguer rege-se pelas regras gerais, tal como o arrendamento, só que em relação a este dispõem também regras especiais. Não há, portanto, dois regimes distintos, um para o aluguer e outro para o arrendamento. E no caso de arrendamento não sujeito a regras especiais (p. ex., arrendamento de telhado para instalar e manter propaganda) não há diferenças de regime com respeito ao aluguer.

Tendo em conta que a distinção entre o aluguer e o arrendamento é terminológica, cabe perguntar se se justifica a sua manutenção, até porque na linguagem comum há uma certa indissociação entre os dois contratos, sendo frequente verem-se anúncios de «aluguer de casas», o que em termos legais será um erro, pois as casas arrendam-se e um automóvel aluga-se[4].

---

[1] O mesmo se passa em Itália, onde apesar de em relação às coisas móveis se falar em *noleggio*, o regime é idêntico para a locação de coisas móveis e imóveis. Neste ordenamento jurídico a distinção básica faz-se entre a locação de coisas não produtivas (*locazione*) e de coisas produtivas (*affitto*), cfr. TRABUCCHI, *Istituzioni*, cit., p. 700.

[2] À excepção do que consta do Decreto-Lei n.° 354/86, de 23 de Outubro (alterado pelo Decreto-Lei n.° 373/90, de 27 de Novembro e pelo Decreto-Lei n.° 44/92, de 31 de Março), sobre o aluguer de veículos automóveis sem condutor e da referência ao aluguer nos arts. 481° s. CCom. Relativamente à forma exigida para tais contratos, *vd*. Ac. Rel. Lx. de 12/2/1998, CJ XXIII, T. I, p. 115.

[3] Há, eventualmente, excepções: por exemplo, o art. 1054° CC, que respeita à renovação dos contratos, nos termos da letra do preceito, parece pretender aplicar-se só ao arrendamento e não ao aluguer.

[4] Lapsos em que até o próprio legislador cai, como no art. 23°, n.° 2 do Decreto-Lei n.° 445/74, de 12 de Setembro.

II – Locação 183

Por outro lado, a nível histórico, no sistema jurídico português, a distinção entre arrendamento e aluguer não foi seguida, pois as Ordenações falavam tão-só no contrato de aluguer, e a propósito do aluguer regulava-se o aluguer de casas (Ordenações Filipinas, Livro IV, Títulos XXIII ss.)[1].

Não obstante estas considerações, é necessário ter em conta a terminologia legal e, nesses termos, estando em causa imóveis, o contrato será de arrendamento, sendo de aluguer quando os bens locados forem móveis.

§ 2. Tipos de arrendamento

I. A lei regula três tipos de arrendamento: o arrendamento urbano, o arrendamento rural e o arrendamento florestal. Diferentemente, em outros ordenamentos jurídicos, distingue-se a locação de mera fruição, da locação produtiva. Assim, na Itália e na Alemanha, em termos de regulamentação, opõe-se a *locazione* ao *affitto* (arts. 1571 ss. e 1615 ss. CCIt.)[2] e a *Miete* à *Pacht* (§§ 535 ss. e 581 ss. BGB)[3], respectivamente. No sistema jurídico português, apesar da diferença de regime, as diferentes formas de aproveitamento da coisa são enquadradas na mesma figura: arrendamento.

II. O arrendamento urbano, por sua vez, distingue-se em três tipos: o arrendamento para a habitação (arts. 74° ss. RAU), o arrendamento para comércio ou indústria (arts. 110° ss. RAU) e o arrendamento para o exercício de profissões liberais (arts. 121° s. RAU). Para além destas três situações, faz-se ainda alusão aos arrendamentos para «outra aplicação lícita do prédio» (arts. 3°, n.° 1 e 123° RAU).

No arrendamento urbano está em causa uma locação de prédios urbanos, há todavia uma pequena excepção relativamente ao arrendamento

---

[1] Situação que ainda persiste no sistema jurídico brasileiro. Quanto à origem etimológica da palavra aluguer e à distinção histórica no domínio da locação, cfr. PINTO FURTADO, *Arrendamento Urbano*, cit., pp. 94 ss.

[2] O *affitto*, ao incidir sobre coisas produtivas, inspira-se numa ideia de facilitar a produtividade dos bens, atentos três aspectos: a protecção da actividade do locatário; a compatibilidade com o direito do proprietário; e o interesse público. Cfr. TRABUCCHI, *Istituzioni*, cit., p. 706.

[3] Por sua vez, a locação não produtiva (*Miete*) distingue-se em quatro tipos: coisas em geral, terrenos, espaços urbanos não habitacionais e casas de habitação, cfr. ESSER/ /WEYERS, *Schuldrecht*, II, cit., § 14.I.1, p. 130.

184   *Direito das Obrigações*

para comércio ou indústria que, em determinadas circunstâncias, pode incidir sobre um prédio rústico.

III. Tanto no arrendamento rural como no arrendamento florestal são locados prédios rústicos, eventualmente prédios mistos, só que no arrendamento rural esses prédios rústicos destinam-se à exploração agrícola ou pecuária, enquanto no arrendamento florestal os mesmos prédios destinam-se à exploração silvícola.

A distinção legislativa entre o arrendamento rural e o arrendamento florestal é relativamente recente; tradicionalmente, o arrendamento florestal estava incluído no arrendamento rural, todavia, tendo em conta algumas particularidades dignas de autonomização, em 1988, o legislador veio a estabelecer regimes diversos.

IV. Na hipótese de o arrendamento envolver simultaneamente uma parte rústica e uma parte urbana, isto é, se um mesmo arrendamento incide sobre dois prédios, um rústico e outro urbano, sem que um esteja funcionalizado ao serviço do outro, estar-se-á perante uma situação de arrendamento misto[1]. Deste modo, quando se arrenda um terreno agrícola com casa de lavoura, estábulo, etc., o arrendamento é rural, pois os edifícios estão funcionalizados ao exercício da exploração agrícola, ou seja, as construções não apresentam autonomia económica em relação à actividade agrícola[2].

No caso de arrendamento misto, nos termos do art. 2° RAU, a prevalência vai determinar-se em função do que for de valor superior. Terá de se verificar qual é o valor matricial da parte urbana e da parte rústica e prevalecerá o regime do arrendamento urbano ou o do arrendamento rural, consoante o valor da parte urbana seja superior à da parte rústica ou vice-versa[3].

Na eventualidade de se estar perante um arrendamento misto de parte agrícola ou pecuária e parte silvícola, perante a omissão da lei, tem de se recorrer ao art. 1028°, n.° 3 CC[4]. Mas para determinar qual o fim princi-

---

[1] Em relação aos contratos mistos, *vd*. GALVÃO TELLES, *Manual dos Contratos em Geral*, cit., pp. 384 ss., ANTUNES VARELA, *Das Obrigações em Geral*, Vol. I, 10ª ed., Coimbra, 1999, pp. 279 ss.

[2] Cfr. Ac. Rel. Pt. de 28/1/1988, CJ XIII(1988), T. I, p. 205.

[3] Quanto a uma crítica a esta solução legal, cfr. CARNEIRO DA FRADA, «O Novo Regime do Arrendamento Urbano: Sistematização Geral e Âmbito Material de Aplicação», ROA 51 (1991), I, p. 172.

[4] Cfr. PEREIRA COELHO, *Arrendamento*, cit., pp. 49 ss.

pal, há que conjugar este preceito com o art. 2° RAU, aplicável por analogia. Dito de outro modo, a prevalência de um fim sobre o outro, na falta de outros elementos, por analogia com o disposto no art. 2°, n.° 2 RAU, determina-se pelo valor da parte arrendada para um fim e para outro: o arrendamento da parte do prédio a que se atribua maior valor prevalece sobre os demais[1]. No fundo, pode concluir-se que, para as hipóteses de arrendamentos mistos, a lei preconiza a aplicação da teoria da absorção[2]. Só não sendo viável determinar a subordinação de um fim a favor do outro é que prevalecerá a teoria da combinação (art. 1028°, n.° 1 CC)[3]. O mesmo raciocínio vale para o arrendamento urbano com parte habitacional e comercial ou outra[4].

No caso de arrendamento de prédio conjugado com aluguer de móveis, sendo arrendamento para habitação, nos termos do art. 74° RAU, «considera-se arrendamento urbano todo o contrato». Nos outros tipos de arrendamento poderá aplicar-se regra idêntica, isto é a teoria da absorção, com base no princípio *accessoria sequitur principale*, no pressuposto de as coisas móveis serem acessórias do imóvel arrendado.

---

[1] O valor não tem de ser, necessariamente, económico, basta que haja uma actividade prevalecente em relação à outra, que se determina em função do aproveitamento, em princípio económico, que se faz do prédio.

[2] Em sentido contrário, cfr. PEREIRA COELHO, *Arrendamento*, cit., p. 51, nota 1.

[3] Refira-se que a teoria da combinação, ao permitir fraccionar um contrato de arrendamento sobre o mesmo prédio, aceita, designadamente, a manutenção de uma parte e a extinção da outra (cfr. Ac. Rel. Pt. de 17/3/1987, CJ XVI (1987), T. II, p. 217), o que pode acarretar consideráveis dificuldades de concretização prática. Imaginem-se as dificuldades práticas de divisão do prédio arrendado quando nele se exerciam, em simultâneo, actividades agrícola e silvícola ou actividade comercial e habitação, tendo, com respeito a uma das finalidades, cessado a relação contratual.

[4] Cfr. Ac. STJ de 25/9/1990, BMJ 399, p. 486, onde se considerou que o fim comercial prevalecia sobre o habitacional, presumindo-se ser aquela a actividade principal.

III. EFEITOS ESSENCIAIS

§ 1. Obrigações do locador

1. Enunciação

Sobre o locador impendem duas obrigações principais: em primeiro lugar, a de entregar ao locatário a coisa; segundo, o locador tem por obrigação assegurar ao locatário o gozo da coisa locada, tendo em conta o fim a que ela se destina (art. 1031° CC).

2. Entregar a coisa

I. A obrigação de entrega da coisa (art. 1031°, alínea a) CC) é um acto de cumprimento do contrato; a entrega não faz parte do conceito de locação[1], correspondendo, antes, ao cumprimento de uma das prestações do contrato.

A entrega pode ser material ou simbólica (p. ex., entrega das chaves) e, eventualmente, se o locatário já se encontrava na detenção da coisa, não há a obrigação de entrega.

Em princípio, a entrega será feita pelo locador ao locatário, mas as circunstâncias podem levar a situações distintas, como quando a entrega é feita pelo antigo ao novo locatário.

II. A obrigação de entrega da coisa locada está associada com o dever de assegurar o gozo da coisa (art. 1031°, alínea b) CC). Destas obrigações que impendem sobre o locador advêm, em especial, três deveres principais.

Primeiro, sobre o locador recai o dever de entregar o bem sem vícios de direito nem defeitos que obstem à realização cabal do fim a que a

---

[1] Cfr. PEREIRA COELHO, *Arrendamento*, cit., p. 127.

188   *Direito das Obrigações*

coisa se destina. À imagem do que ocorre em sede de compra e venda (arts. 905° ss. e 913° ss. CC), há uma equiparação entre os regimes dos vícios de direito e dos defeitos da coisa.

Segundo, o locador deverá abster-se de actos que impeçam ou diminuam o gozo da coisa.

Terceiro, o locador está adstrito a realizar as reparações necessárias e pagar as despesas imprescindíveis à boa conservação da coisa[1].

III. A coisa entregue não pode ter vícios de direito (art. 1034° CC), por exemplo, direitos de terceiro que impeçam o seu normal uso[2], nem defeitos (art. 1032° CC) que obstem à realização do fim a que se destina[3]. Nestes últimos, é de incluir a falta de qualidades asseguradas (art. 1034°, n.° 1, alínea c) CC)[4].

A isenção de vícios de direito e de defeitos da coisa deve verificar-se tanto à data da celebração do contrato, como no momento em que a coisa é entregue. Para além disso, esta regra prevista nos arts. 1032° e 1034° CC vale ainda relativamente aos vícios de direito e defeitos da coisa supervenientes. Dito de outro modo, torna-se necessário que a coisa não padeça de vícios de direito nem de defeitos no momento em que é celebrado o contrato, bem como no momento em que a coisa é entregue. Por outro lado, se na vigência do contrato, supervenientemente, surgirem vícios de direito ou defeitos da coisa, tais situações podem também estar abrangidas no regime dos arts. 1032° e 1034° CC.

No fundo, o regime previsto nos arts. 1032° e 1034° CC enquadra-se na figura geral do cumprimento defeituoso das obrigações. Assim sendo, em tais casos vale a presunção de culpa, nos termos do art. 799°, n.° 1 CC; presume-se que o locador tem culpa sempre que a coisa locada apresente vícios de direito ou defeitos[5]. Se a coisa apresentar vício ou defeito,

---

[1] Cfr. Ac. STJ de 25/11/1998, BMJ 481, p. 484.

[2] Imagine-se, por exemplo, que o locador, na realidade, é um sublocador sem autorização para sublocar ou que é um mero morador usuário.

[3] É o caso da casa arrendada com infiltrações de água ou do veículo alugado que não funciona convenientemente.

[4] Por exemplo, quando num arrendamento rural a terra é de qualidade inferior à indicada ou num aluguer a máquina não tem a potência referida.

[5] Na parte final da alínea a) do art. 1032° CC reitera-se a presunção de culpa do locador, determinando que se presume conhecedor do defeito. Com base no disposto neste preceito, PEREIRA COELHO, *Arrendamento*, cit., p. 136, conclui que, em relação aos defeitos posteriores (art. 1032°, alínea b) CC), «o locatário (tem de) provar que o vício surgiu por culpa» do locador. Não é de aceitar tal asserção. Surgindo um defeito posterior,

II – Locação 189

o locador é responsável pelo incumprimento do contrato[1], podendo-lhe ser exigido o pontual cumprimento, acrescido da respectiva indemnização e, em última análise, a resolução do vínculo (arts. 1035° e 1050° CC)[2].

Apesar de no art. 1035° CC se falar em anulabilidade por erro ou dolo, a situação subsume-se à resolução do contrato pelas razões já invocadas em sede de compra e venda (cfr. nesse capítulo, ponto n.° III. § 4.2.a) e § 5.4.a)), por uniformidade com respeito ao disposto no art. 1050° CC e porque não teria sentido anular um contrato em caso de defeitos supervenientes, não havendo razão para tratar de modo diferente os defeitos anteriores ou contemporâneos à entrega em relação aos posteriores. De facto, a entrega da coisa é uma obrigação que emerge do contrato, não fazendo parte do conceito de locação, pelo que sendo deficientemente cumprida acarreta incumprimento; ora, o incumprimento não pode dar origem à anulação do contrato, mas tão-só à sua resolução.

Todavia, não haverá responsabilidade por parte do locador sempre que os vícios de direitos ou os defeitos da coisa tenham sido previamente conhecidos[3], fossem reconhecíveis pelo locatário ou lhe sejam imputados (art. 1033° CC). De facto, se o locatário já sabia ou devia saber, aquando da celebração do contrato, que a coisa locada tinha um defeito, terá celebrado o contrato nessa perspectiva e, possivelmente, estabelecendo-se uma renda ou aluguer inferior, onde foi ponderada a existência do defeito. Da mesma forma, não se justifica a responsabilidade do locador se o defeito for imputável ao próprio locatário.

Também não há responsabilidade do locador quando a perturbação do gozo seja feita por terceiro, sem qualquer direito sobre a coisa (art.

---

o locatário tem de provar a existência de tal vício e, fazendo essa prova, há um cumprimento defeituoso do contrato, presumindo-se a culpa do locador (art. 799°, n.° 1 CC). Em sede de locação mantém-se a aplicação das regras gerais.

[1] Em muitos casos, este incumprimento relaciona-se com a culpa *in contrahendo*, derivada de falta de prestar as informações devidas, nos termos do art. 227° CC.

Sobre a responsabilidade resultante do cumprimento defeituoso do contrato de locação, cfr. ROMANO MARTINEZ, *Cumprimento Defeituoso, em especial na Compra e Venda e na Empreitada*, reimpressão, Coimbra, 2001, pp. 146 s. Veja-se também LARENZ, *Schuldrechts*, II-1, cit., § 48.III, pp. 232 ss. Como se indica no Ac. Rel. Cb. de 29/10/1996, CJ XXI, T. IV, p. 45, o locatário, perante os defeitos, não pode deixar de pagar a renda, cabendo-lhe tão-só o direito de pedir uma indemnização pelos prejuízos e resolver o contrato.

[2] Neste último caso, contudo, a resolução pode ser requerida «independentemente de responsabilidade do locador», ou seja, mesmo que não tenha culpa; trata-se portanto de uma hipótese de responsabilidade objectiva.

[3] Cfr. Ac. Rel. Cb. de 27/1/1998, CJ XXIII, T. I, p. 16.

190 · Direito das Obrigações

1037°, n.° 1 *in fine* CC)[1], bem como se for motivado por caso fortuito ou de força maior.

3. Assegurar o gozo da coisa

I. Para além da questão respeitante aos defeitos, a obrigação de assegurar o gozo da coisa (art. 1031°, alínea b) CC) apresenta-se sob duas vertentes. Por um lado, a obrigação de o locador se abster de actos que impeçam ou diminuam o gozo da coisa (art. 1037°, n.° 1 CC), e, por outro, a obrigação que impende sobre o locador de fazer as reparações que sejam necessárias e pagar as despesas imprescindíveis à boa conservação da coisa, como vem previsto no art. 1036° CC.

Na pendência do contrato, o locador não pode obstar a que o locatário goze a coisa, mas não tem a obrigação de assegurar esse gozo contra actos de terceiro (art. 1037°, n.° 1 CC). Deste preceito não resulta uma excepção às regras gerais da responsabilidade contratual, pelo que se os terceiros forem representantes legais ou auxiliares do locador há responsabilidade objectiva deste pelos actos daqueles (art. 800°, n.° 1 CC)[2].

Como o locador tem de proporcionar ao locatário o gozo da coisa, na medida em que o contrato se prolonga no tempo, sob aquele impende a obrigação de fazer as obras e reparações, bem como suportar as despesas que se considerem necessárias para assegurar o gozo da coisa[3]. Na eventualidade de haver urgência quanto à realização de reparações ou ao pagamento das despesas, pode o locatário actuar extrajudicialmente e exigir o reembolso, designadamente através da compensação na renda ou aluguer. Mas sobre o locatário não impende o dever de proceder a tais reparações ou de efectuar esses pagamentos; trata-se de uma faculdade que a lei lhe confere.

Esta obrigação de efectuar reparações e pagar despesas tem uma particular importância no que respeita aos arrendamentos de prédios, especialmente no caso de arrendamentos urbanos, onde o problema da conservação toma maior acuidade.

---

[1] Razão pela qual se atribuiu ao locatário a possibilidade de recorrer às acções de defesa da posse (art. 1037°, n.° 2 CC).

[2] Cfr. Ac. STJ de 13/12/2000, CJ (STJ) 2000, T. III, p. 165, em que o locador encarregou um empreiteiro de fazer obras no prédio arrendado e por via das obras passou a haver infiltrações de água no armazém arrendado.

[3] E se não realizar as obras, pode o locatário recusar o pagamento da renda, cfr. Ac. Rel. Lx. de 6/4/1995, CJ XX (1995), T. II, p. 111.

II – Locação

Assim, nos arts. 11° ss. RAU estabeleceu-se um tratamento relativamente desenvolvido desta matéria, fazendo-se uma distinção entre três tipos de obras; as obras de conservação ordinária, as obras de conservação extraordinária e as obras de beneficiação, com regimes diversos.

II. No que respeita a despesas relativas à coisa locada (p. ex., contribuição autárquica, seguro, obras de reparação), o princípio geral aponta no sentido de elas correrem por conta do locador (art. 1030° CC)[1], mas a lei estabelece uma excepção no art. 1046°, n.° 2 CC. Relativamente ao aluguer de animais, as despesas de alimentação, na falta de acordo em contrário, são suportados pelo locatário.

III. Sobre o locador impendem ainda outras obrigações, baseados no princípio geral da boa fé, como sejam os deveres de cuidado, de protecção e de informação[2], de modo idêntico ao que ocorre em qualquer relação jurídica.

§ 2. Obrigações do locatário

1. Enunciação

I. As obrigações do locatário constam do elenco do art. 1038° CC. Neste preceito, sob a epígrafe «enumeração», encontram-se várias alíneas nas quais o legislador indica quais as obrigações do locatário. Não se trata

---

[1] A regra constante deste preceito é supletiva, como referem PIRES DE LIMA/ /ANTUNES VARELA, *Código Civil Anotado*, II, cit., anot. 2 ao art. art. 1030°, p. 357, interpretando a expressão «sem embargo de estipulação em contrário», no sentido de ser admitido acordo em contrário; veja-se todavia o que foi referido a propósito da interpretação de idêntica expressão no art. 934.° CC (*supra*, compra e venda, n.° II, § 9.2), onde se concluiu pela imperatividade do regime. Contrariamente à conclusão daqueles autores (ob. e loc. cit.), não parece que seja inválida a convenção que, no domínio do arrendamento urbano, estabeleça que certas despesas serão suportadas pelo arrendatário. Tal cláusula não põe em causa a proibição de actualização de rendas. De facto, a própria lei admite que, por acordo, as obras podem ficar a cargo do arrendatário (art. 120° RAU) e no art. 40° RAU prevê-se que as despesas correntes, necessárias à fruição das partes comuns do edifício, possam ser suportadas pelo inquilino (cfr. *infra* ponto n.° VI. § 4.1.e)). Só no domínio do arrendamento rural (art. 4°, alínea b) RAR) e florestal (art. 8°, alínea b) RAF) são nulas as cláusulas nas quais o arrendatário se obrigue a pagar certos seguros de incêndio de edifícios, contribuições, etc.

[2] Cfr. BROX, *Schuldrecht*, cit., § 10.I.c), p. 94; BÉNABENT, *Les Contrats Spéciaux*, cit., p. 213.

192   *Direito das Obrigações*

de uma indicação taxativa; para além destas obrigações, sobre o locatário recaem igualmente deveres acessórios que, por via do princípio geral da boa fé, se impõem a qualquer parte num contrato, como os de cuidado, protecção e segurança[1].

No elenco do art. 1038° CC há duas obrigações principais. A primeira é a obrigação de pagar a renda ou aluguer, prevista na alínea a), e a segunda, a de restituir a coisa locada no fim do contrato, como estabelece a alínea i).

Para além das duas obrigações principais podem enquadrar-se os restantes deveres do locatário em três grupos.

II. No primeiro grupo incluem-se as obrigações que recaem sobre o locatário e advêm de um dever de diligência que lhe é exigível no gozo de uma coisa alheia. Por exemplo, quanto a utilizar prudentemente a coisa (alínea d))[2], avisar o locador sempre que tenha conhecimento de vícios da coisa ou saiba que a ameaça algum perigo ou que terceiros se arrogam direitos em relação a ela, desde que o facto seja ignorado pelo locador (alínea h)) ou aplicar a coisa para fim diverso daquele a que se destina (alínea c)).

III. No segundo grupo de obrigações do locatário podem incluir-se aquelas que permitem ao locador verificar o bom estado da coisa e, detectando quaisquer deficiências, poder colmatá-las (alíneas b) e e))[3]. Como o locatário tem o gozo de uma coisa alheia e sob o locador impende a obrigação de fazer as reparações e suportar as demais despesas, a este tem de ser permitido verificar o estado da coisa; contudo, esse exame tem de ser feito dentro de parâmetros de boa fé, sob pena de ser exercido em abuso de direito (art. 334° CC).

---

[1] Cfr. BÉNABENT, *Les Contrats Spéciaux*, cit., pp. 217 s.; ESSER/WEYERS, *Schuldrecht*, cit., § 16.I.2, pp. 150 s.; LARENZ, *Schuldrechts*, II-1, cit., § 48.II, pp. 225 ss.

[2] A utilização prudente relaciona-se com o objecto do contrato de locação. Em termos amplos há, primeiro, a ter em conta o dever genérico de manutenção (art. 1043° CC); mas, para além disso, o uso diligente é apreciado em função do tipo de locação. Assim, no arrendamento rural, a prudência relaciona-se com a «exploração normal» do prédio (art. 2°, n.° 1 RAR), sendo negligente uma utilização de processos de cultura «comprovadamente depauperantes da potencialidade produtiva dos solos» (art. 21°, alínea c) RAR). Quanto ao arrendamento urbano, no art. 4° RAU, admitem-se como lícitas pequenas deteriorações necessárias para assegurar o conforto e comodidade do arrendatário, tais como pregar pregos para pendurar quadros na parede, as quais devem, porém, ser reparadas antes da restituição do locado (art. 4°, n.° 2 RAU).

[3] Associado com o dever de facultar o exame da coisa locada está o de mostrar o local a quem pretenda tomá-lo de locação (art. 54°, n.° 3 RAU).

II – Locação

IV. Por último, num terceiro grupo é de mencionar os deveres relativamente a limitações do locatário quanto a proporcionar o gozo da coisa a outrem, previsto nas alíneas f) e g). Nos termos do contrato de locação, por via de regra, o locatário não pode permitir que outrem desfrute do bem, não podendo proporcionar a terceiro o gozo total ou parcial da coisa. Deste modo, por princípio, não está permitida a sublocação, nem a transmissão da posição contratual (alínea f)). Porém, sendo lícita a cedência do gozo da coisa, deve a mesma ser comunicada ao locador, no prazo de quinze dias (alínea g)). A proibição de proporcionar a outrem o gozo da coisa não obsta a que a certos terceiros, designadamente aos familiares do locatário, seja facultado o gozo da coisa locada. O que se pretende evitar é a transferência do gozo da coisa por meio de negócio jurídico[1].

Importa agora analisar as duas obrigações principais a que o locatário está adstrito, concretamente o pagamento da renda ou aluguer e a restituição da coisa locada.

2. Pagamento da renda ou aluguer

a) Aspectos gerais

I. O pagamento da renda ou aluguer é talvez o aspecto mais relevante no domínio das obrigações do locatário, mas, ao lado deste, também o dever de restituição da coisa locada encontra na lei um desenvolvimento legislativo. Quanto ao pagamento da renda ou aluguer a respectiva regulamentação encontra-se nos arts. 1039° ss. CC e em relação à restituição da coisa locada a mesma vem nos arts. 1043° ss. CC.

Ainda quanto ao pagamento da renda, para além das regras dos arts. 1039° ss. CC, há a ter em conta também o disposto em outros diplomas que regulam o arrendamento, concretamente nos arts. 19° ss. RAU, nos arts. 7° ss. RAR e nos arts. 10° ss. RAF.

Nota-se que o legislador teve uma preocupação considerável no que respeita à regulamentação da matéria do pagamento da renda ou aluguer.

Em princípio, a renda ou aluguer constitui uma obrigação pecuniária, mas nada obsta a que seja fixada em espécie por acordo das partes. Contudo, em relação ao arrendamento urbano, como dispõe o art. 19°

---

[1] Não constitui cessão de gozo da coisa para efeitos deste preceito a fusão de sociedades em que uma das sociedades fundidas era locatária de um espaço que ocupava (Ac. Rel. Cb. de 24/6/1997, CJ XXII, T. III, p. 36 e anotação de Henrique Mesquita, RLJ 128, p. 58).

RAU, a renda tem de ser determinada em dinheiro, não podendo ser acordada em espécie. Trata-se de uma particularidade no regime do arrendamento urbano com algumas repercussões também nos arrendamentos rural e florestal; nos outros tipos de locação, a autonomia das partes não foi coarctada.

Ainda com respeito à fixação da renda ou aluguer, o princípio da liberdade de estipulação aponta para ser ajustado um montante fixo ou variável, desde que se acorde quanto a um critério de determinabilidade. Deste modo, a renda ou aluguer pode ser estipulado em função da rendibilidade do bem, da área do prédio, da potência do motor, da cotação do ouro no mercado de Nova Iorque, etc. Todavia, com respeito aos arrendamentos urbanos regulados no Regime do Arrendamento Urbano e aos arrendamentos rurais do Regime do Arrendamento Rural, atentas as regras de fixação e actualização das rendas, a liberdade contratual está limitada quanto ao ajuste para além de certos montantes e em relação à estipulação de rendas variáveis[1].

b) Vencimento

Relativamente ao vencimento da obrigação de pagar a renda ou aluguer, o art. 1039°, n.° 1 CC estabelece, salvo convenção em contrário, que ele se verifica no último dia da vigência do contrato ou do período a que respeita. Ou seja, o princípio geral vigente em sede de contrato de locação estabelece que a renda ou aluguer será pago após a utilização da coisa, mas a regra é diversa no arrendamento urbano.

No arrendamento urbano, o art. 20° RAU dispõe no sentido de o vencimento da renda ser antecipado em relação ao uso da coisa, pois ela será paga no primeiro dia útil do mês imediatamente anterior àquele a que diga respeito. No arrendamento urbano é devido o pagamento da renda antes de se usufruir do gozo da coisa.

Em qualquer dos casos, trata-se de normas supletivas, pelo que, por acordo das partes, o pagamento pode ser feito antes ou depois da utilização da coisa.

c) Lugar do pagamento

Quanto ao lugar do pagamento da renda ou aluguer, estabelece também o art. 1039°, n.° 1 CC, e mais uma vez de forma supletiva, que será

---

[1] Cfr. GALVÃO TELLES, «Cláusulas de Renda Variável», O Direito 121 (1989), III, pp. 431 ss.

no domicílio do locatário. Tratando-se do pagamento de uma prestação pecuniária, que é a regra, nos termos do art. 774° CC, o lugar do cumprimento seria o domicílio do credor, ou seja, o locador; diferentemente, do art. 1039°, n.° 1 CC infere-se que o lugar do cumprimento é o domicílio do locatário, que é o devedor da prestação. A regra estabelecida na lei, de que o lugar do cumprimento da renda ou aluguer é no domicílio do locatário, está implantada nos usos, em particular no caso de arrendamento urbano[1], mas ela perde sentido relativamente a outros contratos, em especial no caso do aluguer.

De facto, quando alguém aluga, por exemplo, um animal ou um automóvel não terá muito sentido que o lugar do pagamento do aluguer seja no domicílio do locatário, e daí que normalmente as partes acordem cláusulas diversas, nos termos do disposto na parte final do n.° 1 do art. 1039° CC.

Para o arrendamento rural e florestal estabeleceu-se que o lugar do pagamento da renda, sendo a prestação pecuniária, será no domicílio do senhorio; vale, por conseguinte, uma regra oposta à do art. 1039°, n.° 1 CC, nos termos do art. 7°, n.° 5 RAR e do art. 12° RAF. Nestes preceitos veio, no fundo, restabelecer-se a regra geral do art. 774° CC, no sentido de o cumprimento de prestações pecuniárias se efectuar no domicílio do credor, que é o senhorio.

Porém, no arrendamento rural, se parte da renda for prestada em géneros, o local do cumprimento relativamente a essa parte será na sede da exploração agrícola (art. 7°, n.° 6 RAR). Portanto, sendo acordada uma renda parte em dinheiro e outra parte em géneros, haverá dois locais de cumprimento: quanto à prestação em dinheiro será no domicílio do senhorio e quanto à prestação em géneros na sede da exploração agrícola.

Ainda como excepção ao regime geral, no n.° 2 do art. 1039° CC afastou-se a presunção de culpa do devedor (art. 799°, n.° 1 CC), ao considerar que, sendo o pagamento a efectuar no domicílio do locatário, não tendo este sido realizado, presume-se que o locador não foi buscar a prestação de que era credor; em vez de se presumir a culpa do devedor (art. 799°, n.° 1 CC), presume-se a mora do credor, com as consequências dos arts. 813° ss. CC[2].

---

[1] Apesar disso, como refere PEREIRA COELHO, *Arrendamento*, cit., p. 179, nota 1, é frequente acordar-se no sentido de que o inquilino pagará a renda «em casa do senhorio ou do seu representante».

[2] Cfr. Ac. Rel. Lx. de 29/6/1995, CJ XX (1995), T. III, p. 146.

d) *Alteração do montante*

Em princípio, a lei admite, no art. 1040° CC, que durante a vigência do contrato a renda ou aluguer venha a ser reduzido. Está prevista a possibilidade de redução da renda ou aluguer sempre que se verificar uma diminuição do gozo da coisa; assim, se o gozo retirado daquele bem não corresponder ao valor da renda ou aluguer, permite-se que haja a diminuição desta prestação[1]. Não se encontra, porém, prevista a possibilidade de aumento da renda ou aluguer, durante a vigência do contrato, caso o gozo retirado da coisa passe a ser de valor superior àquela prestação. No fundo, pode dizer-se que o art. 1040° CC corresponde a uma aplicação limitada — mormente por ser unilateral — do instituto da alteração das circunstâncias (arts. 437° ss. CC).

Admite-se, contudo, que nas renovações do contrato de locação se proceda a aumentos da renda ou do aluguer. Assim, sendo ajustado um contrato de locação por seis meses ou por um ano, findo esse prazo, na renovação por igual período, pode ser exigida uma actualização da renda ou aluguer. Mas durante a vigência do contrato, como na lei não se prevê a possibilidade de aumento de renda ou aluguer, poder-se-á, quando muito, recorrer às regras gerais da alteração das circunstâncias do art. 437° CC, com vista à modificação do contrato.

Ainda quanto à aplicação de regras gerais, em determinadas circunstâncias, atendendo às limitações quanto ao gozo da coisa locada, nomeadamente por falta de obras de conservação, poder-se-á recorrer ao instituto da excepção de não cumprimento dos contratos no que respeita ao pagamento da renda, nos termos dos arts. 428° ss. CC[2].

No que diz respeito aos contratos de arrendamento urbano e rural, e especialmente no primeiro, o legislador preocupou-se em delimitar as situações em que é possível a actualização de rendas aquando da renovação do contrato.

Relativamente ao arrendamento urbano, o legislador estabelece, de forma não tão apertada como num passado recente, limites quanto aos aumentos de renda. A actualização é possível dentro dos condicionalismos dos arts. 30° ss. e 77° ss. RAU. Em relação ao arrenda-

---

[1] Cfr. Ac. STJ de 14/11/1996, BMJ 461, p. 441.

[2] Cfr. Ac. Rel. Lx. de 9/5/1996, CJ XXI, T. III, p. 187. No Ac. Rel. Pt. de 13/1/2000, CJ XXV, T. I, p. 179, admitiu-se que a locatária deixou de pagar os alugueres porque foi privada da utilização da viatura por facto imputável à locadora. Veja-se também ANDRADE MESQUITA, «Suspensão do Pagamento da Renda e Questões Conexas», *Separata do Boletim do CNP*, n.° 20 (1990), pp. 179 ss, em especial pp. 192 ss.

II – Locação 197

mento rural as limitações à actualização de rendas encontram-se nos arts. 8° e 9° RAR.

De forma algo diversa, nos arrendamentos florestais a lei, no art. 11°, n.° 1 RAF, impõe a inclusão no contrato de uma cláusula de actualização de rendas. O legislador considerou que do próprio contrato deveria constar a regra que conduza à actualização de rendas.

As particularidades no regime de actualização de rendas têm diferido um pouco ao longo dos anos, e é a propósito do arrendamento urbano que esta questão tem encontrado um tratamento mais desenvolvido (*vd. infra* ponto n.° VI. § 4.1.d)).

e) Incumprimento

I. A obrigação de pagamento da renda ou aluguer segue o regime normal de incumprimento. Por conseguinte, estando o locatário adstrito ao pagamento da renda ou aluguer, não cumprindo essa obrigação no momento do vencimento, haverá uma situação de incumprimento, mais propriamente de mora, prevista nos arts. 804° ss. CC. Da mora advirá uma obrigação de indemnizar nos termos gerais; porém, como na maioria das situações, a renda ou aluguer integra a uma obrigação pecuniária, a indemnização devida corresponde aos juros moratórios, tal como vem estabelecido no art. 806° CC. Há, todavia, particularidades[1].

II. No art. 1041° CC encontra-se uma norma relativa à mora do locatário, e deste preceito retira-se que, caso o locatário entre em mora, a indemnização devida será igual a metade da renda ou aluguer em falta (art. 1041°, n.° 1 CC)[2].

Nos termos do regime geral, a indemnização devida em caso de mora será fixada nos moldes estabelecidos nos arts. 562° ss. CC e, sendo a obrigação pecuniária, é determinada pelos chamados juros moratórios (art. 806° CC). Diferentemente, quanto ao pagamento da renda, determinou-se que a indemnização deverá ser igual a metade da renda ou aluguer em falta. Para além disso, a indemnização estabelecida no art. 1041° CC só é devida oito dias depois de o locatário ter entrado em mora, como dispõe

---

[1] Particularidades estas que assentam em pressupostos de protecção do locatário, estabelecidos também em outros ordenamentos jurídicos. Veja-se por exemplo o § 554 BGB, cfr. LARENZ, *Schuldrechts*, II-1, cit., § 48.II, p. 224.

[2] Na redacção primitiva do art. 1041°, n.° 1 CC, a indemnização correspondia ao dobro da renda ou aluguer em dívida. A solução actual advém da alteração introduzida pelo Decreto-Lei n.° 293/77, de 20 de Julho.

o n.º 2 deste preceito. Por conseguinte, o locatário não entra em mora no dia imediato ao do vencimento; para efeitos da indemnização prevista no art. 1041º CC, só há mora se a falta de pagamento se tiver prolongado por oito dias[1]. Deste modo, se o locatário pagar a renda ou aluguer nos oito dias imediatos ao do vencimento, não será devida a indemnização prevista do n.º 1 do art. 1041º CC, cabe então indagar se durante esta moratória de oito dias não haverá responsabilidade do locatário pelo não pagamento pontual da renda.

Parece que o art. 1041º CC não afasta a aplicação da regra geral; pois limita-se a estabelecer um regime especial para a hipótese de uma mora prolongada, sem afastar a aplicação das regras gerais.

Assim sendo, se o locatário esteve em mora por um período inferior a oito dias será obrigado a pagar os juros de mora correspondentes a esse lapso, nos termos gerais (art. 806º CC) ou a indemnização fixada nos moldes dos arts. 562º ss. CC. Acontece, porém, que o costume, em certos tipos de locação, em particular no arrendamento urbano, tem levado a estabelecer que o pagamento da renda se pode efectuar até ao oitavo dia útil do mês anterior a que respeita. Nesses casos, o cumprimento, por força dessa norma consuetudinária, pode ser efectuado durante esse lapso e só há mora se o arrendatário faltar ao pagamento depois de decorrido esse período[2].

Se, eventualmente, a mora se prolongar por mais de oito dias aplica-se o n.º 1 do art. 1041º CC e o locatário terá de pagar, como indemnização, metade da renda ou aluguer devido, para além das prestações em falta[3]. Não pareceria aceitável que o legislador no n.º 2 do art. 1041º CC estivesse a facultar ao locatário um atraso no cumprimento da renda ou aluguer durante oito dias, sem qualquer consequência.

Tendo o locatário faltado ao cumprimento da renda ou aluguer respeitante a determinado período de vigência do contrato, o locador pode recusar o pagamento das rendas ou alugueres seguintes, que, nesse caso,

---

[1] No que respeita à contagem deste prazo, relacionando com o disposto no art. 279º CC, cfr. PEREIRA COELHO, *Arrendamento*, cit., p. 181.

[2] No Ac. Rel. Cb. de 25/6/1996, CJ XXI, T. III, p. 29, determinou-se que o regime do art. 806º CC está afastado pela regra especial da locação. Contudo, em caso de cessação do contrato, o locador terá direito às rendas vencidas e respectivos juros, pois não será devida a penalidade estabelecida em sede de locação (Ac. Rel. Pt. de 9/10/1997, CJ XXII, T. IV, p. 217).

[3] O facto de o estabelecimento comercial ter sido penhorado não afecta a relação locatícia, pelo que a falta de pagamento de rendas segue o regime descrito (Ac. Rel. Lx. de 3/7/1997, CJ XXII, T. IV, p. 84).

também se considerarão em mora (art. 1041°, n.° 3 CC). Mas mesmo que o locador venha a receber rendas ou alugueres posteriores, a situação de incumprimento mantém-se com respeito às contraprestações anteriores ainda não pagas (art. 1041°, n.° 4 CC), desde que o locador tenha prestado quitação com reserva, pois, caso contrário, presumem-se realizadas as prestações anteriores (art. 786°, n.° 2 CC).

III. Relativamente ao arrendamento florestal, a indemnização devida é igual à da própria renda em atraso, como prescreve o art. 13°, n.° 1 RAF. Estabeleceu-se neste contrato uma forma mais penalizadora do que a constante do art. 1041° CC, só que, por outro lado, foi aumentada a moratória para quinze dias (art. 13°, n.° 2 RAF). Durante esses quinze dias o locatário florestal poderá proceder à purgação da mora, nos termos gerais. Tal como em relação ao art. 1041°, n.° 2 CC, do art. 13°, n.° 2 RAF parece poder deduzir-se que durante os quinze dias de moratória se aplicam as regras gerais, designadamente a do art. 806° CC, sempre que não haja norma consuetudinária em contrário.

Quanto ao arrendamento rural, o legislador não estabeleceu qualquer regime especial e, realmente, no art. 12° RAR encontra-se tão-só uma remissão para as regras gerais. Regras gerais essas que respeitam tanto ao regime dos arts. 562° ss. e do art. 806° CC, consoante os casos, como ao regime do art. 1041° CC, se a mora se prolongar por um período superior a oito dias.

IV. Nos termos gerais, a mora e os respectivos efeitos não subsistem se o locador optar por resolver o contrato. Estando o locatário em mora, permite-se que o locador, em determinadas circunstâncias, possa pôr termo ao contrato, mediante a resolução (*vd. infra* ponto n.° V. § 2.1).

A resolução do contrato de locação segue o regime geral, pelo que só seria conferida a possibilidade de o locador resolver o contrato caso se estivesse perante um incumprimento definitivo da obrigação de pagar a renda ou aluguer, imputável ao locatário.

Assim, nos termos gerais, se o locatário não presta a renda ou aluguer, tratando-se de prestação pecuniária, não haverá perda objectiva de interesse em receber a prestação, pelo que o incumprimento definitivo só se verificaria depois do decurso de um prazo admonitório, estabelecido pelo credor, para permitir o pagamento após o vencimento da obrigação, nos termos do art. 808° CC. Só após o decurso do prazo admonitório haveria incumprimento definitivo que permitisse a resolução do contrato (art. 801° CC).

Porém, no domínio da locação há algumas particularidades, designadamente a possibilidade de pagamento da renda ou aluguer em atraso,

200   *Direito das Obrigações*

mesmo depois do decurso de um prazo admonitório. A possibilidade de, apesar de decorrido o prazo admonitório, ser paga a renda ou aluguer em atraso, constitui uma particularidade própria da locação, pois, por via de regra, a solução é diversa. Se o devedor de uma prestação a não cumprir na data do vencimento entra em mora e, nos termos do art. 808° CC, o credor dessa prestação pode estabelecer um prazo razoável para ser efectuado o pagamento, o chamado prazo admonitório; se decorrido esse prazo razoável a prestação não for realizada, haverá incumprimento definitivo, com a consequente possibilidade de resolução do contrato, nos termos do art. 801° CC.

A particularidade da locação reside no facto de, por um lado não ser necessário o estabelecimento de um prazo admonitório e, por outro, não obstante ter decorrido o prazo admonitório, mesmo assim o locatário pode pagar a renda ou aluguer em falta, acrescido da indemnização, até ao momento da contestação da acção de despejo (art. 1048° CC); procedendo, deste modo, a uma *sui generis* purgação da mora. Teoricamente, já se estaria perante uma situação de incumprimento definitivo, razão pela qual se admite o pedido de resolução do contrato de locação, mas este não procede se for efectuado um pagamento tardio. A purgação da mora pode ser feita mediante a consignação em depósito das rendas ou alugueres em atraso, acrescido da respectiva indemnização (art. 1042° CC).

Para além da mora do locatário no pagamento da renda, poderá haver situações de mora do locador no que respeita ao recebimento dessa mesma renda. Se a mora for do locador, trata-se de uma situação de mora do credor, nos termos dos arts. 813° ss. CC.

V. As consequências previstas nestes preceitos não são as únicas estabelecidas na lei; concede-se igualmente ao locatário a possibilidade de proceder à consignação em depósito da renda ou aluguer, nos termos dos arts. 841° ss. CC. O legislador, a propósito da locação, consagrou regras específicas quanto à faculdade de recurso à consignação em depósito da renda ou aluguer[1].

Assim, para além do regime regra dos arts. 841° ss. CC, há a ter em conta a norma constante do art. 1042° CC.

O locatário tanto pode, perante a mora do locador, proceder à consignação em depósito, como lhe é facultado recorrer a esta figura na even-

---

[1] Como a consignação em depósito é facultativa, não há mora se o locatário, podendo, não quis recorrer a este meio jurídico perante a mora do locador (Ac. Rel. Pt. de 16/3/1998, CJ XXIII, T. II, p. 208).

II – Locação 201

tualidade de ser ele a estar em mora, porque não pagou a renda ou aluguer na data do vencimento e pretende realizar a prestação mais tarde, designadamente antes do prazo de oito dias, para não incorrer na indemnização prevista no art. 1041° CC. De facto, o art. 1042° CC prevê a possibilidade de o locatário proceder ao depósito da renda ou aluguer com vista a purgar a mora e, desta forma, não ficar adstrito ao pagamento da indemnização devida nos termos do art. 1041° CC, ou de outras regras especiais previstas em diferentes tipos de arrendamento. Mas para que o locatário possa recorrer à consignação em depósito da renda ou aluguer é necessário que haja um fundamento relacionado com a impossibilidade de efectuar correctamente o cumprimento da prestação[1].

Quanto ao arrendamento urbano encontra-se uma exposição minuciosa em relação ao regime do depósito de rendas, nos arts. 22° ss. RAU. De facto, sendo muito frequente o recurso a este tipo de consignação em depósito, correspondendo talvez às hipóteses em que este instituto é mais usado, o legislador, nos arts. 22° ss. RAU, dedicou-lhe um especial desenvolvimento.

f) Garantia

Para garantia do pagamento da renda ou aluguer podem as partes dispor livremente. O legislador, a propósito da fiança (art. 655° CC), prevê que esta constitua garantia das obrigações de qualquer locatário (art. 655°, n.° 1 CC), apesar de relacionar a fiança com o arrendamento (art. 655°, n.° 2 CC)[2]. O princípio da autonomia privada levará a admitir o estabelecimento de outras garantias[3], tais como a caução ou a garantia bancária.

3. Restituição da coisa

I. A outra obrigação principal que recai sobre o locatário é a de restituir a coisa locada no termo do contrato no estado em que a recebeu (arts. 1038°, alínea i) e 1043°, n.° 1 CC).

Esta corresponde a uma obrigação de prestação de coisa certa, mas relativamente à locação há algumas particularidades que importa salientar.

---

[1] Cfr. Ac. Rel. Cb. de 17/3/1998, CJ XXIII, T. II, p. 28; Ac. Rel. Cb. de 31/3/1998, CJ XXIII, T. II, p. 41.

[2] Sobre esta questão, cfr. *infra* ponto n.° VI. § 4.1.d).

[3] No Direito alemão admite-se a existência de um penhor sobre as coisas trazidas pelo arrendatário (§ 559 BGB), cfr. Larenz, *Schuldrechts*, II-1, cit., § 48.V, pp. 249 ss.

202 *Direito das Obrigações*

Em princípio, quando alguém fica adstrito a uma obrigação de entregar certa coisa, entrará em mora se não o fizer na data do respectivo vencimento. Porém, quanto ao contrato de locação, após o termo do negócio jurídico, o locatário deverá restituir a coisa no estado em que a recebeu (art. 1043°, n.° 1 CC), presumindo-se que a coisa foi entregue em bom estado de manutenção (art. 1043°, n.° 2 CC).

II. Apesar da obrigação de devolver a coisa em bom estado de manutenção, admitem-se como válidas as deteriorações derivadas do uso normal da coisa, bem como do habitual desgaste dos bens, atentos o fim do contrato e a diligência do bom pai de família. Tais deteriorações não implicam uma violação do dever de restituir a coisa em bom estado de manutenção, prevista no art. 1043, n.° 1 CC. Além disso, as deteriorações não imputáveis ao locatário, como as que advêm de força maior ou de acto de terceiro — a quem o locatário não tenha facultado o uso da coisa —, ficam abrangidas no regime do risco (art. 1044° CC), estando fora da previsão do art. 1043° CC.

III. O vencimento da obrigação de entrega da coisa não se dá, de imediato, no momento em que termina o contrato.

Extinto o contrato de locação, se o locatário não restituir imediatamente a coisa locada, nos termos do art. 1045°, n.° 1 CC, deve continuar a pagar a renda ou aluguer ajustados. Por conseguinte, prevê-se que, extinta a relação contratual, se o locatário não restituir a coisa locada, subsiste uma relação contratual de facto que lhe impõe o dever de continuar a pagar a renda ou aluguer ajustado, como se o contrato continuasse em vigor[1].

Contudo, se o locador interpelar o locatário para este proceder à entrega da coisa, não a restituindo, entra em mora. Assim, o locatário,

---

[1] A referida relação contratual de facto só existe na medida em que o locatário, podendo devolver a coisa locada, o não fez (cfr. Ac. Rel. Lx. de 19/11/1996, CJ XXI, T. V, p. 103 e Ac. Rel. Lx. de 6/2/1997, CJ XXII, T. I, p. 119); de modo diverso, no Ac. Rel. Pt. de 30/6/1997, CJ XXII, T. III, p. 225, considerou-se que a obrigação de pagar a renda se funda no enriquecimento sem causa, mas em que não se aplicam as regras dos arts. 473° ss. CC.

Se o locatário se ofereceu para devolver a coisa, mas o locador não a recebeu, há mora do credor (art. 813° CC) e o locatário não tem de continuar a pagar a renda ou aluguer acordado. Em caso de mora do credor, cabe ao locatário recorrer à consignação em depósito da coisa locada. Sobre a consignação em depósito no caso de mora do locador, cfr. PEREIRA COELHO, *Arrendamento*, cit., p. 202.

extinto o contrato de locação, só entra em mora, relativamente à obrigação de restituir a coisa, depois de ter sido interpelado para a entregar. Extinto o contrato, torna-se necessário que o locador interpele o locatário, após o que, se este não restituir a coisa, entra em mora e tem de pagar o dobro da renda ou aluguer devido contratualmente (art. 1045°, n.° 2 CC).

Trata-se de uma forma especial de indemnização para o caso de mora relativamente à restituição da coisa locada[1]; constituindo um exemplo de responsabilidade com função punitiva e não meramente ressarcitória.

Nos arts. 53° e 54° RAU alude-se a uma interpelação *sui generis* do arrendatário. Esta interpelação, para além de implicar o vencimento da obrigação de entrega do prédio, com os consequentes deveres acessórios, como a colocação de escritos, tem por efeito fazer cessar a relação arrendatícia. Neste caso, cessando o contrato de arrendamento por interpelação, o arrendatário constitui-se imediatamente em mora para o efeito do disposto no art. 1045°, n.° 2 CC.

IV. Relacionado com a restituição da coisa, determina-se no art. 1046°, n.° 1 CC que o locatário só tem direito a ser ressarcido das benfeitorias necessárias que tenha realizado, podendo levantar as benfeitorias úteis e, não sendo viável tal levantamento, será indemnizado nos termos do enriquecimento sem causa (art. 1273° CC). Quanto às benfeitorias voluptuárias, o locatário não tem direito, nem a ser indemnizado, nem a levantá-las (art. 1275°, n.° 2 CC)[2]; mas a limitação quanto ao levantamento das benfeitorias não se aplicará se for restituída a situação anterior, isto é, se o locatário colocar a coisa no estado em que a recebeu.

V. As obrigações mencionadas, tanto do locador como do locatário, não serão devidas se, por qualquer razão, for impossível o seu cumprimento. Em tal caso importa saber quem suporta o risco.

Do art. 1044° CC consta uma regra relativa à repartição do risco contratual. Nos termos deste preceito, quanto à coisa locada, o risco corre por conta do locador, mas importa fazer um esclarecimento. É evidente que o risco, em relação ao bem locado, corre por conta do locador e o art. 1044° CC nada acrescenta em relação à regra geral do art. 796° CC, onde se estabelece o princípio geral de que o risco corre por conta do proprietário, ou melhor, do titular do direito real; no fundo, por conta daquele que tem o

---

[1] Esta indemnização não exclui a responsabilidade por outros danos, nos termos gerais (Ac. Rel. Pt. de 30/6/1997, CJ XXII, T. III, p. 225).

[2] Cfr. Ac. Rel. Év. de 26/3/1998, CJ XXIII, T. II, p. 273.

204   *Direito das Obrigações*

domínio sobre a coisa. Deste modo, não haverá diferença entre o princípio geral do art. 796° CC e a regra constante do art. 1044° CC, onde se reafirma aquele postulado, nos termos do qual o locador, titular do direito real com base no qual o contrato de locação foi celebrado, como tem o domínio sobre a coisa, suporta o inerente risco.

Nos termos do art. 1044° CC, o locador corre o risco de perda ou deterioração da coisa. Assim, se a coisa se deteriorar por causa não imputável a nenhuma das partes, o locador deverá proceder às necessárias reparações. Mas em caso de perda do bem, não impende sobre o locador um dever de o reconstituir ou substituir.

Em contrapartida, o locatário só responde pela perda ou deterioração da coisa se lhe for imputável ou se tiver sido causada por terceiro (p. ex., familiares, amigos, empregados) a quem tenha permitido a utilização do bem (art. 1044° CC)[1].

Apesar de o art. 1044° CC o não referir, neste caso, o locatário suporta o risco da perda do gozo que tinha sobre a coisa, não tendo direito a qualquer indemnização, pois, nos termos do art. 1051°, n.° 1, alínea e) CC, o contrato caduca pela perda da coisa locada. Se, por exemplo, a casa arrendada ficou destruída num incêndio ocasional, o locador, como proprietário, assume o risco relativamente à perda do bem, e o locatário, como titular de um direito de gozo sobre a coisa, corre o risco relativamente ao gozo desse bem; deixa de pagar a renda, mas perde o gozo da coisa, sem ter direito a ser indemnizado pela contraparte, porque o locador deixa de estar obrigado a assegurar-lhe tal gozo.

Ainda quanto à questão do risco, importa referir que o locatário suporta o risco inerente ao seu direito sobre a coisa[2]. Se o locatário não puder usar o bem por causa não imputável ao locador, continua adstrito a pagar a retribuição acordada. Deste modo, se o arrendatário estiver doente e for hospitalizado ou se um vizinho lhe bloquear a entrada do prédio, o contrato de arrendamento subsiste de forma inalterada, sendo devida a renda por inteiro.

---

[1] Contrariamente ao que referem PIRES DE LIMA/ANTUNES VARELA, *Código Civil Anotado*, II, cit., anot. 2 ao art. 1044°, p. 381, não parece que haja, neste caso, uma responsabilidade objectiva; o locatário responde em caso de culpa na sua actuação ou por acto de terceiro a quem ele permitiu a utilização da coisa, ou seja, por culpa *in eligendo* ou *in vigilando*. De facto, afirmam PIRES DE LIMA/ANTUNES VARELA, *Código Civil Anotado*, II, cit., anot. 3 ao art. 1044°, p. 381, que a situação é paralela à da responsabilidade do comitente (art. 500° CC), o que em termos práticos pode estar certo, mas não do ponto de vista conceptual.

[2] Sobre esta questão, cfr. ESSER/WEYERS, *Schuldrecht*, cit., § 16.II.2, pp. 153 s.

IV. VICISSITUDES NA RELAÇÃO CONTRATUAL

§ 1. Transmissão da posição contratual

Quanto à cessão da posição contratual é necessário distinguir a situação do locador da do locatário.

1. *Emptio non tollit locatum*

I. Relativamente ao locador, nos termos do art. 1057° CC[1], a transmissão da posição contratual verifica-se *ipso iure*, sempre que se transmita o direito com base no qual foi celebrado o contrato de locação[2]. Trata-se da consagração do princípio *emptio non tollit locatum*, nos termos do qual, não obstante a alienação do direito, a situação jurídica do locatário subsiste, havendo, tão-só uma alteração subjectiva quanto à pessoa do locador[3]. Salvo acordo em contrário, para o adquirente só se transmitem as obrigações e os direitos emergentes do contrato que respeitem à sua execução futura. E do art. 1058° CC, com redacção idêntica à do art. 821° CC, retira-se que o locador/cedente, a partir da cedência, não pode interferir na relação locatícia com respeito à liberação ou cessão de rendas ou alugueres vincendos.

---

[1] Cfr. também art. 22°, n.° 1 RAR e art. 19°, n.° 1 RAF.

[2] Como se trata de uma transmissão por efeito da lei, não carece de acordo do locatário, como seria a regra nos termos do art. 424°, n° 1 CC; além de que, só a certos tipos de arrendatários é concedido direito de preferência em caso de transmissão do direito do senhorio (p. ex., art. 47° RAU).

[3] Princípio semelhante vale no sistema jurídico alemão, onde, com base no § 571 BGB, se fala em que *Kauf bricht nicht Miete*, cfr. BROX, *Schuldrecht*, cit., § 11.III, p. 108; ESSER/WEYERS, *Schuldrecht*, cit., § 22, pp. 189 ss. Diferentemente, no sistema brasileiro, atento o disposto no art. 1197 CCBr., vale o princípio oposto (*emptio tollit locatum*) com várias excepções, cfr. SILVA PEREIRA, *Instituições*, cit., pp. 187 s.

Sobre a questão, veja-se o Ac. STJ de 15/10/1996, CJ (STJ) 1996, T. III, p. 45, onde se admite que para o novo senhorio se transmite a tolerância manifestada pelo antigo senhorio.

206   *Direito das Obrigações*

Deste modo, se o locador, proprietário do bem dado em locação, o vender, transmite a posição contratual emergente da locação para o comprador. O comprador, *ipso iure*, adquire a posição de locador.

Não se pode transmitir a posição de locador sem o direito que lhe é subjacente (p. ex., propriedade)[1]; porém, nem sempre é necessário que haja transferência do direito em cuja base o contrato de locação foi celebrado, porque a transmissão da posição contratual também pode ocorrer em caso de constituição *ex novo* de um direito real. Assim, se o locador, proprietário do bem locado, o der em usufruto, transferirá para o usufrutuário a posição jurídica de locador.

II. A situação jurídica do locador também se transmite por efeito da morte. Aquele que suceder no direito com base no qual o contrato de locação foi celebrado (p. ex., no direito de propriedade sobre a coisa) adquire *ipso iure* a qualidade de locador. No fundo, o princípio constante do art. 1057° CC não vale só para a aquisição do direito por negócio *inter vivos*, como também *mortis causa*[2].

III. Problemática é a questão de saber se o preceito em análise vale em caso de venda executiva, em particular na hipótese de preexistir à locação um direito real de garantia sobre o bem.

A oponibilidade da locação aos credores do locador em caso de execução do bem locado, tem sido defendida considerando que o direito do arrendatário se extingue com a venda judicial, ao lado dos outros direitos reais, por aplicação do art. 824° CC[3]. Mas a conclusão assenta na premissa de que o arrendamento é um direito real, nos termos previstos no art. 824°, n.° 2 CC, solução extensível ao aluguer[4].

Partindo do pressuposto de que a locação é um direito obrigacional (*vd. supra* n.° I, § 1.2), a inoponibilidade ao arrematante em venda judicial do arrendamento existente não pode ser justificada, pelo menos direc-

---

[1] Cfr. GALVÃO TELLES, «Contratos Civis», BMJ 83 (1959), p. 154.

[2] Diversamente, HENRIQUE MESQUITA, *Obrigações Reais e Ónus Reais*, Coimbra, 1990, p. 138, nota 18, entende que o art. 1057° CC só se aplica às transmissões inter vivos, porque na aquisição *mortis causa* o sucessor ocupa a posição do *de cujus*, não se verificando nenhuma modificação subjectiva na relação locativa. A solução, ainda que diversa, conduz ao mesmo resultado: o adquirente assume a posição do primitivo locador.

[3] Cfr. OLIVEIRA ASCENSÃO, «Locação de Bens Dados em Garantia. Natureza Jurídica da Locação», ROA 45 (1985), II, pp. 345 ss.

[4] Cfr. OLIVEIRA ASCENSÃO, «Locação de Bens Dados em Garantia...», cit., respectivamente, pp. 363 ss e pp. 385 ss.

tamente, no disposto no art. 824° CC[1], isto é, não se pode incluir o arrendamento entre os direitos reais que caducam com a venda em execução[2].

2. Transmissão da posição do locatário

A posição contratual do locatário pode transmitir-se *mortis causa* ou por negócio jurídico *inter vivos*; hipóteses previstas respectivamente nos n.os 1 e 2 do art. 1059° CC.

a) *Transmissão* mortis causa

I. A transmissão *mortis causa* da posição contratual do locatário, tanto engloba as situações de morte das pessoas singulares, como as de extinção das pessoas colectivas. O princípio estabelecido nos arts. 1059°, n.° 1 e 1051°, alínea d) CC é o de que a transmissão só terá lugar em caso de acordo escrito celebrado entre as partes.

II. Em sede de arrendamento urbano para habitação estabeleceu-se norma especial (art. 85° RAU), nos termos da qual a transmissão por morte, atento o pressuposto do n.° 1 do art. 85° RAU, opera independentemente de acordo entre as partes[3]. Regra similar vigora com respeito ao arrendamento rural (art. 23° RAR) e ao arrendamento florestal (art. 19° RAF). Tal transmissão vale unicamente nas condições especiais estabelecidas nesta sede: o arrendamento não se transmite para qualquer sucessor do arrendatário, mas só para os que a lei menciona, na ordem nela indica-

---

[1] Cfr. ROMANO MARTINEZ, «Venda Executiva», *in Aspectos do Novo Processo Civil*, Lisboa, 1997, p. 334, assim como Ac. STJ de 25/2/1993, CJ (STJ) I (1993), T. I, p. 147 e Ac. Rel. Lx. de 15/5/1997, CJ XXII, T. III, p. 87.

[2] De modo diverso, no Ac. STJ de 3/12/1998, BMJ 482, p. 219, depois de se reafirmar a natureza obrigacional do arrendamento, por similitude, aplica-se o regime estabelecido no art. 824°, n.° 2 CC para os direitos reais sobre a coisa alienada judicialmente. Veja-se ainda o Ac. Rel. Cb. de 30/3/1993, RDES 1999, n.° 1, p. 87, onde se considerou que o arrendamento de imóvel hipotecado, constituído depois do registo da hipoteca, caduca nos termos do n.° 2 do art. 824° CC, com anotação favorável de LUÍS GONÇALVES, RDES 1999, n.° 1, pp. 95 ss., autor que considera aplicável o art. 824° CC ao arrendamento apesar de se estar no domínio de relações obrigacionais. A mesma solução surge no Ac. STJ de 6/7/2000, CJ (STJ) 2000, T. II, p. 150 e é sustentada por HENRIQUE MESQUITA, *Obrigações Reais e Ónus Reais*, cit., p. 140, nota 18.

[3] Sobre a transmissão *mortis causa* do arrendamento, nos termos do art. 85° RAU, *vd*. PEREIRA COELHO, «Breves Notas ...», cit., RLJ 131, pp. 227 ss.

208 *Direito das Obrigações*

da e desde que convivessem com o inquilino por um prazo de um, dois ou cinco anos, conforme os casos (art. 85°, n.os 1 e 2 RAU, art. 23°, n.os 1 e 2 RAR e art. 19°, n.os 2 e 3 RAF)[1]. No domínio do arrendamento para habitação ainda se excepciona tal transmissão sempre que o beneficiário tiver outra residência (art. 86° RAU)[2].

O transmissário por morte deve comunicar ao senhorio essa situação jurídica no prazo de cento e oitenta dias posteriores à ocorrência (art. 89°, n.° 1 RAU), isto é, a contar do falecimento do arrendatário[3].

Ao contrato de arrendamento com o beneficiário da transmissão, que tenha entre vinte e seis e sessenta e cinco anos e não seja deficiente, aplicar-se-á o regime da renda condicionada (art. 87° RAU), mas o senhorio pode preferir denunciar o contrato, pagando uma indemnização correspondente a dez anos de renda (art. 89°-A, n.° 1 RAU)[4]. O novo arrendatário pode opor-se a esta denúncia, propondo-se pagar uma nova renda (art. 89°-B, n.° 1 RAU); caso o locador opte por manter a denúncia, deverá pagar uma indemnização correspondente a dez anos da renda proposta (art. 89°-B, n.° 2 RAU).

Não sendo as declarações efectuadas nos prazos estabelecidos nos arts. 89° a 89°-C RAU, caduca o direito do faltoso (art. 89°-D RAU)[5].

---

[1] Sendo vários os interessados na transmissão prefere o mais idoso (Ac. Rel. Pt. de 14/5/1996, CJ XXI, T. III, p. 198).

[2] Na medida em que se exige que o beneficiário conviva com o *de cujus* por um prazo não inferior a um ano, dificilmente ele terá outra residência; em princípio só pode beneficiar da transmissão quem tenha residência no local arrendado em questão. Excepcionalmente, pode ocorrer que o beneficiário tenha mais do que uma residência, caso em que se aplicaria o art. 86° RAU. A situação é idêntica no art. 91° RAU, mas consulte-se PEREIRA COELHO, «Breves Notas ...», cit., RLJ 131, pp. 262 ss.

[3] Cfr. Ac. Rel. Pt. de 28/9/1989, CJ XIV (1989), T. IV, p. 211.

[4] Quanto à aplicação no tempo deste regime, introduzido pelo Decreto-Lei n.° 278/93, de 10 de Agosto, *vd.* MENEZES CORDEIRO, «Da Aplicação no Tempo do Regime da Denúncia do Arrendamento pelo Senhorio, mediante Indemnização correspondente a 10 Anos de Renda», CJ (STJ) 1996, T. I, pp. 5 ss. Sobre esta alternativa à aplicação do regime da renda condicionada, estabelecida nos arts. 89°-A ss. RAU, *vd.* PEREIRA COELHO, «Breves Notas ...», cit., RLJ 131, pp. 365 ss.

[5] Considerando corresponder a uma inconstitucionalidade orgânica a solução da caducidade em caso de falta de comunicação no prazo de 180 dias (art. 89°, n.° 1 RAU), porque o revogado n.° 3 do art. 89° RAU não dispunha nesse sentido, cfr. JANUÁRIO GOMES, *Arrendamentos para Habitação*, 2ª ed., Coimbra, 1996, pp. 186 ss.

O Ac. do Trib. Const. n.° 410/97, de 23/5/1997, DR de 8 de Julho de 1997, declarou inconstitucional, com força obrigatória geral, a norma em apreço, com base em inconstitucionalidade orgânica. A declaração de inconstitucionalidade implicou a repristinação do n.° 3 do art. 89° RAU, nos termos do qual a falta de comunicação prevista neste pre-

II – Locação

Todavia, tendo em conta a repristinação do revogado n.º 3 do art. 89º RAU pela declaração de inconstitucionalidade com força obrigatória geral da norma revogatória, a caducidade não se aplica à transmissão prevista no art. 89º, n.º 1 RAU, devendo o transmissário indemnizar o locador pelos danos derivados da omissão.

Este regime de denúncia com aceitação ou oposição não se aplica aos contratos de arrendamento de duração limitada (art. 99º, n.º 2 RAU).

III. Nos termos em que se encontra redigido o art. 85º, n.º 1 RAU, depreende-se que só pode haver uma transmissão *mortis causa*, pois fala-se em primitivo arrendatário ou cessionário deste. Contudo, no n.º 3 do mesmo preceito aceita-se uma dupla transmissão se a primeira foi feita a favor do cônjuge sobrevivo[1]. Do mesmo modo, tal como dispõe o art. 23º, n.º 4 RAR, pode haver uma única transmissão *mortis causa*, excepto se a primeira se tiver verificado em relação ao cônjuge sobrevivo. Apesar de o art. 19º RAF ser omisso quanto a este aspecto, parece que deverá valer a mesma regra de admissibilidade de uma só transmissão por efeito da morte, com a mesma ressalva de poder haver duas transmissões se a primeira tiver sido a favor do cônjuge sobrevivo (art. 19º, n.º 4 RAF).

O titular do direito à transmissão pode renunciar, comunicando esse facto ao senhorio no prazo de trinta dias (art. 88º RAU) ou de noventa dias (art. 24º, n.º 1 RAR) após a morte do arrendatário. Mas se pretender exercer o seu direito, sob pena de caducidade, deve comunicar ao senhorio essa sua intenção no prazo de cento e oitenta dias posteriores à ocorrência (art. 89º, n.º 1 RAU e art. 24º, n.º 2 RAR). É de três meses o prazo para fazer esta comunicação no domínio do arrendamento florestal (art. 19º, n.º 5 RAF).

IV. De forma mais ampla, no arrendamento para comércio ou indústria vale o princípio de transmissão *mortis causa* da posição do arren-

---

ceito só gera a obrigação de indemnizar o senhorio, pelo que a caducidade estabelecida no art. 89º-D RAU aplica-se unicamente em caso de incumprimento das regras previstas nos arts. 89º-A ss. RAU (cfr. MARGARIDA GRAVE, *Arrendamento Urbano*, cit., pp. 179 ss.), mas a discrepância de tratamento é, no mínimo, estranha. Considerando que não se coloca o problema da constitucionalidade, *vd.* PIRES DE LIMA/ANTUNES VARELA, *Código Civil Anotado*, II, cit., anot. 4 ao art. 89º RAU, p. 661. Sobre o problema, *vd.* PEREIRA COELHO, «Breves Notas ...», cit., RLJ 131, pp. 361 ss.

[1] Cfr. Ac. STJ de 22/11/1994, CJ (STJ) II (1994), T. III, p. 150; Ac. Rel. Lx. de 11/5/2000, CJ XXV, T. III, p. 83. Veja-se também *vd.* PEREIRA COELHO, «Breves Notas ...», cit., RLJ 131, pp. 258 ss.

datário, nos termos gerais (art. 112° RAU). Pretendeu salvaguardar-se a sucessão no estabelecimento, facilitando a circulação da empresa[1]. Tal como se permite a transmissão *inter vivos* do estabelecimento por via do trespasse, também é facultada aos sucessores do arrendatário a transmissão do estabelecimento com o inerente direito de arrendamento (*vd. infra* ponto n.° VI. § 4.3.b)).

O sucessor, para fazer valer o seu direito, deve comunicar ao senhorio a morte do arrendatário no prazo de cento e oitenta dias (art. 112°, n.° 2 RAU), sob pena de caducidade do contrato, nos termos do art. 1051°, alínea d) CC[2]. Todavia, do disposto no art. 112°, n.° 3 RAU talvez se possa inferir, contrariando as regras gerais da locação, que o contrato não caduca, devendo o sucessor indemnizar o senhorio pelos prejuízos derivados da falta de comunicação.

b) *Transmissão* inter vivos

A cessão da posição do locatário por negócio *inter vivos* está sujeita ao regime geral dos arts. 424° ss. CC (art. 1059°, n.° 2 CC), carecendo, pois, do consentimento do locador[3]. A violação desta regra confere à contraparte o direito de resolver o contrato (art. 1049° CC). Há, todavia, excepções.

---

[1] Cfr. PEREIRA COELHO, *Arrendamento*, cit., p. 71, que afirma constituir o direito ao arrendamento, por vezes, o elemento mais importante na circulação da empresa. Sobre a aplicação do art. 112° RAU, *vd.* PEREIRA COELHO, «Breves Notas ...», cit., RLJ 131, pp. 368 ss.

[2] Em sentido diferente, considerando não haver caducidade, *vd.* Ac. Rel. Pt. de 12/2/1998, CJ XXIII, T. I, p. 210; Ac. Rel. Év. de 25/5/2000, CJ XXV, T. III, p. 259. Mas tal solução contraria o princípio da uniformidade, atendendo ao disposto no art. 89°-D RAU (declarado parcialmente inconstitucional) e determina que a norma (art. 112°, n.° 2 RAU) não tem sanção, sendo, por isso, uma norma imperfeita, que se poderia dizer sem sentido útil, excepto se se aceitar que a consequência é o dever de indemnizar (art. 112°, n.° 3 RAU), que, ainda assim, por via de regra, pressupõe a falta de sanção, pois não será fácil provar danos derivados da falta de comunicação, à excepção dos que se relacionem com a expectativa da cessação do contrato.

[3] Desnecessariamente, porque os regimes especiais não precisam de reiterar as regras gerais, estabeleceu o art. 23° RAF que a cessão da posição contratual do arrendatário carece de autorização do senhorio.

Quanto à forma da transmissão, considerando que o negócio que serve de base à cessão é o arrendamento, nos termos do art. 425° CC, entendeu-se que a transmissão da posição contratual deveria ser feita por escrito, como se exige no arrendamento rural, veja-se o Ac. Rel. Lx. de 26/3/1998, CJ XXIII, T. II, p. 112; denotando-se alguma confusão entre o negócio objecto de cessão e o negócio que serve de base à cessão.

II – Locação

No arrendamento urbano para habitação admite-se a transmissão por divórcio (art. 84° RAU)[1], que pode ser por acordo dos cônjuges, homologado pelo juiz ou pelo conservador do Registo Civil, ou por decisão judicial[2]. No arrendamento para comércio ou indústria, nos termos do art. 115° RAU, pode o arrendatário, recorrendo ao trespasse, transmitir a sua posição contratual, sem dependência de autorização do senhorio. Situação análoga verifica-se no caso de cessão do arrendamento para o exercício de profissões liberais (art. 122° RAU). Em todos estes casos, apesar de a transmissão operar sem necessidade do consentimento do locador, é necessário que o transmissário lhe comunique, dentro de quinze dias, a cedência do gozo da coisa (art. 1038°, alínea g) CC). Só na hipótese de transmissão por divórcio é que a notificação será feita oficiosamente (art. 84°, n.° 4 RAU).

§ 2. Sublocação

1. Noção

I. A sublocação engloba tanto o subarrendamento como o subaluguer, este último, porém, sem relevância prática. As situações de sublocação verificam-se, essencialmente, no arrendamento e, em especial, na locação habitacional e comercial[3].

De entre as hipóteses subcontratuais, a sublocação constitui a figura paradigmática. De facto, no subarrendamento encontram-se as características fundamentais do subcontrato.

---

[1] Depois de o Assento do STJ de 23 de Abril de 1987 (O Direito 121 (1989), I, p. 131) ter determinado que a transmissibilidade por divórcio não valia em relação à união de facto, mesmo que desta existissem filhos menores, o Tribunal Constitucional, em Ac. de 9 de Julho de 1991 (n.° 359/91), RLJ 124 (1991/92), p. 294, declarou a inconstitucionalidade do Assento, por considerar que violava o princípio da não discriminação dos filhos, contido no art. 36°, n.° 4 da Constituição. Posteriormente, nos termos do art. 4°, n.° 4 Lei n.° 135/99, de 28 de Agosto, considerou-se aplicável à união de facto o regime da transmissão por divórcio (art. 84° RAU).

[2] Diferente é a situação em que o arrendamento, em caso de divórcio, nos termos do art. 1793° CC, é atribuído, por via judicial, a um dos cônjuges com respeito à casa de morada de família. Neste caso, pode não haver nenhuma transmissão, até porque não é necessária a existência de um anterior arrendamento da casa de morada de família.

[3] Acerca da sublocação, cfr. ROMANO MARTINEZ, O Subcontrato, Coimbra, 1989, pp. 27 ss. e bibliografia aí citada.

A sublocação vem definida no art. 1060° CC e deste preceito depreende-se que ela corresponde a um contrato de locação, submetida ao regime deste último, mas com particularidades. Por exemplo, o sublocador não pode denunciar o contrato de sublocação se necessita do prédio para habitação ou caso se proponha ampliar o locado (art. 69°, n.° 1 RAU), pois estes são direitos que só assistem ao locador enquanto titular do direito real, nomeadamente de propriedade.

O contrato de sublocação encontra o seu fundamento num precedente negócio jurídico locativo, pois o sublocador celebra o contrato de sublocação com base no seu direito de locatário, que lhe advém do contrato primitivo.

II. A sublocação é um contrato subordinado, mediante o qual o sublocador, ao abrigo da sua qualidade de locatário, proporciona a terceiro (sublocatário) o gozo de uma coisa, mediante retribuição. Passam, assim, a coexistir dois contratos de locação sobrepostos, ficando o segundo negócio jurídico dependente do primeiro.

O sublocador pode proporcionar a terceiro o gozo total ou parcial da coisa locada; sendo, assim, a sublocação total ou parcial. Será total caso o locatário, mantendo a relação jurídica com o locador, perca o total desfrute da coisa e será parcial se o locatário passa a partilhar o gozo da coisa com o sublocatário.

A sublocação total distingue-se da cessão da posição contratual, essencialmente, com base em dois aspectos. Primeiro, na cessão há uma modificação subjectiva; o antigo contraente (cedente) deixa de ser parte no contrato e o seu lugar é ocupado pelo novo contraente (cessionário). O cessionário passa a ser parte no contrato originário e não num derivado, como no subcontrato. Segundo, a sublocação pressupõe a coexistência de dois contratos e não a substituição de partes num contrato, como na cessão.

2. Autorização e limites

I. Nos termos do art. 1038°, alínea f) CC, o locatário não pode sublocar sem autorização do locador. No mesmo sentido dispõem o art. 44° RAU, o art. 13° RAR e o art. 23° RAF[1].

---

[1] Trata-se de uma regra igualmente vigente em outros sistemas jurídicos. É o que sucede nomeadamente no ordenamento alemão (§ 549.I BGB), onde, todavia, se admite que, havendo justificado interesse, o arrendatário exija autorização para subar-

II – Locação

A autorização para subarrendar deve revestir a forma necessária para a celebração do contrato de locação ajustado (art. 44°, n.° 1 RAU e art. 13°, n.° 1 RAR)[1]; assim, pretendendo-se viabilizar um subarrendamento para habitação, como o contrato de arrendamento já celebrado o foi por escrito, a autorização reveste a mesma forma. Frequentemente, a autorização consta de uma das cláusulas do contrato de locação.

Mesmo quando autorizado, o locatário (sublocador) tem de comunicar ao locador, no prazo de quinze dias, a cedência do gozo da coisa (art. 1038°, alínea g) CC). Porém, se a comunicação tiver sido feita pelo sublocatário, parece que a informação já foi devidamente prestada.

A sublocação é válida ainda que sem autorização da contraparte e comunicação ao locador se este reconhecer o sublocatário como tal (arts. 1049° e 1061° CC e art. 44°, n.° 2 RAU), designadamente se tiver recebido sub-rendas[2]. A solução acaba por ser a mesma em caso de caducidade da acção (art. 1094° CC), pois, caducando o direito de interpor a acção, o contrato, apesar de inválido, é inatacável.

Caso o locatário venha a sublocar sem autorização, para além de conferir ao locador o direito de resolver o contrato com base em incumprimento, atribui-lhe a possibilidade de exigir indemnização pelos danos que resultem dessa sublocação, nos termos gerais.

Mas, mesmo que o locatário venha a sublocar o bem sem autorização do locador, não há qualquer violação do primitivo contrato, desde que aquele não entregue ao sublocatário o objecto sublocado, pois o incumprimento da obrigação de não sublocar só se verificará no caso de o contrato de sublocação, além de ter sido concluído, vier a ser executado[3]. Em contrapartida, se o locatário/sublocador não entregar a coisa ao sublocatário poder-se-á estar perante um desrespeito do contrato de sublocação.

---

rendar (§ 549. II BGB), cfr. Larenz, *Schuldrechts*, II-1, cit., § 48.III, p. 230. Quanto à eventual relação entre a recusa de autorizar a sublocação e o abuso de direito, em particular nas suas modalidades de *exceptio doli* e *venire contra factum proprium*, cfr. Romano Martinez, *O Subcontrato*, cit., pp. 116 s.

[1] Diferentemente, em sede de arrendamento florestal, perante a omissão da lei (art. 23° RAF), que não alude a qualquer exigência de forma escrita, vale o princípio geral de liberdade de forma (art. 219° CC).

[2] Reconhecer o sublocatário não é simplesmente ter conhecimento da sublocação, torna-se necessário aceitar o sublocatário, cfr. Ac. STJ de 7/11/1995, CJ (STJ) III (1995), T. III, p. 94; Ac. Rel. Pt. de 25/1/1983, ROA 44 (1984), III, p. 655.

[3] Cfr. Romano Martinez, *O Subcontrato*, cit., pp. 30 e 114.

II. A sublocação é, muitas das vezes, vista como uma actividade meramente especulativa, mas ela pode ter uma utilidade pública, na medida em que estando os bens subaproveitados, *maxime* a habitação, permita atribuí-los a quem deles careça. Contudo, para evitar abusos por parte do sublocador, no art. 1062° CC, estabeleceram-se limites à sub-renda ou subaluguer, determinando-se que deve ser proporcional ao devido no contrato principal, podendo ser aumentado, no máximo, em vinte por cento em relação ao ajustado neste negócio jurídico[1]. Sendo a sublocação parcial, deve atender-se a uma proporção entre a totalidade locada e a parte sublocada, segundo um critério qualitativo e quantitativo. Como, porém, esta não é uma disposição de ordem pública, pode o locador consentir em sub-renda ou subaluguer superior àquele limite[2].

No art. 46° RAU prevê-se a hipótese de o subarrendamento se extinguir, transformando-se em arrendamento. O subarrendatário passará, então, a arrendatário, em relação directa com o senhorio.

A estatuição do art. 46°, n.° 1 RAU deve-se a uma razão de desfavor da lei em relação ao subarrendamento total, por este ser considerado um modo parasitário de exploração[3]. Já no caso previsto no n.° 2 do art. 46° RAU, prevalece um motivo de defesa de interesses do subarrendatário que, depois de extinto o contrato de locação, pagou a renda ao senhorio e se colocou numa situação, de facto, de arrendatário, julgando-se, portanto, com direito ao arrendamento.

Em ambos os casos há uma substituição: o sublocador é substituído pelo locador, mas na segunda hipótese há um renascer, com novas potencialidades, de um contrato que caducara, pois, salvo acordo em contrário, ao novo contrato aplicam-se as cláusulas do subarrendamento. Na primeira situação (n.° 1 do art. 46° RAU) considera-se resolvido o contrato de arrendamento, que é substituído pelo contrato de subarrendamento.

---

[1] Na proporção referida é de ter em conta a parte do bem dada em sublocação e o respectivo valor. Nos vinte por cento há que incluir a margem de lucro do sublocador que, por exemplo, introduziu melhoramentos no bem sublocado. Nesta sequência, no Ac. Rel. Lx. de 4/1/1980, CJ V (1980), T. I, p. 190, admitiu-se que é de atender ao limite dos vinte por cento ainda que o sublocador tenha mobilado a casa subarrendada. Já não é de tomar em conta o mencionado limite dos vinte por cento quando estiver em causa o pagamento de prestação de serviços, até porque o contrato, nesse caso, em princípio, dever-se-á qualificar como de hospedagem.

[2] Sobre estas questões, cfr. ROMANO MARTINEZ, *O Subcontrato*, cit., p. 30.

[3] Por motivos diversos, o subarrendamento total no período correspondente à ausência temporária do arrendatário, não está sujeito ao regime protector do RAU, cfr. art. 5°, n.° 2, alínea d) RAU.

II – Locação   215

No mesmo sentido de defesa dos interesses do subarrendatário, quando se verifique a caducidade do arrendamento para habitação por morte do arrendatário, o sublocatário, cuja sublocação seja eficaz em relação ao senhorio, vê o seu contrato caducar nos termos do art. 45° RAU, mas tem direito a um novo arrendamento (art. 90°, n.° 1, alínea b) RAU).

Da letra do preceito parece resultar que, sendo a sublocação parcial, esse direito incide sobre a totalidade do bem locado, ou seja, o subarrendatário não tem direito a um novo arrendamento da parcela subarrendada, mas sim sobre todo o bem arrendado ao locatário.

3. Regime

I. O contrato de sublocação acompanha o contrato base no que respeita ao regime e vicissitudes.

Deste modo, o regime jurídico da sublocação não difere do da locação que lhe serviu de base; a um subarrendamento para habitação aplica-se-lhe o regime do arrendamento urbano para habitação. Para além das especificidades próprias estabelecidas em cada contrato, o sublocatário tem os mesmos direitos e obrigações com respeito ao sublocador/locatário, do que este em relação ao locador[1].

Como a sublocação é um contrato subordinado, segue as vicissitudes do contrato base. Pelo que, a sub-renda ou subaluguer não pode exceder em vinte por cento o valor que é devido na locação, salvo convenção em contrário; o contrato de sublocação modifica-se e extingue-se em função das ocorrências no contrato de locação, caducando o contrato de sublocação em caso de extinção, por qualquer causa, da relação jurídica locatícia (cfr. art. 45° RAU, quanto ao subarrendamento urbano)[2].

Nestes termos, os contrato de locação e de sublocação constituem uma união de contratos[3].

---

[1] Quanto aos deveres de cuidado e protecção do sublocatário, cfr. LARENZ, *Schuldrechts*, II-1, cit., § 48.III, p. 231.

[2] Cfr. Ac. Rel. Év. de 4/6/1985, CJ XX (1985), T. III, p. 304; Ac. Rel. Pt. de 22/4/1991, CJ XVI (1991), T. II, p. 277; Ac. Rel. Pt. de 18/1/2000, CJ XXV, T. I, p. 190.

No Ac. STJ de 25/11/1997, CJ (STJ) 1997, T. III, p. 140, responsabilizou-se o locatário/sublocador perante o sublocatário, por ter revogado o contrato de locação com o locador principal.

[3] Sobre a união de contratos, cfr. ROMANO MARTINEZ, *O Subcontrato,* cit., pp. 193 ss. e bibliografia aí citada, onde se conclui que a relação existente entre os dois contratos (contrato base e subcontrato) se explica através da figura da coligação negocial.

216 *Direito das Obrigações*

II. No que respeita à sub-renda e ao subaluguer, no art. 1063° CC admitiu-se a existência de uma acção directa para a sua cobrança. Permite-se que o locador, apesar de não ser parte no contrato de sublocação, exija do sublocatário o pagamento da sub-renda ou do subaluguer. A acção directa aqui estabelecida corresponde a uma manifestação do inter-relacionamento entre os dois contratos (locação e sublocação) que se encontram em união[1].

Para além da situação prevista no art. 1063° CC e das particularidades constantes do art. 46° RAU, podem estabelecer-se certas relações entre o locador e o sublocatário. A título exemplificativo são de indicar três situações. A falta de residência permanente do subarrendatário, em particular no subarrendamento total, constitui fundamento de despejo do arrendatário[2]. Cessando o contrato de locação, o sublocatário fica obrigado a restituir a coisa locada ao locador, com as consequências previstas no art. 1045° CC, por um lado, e a ser ressarcido das benfeitorias necessárias que tenha realizado (art. 1046°, n.° 1 CC), por outro. O sublocatário pode sustar o despejo movido pelo senhorio na situação prevista na alínea b) do n.° 2 do art. 60° RAU.

---

[1] Cfr. ROMANO MARTINEZ, *O Subcontrato*, cit., pp. 170 ss.
[2] Cfr. Ac. Rel. Lx. de 13/7/1989, CJ XIV (1989), T. IV, p. 124.

V. CESSAÇÃO DO CONTRATO

§ 1. Remissão

O contrato de locação é um negócio jurídico de execução continuada, como já foi referido, e por ser um contrato de execução continuada tem particularidades no que respeita à sua extinção, atento, designadamente o que vem previsto no art. 434° CC.

A estas particularidades acrescem outros aspectos respeitantes aos limites impostos à cessação da relação contratual. A relação contratual de locação apresenta certos limites no que respeita à sua extinção motivados por uma protecção do locatário, em especial dos arrendatários urbano e rural.

No arrendamento urbano, o disposto sobre cessação do contrato tem natureza imperativa (art. 51° RAU), não opera automaticamente, carecendo de interpelação dirigida à contraparte (arts. 52°, n.° 1 e 53° ss. RAU) ou da interposição de uma acção de despejo (arts. 52°, n.° 2 e 55° ss. RAU).

A cessação do contrato de locação relaciona-se com quatro figuras, cada uma delas com as suas particularidades: resolução, revogação, denúncia e caducidade. Para além destas quatro situações, os efeitos do contrato também não se produzem se o mesmo for inválido: nulo ou anulável. Porém, como à invalidade do contrato de locação se aplicam as regras gerais dos arts. 285° ss. CC, remete-se o seu estudo para a Teoria Geral do Direito Civil.

§ 2. Resolução

Importa distinguir a resolução requerida pelo locador daquela que é desencadeada pelo locatário.

218 Direito das Obrigações

1. Resolução exercida pelo locador

I. A resolução pedida pelo locador funda-se no incumprimento definitivo do contrato por parte do locatário, nos termos gerais do art. 801° CC. Sempre que uma das partes não cumpre definitivamente a sua prestação, cabe à outra o direito de resolver o contrato.

Valem, por conseguinte, as regras gerais que permitem ao locador, perante o incumprimento definitivo das obrigações por parte do locatário, resolver o contrato de locação[1].

II. A resolução do contrato de locação com base em incumprimento definitivo por parte do locatário apresenta excepções relativamente ao regime regra.

Primeiro, a resolução tem de ser decretada judicialmente (art. 1047° CC e art. 63°, n.° 2 RAU)[2]. Diferentemente, a resolução dos contratos, nos termos gerais dos arts. 432° ss. CC, não carece de qualquer forma, bastando a mera declaração de uma das partes à outra para produzir os seus efeitos (art. 436°, n.° 1 CC). A acção de despejo, meio processual para desencadear a resolução no arrendamento, anteriormente regulada no Código de Processo Civil (arts. 971° ss.), vem prevista nos arts. 55° ss. RAU (cfr. também art. 35° RAR e art. 27° RAF).

Segundo, o não pagamento da renda ou aluguer pode não acarretar a resolução do contrato. A falta de pagamento da renda ou do aluguer, em princípio, faz incorrer o inadimplente em mora, mas poderá ser incumprimento definitivo se, entretanto, tiver decorrido o prazo admonitório do art. 808° CC. Assim, se o locador — credor da renda ou aluguer —, perante a mora quanto ao pagamento, estabelecer um prazo razoável para a posterior realização da prestação nos termos do art. 808° CC e, tendo decorrido esse prazo, o cumprimento não for efectuado, haverá incumprimento definitivo. Por via de regra, o incumprimento definitivo atribui à contra-

---

[1] Sobre o regime geral da resolução dos contratos, vd. ROMANO MARTINEZ, Cumprimento Defeituoso, cit., pp. 296 ss. e bibliografia aí citada.

[2] Talvez seja justificável, em determinados casos, que a resolução do contrato de arrendamento seja decretada judicialmente, mas não tem qualquer sentido exigir-se o recurso a tribunal para resolver um contrato de aluguer, até porque, ao locatário, em caso algum, é requerido o recurso à via judicial. Exigindo a resolução judicial do contrato de aluguer, vd. Ac. Rel. Lx. de 2/7/1998, CJ XXIII, T. IV, p. 81. Diferentemente, no Ac. Rel. Lx. de 22/10/1998, CJ XXIII, T. IV, p. 128, entendeu-se que a intervenção obrigatória do tribunal para a resolução do contrato de aluguer de automóvel seria absurda, pelo que se considerou aplicável a regra geral do art. 436° CC.

parte o direito de resolver o contrato. Porém, a falta de pagamento da renda ou do aluguer, mesmo tratando-se de incumprimento definitivo, não implica necessariamente a resolução do contrato, pois estabeleceu-se no art. 1048° CC que o direito de resolução do contrato caduca se o locatário pagar as prestações em falta até à data da contestação. Nestes termos, se o locatário não pagar a renda ou aluguer na data do vencimento, não é necessário estabelecer um prazo admonitório para o cumprimento posterior da prestação; perante esse inadimplemento, o locador poderá pedir a resolução do contrato, só que essa resolução não produz efeitos se o locatário, até à data da contestação da acção que foi movida pelo locador com vista à cessação do contrato, pagar a renda ou aluguer em falta.

Terceiro, em certos casos, a resolução só pode efectivar-se em hipóteses tipificadas na lei. Em determinadas circunstâncias e por motivos de protecção do locatário, concretamente dos arrendatários urbano e rural, o legislador tipificou as situações em que se pode recorrer à resolução do contrato. Nestes termos, em caso de arrendamento urbano e rural só é possível recorrer à resolução naquelas situações de incumprimento que o legislador tipifica, respectivamente no art. 64° RAU[1] e no art. 21° RAR.

O Direito Civil, baseado num princípio de autonomia privada, confere a possibilidade de, em situações de incumprimento, ser pedida a resolução do contrato, mas em termos de arrendamento urbano e rural o legislador, por motivos de protecção do locatário, estabeleceu um *numerus clausus* quanto às situações de incumprimento que podem dar azo à resolução do contrato[2].

Quarto, por vezes, o pedido de resolução do contrato tem de ser exercido num determinado prazo, ou seja, enquanto a regra geral aponta no sentido de a resolução, como consequência do incumprimento contratual, poder ser feita valer no prazo normal de prescrição, a lei estabelece um prazo de caducidade para o exercício do direito de resolução do contrato de arrendamento. Isso verifica-se no domínio do arrendamento urbano em que se estabelece um prazo de um ano, subsequente ao conhecimento do facto, para ser pedida a resolução do contrato (art. 65°, n.° 1 RAU). Decorrido esse prazo de caducidade de um ano, não obstante a violação do contrato, já não pode ser pedida a sua resolução; porém, se

---

[1] Acerca da resolução do contrato de arrendamento urbano, *vd.* também o tratamento desta matéria no ponto n.° VI. § 4.g).1).

[2] A enumeração é taxativa e imperativa, pelo que são nulas as cláusulas contratuais no sentido de o contrato de arrendamento se extinguir por causas diversas das previstas na lei, como por exemplo se o senhorio necessitar da casa.

220 Direito das Obrigações

o facto gerador de resolução for continuado ou duradouro, o prazo de caducidade só se conta a partir da data em que ele tiver cessado (art. 65°, n.° 2 RAU).

III. Cabe ainda referir que, sendo a locação um contrato de execução continuada, nos termos do art. 434°, n.° 2 CC, a resolução não produz efeitos retroactivamente. Resolvido o contrato de locação, os efeitos extintivos só se produzirão para o futuro, sendo válidos os verificados até à data em que a resolução se efectivou. Só após a resolução produzir efeitos é que se extingue o vínculo contratual, sem eficácia retroactiva, sendo válidos os efeitos até então ocasionados.

2. Resolução exercida pelo locatário

I. Ao locatário também é conferido o direito de pedir a resolução do contrato, só que a resolução requerida pelo locatário enquadra-se nos parâmetros gerais dos arts. 432° ss. CC, não se tendo estabelecido qualquer regime especial.

Aplicando-se à resolução pedida pelo locatário as regras gerais, há que verificar se se está ou não perante um incumprimento definitivo de obrigações por parte do locador; em caso afirmativo pode o locatário resolver o contrato. A resolução do contrato pedida pelo locatário segue o regime regra da resolução dos contratos estabelecida nos arts. 432° ss. CC, com os pressupostos constantes do art. 801° CC.

Para além de ao locatário ser lícito exercer o direito à resolução em caso de incumprimento definitivo culposo por parte do locador, nos termos do art. 801° CC, admite-se também que a resolução seja requerida em caso de impossibilidade definitiva ou temporária, ou por defeito superveniente do locado não imputáveis ao locador, como se depreende do disposto nos arts. 1032°, 1034° e 1050° CC. Nestes casos, a resolução segue o regime regra, bastando, designadamente, a mera declaração do locatário (art. 436°, n.° 1 CC).

II. Com respeito ao art. 1050° CC, o problema reside em saber se a faculdade concedida ao locatário constitui verdadeiramente uma hipótese de resolução. De facto, no art. 1050° CC fala-se em resolução, mas neste caso pressupõe-se a inexistência de culpa por parte do locador, enquanto a resolução estabelecida no art. 801° CC tem por base um incumprimento culposo. Por isso o que está em causa no art. 1050° CC

II – Locação 221

não é a verdadeira resolução nos termos gerais do art. 801° CC, mas antes uma causa de extinção do vínculo obrigacional, prevista nos arts. 790° ss. CC.

A resolução baseada em incumprimento culposo por parte do locador confere ao locatário a possibilidade de, cumulativamente, pedir uma indemnização, como dispõe o art. 801° CC; se, pelo contrário, a extinção do vínculo se basear no art. 1050° CC, não é conferido ao locatário o direito de exigir uma indemnização. Tradicionalmente, o direito de resolver o contrato é concedido em função de actuações culposas de uma das partes, com o consequente direito de o lesado ser indemnizado; por conseguinte, a extinção prevista no art. 1050° CC corresponde a uma resolução *sui generis*, com efeitos idênticos, excepto no que respeita ao dever de indemnizar.

§ 3. Revogação

I. A revogação do contrato de locação corresponde a um acto bilateral, carecendo do assentimento do locador e locatário. Como em qualquer outro contrato, por efeito da vontade das partes — locador e locatário — pode extinguir-se o vínculo[1]. Trata-se, pois, de um acordo que leva à extinção do vínculo obrigacional, a que GALVÃO TELLES[2] chama «distrate»[3]. Portanto, aqueles que constituíram o vínculo contratual podem, depois, a todo o tempo, com base num princípio de autonomia privada, extinguir esse mesmo vínculo.

Ainda como situação especial de revogação, é de atender à prevista no art. 89°-A, n.° 3 RAU, em que se presume a aceitação de uma suposta denúncia (que será antes uma proposta) do senhorio com respeito à cessação do vínculo contratual.

II. Por via de regra, a revogação de qualquer contrato, independentemente de ser de locação, não tem efeitos retroactivos; a extinção do vínculo obrigacional só produz efeitos *ex nunc*.

---

[1] Cfr. Ac. STJ de 25/11/1997, CJ (STJ) 1997, T. III, p. 140.

[2] *Manual dos Contratos em Geral*, 3ª ed., Coimbra, 1965, p. 348.

[3] No Código Civil, o legislador também usa o termo distrate (art. 1410°, n.° 2 CC) e distratar (art. 596°, n.° 1 CC).

O negócio jurídico de revogação não está sujeito à forma do contrato a que se pretende pôr termo, sendo inclusive válida a revogação implícita[1].

A revogação do contrato de locação não tem particularidades relativamente às regras gerais dos contratos, excepto no que respeita ao arrendamento urbano.

III. O arrendamento urbano apresenta especificidades em relação ao acordo revogatório. Nos termos do art. 62°, n.° 2 RAU, na hipótese de a revogação não ser imediatamente executada ou na eventualidade de ela conter cláusulas compensatórias ou quaisquer outras cláusulas acessórias, exige-se que o referido acordo seja celebrado por escrito. Para esse acordo revogatório basta a forma escrita, independentemente de para o contrato de locação ser requerida forma mais exigente (art. 7°, n.° 2 RAU). Tratando-se de revogação imediatamente executada, isto é, com a entrega do prédio[2] e sem compensações, o acordo não carece de forma.

A compensação estabelecida no acordo revogatório está sujeita às limitações constantes do art. 14° do diploma preambular do RAU, nos termos do qual comete crime de especulação o inquilino que receba qualquer quantia que não seja devida pela desocupação do local arrendado. Assim sendo, as compensações poder-se-ão reportar ao pagamento de benfeitorias, de indemnizações, por exemplo por desocupação (art. 71° RAU), ou de outras quantias devidas ao locatário que podem inclusive não se encontrar relacionadas com o contrato de arrendamento.

Excepcionalmente, no domínio do arrendamento urbano encontra-se prevista a hipótese de revogação unilateral pelo arrendatário, em que se lhe concede a possibilidade de, a todo o tempo, revogar o contrato, mediante comunicação escrita a enviar ao senhorio com a antecedência mínima de noventa dias (art. 100°, n.° 4 RAU)[3].

Afora as excepções apresentadas, o acordo revogatório do contrato de arrendamento urbano segue o regime regra da revogação dos contratos.

---

[1] Cfr. Ac. STJ de 29/4/1992, RLJ 125 (1992/93), p. 86, com anotação de HENRIQUE MESQUITA, RLJ 125 (1992/93), pp. 92 ss.

[2] A que, vulgarmente, se chama revogação real. Cfr. GALVÃO TELLES, «Contratos Civis», cit., p. 151. Veja-se igualmente Ac. Rel. Pt. de 23/5/1989, CJ XIV (1989), T. III, p. 204; Ac. Rel. Év. de 17/9/1992, CJ XVII (1992), T. IV, p. 302; Ac. Rel. Év. de 1/2/1996, CJ XXI (1996), T. I, p. 281.

[3] A revogação unilateral não é específica do arrendamento urbano, pois foi igualmente estabelecida em outras sedes, como a revogação da procuração (art. 265°, n.° 2 CC) ou a revogação do mandato (art. 1170° CC).

§ 4. Denúncia

1. Noção

A denúncia corresponde a uma declaração negocial por via da qual se obsta à renovação automática do contrato de locação (art. 1055°, n.° 2 CC)[1].

O contrato de locação, como negócio jurídico de execução continuada, é celebrado por um determinado período e, tratando-se de arrendamento, se as partes nada disserem, o negócio jurídico renova-se automaticamente por um período idêntico (art. 1054° CC); sempre que as partes não procedam à denúncia do contrato, haverá renovações automáticas do mesmo por prazo idêntico ao inicialmente ajustado, desde que não exceda um ano (art. 1054°, n.° 2 CC). Assim, quando uma das partes não pretende que a renovação automática opere, poderá recorrer à denúncia do contrato.

2. Exercício

I. Em princípio, a denúncia é livre, podendo qualquer das partes — locador ou locatário — denunciar o contrato, obstando a que ele se renove para um período seguinte[2]. Porém, em certos casos, a denúncia está condicionada.

---

[1] Há quem, diferentemente, considere ser a denúncia em sentido técnico uma forma de cessação de relações contratuais duradouras, estabelecidas por tempo indeterminado (cfr. MENEZES CORDEIRO, *Direito das Obrigações*, Vol. 2°, Lisboa, 1986, p. 166; JANUÁRIO GOMES, *Em Tema de Revogação do Mandato Civil*, Coimbra, 1989, pp. 74 ss.); mas não parece que se justifique tal distinção. A denúncia tem em vista que a vinculação dos contraentes não se protele indefinidamente e vale nos mesmos moldes, tanto para relações duradouras, como para aquelas em que exista uma renovação automática. A diferença reside no facto de, nas primeiras, a denúncia nao estar sujeita a prazos, enquanto, nas segundas, é para se exercer no fim da vigência ou da renovação do contrato.

[2] Como refere MOTA PINTO, *Teoria Geral do Direito Civil*, 3ª ed., reimpressão, Coimbra, 1986, pp. 622 e 623, «Deve reconhecer-se, nos contratos de duração ou por tempo indeterminado, a existência de um poder de denúncia sem uma específica causa justificativa. O fundamento desta denunciabilidade "ad nutum" é a tutela da liberdade dos sujeitos que seria comprometida por um vínculo demasiadamente duradouro. Cremos ser esta uma solução decorrente da impossibilidade de se admitirem vínculos contratuais ou obrigacionais de carácter perpétuo, eterno ou excessivamente duradouro. Uma tal vinculação ou "servidão" eterna ou excessivamente duradoura violaria a ordem pública, pelo que os negócios de duração indeterminada ou ilimitada só não serão nulos, por força do artigo 280°, se estiverem sujeitos ao regime da livre denunciabilidade ou denunciabilidade *ad nutum*.»

O legislador, em matéria de arrendamento, estabeleceu limites ao exercício do direito de denúncia. Isto ocorre concretamente no domínio do arrendamento urbano (arts. 68° ss. e 107° ss. RAU) e do arrendamento rural (arts. 18° ss. RAR).

Condicionou-se o exercício do direito de denúncia de forma a não ser completamente livre, só podendo ser usado dentro de determinados parâmetros. Tais limitações existem exclusivamente em relação ao locador e elas justificam-se como formas de protecção dos arrendatários urbanos e rurais, de modo a não serem facilmente despejados[1].

No arrendamento florestal, como não há renovação automática do contrato (art. 21° RAF), só se prevê a denúncia, a qualquer altura, por iniciativa do arrendatário por carta registada com aviso de recepção (art. 18° RAF).

II. Apesar de a denúncia ser, em princípio, livre ela deverá respeitar um prazo de antecedência, ou seja tem de ser feita previamente em relação à data do termo do período de vigência do contrato, em que a renovação se verificaria (art. 1055°, n.° 1 CC). A antecedência exigida para a denúncia serve para que a parte destinatária dessa declaração se possa precaver para o facto de o vínculo contratual se extinguir em breve.

O prazo de antecedência para efectuar a denúncia pode ser estabelecido pelas partes; supletivamente o art. 1055°, n.° 1 CC faz referência a diferentes prazos, relacionados com o período de duração do contrato, que vão desde seis meses para os contratos que se destinavam a vigorar por prazo igual ou superior a seis anos (alínea a)) a um terço do prazo quando no contrato se estabeleceu uma vigência inferior a três meses (alínea d))[2].

Os prazos supletivos constantes do art. 1055°, n.° 1 CC não valem em matéria de arrendamento urbano, onde no art. 70° RAU se estabeleceu uma norma imperativa nos termos da qual a denúncia a exercer pelo senhorio deve ser feita com uma antecedência mínima de seis meses relativamente ao fim do prazo do contrato. Em relação ao arrendatário urbano aplica-se a regra geral (art. 68°, n.° 1 RAU)[3].

---

[1] Preconizando a inconstitucionalidade da prorrogação forçada dos arrendamentos, por constituir uma expropriação indirecta, cfr. PINTO FURTADO, *Arrendamento Urbano*, cit., pp. 180 s., 184 s. e 935 s.

[2] Quanto à sobreposição de prazos, optando por aplicar as alíneas na sequência exposta pelo legislador, isto é, dando precedência às situações em função da colocação no preceito, de modo a preferirem as situações precedentes às sucessivas, *vd.* Ac. Rel. Cb. de 26/6/1996, CJ XXI, T. III, p. 29.

[3] Acerca da denúncia, *vd.* igualmente o tratamento desta matéria no ponto n.° VI. § 4.1.g).2).

II – Locação 225

Com respeito ao arrendamento rural, no art. 18° RAR, os prazos de antecedência mínima para proceder à denúncia são mais elevados quando esta é exercida pelo senhorio (art. 18°, n.° 1, alínea b) RAR), que vão de dezoito meses a um ano, do que quando é requerida pelo rendeiro, que oscilam entre um ano e seis meses (art. 18°, n.° 1, alínea a) RAR).

III. Em matéria de arrendamento florestal o legislador estabeleceu uma denúncia *sui generis* no art. 18° RAF, que designa por cessação, mediante a qual se permite que o vínculo contratual se extinga antes de decorrido o prazo de vigência se o arrendatário avisar o senhorio com uma antecedência mínima de dois anos.

A propósito da denúncia *sui generis* é igualmente de referir a que vem prevista no art. 17° RAR, onde se permite que o senhorio denuncie o contrato antes do decurso do prazo de vigência do mesmo, desde que estejam preenchidos os pressupostos estabelecidos no n.° 1 do mencionado preceito.

Também em sede de arrendamento urbano se encontram situações de denúncia *sui generis*. Concretamente, no art. 33°, n.° 3 RAU dispõe-se que, se o arrendatário não concordar com a nova renda, pode denunciar o contrato quinze dias antes de findar o primeiro mês de vigência da nova renda, sem atender, pois, ao prazo de duração do contrato.

IV. Por via de regra, a denúncia não carece de qualquer forma, tal como acontece com as outras modalidades de extinção do contrato, como a resolução e a revogação. A denúncia é uma declaração negocial recipienda sem forma especial estabelecida por lei (art. 219° CC).

Todavia, em determinadas circunstâncias exige-se forma escrita. É isso que se verifica no art. 18°, n.° 1, alíneas a) e b) RAR em que, tanto o locador como o locatário, para denunciarem o contrato de arrendamento rural, têm de o fazer por escrito[1]. Já no que respeita ao arrendamento urbano, a lei exige que a denúncia do senhorio seja feita valer em acção judicial (art. 70° RAU), contudo, tratando-se de arrendamento urbano de duração limitada a denúncia deverá ser feita mediante notificação judicial avulsa dirigida ao inquilino (art. 100°, n.° 2 RAU).

V. A denúncia do contrato, em princípio, não implica qualquer compensação para o destinatário da declaração. Se uma das partes pretende denunciar o contrato, obstando a que se renove por um novo período, não

---

[1] Cfr. Ac. Rel. Év. de 20/11/1997, CJ XXII, T. V, p. 260.

tem de indemnizar a contraparte. A denúncia é um direito que assiste a qualquer das partes cujo exercício, mesmo que cause prejuízos à outra parte, não é fonte de responsabilidade civil. Contudo, relativamente ao contrato de locação admitem-se situações especiais em que a denúncia, sendo exercida pelo locador, constitui fonte de uma obrigação de indemnizar o locatário.

Trata-se de hipóteses previstas no domínio do arrendamento urbano. No art. 72° RAU admite-se que o locador, exercendo o direito de denúncia do contrato por necessitar do prédio para sua habitação (art. 69°, n.° 1, alínea a) RAU), deva compensar o locatário, pagando-lhe uma indemnização correspondente a dois anos e meio de renda à data do despejo. Por sua vez, no art. 89°-A RAU prevê-se que o senhorio, em vez de aceitar a transmissão do arrendamento, possa denunciar o contrato, pagando uma indemnização correspondente a dez meses de renda.

São hipóteses de responsabilidade objectiva por danos causados no exercício de factos lícitos. O locador tem o direito de denunciar o contrato, todavia, admite-se que, em determinadas circunstâncias, deva indemnizar; não há, por conseguinte, qualquer ilicitude, é uma das situações especiais de responsabilidade por factos lícitos.

Tal dever de indemnizar não vale, porém, no domínio dos contratos de arrendamento urbano de duração limitada, nos termos do disposto no art. 100°, n.° 3 RAU, em que a denúncia efectuada pelo senhorio não confere ao arrendatário o direito a qualquer indemnização.

§ 5. Caducidade

1. Sentidos estrito e amplo

I. A caducidade de um contrato, atento o disposto no art. 298°, n.° 2 CC, dá-se pelo decurso do prazo para o qual ele foi celebrado. Porém, por vezes, associa-se também a caducidade do contrato à superveniência de um facto a que se atribui efeito extintivo[1], apesar de que

---

[1] Cfr. GALVÃO TELLES, «Contratos Civis», cit., p. 151 e *Manual dos Contratos em Geral*, cit., pp. 351 s.

Sobre a caducidade do contrato de locação, com incidência no arrendamento, veja-se CUNHA DE SÁ, *Caducidade do Contrato de Arrendamento*, Lisboa, 1968, em particular pp. 97 ss, onde indica as várias causas de caducidade do contrato de arrendamento, depois de referências genéricas à caducidade nas pp. 53 ss.

II – Locação

estas situações podem corresponder, antes, a uma impossibilidade superveniente.

Em princípio, se o contrato for celebrado por um determinado prazo, decorrido esse período de tempo, o negócio jurídico caduca (art. 1051°, alínea a) CC). Todavia, no domínio do arrendamento, a regra aponta no sentido de, não obstante o contrato ser celebrado por um determinado prazo, se decorrer esse lapso, haverá uma renovação automática, e o contrato não caduca (art. 1054° CC)[1]. Mas nada obsta a que se celebre um contrato de locação, mesmo de imóvel, por um prazo determinado não renovável[2]; nesse caso, decorrido o prazo, o contrato caducará.

O mesmo acontece na hipótese em que tenha sido celebrado um contrato de locação, admitindo-se a eventualidade de, verificado certo facto, o contrato caducar. Nestas hipóteses, a caducidade de um contrato de locação não apresenta qualquer particularidade relativamente às regras gerais.

Fala-se igualmente em caducidade num sentido amplo se, tendo o contrato sido celebrado com base em determinados pressupostos, estes desaparecem. Verdadeiramente, no rigor dos princípios, estas hipóteses em que deixam de existir os pressupostos nos quais se basearam as partes para a celebração do contrato melhor se enquadram na impossibilidade superveniente ou, eventualmente, na alteração das circunstâncias. É o que ocorre, por exemplo, quando alguém arrenda uma casa julgando que ia ser transferido para aquela localidade, ou se, tendo uma casa arrendada junto da empresa na qual trabalhava, esta transferiu de local as instalações.

II. Na enumeração constante do art. 1051° CC, relativamente aos casos de caducidade, encontram-se situações de caducidade do contrato de locação, propriamente dita — nos termos em que vem definida no n.° 2 do art. 298° CC —, bem como hipóteses que não se enquadram verdadeiramente na figura da caducidade, mas que poder-se-ão dela aproximar.

---

[1] Refira se, de novo, que, apesar de o texto do art. 1054° CC apontar para a sua aplicação só ao arrendamento, o artigo está inserido entre as regras gerais da locação, implicando uma deficiente sistematização.

[2] De modo diverso, PIRES DE LIMA/ANTUNES VARELA, *Código Civil Anotado*, II, cit., anot. 5 ao art. 1054°, p. 398, consideram inválida a «cláusula pela qual as partes convencionem a improrrogabilidade da locação, logo no momento da sua celebração». Não se vislumbra qual o motivo deste limite à autonomia privada: se qualquer das partes pode denunciar o contrato no dia seguinte ao da sua celebração, porque razão não poderá, no momento do ajuste, estabelecer que o contrato não se renova; esta última até corresponde a uma actuação mais consentânea com a boa fé.

228   *Direito das Obrigações*

Assim, na alínea a) fala-se em prazo estipulado ou estabelecido na lei; esta corresponde a uma situação típica de caducidade, que é o decurso do prazo. Porém, em muitos casos, decorrido o prazo, dá-se a renovação automática que, com respeito a determinados tipos de arrendamento, pode ser obrigatória em relação ao senhorio.

Também se está perante uma situação típica de caducidade na previsão da alínea b), em que se alude a uma condição a que as partes subordinaram o contrato, nos termos dos arts. 270° ss. CC; o contrato caducará pela superveniência desse facto futuro e incerto ou pela certeza da sua não verificação[1]. No arrendamento pode ser posta em causa a validade de algumas cláusulas que estabeleçam uma condição resolutiva, na medida em que elas possam constituir uma forma de abrir caminho a uma resolução do contrato, não permitida por lei[2].

Mas nem todas as alíneas do art. 1051° CC correspondem a hipóteses de verdadeira caducidade; há casos em que se está perante uma impossibilidade superveniente, integrados entre as hipótese de caducidade. De facto, quando o contrato cessa por morte do locatário ou extinção da pessoa colectiva (alínea d))[3], por perda da coisa locada (alínea e))[4] e em

---

[1] Por exemplo, o contrato de arrendamento feito a um trabalhador do senhorio pode caducar no termo do contrato de trabalho (Ac. Rel. Pt. de 8/4/1997, CJ XXII, T. II, p. 207). Sobre a questão, vd. ROMANO MARTINEZ, *Direito do Trabalho*, Vol. II, *Contrato de Trabalho*, Tomo 2°, 3ª ed., Lisboa, 1999, pp. 20 ss.

[2] Tais cláusulas encontram-se expressamente vedadas no arrendamento rural (art. 4°, alínea f) RAR), mas mesmo no arrendamento urbano, atento o facto das causas da resolução serem taxativas (art. 64° RAU), não pode, por via convencional, acrescentar-se outras situações.

[3] Está em causa a impossibilidade relativamente a uma das partes no contrato, nos termos do art. 791° CC. Por isso, no Ac. STJ de 28/9/1998, CJ (STJ) 1998, T. III, p. 38, entendeu-se que caducava o contrato por o arrendatário se ter transformado em SGPS e a lei vedar a estas sociedades a possibilidade de arrendarem bens.

[4] Por impossibilidade superveniente quanto ao objecto do contrato. Por exemplo, quando o prédio arrendado ficou destruído mercê de um incêndio, porque a reconstrução do edifício não faz reviver o arrendamento, cfr. Ac. Rel. Év. de 3/7/1980, BMJ 302, p. 327. Veja-se também Ac. STJ de 11/12/1992, BMJ 414, p. 455; Ac. Rel. Lx. de 9/11/1989, CJ XIV (1989), T. V, p. 103; Ac. Rel. Lx. de 16/4/1996, CJ XXI (1996), T. II, p. 92; Ac. Rel. Cb. de 18/5/1999, CJ XXIV, T. III, p. 20.

É necessário que a perda seja total e não que a falta de obras obrigue o inquilino a desocupar o prédio (Ac. Rel. Lx. de 10/10/1996, CJ XXI, T. IV, p. 126) ou que o incêndio impossibilite o uso pleno do prédio, uma vez que o arrendatário o continua a usar (Ac. Rel. Lx. de 12/6/1997, CJ XXII, T. III, p. 104). Porém, se o estado de degradação torna inviável, técnica ou economicamente, a reparação do prédio, caduca o contrato de arrendamento (Ac. Rel. Pt. de 10/4/1997, CJ XXII, T. II, p. 210), do mesmo modo, se os danos

II – Locação

caso de expropriação por utilidade pública (alínea f))[1] há uma impossibilidade superveniente. O mesmo se diga da situação prevista na alínea c)[2]. Na alínea c) diz-se que o contrato de locação caduca quando cessem os direitos ou findem os poderes legais de administração com base nos quais o contrato foi celebrado, situação que está directamente relacionada com a impossibilidade superveniente[3].

2. Excepções

I. No art. 1052° CC encontram-se três excepções ao disposto na alínea c) do art. 1051° CC, admitindo-se que o contrato não caduque apesar de terem cessado os direitos ou de terem findado os poderes legais de administração com base nos quais o contrato foi celebrado. Na alínea a) como, não obstante a extinção do usufruto — direito com base no qual se deu a coisa em locação —, o locador adquiriu o direito de propriedade sobre o bem locado, justifica-se que o contrato de arrendamento subsista. O disposto na alínea b) relaciona-se com o regime do usufruto, em particular com o disposto no art. 1444° CC e com a regra *emptio non tollit*

---

causados no prédio o tornam inapto para o fim há perda total (Ac. STJ de 24/10/1996, CJ (STJ) 1996, T. III, p. 69).

O direito à reocupação do prédio (art. 168°, § 3 RGEU) não vale em caso de demolição, mas só para a hipótese de obras de recuperação ou beneficiação (Ac. Rel. Cb. de 18/5/1999, CJ XXIV, T. III, p. 20).

[1] O Ac. STJ n.° 4/2000, de 4/12/1999, DR I Série de 28/10/2000, considerou inconstitucional a parte final do art. 72°, n.° 1 RAU, quando limita a indemnização a dois anos e meio de renda.

[2] Cfr. Ac. Rel. Cb. de 19/3/1996, CJ XXI (1996), T. II, p. 13, acerca da caducidade do arrendamento celebrado por cabeça-de-casal.

[3] Sobre esta questão, relembre-se que o n.° 2 do art. 1051° CC foi revogado pelo RAU (art. 5°, n.° 2 do diploma de aprovação). Nos termos desse n.° 2, as situações previstas na alínea c) do n.° 1 do art. 1051° CC não implicavam caducidade do contrato se o arrendatário, no prazo de cento e oitenta dias, comunicasse que pretendia manter a sua posição contratual. O art. 22°, n.° 2 RAR ainda remete para o n.° 2 do art. 1051° CC, mas tal remissão deve considerar-se igualmente revogada. Do mesmo modo, a regra constante do art. 19°, n.° 1 RAF, ao determinar que o contrato não caduca se cessarem os direitos ou os poderes legais de administração, deve ser interpretada em consonância com o novo regime geral da locação (art. 1051°, alínea c) CC). A solução oposta implicaria a manutenção em vigor de uma norma revogada, por se entender que a remissão tinha conteúdo material, mas em regra as remissões são formais. Em sentido diverso, *vd.* PIRES DE LIMA/ANTUNES VARELA, *Código Civil Anotado*, II, cit., anot. 2 ao art. 22° RAR, p. 456.

230   *Direito das Obrigações*

locatum (art. 1057° CC). De facto, a alienação do usufruto não implica a sua extinção e o adquirente deste direito real menor fica investido nos mesmos direitos e obrigações do alienante.

Para além disso, considerou-se que a renúncia ao direito de usufruto por parte do beneficiário não implica a caducidade do contrato, para que a subsistência do negócio jurídico não ficasse na dependência da vontade do usufrutuário (locador)[1]. Por último, como se determina na alínea c), o contrato não caduca se tiver sido ajustado pelo cônjuge administrador e tiverem findado os seus poderes de administração.

II. Cabe ainda referir que, nos termos do art. 1056° CC, não obstante a caducidade do contrato, se o locatário se mantiver no gozo da coisa por lapso de um ano, sem oposição do locador, o legislador estabeleceu uma presunção *iure et de iure* quanto à renovação do contrato[2]. Esta renovação do contrato, porém, por motivos lógicos, não pode valer para todas as hipóteses de caducidade; nalgumas delas, a extinção da relação contratual opera *ipso iure*. Isso verifica-se no caso de perda da coisa locada (alínea e) do art. 1051° CC) e expropriação por utilidade pública (alínea f) do art. 1051° CC). Além disso, nas situações previstas nas alíneas c) e d) do art. 1051° CC, a renovação prevista no art. 1056° CC só operará mediante uma transmissão da posição contratual[3].

3. Direito a novo arrendamento

No caso de caducidade do contrato de arrendamento para habitação com base na alínea c) do art. 1051° CC, nos termos do art. 66°, n.° 2 RAU, o arrendatário tem direito a um novo arrendamento[4]. O contrato, de facto, caduca, extinguindo-se a relação contratual, mas conferiu-se ao arrendatário o direito a um novo arrendamento, nos termos do art. 90° RAU.

O direito a novo arrendamento é igualmente conferido no caso de o arrendamento para habitação caducar por morte do arrendatário (art.

---

[1] Cfr. PIRES DE LIMA/ANTUNES VARELA, *Código Civil Anotado*, II, cit., anot. 3 ao art. 1052°, p. 395.

[2] Cfr. Ac. Rel. Lx. de 30/5/1996, CJ XXI, T. III, p. 105.

[3] Quanto à extinção do usufruto, *vd*. Ac. Rel. Év. de 23/5/1996, CJ XXI, T. III, p. 271.

[4] Cfr. Ac. STJ de 4/3/1997, CJ (STJ) 1997, T. I, p. 117; Ac. Rel. Lx. de 16/1/1997, CJ XXII, T. I, p. 95.

II – Locação

1051°, alínea d) CC), às pessoas que convivam com o inquilino em economia comum há mais de cinco anos e aos subarrendatários (art. 90°, n.° 1 RAU).

4. Consequências

I. Sempre que o contrato de locação caducar por impossibilidade superveniente importa averiguar se há ou não culpa do locador.

Havendo culpa do locador, cuja actuação, por exemplo, levou à perda da coisa locada — hipótese de caducidade prevista no art. 1051°, alínea e) CC —, ele será responsável, tendo de indemnizar o locatário por essa situação. O contrato, na realidade, caduca, mas sobre o locador impenderá uma obrigação de indemnizar a contraparte se tiver havido culpa da sua parte no que respeita à produção do facto que desencadeou a caducidade.

Não havendo culpa do locador não existirá a obrigação de indemnizar. Assim, se a casa arrendada ruiu porque o locador não fez as obras necessárias de reparação, o contrato caduca e haverá que indemnizar o locatário, mas se a casa caiu em razão de um tremor de terra ou por força de um incêndio fortuito, não há qualquer obrigação de indemnizar.

Este regime geral tem, todavia, excepções nos casos de arrendamento urbano, rural e florestal, se houver extinção motivada por uma expropriação por utilidade pública. Em tal caso, prevê-se a possibilidade de o senhorio indemnizar o arrendatário cuja posição jurídica é considerada como encargo autónomo (art. 67°, n.° 1 RAU, art. 25°, n.° 2 RAR e art. 20°, n.° 2 RAF). Deste modo, se o arrendamento se extinguiu nos termos previstos na alínea f) do art. 1051° CC, o contrato de locação caduca, só que o proprietário do bem, em princípio o locador, vai ser indemnizado pela expropriação, mas parte desse valor tem de reverter para o locatário. Nos termos dos arts. 67°, n.° 1 RAU, 25°, n.° 2 RAR e 20°, n.° 2 RAF, a indemnização devida pelo expropriante, na parte considerada encargo autónomo do arrendamento, não é paga ao expropriado com a obrigação de este a satisfazer ao locatário, mas efectuada directamente pelo primeiro a este último.

Nas outras hipóteses em que se extingue o contrato, mesmo que o locador receba indemnização, não está prevista a possibilidade de reverter para o locatário parte da mesma. Nestes termos, se, por exemplo, o locador for indemnizado pela sua seguradora em caso de incêndio no prédio locado, o locatário não tem direito a receber qualquer quantia.

II. À excepção da caducidade como consequência de ter findado o prazo estipulado ou estabelecido por lei (art. 1051°, alínea a) CC), em qualquer dos outros casos de caducidade previstos no art. 1051° CC, tratando-se de arrendamento, o legislador estabeleceu uma moratória para a restituição do prédio que, em regra, será de três meses a contar do facto que determina esta causa de extinção do contrato (art. 1053° CC). Justifica-se esta moratória porque, afora a hipótese da alínea a), nos restantes casos de caducidade, o arrendatário poderia não estar prevenido e seria gravosa a obrigação de entrega imediata do bem locado.

VI. ARRENDAMENTO

§ 1. Vicissitudes na recente evolução histórica

I. Até à implantação da República, o contrato de locação era um negócio jurídico sem particularidades dignas de relevância no que respeita à limitação da liberdade contratual. Tratava-se de um contrato em que as partes podiam negociar livremente todas as suas cláusulas. De facto, o contrato de locação, tal como aparece no Código Civil de 1867 (designadamente no art. 1624°) e como tinha sido regulado nas Ordenações do Reino (Ordenações Afonsinas, Livro IV, Título LXXIII, Ordenações Manuelinas Livro IV, Título LVII, Ordenações Filipinas, Livro IV, Título XXIII), não apresentava particularidades relativamente ao regime regra dos contratos, baseado na autonomia privada[1].

Em especial, entre 1917 e 1967, vigorou em Portugal, a título excepcional e transitoriamente, uma limitação à livre denúncia *ad nutum* por parte do locador de prédio urbano, em que, pelo menos a partir de 1919, se encontrava abrangido o senhorio de estabelecimento industrial, por um lado, e limitações ao aumento de renda, por outro[2].

II. A partir de 1910 foram frequentes as intervenções legislativas no domínio da locação, essencialmente no arrendamento e, em particular, no arrendamento urbano. Estas intervenções legislativas estiveram especialmente associadas com problemas de determinação da renda, estabelecendo limites à actualização das rendas, e à cessação do contrato de arrendamento, quando exercida pelo senhorio.

A primeira alteração surge com o Decreto de 12 de Novembro de 1910, onde se estabelece uma limitação quanto ao aumento de rendas

---

[1] Cfr. o ponto n.° 1 do Preâmbulo do Decreto-Lei n.° 321-B/90, de 15 de Outubro.

[2] Quanto a esta evolução, *vd.* os pontos n.os 2 ss. do Preâmbulo do Decreto-Lei n.° 321-B/90, de 15 de Outubro.

(art. 9°), mantendo-se, porém, a liberdade de denúncia (art. 11°). Seguidamente, com o Decreto n.° 1079, de 23 de Novembro de 1914 proíbe-se a elevação das rendas para além de certos limites (art. 1°), esclarecendo-se que a situação tem natureza transitória (art. 6°). O limite à liberdade de denúncia *ad nutum* por parte do locador é instituído com a Lei n.° 828, de 28 de Setembro de 1917 (art. 2°, n.° 5°), que era, todavia, uma norma limitativa de direitos de carácter transitório (art. 9°). Com o Decreto n.° 4499, de 27 de Junho de 1918 pretendia-se, em termos de princípio, restabelecer a regra da liberdade de denúncia do contrato de arrendamento por parte do senhorio (art. 11°), mas nos arts. 45° e 46° impunha-se, excepcionalmente e com carácter transitório, um regime limitativo desse direito. O Decreto n.° 5411, de 17 de Abril de 1919 surge como consolidativo de todo o regime do arrendamento e é o primeiro diploma de onde consta um conjunto de regras especiais para os arrendamentos de estabelecimentos comerciais e industriais (arts. 52° a 60°). Com este decreto pretendeu restabelecer-se o regime tradicional do arrendamento, só que das disposições especiais, com carácter transitório, constavam limites à liberdade contratual, nomeadamente no que respeita ao direito do locador de denunciar o contrato (art. 106°). Posteriormente, a Lei n.° 1662, de 4 de Setembro de 1924, com aplicação retroactiva a 6 de Dezembro de 1923 (art. 1°), manteve a suspensão do exercício da denúncia *ad nutum* pelo senhorio, esclarecendo-se que tal limitação tinha natureza transitória. Do art. 13° desta Lei constava que «As disposições restritivas (...) em vigor (...) terminam em 31 de dezembro de 1925.», mas este termo (31/12/1925) foi sucessivamente prorrogado por períodos de um ano, até que o Decreto n.° 14630, de 28 de Novembro de 1927 determinou que o regime restritivo vigoraria até à publicação de um novo diploma sobre inquilinato. Situação que só se verificou com a Lei n.° 2030, de 22 de Junho de 1948, para os arrendamentos habitacionais, e com o Código Civil de 1966, em relação ao arrendamento para fins comerciais ou industriais.

As intervenções legislativas operadas a partir de 1910, no sentido de limitar a autonomia privada das partes, encontravam-se particularmente associadas com aspectos sociais e políticos.

Quanto às questões sociais, os problemas residiam essencialmente, em primeiro lugar, no afluxo de população às grandes cidades, com os inerentes problemas de falta de habitação e, em segundo lugar, as crises motivadas pelas grandes guerras e as consequentes desvalorizações monetárias.

As razões políticas desta intervenção que se verifica a partir de 1910 estão relacionadas com a protecção de um estrato social desfavo-

II – Locação 235

recido[1], relativamente numeroso, que carecia de habitação e representava um número avultado de cidadãos eleitores, dos quais o Governo da 1ª República pretendeu captar os votos, retirando dividendos através da concessão de habitação.

III. Em termos esquemáticos, poder-se-á dizer que depois de vários diplomas que foram publicados a partir de 1910, o novo regime do arrendamento urbano veio a ser consolidado pelo Decreto n.° 5411, de 17 de Abril de 1919. Este diploma foi alterado várias vezes, vindo a ser parcialmente substituído pela Lei n.° 2030, de 22 de Junho de 1948.

Verifica-se que os dois diplomas fundamentais que consolidaram o regime do arrendamento vieram a ser aprovados pouco depois do termo das duas grandes guerras; o primeiro em 1919 e o segundo em 1948. Por conseguinte, é depois das crises sociais e económicas derivadas das duas grandes guerras que se esteve em condições de consolidar o regime do arrendamento[2].

O sistema estabelecido pela Lei n.° 2030, relativamente ao arrendamento habitacional, embora com algumas alterações, veio a transitar para o Código Civil de 1966. Portanto, o actual Código Civil, na parte relativa à locação, adoptou, nas suas linhas gerais, o sistema instituído em 1948, na Lei n.° 2030, só que as regras limitativas da autonomia privada dei-

---

[1] CARLOS ALEGRE, *Arrendamento Urbano*, cit., p. 20, alude a um «tratamento mais favorável ao arrendatário (...) no conhecimento pressuposto de que (...) é social e economicamente a parte mais fraca. Por isso, as soluções que o legislador, bastas vezes, impõe não são imparciais, nem equitativas, antes, sobretudo nos casos concretos, não raro parcialmente chocantes». A mesma ideia de «melhor tratamento ao arrendatário» é mencionada por PEREIRA COELHO, *Arrendamento*, cit., pp. 61 ss. Contestando o postulado de tratamento mais favorável ao arrendatário, considerando tratar-se de providências conjunturais, cfr. PINTO FURTADO, *Arrendamento Urbano*, cit., pp. 214 ss.

O pressuposto do tratamento mais favorável em que tem assentado o regime do arrendamento baseia-se numa premissa falsa, tendo hoje, até no domínio laboral, caído em descrédito, cfr. ROMANO MARTINEZ, *Direito do Trabalho*, Vol. I, *Parte Geral*, 3ª ed., Lisboa, 1998, pp. 339 ss.

[2] Quanto às implicações das duas grandes guerras na legislação arrendatícia, dita de emergência, na Alemanha, cfr. LARENZ, *Schuldrechts*, II-1, cit., § 48.I, p. 124, e, em relação ao carácter social das cláusulas introduzidas no Código Civil (BGB), tais como os §§ 556a e 564b, cfr. autor e ob. cit., § 48.VI, pp. 256 s. A legislação designada vinculística surge noutros espaços jurídicos, nomeadamente em Itália a partir de 1950 (cfr. CAPOZZI, *Dei Singoli Contratti*, cit., pp. 364 ss.), onde também se utiliza a terminologia «regime vinculístico» (cfr. LUMINOSO, *I Contratti Tipici e Atipici*, Milão, 1995, pp. 439 s.), e no Brasil depois da I Grande Guerra (cfr. SILVA PEREIRA, *Instituições*, cit., pp. 172 s e 190 ss.).

236   *Direito das Obrigações*

xaram de ter carácter transitório, pois, em vez de se entender o regime vinculístico como uma solução provisória, para fazer face a problemas conjunturais, admitiu-se que a especial protecção do arrendatário seria instituída com carácter definitivo.

Este regime vigorou, praticamente sem alterações, até 1974. A partir de 1974, o regime estabelecido no Código Civil veio a ser alvo de sucessivas modificações. As modificações introduzidas depois de 1974, essencialmente, também pretendiam resolver problemas de carência de habitação, em particular nas grandes cidades, devido ao afluxo populacional. No fundo, estavam em causa os mesmos problemas que, desde 1910, se faziam sentir em Portugal e para cuja solução o legislador recorreria à limitação de direitos dos proprietários urbanos. Assim, para fazer face à carência de habitação, em vez de implementar a construção, impõe-se ao senhorio a obrigação de arrendar, estabeleceram-se rendas máximas para prédios devolutos e foram impedidas as actualizações de rendas. De facto, as limitações quanto a actualizações de rendas nas cidades de Lisboa e Porto eram anteriores a 1974, mas este regime acabou por ser estendido a todo o país (Decreto-Lei n.º 445/74, de 12 de Setembro). Por outro lado, limitaram-se sobremaneira as situações em que o senhorio podia recorrer à cessação do contrato de arrendamento, apresentando-se mais limitações às hipóteses de extinção do vínculo locatício do que aquelas que constavam da versão original do Código Civil (Decreto-Lei n.º 65/75, de 19 de Fevereiro, Decreto-Lei n.º 293/77, de 20 de Julho e Lei n.º 55/79, de 15 de Setembro). Tendo-se igualmente estabelecido, a favor do inquilino habitacional, um direito de preferência na compra e venda ou dação em cumprimento do prédio arrendado (Lei n.º 63/77, de 25 de Agosto).

IV. Depois de uma sucessão de vários diplomas no mesmo sentido de limitação da autonomia privada no ajuste de tais contratos, em particular quanto à cessação do contrato e à actualização de rendas, dá-se uma inflexão na política governamental, primeiro com o Decreto-Lei n.º 330/81, de 4 de Dezembro e, em especial, com a Lei n.º 46/85, de 20 de Setembro. Com esta lei opera-se uma viragem na política legislativa que se iniciara em 1910, regressando-se tendencialmente a uma política liberal; reduzindo-se, assim, o proteccionismo aos arrendatários, o qual já não tinha justificação. Pretendeu, por conseguinte, regressar-se a um sistema liberal, tal como tinha sido estabelecido no Código Civil de 1867 (antes de 1910), em que os contratos de locação eram negócios jurídicos relativamente aos quais a limitação da liberdade contratual das partes era mínima.

Na realidade, verificou-se que o proteccionismo tinha levado a que se mantivessem rendas de valor irrisório, essencialmente em Lisboa e no Porto onde a proibição de aumento de rendas vigorava há bastantes anos; por casas com valor locativo elevado pagavam-se, por vezes, rendas quase simbólicas. Isto levava, por um lado, a que nenhum proprietário urbano estivesse disposto a celebrar um contrato de arrendamento, não havendo, pois, casas para arrendar. Na realidade, os proprietários urbanos não estavam interessados em arrendar as casas que possuíssem, pois sabiam que, não podendo aumentar a renda, num sistema económico inflacionista, os montantes acordados rapidamente deixariam de corresponder à realidade, não sendo vantajoso o negócio de arrendar casas. Além disso, como a cessação do contrato de arrendamento estava muito limitada, o proprietário que arrendasse a sua casa dificilmente a poderia reaver. Ou seja, quem arrendasse uma casa ficaria, na prática, definitivamente privado daquele bem, recebendo, ao fim de alguns anos, uma renda irrisória. Por isso, antes de 1985, nos poucos arrendamentos que se celebravam, acordavam-se rendas de valores incomportáveis para a maioria das pessoas.

Mas havia ainda um segundo aspecto negativo que advinha do proteccionismo estabelecido em favor dos arrendatários. Como os senhorios recebiam rendas de valores baixos deixaram de fazer obras nos prédios. Obras essas, as mais das vezes de valores elevados, que não podiam ser comportadas com o montante das rendas recebidas, não sendo, pois, moralmente exigível aos senhorios tais reparações. Tal falta de obras esteve na base da degradação do parque habitacional do país; um excessivo proteccionismo dos arrendatários trouxe como consequência uma menor qualidade de vida em razão de serem habitadas casas em mau estado de conservação. Tentou resolver-se o problema da degradação do parque habitacional através da concessão de subsídios, mas verificou-se que isso não seria suficiente. Daí ter sido considerado que deveria ser admitida a possibilidade de actualizações de rendas, o que veio a ser instituído pela Lei n.º 46/85.

Para possibilitar o pagamento de rendas actualizadas por parte dos arrendatários mais carenciados foi instituído um subsídio de renda. Àqueles que demonstrassem dificuldades económicas que não lhes permitisse o pagamento do montante da actualização seriam concedidos subsídios com essa finalidade.

No fundo, com a Lei n.º 46/85 e com a inflexão política nela operada, pode concluir-se que o legislador entendeu que o direito à habitação, constitucionalmente consagrado, contrariamente à política até então seguida em Portugal, melhor seria assegurado num sistema de economia livre do que no regime proteccionista vigente. Ou seja, considerou-se que se as regras de mercado funcionassem, as ofertas de habitação para arrendar apareceriam em maior número e com rendas menos elevadas. Pois, deixando de impender limites quanto aos aumentos de renda, mais facilmente apareceriam investidores interessados em apostar na construção de prédios para habitação, com o consequente aumento de oferta de casas para arrendar. O incremento da construção de prédios traria duas vantagens: por um lado, aumentaria o número de casas para habitar e, por outro, fomentaria a construção, que é um dos principais motores do desenvolvimento económico.

Todavia, a Lei n.° 46/85 não estabeleceu uma total liberalização, antes pelo contrário, manteve um certo condicionamento quanto às actualizações de renda e os resultados que se pretendiam obter, em especial de investimento na construção de novos prédios, não foram completamente conseguidos. Por isso, o legislador achou por bem ir mais longe na política de liberalização e veio a aprovar o Decreto-Lei n.° 321-B/90, de 15 de Outubro. Com este diploma, praticamente, reinstituiu-se o sistema liberal que vigorava antes de 1910 com respeito ao contrato de arrendamento, reduzindo-se as limitações à autonomia das partes. Em particular, deixaram de subsistir as duas limitações basilares: a renda pode ser actualizada aquando da renovação do contrato e, decorrido o prazo de vigência do contrato — sendo este de duração limitada —, qualquer das partes pode opor-se à sua renovação. É evidente que, como em outros contratos de Direito Civil, também no arrendamento subsistem limitações à autonomia privada, mas sem os contornos que vigoraram antes de 1990[1].

V. A evolução descrita reporta-se essencialmente ao arrendamento urbano, quanto aos outros tipos de arrendamento a intervenção legislativa não teve o mesmo peso, porque era no domínio da habitação que os aspectos sociais e políticos apresentavam maior relevância. Porém, também no arrendamento rural há vicissitudes, apesar de não tão acentuadas como no arrendamento urbano, mas que importa relatar.

O arrendamento rural encontrava-se regulado no Código Civil de 1966, nos arts. 1064° a 1082°, em termos relativamente liberais, sem o proteccionismo que, desde 1910, vigorava quanto ao arrendamento urbano. Todavia, foram introduzidas alterações nesse regime pelo Decreto-Lei

---

[1] Estas limitações à autonomia privada e, consequentemente, ao direito de propriedade, não são inconstitucionais, não havendo, por isso, responsabilidade civil do Estado (Ac. Rel. Lx. de 20/5/1997, CJ XXII, T. III, p. 91).

II – *Locação*

n.º 210/75, de 15 de Abril, de molde a estender ao arrendamento rural o proteccionismo já vigente com respeito ao arrendamento urbano. O Decreto-Lei n.º 210/75 veio a ser substituído pela Lei n.º 76/77, de 29 de Setembro[1], que instituiu um novo regime de arrendamento rural, essencialmente baseado na protecção do arrendatário.

Tal como em relação ao arrendamento urbano, a mesma inflexão política verificou-se no domínio do arrendamento rural através do Decreto--Lei n.º 385/88, de 25 de Outubro, que revogou as Leis n.º 76/77 e n.º 76/79. No diploma vigente estabeleceu-se um regime em que a autonomia privada está sujeita a poucas limitações, havendo liberdade de actualização de rendas, mesmo durante os períodos de vigência do contrato, e liberdade de cessação do contrato, mediante oposição à renovação do mesmo, dentro dos prazos estabelecidos na lei.

§ 2. Arrendamento rural

1. Noção

I. O arrendamento rural encontra a sua regulamentação no Decreto--Lei n.º 385/88, de 25 de Outubro[2], que se poderá designar por Regime do Arrendamento Rural (RAR). Nos termos do art. 1º RAR, o arrendamento rural corresponde à locação de prédios rústicos ou mistos que se destinem à exploração agrícola ou pecuária (p. ex., terreno agrícola com casa de lavoura).

Não é abrangido por este tipo de locação o arrendamento de prédios rústicos para outros fins não relacionados com a exploração agrícola ou pecuária, como sejam finalidades desportivas (p. ex., o arrendamento de um campo de golfe ou de equitação) ou de lazer (p. ex., arrendamento de um terreno para instalar um parque de campismo ou de uma barragem para pescar). Estes arrendamentos estão sujeitos ao regime geral da locação (art. 6º RAU)[3].

---

[1] A Lei n.º 76/79, de 3 de Dezembro, introduziu algumas alterações a este regime.

[2] Diploma que se encontra em fase de revisão, cfr. a autorização legislativa da Lei n.º 111/99, de 3 de Agosto.

[3] Veja-se, contudo, as considerações de PEREIRA COELHO, «Breves Notas ...», cit., RLJ 125, p. 260, onde considera que aos arrendamentos rústicos para fins comerciais ou industriais se justifica a aplicação da legislação vinculística do arrendamento para comércio ou indústria.

240 *Direito das Obrigações*

II. Por outro lado, apesar do fim, não integra a noção de arrendamento rural a locação de prédios que não tenham terra; deste modo, o arrendamento de uma exploração pecuária sem terra não é havido como arrendamento rural (art. 1°, n.° 4 RAR). A dúvida residirá em determinar o que seja «terra» para efeitos deste preceito, pois o legislador recorreu a um termo sem conotação jurídica; daí poder questionar-se se, por exemplo, será um arrendamento rural a locação de 1 ha onde se encontrem instalados cinco aviários. O sentido do preceito parece excluir tal qualificação.

No âmbito do arrendamento rural, como dispõe o art. 2°, n.° 1 RAR, para além do terreno, incluem-se as construções destinadas aos fins agrícola ou pecuário, bem como à habitação do arrendatário (também, por vezes, designado rendeiro). Em princípio, as árvores existentes no prédio arrendado que se destinem a fins florestais (p. ex., pinheiros de um pinhal) ou à extracção de cortiça não são compreendidas no objecto do arrendamento rural (art. 2°, n.° 2 RAR)[1].

2. Forma e conteúdo do contrato

I. Tal como já foi indicado a propósito das regras gerais da locação (n.° I. § 4), o contrato de arrendamento rural tem de ser celebrado por escrito (art. 3°, n.° 1 RAR); só que a redução a escrito do negócio jurídico pode ser feita posteriormente à data da sua celebração, a requerimento de qualquer das partes (art. 3°, n.° 3 RAR).

A nulidade por falta de forma do contrato é atípica, pois não pode ser invocada pela parte que, notificada nos termos do n.° 3 do art. 3° RAR, se tenha recusado à sua redução a escrito (art. 3°, n.° 4 RAR)[2].

II. No art. 4° RAR estabelece-se um elenco de cláusulas nulas. São, essencialmente, regras de ordem pública ditadas para a protecção do arrendatário rural. Assim, na alínea a) consideram-se nulas cláusulas que imponham a venda de colheitas a certas entidades, pois contrariariam a liber-

---

[1] A extracção de cortiça compreender-se-á no objecto do arrendamento rural desde que haja cláusula nesse sentido (art. 2°, n.° 2 RAR), pelo que não se pode acompanhar a solução do Ac. Rel. Év. de 23/4/1998, CJ XXIII, T. II, p. 278, em que se qualifica o contrato de arrendamento para extracção de cortiça como arrendamento florestal.

[2] Cfr. Ac. STJ de 6/10/1998, CJ (STJ) 1998, T. III, p. 51; Ac. Rel. Év. de 29/9/1994, CJ XIX (1994), T. IV, p. 265; Ac. Rel. Lx. de 23/3/1999, CJ XXIV, T. I, p. 119; Ac. Rel. Cb. de 28/11/2000, CJ XXV, T. V, p. 29.

II – Locação

dade de contratar do arrendatário; na alínea c) está, entre outros aspectos, a proibição de renúncia à indemnização, nos termos do art. 809° CC. A proibição estabelecida na alínea e), de o arrendatário se obrigar a prestar serviços que não revertam em benefício directo do prédio, tem uma razão histórica: é a inadmissibilidade dos direitos banais, próprios do regime feudal[1].

Quanto a estas cláusulas resta deixar uma dúvida: entende-se que na alínea f) se proíba o estabelecimento de condições resolutivas, porque, por via destas, se frustraria a limitação quanto ao direito de resolver o contrato, mas não se compreende qual a razão de, nessa mesma alínea, se estabelecer a invalidade das condições suspensivas[2].

A nulidade das cláusulas pressupõe, nos termos gerais, a redução do contrato (art. 292° CC)[3].

III. Como estabelece o art. 5°, n.° 1 RAR, o contrato de arrendamento rural terá de ser celebrado por um prazo mínimo de dez anos; trata-se de uma norma imperativa que constitui uma limitação à autonomia privada. Há, todavia, excepções.

Admite-se que possa ser celebrado um contrato de arrendamento rural por período de sete anos se o arrendamento for feito a agricultor autónomo (art. 5°, n.° 2 RAR)[4]. Hoje, ao contrário do que sucedia no Código Civil (art. 1079°) e na Lei n.° 76/77 (art. 1°, n.° 2), a lei não define agricultor autónomo, mas deve continuar a entender-se que o agricultor autónomo, também designado por cultivador directo, é aquele que explora a propriedade agrícola, essencialmente, com o seu trabalho e o do seu agregado familiar[5]; corresponde, no fundo, ao pequeno agricultor (cfr.

---

[1] Cfr. PIRES DE LIMA/ANTUNES VARELA, *Código Civil Anotado*, II, cit., anot. 6 ao art. 4° do Decreto-Lei n.° 385/88, pp. 416 s.

[2] Imagine-se que o senhorio está a ultimar obras no prédio, por exemplo de captação de água, e celebra o contrato de arrendamento sob condição suspensiva de haver água em abundância ou, estando o prédio arrendado a outra pessoa que, em princípio, se vai dedicar a outro meio de vida, o senhorio celebra um contrato de arrendamento sob condição suspensiva de o actual arrendatário denunciar o contrato. Em qualquer das situações, a condição suspensiva é perfeitamente lícita, não se vislumbrando a razão de ser da sua invalidade.

[3] *Vd.* D'OREY VELASCO, *Lei do Arrendamento Rural Anotada*, Coimbra, 1998, p. 23.

[4] Com uma explicação da razão de ser da diferença destes prazos, *vd.* PIRES DE LIMA/ANTUNES VARELA, *Código Civil Anotado*, II, cit., anot. 5 ao art. 5° RAR, pp. 418 s. A figura é conhecida em outras ordens jurídicas, veja-se por exemplo a referência ao cultivador directo no art. 1647 CCIt., cfr. GALGANO, *Diritto Privato*, cit., p. 541.

[5] Cfr. D'OREY VELASCO, *Arrendamento Rural*, cit., p. 15 e Ac. Rel. Év. de 7/12/1995, CJ XX (1995), T. V, p. 294.

art. 39° RAR), a que a Lei n.° 86/95, de 1 de Setembro (Lei de Bases do Desenvolvimento Agrário), no art. 21°, qualifica como empresa de tipo familiar, distinguindo-a do empresário agrícola[1].

O arrendamento rural pode igualmente ser celebrado por prazo inferior a dez anos se se tratar de arrendamento de campanha (art. 29° RAR)[2]. Em tais casos, o prédio pode ser arrendado por um curto período, que corresponde à campanha.

Por último, admite-se ainda no art. 30° RAR que, sendo o contrato de arrendamento celebrado para fins de emparcelamento agrícola, o prazo acordado seja inferior a dez anos.

Decorrido o prazo mínimo inicial ou outro superior se for acordado, o contrato de arrendamento renova-se automaticamente, mas não por igual período. Nos termos do regime regra, o contrato renova-se por período igual àquele por que foi celebrado (art. 1054°, n.° 2 CC); diferentemente, no domínio do arrendamento rural, o contrato renova-se por períodos de cinco anos, se as partes não acordarem noutro prazo superior (art. 5°, n.° 3 RAR)[3]. Deste modo, em regra, o contrato é celebrado por um período de dez anos e, decorrido este, renova-se automaticamente por períodos de cinco anos.

Eventualmente, se o prédio arrendado for reconvertido pelo arrendatário, o contrato poderá perdurar por um prazo diverso daquele que resulta das cláusulas estabelecidas pelas partes ou, na falta destas, das normas legais. Esse novo período de vigência do contrato vai ser fixado em função do plano de reestruturação agrícola que o arrendatário se propõe realizar, não podendo, contudo, ser superior a vinte e cinco anos (art. 6° RAR).

3. Renda

I. A renda é paga anualmente e, em regra, encontra-se fixada em dinheiro, podendo, em parte, ser estabelecida em géneros (art. 7° RAR)[4].

---

[1] *Vd.* ARAGÃO SEIA/COSTA CALVÃO/ARAGÃO SEIA, *Arrendamento Rural*, 3ª ed., Coimbra, 2000, pp. 11 s.

[2] Quanto aos arrendamentos de campanha podem consultar-se as Portarias n.° 126/98, de 3 de Março, n.° 238/99, de 6 de Abril e n.° 246/2001, de 22 de Maio.

[3] Nos termos da alteração introduzida neste preceito pelo Decreto-Lei n.° 524/99, de 10 de Dezembro, o prazo de renovação foi alargado de três ou um ano para cinco anos.

[4] Quanto aos pagamentos em géneros é necessário distinguir se se trata de uma renda, de uma parceria agrícola (art. 31° RAR) ou de um contrato misto de arrendamento rural e de parceria agrícola (art. 32° RAR).

II – Locação 243

Nos termos gerais, a renda é paga no fim do período a que respeita, só podendo ser convencionada a antecipação do seu pagamento se o arrendatário for um jovem agricultor titular de um projecto de exploração aprovado pelos serviços regionais do Ministério da Agricultura (art. 7°, n.° 4 RAR)[1].

II. Ainda quanto à renda importa referir que se admite a possibilidade de, anualmente, proceder-se à sua actualização (art. 8° RAR); esta actualização pode ser requerida mesmo durante o período de vigência do contrato, não estando as actualizações dependentes da sua renovação. Por conseguinte, mesmo durante o prazo inicial de dez anos ou das renovações, anualmente, pode ser requerida uma actualização da renda.

Esta regra não acompanha o regime da locação, em que as alterações da renda podem ser pedidas aquando da renovação do contrato. A solução estabelecida em sede de arrendamento rural afasta-se também do regime regra dos contratos, pois, em princípio, não estando preenchidos os pressupostos da alteração das circunstâncias, durante a vigência de um contrato não podem ser, unilateralmente, requeridas alterações às suas cláusulas. Todavia, como o legislador, para segurança do arrendatário rural, estabelece prazos mínimos de vigência do contrato, para não prejudicar o senhorio, especialmente em períodos de inflação, admite que as actualizações sejam pedidas todos os anos, mesmo durante a vigência do contrato.

III. Também como limitação à autonomia privada, no art. 9° RAR estabelece-se que a renda (inicial ou actualizada) tem de ser fixada em função das tabelas de rendas[2]. O Governo fixa determinados parâmetros dentro dos quais as partes têm liberdade de ajustar a renda do contrato que celebram. Estes parâmetros estão relacionados com diversos aspectos, designadamente a qualidade do solo ou a existência de água, tendo em conta o que se espera de produção para o prédio arrendado. Sendo acordada uma renda superior à constante das tabelas, o arrendatário pode recusar-se a pagar o excedente, reduzindo a renda devida contratualmente para o limite máximo.

IV. Na sequência do disposto no art. 1040° CC, e como tem sido regra em relação ao arrendamento rural, no art. 10° RAR admite-se que a renda seja reduzida quando, por causas imprevisíveis e anormais, resultar diminuição significativa da capacidade produtiva do prédio com carácter

---

[1] Preceito alterado pelo Decreto-Lei n.° 524/99, de 10 de Dezembro.
[2] Cfr. Portaria n.° 151/96, de 14 de Maio.

244 *Direito das Obrigações*

duradouro plurianual. Tal redução não se justifica se o acidente for suscep-tível de ser coberto pelo seguro (art. 10°, n.° 3 RAR)[1], bem como, apesar de a lei o não dizer, se o prejuízo do agricultor for suportado por subsídio governamental, como ultimamente se tem verificado com frequência. O processo a seguir para a redução da renda vem previsto no art. 11° RAR.

V. A falta de pagamento da renda na data do vencimento implica mora do arrendatário, com as consequências normais (art. 12°, n.° 1 RAR), sendo os juros de mora, no que respeita à parte da renda em géneros — se a houver —, calculada nos termos do art. 12°, n.° 2 RAR. A falta de paga-mento da renda será causa de resolução do contrato se a mora se prolon-gar por noventa dias; ou seja, a mora prolongada, independentemente do estabelecimento de um prazo admonitório, transforma-se em incumpri-mento definitivo. Porém, na sequência do disposto no art. 1048° CC, o arrendatário pode obstar à resolução do contrato se pagar a renda em falta e a respectiva indemnização; só que o pagamento deverá ser feito até ao encerramento da discussão em primeira instância (e não até à contestação, como dispõe o art. 1048° CC) e para as indemnizações os juros são cal-culados à taxa oficial das operações passivas (art. 12°, n.° 3 RAR). Não se entendem muito bem estas duas excepções. E em relação à segunda há até uma incongruência: no n.° 1 do art. 12° RAR estabelece-se que os juros são determinados à taxa prevista no art. 559° CC[2], e no n.° 3 do mesmo preceito fala-se em juros de mora à taxa oficial das operações passivas, que, em princípio, seria superior à taxa legal[3].

4. Benfeitorias

Com respeito à realização de benfeitorias no prédio rústico arrendado rege o art. 14° RAR. Neste preceito consagra-se o regime regra da locação, mas com particularidades. A particularidade está em que o arrendatário,

---

[1] Sobre o seguro de colheitas, *vd.* o Decreto-Lei n.° 20/96, de 9 de Março (alterado pelo Decreto-Lei n.° 23/2000, de 2 de Março), que instituiu o Sistema Integrado de Pro-tecção contra Aleatoriedade Climatéricas, cujo regulamento consta da Portaria n.° 388/99, de 27 de Maio.

[2] Esta formulação não é correcta, pois no art. 559° CC, desde a alteração intro-duzida pelo Decreto-Lei n.° 200-C/80, não se determina a taxa de juro, que é fixada por portaria ministerial, sendo actualmente a taxa de juro legal de 7%.

[3] Como referem ARAGÃO SEIA/COSTA CALVÃO/ARAGÃO SEIA, *Arrendamento Rural*, cit., p. 71, como deixou de haver taxa oficial de operações passivas, há uma lacuna que deve ser preenchida com a aplicação do regime regra do art. 559° CC.

sem o consentimento do senhorio, pode realizar benfeitorias, desde que tenha um plano de exploração aprovado pelos serviços regionais do Ministério da Agricultura (art. 14°, n.° 1 RAR). Nos termos do regime regra, o arrendatário só pode realizar benfeitorias que não sejam urgentes com o consentimento do senhorio, mas em sede de arrendamento rural, tendo em vista dinamizar a exploração agrícola e evitar que a inércia do senhorio contribua para um menor desenvolvimento da agricultura, admite-se que as benfeitorias sejam realizadas sem o consentimento do senhorio, e mesmo contra a sua vontade, desde que os serviços regionais do Ministério da Agricultura tenham aprovado a viabilidade de tais melhoramentos. A aprovação desse plano tem relevância a vários níveis.

Por um lado, com base no plano de melhoramentos aprovado, o arrendatário pode requerer que o prazo de vigência do contrato se prolongue até vinte e cinco anos, nos termos do disposto no art. 6° RAR (art. 14°, n.° 3 RAR).

Por outro, levanta-se o problema do regime a aplicar a tais benfeitorias realizadas pelo arrendatário. Nos termos do art. 15°, n.° 1 RAR, não serão indemnizadas em caso de cessação do contrato por acordo, por que não foram consentidas pelo locador[1], mas parece que, sendo benfeitorias úteis, como determina o art. 1273° CC, podem ser levantadas. Além disso, a norma constante do n.° 3 do art. 15° RAR é ambígua quando determina: «(...) tem o arrendatário direito a exigir do senhorio a indemnização pelas benfeitorias necessárias e pelas úteis consentidas pelo senhorio (...)». A expressão «consentidas pelo senhorio» não se sabe se se aplica só às benfeitorias úteis ou também às necessárias. Admitindo como válido este segundo sentido, o arrendatário, em caso de cessação do contrato, não poderia ser indemnizado das benfeitorias necessárias, o que contrariaria o disposto no n.° 1 do art. 1273° CC; devendo, por isso, optar-se por uma interpretação no primeiro sentido. Assim sendo, o arrendatário será indemnizado pelas benfeitorias necessárias nos termos gerais (segundo o cálculo estabelecido no n.° 2 do art. 15° RAR) e pelas benfeitorias úteis, desde que consentidas pelo senhorio, segundo as regras do enriquecimento sem causa (art. 15°, n.° 3 in fine RAR)[2]. As benfeitorias úteis não consentidas

---

[1] A solução é, no mínimo, discutível, pois as benfeitorias necessárias, exactamente por serem necessárias, devem, em qualquer caso, ser indemnizadas, mesmo ao possuidor de má fé (art. 1273°, n.° 1 CC). A razão de ser do dever de indemnizar tais benfeitorias prende-se também com o facto de elas terem sido aprovadas pelos serviços regionais do Ministério da Agricultura (art. 14°, n.°s 1 e 5 RAR).

[2] Veja-se Ac. Rel. Év. de 26/9/1995, CJ XX (1995), T. IV, p. 272.

não serão indemnizadas, mas nos termos do art. 1273° CC poderão ser levantadas.

Quanto ao senhorio, admite-se que possa realizar benfeitorias úteis com o consentimento do locatário, ou sem o consentimento deste se aprovadas pelos serviços regionais do Ministério da Agricultura (art. 14°, n.° 2 RAR)[1]. Estas benfeitorias podem acarretar um aumento de renda (art. 14°, n.° 3 RAR), mas no caso de não terem sido consentidas pelo arrendatário e implicarem alteração sensível do regime de exploração do prédio ou aumento de renda, o arrendatário, se não se conformar, pode denunciar o contrato (art. 14°, n.° 4 RAR).

5. Vicissitudes

I. Como ocorre, em geral, na locação, também no domínio do arrendamento rural permite-se que a posição contratual de qualquer das partes se transmita *mortis causa*, mas dentro dos condicionalismos estabelecidos no art. 23° RAR.

Além disso, estabeleceu-se igualmente um direito de preferência com vista à celebração de um novo arrendamento (art. 27° RAR).

Por último, também em relação ao arrendatário rural consagrou-se um direito de preferência na aquisição do direito real com base no qual o contrato foi celebrado (propriedade, usufruto, etc.) se ele for transmitido (art. 28° RAR)[2]. Assim, se, por exemplo, o senhorio pretender vender o direito de propriedade sobre o prédio arrendado, o arrendatário tem direito de preferência nessa aquisição desde que o contrato de arrendamento tenha uma duração de, pelo menos, três anos[3]. Constituiu-se, pois, uma preferência legal como direito real de aquisição. No art. 28°, n.° 2 RAR estabelecem-se as prioridades em caso de relação de preferência heterogénea.

---

[1] Solução com pleno cabimento para evitar que, por inércia ou oposição do arrendatário, deixem de ser feitas reparações essenciais.

[2] O direito de preferência só é concedido na hipótese de alienação do direito do locador, por isso não é de aceitar que a preferência seja exercida em caso de alienação da nua propriedade, sendo senhorio o usufrutuário, solução admitida no Ac. Rel. Év. de 4/6/1998, CJ XXIII, T. III, p. 271, apesar de no aresto se considerar insólito que o rendeiro passe a ser proprietário de raiz e, ao mesmo tempo, continue a ser arrendatário do usufrutuário.

Quanto ao direito de preferência do rendeiro, veja-se a extensa anotação de ARAGÃO SEIA/COSTA CALVÃO/ARAGÃO SEIA, *Arrendamento Rural*, cit., pp. 161 ss.

[3] Cfr. Ac. STJ de 30/6/1998, CJ (STJ) 1998, T. II, p. 146.

A preferência dos contitulares prevalece sobre a do arrendatário, mas nada se diz quanto à preferência do fundeiro (art. 1535° CC), do titular do prédio com servidão legal de passagem (art. 1555° CC) e dos proprietários de terrenos confinantes (arts. 1380° s. CC)[1]. *A contrario*, poder-se-ia considerar que não prevalecem, sendo prioritária a preferência do arrendatário, mas tal conclusão não colhe. Perante a omissão da lei, parece que tais direitos de preferência se encontram numa relação paritária, sendo de aplicar o disposto no art. 419°, n.° 2 CC.

II. No art. 17° RAR estabelece-se uma denúncia imprópria; permite-se que, no decurso do contrato de arrendamento, o senhorio, sendo emigrante, possa pôr termo ao contrato. Caso o senhorio seja emigrante, regressando a Portugal, é-lhe conferido o direito, como diz o legislador, de denunciar o contrato sempre que pretenda explorar directamente o prédio rústico em causa. Não se trata de obstar à renovação do contrato, mas de lhe pôr fim durante a sua vigência. Esta figura não se pode qualificar como uma denúncia em sentido estrito, pois não é uma oposição à renovação do contrato, prevista no art. 18° RAR, mas uma extinção durante a sua vigência; enquadrando-se, assim, na denúncia como forma de cessação de relações duradouras, independentemente da respectiva renovação.

Nos termos do art. 18° RAR, os prazos de antecedência mínima para proceder à denúncia do contrato de arrendamento rural são mais elevados quando esta é exercida pelo senhorio (art. 18°, n.° 1, alínea b) RAR), que vão de dezoito meses a um ano, do que quando é requerida pelo rendeiro, que oscilam entre um ano e seis meses (art. 18°, n.° 1, alínea a) RAR). Ao arrendatário cabe obstar à efectivação da denúncia requerida pelo senhorio nos termos do art. 19° RAR[2], salvo se se tratar de denúncia para exploração directa (art. 20° RAR)[3].

Ainda em termos de cessação do vínculo, cabe referir que os casos de resolução do contrato de arrendamento rural, quando requerida pelo senhorio, além de serem taxativos (art. 21° RAR), apresentam especificidades relacionadas com este tipo de locação; assim, a utilização de processos de cultura depauperantes da potencialidade produtiva do solo

---

[1] No Ac. Rel. Cb. de 31/1/1995, CJ XX (1995), T. I, p. 40, decidiu-se que a preferência do arrendatário rural e do proprietário de terrenos confinantes está em posição igualitária, não havendo prioridade de um em relação ao outro.

[2] Quanto a esta oposição, *vd.* Ac. Rel. Év. de 27/11/1997, CJ XXII, T. V, p. 270.

[3] Cfr. Ac. Rel. Pt. de 2/10/1997, CJ XXII, T. IV, p. 204.

248   *Direito das Obrigações*

(alínea c)) ou o facto de não se atingirem níveis mínimos de utilização do solo (alínea f)) correspondem a motivos gerais de resolução do contrato adaptados às particularidades do arrendamento rural.

§ 3. Arrendamento florestal

1. Noção

O arrendamento florestal vem regulado no Decreto-Lei n.º 394/88, de 8 de Novembro, que se poderá designar por Regime do Arrendamento Florestal (RAF). A autonomização deste regime com respeito ao arrendamento rural é recente; considerou-se que havia algumas particularidades do arrendamento florestal que justificavam um tratamento legislativo autónomo com respeito ao arrendamento rural. No Código Civil, art. 1064° (hoje revogado), o arrendamento rural abrangia a locação de prédios rústicos para fins agrícolas, pecuários ou florestais. Mas já com a Lei n.º 76/77, de 29 de Setembro, no art. 47°, n.º 1, afastou-se a aplicação das regras do arrendamento rural nela incluídas aos arrendamentos para fins florestais. Nesse diploma de 1977, o legislador prometeu que o vazio legal seria preenchido por legislação especial, a qual, porém, só veio a surgir em 1988, com o presente Decreto-Lei. Assim sendo, as normas do Código Civil (arts. 1064° ss.), até 1988, continuaram em vigor no que respeita ao arrendamento florestal.

O arrendamento florestal corresponde à locação de prédios rústicos para fins de exploração silvícola (art. 2°, n.º 1 RAF). Nas quatro alíneas do n.º 2 do art. 2° RAF indica-se o que se entende por exploração silvícola, ou seja, destas alíneas depreende-se qual a noção legal de exploração silvícola. O conceito de exploração silvícola é bastante amplo, pois, além da condução e exploração de povoamentos florestais, nele inclui-se igualmente a exploração silvopastoril, cinegética, apícola «ou outra utilização produtiva análoga» (art. 2°, n.º 2 RAF).

2. Duração

Quanto à duração do contrato, o arrendamento florestal não pode ser celebrado por prazo inferior a dez anos nem superior a setenta anos (art. 7° RAF). E, contrariamente ao estabelecido no regime regra do arrendamento, este contrato, por princípio, não está sujeito à renovação automática (art. 21º RAF).

O limite mínimo de vigência do contrato de dez anos é idêntico ao estabelecido em sede de arrendamento rural. Tal como em relação ao arrendamento rural, e diferentemente de outras formas de locação, o legislador considerou que não haveria vantagem em celebrar contratos de arrendamento florestal por períodos curtos, porque, em tais casos, perder-se-ia a vantagem a retirar em caso de investimentos que, eventualmente, fossem compensadores; dito de outro modo, a admissibilidade de contratos de arrendamento por períodos pequenos desincentivava o investimento nas explorações silvícolas arrendadas.

O estabelecimento de um prazo máximo de vigência do contrato por setenta anos corresponde a uma originalidade deste regime. Nos vários regimes de arrendamento estabelecidos na lei não é normal a determinação de prazos máximos de vigência do contrato, pois remete-se para a regra do art. 1025º CC, nos termos da qual o prazo máximo para a vigência do contrato de locação é de trinta anos. Este regime especial terá, eventualmente, duas razões de ser. Por um lado, os investimentos no domínio silvícola, em certos casos, só produzem rendimento decorridas algumas dezenas de anos, é o que ocorre, designadamente, com os sobreiros. Por outro lado, como o arrendamento florestal não está, por princípio, sujeito à renovação automática justifica-se que se possa acordar um prazo de vigência superior ao normal.

A terceira particularidade deste regime quanto à vigência do contrato respeita à sua renovação. O princípio geral em matéria de arrendamento é o da renovação automática do contrato findo o período inicial de vigência. Diferentemente, no regime do arrendamento florestal vale a regra de que o contrato, salvo acordo em contrário, não se renova após o decurso do prazo inicial de vigência; ou seja, decorrido este período, como o contrato não se renova, caduca.

3. Renda

Relativamente à renda, tal como acontece no arrendamento rural, em princípio, será paga anualmente, no fim de cada ano de exploração e em dinheiro (art. 10º, n.º 1 RAF). Também à similitude do que se estabeleceu em sede de arrendamento rural, a renda pode ser actualizada durante o período de vigência do contrato, tendo-se, todavia, estabelecido uma particularidade, na medida em que deverá obrigatoriamente constar do con-

250 *Direito das Obrigações*

trato de arrendamento florestal uma cláusula onde se determine os termos de actualização da renda.

4. Benfeitorias

Quanto às benfeitorias, no arrendamento florestal estabeleceu-se um regime especial. Em primeiro lugar, admite-se que o arrendatário faça no prédio locado benfeitorias necessárias, sem o consentimento do senhorio (art. 14°, n.° 1 RAF). Esta regra pode, de certo modo, encontrar-se em contradição com o disposto no art. 1036° CC, onde só se permite que o locatário realize reparações urgentes sem o consentimento do senhorio. E as benfeitorias necessárias a que alude o art. 14°, n.° 1 RAF são aquelas que têm por fim evitar a perda, destruição ou deterioração da coisa (art. 216°, n.° 3 CC), podendo não corresponder a reparações urgentes; digamos que o conceito de benfeitorias necessárias é mais vasto do que o de reparações urgentes, no qual este último se engloba.

5. Vicissitudes

I. Em relação à transmissibilidade dos direitos emergentes do contrato de arrendamento florestal, do art. 19°, n.° 1 RAF consta, primeiro, uma norma desnecessária. Começa por se estabelecer que o arrendamento não caduca em caso de morte do senhorio, mas tal regra já advém do disposto no art. 1057° CC e só se justifica que nos regimes especiais de arrendamento se incluam excepções às regras gerais e não a sua confirmação.

Na segunda parte do n.° 1 do art. 19° RAF estabelece-se uma excepção ao disposto no art. 1051°, alínea c) CC, pois admite-se que o arrendamento florestal não caduque quando cessarem os direitos ou os poderes legais de administração em razão nos quais o contrato foi celebrado. Caso o contrato de locação tenha sido celebrado por alguém com base, por exemplo, em poderes legais de administração que lhe foram conferidos ou num usufruto, cessando estes, o contrato caduca (art. 1051°, c) CC); mas em relação ao arrendamento florestal estabeleceu-se uma solução diversa, a qual, hoje, parece ser algo incompreensível.

De facto, esta regra nos termos da qual o arrendamento não caduca quando cessam os direitos ou os poderes legais de administração com base nos quais o contrato foi celebrado fora estabelecida para o arrendamento urbano pelo Decreto-Lei n.° 328/81, de 4 de Dezembro, o qual acrescentou um n.º 2 ao art. 1051º CC com esse sentido, ou seja, que funcionava como excepção ao disposto na alínea c) do n.º 1 do mesmo preceito. O n.º 2 acrescentado ao art. 1051º CC foi introduzido para contrariar um subterfúgio que os proprietários urbanos usavam a fim de obstarem às sucessivas renovações automáticas dos contratos de arrendamento; para tal, constituía-se um direito de usufruto temporário sobre o prédio que se pretendia arrendar, por exemplo, a favor de um filho, e o contrato de arrendamento era celebrado pelo usufrutuário, extinto o usufruto, caducava o contrato. Porém, com a entrada em vigor do regime do arrendamento urbano aquele subterfúgio perdia a sua razão de ser e o n.º 2 do art. 1051º CC foi revogado pelo art. 5º, n.º 2 do diploma preambular do RAU, regressando-se à versão original do Código Civil. Em 1988, quando foi aprovado o regime do arrendamento florestal, o disposto no art. 19º, n.º 1, 2ª parte RAF estava em consonância com o então vigente n.º 2 do art. 1051º CC, mas hoje não é assim e pode questionar-se se, por via interpretativa, não se deverá derrogar aquele preceito, atendendo à situação actual.

II. O arrendamento florestal segue, em termos gerais, o regime dos outros tipos de arrendamento, quanto à transmissibilidade da posição contratual do arrendatário, dentro de certos limites (art. 19º, n.ºs 2 ss. RAF) e em relação ao direito de preferência no caso de venda ou dação em cumprimento do prédio arrendado (art. 24º RAF).

III. Diferentemente das outras situações de arrendamento, em relação ao arrendatário florestal não se encontra estabelecido o direito de preferência na celebração de novo arrendamento. Extinto o arrendamento florestal, o arrendatário não tem direito de preferência na celebração de um outro contrato de arrendamento sobre o mesmo prédio.

§ 4. Arrendamento urbano

1. Regras gerais

a) Caracterização

I. O arrendamento urbano vem regulado no Decreto-Lei n.º 321-B/90, de 15 de Outubro, designado por Regime do Arrendamento Urbano (RAU), diploma sucessivamente alterado (1993, 1995, 2000) e objecto de várias

252   *Direito das Obrigações*

declarações de inconstitucionalidade[1]. Há três tipos de arrendamento urbano: o arrendamento para habitação (arts. 74° ss. RAU), o arrendamento para comércio ou indústria (arts. 110° ss. RAU) e o arrendamento para o exercício de profissões liberais (arts. 121° e 122° RAU). Além disso, ainda há a fazer referência ao arrendamento para outros fins, previsto no art. 123° RAU. Da enumeração legal conclui-se que, quanto aos fins do arrendamento, o legislador optou, atento o princípio da autonomia privada, por um regime de atipicidade.

No diploma do regime do arrendamento urbano encontra-se uma estrutura bem concebida em que a regulamentação vai do geral para o particular[2]. Primeiro, nos arts. 1° a 73° RAU estabelecem-se regras gerais

---

[1] O arrendamento urbano, dadas as vicissitudes indicadas, que também encontram repercussões a nível legislativo em outros países, veio a ser alvo de tratamento legal autonomizado em vários ordenamentos jurídicos. Em relação ao Direito espanhol, *vd.* a *Ley de Arrendamientos Urbanos*, de 25 de Novembro de 1994 — na sequência das leis de 1964 e de 1985, cfr. ALBALADEJO, *Derecho de Obligaciones*, 2°, cit., pp. 204 ss.; ISABEL ROCA CUBELLS, *La Nueva Ley de Arrendamientos Urbanos*, Barcelona, 1995. Na Alemanha, apesar de a matéria continuar regulada no BGB, onde se introduziram modificações, designadamente acrescentando novos preceitos, como os §§ 556a e 564b BGB, apareceram igualmente leis avulsas, entre as quais a *Gesetz zur Regelung des Miethöhe*, que respeita aos limites de renda, cfr. BROX, *Schuldrecht*, cit., § 10.III, p. 99; ESSER/WEYERS, *Schuldrecht*, II, cit., § 20.III.1, pp. 169 ss. Em França, na sequência da Lei de 1 de Setembro de 1948, com recentes e frequentes alterações (Lei Quillot, de 22 de Junho de 1982; Lei Méhaignerie, de 23 de Dezembro de 1986; Lei de 6 de Julho de 1989; Lei de 21 de Julho de 1994 — para referir só algumas das mais relevantes), vigora um regime especial para o arrendamento habitacional, cfr. BÉNABENT, *Les Contrats Spéciaux*, cit., pp. 243 ss.; veja-se igualmente DUTILLEUL/DELEBECQUE, *Contrats Civils*, cit., pp. 419 ss., 423 ss. e 447 ss., com referência às alterações de concepção política e a sua repercussão nas diferentes leis. Quanto ao sistema italiano e às alterações que desde 1950 (Lei n.° 253, de 23/5/1950) até à recente Lei n.° 431, de 9/12/1998 têm sido introduzidas no regime da locação de prédios urbanos, *vd.* GRASSELLI, *La Locazione*, cit., pp. 31 ss.

[2] Cfr. CARNEIRO DA FRADA, «O Novo Regime ...», cit., pp. 156 ss.

Esta arrumação de matérias já constava do Código Civil com respeito à locação, onde, depois das disposições gerais (arts. 1022° a 1036° CC), vinham as normas especiais que respeitavam ao arrendamento rural (arts. 1064° a 1082° CC) e ao arrendamento urbano (arts. 1083° a 1120° CC). Hoje, do Código Civil só constam as regras gerais (arts. 1022° ss. CC), pois as especiais foram autonomizadas em outros diplomas. Mas a relação de especialidade mantém-se: as regras gerais, no domínio do arrendamento rural, florestal e urbano, aplicam-se em tudo os que não foi regulado nas especiais.

PINTO FURTADO, *Arrendamento Urbano*, cit., p. 208, sobre o RAU, afirma: «Caracterizando-se globalmente pela ausência de inovação, a versão inicial do Regime não passou, afinal, de uma ordenação das disposições do Código Civil, do Código de Processo Civil e da principal legislação extravagante. Nos seus 118 artigos, nada menos de 51 reproduziram textualmente ou com ligeiras alterações preceitos do Código Civil; 18 reproduziram

II – Locação

comuns a todo o arrendamento urbano e, depois, encontram-se as especialidades respeitantes aos três regimes: habitação, comércio ou indústria e profissões liberais (art. 3°, n.° 1 RAU). O arrendamento para outros fins lícitos (art. 123° RAU) não tem regime próprio. À excepção de uma particularidade estabelecida no arrendamento para o exercício de profissões liberais (art. 122° RAU), neste remete-se para o regime do arrendamento para comércio ou indústria, pelo que se poderá dizer que, de facto, há um conjunto de regras gerais válidas para todo o arrendamento urbano e dois regimes especiais (habitação e comércio ou indústria).

A finalidade do arrendamento (habitacional, comercial, etc.) depende do acordo das partes, atenta a natureza do prédio. Só podem ser objecto de arrendamento urbano os edifícios ou suas fracções com licença de utilização (art. 9°, n.° 1 RAU) e nessa licença especifica-se o fim a que o prédio se pode destinar. Pode, evidentemente, haver mudança de finalidade, desde que seja passada nova licença (art. 9°, n.° 3 RAU). O prédio não pode ser arrendado para uma finalidade distinta daquela que consta da respectiva licença[1].

II. O arrendamento urbano corresponde à locação de prédios urbanos. Há, todavia, duas ordens de excepções.

Em determinados casos, no arrendamento para o comércio ou indústria admite-se que a locação incida sobre prédios rústicos (art. 110° RAU)[2].

---

ou alteraram ligeiramente disposições do Código de Processo Civil; os restantes 49 constituíram, na sua esmagadora maioria, reprodução integral ou simplesmente retocada de legislação avulsa.» e contínua, «Nesta base, a demolição operada sobre o Código Civil assume ainda, mais nitidamente, as proporções de uma violência gratuita, duma autêntica depredação». No mesmo sentido, ANTUNES VARELA, Anotação ao Acórdão de 5 de Março de 1985, RLJ 123 (1990/91), p. 250, nota 1, a propósito do revogado art. 1093° CC, afirma: «É muito estranho e digno de reparo que, tendo o Decreto-Lei n.° 321-B/90, de 15 de Outubro, que aprovou o novo Regime do Arrendamento Urbano, cometido a violência de arrancar do Código Civil, nada mais, nada menos, do que vinte e oito das disposições reguladoras da locação, não tenha aproveitado ao menos a oportunidade para solucionar algumas das questões mais debatidas sobre a matéria, tanto na doutrina como na jurisprudência (...)». Vd., todavia, a explicação para algumas destas questões em MENEZES CORDEIRO/CASTRO FRAGA, Arrendamento Urbano, cit., passim.

[1] Cfr. Ac. Rel. Cb. de 10/1/1995, CJ XX (1995), T. I, p. 15.
[2] Nestes casos, PEREIRA COELHO, Arrendamento, cit., p. 44, alude ao arrendamento rústico, não rural nem florestal, para comércio ou indústria. Mas acaba por reconduzi-lo ao arrendamento urbano para comércio ou indústria (p. 45). Quanto às dificuldades de conciliação entre os arts. 6° e 110° RAU, em crítica à formulação deste último preceito, cfr. JANUÁRIO GOMES, Arrendamentos Comerciais, 2ª ed., reimpressão, Coimbra, 1993, pp. 14 s.

254   *Direito das Obrigações*

Por outro lado, nem todos os arrendamentos urbanos estão sujeitos ao regime deste diploma; nos termos do disposto no art. 5°, n.° 2 RAU, exceptuam-se do regime estabelecido pelo Decreto-Lei n.° 321-B/90 vários tipos de arrendamentos, designadamente, os arrendamentos de prédios do Estado (alínea a)) ou os arrendamentos para habitação não permanente em praias, termas ou outros lugares de vilegiatura[1], ou para outros fins especiais transitórios[2] (alínea b)) ou os arrendamentos de espaços não habitáveis, para afixação de publicidade, armazenagem[3], parqueamento de viaturas[4] ou outros fins limitados (alínea e))[5]. Estes arrendamentos, em tudo o que não encontrar regulamentação especial, como o art. 123° RAU (*vd.* n.° VI. § 4.5), regem-se pelo regime geral da locação (arts. 5°, n.° 1 e 6°, n.° 1 RAU), com as particularidades constantes da parte final deste último preceito, donde resulta que se aplicam certos preceitos como os que respeitam aos arrendamentos mistos (art. 2° RAU), à renda (arts. 19° ss. RAU) ou ao subarrendamento (arts. 44° ss. RAU)[6].

b) Duração

Se nada tiver sido estabelecido em contrário, o contrato de arrendamento urbano celebra-se por um prazo de seis meses (art. 10° RAU), com renovações automáticas, nos termos gerais do art. 1054° CC (*vd. supra* n.° I. § 2.IV).

---

[1] Cfr. Ac. Rel. Év. de 28/5/1987, O Direito 120 (1988), I-II, p. 159, com anotação de GALVÃO TELLES, O Direito 120 (1988), I-II, pp. 163 ss. Nos arrendamentos para vilegiatura tem de constar uma cláusula alusiva a esse regime, não bastando que a casa se situe numa zona balnear ou termal (Ac. Rel. Lx. de 2/5/1996, CJ XXI, T. III, p. 76); porém, se o arrendamento em zona rural é só para fins de semana e férias não se aplica o RAU (Ac. Rel. Pt. de 6/3/1997, CJ XXII, T. II, p. 192).

[2] É o caso dos arrendamentos de janelas para assistir a desfiles. Veja-se ainda o Ac. Rel. Lx. de 3/7/1997, CJ XXII, T. IV, p. 81.

[3] Cfr. Ac. STJ de 3/2/1999, CJ (STJ) 1999, T. I, p. 78; Ac. Rel. Pt. de 21/1/1999, CJ XXIV, T. I, p. 195.

[4] O contrato de parqueamento de viaturas é uma modalidade de locação que pode estar associada com prestações de guarda, próprias do depósito. Sobre a figura, *vd.* BALLESTEROS DE LOS RÍOS, *El Contrato de Aparcamiento*, Elcano (Navarra), 2000.

[5] Para uma explicação mais pormenorizada destas situações, cfr. CARLOS ALEGRE, *Arrendamento Urbano*, cit., pp. 45 ss.; CARNEIRO DA FRADA, «O Novo Regime ...», cit., pp. 164 ss.; Pinto Furtado, *Arrendamento Urbano*, cit., pp. 131 ss.; PAIS DE SOUSA, *Anotações ao Regime do Arrendamento Urbano*, 6ª ed., Lisboa, 2001, pp. 71 ss.

[6] PAIS DE SOUSA, *Arrendamento Urbano*, cit., p. 77, indica, pela negativa, que regras não se aplicam a esses arrendamentos.

Do Código Civil (art. 1093°, hoje revogado), na sequência da legislação arrendatícia que o precedeu, constava a proibição de o senhorio se opor às renovações automáticas. Regra similar foi inserida no art. 68°, n.° 2 RAU, com uma excepção: admite-se a existência de casos previstos na lei em que o senhorio pode impedir a renovação.

No regime do arrendamento urbano permite-se a celebração de contratos de duração limitada (arts. 98° ss. RAU), em que também ao senhorio é conferido o direito de se opor à renovação do contrato. Admitindo-se, por conseguinte, a denúncia *ad nutum*, a exercer por qualquer das partes.

Os contratos de duração limitada foram, de início, só estabelecidos em sede de arrendamento para habitação, mas com as alterações introduzidas em 1995 (Decreto-Lei n.° 257/95, de 30 de Setembro), o regime da chamada duração limitada foi estendido aos arrendamentos para comércio ou indústria (arts. 117° s. RAU) e aos arrendamentos para exercício de profissão liberal (art. 121° RAU).

Deste modo, pode dizer-se que, actualmente, em qualquer tipo de arrendamento urbano, é viável a celebração de contratos de duração limitada, melhor dizendo, de contratos de arrendamento urbano em que é conferida a ambas as partes o direito de denunciar o contrato[1].

Não sendo estipulado que o contrato de arrendamento é de duração limitada, tratando-se de arrendamento habitacional, para comércio ou indústria e para exercício de profissão liberal, continua a valer o princípio de que o senhorio não pode impedir a renovação automática do contrato.

c) Obras

I. No domínio do arrendamento urbano têm particular importância as obras a realizar no prédio locado. Como, muitas das vezes, o contrato de arrendamento perdura por vários anos, é frequente que, durante a vigência do negócio jurídico, seja necessário realizar obras de diversa natureza e o legislador preocupou-se em regulamentar vários aspectos relacionados com essas obras, até porque a falta destas tem contribuído para a degradação dos prédios urbanos[2].

---

[1] Quanto a uma crítica à expressão «contratos de duração limitada», considerando que corresponde a uma «linguagem fortemente sugestiva (...) para o grande público» sem «rigor jurídico», cfr. JANUÁRIO GOMES, *Arrendamentos para Habitação,* cit., pp. 206 s.

[2] Não obstante o art. 9° do RGEU (Decreto-Lei n.° 38 392, de 7 de Agosto de 1951) determinar que os proprietários devem realizar obras nos edifícios de oito em oito anos, a degradação dos prédios urbanos é manifesta; situação que se vem alterando, paulatinamente, nos últimos anos. O art. 9° RGEU foi revogado pelo Decreto-Lei n.° 555/99,

Nos termos do art. 11°, n.° 1 RAU distinguem-se as obras de conservação ordinária, as obras de conservação extraordinária e as obras de beneficiação. A definição destes três tipos de obras encontra-se, respectivamente, nos n.os 2, 3 e 4 do art. 11° RAU[1]. A estas modalidades cabe acrescentar as obras de reparação de pequenas deteriorações (art. 4° RAU)[2].

Por via de regra, as pequenas deteriorações indicadas no n.° 1 do art. 4° RAU devem ser reparadas pelo arrendatário (art. 4°, n.° 2 RAU), correndo o encargo das restantes obras por conta do senhorio (arts. 12°, n.° 1 e 13°, n.° 1 RAU); cabe ao locador a iniciativa de realização destas últimas obras, bem como a obrigação de suportar o respectivo custo.

A realização de obras de conservação ordinária é um dever do senhorio que advém do princípio geral de assegurar ao inquilino o gozo da coisa para os fins a que se destina (art. 1031°, alínea b) CC). Não sendo realizadas certas reparações e consertos, o inquilino não poderá continuar a gozar o prédio nos moldes acordados[3].

---

de 16 de Dezembro, em cujo art. 89°, n.° 1 se impõem igualmente obras de conservação em cada período de oito anos.

[1] A distinção entre estes tipos de obras, na prática, pode não ser fácil, cfr. Ac. Rel. Lx. de 24/4/1996, CJ XXI (1996), T. II, p. 118.

[2] Quanto à dificuldade para determinar o que sejam pequenas deteriorações, vd. GRASSELLI, La Locazione, cit., pp. 223 ss. MARGARIDA GRAVE, Arrendamento Urbano, cit., p. 48, apresenta um elenco do que considera pequenas deteriorações.

[3] As despesas correntes devidas a reparações e consertos ocasionados por desgaste de utilização devem ser suportados pelo inquilino, como seja a deterioração das canalizações (cfr. Ac. Rel. Lx de 25/11/1980, CJ V (1980), T. V, p. 23), porque sobre este impende o dever de manter a coisa no estado em que lhe foi entregue (art. 1043°, n.° 1 CC). Não assim com respeito às despesas de obras que visam fazer face ao envelhecimento do prédio locado, mas o equilíbrio de prestações impede que se exijam obras de valor elevado (mais de mil contos) quando a renda é reduzida (2000$00 por mês), cfr. Ac. Rel. Cb. de 29/10/1996, CJ XXI, T. IV, p. 43; veja-se igualmente Ac. Rel. Pt. de 1/6/1993, CJ XVIII, T. III, p. 220; Ac. Rel. Lx. de 11/5/1995, CJ XX, T. III, p. 100. No mesmo sentido, aludindo a um eventual injusto locupletamento, vd. MARGARIDA GRAVE, Arrendamento Urbano, cit., p. 168. Em sentido oposto, considerando que não há abuso de direito em caso de desproporção entre o valor das obras e da renda, cfr. Ac. STJ de 25/11/1998, BMJ 481, p. 484; Ac. Rel. Pt. de 28/11/1996, CJ XXI, T. V, p. 200.

Para obviar às dificuldades económicas dos senhorios com vista à recuperação dos prédios arrendados, o RECRIA (Regime Especial de Compartipação na Recuperação de Imóveis Arrendados), o REHABITA (Regime de Apoio à Recuperação Habitacional em Áreas Urbanas) e o RECRIPH (Regime Especial de Compartipação e Financiamento na Recuperação de Prédios Urbanos em Regime de Propriedade Horizontal) — cfr., respectivamente, Decreto-Lei n.° 329-C/2000, de 22 de Dezembro, Decreto-Lei n.° 105/96, de 31 de Julho (alterado pelo Decreto-Lei n.° 329-B/2000, de 22 de Dezembro) e Decreto-Lei

II – Locação   257

Diferentemente, as obras de conservação extraordinária e, em particular, as de beneficiação aumentam o gozo da coisa locada e o dever de as realizar não advém das regras gerais da locação, sendo efectuadas por iniciativa ou com o acordo do senhorio ou por imposição camarária (art. 13°, n.° 1 RAU)[1].

III. Como contrapartida de obras de conservação ordinária, extraordinária e de beneficiação, ao senhorio é concedido o direito a exigir uma actualização da renda (arts. 12°, n.° 2, 13°, n.° 2 e 38° s. RAU). Trata-se de uma norma supletiva, e no art. 120° RAU prevê-se que as partes convencionem de modo diverso, admitindo-se que as obras, mediante acordo das partes, possam ficar a cargo do arrendatário[2].

O legislador preocupou-se, em especial, em regular as questões emergentes do facto de o senhorio se recusar a realizar essas obras.

Como forma de pressão para o senhorio realizar as obras de conservação ordinária, no art. 14° RAU admite-se que o arrendatário, perante o incumprimento da contraparte, deposite à ordem do senhorio[3] a parte da renda correspondente à actualização referida no art. 38° RAU. Deste modo, o senhorio, enquanto não realizar as obras, não recebe parte da renda.

Se o senhorio não realiza de forma voluntária as obras de conservação ou de beneficiação, a Câmara Municipal da área onde se situa o prédio, normalmente a requerimento do inquilino, notifica-o para as realizar[4]. Se depois da notificação camarária, o senhorio não iniciar as obras

---

n.° 106/96, de 31 de Julho — constituem meios de financiamento para a execução de obras, com comparticipações a fundo perdido.

[1] As «leis administrativas em vigor», a que se alude no n.° 1 do art. 13° RAU, serão as do RGEU (Decreto-Lei n.° 38 382, de 7 de Agosto de 1951) a que acrescem as do Decreto-Lei n.° 555/99, de 16 de Dezembro, cfr. Pais de Sousa, *Arrendamento Urbano*, cit., p. 99. Com o despejo administrativo para realização de obras por ruína iminente do prédio a relação locatícia fica suspensa até à conclusão das obras (Ac. STJ de 1/10/1996, CJ XXI, T. III, p. 20). Veja-se também o Ac. Rel. Lx. de 27/11/1997, CJ XXII, T. V, p. 115.

[2] Só no domínio do arrendamento para habitação é que se pode pôr em dúvida a validade da cláusula contratual que disponha no sentido de as obras serem suportadas pelo inquilino. Mas mesmo em sede de arrendamento habitacional não parece que tal cláusula seja nula, pois não contraria nenhuma disposição legal e não ofende princípios fundamentais do regime do arrendamento para habitação. Neste sentido, citando a solução que já se defendera em estudo anterior, veja-se o Ac. Rel. Év. de 25/2/1999, CJ XXIV, T. I, p. 274.

[3] O depósito é feito nos termos estabelecidos no art. 23° RAU.

[4] Quanto à determinação camarária para executar obras de conservação, cfr. arts. 89° ss. Decreto-Lei n.° 555/99, de 16 de Dezembro.

258   *Direito das Obrigações*

exigidas, podem as mesmas ser realizadas pela Câmara Municipal (art. 15°
RAU); à edilidade é conferido o direito de se substituir ao senhorio no que
respeita à realização de tais obras. Para a execução das obras coercivas,
o legislador, pormenorizadamente, nos dezasseis números do art. 15° RAU
(versão do Decreto-Lei n.° 329-B/2000) estabelece os vários passos, desde
a ocupação do prédio, ao depósito das rendas e respectivos aumentos,
novos arrendamentos, etc.[1].

Se, perante este circunstancialismo, a Câmara Municipal não der início às obras no prazo estabelecido no art. 16°, n.° 1 RAU, pode o arrendatário, por sua iniciativa, proceder à realização das mesmas, desde que previamente obtenha, junto da Câmara Municipal, um orçamento do respectivo
custo, que deverá ser comunicado ao senhorio (art. 16°, n.° 2 RAU).

Não se torna necessário aguardar pelo decurso do prazo estabelecido
no art. 16°, n.° 2 RAU quando estiverem em causa obras urgentes, pois tal
não é exigido pelo art. 1036° CC, regra geral esta que não foi afastada pelo
regime especial do arrendamento urbano (art. 16°, n.° 4 RAU)[2].

Não será previsível que as Câmaras Municipais, dadas as múltiplas
atribuições conferidas, a grande quantidade de prédios carecendo de
obras de conservação e o encargo financeiro que tais obras comporta-
riam, venham a assumir com frequência tal incumbência. Assim sendo,
na maioria das situações, quando o senhorio não realize voluntariamente
as obras de conservação, será o arrendatário, depois de decorridos os
prazos mencionados, que procederá a tais obras (art. 16°, n.° 1 RAU)[3].
Nada obsta, porém, a que o locatário recorra a tribunal com vista a com-
pelir o senhorio a executar as obras; estar-se-á perante uma obrigação
de prestação de facto material positivo, que segue o regime disposto no
art. 828° CC.

Pelo pagamento das despesas respeitantes às obras realizadas, tanto
pela Câmara Municipal como pelo arrendatário, responde o senhorio;
porém, nos termos dos arts. 15°, n.° 3 e 18° RAU, o crédito de reembolso
das despesas pode concretizar-se mediante descontos nas rendas, descontos esses que não poderão exceder 70% da renda a que o locador tem

---

[1] Estes amplos poderes conferidos às autarquias serão eventualmente exorbitantes,
podendo questionar-se se não colidem com o direito fundamental de propriedade privada
previsto na Constituição.

[2] Cfr. Ac. Rel. Pt. de 2/10/1997, CJ XXII, T. IV, p. 202. Sobre a urgência na realização de obras e benfeitorias necessárias, *vd*. Ac. STJ de 18/11/1999, CJ (STJ) 1999,
T. III, p. 89.

[3] Cfr. Ac. Rel. Lx. de 19/11/1998, CJ XXIII, T. V, p. 100.

II – Locação   259

direito[1] Assim, se as obras foram realizadas pela Câmara Municipal, o arrendatário passará a pagar àquela a renda, podendo o senhorio levantar parte do valor depositado até ao montante fixado pela Câmara Municipal, valor que não poderá ser inferior a 30% da renda depositada (art. 15°, n.° 5 RAU); caso as obras tenham sido realizadas pelo inquilino, se o senhorio não pagar o respectivo valor, o locatário descontará na renda devida a parcela fixada para o pagamento dessas obras, devendo, pelo menos, pagar 30% do total da renda (art. 18° RAU). No art. 18° RAU, o legislador estabeleceu um limite para a compensação e deste preceito também se pode concluir que se restringiu o direito à excepção de não cumprimento (art. 428° CC) no que respeita à obrigação de pagar a renda[2].

Esta é uma das hipóteses previstas na lei em que o direito pode ser assegurado sem necessidade de recurso judicial. Mas se o contrato de arrendamento cessar, cabe ao credor (Câmara Municipal ou inquilino) o recurso à cobrança coerciva (art. 17° RAU), sendo título executivo a certidão passada pelos serviços municipais onde conste o quantitativo global das despesas em dívida (art. 17°, n.° 2 RAU).

d) *Renda*

I. A renda, para além das particularidades já mencionadas, tem de ser fixada em escudos (art. 19°, n.° 1 RAU); tratando-se de uma obrigação de quantidade imposta por lei, não podendo, pois, ser acordada em moeda específica ou estrangeira (art. 19°, n.° 2 RAU), nem sequer, parcialmente, em géneros[3]. Da regra constante deste preceito deduz-se que

---

[1] Como se refere no Ac. Rel. Lx. de 19/11/1998, CJ XXIII, T. V, p. 100, não é obrigatório que o reembolso se faça por este processo.

[2] Sobre a excepção de não cumprimento do locatário (suspensão do pagamento da renda) em caso de limitação do gozo da coisa, *vd*. Ac. STJ de 11/12/1984, RLJ 119, p. 137, com anotação de ALMEIDA COSTA favorável à excepção de não cumprimento por limitação parcial do gozo, temperado pela boa fé (RLJ 119, pp. 141 ss.) e ANDRADE MESQUITA, «Suspensão do Pagamento da Renda e Questões Conexas», Separata do Boletim do CNP, n.° 20 (1990), pp. 199 ss.

[3] Esta limitação à autonomia privada baseia-se no facto de, tendo sido coarctada a possibilidade de se exigirem aumentos de renda, tal proibição, em períodos de inflação, poder ser contornada pelo estabelecimento de renda em moeda estável ou em géneros, cujo valor aumentaria em função da depreciação da moeda. Sobre as implicações fiscais da renda para ambas as partes, cfr. ARAGÃO SEIA, *Arrendamento Urbano*, cit., pp. 180 ss.

260 *Direito das Obrigações*

a renda, para além de estabelecida em escudos, tem de corresponder a uma quantia certa[1]

Depois do respectivo vencimento, a renda fica sujeita ao regime geral das obrigações. Nada obsta, pois, a que, por acordo, se proceda, então, à sua remissão (arts. 863° ss. CC) ou novação (arts. 857° ss. CC), substituindo, nomeadamente a prestação de quantidade por outra em moeda estrangeira, em géneros ou ainda por uma prestação de serviços.

Por outro lado, a renda, na falta de convenção em contrário, deve ser paga antecipadamente ao gozo da coisa (art. 20° RAU). No arrendamento urbano, contrariamente ao que ocorre na locação em geral e nos outros tipos de arrendamento (rural e florestal), a renda é paga antes da utilização do bem. Assim, sendo o contrato celebrado num determinado mês (p. ex., em Janeiro), o arrendatário tem logo de pagar a renda desse mês e do seguinte e, no primeiro dia útil do mês subsequente (no exemplo, poderia ser a 1 de Fevereiro), vence-se a renda correspondente ao mês seguinte (Março)[2].

As partes podem estipular uma antecipação superior, mas o art. 21° RAU, de modo imperativo, limita essa antecipação a um mês. Conjugando este preceito com o anterior, determina-se que, como máximo, pode haver uma antecipação da renda de dois meses[3]. Nesta sequência, não se admite o estabelecimento de uma caução que exceda o montante a renda; nos termos do art. 14° do diploma preambular do RAU, considera-se que comete o crime de especulação o senhorio que receba quantia superior ao mês de caução na celebração do contrato de arrendamento.

Para garantia de cumprimento das obrigações do locatário, em especial o pagamento da renda, pode ajustar-se uma fiança (cfr. *supra* ponto n.° III. § 2.2.f)). Em tal caso, nos termos do art. 655°, n.° 1 CC, em princípio, a garantia só abrange o período inicial de duração do contrato. Mesmo que as partes acordem no sentido de a fiança abranger as reno-

---

[1] Cfr. CARLOS ALEGRE, *Arrendamento Urbano*, cit., p. 73.

[2] Sobre esta questão, explicando igualmente o sistema em caso de as rendas não terem correspondência com o calendário gregoriano, cfr. JANUÁRIO GOMES, *Arrendamentos para Habitação*, cit., pp. 95 s.

Regra geral, o vencimento das rendas relaciona-se com os meses, não havendo diferença em função dos dias, sendo, pois, igual a renda dos meses de Fevereiro e Março, pese embora não haver identidade de dias. O calendário em função do qual se determina o vencimento das rendas, salvo convenção em contrário, é aquele que usualmente se usa nos países católicos desde o séc. XVI, com a reforma do Papa Gregório XIII (daí chamar-se calendário gregoriano).

[3] No mesmo sentido, cfr. CARLOS ALEGRE, *Arrendamento Urbano*, cit., p. 76.

II – Locação 261

vações, sem novo acordo, ela não pode vigorar depois de decorridos cinco anos sobre a primeira prorrogação ou quando tenha havido alteração a renda (art. 655°, n.° 2 CC)[1].

II. Importa ainda referir que no arrendamento urbano se encontra um especial desenvolvimento legislativo em relação ao depósito da renda (arts. 22° ss. RAU) e à actualização das rendas (arts. 30° ss. RAU).

As regras relativas ao depósito de rendas (arts. 22° ss. RAU) são, essencialmente, de natureza processual, e foram incluídas no regime do arrendamento urbano com vista a determinar como deve proceder o arrendatário que pretenda depositar a renda devida e quais as consequências desse depósito. Estas regras, inicialmente, constavam do Código de Processo Civil (arts. 991° ss.), mas o legislador, tendo em conta as especificidades deste regime, achou por bem que estas normas de direito adjectivo passassem a constar de um diploma onde se regula o direito substantivo.

O depósito das rendas, previsto nos arts. 22° ss. RAU, corresponde a um tipo de consignação em depósito, nos termos dos arts. 841° ss. CC.

Não há a obrigatoriedade de o arrendatário proceder ao depósito da renda[2], mas em determinadas circunstâncias pode ser conveniente o recurso a esta consignação em depósito. Tal verifica-se, tanto em situações de mora do credor (locador), como de mora do devedor (locatário), para fazer cessar a sua mora (art. 1042°, n.° 2 CC) ou para obstar à resolução do contrato (art. 1048° CC).

O depósito da renda é feito na Caixa Geral de Depósitos nos moldes especificados no art. 23° RAU e segue os trâmites dos arts. 24° ss. RAU.

III. Em relação à actualização de rendas, prevista nos arts. 30° ss. RAU, o legislador assentou num pressuposto de limitação da autonomia privada, permitindo-a apenas nos casos previstos na lei e pela forma nela regulada (art. 30° RAU)[3]. Nesta sequência, além do acordo das partes,

---

[1] Mas, por acordo das partes, pode estabelecer se que o fiador se obrigará em relação à renda estipulada e à que vier a ser determinada pelas alterações legais, cfr. Ac. Rel. Pt. de 9/5/1995, CJ XX (1995), T. III, p. 210. Veja-se também o Ac. Rel. Lx. de 18/5/1995, CJ XX (1995), T. III, p. 108 e o Ac. Rel. Lx. de 9/5/1996, CJ XXI, T. III, p. 84. Admitindo que a fiança, por cláusula nesse sentido, pode abranger as renovações do contrato de arrendamento e respectivas actualizações de renda, considerando que a garantia assim fixada não é indeterminável, cfr. Ac. STJ de 17/6/1998, CJ (STJ) 1998, T. II, p. 114.

[2] Cfr. Ac. Rel. Lx. de 30/10/1997, CJ XXII, T. IV, p. 126.

[3] Não obstante a tentativa liberalizadora, o legislador de 1990 não podia rejeitar, de forma categórica, a evolução legislativa que retrocedia a 1910.

262   *Direito das Obrigações*

estabeleceram-se tão-só dois tipos de actualização: a anual (arts. 32° ss. RAU) e a por obras (arts. 38° s. RAU), a que se alude, respectivamente, nas alíneas a) e b) do n.° 1 do art. 31° RAU.

As cláusulas contratuais de actualização de rendas são válidas nos termos dos arts. 78°, n.° 2 e 119° RAU[1].

A actualização anual está sujeita ao coeficiente indicado no art. 32° RAU, devendo o referido coeficiente apurado pelo Instituto Nacional de Estatística ser publicado no Diário da República até 30 de Outubro de cada ano (art. 32°, n.° 2 RAU)[2], excepto no caso de, por convenção das partes, quando a lei a admita (cfr. parte final da alínea a) do n.° 1 do art. 31° RAU), como no caso dos arts. 78°, n.° 2 e 119° RAU, tenha sido ajustado um regime de actualização diverso.

O senhorio que pretenda proceder à actualização da renda, no ano seguinte ao do início da vigência do contrato (art. 34° RAU), com a antecedência de trinta dias, tem de comunicar, por escrito, o novo montante ao inquilino, indicando o coeficiente aplicado e o cálculo efectuado (art. 33° RAU). A actualização não é, pois, automática[3].

Caso o arrendatário não concorde com o aumento de renda, pode, em alternativa, denunciar o contrato (art. 33°, n.° 4 RAU) ou recusar-se a pagar a nova renda. Esta recusa só pode ter lugar quando, para a determinação do novo montante, tenha havido erro nos factos relevantes ou na aplicação da lei (art. 35°, n.° 1 RAU). Ao recusar a nova renda, deve o arrendatário indicar qual o montante que considera correcto (art. 35°, n.° 2 RAU). O senhorio, por sua vez, pode aceitar ou rejeitar o montante proposto pelo arrendatário (art. 35°, n.os 3 e 4 RAU).

Não havendo acordo entre as partes, cabe ao arrendatário recorrer para uma comissão especial no prazo de quinze dias subsequentes à rejei-

---

[1] No regime que vigorou antes da alteração de 1993, só se podia convencionar uma actualização se esta não implicasse um aumento superior ao que decorreria das actualizações legais (art. 30°, n.° 2 RAU). No fundo, poder-se-ia dizer que a autonomia privada só podia estabelecer regimes mais favoráveis para o arrendatário do que o resultante da lei, cfr. MENEZES CORDEIRO/CASTRO FRAGA, *Arrendamento Urbano*, cit., anot. art. 30°, p. 81.

[2] Antes da alteração do Decreto-Lei n.° 329-B/2000, os coeficientes de actualização eram publicados anualmente em portaria conjunta. Cfr. JANUÁRIO GOMES, *Arrendamentos para Habitação*, cit., pp. 126 ss.; ARAGÃO SEIA, *Arrendamento Urbano*, cit., pp. 214 s. Quanto a coeficientes de actualização, cfr. Portarias n.° 1089-C/97 e n.° 1089-D/97, de 31 de Outubro, Portaria n.° 946-A/98, de 31 de Outubro, Portaria n.° 982-A/99, de 30 de Outubro e Portarias n.° 1062-A/2000 e n.° 1062-B/2000, de 31 de Outubro.

[3] Cfr. Ac. Rel. Lx. de 4/11/1997, CJ XXII, T. V, p. 74.

ção do senhorio (art. 36°, n.° 1 RAU)[1]. Esta comissão, cuja composição vem determinada no art. 36°, n.° 2 RAU[2], funciona como um Tribunal Arbitral Necessário (arts. 1525° ss. CPC) na solução do litígio (art. 36°, n.° 3 RAU). A decisão tomada por esta comissão vincula as partes e tem eficácia retroactiva (art. 37° RAU). Se o arrendatário não recorrer à comissão especial, sujeita-se a pagar o montante da renda fixado pelo senhorio.

No que respeita à actualização por obras, importa distinguir se estas foram realizadas pelo senhorio, porque foi compelido administrativamente a efectuá-las ou porque eram necessárias para a concessão de licença de utilização e foram aprovadas[3], caso em que a actualização é determinada nos termos do n.° 1 do art. 38° RAU[4], das situações em que as obras sejam realizadas por acordo das partes, hipótese em que o aumento de renda pode ser livremente pactuado (art. 39° RAU). No primeiro caso, a actualização depende do valor apurado nos termos do Regime Especial de Comparticipação na Recuperação de Imóveis Arrendados, RECRIA (art. 38°, n.° 1 RAU), sendo exigível no mês subsequente ao da conclusão das obras (art. 38°, n.° 2 RAU). No segundo caso, a nova renda depende de acordo, devendo o seu montante, com referência às obras realizadas e ao seu custo, constar de aditamento escrito ao contrato (arts. 38°, n.° 3 e 39°, n.os 1 e 2 RAU).

A actualização por obras, por ser extraordinária, é independente e não obsta à actualização anual ordinária, prevista nos arts. 32° ss. RAU[5].

No que respeita ao arrendamento comercial ou industrial, nos termos do art. 119° RAU, regra também aplicável ao arrendamento para o exercício de profissões liberais e ao arrendamento para outros fins não habitacionais, admite-se que o regime de actualização de rendas seja convencionado pelas partes.

---

[1] Sobre a inconstitucionalidade do art. 36°, n.° 1 RAU, *vd.* Ac. Trib. Const. n.° 114/98, de 4/2/1998, BMJ 474, p. 24, com base no argumento de esta comissão não se encontrar prevista na lei de autorização. A questão ficou solucionada com a nova versão do art. 36° RAU dado pelo Decreto-Lei n.° 329-B/2000.

[2] Nos termos da Portaria n.° 381/91, de 3 de Maio, a comissão é composta por um representante do senhorio, um representante do arrendatário e por um elemento nomeado pelo chefe da Repartição de Finanças da área do prédio arrendado, que será o presidente.

[3] Da redacção constante do art. 31°, n.° 1, alínea b) RAU, parece que se pode concluir no sentido de a actualização ser devida ainda que as obras tenham sido realizadas pelo inquilino ou pela Câmara Municipal ao abrigo dos arts. 15° s. RAU.

[4] Cfr. Ac. STJ de 1/10/1996, CJ (STJ) 1996, T. III, p. 30.

[5] Cfr. MENEZES CORDEIRO/CASTRO FRAGA, *Arrendamento Urbano*, cit., anot. art. 38°, p. 88.

264 *Direito das Obrigações*

e) *Outras despesas*

I. Relacionado com a renda, cabe aludir ao pagamento de outras despesas a cargo do locatário. Como foi referido a propósito das obrigações do locador, o princípio geral constante do art. 1030° CC aponta no sentido de as despesas relativas à coisa locada deverem ser suportadas pelo senhorio. Importa averiguar se, por acordo, tais despesas podem passar a ser encargos do arrendatário.

Quanto aos encargos de fruição de partes comuns, nos termos do art. 40° RAU, podem, por acordo, ficar a cargo do arrendatário; do preceito, apesar de se apontar para os encargos típicos na propriedade horizontal, não se excluem despesas de partes comuns em edifícios que não estejam divididos em fracções autónomas. Por sua vez, a realização e o pagamento das obras, tal como determina o art. 120° RAU, se assim for estipulado, serão encargo do inquilino. Poder-se-ia pensar que estas são normas excepcionais, não se admitindo *a contrario* que outras despesas pudessem, por acordo, ser suportadas pelo arrendatário[1]. Todavia, da regra geral do art. 1030° CC conclui-se que as despesas podem, mediante estipulação nesse sentido, correr por conta do locatário e não há norma no regime do arrendamento urbano que estabeleça em sentido diverso. Os arts. 40° e 120° RAU são meras concretizações do princípio geral contido no art. 1030° CC[2].

II. Tal estipulação não põe em causa a proibição de livre actualização de rendas[3], nem o disposto no art. 19° RAU, desde que as despesas não

---

[1] Neste sentido, Carlos Alegre, *Arrendamento Urbano*, cit., p. 95; Menezes Cordeiro/Castro Fraga, *Arrendamento Urbano*, cit., anot. art. 40°, pp. 91 s.; Januário Gomes, *Arrendamentos Comerciais,* cit., p. 144 e *Arrendamentos para Habitação*, cit., pp. 149 s.; Margarida Grave, *Arrendamento Urbano*, cit., p. 100; Aragão Seia, *Arrendamento Urbano*, cit., pp. 226 e 229 s. É idêntica a interpretação que Grasselli, *La Locazione*, cit., pp. 166 ss., faz de uma disposição do Direito italiano, nos termos da qual, salvo convenção em contrário, as despesas de funcionamento e manutenção do elevador, de fornecimento de água e de energia eléctrica, etc., são a cargo do inquilino: o autor entende que não se pode acordar no sentido de o locatário suportar outras despesas não previstas no preceito, como o seguro de incêndio (ob. cit., p. 169).

[2] São até frequentes os acordos mediante os quais o inquilino suporta as despesas das obras e o senhorio aceita uma renda inferior à que seria normal ou concorda em não aumentar a renda durante alguns anos. Também nada obsta à validade de um contrato de arrendamento em que se estipule serem as contas da electricidade, água e telefone pagas ao senhorio juntamente com a renda, em função dos consumos normais efectuados pelo inquilino.

[3] Cfr. Ac. Rel. Év. de 25/2/1999, CJ XXIV, T. I, p. 274, em particular p. 278. Em sentido diverso, cfr. Pereira Coelho, *Arrendamento*, cit., pp. 144 ss.; Pires de

II – Locação

sejam a contrapartida da utilização do bem. A renda tem de ser fixa e só pode ser aumentada dentro dos limites legais, mas nada obsta a que outras despesas, para além do condomínio (art. 40° RAU) e de obras (art. 120° RAU), sejam suportadas pelo arrendatário, com o seu acordo.

Essas despesas podem ser directamente devidas ao senhorio ou a terceiro, tudo depende do acordo as partes[1].

A convenção que imponha o pagamento de certas despesas ao arrendatário deverá ser reduzida a escrito, com a discriminação das despesas, como se depreende do regime especial da forma e formalidades estabelecido em sede de arrendamento urbano (cfr. arts. 7° s., 41° s. e 120° RAU).

f) Direito de preferência

I. Tal como acontece nas outras situações de arrendamento, o arrendatário urbano tem direito de preferência na venda e na dação em cumprimento do bem locado há mais de um ano (arts. 47° ss. RAU). Sempre que venha a ser alienado, por via de compra e venda ou de dação em cumprimento, o direito real com base no qual o arrendamento foi celebrado, é conferido ao arrendatário um direito de preferência na aquisição desse direito, nos termos gerais dos arts. 414° ss. CC (em particular, os arts. 416° a 418° CC)[2]; trata-se, porém, de uma preferência legal à qual se aplica o art. 1410° CC (art. 49° RAU)[3]. A preferência em causa consubstancia um direito real de aquisição.

LIMA/ANTUNES VARELA, Código Civil Anotado, II, cit., anot. 2 ao art. 1030°, p. 357 a anot. 2 e 3 ao art. 40° RAU, p. 556.

[1] Pense-se, designadamente, na hipótese do arrendamento de uma casa mobilada em que foi acordado o pagamento de um seguro respeitante à mobília, a cargo do inquilino, liquidável em determinada seguradora.

[2] A preferência do arrendatário rege-se pelas regras gerais dos pactos de preferência (arts. 414° ss. CC), apesar de ter particular relevância a remissão que é feita pelo art. 49° RAU para os aspectos fulcrais do regime, constantes dos arts. 416° a 418° CC. Acerca da obrigação de preferência, vd. CARLOS LACERDA BARATA, Da Obrigação de Preferência, Coimbra, 1990, CARDOSO GUEDES, A Natureza Jurídica do Direito de Preferência, Porto, 1999 e jurisprudência citada em JANUÁRIO GOMES, Arrendamentos Comerciais, cit., pp. 208 ss., assim como o Ac. STJ de 23/6/1992, ROA 53 (1993), III, p. 673, com anotação de OLIVEIRA ASCENSÃO, ROA 53 (1993), III, pp. 683 ss. Sobre o disposto no art. 417° CC, cfr. Ac. STJ de 13/2/1997, BMJ 464, p. 524.

[3] Acerca da preferência legal do arrendatário habitacional, cfr. Ac. STJ de 23/6/1992, ROA 53 (1993), III, p. 673, com anotação de OLIVEIRA ASCENSÃO, ROA 53 (1993), III, pp. 683 ss. e HENRIQUE MESQUITA, RLJ 126 (1993/94), pp. 57 ss. Sobre esta questão, veja--se igualmente OLIVEIRA ASCENSÃO, «Subarrendamento e Direitos de Preferência no Novo Regime do Arrendamento Urbano», ROA 51 (1991), I, pp. 45 ss.

266   *Direito das Obrigações*

Numa relação heterogénea de preferência, o direito de preferência do arrendatário prevalece sobre o do fundeiro (art. 1535° CC), mas já não com respeito à preferência dos contitulares (art. 1409° CC)[1] ou do titular de prédio onerado com servidão legal de passagem (art. 1555° CC), como se depreende do disposto no art. 48° RAU. De facto, nos termos deste preceito, a preferência do arrendatário, tal como se estabeleceu no Código Civil (art. 1117°, n.° 3), ficou graduada em penúltimo lugar, a seguir à do proprietário do solo.

Sendo vários os arrendatários com direito de preferência, abre-se licitação entre eles (art. 47°, n.° 2 RAU)[2]. Corresponde à aplicação do

---

[1] É duvidoso que a preferência do arrendatário exista no caso de venda de quota ideal, como seja a quota parte de um contitular. Em sentido negativo, PIRES DE LIMA/ /ANTUNES VARELA, *Código Civil Anotado*, Vol. II, 3ª ed., Coimbra, 1986, anot. 8 ao art. 1117°, pp. 641 s.; Ac. STJ de 22/4/1982, RLJ 119 (1986/87), p. 48, com anotação favorável de ANTUNES VARELA, RLJ 119 (1986/87), pp. 55 ss. PIRES DE LIMA/ANTUNES VARELA, *Código Civil Anotado*, II, cit., anot. 8 ao art. 47° RAU, p. 569. Veja-se igualmente, Ac. Rel. Lx. de 18/11/1993, CJ XVIII (1993), T. V, p. 125 e Ac. Rel. Cb. de 21/1/1997, CJ XXII, T. I, p. 17.

Seguindo esta posição, o arrendatário só pode preferir em caso de ser alienada a totalidade do prédio. Em sentido diferente, cfr. PINTO FURTADO, *Arrendamento Urbano*, cit., pp. 625 s. e LUÍS MIGUEL MONTEIRO, *Direitos e Obrigações de Preferência no Novo Regime Jurídico do Arrendamento Urbano (RAU)*, Lisboa, 1992, pp. 47 s. No Assento do STJ de 9 de Fevereiro de 1993, DR, 1ª Série de 6/4/1993, sobre o direito de preferência no arrendamento rural decidiu-se que a preferência podia ser exercida em caso de alienação de quota ideal. A solução foi idêntica no caso de preferência nos termos do art. 1380° CC, em que se admite ser exercida em relação à venda de quota do prédio vizinho (Ac. Rel. Cb. de 19/11/1996, CJ XXI, T. V, p. 18).

A solução maximalista de recorrer a uma interpretação extensiva do regime, contende com a tutela do direito de propriedade e contraria o princípio da liberdade contratual, razões que conduziriam a uma postura restritiva do direito de preferência do arrendatário se não mesmo, *de iure condendo*, à sua exclusão.

[2] OLIVEIRA ASCENSÃO, «Subarrendamento e Direitos de Preferência ...», cit., p. 68, OLIVEIRA ASCENSÃO/PEDROSA MACHADO, «O Objecto de Preferência do Arrendatário. Parecer», Direito e Justiça, 1999, T. 3, pp. 263 ss. e JANUÁRIO GOMES, *Arrendamentos Comerciais*, cit., pp. 203 s., consideram que, como o direito de preferência se limita ao local arrendado, ele não pode ser exercido pelo inquilino de uma fracção quando é vendido todo o edifício que não está em propriedade horizontal. Mas esta é até a hipótese comum de preferências concorrentes de vários arrendatários, prevista no n.° 2 do art. 47° RAU. Não se pode concordar com tal interpretação, que se aceita, todavia, como a solução mais adequada *de iure condendo*. Por um lado, contraria o disposto na parte final do n.° 1 do art. 417° CC, em que se admite o exercício do direito de preferência em relação ao todo e, por outro, está em discordância com o disposto nos preceitos fontes do actual art. 47° RAU, o art. 1117° CC e os arts. 1° e 2° da Lei n.° 63/77. No sentido preconizado, cfr. PIRES DE LIMA/ANTUNES VARELA, *Código Civil Anotado*, II, cit., anot. 8 ao art. 47° RAU, p. 569,

II – Locação   267

regime do art. 419°, n.° 2 CC, nos termos do qual, havendo mais do que um titular com direito de preferência, o direito apenas pode ser exercido por um deles se os diferentes titulares não quiserem exercer o direito conjuntamente. Regra idêntica à do art. 47°, n.° 2 RAU consta do art. 1555°, n.° 2 CC.

II. O direito de preferência não é, todavia, conferido ao arrendatário urbano sempre que o contrato seja de duração limitada (art. 99°, n.° 2 RAU). Esta excepção vale tanto para os arrendamentos para habitação de duração limitada, por aplicação directa do art. 99°, n.° 2 RAU, como também para os arrendamentos comerciais ou industriais e de exercício de profissão liberal de duração limitada, por remissão, respectivamente dos arts. 117°, n.° 2 e 121° RAU. Assim, tendo sido celebrado um contrato de arrendamento urbano por cinco anos ao abrigo do disposto no art. 98° RAU, o arrendatário não goza do direito de preferência enunciado.

g) *Cessação do contrato*

Quanto à cessação do contrato de arrendamento urbano, para além do facto de se estabelecer um regime imperativo (art. 51° RAU), importa aludir a dois aspectos: as causas de resolução e de denúncia do contrato invocáveis pelo senhorio (arts. 64° e 69° RAU)[1] e a acção de despejo (arts. 55° ss. RAU).

1) *Resolução*

I. Para a resolução do contrato de arrendamento da iniciativa do senhorio, indicam-se, de forma taxativa, os casos em que esta causa de extinção do vínculo pode ser invocada nas dez alíneas do n.° 1 do art. 64° RAU[2].

Luís Miguel Monteiro, *Direitos e Obrigações de Preferência*, cit., pp. 49 ss. e Ac. STJ de 26/9/1991, BMJ 409, p. 774; Ac. STJ de 28/11/1997, CJ (STJ) 1997, T. I, p. 77; Ac. STJ de 30/4/1997, BMJ 466, p. 50; Ac. STJ de 2/6/1999, CJ (STJ) 1999, T. II, p. 129; Ac. Rel. Pt. de 3/11/1992, CJ XVII (1992), T. V, p. 205; Ac. Rel. Cb. de 19/11/1996, CJ XXI, T. V, p. 13; Ac. Rel. Lx. de 17/12/1998, CJ XXIII, T. V, p. 131.

[1] Relativamente às outras causas de cessação do contrato (revogação e caducidade), bem como quanto a um tratamento sistemático da resolução e da denúncia, *vd.* ponto n.° V.

[2] Sendo as causas taxativas, não podem ser acrescentados outros motivos por cláusula contratual, nomeadamente por via de uma condição resolutiva, cfr. Pereira Coelho, *Arrendamento*, cit., pp. 94 s.; Januário Gomes, *Arrendamentos Comerciais*, cit., pp. 253 s. Veja-se também Ac. STJ de 17/7/1986, BMJ 359, p. 680; Ac. Rel. Pt. de

268 *Direito das Obrigações*

Importa esclarecer que estas limitações valem tão-só para a resolução do contrato e não para a respectiva denúncia, concretamente, tais limites não encontram aplicação no caso de oposição à renovação do contrato.

As violações do contrato de arrendamento perpetradas pelo inquilino e não incluídas no elenco do art. 64°, n.° 1 RAU só conferem ao senhorio o direito a uma indemnização por responsabilidade contratual, nos termos gerais.

De certa forma, há alguma correspondência entre as hipóteses previstas no n.° 1 do art. 64° RAU de resolução do contrato e as obrigações do locatário enumeradas no art. 1038° CC; as situações previstas nas alíneas daquele preceito, de alguma maneira, coincidem com violações do disposto nas alíneas do artigo do Código Civil. No fundo, são causas de resolução do contrato de arrendamento por parte do senhorio a violação das obrigações do locatário indicadas no art. 1038° CC[1].

II. Importa, assim, aludir às previsões constantes das várias alíneas do n.° 1 do art. 64° RAU.

Em primeiro lugar, como fundamento de resolução do contrato, surge a falta de pagamento pontual da renda, nos termos, já referidos, do art. 1048° CC.

Segundo, a utilização, por si ou por interposta pessoa, do prédio para fim diverso daquele a que se destina (p. ex., se um prédio arrendado para habitação for usado para o exercício de profissão liberal)[2]. O fim a que se

---

21/5/1985, CJ X (1985), T. III, p. 242. Além disso, discute-se se, ao lado das situações previstas no art. 64° RAU, o contrato pode ser resolvido com base em alteração das circunstâncias (art. 437° CC), solução aceite por ANTUNES VARELA, anotação ao Ac. STJ de 25/5/1982, RLJ 119 (1986/87), pp. 82 ss. Cfr. Ac. STJ de 16/6/1987, BMJ 368, p. 528.

[1] Quanto a uma explicação das várias causas de resolução previstas no art. 64°, n.° 1 RAU, cfr. CARLOS ALEGRE, *Arrendamento Urbano*, cit., pp. 126 ss.; PINTO FURTADO, *Arrendamento Urbano*, cit., pp. 725 ss.; JANUÁRIO GOMES, *Arrendamentos Comerciais*, cit., pp. 223 ss., com ampla referência jurisprudencial e *Arrendamento para Habitação*, cit., pp. 233 ss.; ARAGÃO SEIA, *Arrendamento Urbano*, cit., pp. 317 ss.; PAIS DE SOUSA, *Arrendamento Urbano*, cit., pp. 195 ss.

[2] No arrendamento para o comércio e indústria, as alterações de actividade têm de ser entendidas com alguma razoabilidade, cfr. Ac. Rel. Lx. de 15/1/1998, CJ XXIII, T. I, p. 77; Ac. Rel. Pt. de 19/3/1998, CJ XXIII, T. II, p. 211; mas em caso de violação do contrato, desrespeitando cláusula que determina ser o arrendamento para uma específica actividade, a alteração é causa de resolução (Ac. STJ de 14/10/1997, CJ (STJ) 1997, T. III, p. 71). A autorização dada ao arrendatário para alterar o objecto vale para os trespassários (Ac. Rel. Lx. de 9/11/2000, CJ XXV, T. V, p. 90).

II – Locação

destina resulta do contrato, mas, ao lado da actividade (fim) principal, acessoriamente, podem desenvolver-se actividades conexas, que complementam aquela[1]. Dito de outro modo, além do fim expressamente ajustado há que atender ao acordo implícito quanto ao exercício adicional de actividades não compreendidas directamente na letra das cláusulas do contrato, mas cuja autorização (tácita) decorre de regras de razoabilidade e do princípio da boa fé no cumprimento dos contratos (art. 762°, n.° 2, do CC).

A situação prevista nesta alínea b) é, todavia, excepcionada nos casos de indústrias domésticas (art. 75° RAU).

Terceiro, a aplicação do prédio a práticas ilícitas, imorais ou desonestas com carácter reiterado ou habitual constitui fundamento de despejo[2].

Quarto, na alínea d) pune-se a utilização imprudente do prédio, não se admitindo que o inquilino altere ou cause prejuízos no locado, para além dos limites constantes do art. 1043° CC e 4° RAU[3]. Mas só a uti-

---

[1] Cfr. Aragão Seia, *Arrendamento Urbano*, cit., pp. 322 s., que cita um acórdão da Relação de Lisboa e uma opinião expressa na Revista dos Tribunais, considerando-se lícito o exercício de actividades conexas, acessórias e similares. Como afirma Aragão Seia (ob. cit., p. 323), na sequência do Acórdão da Relação do Porto de 1 de Fevereiro de 1979, no fim ou ramo do negócio ajustado compreendem-se «(...) actividades ligadas ao fim ou ao ramo de negócio expressamente autorizado no contrato, quer por acessoriedade (ou conexão), quer por instrumentalidade (necessária ou quase necessária), quer por habitualidade notória, do conhecimento geral, desde que o exercício destas não possa classificar-se como fim ou negócio diverso do contratado». Como esclarece Januário Gomes, *Arrendamentos Comerciais*, cit., pp. 228 s., o locatário não pode explorar qualquer actividade de modo acessório, considerando-se que não viola o contrato por continuar a exercer principalmente o ramo convencionado, mas, segundo o mesmo autor, nada impede que o arrendatário desenvolva actividades não enunciadas no contrato, desde que se encontrem numa relação de instrumentalidade necessária, sendo, por isso, indispensáveis, ou se, «segundo os usos comuns, acompanham a exploração de uma determinada modalidade de comércio». O autor indicado acaba por concluir que o exercício de actividades não compreendidas na letra das cláusulas contratuais não permite a resolução do contrato de arrendamento desde que, atento o princípio da boa fé, a actividade em questão esteja íntima e funcionalmente ligada à actividade clausulada.

[2] Sobre a aplicação desta alínea como causa de resolução do contrato de arrendamento, *vd.* Antunes Varela, anotação ao Ac. Rel. Cb. de 9/5/1989, RLJ 122, pp. 125 ss. Acerca de práticas ilícitas, tem-se discutido se o excessivo ruído que o inquilino faz durante a noite ou a convivência no local arrendado com animais perigosos ou especialmente barulhentos pode constituir fundamento de despejo; sobre esta questão, *vd.* Vermelle, *Droit Civil. Les Contrats Spéciaux*, Paris, 1996, p. 92.

[3] Quanto à resolução do contrato de arrendamento por realização de obras não autorizadas pelo senhorio, cfr. Ac. Rel. Lx. de 18/3/1993, O Direito 125 (1993), III-IV,

270 · *Direito das Obrigações*

lização imprudente nos termos prescritos nesta alínea conforma o direito à resolução do contrato; as obras que o arrendatário realize, não constituindo motivo de despejo, podem ainda assim ser ilícitas, caso em que ao locador cabe tão-só exigir a sua demolição[1].

Em quinto lugar, regula-se uma violação que se prende, essencialmente, com o arrendamento para habitação, considerando-se fundamento de despejo o desrespeito no disposto no art. 76° RAU; ou seja, a hospedagem não permitida, ainda que a limitação conste de cláusula contratual.

Nas alíneas f) e g), como consequência da proibição de cedência não autorizada do prédio arrendado (art. 1038°, alíneas f) e g) CC), considera-se que o subarrendamento, o comodato[2] ou a cessão da posição contra-

---

p. 321, onde se lê: «Apesar de o gozo temporário da coisa estar entregue ao arrendatário, o "monopólio" da faculdade de transformações permanece nas mãos do proprietário, que, normalmente, é o locador. Donde resulta que o fim visado pelo legislador foi impedir que o arrendatário se arrogasse poderes que cabem exclusivamente ao proprietário e que a lei não permite que sejam exercidos por outrem, sancionando a correspondente actuação com a resolução do contrato» (p. 324). Assim, «Se o interior do prédio, em resultado das obras, possa apresentar, de modo perene, uma outra fisionomia, uma nova distribuição, uma diferente forma de ocupação do seu espaço, operou-se uma alteração substancial da disposição interna das suas divisões» (p. 325), que faculta a resolução do contrato, sendo irrelevante que as obras tenham ou não causado prejuízos ao locador e que sejam ou não reparáveis.

Sobre esta questão, no mesmo sentido, cfr. OLIVEIRA ASCENSÃO, Anotação ao Ac. Rel. Lx de 18/3/1993, O Direito 125 (1993), III-IV, pp. 328 ss.; OLIVEIRA ASCENSÃO/ /MENEZES LEITÃO, «Resolução do Arrendamento com Fundamento na Realização de Obras Não Autorizadas», O Direito 125 (1993), III-IV, pp. 417 ss.; MENEZES CORDEIRO, Anotação ao Ac. Rel. Lx. de 19/11/1987, O Direito 120 (1988), I-II, pp. 217 ss.; JANUÁRIO GOMES, «Resolução do Arrendamento em Consequência da Feitura de Obras que Alteram Substancialmente a Disposição Interna das Divisões do Prédio», O Direito 125 (1983), III-IV, pp. 439 ss.

Todavia, no Ac. Rel. Pt. de 26/1/1997, considerou-se que a ligação de duas salas por meio de abertura da parede que as separava não constitui fundamento de despejo. Veja-se ainda, em diversos sentidos, Ac. STJ de 12/11/1996, BMJ 461, p. 425; Ac. STJ de 14/1/1997, BMJ 463, p. 571; Ac. Rel. Cb. de 2/5/1996, CJ XXI, T. III, p. 79; Ac. Rel. Cb. de 28/2/1997, CJ XXII, T. II, p. 10.

[1] Para esta demolição, o locador não tem de aguardar pelo termo do contrato, cfr. Ac. Rel. Cb. de 25/2/1997, RLJ 130, p. 187, com anotação favorável de HENRIQUE MESQUITA a pp. 190 ss.

[2] No Ac. STJ de 3/7/1997, BMJ 469, p. 486, não obstante o empréstimo parcial do local arrendado, considerou-se que não havia fundamento para a resolução do contrato por se entender que era de escassa importância a violação à luz do art. 802°, n.° 2 CC.

tual, bem como a cobrança de sub-renda superior à prevista no art. 1062º CC, constituem fundamento de despejo.

São igualmente causa de resolução do contrato as situações em que o arrendatário de prédio destinado ao exercício do comércio, da indústria ou de profissão liberal (alínea h)) ou com fim habitacional (alínea i)) deixe de usufruir as vantagens do prédio, por o manter encerrado ou desabitado[1]. Há, evidentemente, excepções, previstas na parte final da alínea h) e no n.º 2 do art. 64º RAU, em que o encerramento prolongado do prédio ou o facto de este se encontrar desabitado não constituem causa de despejo[2]. Este chamado «dever de uso» do arrendatário não tem correspondência com os deveres constantes do art. 1038º CC; relaciona--se com uma formulação legal específica do vinculísmo arrendatício. Como se protege o arrendatário urbano, não permitindo a denúncia do contrato pelo senhorio, não se aceita que aquele deixe o prédio arrendado por utilizar[3].

Por último, na alínea j) admite-se que, estando o arrendamento funcionalizado a outro negócio jurídico (p. ex., a um contrato de trabalho), a cessação deste implica a desocupação do prédio; deste modo, se o empregador arrenda uma casa ao trabalhador para lhe facilitar a sua colocação em certa zona, a cessação do contrato de trabalho acarreta a extinção do

---

[1] Sobre esta questão, cfr. GALVÃO TELLES, «Resolução do Contrato de Arrendamento. Residência Permanente, Residência Alternada e Residência Ocasional», CJ XIV (1989), T. II, pp. 31 ss. A falta de residência é, possivelmente, um dos fundamentos mais discutidos na jurisprudência como causa do despejo, cfr. a indicação jurisprudencial referida em JANUÁRIO GOMES, *Arrendamentos para Habitação,* cit., pp. 668 ss.; ARAGÃO SEIA, *Arrendamento Urbano*, cit., pp. 339 ss. e veja-se nomeadamente Ac. Rel. Év. de 5/12/1996, CJ XXI, T. V, p. 268; Ac. Rel. Cb. de 14/1/1997, CJ XXII, T. I, p. 11; Ac. Rel. Pt. de 2/12/1997, CJ XXII, T. V, p. 217.

A questão coloca-se igualmente como causa de resolução do contrato de arrendamento para o comércio ou indústria, em que a actividade cessa ou é reduzida, cfr. Ac. STJ de 25/6/1996, BMJ 458, p. 307.

[2] Relativamente à excepção constante da alínea c) do n.º 2 do art. 64º RAU, exige--se que o arrendatário, ainda que ausente, mantenha uma vida em comum com os familiares que permanecem no prédio locado (Ac. Rel. Cb. de 17/11/1998, CJ XXIII, T. V, p. 14), sob pena de se admitir um modo de transmissão *inter vivos* do arrendamento, sem acordo do senhorio.

[3] Quanto às várias teses sobre o dever de utilização do prédio, cfr. PINTO FURTADO, *Arrendamento Urbano*, cit., pp. 429 ss. Na realidade, sobre o locatário não impende o dever de usar a coisa locada; ele tem é o direito de a usar. Mas em sede de arrendamento vinculístico justifica-se a imposição do dever de usar, pois, caso contrário, perderia sentido a protecção conferida ao arrendatário.

272 *Direito das Obrigações*

arrendamento[1]. Isto corresponde, no fundo, a uma das consequências da união de contratos[2].

III. O pedido de resolução do contrato de arrendamento tem de ser exercido dentro do prazo de um ano a contar do conhecimento por parte do senhorio do facto que lhe dá azo (art. 65°, n.° 1 RAU). Se o facto gerador da resolução for continuado ou duradouro, por exemplo hospedagem a mais de três hóspedes, o prazo conta-se a partir da data em que tiver cessado (art. 65°, n.° 2 RAU)[3]. Trata-se de uma situação de caducidade para o exercício de um direito.

2) *Denúncia*

A denúncia pelo senhorio, como determina o art. 69° RAU, pode ser pedida em quatro casos: quando necessite do prédio para sua habitação ou dos seus descendentes em primeiro grau ou para nele construir a sua residência — é a chamada denúncia para habitação (arts. 69°, n.° 1, alínea a) e 71° RAU); sempre que necessite do prédio para nele construir a sua residência ou dos seus descendentes em 1° grau (art. 69°, n.° 1, alínea b) RAU); quando se proponha ampliar o prédio ou construir novo edifício, em termos de aumentar o número de locais arrendáveis (arts. 69°, n.° 1, alínea c) e 73° RAU, remetendo-se para legislação especial[4]); sempre que,

---

[1] Acerca da cessação do contrato de trabalho em tais circunstâncias, cfr. ROMANO MARTINEZ, *Direito do Trabalho*, Vol. I, *Contrato de Trabalho*, 2° Tomo, 3ª ed., Lisboa, 1999, pp. 20 ss.

[2] Sobre a união de contratos, cfr. ROMANO MARTINEZ, *O Subcontrato*, cit., pp. 193 ss. e bibliografia aí citada.

[3] O legislador veio a decidir em sentido diverso daquele que constava do assento do STJ de 3 de Maio de 1984, BMJ 337, pp. 182 ss., nos termos do qual, para efeitos do disposto no, hoje, revogado art. 1094° CC, o prazo de caducidade se contaria a partir do conhecimento inicial pelo senhorio. É de aplaudir a solução legislativa (na senda da Lei n.° 24/89, de 1 de Agosto, que acrescentou o n.° 2 ao art. 1094° CC, idêntico ao n.° 2 do art. 65° RAU), afastando a doutrina daquele assento que, no dizer de PIRES DE LIMA/ANTUNES VARELA, *Código Civil Anotado*, II, cit., anot. 4 ao art. 65°, p. 615, é «mais uma das muitas pedras negras (...) na edificação da ordem jurídica constituída».

No Ac. Rel. Lx. de 6/5/1999, CJ XXIV, T. III, p. 91, quanto a violações continuadas, afirma-se que, em tais casos, «(...) o prazo de caducidade ainda não iniciou a sua contagem (...)» (p. 93).

[4] Legislação especial essa que continua a ser a Lei n.° 2088, de 3 de Junho de 1957, ultimamente alterada pelo Decreto-Lei n.° 329-B/2000, de 22 de Dezembro. Sobre a questão, veja-se o Ac. Rel. Lx. de 4/7/1996, CJ XXI, T. IV, p. 89.

II – Locação

estando o prédio degradado, não se mostre aconselhável a sua reparação (art. 69°, n.° 1, alínea d) RAU). Em qualquer dos casos, o senhorio só pode denunciar o contrato para produzir efeitos no termo do prazo da sua prorrogação (art. 69°, n.° 1 RAU)[1]. A norma que permitia a denúncia para habitação de descendentes em primeiro grau do senhorio foi declarada inconstitucional, tendo então ficado restringida esta hipótese de denúncia à necessidade de habitação do próprio senhorio[2], mas na nova redacção do art. 69°, n.° 1 RAU (Decreto-Lei n.° 329-B/2000) reitera-se a possibilidade de denúncia para habitação do descendente do senhorio em 1° grau.

Os pressupostos da denúncia para habitação constam do art. 71° RAU[3], mas se tiverem sido intencionalmente criados é excluído o direito (art. 109° RAU), como consagração do princípio geral da boa fé. Sendo procedente a denúncia para habitação, há que indemnizar o arrendatário (art. 72° RAU).

O arrendatário pode obstar à denúncia para habitação nos casos previstos no art. 107° RAU (p. ex., se o inquilino tiver pelo menos sessenta e cinco anos ou residir no prédio há mais de trinta anos, como

---

[1] Sobre as situações de denúncia do senhorio, cfr. PINTO FURTADO, *Arrendamento Urbano*, cit., pp. 867 ss.; ARAGÃO SEIA, *Arrendamento Urbano*, cit., pp. 382 ss.

A necessidade da casa por parte do senhorio, se demonstrada, não tem de ser ponderada com a necessidade por parte do inquilino (Ac. Rel. Lx. de 7/11/1996, CJ XXI, T. V, p. 81).

[2] Cfr. Ac. Trib. Const. n.° 127/98, de 5/2/1998, BMJ 474, p. 54 e Ac. Trib. Const. n.° 55/99, DR 12/2/99. No sentido da inconstitucionalidade, veja-se também Ac. STJ de 13/3/1997, BMJ 465, p. 561; Ac. Rel. Lx. de 30/5/1996, CJ XXI, T. III, p. 107; SEQUEIRA RIBEIRO, *Sobre a Denúncia do Contrato de Arrendamento Urbano para Habitação*, Lisboa, 1996, p. 84. Preconizando a constitucionalidade do preceito, cfr. Ac. Rel. Pt. de 7/10/1997, CJ XXII, T. IV, p. 214.

Como referem MENEZES CORDEIRO/CASTRO FRAGA, *Arrendamento Urbano*, cit., anot. art. 69°, p. 115, «Este preceito contém uma inovação de grande significado (...)», mas a solução inovatória, como concluem os autores, é de aplaudir por ser de justiça no confronto entre o direito do inquilino em manter o prédio arrendado e o interesse do senhorio em conseguir uma casa para um filho deve prevalecer este último. Refira-se que do revogado art. 1096°, n.° 1, alínea a) CC não constava esta hipótese, tendo a inovação estado na base da declaração de inconstitucionalidade.

[3] Acerca destes pressupostos, cfr. CARLOS ALEGRE, *Arrendamento Urbano*, cit., pp. 139 s.; JANUÁRIO GOMES, *Arrendamentos Comerciais*, cit., pp. 286 ss., com informação jurisprudencial a pp. 293 ss. e *Arrendamentos para Habitação*, cit., pp. 280 ss.; GALVÃO TELLES, «Denúncia do Arrendamento para Habitação Própria», CJ VIII (1983), T. V, pp. 7 ss. Quanto a um estudo desenvolvido sobre a matéria, cfr. SEQUEIRA RIBEIRO, *Sobre a Denúncia*, cit., em especial, pp. 62 ss.

274   *Direito das Obrigações*

locatário[1]), que correspondem às chamadas limitações ao direito de denúncia. Limitações estas que não podem ser opostas a senhorio emigrante (art. 108° RAU)[2].

Às regras respeitantes à forma e prazo de denúncia (art. 70° RAU), bem como a eventuais reparações (art. 72° RAU) já se aludiu na parte geral (ponto n.° V. § 4).

3) *Acção de despejo*

A acção de despejo, prevista nos arts. 55° ss. RAU, é matéria, essencialmente, de índole processual, e que por isso encontrava-se regulada no Código de Processo Civil (arts. 964° ss.), mas que o legislador considerou dever ser incluída neste diploma[3]. No ponto 11 do Preâmbulo do Decreto-Lei que instituiu o regime do arrendamento urbano, o legislador explica que, estando em preparação um novo Código de Processo Civil, até à sua entrada em vigor dever-se-iam conservar, por via deste diploma, «algumas especificidades processuais úteis para a dinamização do mercado de arrendamento e que correspondem a necessidades reais e à tradição do País».

Parece, porém, que este regime constante dos arts. 55° ss. RAU não é, como se poderia eventualmente inferir do Preâmbulo, transitório, pois, atentas as últimas alterações ao Código de Processo Civil, a matéria respeitante à acção de despejo não consta deste diploma. No fundo, considerou-se que o regime da acção de despejo estabelecida no Código de Processo Civil não se adequava à dinamização do mercado de arrendamento e não correspondia às necessidades reais, sendo necessário substituí-lo. Contudo, como não seria conveniente aguardar pela aprovação de um novo Código de Processo Civil, incluíram-se num diploma de direito substantivo regras de direito adjectivo, possivelmente sem ser com carácter transitório.

---

[1] Quanto à aplicação deste prazo, que alargou em dez anos o regime até então vigente, cfr. Ac. Rel. Pt. de 11/6/1996, CJ XXI, T. III, p. 212; Ac. Rel. Cb. de 18/11/1997, CJ XXII, T. IV, p. 15. Sobre a inconstitucionalidade deste preceito, quando interpretado de modo a abranger situações em que o prazo decorrera antes da entrada em vigor do RAU, cfr. Ac. Trib. Const. n.° 259/98, de 5/3/1998, BMJ 475, p. 119. A dúvida ficou sanada com a nova redacção da alínea b) do n.° 1 do art. 107° RAU dada pelo Decreto-Lei n.° 329-B/2000.

[2] Cfr. Ac. Rel. Lx. de 9/5/1996, CJ XXI, T. III, p. 89.

[3] Quanto à acção de despejo, *vd.* TEIXEIRA DE SOUSA, *A Acção de Despejo*, 2ª ed., Lisboa, 1995.

II – Locação

A acção de despejo é usada com vista a fazer cessar a relação jurídica de arrendamento e deverá ser intentada em duas circunstâncias: quando a lei impõe o recurso à via judicial para a cessação do contrato de arrendamento (p. ex., art. 63°, n.° 2 RAU); sempre que o arrendatário não aceite ou não execute o despejo resultante de qualquer outra causa de cessação (art. 55° RAU)[1]. A acção de despejo segue os trâmites processuais estabelecidos nos arts. 56° ss. RAU[2].

Não sendo legalmente imposto o recurso à via judicial, o arrendamento pode cessar mediante interpelação de uma parte à outra, interpelação essa que pode ser feita valer extrajudicialmente (art. 53° RAU)[3]. Não é necessário proceder-se à interpelação quando o arrendatário reconheceu o facto jurídico que produz a cessação do contrato, designadamente através da aposição de escritos nas janelas (art. 53°, n.° 3 RAU).

Em relação aos contratos de duração limitada, nos termos do art. 101° RAU, foi instituído um regime especial de execução forçada[4]. O senhorio pode, de imediato, recorrer à acção executiva com base num título executivo constituído pelo contrato de arrendamento com cláusula de duração limitada e a notificação judicial avulsa de denúncia. Esse título composto é suficiente para interpor a acção de despejo, que segue a forma da acção ordinária para a entrega de coisa certa (art. 101°, n.° 1 RAU).

A acção de despejo admite sempre recurso, independentemente do valor da causa (art. 57°, n.° 1 RAU) e, na pendência da acção, é devido o pagamento das rendas, nos termos gerais (art. 58°, n.° 1 RAU) e o seu não cumprimento justifica que o senhorio requeira o despejo imediato do inquilino (art. 59°, n.° 2 RAU)[5]. Decretado judicialmente o despejo, pode ser requerido um mandado para a sua execução (art. 59° RAU), mas a execução deste mandado pode ser sustada nos casos previstos nos arts. 60°

---

[1] Cfr. TEIXEIRA DE SOUSA, *A Acçao de Despejo*, cit., pp. 14 ss. e 47 ss. Por isso, em caso de caducidade do contrato de arrendamento deverá ser intentada uma acção de reivindicação e não uma acção de despejo, cfr. Ac. Rel. Lx. de 24/2/2000, CJ XXV, T. I, p. 126.

[2] Cfr. TEIXEIRA DE SOUSA, *A Acção de Despejo*, cit., pp. 63 ss. Quanto à acção de despejo, estando em causa a casa de morada de família, *vd*. SALTER CID, *A Protecção da Casa de Morada da Família no Direito Português*, Coimbra, 1996, pp. 255 ss.

[3] Cfr. TEIXEIRA DE SOUSA, *A Acção de Despejo*, cit., pp. 19 ss.

[4] Cfr. TEIXEIRA DE SOUSA, *A Acção de Despejo*, cit., pp. 87 ss.

[5] Cfr. Ac. STJ de 12/5/1998, CJ (STJ) 1998, T. II, p. 81. Como se determina no Ac. STJ de 18/2/1999, BMJ 484, p. 355, se o arrendatário não pagar a renda, ainda que prove a mora do credor, não pode obstar ao despejo.

276   *Direito das Obrigações*

e 61° RAU[1], assim como na hipótese de o inquilino alegar que, na qualidade de trabalhador, se encontra na situação de salários em atraso (art. 24° da Lei dos Salários em Atraso).

2. Arrendamento para habitação

a) Questões prévias

No arrendamento para habitação, regulado nos arts. 74° ss. RAU, podem distinguir-se duas modalidades[2]: o arrendamento chamado vinculístico (em que as renovações são impostas ao senhorio) e o arrendamento de duração limitada (arts. 98° ss. RAU).

Quando nada se estipule é de presumir que o arrendamento urbano se destina à habitação (art. 3°, n.° 2 RAU)[3].

A finalidade do arrendamento habitacional relaciona-se com a morada, a residência habitual do inquilino, onde tem a sua vida doméstica[4]. Pode também ser ajustado um arrendamento para habitação não permanente, mas, nesse caso, nos termos da alínea b) do n.° 2 do art. 5° RAU, não se aplica o regime do arrendamento urbano em apreço.

Em relação ao regime, há que aludir ao âmbito, ao regime de rendas, à transmissão do direito do arrendatário e a algumas particularidades quanto à cessação do contrato.

b) Âmbito

I. Quanto ao âmbito, o arrendamento para habitação pode abranger também o contrato de aluguer da respectiva mobília (art. 74° RAU). Em vez de se considerar a existência de dois contratos em união, um

---

[1] Cfr. Ac. Rel. Lx. de 30/11/1997, CJ XXII, T. I, p. 111.

[2] Para além das duas modalidades indicadas ainda se pode mencionar o arrendamento para habitação não permanente (art. 5°, n.° 2, alínea b) RAU) e o arrendamento de prédio rústico com casa de habitação (arts. 2° e 6°, n.° 1 RAU).

[3] Da formulação legal («o arrendatário só pode») poder-se-ia concluir que se estava perante uma presunção *iure et de iure*. Todavia, parece que a norma em apreço é materialmente interpretativa (cfr. CARNEIRO DA FRADA, «O Novo Regime ...», cit., p. 173), pelo que o contrato pode indiciar um fim diverso; mas em tal caso é necessário ilidir a presunção, o que nem sempre será fácil.

[4] Como refere ARAGÃO SEIA, *Arrendamento Urbano*, cit., p. 124, «onde come, dorme, permanece nas horas de lazer, vê televisão e onde conserva os móveis indispensáveis à vida quotidiana, recebe os amigos, etc.».

II – Locação 277

de arrendamento da casa e outro de aluguer da mobília, admite-se que existe um só contrato de arrendamento que abrange o aluguer da mobília; trata-se, pois, de um contrato misto em que o aluguer perde autonomia, ficando inteiramente subordinado ao arrendamento, designadamente no que respeita à denúncia e ao aumento da remuneração (renda). Esta solução tem em vista evitar que, com base na situação contratual mista, o senhorio se furte à aplicação das regras do arrendamento vinculístico. Para tal, o legislador optou por qualificar obrigatoriamente a situação como contrato misto, aplicando-lhe imperativamente a teoria da absorção.

II. Por outro lado, no âmbito do arrendamento para habitação inclui-se o exercício de indústria doméstica (art. 75° RAU). Situações bastante generalizadas às quais o legislador não quis pôr cobro, antes pelo contrário, decidiu tutelá-las, como, por exemplo, o exercício de profissões de cabeleireiro[1], de modista ou de sapateiro no local arrendado para habitação, ou seja, em que a profissão é exercida no local onde também se habita. Exige-se, tão-só, que se trate de uma indústria doméstica, definida n.° 2 do art. 75° RAU como aquela que é explorada na residência pelo arrendatário ou pelos seus familiares, contanto que não ocupe mais de três auxiliares assalariados. O facto de se tratar da profissão principal ou única do arrendatário ou familiares deste não obsta à sua qualificação como indústria doméstica. Os auxiliares podem ser em número superior a três desde que se trate de pessoas que vivam em economia comum com o arrendatário, não sendo, portanto, trabalhadores deste.

Relativamente à indústria doméstica, diferentemente do que ocorre com respeito à hospedagem (art. 76°, n.° 1, alínea b) RAU), não está prevista a possibilidade de se estabelecer cláusula em contrário, o que não tem muito sentido. De facto, na medida em que se pode proibir a hos-

---

[1] Com respeito a algumas profissões, como a de cabeleireiro, pode discutir-se se se trata de uma actividade industrial ou liberal. Caso se qualifique como profissão liberal não está abrangida no conteúdo do art. 75° RAU, sendo ilícito o exercício de tal actividade no prédio locado para habitação. Sobre esta questão, cfr. Pinto Furtado, *Arrendamento Urbano*, cit., pp. 237 s. Considerando a actividade de cabeleireiro como indústria doméstica, cfr. Ac. Rel. Pt. de 11/5/1989, CJ XIV (1989), T. III, p. 195. Todavia, no Ac. Rel. Lx. de 5/1/1972, BMJ 213, p. 273, qualificou-se a actividade de massagista como liberal, mas se se considerar a profissão liberal como aquela em que predomina a actividade intelectual sobre a manual, dificilmente se pode concordar com esta decisão. Sobre a indústria doméstica, *vd*. Ac. Rel. Cb. de 2/12/1997, CJ XXII, T. V, p. 30.

278   *Direito das Obrigações*

pedagem, também se poderia vedar a indústria doméstica, mas não é esse o sentido da lei[1].

No art. 75° RAU não estão abrangidas as actividades comerciais[2], como seja uma sapataria, mas sim as industriais, por exemplo um sapateiro, mesmo com porta aberta ao público. Não se incluem igualmente neste preceito as prestações de serviços, nomeadamente em actividades liberais[3]. O art. 75° RAU corresponde a uma norma excepcional que não comporta, por conseguinte, aplicação analógica[4].

A estas situações poder-se-ia aplicar o regime do arrendamento para comércio ou indústria, mas, se assim fosse, o arrendatário ficaria menos tutelado, pois no arrendamento para habitação continua a vigorar um regime de maior protecção do inquilino.

Ainda quanto ao âmbito, nos termos do art. 76° RAU, no prédio arrendado, juntamente com o arrendatário podem residir, não só todas as pessoas que com ele vivam em economia comum — definidas no n.° 2 do art. 76° RAU[5] —, como igualmente, no máximo, três hóspedes[6].

---

[1] Cfr. JANUÁRIO GOMES, *Arrendamentos para Habitação,* cit., pp. 30 s. Diferentemente, PINTO FURTADO, *Arrendamento Urbano*, cit., pp. 236 s., admite que, em relação ao art. 75° RAU, deve subentender-se a possibilidade de estipular em contrário.

[2] Cfr. Ac. Rel. Pt. de 5/11/1976, BMJ 263, p. 299. Por isso, não se incluem na indústria doméstica as actividades de compra, reparação e revenda de motorizadas, bem como a compra e revenda de motorizadas sem reparação feitas pelo filho do arrendatário no prédio arrendado (Ac. Rel. Pt. de 4/5/1999, CJ XXIV, T. III, p. 177). Veja-se também PIRES DE LIMA/ANTUNES VARELA, *Código Civil Anotado*, II, cit., anot. 5 e 6 ao art 75° RAU, pp. 634 s.

[3] Mas em relação, nomeadamente aos profissionais liberais é necessário averiguar se a utilização efectuada põe ou não em causa o fim para que o prédio foi arrendado. Assim, se o advogado redige as peças processuais e estuda os processos ou se o arquitecto faz as plantas na casa arrendada para sua habitação, tal actividade profissional é lícita; mas se o advogado ou o arquitecto, por sistema, recebem os clientes na dita casa arrendada para habitação e tiverem lá os seus empregados de escritório, há ilicitude.

Quanto a prestações de serviços (cuidar de crianças), *vd.* Ac. Rel. Cb. de 4/4/2000, CJ XXV, T. II, p. 39.

[4] Neste sentido, cfr. PEREIRA COELHO, *Arrendamento*, cit., p. 196.

[5] Desde que isso não implique um sobrealojamento, sob pena de violar a regra da prudente utilização da coisa (art. 1043°, n.° 1 CC)

[6] O número três é, sem dúvida, arbitrário, mas, por motivos de segurança, o legislador sentiu a necessidade de ser preciso, fixando um número. Assim sendo, se der hospedagem a quatro pessoas, mesma que seja a um casal com dois filhos, há ilicitude. Será igualmente ilícito dar hospedagem a três pessoas em local que, pela sua dimensão, não comporte habitação para tal número, cfr. PINTO FURTADO, *Arrendamento Urbano*, cit., pp. 243 s.

II – Locação

Verifica-se também uma abertura ao exercício, em pequena escala, da indústria doméstica de hospedagem, situação que já era tradicional; só que, como se determina na parte final da alínea b) do n.º 1 do art. 76° RAU, a liberdade para dar hospedagem pode ser afastada por cláusula contratual.

No art. 76°, n.º 3 RAU define-se a hospedagem como o contrato mediante o qual se proporciona habitação e presta habitualmente serviços relacionados com esta, podendo também ser fornecida alimentação, mediante retribuição. Trata-se de um contrato misto oneroso, em que uma das partes — o arrendatário —, para além de fornecer um espaço, presta serviços, como limpeza do local, lavagem de roupa e alimentos, em contrapartida de uma remuneração unitária. Não sendo prestados serviços, em vez de uma hospedagem, pode estar-se perante um subarrendamento[1].

c) *Renda*

I. No contrato de arrendamento para a habitação admite-se o estabelecimento de três regimes de renda: a renda livre, a renda condicionada e a renda apoiada (art. 77°, n.º 1 RAU)[2].

II. O regime regra é o da renda livre, em que as partes estipulam por acordo o montante inicial da renda (art. 78°, n.º 1 RAU), ficando sujeita a actualizações legais; contudo, as partes podem igualmente convencionar a actualização anual (art. 78°, n.º 2 RAU)[3], caso em que a correcção se rege pela cláusula acordada, podendo daí resultar aumentos superiores aos que se verificariam no caso de aplicação dos arts. 32° ss. RAU.

III. O regime de renda condicionada pode advir de duas situações: por opção das partes, que o escolheram, porque haveria vantagens nesse sentido e em caso de imposição legal. A primeira hipótese pressupõe um

---

[1] Sobre esta questão, cfr. JANUÁRIO GOMES, *Arrendamentos para Habitação,* cit., pp. 24 s.

[2] Estes regimes só se aplicam aos contratos de arrendamento celebrados depois da entrada em vigor do RAU. Em relação aos contratos anteriores mantém-se a actualização estabelecida na Lei n.º 46/85. Sobre este regime, com explicação pormenorizada das várias fórmulas de actualização, cfr. PEREIRA COELHO, *Arrendamento*, cit., pp. 152 ss.; JANUÁRIO GOMES, *Arrendamentos para Habitação,* cit., pp. 102 ss.

[3] A actualização anual não pode ser convencionada nos arrendamentos de duração limitada com prazo de duração efectiva inferior a oito anos (art. 99°, n.º 2 RAU).

280 *Direito das Obrigações*

acordo entre o senhorio e o inquilino; no segundo caso é a lei a considerar obrigatório o regime de renda condicionada. Esta última situação verifica-se nos casos previstos nos arts. 81° e 87° RAU, designadamente na eventualidade de contratos celebrados com base no direito a novo arrendamento, previsto no art. 90° RAU; na hipótese de o contrato não ter sido celebrado por escrito e a inobservância de forma ser suprida pela exibição do recibo de renda (art. 7°, n.° 3 RAU); e ainda como presunção no silêncio das partes acerca do regime de renda (art. 77°, n.° 3 RAU)[1]. A estas três situações acresce uma outra, prevista no art. 81°-A RAU; para além do regime geral de actualização de rendas, em sede de arrendamento para habitação permite-se que o senhorio requeira uma actualização até ao limite da renda condicionada, sempre que o arrendatário tiver outra residência ou for proprietário de habitação na área onde tem a casa arrendada (art. 81°-A RAU)[2]. Pretende-se com esta medida deixar de tutelar os inquilinos que não careçam exclusivamente da habitação arrendada[3].

O regime da renda condicionada implica que o montante a pagar não pode exceder os limites estabelecidos no art. 79° RAU, ou seja, a renda condicionada é acordada pelas partes, mas está dependente de um determinado limite máximo, que depende de taxa fixada em portaria[4].

Tanto a renda livre como a condicionada podem estar sujeitas ao regime de subsídio de renda, em que o arrendatário é subsidiado pelo Estado com vista a facilitar o pagamento da renda, nos termos estabelecidos no Decreto-Lei n.° 68/86, de 27 de Março[5].

---

[1] Neste último caso está-se perante uma presunção ilidível, enquanto, nas duas primeiras situações, há uma imposição legal de regime de renda condicionada.

[2] Cfr. Ac. Rel. Lx. de 23/1/1996, CJ XXI (1996), T. I, p. 103; Ac. Rel. Pt. de 8/10/1998, CJ XXIII, T. IV, p. 207; Ac. Rel. Cb. de 22/2/2000, CJ XXV, T. I, p. 27.

[3] Assim, não podendo o arrendatário habitar a casa de que é usufrutuário, por esta se encontrar arrendada, não está preenchido o requisito de possuir outra residência que possa «satisfazer as respectivas necessidades habitacionais imediatas» (art. 81°-A, n.° 1 RAU), cfr. Ac. STJ de 26/11/1996, CJ (STJ) 1996, T. III, p. 117.

[4] O regime da renda condicionada é determinado pelo Decreto-Lei n.° 13/86, de 23 de Janeiro, alterado pelo Decreto-Lei n.° 329-B/2000, de 22 de Dezembro. Para a determinação da renda condicionada nos termos do art. 79°, n.° 1 RAU, não havendo acordo quanto ao montante, deve recorrer-se à comissão de avaliação (Ac. STJ de 21/10/1997, CJ (STJ) 1997, T. III, p. 84).

[5] Veja-se também o disposto no art. 12° do diploma preambular do RAU que remete, nomeadamente para os arts. 22° ss. da Lei n.° 46/85, de 20 de Setembro, assim como o art. 15° do diploma preambular do RAU acerca de falsas declarações para a obtenção do subsídio de renda. Quanto às tabelas de subsídios, consulte-se a Portaria n.° 71/2001, de 7 de Fevereiro.

II – Locação

IV. Por último, o regime da renda apoiada pressupõe a existência de um subsídio (art. 82° RAU)[1]. Em determinadas circunstâncias admite-se, nos arrendamentos habitacionais em que o locador é o Estado ou seus organismos autónomos, autarquias, regiões autónomas, etc., que a renda seja subsidiada. Isso ocorre em relação a pessoas com determinadas carências económicas[2]. O montante do subsídio de renda não é fixo, dependendo de certos pressupostos, em particular da situação económica do beneficiário (cfr. art. 5° do Decreto-Lei n.° 166/93, de 7 de Maio).

d) Novo arrendamento

I. Em sede de arrendamento para habitação, o legislador instituiu a figura do direito a novo arrendamento. O direito a novo arrendamento foi estabelecido em duas situações de caducidade do contrato de arrendamento: quando o contrato caduque por cessar o direito ou findarem os poderes legais de administração com base nos quais ele foi celebrado (art. 66°, n.° 2 RAU); sempre que o contrato caducar por morte do arrendatário (art. 90°, n.° 1 RAU)[3].

No primeiro caso, o direito a novo arrendamento, apesar da remissão do n.° 2 do art. 66° RAU para o art. 90° RAU, não está sujeito, nem aos pressupostos, nem à sequência constante deste último preceito. Basta que exista um contrato de arrendamento válido, cuja caducidade advenha do pressuposto constante da alínea c) do art. 1051° CC[4]. Cabe esclarecer que esta hipótese de direito a novo arrendamento fica circunscrita ao arrendamento para habitação, apesar de estar consagrada entre as regras gerais do arrendamento urbano (art. 66°, n.° 2 RAU).

---

[1] Quanto à legislação especial a que se alude no art. 82°, n.° 3 RAU, *vd.* o Decreto-Lei n.° 166/93, de 7 de Maio e Portarias com tabelas de actualização. Sobre a questão, veja-se o Ac. Rel. Év. de 4/12/1997, CJ XXII, T. V, p. 275.

[2] Diferentemente da renda apoiada é o incentivo concedido aos jovens arrendatários, em regime de renda livre ou condicionada, nos termos do Decreto-Lei n.° 162/92, de 5 de Agosto e Portaria n.° 835/92, de 28 de Agosto. Diverge igualmente da figura da renda apoiada, o regime de subsídio de renda estabelecido nos arts. 22° ss. da Lei n.° 46/85, de 20 de Setembro, que se manteve em vigor por força do disposto no art. 12° do diploma preambular do RAU.

[3] Mesmo que se trate, não do primitivo arrendatário, mas do transmissário da relação locatícia, cfr. Ac. STJ de 10/12/1992, ROA 55 (1995), II, p. 519; Ac. STJ de 21/10/1997, BMJ 470, p. 576.

[4] Cfr. Ac. Rel. Lx. de 26/3/1998, CJ XXIII, T. II, p. 107.

282 *Direito das Obrigações*

No segundo caso, as pessoas que vivam há mais de cinco anos com o arrendatário em economia comum[1], assim como os subarrendatários têm direito à celebração de um novo contrato de arrendamento, se caducar aquele com base no qual residiam no prédio arrendado ou celebraram o subarrendamento (art. 90° RAU)[2]. Não é atribuído tal direito aos que tenham outra residência na mesma zona (art. 91° RAU).

II. O direito a novo arrendamento está sujeito a certos condicionalismos estabelecendo-se, designadamente, que o contrato seja de duração limitada e que haja uma actualização da renda sujeita ao regime da renda condicionada (art. 92° RAU). O direito a novo arrendamento é de exercício potestativo, mediante declaração endereçada pelo interessado ao senhorio nos trinta dias subsequentes à data da cessação do contrato (art. 94°, n.° 1 RAU)[3], sob pena de caducidade do direito (art. 94°, n.° 4 RAU).

Em caso de incumprimento por parte do senhorio, cabe ao interessado recorrer à execução específica do contrato, nos termos do art. 830° CC (art. 95° RAU).

III. O direito a novo arrendamento não consiste verdadeiramente num direito de preferência, a exercer quando o senhorio pretenda arrendar o local a terceiro. Como dispõe o art. 93° RAU, o locador só pode recusar o novo arrendamento nas situações previstas nas alíneas do preceito, tais como quando pretenda vender o prédio ou a fracção arrendada (alínea a)), queira o local para sua residência (alínea b))[4] ou tenha interesse em ampliar o prédio ou construir novo edifício (alínea f)).

O direito de preferência na compra do local arrendado, normalmente atribuído aos arrendatários, é estendido, nos mesmos moldes, às pessoas que residam com o inquilino em economia comum e aos subarrendatários

---

[1] Nem todos os que vivam em economia comum com o arrendatário têm direito a novo arrendamento, pois a lei excepciona, não conferindo tal direito aos que habitam em economia comum por força de negócio jurídico que não respeite directamente à habitação (art. 90°, n.° 1, alínea a) *in fine* RAU), como seja uma empregada doméstica.

[2] Cfr. OLIVEIRA ASCENSÃO, «Subarrendamento e Direitos de Preferência...», cit., pp. 54 ss.

[3] No Ac. STJ de 23/3/1999, CJ (STJ) 1999, T. II, p. 28, entendeu-se que o prazo de trinta dias se conta desde o conhecimento por parte do arrendatário da situação geradora da caducidade, no caso, a morte do usufrutuário locador, porque diferentemente das previsões do art. 90° RAU, «o óbito do senhorio pode ser um facto desconhecido pelo inquilino» (p. 29).

[4] Cfr. Ac. Rel. Lx. de 24/4/1996, CJ XXI (1996), T. II, p. 122.

(art. 97° RAU), sempre que não possam exercer o direito a novo arrendamento por o senhorio se recusar a celebrar novo contrato em razão de pretender vender o local arrendado (arts. 97°, n.° 2 e 93°, alínea a) RAU). Tal direito não existe no caso de o locador se recusar a celebrar novo arrendamento com base em qualquer das outras situações previstas nas alíneas do art. 93° RAU (p. ex., quando pretenda afectar o local para fim diferente do da habitação — alínea e)).

O direito de preferência estabelecido no art. 97° RAU é só para a hipótese de compra e venda do local arrendado e não em caso de situações análogas à compra e venda, como a dação em cumprimento[1]. De facto, há uma diferente redacção entre, por exemplo, os arts. 47° e 97° RAU, que indicia esta conclusão.

Resta referir que o direito a novo arrendamento não é conferido caso o contrato de arrendamento que caducou tivesse sido celebrado com cláusula de duração limitada, ao abrigo do art. 98° RAU (art. 99°, n.° 2 RAU).

e) Duração limitada

I. O contrato de arrendamento urbano para habitação pode ser estipulado com uma cláusula, designada na lei de duração limitada, mas, em tal caso, não deverá ser celebrado por prazo inferior a cinco anos (art. 98°, n.° 2 RAU); excepcionalmente nas situações previstas no art. 98°, n.° 3 RAU, permite-se que o arrendamento seja celebrado por um período de três anos[2]. A duração limitada do contrato pode advir de estipulação das partes — situação mais comum — ou de disposição legal, como a constante do art. 92°, n.° 1 RAU.

Celebrado um contrato de arrendamento de duração limitada, findo esse prazo, o contrato renovar-se-á, só que na hipótese regra do n.° 2 do art. 98° RAU a renovação não é por período igual, mas por um prazo de três anos (art. 100°, n.° 1 RAU)[3].

À imagem do que se encontra estabelecido relativamente ao arrendamento rural, em que o prazo do contrato renovado não é idêntico ao estabelecido inicialmente, também no arrendamento urbano para habi-

---

[1] Cfr. OLIVEIRA ASCENSÃO, «Subarrendamento e Direitos de Preferência...», cit., p. 57.

[2] Quanto a estas situações excepcionais, veja-se, todavia, o disposto no art. 8° do diploma preambular do RAU.

[3] Esta regra acarreta duas excepções ao regime geral do art. 1054°, n.° 2 CC: primeiro, dispõe-se que a renovação não é por prazo igual ao do contrato; segundo, admite-se que o prazo da renovação possa ser superior a um ano.

284   *Direito das Obrigações*

tação, o período mínimo estabelecido para a celebração do contrato é de cinco anos e, depois, as renovações são por períodos mínimos de três anos. Nos contratos de arrendamento de duração limitada há a possibilidade de o senhorio celebrar o contrato por cinco anos e, no fim desse período, obstar à renovação, denunciando-o.

II. A chamada cláusula de duração limitada implica que, diferentemente do regime geral do arrendamento urbano, é igualmente conferida ao senhorio a possibilidade de denunciar o contrato, sem invocar qualquer causa, no fim do prazo inicial ou da renovação do contrato. Admite-se, pois, à imagem do regime comum da locação, a denúncia *ad nutum*.

No fundo, o actual regime do arrendamento urbano nos contratos de duração limitada (arts. 98° ss. RAU) regressa ao sistema tradicional, permitindo-se que os contratos não sejam automaticamente renovados se alguma das partes se opuser à renovação (art. 100°, n.° 1 *in fine* RAU)[1].

A novidade deste regime respeita ao facto de se atribuir ao senhorio o direito de denunciar livremente o contrato mediante notificação judicial avulsa, com um ano de antecedência sobre o fim do prazo (art. 100°, n.° 2 RAU). A denúncia, não só é imotivada, como não atribui ao arrendatário qualquer direito a indemnização (art. 100°, n.° 3 RAU).

Ao inquilino foi igualmente facultada a possibilidade de denunciar o contrato, mediante notificação escrita com antecedência mínima da noventa dias (art. 100°, n.° 4 RAU). Para além da denúncia, permite-se também que o arrendatário revogue o contrato com a mesma formalidade (art. 100°, n.° 4 RAU)[2].

III. Há uma evidente e injustificável diferença de tratamento entre as partes. Não só existe divergência quanto ao prazo de denúncia (um ano e noventa dias), como em relação às formalidades (notificação judicial e escrito). Mas mais relevante é o facto de se permitir ao arrendatário

---

[1] Este regime vale só para os contratos de arrendamento celebrados depois da entrada em vigor do RAU e, em parte, para aqueles que foram ajustados ao abrigo do art. 31° da Lei n.° 46/85, de 28 de Setembro (art. 13° do diploma preambular do RAU). Para os restantes contratos mantêm-se os limites legais anteriormente vigentes, admitindo--se tão-só as avaliações extraordinárias e as correcções extraordinárias de renda, previstas, designadamente na Lei 46/85 (art. 9° do diploma preambular do RAU).

[2] Refira-se, a propósito, que nos contratos de arrendamento não sujeitos ao regime da duração limitada não foi atribuído ao arrendatário o direito de revogar unilateralmente o contrato a todo o tempo, podendo tão-só recorrer à denúncia, nos termos gerais, isto é, com efeitos no fim do prazo inicial ou da renovação do contrato.

revogar o contrato antes do decurso do prazo de duração convencionado, com a mera antecedência de noventa dias. Não foi conferida, pois, qualquer segurança ao senhorio quanto à continuidade da relação locatícia, até porque é discutível a validade da cláusula que imponha ao arrendatário uma duração mínima do contrato ou que o obrigue ao pagamento de uma indemnização, caso o contrato seja revogado antes do prazo.

IV. Para além da liberdade de denunciar conferida a ambas as partes no termo do prazo, sendo acordado um contrato de arrendamento de duração limitada são afastadas certas regras do arrendamento urbano (art. 99°, n.° 2 RAU). Em primeiro lugar, o inquilino não goza do direito de preferência enunciado no art. 47° RAU; segundo, não pode ser requerida a actualização extraordinária de rendas prevista no art. 81°-A RAU; terceiro, não valem as regras respeitantes à denúncia com oposição dos arts. 89°-A ss. RAU, bem como as limitações ao direito de denunciar dos arts. 107° ss. RAU; quarto, não se atribui, às pessoas mencionadas no art. 90° RAU, direito a novo arrendamento; quinto, não encontra aplicação o regime do diferimento das desocupações dos arts. 102° ss. RAU; sexto, o regime de actualização anual das rendas, previsto no art. 87°, n.° 2 RAU, só pode ser ajustado caso o contrato tenha uma duração efectiva superior a oito anos. Salvo a hipótese de contrato de duração limitada por prazo superior a oito anos, valerá o regime comum de actualizações das renda, previsto nos arts. 30° ss. RAU.

Excluindo a limitação à actualização de rendas, pretende-se, com estas excepções, eliminar quaisquer obstáculos para uma pronta desocupação do prédio, quando haja denúncia do contrato.

f) Transmissão da posição contratual

No arrendamento urbano, como em outros tipos de arrendamento, admite-se a possibilidade de o arrendatário transmitir a sua posição contratual (arts. 83° ss. RAU). As situações em que se permite a transmissão do direito do arrendatário encontram-se previstas nos arts. 84° a 86° RAU e o legislador, nestes preceitos, pretendeu limitar, de algum modo, tal direito sem cortar com a situação anteriormente vigente.

Este regime tem também uma razão histórica, que importa explicar. A tendência do legislador, a partir de 1910, foi num sentido proteccionista, essencialmente dos arrendatários urbanos, nos termos do qual a cessação do contrato não era facilitada em relação ao senhorio e, ao mesmo tempo, permitia-se a transferência dos bens locados para outra pessoa, sem que

286 Direito das Obrigações

o senhorio se pudesse opor. Nos arts. 84° ss. RAU, sem quebrar com a tradição, pretende-se, de certa forma, pôr cobro às transmissões da posição jurídica do arrendatário.

Admite-se, assim, tão-só que a transmissão entre cônjuges opere em caso de divórcio, nos termos do art. 84° RAU[1], e a transmissão por morte se verifique nos limites constantes do art. 85° RAU[2], nomeadamente, exigindo-se a necessidade de convívio prolongado do transmissário com o falecido arrendatário[3], aceitando-se que o senhorio denuncie o contrato, atentos os pressupostos do art. 87° RAU (vd. supra ponto n.° IV. § 1.2.b)).

g) Cessação

I. Com respeito à cessação do contrato de arrendamento e tendo em vista a defesa do direito à habitação, o legislador, por um lado, estabeleceu o diferimento das ocupações (arts. 102° ss. RAU), permitindo que, cessando o contrato de arrendamento urbano, a desocupação do prédio possa ser diferida, tendo em conta a existência de razões sociais imperiosas. Este regime não encontra aplicação quando estiver em causa um arrendamento de duração limitada (art. 99°, n.° 2 RAU)[4].

O diferimento pressupõe que o contrato de arrendamento cessou, mas a desocupação do prédio não se efectua de imediato. Os fundamentos para protelar o despejo encontram-se no art. 103° RAU, relacionando-se com razões sociais imperiosas. O adiamento da desocupação é decidido pelo prudente arbítrio do julgador (art. 103°, n.° 1 RAU)[5], não podendo exceder o prazo de um ano (art. 104° RAU).

II. Por outro lado, estabeleceram-se limitações à denúncia do contrato de arrendamento com motivo no facto de o senhorio necessitar do prédio para sua habitação (arts. 107° ss. RAU). Este regime carece igual-

---

[1] O regime da transmissão em caso de divórcio for alargado às situações de união de facto pelo art. 4°, n.° 4 Lei n.° 135/99, de 20 de Agosto, contrariando a solução constante do Assento STJ de 23/4/1987, DR I Série de 28/5/1987.

[2] Por isso, tendo-se o arrendamento transmitido para o cônjuge sobrevivo, não pode haver uma segunda transmissão para a pessoa que passou a viver em união de facto com aquele (Ac. Rel. Lx. de 9/10/1997, CJ XXII, T. IV, p. 111).

[3] Sobre a questão, veja-se o Ac. Rel. Pt. de 5/11/1998, CJ XXIII, T. V, p. 177.

[4] Cfr. Ac. Rel. Pt. de 9/12/1996, CJ XXI, T. V, p. 214.

[5] Cfr. Ac. STJ de 6/3/1997, CJ (STJ) 1997, T. I, p. 129; Ac. Rel. Lx. de 30/5/1996, CJ XXI, T. III, p. 107.

mente de uma explicação. Na legislação anterior, para obstar às sucessivas renovações do contrato de arrendamento, era conferida a possibilidade de o senhorio exigir a devolução da casa para a sua habitação própria, denunciando o contrato com esse fundamento; perante a quase inviabilidade de cessação do contrato de arrendamento a requerimento do senhorio, a denúncia para habitação própria do locador era frequentemente usada.

No art. 69° RAU, continua a admitir-se essa possibilidade, nos termos limitados dos arts. 71° e 107° ss. RAU (*vd. supra* ponto n.° VI. § 4.1.g).2)). Na medida em que o senhorio pode opor-se à renovação do contrato de arrendamento de duração limitada decorridos os cinco anos iniciais ou a sua prorrogação, a denúncia para habitação não tem o mesmo interesse prático, mantendo-o, porém, em relação aos contratos de arrendamento sujeitos ao regime comum, para os quais subsiste a regra da prorrogação obrigatória.

Às quatro hipóteses de denúncia previstas nas alíneas do n.° 1 do art. 69° RAU, acrescentou o art. 89°-A RAU a denúncia em caso de transmissão do arrendamento, a que se aludiu a propósito das regras gerais da denúncia (ponto n.° V § 4) e da transmissão da posição contratual (ponto n.° IV. § 1.2).

III. Também relacionado com a cessação do contrato ou com condicionamentos ao gozo da coisa locada quando esta constitua casa de morada da família, há que atender às limitações constantes do art. 1682°-B CC[1]. Nos termos deste preceito, a cessação do contrato por denúncia ou resolução invocada pelo arrendatário ou por revogação carece do consentimento de ambos os cônjuges. Do mesmo modo, não é possível a cessão da posição de arrendatário, o subarrendamento ou o comodato, ainda que parciais, sem o consentimento de ambos os cônjuges. Resta acrescentar que a excepção constante da alínea c) do n.° 2 do art. 64° RAU, ao permitir a subsistência do arrendamento apesar da ausência do arrendatário, constitui igualmente um modo de protecção da casa de morada da família que contínua a residir no prédio arrendado[2].

Introduz-se, assim, uma especificidade ao impor a intervençao em actos relacionados com o contrato de uma pessoa (o outro cônjuge) que não é parte no mesmo. A excepção justifica-se atendendo à protecção conferida à casa de morada da família.

---

[1] *Vd.* SALTER CID, *A Protecção da Casa de Morada da Família no Direito Português*, Coimbra, 1996, pp. 192 ss.

[2] Acerca deste regime, *vd.* SALTER CID, *A Protecção*, cit., pp. 203 ss.

288 Direito das Obrigações

Resta referir que, com formulação jurídica diversa, a regra da transmissibilidade do arrendamento em caso de divórcio (art. 84° RAU) também pretende, de algum modo, preservar a casa de morada da família.

3. Arrendamento para comércio ou indústria

a) Caracterização

I. O arrendamento para comércio ou indústria, regulado nos arts. 110° ss. RAU, corresponde à locação de prédios urbanos ou rústicos destinados a fins directamente relacionados com a actividade comercial ou industrial (art. 110° RAU).

Em princípio, a locação incidirá só sobre prédios urbanos, mas em determinados casos em que o prédio rústico esteja directamente relacionado com a actividade comercial ou industrial, o arrendamento considera-se urbano para comércio ou indústria (p. ex., o arrendamento de prédio rústico para exploração de viveiros de peixe). Do ponto de vista lógico, poder-se-ia questionar que um arrendamento urbano possa incidir sobre prédios rústicos, mas, no fundo, apesar de o prédio ser rústico, se o fim para o qual ele se destina é uma actividade comercial ou industrial, justifica-se que as regras sejam as do arrendamento urbano para o comércio ou indústria.

II. A dificuldade pode, muitas das vezes, residir na qualificação da actividade como comercial ou industrial, principalmente por oposição às profissões liberais. Todavia, como actualmente as diferenças entre o disposto nos arts. 110° ss. e 121° ss. RAU não é significativa, a dificuldade de distinção perde, em grande parte, interesse. Subsiste, todavia, a complexidade da delimitação dos tipos de arrendamentos para comércio ou indústria e outros fins lícitos. Sempre que o prédio urbano arrendado não se destine directamente à actividade comercial ou industrial, não se tratando de arrendamento para habitação ou para o exercício de profissão liberal, estar-se-á perante um arrendamento para outros fins. A dificuldade reside, não raras vezes, na interpretação do termo «directamente». Por exemplo, se um comerciante arrenda um espaço de garagem para aí estacionar o seu veículo quando vai trabalhar, o arrendamento não é comercial, porque não está directamente relacionado com a actividade. Mas as situações de fronteira, difíceis de qualificar, podem ser múltiplas[1].

---

[1] Sobre esta questão, com uma explicação da evolução histórica, cfr. JANUÁRIO GOMES, *Arrendamentos Comerciais,* cit., pp. 18 ss. Veja-se também o Ac. Rel. Pt. de

II – Locação

III. Ainda com respeito à qualificação, importa aludir à recentemente divulgada figura dos contratos de implementação de centro comercial e de instalação de lojistas em centros comerciais[1].

Este último contrato apresenta uma particularidade. Para uns é um contrato típico de arrendamento ou subarrendamento[2], enquanto outros o qualificam como atípico[3].

Muitas das vezes, o centro comercial surge do seguinte modo: o dono da obra encarrega um empreiteiro de construir um prédio com as infraestruturas necessárias para lá se instalar um centro comercial; seguidamente, cede o espaço, total ou parcial, desse imóvel, mediante o que se poderia

---

5/4/1990, CJ XV (1990), T. II, p. 229; Ac. Rel. Pt. de 21/1/1999, CJ XXIV, T. I, p. 195. *Vd.* igualmente considerações tecidas no número 5 deste parágrafo.

[1] Estes contratos têm sido alvo de recentes estudos doutrinários e de várias decisões jurisprudenciais. Quanto aos primeiros, cfr. OLIVEIRA ASCENSÃO, «Integração Empresarial e Centros Comerciais», RFDUL 1991, pp. 29 ss. e «Lojas em Centros Comerciais; Integração Empresarial; Forma», Anotação ao Ac. STJ de 24/3/1992, ROA 1994, III, pp. 835 ss.; PINTO FURTADO, *Manual do Arrendamento Urbano*, 2ª ed., Coimbra, 1999, pp. 254 ss. e *Os Centros Comerciais e o seu Regime Jurídico*, 2ª ed., Coimbra, 1998; RUI RANGEL, *Espaços Comerciais. Natureza e Regime Jurídico dos Contratos de Utilização*, Lisboa, 1998; PEDRO MALTA DA SILVEIRA, *A Empresa nos Centros Comerciais e a Pluralidade de Estabelecimentos. Os Centros Comerciais como Realidade Jurídica Relevante*, Coimbra, 1999; GALVÃO TELLES, «Contratos de Utilização de Espaços nos Centros Comerciais», O Direito 123, IV, 521 ss. e «Cessão de Exploração Turística. Estabelecimentos Comerciais ainda não em Funcionamento. Aspectos Relativos a Centros Comerciais», Anotação ao Ac. STJ de 26/2/1991, O Direito 123 (1991), II-III, pp. 437 ss.; ANTUNES VARELA, *Centros Comerciais (Shopping Centers). Natureza Jurídica dos Contratos de Instalação dos Lojistas*, Coimbra, 1995 e «Centros Comerciais: Natureza Jurídica dos Contratos de Instalação dos Lojistas», RLJ 128 (1995/96), pp. 315 ss. e 368 ss. e RLJ 129 (1996/97), pp. 49 ss.; PAIS DE VASCONCELOS, «Contratos de Utilização de Lojas em Centros Comerciais. Qualificação e Forma», ROA 56 II (1996), pp. 535 ss.

Com respeito à jurisprudência, *vd.* Ac. STJ de 26/4/1984, BMJ 336, p. 406; Ac. STJ de 24/3/1992, RLJ 128 (1995/96), p. 278; Ac. STJ de 26/4/1994, RLJ 128 (1995/96), p. 302; Ac. STJ de 12/7/1994, RLJ 127 (1994/95), p. 163; Ac. STJ de 1/2/1995, RLJ 128 (1995/96), p. 307; Ac. STJ de 24/10/1996, CJ (STJ) 1996, T. III, p. 72 e BMJ 460, p. 742; Ac. STJ de 18/3/1997, CJ (STJ) 1997, T. II, p. 26; Ac. STJ de 20/1/1998, CJ (STJ) 1998, T. I, p. 15 e BMJ 473, p. 516; Ac. STJ de 28/9/2000, CJ (STJ) 2000, T. III, p. 49; Ac. Rel. Lx. de 17/1/1991, CJ XVI (1991), T. II, p. 115; Ac. Rel. Lx. de 22/10/1992, RLJ 128 (1995/96), p. 286; Ac. Rel. Lx. de 18/3/1993, RLJ 128 (1995/96), p. 292; Ac. Rel. Lx. de 8/4/1997, CJ XXII, T. II, p. 91; Ac. Rel. Lx. de 11/11/1997, CJ XXII, T. V, p. 77.

[2] Cfr. GALVÃO TELLES e PINTO FURTADO nas obras citadas na nota anterior e os Acórdãos STJ de 26/4/1984 e Rel. Lx. de 17/1/1991.

[3] Cfr. OLIVEIRA ASCENSÃO e ANTUNES VARELA nas obras citadas na penúltima nota, assim como a maioria da jurisprudência indicada.

designar por contrato de implementação de centro comercial, a uma empresa que «cria» o centro comercial. Essa «criação» faz-se, entre outros aspectos, mediante estudos de mercado, obras de adaptação, divisão do espaço por áreas, escolha dos lojistas e celebração de contratos de instalação com os lojistas. O controlo e a gestão do centro ficam a cargo da empresa que o criou, por vezes designada «entidade promotora do centro comercial». De modo simplificado, pode dizer-se que os centros comerciais tendem a substituir os mercados e feiras, assim como a proliferação de pequenas lojas de bairro ou em zonas comerciais.

Não obstante a recente jurisprudência dos tribunais superiores se inclinar para a qualificação do contrato como atípico, não parece que isso seja um ponto assente.

Em relação aos grandes centros comerciais que, nas últimas dezenas de anos, se instalaram nas principais cidades do país, não é de pôr em causa a natureza atípica de contratos de instalação de lojistas, pelo menos como, na maior parte das vezes, estes negócios jurídicos se apresentam. De facto, é comum verificar-se uma integração do lojista no conjunto formado pelo centro, com base numa prévia selecção, condicionada por factores empresariais variados. Nestes casos, o centro comercial, para além de prestar inúmeros serviços, ele próprio constitui uma empresa em funcionamento. A actividade dos lojista não teria o mesmo sentido sem as infraestruturas da empresa em que se instalou, como seja, os parques de estacionamento, os elevadores, as escadas rolantes ou a decoração. Para além disso, o centro foi concebido em termos de distribuição de lojas por zonas e andares, de enquadramento do comércio com a restauração (fixando zonas para restaurantes, bares, etc.) e actividades lúdicas, nomeadamente salas de cinema. A estes aspectos acresce que a propaganda realizada pelo centro beneficia os vários lojistas.

A atipicidade será ainda mais patente na hipótese de o lojista estabelecer uma relação jurídica com o centro comercial mediante a qual a sua prestação é, em parte, fixada com base na facturação mensal; apresentando similitudes com a associação em participação.

Em tais casos, a cessão do gozo de um espaço num imóvel integra-se num contrato complexo, perdendo autonomia. O centro comercial, ao ceder o espaço, integra o lojista na empresa e, por isso, o contrato em questão é atípico.

Mas a situação factual descrita não existe em todos os centros comerciais. Principalmente nos pequenos centros comerciais e nas galerias comerciais, o organizador dos mesmos limita-se a ceder os espaços em tosco, obrigando-se, por vezes, a fornecer serviços de limpeza e se-

II – Locação

gurança que são cobrados aos lojistas. Nestes casos, em que cabe aos próprios lojistas montar o seu estabelecimento num espaço que lhes é cedido, sem qualquer integração empresarial, o contrato de cedência do espaço deve qualificar-se como sendo de locação; podendo eventualmente tratar-se de um contrato misto de locação e de prestação de serviços[1].

A atipicidade contratual, em caso de integração empresarial do lojista no centro comercial, justifica-se pelas razões já aludidas, mas tinha particular interesse atento o regime locatício vigente. O regime do arrendamento que vigorava, em razão da injustificada protecção concedida ao arrendatário comercial, limitava a liberdade de aumento de renda e de denúncia do contrato. Tais entraves não se coadunavam com a estrutura empresarial constituída pelo centro comercial. Tendo as limitações vinculísticas ao arrendamento comercial, em grande parte, terminado, para os futuros contratos, com o Decreto-Lei n.º 257/95, de 30 de Setembro, deixa, com base neste motivo, de se justificar a natureza atípica do contrato. Dizendo de outro modo, a atipicidade deste negócio jurídico, em certa medida, tinha em vista contornar uma injustificada limitação legal à autonomia privada.

IV. Ao arrendamento para o comércio ou indústria, em tudo o que não estiver previsto nos arts. 110° ss. RAU, aplica-se o regime geral do arrendamento urbano.

As regras específicas do arrendamento para o comércio ou indústria respeitam essencialmente: primeiro, à transmissão do arrendamento aos sucessores do arrendatário, previsto no art. 112° RAU; segundo, à indemnização devida em caso de cessação do contrato, prevista nos arts. 113° e 114°; e, em particular, às formas de transmissão do gozo da coisa (arts. 115° e 116° RAU).

b) *Transmissão* mortis causa

Em primeiro lugar, no que respeita à transmissão para os sucessores do arrendatário, o art. 112° RAU parte do pressuposto de que a actividade comercial ou industrial pode ser seguida pelos sucessores

---

[1] Daí discordar-se da qualificação como atípico do contrato de cedência de espaço no Centro Empresarial Filipe Folque, cfr. Ac. Rel. Lx. de 22/10/1992, RLJ 128 (1995/96), p. 286. No sentido preconizado no texto, cfr. Ac. STJ de 14/10/1997, CJ (STJ) 1997, T. III, p. 77.

292   *Direito das Obrigações*

do inquilino e, nessa medida, de forma mais ampla do que no arrendamento para habitação (art. 85° RAU), admite-se que, por princípio, o contrato não caduca, transmitindo-se para os sucessores, desde que estejam dispostos a continuar a actividade comercial ou industrial. Está em causa a protecção na sucessão do estabelecimento (*vd. supra* ponto n.° IV. § 1.2.b)).

O art. 112° RAU apresenta-se como excepção ao disposto na alínea d) do n.° 1 do art. 1051° CC; porém, atentos os termos usados naquele preceito, ao aludir à «morte do arrendatário» e aos «sucessores do arrendatário», é de pressupor que só funciona como excepção à primeira parte da alínea d) do n.° 1 do art. 1051° CC, pois não está prevista sucessão no arrendamento comercial ou industrial em caso de extinção da pessoa colectiva[1].

c) *Transmissão* inter vivos

A particularidade mais relevante respeita à possibilidade de transmissão do gozo da coisa por parte do arrendatário. Vigora, pois, um princípio nos termos do qual, relativamente aos arrendamentos para comércio ou indústria, há liberdade, por parte do arrendatário, de transmitir onerosamente o seu direito de arrendamento sobre a coisa. No fundo, nos arrendamentos para o comércio ou indústria, o inquilino tem, não só a possibilidade de dispor da coisa, como também de transmitir o gozo sobre ela. A razão deste regime assenta no seguinte pressuposto. Nos arrendamentos urbanos para comércio ou indústria foi o inquilino que montou o estabelecimento do qual advêm certas vantagens, designadamente de clientela. Como o arrendatário obteve essas vantagens para o estabelecimento, deve ser tutelado, podendo transferi-lo quando não queira continuar a explorá-lo. Porém, de nada serviria transferir o estabelecimento sem o direito ao arrendamento do local onde está instalado. Não sendo possível transferir o direito ao arrendamento, reverteria para o senhorio a mais valia realizada pelo arrendatário, porque aquele tinha arrendado um prédio devoluto, e recebia-o de volta com um estabelecimento lá montado.

A lei admite duas formas mediante as quais se transfere a titularidade do direito de gozo sobre o prédio: a cessão da exploração do estabelecimento (art. 111° RAU) e o trespasse (art. 115° RAU).

---

[1] Cfr. Ac. STJ de 21/1/1986, BMJ 353, p. 475.

II – Locação

1) *Cessão de exploração*

I. A cessão de exploração do estabelecimento poderá não estar relacionada com o arrendamento, pois pode ser feita pelo proprietário do prédio que lá montou um estabelecimento e, depois, procede à cessão de exploração desse mesmo estabelecimento, sem transferir qualquer arrendamento, nem constituindo uma nova situação locatícia[1].

A cessão de exploração do estabelecimento prevista no art. 111º RAU pressupõe, primeiro, a existência de um cedente que tenha a exploração de um estabelecimento comercial ou industrial instalado num prédio.

Segundo, o cedente transmite temporária e onerosamente para o cessionário a exploração de estabelecimento já existente e o gozo do prédio onde aquele se encontra instalado, como um todo; entendido como uma universalidade[2]. A transferência do estabelecimento é feita juntamente com o gozo sobre o prédio, o que não acarreta a constituição de um direito de arrendamento sobre este último a favor do cessionário.

O arrendatário continua a ser o cedente e o cessionário explora um estabelecimento alheio, tendo o gozo temporário sobre o prédio. Coexistem, por conseguinte, dois contratos. Um primeiro de arrendamento, em que é arrendatário o cedente, e um segundo de cessão de exploração do estabelecimento entre o arrendatário/cedente e o cessionário.

Assim, o cessionário paga ao cedente o montante fixado no contrato de cessão de exploração e o arrendatário/cedente, por sua vez, paga a renda ao senhorio. Passa a haver uma união entre estes dois contratos,

---

[1] Quanto à cessão de exploração de estabelecimento, *vd*. Ac. STJ de 13/4/1994, RLJ 128 (1995/96), p. 373 e comentário de HENRIQUE MESQUITA, RLJ 128 (1995/96), pp. 383 ss. e RLJ 129 (1996/97), pp. 24 ss.

A cessão de exploração de estabelecimento já constava do revogado art. 1085º CC, e fora estabelecida com vista a sonegar esta situação do regime vinculístico instituído para o arrendamento. Sobre os problemas que esta figura suscita, veja-se, em particular, o Ac. STJ de 18/7/1985, BMJ 349, p. 471, cuja questão deu origem a vários comentários e pareceres, ctr. OLIVEIRA ASCENSÃO/MENEZES CORDEIRO, «Cessão de Exploração de Estabelecimento Comercial. Arrendamento e Nulidade Formal», ROA 47 (1987), III, pp. 845 ss.; FERRER CORREIA, «Contrato de Locação de Estabelecimento. Contrato de Arrendamento de Prédio Rústico para Fins Comerciais. Contrato Inominado», ROA 47 (1987), III, pp. 785 ss.; JANUÁRIO GOMES, *Arrendamentos Comerciais,* cit., pp. 61 ss.; ANTUNES VARELA, anotação, RLJ 123 (1990/91), pp. 343 ss.; PAIS DE VASCONCELOS, *Contratos Atípicos*, Coimbra, 1995, pp. 187 ss.; VASCO LOBO XAVIER, «Locação de Estabelecimento Comercial e Arrendamento», ROA 47 (1987), III, pp. 759 ss.

[2] Cfr. PIRES DE LIMA/ANTUNES VARELA, *Código Civil Anotado*, II, cit., anot. 6 ao art. 111º RAU, p. 703.

294   *Direito das Obrigações*

o contrato de arrendamento e o contrato de cessão de exploração do estabelecimento.

A cessão de estabelecimento é um contrato rudimentarmente regulado na lei, quase um contrato atípico[1], que não está sujeito ao regime do arrendamento, designadamente quanto à renovação obrigatória e aos limites para o aumento de renda.

II. Discute-se se a cessão da exploração de estabelecimento pode ser livremente ajustada pelo arrendatário sem o consentimento do locador ou se, atento o disposto no art. 1038°, alíneas f) e g) CC, é necessária a autorização e a comunicação ao senhorio. No art. 115° RAU, com respeito ao trespasse, afirma-se que ele é feito «sem dependência de autorização do senhorio». Tal excepção não consta do disposto no art. 111° RAU, pelo que mantêm aplicação as regras gerais da locação, carecendo a cessão de exploração de estabelecimento de autorização e comunicação ao senhorio[2].

---

[1] Sobre este aspecto e relacionado com uma questão debatida em tribunal, o caso da cessão de exploração de um campo de golfe, *vd*. PIRES DE LIMA/ANTUNES VARELA, *Código Civil Anotado*, II, cit., anot. 9 ao art. 111° RAU, pp. 704 s.; ANTUNES VARELA, Anotação Ac. STJ de 18/7/1985, RLJ 123, pp. 343 ss., com indicação de vária bibliografia, a p. 334, nota 1; PAIS DE VASCONCELOS, *Contratos Atípicos*, cit., pp. 187 ss.

[2] Cfr. PIRES DE LIMA/ANTUNES VARELA, *Código Civil Anotado*, II, cit., anot. 8 ao art. 111° RAU, p. 704 e Ac. Rel. Év. de 31/1/1991, CJ XVI, T. I, p. 290; Ac. Rel. Év. de 6/10/1994, CJ XIX (1994), T. IV, p. 267; Ac. Rel. Év. de 18/5/1995, CJ XX (1995), T. III, p. 279; Ac. Rel. Év. de 18/5/1996, CJ XXI, T. III, p. 265.

Em sentido contrário, admitindo só a necessidade de comunicação em similitude com o que ocorre no domínio do trespasse, cfr. COUTINHO DE ABREU, *Da Empresarialidade*, Coimbra, 1996, pp. 314 s.; JANUÁRIO GOMES, *Arrendamentos Comerciais*, cit., p. 77; DIAS PEREIRA, «Da Resolução do Arrendamento Comercial», CJ (STJ) 1998, T. II, p. 15 e, quanto à jurisprudência, Ac. STJ de 20/10/1992, BMJ 420, p. 524; Ac. STJ de 6/5/1998, BMJ 477, p. 428 (com um voto de vencido no sentido preconizado no texto); Ac. Rel. Lx. de 14/11/1996, CJ XXI, T. V, p. 94; Ac. Rel. Lx. de 27/1/1997, CJ XXII, T. I, p. p. 214; Ac. Rel. Lx. de 15/1/1998, CJ XXIII, T. I, p. 77; Ac. Rel. Pt. de 8/1/1998, CJ XXIII, T. I, p. 184; Ac. Rel. Év. de 29/1/1998, CJ XXIII, T. I, p. 262; Ac. Rel. Lx. de 2/7/1998, CJ XXIII, T. IV, p. 84.

Considerando desnecessárias, tanto a autorização como a comunicação, cfr. CARVALHO MARTINS, *Sobre a Locação de Estabelecimento ou Cessão de Exploração*, Coimbra, 1989, em especial, pp. 13 s.; ARAGÃO SEIA, *Arrendamento Urbano*, cit., p. 490 e, com respeito à jurisprudência, Ac. STJ de 2/6/1998, CJ (STJ) 1998, T. II, p. 107; Ac. Rel. Pt. de 18/1/1994, CJ XIX (1994), T. I, p. 211; Ac. Rel. Cb. de 26/3/1996, CJ XXI (1996), T. II, p. 31; Ac. Rel. Lx. de 20/6/1996, CJ XXI, T. III, p. 119; Ac. Rel. Cb. de 9/12/1997, CJ XXII, T. V, p. 32.

Para uma explicação sobre o conceito de estabelecimento e as questões relacionadas com a sua negociação, concluindo que, por não se aplicar a legislação sobre arrendamento,

II – Locação 295

É evidente que o problema reside na interpretação das alíneas f) e g) do art. 1038° CC; atendendo ao sentido literal, a cessão de estabelecimento não está incluída na previsão daqueles preceitos, mas pode entender-se que se pretende atribuir ao locador um certo controlo sobre o espaço dado em locação, designadamente sabendo quem está a desfrutá-lo. A isto acresce que, nesta polémica, está em causa o confronto entre a tutela do direito de propriedade do locador — ou outro direito que lhe permita dar o bem de arrendamento — e o direito à tutela do estabelecimento, e esta contraposição só tem sentido porque o legislador consagrou um regime de especial protecção ao arrendatário urbano; ora, não se justifica dar uma prevalência à tutela do estabelecimento à custa da limitação do direito de propriedade, quando as restrições foram conferidas só para a protecção do arrendatário e não, mormente, para efeitos especulativos.

A cessão de exploração tem de ser celebrada por escrito (art. 113°, n.° 3 RAU) e, faltando a forma legal o contrato é nulo, pelo que a utilização do prédio arrendado pelo cessionário constitui uma situação ilícita[1].

2) *Trespasse*

I. Diferentemente, no trespasse (art. 115° RAU) transfere-se a posição jurídica de arrendatário juntamente com o estabelecimento[2].

No trespasse, o arrendatário que instalou o estabelecimento no prédio arrendado transfere, de modo definitivo, esse estabelecimento juntamente com o direito ao arrendamento. A transferência do estabelecimento é imprescindível, sem ela não há trespasse. O trespasse pressupõe sempre a transferência da actividade, das existências, da clientela, etc., ou seja, de todos os elementos que compõem o estabelecimento (art. 115°, n.° 2, alínea a) RAU)[3].

Não há igualmente trespasse se o local arrendado passa a ser usado para finalidades diferentes. Apesar de na alínea b) do n.° 2 do art. 115°

é desnecessária a autorização do senhorio, *vd.* PAULA PONCES CAMANHO, «Autorização do Senhorio e Locação de Estabelecimento», Direito e Justiça, 1998, T. 1, pp. 323 ss.

[1] Cfr. Ac. STJ de 8/7/1997, BMJ 469, p. 504, referindo-se, porém, à anterior exigência de escritura pública.

[2] Em relação ao trespasse, cfr. ORLANDO DE CARVALHO, *Critério e Estrutura do Estabelecimento Comercial*, Coimbra, 1967, pp. 589 ss.; PEREIRA COELHO, *Arrendamento*, cit., pp. 213 ss.; PINTO FURTADO, *Arrendamento Urbano*, cit., pp. 509 ss.; JANUÁRIO GOMES, *Arrendamentos Comerciais*, cit., pp. 157 ss. Quanto a um elenco de jurisprudência sobre o trespasse, *vd.* último autor e ob. cit., pp. 180 ss.

[3] Sobre a transferência de todos os elementos do estabelecimento, *vd.* Ac. STJ de 25/3/1999, CJ (STJ) 1999, T. II, p. 38; Ac. Rel. Cb. de 4/3/1997, CJ XXII, T. II, p. 11.

296 Direito das Obrigações

RAU se estabelecer que não existe trespasse quando o adquirente passa a exercer no local outro ramo de comércio ou indústria ou lhe tiver dado outro destino, nada obsta, porém, a que, tendo o trespassário iniciado no estabelecimento a mesma actividade do trespassante, venha, depois, se o objecto do contrato de arrendamento o permitir, a alterar a finalidade, passando a exercer no local outro ramo de actividade, desde que esta conduta não integre a figura do abuso de direito ou uma fraude à lei[1].

II. No trespasse, para além da transferência do estabelecimento, há também a transmissão da posição jurídica do arrendatário. O contrato de arrendamento é o mesmo só que o trespassante deixa de ser inquilino e o trespassário vai ocupar a posição daquele[2]. Esta transmissão da posição jurídica é feita sem o consentimento do senhorio (art. 115°, n.° 1 RAU), o qual está impossibilitado de impedir que tal transferência opere, ou seja, que lhe surja um terceiro na qualidade de arrendatário. Com o trespasse, o cessionário ocupa a posição do antigo arrendatário com os mesmos direitos e obrigações deste, nomeadamente quanto à duração do contrato, ao montante da renda e outros encargos e à possibilidade de mudança de ramo se esta fora consagrada na relação jurídica.

Porém, o trespasse levantava alguns problemas. Num sistema jurídico em que se tinham estabelecido limitações apertadas quanto à actualização de rendas no arrendamento para o comércio ou indústria, verificou--se a seguinte situação: quando as rendas eram baixas, principalmente porque se tratava de rendas antigas, o preço do trespasse atingia valores exorbitantes. No fundo, os arrendatários enriqueciam injustificadamente à custa dos senhorios, porque recebiam pelo trespasse valores altíssimos em virtude de pagarem rendas baixas. Tendo isso em conta, aquando da feitura do actual diploma, pensou-se em limitar o direito ao trespasse, o que não foi possível pela pressão exercida pelos arrendatários comerciais e industriais. Assim sendo, o legislador acabou por apresentar uma solução no art. 116° RAU que acaba por ter pouco sentido[3]. No art. 116° RAU,

---

[1] A mudança de ramo logo após o trespasse pode evidenciar uma fraude à lei, mas se não houver fraude é lícita, vd. PIRES DE LIMA/ANTUNES VARELA, Código Civil Anotado, II, cit., anot. 6 ao art. 115° RAU, pp. 712 s.

[2] Por isso, não há trespasse, em caso de cessão de quotas (Ac. Rel. Pt. de 8/1/1998, CJ XXIII, T. I, p. 184). Quanto à admissibilidade do trespasse parcial, em que se divide a posição do arrendatário, vd. GRAVATO MORAIS, «Algumas Reflexões em Torno da Figura do Trespasse Parcial», Scientia Iuridica, 1997, I, pp. 143 ss., em especial pp. 154 ss.

[3] Sobre as razões desta solução, vd. MENEZES CORDEIRO/CASTRO FRAGA, Arrendamento Urbano, cit., p. 152.

II – Locação

para limitar o direito ao trespasse, admitiu-se que o senhorio possa exercer o direito de preferência no caso de trespasse do local arrendado[1]. Se o arrendatário trespassa o estabelecimento por venda ou dação em cumprimento[2], o senhorio pode exercer o direito de preferência, passando a desenvolver a mesma actividade comercial ou industrial do arrendatário. De facto, na lei não se exige que o senhorio, ao exercer o direito de preferência, passe a desenvolver a mesma actividade no local[3], pelo que será lícito, depois de exercer a preferência, encerrar o estabelecimento[4]. Só que esse seria, em princípio, um negócio pouco lucrativo, pois adquire-se um estabelecimento e não se retiram as vantagens económicas dele. Em suma, subjacente a esta preferência está o direito do senhorio a readquirir a «liberdade» do prédio[5], ou seja fazer cessar o contrato de arrendamento.

A solução legal de atribuir ao locador um direito de preferência no trespasse não é aceitável. O proprietário de um prédio urbano, por via de regra, não é uma pessoa que tenha tendência para se dedicar ao comércio ou à indústria, não só pela falta de preparação como por mentalidade[6].

---

[1] Sobre esta figura, criticando-a, cfr. OLIVEIRA ASCENSÃO, «Subarrendamento e Direitos de Preferência..», cit., pp. 58 ss. e PIRES DE LIMA/ANTUNES VARELA, *Código Civil Anotado*, II, cit., anot. 3 ao art. 116° RAU, p. 714. Consulte-se ainda LUÍS MIGUEL MONTEIRO, *Direitos e Obrigações de Preferência*, cit., pp. 72 ss.

[2] Refira-se que, admitindo-se que o trespasse possa efectivar-se por negócio gratuito, *v. g.* doação (Ac. Rel. Pt. de 13/1/1997, CJ XXII, T. I, p. 199), o senhorio não tem direito de preferência.

[3] Em sentido contrário, cfr. Ac. Rel. Lx. de 18/11/1993, CJ XVIII (1993), T. V, p. 125.

[4] Poder-se-ia questionar da validade desta asserção, considerando que, ao exercer a preferência num trespasse, o senhorio ficaria sujeito ao regime desse mesmo trespasse; mas isso não teria sentido. Por um lado, porque, em princípio, a relação locatícia se extinguiria por confusão (art. 868° ss. CC) e, por outro, porque se o senhorio/trespassário encerrar o estabelecimento, ninguém lhe poderá mover uma acçao de despejo. Nao será assim se houver pluralidade de senhorios e só um tiver exercido o direito de preferência no trespasse.

[5] A solução de se pressupor que o senhorio, ao exercer a preferência, tem de passar a exercer a actividade do locatário não corresponde à natureza deste direito. Veja-se, porém, os Acórdãos do STJ de 15/6/1994 e de 27/9/1994, BMJ 438, p. 491 e BMJ 439, p. 600, em que se recusou o direito de preferência ao senhorio no trespasse de uma farmácia, por não ser farmacêutico.

[6] Como refere OLIVEIRA ASCENSÃO, «Subarrendamento e Direitos de Preferência...», cit., p. 59, «Não há que presumir no senhorio nenhuma vocação, competência ou interesse empresarial». Sobre esta questão, *vd.* JANUÁRIO GOMES, *Arrendamentos Comerciais*, cit., pp. 177 ss.

Daí que o direito de preferência concedido ao senhorio em caso de trespasse não tenha a pretendida aplicação prática. Só que hoje em dia, em particular com respeito aos arrendamentos celebrados depois de 1995, tendo em conta a possibilidade de aumento da renda (art. 119° RAU), por um lado, e a livre denúncia do contrato (art. 118° RAU), por outro, o valor do trespasse deixa de estar condicionado pelas rendas baixas e já não se justifica falar no tal enriquecimento injustificado dos arrendatários à custa dos senhorios.

Ora, o trespasse tem uma razão de ser: a de tutelar o direito do arrendatário que instalou um estabelecimento, facilitando a sua circulação; mas, por outro lado, tem um inconveniente: o de implicar que o senhorio, em princípio proprietário, perca completamente o controlo relativamente à titularidade do bem locado, não podendo determinar quem vai desfrutar do prédio. Daí a contemporização legal: admite-se o trespasse (art. 115° RAU) e estabelece-se um direito de preferência do senhorio (art. 116° RAU).

O trespasse tem de ser feito por escrito (art. 115°, n.° 3 RAU), devendo ser comunicada ao senhorio a cedência nos quinze dias imediatos ao da sua celebração (art. 1038°, alínea g) CC)[1].

d) Duração limitada

Pelo Decreto-Lei n.° 257/95, de 30 de Setembro foram acrescentados os arts. 117° a 120° RAU. Para além da possibilidade de acordo quanto a uma actualização anual de rendas (art. 119° RAU), tem particular relevância a possibilidade de denúncia livre do contrato no fim do prazo (art. 118° RAU). Assim, dos contratos de arrendamento comercial ou industrial, que venham a ser celebrados depois da entrada em vigor desta alteração legislativa, pode constar uma cláusula de duração limitada, à imagem do que ocorre, desde 1990, em relação aos arrendamentos para habitação.

A duração limitada tem de, inequivocamente, constar do texto do contrato (art. 117°, n.° 1 RAU).

A redacção dos novos preceitos é, todavia, equívoca quanto à determinação do prazo da duração limitada. Atento o disposto no n.° 2 do

---

[1] A comunicação não carece de forma especial, mas tem de ser provada pelo novo arrendatário (Ac. Rel. Lx. de 26/6/1997, CJ XXII, T. III, p. 130; Ac. Rel. Év. de 1/7/1997, CJ XXII, T. IV, p. 265), e não basta a comunicação de que se vai trespassar, é necessário informar-se que o negócio se efectuou (Ac. Rel. Év. de 1/7/1997, CJ XXII, T. IV, p. 265).

II – Locação   299

art. 117° RAU, onde se faz uma remissão para o art. 98° RAU, é de concluir que o prazo não poderá ser inferior a cinco anos[1].

Poder-se-ia entender de forma diversa, tendo em conta a excepção constante da parte final do art. 117°, n.° 2 RAU. Porém, a excepção respeita tão-só aos dois aspectos mencionados no art. 118° RAU. Deste modo, diferentemente do que ocorre em sede de arrendamento para habitação, o período de renovação não é de três anos (art. 100°, n.° 1 RAU), mas sim de cinco anos (art. 118°, n.° 1 RAU)[2] Além disso, havendo acordo escrito das partes, a denúncia não tem de ser feita com um ano de antecedência sobre o fim do prazo ou da sua renovação (art. 100°, n.° 2 RAU), mas dentro do prazo livremente convencionado pelas partes (art. 118°, n.° 2 RAU). Como diferenças, resta referir que no arrendamento para habitação as partes só podem convencionar o regime de actualização anual de rendas, previsto no art. 78°, n.° 2 RAU, caso o prazo de duração do contrato não seja inferior a oito anos (art. 99°, n.° 2 *in fine* RAU), enquanto, no arrendamento comercial ou industrial, o regime de actualização anual de rendas pode ser estipulado desde que o prazo de duração efectiva do contrato seja superior a cinco anos (art. 119° RAU). Em tudo o mais, o contrato de arrendamento para comércio ou indústria de duração limitada rege-se pelo disposto nos arts. 98° a 101° RAU.

e) *Cessação*

A indemnização prevista no art. 113° RAU para a hipótese de cessação do contrato tem em conta que o arrendamento para actividade comercial ou industrial costuma constituir o meio de vida de determinadas pessoas; cessando o contrato de arrendamento, essas pessoas podem ter dificuldades em continuar a desenvolver o seu meio de subsistência, ou seja, a actividade comercial ou industrial. Justifica-se, portanto, a existência de algumas particularidades no que respeita ao direito à indemnização em caso de cessação do vínculo contratual. Por outro lado, e este é um aspecto significativo para a determinação do valor da indemnização, o arrendatário, pela sua actuação, pode ter contribuído para aumentar o valor locativo do prédio, mormente se granjeou clientela ou se remodelou o

---

[1] Neste sentido, PINTO FURTADO, *Arrendamento Urbano*, cit., p. 275; ARAGÃO SEIA, *Arrendamento Urbano*, cit., pp. 523 s.

[2] O prazo de renovação, enquanto em sede de arrendamento habitacional é, no mínimo, de três anos, para o arrendamento destinado ao comércio ou indústria foi fixado, supletivamente, em cinco anos, podendo estipular-se prazo inferior ou superior.

300   *Direito das Obrigações*

espaço locado[1]; em termos gerais, há que aceitar o facto de o aviamento de um estabelecimento poder contribuir para um aumento do valor do prédio onde ele se encontra instalado. O montante da indemnização é fixado equitativamente pelo tribunal, não podendo exceder dez vezes a renda anual (art. 113°, n.° 2 RAU).

No art. 114° RAU, na sequência da cessação do contrato, prevê-se que a desocupação do prédio seja diferida em um ou dois anos (respectivamente, n.os 1 e 2 do art. 114° RAU)[2], como medida destinada a salvaguardar os interesses do locatário, em particular no que respeita a encontrar novo local e a reencaminhar a clientela[3].

4. Arrendamento para o exercício de profissões liberais

I. A matéria relativa ao arrendamento para o exercício de profissões liberais vem regulada nos arts. 121° e 122° RAU. Este tipo de arrendamento praticamente não apresenta especialidades com respeito ao arrendamento urbano para o comércio ou indústria. Tradicionalmente, no arrendamento urbano distinguem-se estes três tipos: arrendamento para habitação, arrendamento para comércio ou indústria e arrendamento para o exercício de profissões liberais. O legislador manteve esta tripartição, mas nos arts. 121° e 122° RAU não foram estabelecidas particularidades no arrendamento para o exercício de profissões liberais com respeito ao arrendamento para o comércio ou indústria. No art. 121° RAU remete-se, pura e simplesmente, para o regime do arrendamento para o comércio ou indústria.

A especialidade constante do Capítulo IV do Regime do Arrendamento Urbano respeita à transmissão da posição contratual. Da remissão

---

[1] No caso de terem sido realizadas obras, o regime do art. 113° RAU afasta o estabelecido na lei, a propósito das benfeitorias.

[2] Os prazos estabelecidos no art. 114° RAU contam-se da data da cessação do contrato e não da data do trânsito em julgado da acção de despejo (Ac. STJ de 27/4/1999, CJ (STJ) 1999, T. II, p. 69).

[3] Ao estabelecer que o prazo de diferimento das desocupações pode atingir dois anos (art. 114°, n.° 2 RAU), o legislador acaba por tratar mais favoravelmente o arrendatário comercial ou industrial do que o inquilino habitacional (art. 104°, n.° 1 RAU). Além disso, diversamente do que ocorre no diferimento das desocupações em sede de arrendamento habitacional, que só existe em determinadas situações (art. 103° RAU), em termos de arrendamento comercial ou industrial, todo e qualquer arrendatário, sejam quais forem as condições em que se encontre, tem direito a que seja protelado o despejo.

II – Locação 301

feita no art. 121° RAU depreende-se que ao arrendamento para o exercício de profissões liberais se aplicaria, tanto o regime da cessão de exploração do estabelecimento (art. 111° RAU), como o do trespasse (art. 115° RAU).

II. Quanto à cessão da exploração de estabelecimento, a sua aplicação aos arrendamentos para o exercício de profissões liberais não tem cabimento[1]. Na primitiva redacção do regime do arrendamento urbano, no anterior art. 117°, não se fazia remissão para o art. 111° RAU, excluindo, explicitamente, a cessão de exploração de estabelecimento comercial ou industrial do regime do arrendamento para exercício de profissões liberais. Mas com a nova redacção do art. 121° RAU (antigo art. 117°), remete--se para os arts. 110° a 120° RAU[2], dando a entender que o arrendamento para o exercício de profissão liberal pode ser alvo de uma cessão de exploração. A cessão de exploração é difícil de entender com respeito a profissões liberais, até porque não se pode, verdadeiramente, falar em estabelecimento: o advogado, o arquitecto ou o médico não têm um estabelecimento no seu escritório, *atelier* ou consultório; a situação não é equiparável à de um estabelecimento comercial ou industrial.

III. Do mesmo modo, a figura do trespasse, relativamente ao arrendamento para o exercício de profissões liberais, na verdade, não existe[3]. Há uma figura similar, prevista no art. 122° RAU, que é a cessão da posição do arrendatário, com particularidades relativamente ao trespasse. No arrendamento para o exercício de profissões liberais, o arrendatário de um prédio pode transmitir a sua posição contratual, só que a cessão tem de ser feita a pessoa que no prédio arrendado continue a exercer a mesma profissão (art. 122°, n.° 1 RAU). Assim, se o locatário era um médico,

---

[1] Em sentido contrário, cfr. PINTO FURTADO, *Manual do Arrendamento Urbano*, 1ª ed., Coimbra, 1996, p. 525, tendo mudado de opinião na 2ª ed., pp. 600 s., onde considera inadmissível a cessão de exploração no caso de arrendamento para exercício de profissão liberal. O autor não explica o que o levou a alterar de entendimento e praticamente não cita a doutrina que se pronunciou sobre o assunto; deduz-se, porém, que, diferentemente do que defendeu na 1ª ed., parece agora considerar que o designado «estabelecimento profissional» não se deve comparar ao estabelecimento comercial ou industrial.

[2] Na versão original, de facto, do art. 117° RAU constava uma remissão para os arts. 110° a 116° RAU, contudo, em declaração de rectificação publicada a 30 de Novembro de 1990, constava que, onde se lia «art. 110°», devia ler-se «art. 112°».

[3] Cfr. JANUÁRIO GOMES, *Arrendamentos Comerciais*, cit., pp. 36 s. Em sentido oposto, com base no elemento literal, cfr. Ac. Rel. Lx. de 20/6/1995, CJ XX (1995), T. III, p. 142. Diferentemente, PIRES DE LIMA/ANTUNES VARELA, *Código Civil Anotado*, II, cit., anot. 4 ao art. 121° RAU, p. 722.

302   *Direito das Obrigações*

pode transferir o arrendamento para outro médico. O problema reside em saber se a transmissão pode ser feita para sociedades constituídas por profissionais liberais. A questão é controversa, até porque, tradicionalmente, entende-se que a profissão liberal só pode ser desempenhada por pessoas singulares e não por sociedades[1]. Contudo, do ponto de vista locatício parece não haver qualquer diferença entre o facto de os vários profissionais liberais actuarem individualmente ou se encontrarem ligados por um laço societário[2].

A cessão da posição do arrendatário apresenta similitudes com o trespasse, todavia, não obstante a remissão do art. 121° RAU, não se lhe aplica o disposto no art. 115°, n.° 2, alínea a) RAU; a transmissão não tem de ser acompanhada de transferência, em conjunto, das instalações, utensílios, mercadorias ou outros elementos que integram o estabelecimento[3]. Não deixa de haver cessão da posição do arrendatário se, por exemplo, o médico cedente não transferir para o colega os livros e demais utensílios que utiliza no exercício da sua profissão[4]. Atendendo à similitude e à remissão do art. 121° RAU, aplica-se o direito de preferência do art. 116° RAU[5].

---

[1] Sobre esta questão, *vd*. HENRIQUE MESQUITA, «Cessão da Posição de Arrendamento. Parecer», CJ XI (1986), T. I, pp. 15 ss.; PINTO FURTADO, *Arrendamento Urbano*, cit., pp. 602 s.; PIRES DE LIMA/ANTUNES VARELA, *Código Civil Anotado*, II, cit., anot. 5 ao art. 122° RAU, pp. 725 s.; Ac. Rel. Pt de 30/5/1985, CJ X (1985), T. III, p. 253; Ac. Rel. Lx. de 13/2/1990, CJ XV (1990), T. I, p. 162.

[2] É, contudo, discutível não ter sido aceite como fundamento de despejo o facto de o médico ter cedido a sua posição locatícia a uma sociedade de análises clínicas, por se entender que continua a exercer-se a mesma profissão (Ac. Rel. Cb. de 7/10/1997, CJ XXII, T. IV, p. 29; Ac. Rel. Pt. de 16/2/1998, CJ XXIII, T. I, p. 217), pois a referida sociedade não exerce propriamente uma profissão liberal.

[3] *Vd*. Ac. STJ de 17/2/1998, CJ (STJ) 1998, T. I, p. 68, que cita esta solução já por nós preconizada em anterior estudo.

[4] PIRES DE LIMA/ANTUNES VARELA, *Código Civil Anotado*, II, 3ª ed., Coimbra, 1986, anot. 2 ao art. 1120°, p. 646, admitiam esta posição, mas perante o novo preceito (art. 120° RAU), atendendo à remissão para o art. 115° RAU, entendem que a transmissão tem de ser «acompanhada pelos instrumentos que o arrendatário utiliza no exercício da sua profissão (4ª ed., anot. 3 ao art. 120° RAU, pp. 723 s.). Contudo, os mesmos autores (ob. cit., 4ª ed., anot. 4 ao art. 120° RAU, p. 722) parecem aceitar duas hipóteses: o trespasse do local arrendado para o exercício de profissões liberais e a transmissão apenas do imóvel vazio a quem continue a exercer a mesma profissão no locado.

[5] Cfr. Ac. STJ de 12/6/1996, CJ (STJ) 1996, T. II, p. 122 e BMJ 458, p. 275, onde se admitiu que também não seria necessário sequer que o senhorio tivesse a possibilidade de exercer a mesma profissão, porque tal exigência só vale para o caso de cessão. De modo diverso, no Ac. Rel. Pt. de 27/9/1999, CJ XXIV, T. IV, p. 204, considerou-se que não havia direito de preferência no caso de simples cessão da posição contratual.

II – Locação

Tal como ocorre com o trespasse, a cessão da posição contratual do arrendatário tem de ser feita por escrito (art. 122°, n.° 2 RAU), devendo a transmissão ser comunicada ao senhorio no prazo de quinze dias (art. 1038°, alínea g) CC).

IV. Ao arrendamento para o exercício de profissões liberais aplica-se o regime estabelecido em sede de arrendamento para o comércio ou indústria, mas importa fazer algumas precisões.

O arrendamento para o exercício de profissão liberal também se transmite para os sucessores do arrendatário, nos termos do art. 112° RAU, mas só na medida em que estes possam continuar a exercer a mesma profissão do *de cujus*, por analogia com o disposto na parte final do n.° 1 do art. 122° RAU. Deste modo, se o filho do advogado é arquitecto não pode suceder no direito ao arrendamento do pai[1].

Por outro lado, se se admite que a preferência do senhorio em caso de trespasse (art. 116° RAU) implica que este passe a exercer no locado a actividade do locatário/trespassante — posição com a qual não se concorda (*vd. supra* ponto n.° VI. § 4.3.c).2)) —, o locador só pode invocar o direito de preferência caso possa exercer a mesma profissão do locatário[2].

5. Arrendamento para outros fins

I. Na parte final do n.° 1 do art. 3° RAU, prevê-se que o arrendamento urbano, para além de ter por fim a habitação, o comércio ou indústria ou o exercício de profissão liberal, possa destinar-se a «outra aplicação lícita do prédio».

O arrendamento para outros fins vem regulado no art. 123° RAU, mas deste preceito só se infere que, a esses contratos, encontram aplicação

---

[1] Em sentido aparentemente diverso, no Ac. Rel. Lx. de 8/3/1994, CJ XIX (1994), T. II, p. 75, afirma-se que «a sucessão no arrendamento para o exercício de profissão liberal» não está excluída «no caso do herdeiro não poder exercer a profissão objecto do contrato de arrendamento» (p. 76). Mas importa distinguir. Se o herdeiro não pode exercer a mesma profissão, não se lhe transmite o arrendamento para ele exercer, no mesmo local, outra actividade; todavia, num prazo razoável, é-lhe concedida a possibilidade de ceder a posição de arrendatário que foi do *de cujus*.

[2] Cfr. Ac. STJ de 12/6/1996, RLJ 130, p. 215; Ac. Rel. Lx. de 18/11/1993, CJ XVIII (1993), T. V, p. 125. Em sentido conforme ao do texto, *vd*. ANTUNES VARELA, anotação, RLJ 130, pp. 218 ss. Todavia, no Ac. Rel. Lx. de 20/6/1995, CJ XX (1995), T. III, p. 142, com base em argumentos meramente literais, considerou-se que só haveria direito de preferência do senhorio caso o arrendatário, que exerce no local profissão liberal, trespassasse o estabelecimento e não quando cedesse a sua posição contratual.

304   *Direito das Obrigações*

os arts. 117° a 120° RAU, respeitantes ao arrendamento para comércio ou indústria (art. 123°, n.° 1 RAU). Todavia, se o contrato de arrendamento para outro fim se destinar ao exercício de uma actividade não lucrativa, por acordo das partes, o negócio jurídico pode ficar sujeito ao disposto nos arts. 98° a 101° RAU, que regulam o arrendamento para habitação (art. 123°, n.° 2 RAU).

Para além do que consta do art. 123° RAU, é necessário ter em conta o disposto no art. 5° RAU. Deste último preceito conclui-se que o regime especial do arrendamento urbano não pretende afastar o regime geral da locação civil (art. 5°, n.° 1 RAU); há, tão-só, uma típica relação de especialidade, mantendo aplicação as regras gerais sempre que não se encontrem em oposição com as especiais.

II. Deste modo, os arrendamentos urbanos para outros fins e os rústicos não sujeitos a regimes especiais, à excepção das remissões de âmbito reduzido constantes do art. 123° RAU, regulam-se pelas regras gerais da locação, sempre que não estiverem sujeitos a legislação especial (arts. 5° e 6° RAU).

Assim, estão, por exemplo, sujeitos à remissão do art. 123° n.° 1 RAU o arrendamento de um local de garagem[1], o arrendamento de um muro ou de um telhado de edifício para colocar propaganda (art. 5°, n.° 2, alínea e) RAU)[2], bem como o arrendamento de uma

---

[1] O contrato mediante o qual se permite a utilização de um espaço de garagem pode qualificar-se como um arrendamento ou como um depósito, dependendo das circunstâncias, podendo, inclusive, consubstanciar um contrato misto. Sobre esta questão, cfr. ELGUERO Y MERINO, *Garajes y Aparcamientos: Arrendamiento o Deposito?*, Madrid, 1993; ANTUNES VARELA, Anotação ao Ac. STJ de 2/12/1981, RLJ 118 (1985/86), pp. 59 ss. Sendo arrendamento, está sujeito ao regime geral da locação civil, não se aplicando as regras do RAU, ainda que o contrato tenha sido celebrado antes da entrada em vigor deste regime, pois este aspecto relaciona-se com o conteúdo da relação jurídica (art. 12°, n.° 2 CC).

Quanto à jurisprudência, cfr. Ac. Rel. Pt. de 19/4/1990, CJ XV (1990), T. II, p. 234; Ac. Rel. Lx. de 7/12/1994, CJ XIX (1994), T. V, p. 124; Ac. Rel. Lx. de 19/1/1995, CJ XX (1995), T. I, p. 95; Ac. Rel. Pt. de 11/12/1995, CJ XX (1995), T. V, p. 220; Ac. Rel. Lx. de 14/12/1995, CJ XX (1995), T. V, p. 147.

[2] Quanto a qualificar como arrendamento o contrato mediante o qual se concede o direito de ocupar durante cinco anos um terraço que serve de cobertura a um edifício para fins de publicidade luminosa, cfr. OLIVEIRA ASCENSÃO, «Contrato de Arrendamento. Terraço para Instalação de Publicidade Luminosa», CJ XVIII (1993), T. III, pp. 15 ss.; ANTUNES VARELA, «Contrato de Arrendamento. Terraço para Instalação de Publicidade Luminosa», CJ XVIII (1993), T. III, pp. 5 ss.; CALVÃO DA SILVA, «Locação de Telhados ou Paredes para Afixação de Publicidade. Natureza Interpretativa da Al. e) do n.° 2 do art. 5° do R.A.U.», *Estudos de Direito Comercial (Pareceres)*, Coimbra, 1996, pp. 280 ss.;

janela para assistir a um desfile (art. 5°, n.° 2, alínea b) *in fine* RAU)[1].

Ac. STJ de 12/1/1995, CJ (STJ) III (1995), T. I, p. 19. Todavia, OLIVEIRA ASCENSÃO (ult. ob. cit. p. 19 ss.) considera este arrendamento como comercial porque, sendo o arrendatário comerciante, é de opinião que o prédio foi tomado para fins directamente relacionados com a actividade comercial; no mesmo sentido, ANTUNES VARELA (ult. ob. cit., p. 9), argumentando que o arrendamento se destinava à actividade publicitária da arrendatária. Tal posição não parece de aceitar e é rejeitada por CALVÃO DA SILVA, ult. ob. cit., pp. 288 ss. Desde que os contratos não sejam realizados em conjunto (art. 5°, n.° 2, alínea e) *in fine* RAU), o facto de se ser comerciante ou inquilino não afecta a qualificação do arrendamento de um espaço não comercial ou habitacional, como sejam um terraço ou uma garagem. A lei exige para que o arrendamento se qualifique como comercial que os prédios sejam «tomados para fins directamente relacionados com a actividade comercial (...)». O advérbio directamente tem em vista obstar a que se qualifique como arrendamento comercial ou industrial toda e qualquer cedência de espaços a empresas que se dediquem a actividades comerciais ou industriais. Assim, não parece que seja comercial o arrendamento de espaços de garagem ou de casas para empregados feitos a uma empresa comercial. Nestes termos, crê-se que só será comercial o arrendamento para aí exercer a actividade mercantil, ainda que seja de forma complementar ou auxiliar, designadamente armazém onde se guardam as mercadorias que se vendem, depois, na loja (cfr. CARNEIRO DA FRADA, «O Novo Regime...», cit., p. 166; Ac. Rel. Pt. de 5/4/1990, CJ XV (1990), T. II, p. 229. Em sentido oposto, Ac. Rel. Pt. de 6/1/1994, CJ XIX (1994), T. I, p. 202). Nem se entenderia a protecção concedida pela lei ao arrendatário comercial quando estivesse em causa o arrendamento de um muro ou de um telhado para instalar propaganda; tal protecção só se justifica para tutelar o direito ao local onde se exerce directamente o comércio. Considerando o arrendamento de um muro para colocar propaganda sujeito ao regime geral da locação e não às regras específicas do arrendamento, cfr. PIRES DE LIMA/ANTUNES VARELA, *Código Civil Anotado*, II, cit., anot. 6 ao art. 1022°, p. 344; CALVÃO DA SILVA, «Locação de Telhados ou Paredes para Afixação de Publicidade. Natureza Interpretativa da Al. e) do n.° 2 do art. 5° do RAU», *Estudos de Direito Comercial (Pareceres)*, Coimbra, 1996, pp. 290 ss. Em resposta, OLIVEIRA ASCENSÃO (*ult. ob. cit.*, p. 120) afirma que se o muro for arrendado para colar cartazes publicitários, o contrato está sujeito ao regime geral da locação, mas se se tratar de um contrato que permita a colocação de reclamos luminosos num telhado, em razão do trabalho de adaptação a realizar, é de qualificar como arrendamento comercial. Duvida-se que esta distinção tenha sentido e cabe perguntar se, no caso do muro, havendo que o rebocar previamente à colocação de cartazes, em razão desse trabalho, o contrato passaria a comercial. Para terminar, resta acrescentar que no Ac. STJ de 12/1/1995, CJ (STJ) III (1995), T. I, p. 19, se considerou que o contrato que permitia a colocação de reclamos luminosos estava, nos termos gerais da locação, sujeito ao regime da liberdade de denúncia.

O regime da locação de espaços publicitários encontra regulamentação específica em França, na Lei n.° 79-1150, de 29 de Dezembro, cfr. DUTILLEUL/DELEBECQUE, *Contrats Civils*, cit., pp. 321 ss. A este propósito, HUET, *Les Principaux Contrats*, cit., pp. 606 s., salienta que a diferença encontra-se no facto de o arrendatário não ocupar pessoalmente o espaço arrendado.

[1] Os arrendamentos de janelas são normalmente referenciados a propósito dos chamados *coronation cases*; mas parece que não é só em Londres que se arrendam janelas,

306 — *Direito das Obrigações*

Por último, inclui-se no arrendamento para outros fins, a locação de prédios urbanos para fins desportivos (p. ex., pavilhão de ginástica ou piscina), culturais, recreativos (para instalar, p. ex., uma associação com finalidades culturais ou recreativas), sindicais[1], etc.[2]. Não há qualquer incompatibilidade entre o disposto nos arts. 5°, n.° 2 e 123 RAU; a outra aplicação lícita do prédio pode ser uma das constantes do art. 5°, n.° 2 RAU. Existe, por conseguinte, entre os arts. 5° e 123° RAU, um tratamento legislativo complementar[3].

Para além destas situações, ainda há a ter em conta que também estão sujeitos ao regime geral da locação, conjugado com as normas do RAU constantes da parte final do n.° 1 do art. 6° RAU, os arrendamentos rústicos não sujeitos a regimes especiais, como seja o arrendamento de um terreno para instalar um campo de obstáculos de equitação[4] ou de uma porção de água sustida por uma barragem para pescar.

A estes contratos de arrendamento urbano, além do disposto nos arts. 117° a 120° RAU, aplicam-se as regras gerais da locação. Mas a aplicação dos arts. 117° a 120° RAU é facultativa, pois do art. 123° RAU consta: «pode ser aplicável». Se as partes não tiverem disposto no sentido de se aplicarem tais regras, valem só as normas da locação em geral, excepto no que respeita às situações previstas no n.° 1 do art. 6° RAU.

Estando em causa o arrendamento de um prédio para uma corporação de bombeiros ou de um recinto desportivo para um clube de futebol, por convenção das partes, pode sujeitar-se o contrato ao regime dos arts. 98° a 101° RAU (art. 123°, n.° 2 RAU); haja ou não convenção das partes quanto à aplicação do regime da duração limitada, o contrato está sujeito às regras gerais da locação.

---

no baptizado do filho do herdeiro da coroa portuguesa, D. Duarte de Bragança, realizado a 1 de Junho de 1996, foram arrendadas janelas na cidade de Braga por várias dezenas de contos.

[1] Cfr. Ac. Rel. Pt. de 22/5/1995, CJ XX (1995), T. III, p. 219.

[2] Por exemplo, o arrendamento de terreno para depósito de sucata de automóvel (Ac. STJ de 3/2/1999, CJ (STJ) 1999, T. I, p. 78).

[3] Parece ser esta também a conclusão a que chega ARAGÃO SEIA, *Arrendamento Urbano*, cit., pp. 139 e 141. Em sentido diverso, PINTO FURTADO, *Arrendamento Urbano*, cit., p. 281, considera não incluídos, naturalmente, no art. 123° RAU os arrendamentos mencionados no n.° 2 do art. 5° RAU.

[4] Cfr. Ac. Rel. Pt. de 4/10/1983, CJ VIII (1983), T. IV, p. 243. Veja-se também o Ac. Rel. Cb. de 10/12/1996, CJ XXI, T. V, p. 40, em que se aplicou o regime comum a um arrendamento de um prédio rústico para um campo de futebol.

II – Locação

Bibliografia geral sobre o contrato de locação:

ALBALADEJO, Manuel – *Derecho Civil*, II, *Derecho de Obligaciones*, Vol. 2°, *Los Contratos en Particular y las Obligaciones no Contractuales*, 10ª ed., Barcelona, 1997, pp. 154 a 263;

ALEGRE, Carlos – *Regime do Arrendamento Urbano Anotado*, Coimbra, 1991;

BÉNABENT, Alain – *Droit Civil. Les Contrats Spéciaux*, 2ª ed., Paris, 1995, pp. 189 a 248;

BROX, Hans – *Besonderes Schuldrecht*, 12ª ed., Munique, 1985, pp. 86 a 122;

CAPOZZI, Guido – *Dei Singoli Contratti*, Vol. I, Milão, 1988, pp. 303 a 406;

CARVALHO, Pedro NUNES DE – *Dos Contratos: Teoria Geral dos Contratos; Dos Contratos em Especial*, Lisboa, 1994, pp. 201 a 204;

CASTAN TOBEÑAS, José – *Derecho Civil Español Común y Foral*, Tomo IV, *Derecho de Obligaciones. Las Particulares Relaciones Obligatorias*, 15ª ed., actualizada por José Fernandis Vilella, Madrid, 1993, pp. 276 a 437;

COELHO, Francisco PEREIRA – *Arrendamento. Direito Substantivo e Processual*, Lições policopiadas, Coimbra, 1988;
– «Breves Notas ao "Regime do Arrendamento Urbano"», RLJ 125, pp. 257 a 264, RLJ 126, pp. 194 a 201, RLJ 131, pp. 226 a 234, pp. 258 a 266 e pp. 358 a 373;

CORDEIRO, António MENEZES – *Da Natureza do Direito do Locatário*, Lisboa, 1980;

CORDEIRO, António MENEZES e Francisco CASTRO FRAGA – *Novo Regime do Arrendamento Urbano Anotado*, Coimbra, 1990;

DÍEZ-PICAZO, Luis e Antonio GULLÓN – *Sistema de Derecho Civil*, Vol. II, 8ª ed., Madrid, 1999, pp. 324 a 374;

DUTILLEUL, François Collart e Philippe DELEBECQUE – *Contrats Civils et Commerciaux*, 3ª ed., Paris, 1996, pp. 285 a 455;

ESSER, Josef e Hans-Leo WEYERS – *Schuldrecht*, Tomo II, *Besonderer Teil*, 7ª ed., Heidelberga, 1991, §§ 14 a 23, pp. 129 a 198;

FRADA, Manuel CARNEIRO DA – «O Novo Regime do Arrendamento Urbano: Sistematização Geral e Âmbito Material de Aplicação», ROA, 51 (1991), pp. 153 a 180;

FURTADO, Jorge PINTO – *Manual do Arrendamento Urbano*, 2ª ed., Coimbra, 1999;

GALGANO, Francesco – *Diritto Privato*, 9ª ed., Pádua, 1996, pp. 535 a 552;

GOMES, Manuel JANUÁRIO – *Constituição da Relação de Arrendamento Urbano*, Coimbra, 1980;
– *Arrendamentos Comerciais*, 2ª ed., reimpressão, Coimbra, 1993;
– *Arrendamentos para Habitação*, 2ª ed., Coimbra, 1996;

GRASSELLI, Giorgio – *La Locazione di Immobili*, Pádua, 1999;

GRAVE, Margarida – *Regime do Arrendamento Urbano, Anotações e Comentários*, Lisboa, 1999;

HUET, Jérôme – *Les Principaux Contrats Spéciaux in Traité de Droit Civil*, org. por Jacques Ghestin, Paris, 1996, pp. 593 a 804;

LARENZ, Karl – *Lehrbuch des Schuldrechts*, Tomo II-1, *Besonderer Teil*, 13ª ed., Munique, 1986, §§ 48 e 49, pp. 212 a 293;

LIMA, PIRES DE e ANTUNES VARELA – *Código Civil Anotado*, II Vol. 4ª ed., Coimbra, 1997, pp. 339 a 728;

LUMINOSO, Angelo – *I Contratti Tipici e Atipici*, Milão, 1995, pp. 437 a 641;

MALAURIE, Philippe e Laurent AYNÈS – *Droit Civil. Les Contrats Spéciaux*, 6ª ed., Paris, 1992, pp. 323 a 383;

MANGUY, Daniel – *Contrats Spéciaux*, Paris, 1998, pp. 175 a 216;

MARTINEZ, Pedro ROMANO – *O Subcontrato*, Coimbra, 1989;

MATOS, João – *Manual do Arrendamento e do Aluguer*, 2 Vols., Porto, 1968;

MESSINEO, Francesco – *Manuale di Diritto Civile e Commerciale*, Vol. IV, *Singoli Raporti Obbligatori*, 8ª ed., Milão, 1954, pp. 162 a 193;

MONTEIRO, Luís Miguel – *Direitos e Obrigações de Preferência no Novo Regime Jurídico do Arrendamento Urbano (RAU)*, Lisboa, 1992;

PEREIRA, Caio Mário da SILVA – *Instituições de Direito Civil*, Vol. III, 10ª ed., Rio de Janeiro, 1998, pp. 169 a 200;

PEREIRA, Alexandre Libório Dias – «Da Resolução de Arrendamento Comercial», CJ (STJ) 1998, T. II, pp. 13 a 16;

PUIG BRUTAU, José – *Compendio de Derecho Civil*, Vol. II, Barcelona, 1987, pp. 417 a 455;

RESCIGNO, Pietro – *Manuale del Diritto Privato Italiano*, 7ª ed., Nápoles, 1987, pp. 803 a 811;

RIBEIRO, António SEQUEIRA – *Sobre a Denúncia no Contrato de Arrendamento Urbano para Habitação*, Lisboa, 1995;

SÁ, Fernando CUNHA DE – *Caducidade do Contrato de Arrendamento*, Lisboa, 1968;

SCHLECHTRIEM, Peter – *Schuldrecht. Besonderer Teil*, 2ª ed., Tubinga, 1991, pp. 76 a 100;

SEIA, Jorge Alberto ARAGÃO – *Arrendamento Urbano Anotado e Comentado*, 3ª ed., Coimbra, 1997;

SEIA, Jorge ARAGÃO, Manuel da COSTA CALVÃO e Cristina ARAGÃO SEIA – *Arrendamento Rural*, 3ª ed., Coimbra, 2000;

SILVA, M. ALMEIDA E – *O Novo Regime do Arrendamento Urbano Anotado*, 2ª ed., Lisboa, s.d.;

SOUSA, António PAIS DE – *Anotações ao Regime do Arrendamento Urbano*, 6ª ed., Lisboa, 2001;

SOUSA, Miguel TEIXEIRA DE – *A Acção de Despejo*, 2ª ed., Lisboa, 1995;

TELLES, Inocêncio GALVÃO – *Arrendamento*, segundo Lições do Prof. Doutor Galvão Teles ao curso do 5º ano jurídico no ano lectivo de 1944-45, publicadas pelos alunos Bento Garcia Domingues e Manuel A. Ribeiro, Lisboa, 1945/46;

TRABUCCHI, Alberto – *Istituzioni di Diritto Civile*, 32ª ed., Pádua, 1991, pp. 700 a 709;

VELASCO, Waldemar D'Orey – *Lei do Arrendamento Rural Anotada*, Coimbra, 1998;

VERMELLE, Georges – *Droit Civil. Les Contrats Spéciaux*, Paris, 1996, pp. 68 a 105;

WALD, Arnoldo – *Obrigações e Contratos*, 13ª ed., S. Paulo, 1998, pp. 340 a 397.

III

EMPREITADA

Plano

I. Introdução

§ 1. Importância prática
§ 2. Empreitada de Direito Público e de Direito Privado
§ 3. Natureza civil ou comercial da empreitada
§ 4. Distinção de figuras afins

    1. Contrato de prestação de serviço
    2. Contrato de trabalho
    3. Contrato de compra e venda

      a) Regime geral
      b) Contrato de promoção imobiliária

II. Evolução histórica

§ 1. Antecedentes históricos do Direito português

    1. Código de Hamurabi
      a) Generalidades
      b) Regulamentação específica
      c) Preço
      d) Responsabilidade do empreiteiro

    2. Digesto
      a) Generalidades
      b) Origem da empreitada
      c) *Locatio conductio*
      d) *Stipulatio*
      e) Regime jurídico; generalidades
      f) Preço
      g) Fornecimento de materiais
      h) Alterações
      i) Prazo de execução da obra

312 *Direito das Obrigações*

      j) Risco
      l) *Probatio operis*
      m) Responsabilidade do empreiteiro
      n) Garantias

§ 2. Direito português

    1. Ordenações
    2. Codificação oitocentista

      a) Código de Comércio de 1833
      b) Código Civil de 1867

III. Conceito de empreitada

§ 1. Ideia geral

    1. Noção
    2. Classificação

§ 2. Sujeitos

    1. Partes
    2. Capacidade das partes; negócios de administração e de disposição
    3. Legitimidade das partes
    4. Pluralidade de sujeitos

§ 3. Direitos do dono da obra

    1. Obtenção de um resultado
    2. Fiscalização da obra

§ 4. Deveres do dono da obra

    1. Prestação do preço
    2. Colaboração necessária
    3. Aceitação da obra

§ 5. Direitos do empreiteiro

    1. Ideia geral
    2. Direito de retenção

§ 6. Deveres do empreiteiro

    1. Realização da obra
    2. Fornecimento de materiais e utensílios

III – Empreitada

3. Conservação da obra
4. Entrega da obra
5. Deveres acessórios

§ 7. Realização de uma obra
§ 8. Preço

1. Ideia geral
2. Fixação
3. Revisão
4. Pagamento

IV. Subempreitada

§ 1. Questões gerais

1. Noção
2. Distinção de figuras afins

a) Cessão da posição contratual
b) Contrato de fornecimento de materiais e utensílios
c) Contrato de trabalho
d) Cessão de trabalhadores
e) Co-empreitada

3. Liberdade de celebração
4. Subempreitada de obras públicas
5. Subempreitada em obra sujeita a licenciamento municipal

§ 2. Regime jurídico
§ 3. Relações entre o dono da obra e o subempreiteiro; acção directa

V. Formação e execução do contrato

§ 1. Formação do contrato
§ 2. Consignação da obra
§ 3. Alterações ao plano convencionado

1. Alterações da iniciativa do empreiteiro
2. Alterações necessárias
3. Alterações exigidas pelo dono da obra

§ 4. Obras novas e alterações posteriores à entrega

VI. Extinção do contrato

§ 1. Verificação da obra

314 *Direito das Obrigações*

§ 2. Comunicação do resultado da verificação
§ 3. Aceitação da obra
§ 4. Transferência da propriedade da obra

1. Problemas gerais
2. Coisas móveis
3. Coisas imóveis

§ 5. Impossibilidade de cumprimento; risco

1. Impossibilidade originária
2. Impossibilidade superveniente
3. Risco

§ 6. Desistência do dono da obra
§ 7. Morte ou incapacidade do empreiteiro

VII. Responsabilidade do empreiteiro

§ 1. Ideia geral

1. Responsabilidade civil
2. Responsabilidade contratual
3. Cumprimento defeituoso

a) Noção
b) Defeitos aparentes e ocultos
c) Autonomia
d) Regime

4. Concurso entre a responsabilidade contratual e aquiliana
5. Exclusão e limitação legais da responsabilidade
6. Limitação e exclusão convencionais da responsabilidade
7. Transmissão dos direitos emergentes da responsabilidade

§ 2. Denúncia dos defeitos
§ 3. Eliminação dos defeitos e realização de nova obra
§ 4. Redução do preço
§ 5. Resolução do contrato
§ 6. Indemnização
§ 7. Relação entre os diversos meios jurídicos
§ 8. Caducidade dos direitos do dono da obra

1. Ideia geral
2. Denúncia dos defeitos

3. Direitos de eliminação dos defeitos, de realização de nova obra, de redução do preço, de resolução do contrato e de indemnização
4. Direitos do dono da obra em empreitadas de imóveis destinados a longa duração

Principal legislação:

Código Civil (arts. 1207° a 1230°)
Decreto-Lei n.° 59/99, de 2 de Março

I. INTRODUÇÃO

§ 1. Importância prática

I. O contrato de empreitada tem um papel relevante no comércio jurídico, na medida em que são variados os fins que se podem alcançar através do recurso a este negócio.

Por via de regra, o contrato de empreitada encontra-se associado à construção de edifícios, até porque o sector da construção civil tem conhecido, nas últimas décadas, uma importância e um desenvolvimento consideráveis, e muitos dos edifícios são construídos por empreiteiros, relacionados com os proprietários dos terrenos mediante contratos de empreitada. Daí que o legislador tenha, sobretudo, feito incidir a sua acção neste sector da actividade económica[1].

II. Mas o objecto do contrato de empreitada não se esgota na construção e reparação de edifícios. Os negócios jurídicos mediante os quais se acorda a construção ou reparação de bens móveis, tais como automóveis[2], navios[3], mobiliário[4], também se enquadram na noção de emprei-

---

[1] Sector que, hoje em dia, se encontra intimamente relacionado com o Direito do Urbanismo. Sobre esta interligação, *vd.* AUBY/PÉRINET-MARQUET, *Droit de L'Urbanisme et de la Construction*, 3ª ed., Paris, 1992.

Quanto ao regime jurídico da urbanização e edificação, *vd.* o Decreto-Lei n.° 555/99, de 16 de Dezembro.

[2] Diversa, mas dificilmente sustentável, foi a posição assumida no Ac. Rel. Lx. de 07/01/1988, BMJ, 373 (1988), p. 588, que qualifica o contrato de reparação de um automóvel como sendo de prestação de serviço e não de empreitada. Sobre esta questão, *vd. infra* n.° III. § 7, em especial, n. 3 da p. 392.

[3] *Vd.* arts. 12° ss. do Decreto-Lei n.° 201/98, de 10 de Julho, sobre o contrato de construção de navio e o Decreto-Lei n.° 199/98, de 10 de Julho (alterado pelo Decreto-Lei n.° 226/2000, de 19 de Outubro), que aprova o regulamento sobre construção e modificação de embarcações de pesca.

[4] Cfr. Ac. Rel. Lx. de 21/03/1991, CJ, XVI (1991), T. II, p. 158.

318   *Direito das Obrigações*

tada. E podem igualmente ser objecto do contrato em apreço o desaterro e a remoção de terras[1], a perfuração de túneis e poços, a abertura ou reparação de estradas, a dragagem de portos e de estuários, a drenagem de pântanos, etc.[2].

III. A delimitação do objecto do contrato de empreitada não é, de forma alguma, pacífica (*vd. infra* n.° III. § 7). Há, por exemplo, dúvidas quanto a classificar como de empreitada o contrato pelo qual alguém se obriga a escrever um livro, a lavar ou passar a roupa, a organizar um espectáculo, etc.[3]; ou mesmo contratos por força dos quais um engenheiro ou um arquitecto tome o encargo de elaborar um projecto, um médico se comprometa a realizar determinada intervenção cirúrgica, um jurista se vincule a dar um parecer, etc.[4]. Um exemplo actual de empreitada, embora discutível, configura-se na hipótese de alguém se comprometer a elaborar um determinado programa para computadores[5].

Tem-se verificado uma tendência para alargar, cada vez mais, o objecto do contrato em apreço. Mas mesmo admitindo que a empreitada se restringe à construção, modificação e reparação de coisas corpóreas, não se pode pôr em causa a enorme importância prática deste negócio jurídico[6].

---

[1] Cfr. Ac. Rel. Cb. de 08/06/1993, CJ, XVIII (1993), T. III, p. 56.

[2] Quanto a estes e outros exemplos, cfr. CUNHA GONÇALVES, *Tratado de Direito Civil*, Vol. VII, Coimbra, 1933, n.° 1064, pp. 612 e 613.

[3] Acerca destes exemplos, *vd.* MALAURIE/AYNÈS, *Les Contrats Spéciaux*, 6ª ed., Paris, 1992, n.os 742 ss., pp. 402 ss.

[4] Cfr. estes e outros exemplos em ENNECCERUS/LEHMANN, *Recht der Schuldverhältnisse*, 15ª ed., Tubinga, 1958, tradução espanhola de Pérez González e Alguer, sob o título «*Derecho de Obligaciones*», Vol. II, 1ª Parte, 3ª ed., Barcelona, 1966, § 150, pp. 508 ss. Uma lista de contratos de empreitada, organizada por ordem alfabética, pode consultar-se em SOERGEL, Coment. 62 ss. ao § 631, *Münchener Kommentar zum Bürgerlichen Gesetzbuch*, Parte 3, *Schuldrecht, Besonderer Teil*, 1ª Parte (§§ 433-651k), 2ª ed., Munique, 1988, pp. 2055 ss.

[5] *Vd.* RESCIGNO, *Manuale di Diritto Privato Italiano*, 7ª ed., Nápoles, 1987, n.° 229, p. 815.

[6] Para uma perspectiva jurisprudencial do contrato de empreitada, veja-se MARÇAL PUJOL, *25 Anos de Jurisprudência sobre o Contrato de Empreitada*, Lisboa, 1995. Com idêntica perspectiva para o Direito espanhol, *vd.* GARCÍA GIL, *El Contrato de Ejecución de Obra y su Jurisprudencia*, Madrid, 1995.

III – Empreitada

§ 2. Empreitada de Direito Público e de Direito Privado

I. A diferença entre a empreitada de Direito Público e de Direito Privado, com jurisdição e, principalmente, regimes diversos, não é comum a todos os sistemas jurídicos e tem origem no Direito francês, oriundo da revolução. E mesmo aí, não obstante a existência de uma jurisdição administrativa, o *Conseil d'État* aplica o *Code Civil*, designadamente no respeitante à responsabilidade do empreiteiro[1].

II. Numa breve perspectiva de Direito comparado pode verificar-se que, na Itália, os tribunais administrativos só têm competência para resolver os litígios que advêm da formação dos contratos de empreitada de obras públicas, pois, quanto aos diferendos derivados da execução dos mesmos, a competência cabe aos tribunais comuns[2]. No Brasil, na Bélgica e no Luxemburgo todos os problemas suscitados pelos contratos de empreitada de obras públicas são dirimidos nos tribunais judiciais, não havendo, por conseguinte, qualquer jurisdição especial[3].

No que respeita ao regime jurídico, verifica-se que no Brasil, em França, na Itália, na Bélgica, no Luxemburgo, bem como na Suíça os contratos de empreitada de obras públicas, para além de algumas diferenças de pormenor, designadamente quanto à sua formação, estão sujeitos às regras estabelecidas nos respectivos códigos civis[4]. Nestes espaços jurídicos, as empreitadas de obras públicas apresentam-se como contratos regidos pelo Direito Privado.

---

[1] *Vd.* AUBY, «La Responsabilité Civile des Constructeurs devant le Juge Administratif», *La Responsabilité des Constructeurs, Travaux de L'Association Henri Capitant*, T. XLII (1991), Paris, 1993, pp. 102 e 103.

[2] *Vd.* ALPA, «Rapport Italien», *La Responsabilité des Constructeurs, Travaux de L'Association Henri Capitant*, T. XLII (1991), Paris, 1993, p. 132.

[3] *Vd.*, respectivamente, WALD, «Rapport Brésilien», *La Responsabilité des Constructeurs, Travaux de L'Association Henri Capitant*, T. XLII (1991), Paris, 1993, pp. 52 e 59; POILVACHE, «Rapport Belge», *La Responsabilité des Constructeurs, Travaux de L'Association Henri Capitant*, T. XLII (1991), Paris, 1993, pp. 39 e 49; ELVINGER, «Rapport Luxembourgeois», *La Responsabilité des Constructeurs, Travaux de L'Association Henri Capitant*, T. XLII (1991), Paris, 1993, p. 159.

[4] *Vd.*, respectivamente, WALD, «Rapport Brésilien», cit., p. 52; AUBY, «La Responsabilité Civile...», cit., pp. 102 e 103; ALPA, «Rapport Italien», cit., pp. 117 e 132; POILVACHE, «Rapport Belge», cit., p. 39; ELVINGER, «Rapport Luxembourgeois», cit., p. 159; GAUCH, *Der Werkvertrag*, 3ª ed., Zurique, 1988, n.os 174 ss., pp. 50 ss.

320 *Direito das Obrigações*

III. Em Portugal, sob uma influência francesa levada ao extremo, e ao arrepio da tradição jurídica, veio a consagrar-se a dualidade de jurisdições e de regimes[1]. Esta inflexão verificou-se, em especial, com o Decreto-Lei n.º 48871, de 19 de Fevereiro de 1969 posteriormente substituído pelo Decreto-Lei n.º 235/86, de 18 de Agosto, com as alterações introduzidas pelo Decreto-Lei n.º 320/90, de 15 de Outubro[2]. Entretanto, o Decreto-Lei n.º 405/93, de 10 de Dezembro revogou os Decretos-Leis n.º 235/86 e 320/90 (art. 240°) e introduziu um novo regime de empreitadas de obras públicas, muito semelhante ao anterior, que vigorou entre o dia 11 de Junho de 1994 (art. 241°) e o dia 2 de Junho de 1999, sendo então substituído pelo Decreto-Lei n.º 59/99, de 2 de Março, que revogou o anterior diploma e entrou em vigor no dia 3 de Junho de 1999 (arts. 277° e 278° REOP). A curta vigência destes últimos regimes, sete e cinco anos, respectivamente, é fonte de incerteza, em nada contribuindo para a segurança do Direito[3].

---

[1] Quanto a uma crítica à figura do contrato administrativo em geral, *vd.* MARIA JOÃO ESTORNINHO, *Requiem pelo Contrato Administrativo*, Coimbra, 1990, de que importa transcrever duas passagens: «O contrato administrativo surgiu quando a Administração começou a sentir-se "espartilhada" nos esquemas contratuais rígidos do Direito Privado, nos quais não podia mover-se a seu bel-prazer nem podia, nomeadamente, alterar as cláusulas ao sabor das variações do interesse público»; a Administração recorreu, então, ao «"expediente" do contrato administrativo que, sob a forma contratual, escondia uma realidade na qual a Administração poderia, em última instância, recorrer às prerrogativas de autoridade» (n.º 7.2, p. 44).

No que respeita à jurisdição, as empreitadas de Direito Público estão sujeitas à competência jurisdicional dos tribunais administrativos desde o Decreto n.º 23, de 16 de Maio de 1832, *vd.* MARIA JOÃO ESTORNINHO, *ob. cit.*, n.º 5, pp. 31 e 32; mas, como refere a autora citada (n.º 5, pp. 33 e 34), a tendência tem sido no sentido de limitar a competência contenciosa dos tribunais administrativos, procurando distinguir os contratos administrativos dos contratos privados da administração (n.º 6, p. 37). Por outro lado, e ainda como esclarece a mesma autora (*ob. cit.*, n.º 33.2, pp. 142 e 143), as divergências entre a empreitada de obras públicas e a empreitada de Direito Privado foram quase totalmente eliminadas. Todavia, subsiste uma diferenciação de competência jurisdicional, que implica serem julgadas por tribunais distintos (judiciais e administrativos) questões idênticas; sobre esta injustificada dualidade pode consultar-se o Ac. STJ de 14/1/1998, BMJ 473, p. 419.

[2] Antes do Decreto-Lei n.º 48871, de 19 de Fevereiro de 1969, sem o mesmo desenvolvimento, vigorara o Decreto de 9 de Maio de 1906 e algumas portarias que entraram em vigor no século XIX, de entre as quais, a primeira data de 8 de Março de 1861.

[3] Relativamente ao anterior diploma (de 1993), cujos traços fundamentais se mantêm no actual regime, veja-se ROMANO MARTINEZ/MARÇAL PUJOL, *Empreitada de Obras Públicas. Comentário ao Decreto-Lei n.º 405/93, de 10 de Dezembro*, Coimbra,

III – Empreitada

Este último diploma aplica-se às empreitadas e concessões de obras públicas promovidas por quem, nos termos do art. 3° REOP, seja considerado dono de obras públicas; do elenco do n.° 1 do art. 3° REOP, como donos de obras públicas, cabe destacar o Estado, institutos públicos, autarquias, regiões autónomas, empresas públicas, sociedades anónimas de capitais majoritária ou exclusivamente públicos e concessionárias de serviços públicos. O dono de obras públicas pode ser uma pessoa colectiva pública ou privada, desde que constante do elenco legal. Para que a empreitada seja de obras públicas, isto é, para qualificar o contrato como de Direito Administrativo, o legislador seguiu o critério clássico da qualidade do sujeito, ou mais propriamente, da natureza jurídica de uma das partes, o dono da obra[1].

Às empreitadas de obras públicas, em tudo o que não esteja previsto no seu regime, nas leis e regulamentos administrativos que prevejam casos análogos e nos princípios gerais de Direito Administrativo, aplicam-se as disposições do Código Civil (art. 273° REOP)[2].

IV. No Direito Privado, o contrato de empreitada tem a sua disciplina legal própria nos arts. 1207° ss. do Código Civil. Mas, além destes preceitos, há ainda a ter em conta legislação especial, por via de regra atinente à construção de edifícios, igualmente aplicável às empreitadas de Direito Privado[3].

1995 e ANDRADE DA SILVA, *Regime Jurídico das Empreitadas de Obras Públicas*, 5ª ed., Coimbra, 1997. Quanto ao novo diploma, vejam-se as anotações de ANDRADE DA SILVA, *Regime Jurídico das Empreitadas de Obras Públicas*, 6ª ed., Coimbra, 2000.

[1] De modo diverso, MELO ALEXANDRINO, *O Procedimento Pré-Contratual nos Contratos de Empreitada de Obras Públicas*, Lisboa, 1997, p. 37, considera que o contrato se qualifica pelo elemento material: a realização de obras públicas.

[2] Neste domínio, em certos casos, há ainda a ter em conta, entre outras, a Directiva 89/440/CEE, que esteve na base das alterações introduzidas pelo Decreto-Lei n.° 405/93, de 10 de Dezembro. Sobre esta directiva, *vd*. MOSCARINI, «Linee Evolutive del Contratto di Appalto», *Il Contratto Internazionale D'Appalto*, Organizado por Draetta e Vaccà, Milão, 1992, pp. 16 ss.; FRIGNANI, «L'Appalto nei Sistemi CEE e GATT: Transparenza e Concorrenza», *Il Contratto Internazionale D'Appalto*, Organizado por Draetta e Vaccà, Milão, 1992, pp. 33 ss.

Para uma comparação entre o regime privado e público do contrato de empreitada, *vd*. MARIA JOÃO ESTORNINHO, «Para uma Comparação entre a Empreitada Civil e as Empreitadas celebradas por Entidades Públicas», Direito e Justiça, separata, pp. 1 ss.

[3] Tais normas são, quase sempre, de carácter iminentemente técnico, *vd*. por exemplo, o Decreto-Lei n.° 38382, de 7 de Agosto de 1951 (Regulamento Geral das Edificações Urbanas).

322   *Direito das Obrigações*

Importa ainda referir que, não raras vezes, em contratos de empreitada regulados pelo Direito Privado, as partes remetem para regras de Direito Público, designadamente o Decreto-Lei respeitante ao regime das empreitadas de obras públicas. As remissões mais frequentes são para o regime da revisão de preços estabelecido no REOP[1]. Sempre que tal ocorra, as referidas normas não se aplicam por imposição legal, mas em virtude de disposição contratual que para elas remete. Há, porém, a ter em conta que, mesmo na hipótese de as partes terem acordado em tal remissão, certas normas constantes do REOP, em razão do seu carácter iminentemente público, não podem aplicar-se a contratos de Direito Privado. Por exemplo, no art. 185°, n.° 2, alínea c) REOP, por motivos de Direito Público, contende-se com o princípio estabelecido no Direito Privado da excepção de não cumprimento dos contratos, que não encontra justificação entre particulares[2]; o mesmo se diga quanto aos arts. 218°, n.° 4 e 228° REOP, ao admitirem que o dono da obra, extrajudicialmente, mande efectuar as reparações por conta do empreiteiro[3], ou o art. 236° REOP, que faculta ao comitente o direito de tomar posse administrativa dos trabalhos, podendo utilizar na execução da obra as máquinas, materiais, ferramentas, utensílios, edificações, estaleiros e veículos do empreiteiro (art. 237° REOP)[4]. Deste modo, há certos pressupostos do Direito Administrativo, como o privilégio da execução prévia e a facilidade da revisão de preços baseada numa diferente concepção de risco contratual (*vd. infra* n.° III. § 8.3), que divergem dos postulados do Direito Privado[5]. Acresce

---

[1] *Vd.* Ac. STJ de 03/05/1990, BMJ, 397 (1990), p. 473, onde, numa empreitada de Direito Privado, as partes acordaram quanto a essa remissão.

[2] Considerando que o regime público não apresenta uma solução verdadeiramente diversa do de Direito Privado, *vd.* MARIA JOÃO ESTORNINHO, «Para uma Comparação...», cit., pp. 6 ss. Na realidade, excepção feita ao decurso do prazo de 22 dias (art. 185°, n.° 2, alínea c) REOP) e ao facto de se exigir notificação judicial ou carta registada (art. 185°, n.° 3 REOP), não há diferenças com respeito ao regime privado.

[3] Neste sentido, no Ac. Rel. Pt. de 17/11/1992, CJ, XVII (1992), T. V, p. 222, considerou-se que as partes, numa empreitada de Direito Privado, não podem afastar o regime do art. 1221° CC, optando pela aplicação do REOP (arts. 199°, n.° 4 e 209°, n.° 1, correspondentes aos actuais arts. 218°, n.° 4 e 228°, n.° 1 REOP).

[4] Como esclarece MARIA JOÃO ESTORNINHO, «Para uma Comparação...», cit., pp. 12 s., a posse administrativa da obra, que correspondia a um afloramento do princípio geral do privilégio da execução prévia, constitui, hoje, uma excepção, atendendo à alteração introduzida pelo Código do Procedimento Administrativo.

[5] Em sentido diverso, MARIA JOÃO ESTORNINHO, *Requiem*, cit., n.° 33.2, pp. 143 e 144 e «Para uma Comparação ...», cit., pp. 25 s., considera não haver diferenças relevantes entre os dois tipos de empreitada, esclarecendo que «(...) os tradicionais "contratos admi-

III – Empreitada 323

que a remissão para o REOP pode contender com o regime da Lei das Cláusulas Contratuais Gerais (Decreto-Lei n.º 446/85, de 25 de Outubro).

V. Em empreitadas de Direito Internacional é frequente remeter-se para as regras de modelos contratuais padrão, em especial as do FIDIC (Fédération International des Ingenieurs Conseils)[1]. Esta federação internacional, com sede na Suíça, tem publicado formulários de contratos de empreitada que, funcionando como padrão, servem para preencher os negócios jurídicos individuais. Os contratos padronizados do FIDIC baseiam-se na inglesa ICE (*Institution of Civil Engineers*) *Conditions of Contract*[2] e, em termos de publicação, apresentam uma divisão bipartida, a primeira das quais contém regras gerais, índice e formação do contrato e da segunda parte constam condições particulares de aplicação, com várias hipóteses à escolha dos interessados[3].

Neste estudo vai atender-se, em especial, à empreitada de Direito Privado, razão pela qual se fazem somente referências às regras específicas que se reportam à empreitada de obras públicas, para as contrapor com as correspondentes normas privatísticas.

---

nistrativos" (não) são hoje verdadeiramente "exorbitantes" em relação ao Direito Privado (...)». *De iure condendo* não se pode deixar de estar de acordo com a posição defendida por esta autora, mas, no Direito constituído, subsistem divergências que, na prática, conduzem a resultados de certa forma diferentes.

[1] Para além destas, particularmente nos países em desenvolvimento, recorre-se, por vezes, aos modelos contratuais da UNITAR e da UNCTAD/GATT. Sobre esta questão veja-se KLECKNER, «Condizioni Generali, Modelli di Contratto e Appalto Internazionale», *Il Contratto Internazionale D'Appalto*, Organizado por Draetta e Vaccà, Milão, 1992, pp. 57 ss. Com respeito à estandardização contratual neste domínio pode consultar-se VACCÀ, «Standardizzazione dei Building Contracts e "Nuove" Esperienze di Composizione "Out-of-Court" delle Controversie», *Il Contratto Internazionale D'Appalto*, Organizado por Draetta e Vaccà, Milão, 1992, pp. 72 ss. Um estudo mais desenvolvido da matéria pode ver-se em GLAVINIS, *Le Contrat International de Construction*, Paris, 1993.

[2] Similares a estes modelos contratuais encontra-se a *Standard Form of Building Contract*, publicada pela RIBA (*Royal Institute of British Architects*). Noutros espaços jurídicos podem indicar-se a *Verdingungsordnung für Bauleistung* (VOB) elaborada pela *Deutscher Normenausschuss*, bem como as condições gerais dos contratos de construção da autoria da SIA (*Schweizericher Ingenieur– und Architektenverein*) e da AFNOR (*Association Française de Normalisation*). Sobre esta questão, *vd.* VACCÀ, «Standardizzazione dei Building Contracts..», cit., pp. 74 e 75.

[3] *Vd.* UFF, *Construction Law*, 5ª ed., Londres, 1991, pp. 214 ss.

§ 3. Natureza civil ou comercial da empreitada

I. Apesar do grande peso do movimento de unificação do Direito Civil e do Direito Comercial, que teve início no fim do séc. XIX com o primeiro Código das Obrigações Suíço (1881) e que culminou, em 1942, com o actual Código Civil Italiano, continua a verificar-se uma autonomia substancial destes dois ramos do Direito Privado que, em muitos países, como em Portugal, se traduz também numa autonomia formal[1].

Há quem sustente que a empreitada tem uma natureza, alternativamente, civil ou comercial, consoante o resultado seja ou não produtivo[2]. Assim, tratando-se de contrato economicamente produtivo, em que se pressupõe a existência de uma organização empresarial, com o consequente emprego de capitais e a assunção do inerente risco, estar-se-ia na órbita do Direito Comercial.

Segundo GALVÃO TELLES[3], o contrato de empreitada de natureza comercial é aquele em que «alguém se obriga a realizar uma obra mediante a organização dos meios necessários e gestão por conta e risco próprios, em contrapartida de uma retribuição em dinheiro», e que «implica na sua execução uma empresa mais ou menos complexa. O empreiteiro é empresário; reúne e organiza os factores da produção e gere por sua conta essa combinação económica e técnica. Além do próprio capital, aplica normalmente — o que aliás não é essencial — trabalho alheio que recruta e dirige; e emprega capital, ou no pagamento desse trabalho, ou na aquisição de materiais (se é ele que os fornece), ou nas duas coisas, sem falar nas despesas gerais de exploração. Esta fica a seu risco».

Por força do art. 2° CCom., poder-se-á considerar como mercantil o contrato de empreitada cujo resultado seja economicamente produtivo e a obra realizada através de uma empresa. E, nos termos do n.° 6 do art. 230° CCom., se o empreiteiro se propuser edificar ou construir casas para outrem, com materiais por ele subministrados, será considerado uma empresa comercial.

A empreitada pode, contudo, ter uma natureza civil. Se aquele que se obriga a realizar uma obra não emprega capital, ou o empate de capital que faz for pouco significativo tendo em conta o valor total da obra a realizar,

---

[1] *Vd.* GALVÃO TELLES, «Aspectos Comuns aos Vários Contratos», RFDUL, Vol. VII (1950), pp. 270 ss.

[2] *Vd.* PEREIRA DE ALMEIDA, *Direito Privado*, Vol. II (*Contrato de Empreitada*), Lisboa, 1983; GALVÃO TELLES, «Aspectos Comuns...», cit., pp. 304 e 305.

[3] «Aspectos Comuns...», cit., p. 305.

III – Empreitada

e se só assume o risco do seu trabalho e de algum material que tenha fornecido, mas cujo valor seja reduzido em relação ao preço da obra no seu conjunto, o contrato de empreitada assume uma natureza civil. É o caso do operário que ergue sozinho o muro com materiais fornecidos pelo comitente[1]. Neste exemplo, o contrato não deixará de ser civil se o operário fornecer o cimento necessário para a elevação do muro ou, como é mais frequente, os utensílios com que normalmente trabalha. Assim sendo, a incumbência de realização de uma mesma obra, por exemplo, construir uma casa, pode ter simultaneamente natureza comercial ou civil, consoante o empreiteiro se assuma ou não como empresário.

II. O Código Civil Italiano distingue as duas modalidades de empreitada. Assim, nos arts. 1655 ss. CCIt. vem regulado o contrato de *appalto*, nos termos do qual alguém, com organização dos meios necessários e gestão a seu risco, assume a obrigação de realizar uma obra ou um serviço. Pressupõe, por conseguinte, uma actividade empresarial nos termos do art. 2082 CCIt.[2]. Por outro lado, nos arts. 2222 ss. CCIt. aparece regulado o contrato *d'opera*, mediante o qual o empreiteiro é uma pessoa singular que realiza uma obra ou um serviço com trabalho predominantemente próprio. Neste último caso estar-se-á perante actividades artesanais.

Outros diplomas, tais como os Códigos alemão (BGB), suíço (CO), francês (CCFr.), espanhol (CCEsp.) e portugueses de 1867 (CC 1867) e de 1966 (Código Civil), não fazem tal distinção. E, de facto, não se podem apontar diferenças de fundo entre os dois tipos de contrato[3]; como refere Rubino[4], a distinção estabelecida no CCIt. não tem por base a essência ou a natureza das duas figuras, pois advém de uma criação do Direito positivo, sendo as dissemelhanças meramente extrínsecas. Mesmo no sistema italiano, apesar da diferença constante do respectivo Código Civil, muitas

---

[1] Neste sentido, *vd*. Orlando Gomes, *Contratos*, 12ª ed., Rio de Janeiro, 1987, n.º 228, p. 331; Cunha Gonçalves, *Tratado*, cit., n.º 1065, p. 618; Larenz, *Lehrbuch des Schuldrechts*, Vol. II/1, 13ª ed., Munique, 1986, § 53.I, p. 342; Barros Monteiro, *Direito das Obrigações*, 2ª Parte, 21ª ed., S. Paulo, 1987, p. 197.

Galvão Telles, «Aspectos Comuns...», cit., p. 305, considera que, em tal caso, não se trata de uma empreitada, mas de um contrato civil de prestação de serviço.

[2] *Vd*. Trabucchi, *Istituzioni di Diritto Civile*, 32ª ed., Pádua, 1991, n.º 339, p. 715.

[3] Neste sentido, cfr. Orlando Gomes, *Contratos*, cit., n.º 228, p. 331; Pires de Lima/Antunes Varela, Coment. 2 ao art. 1207°, *Código Civil Anotado*, Vol. II, 4ª ed., Coimbra, 1997, p. 864.

[4] *L'Appalto*, 4ª ed., Turim, 1980, n.º 9, p. 17.

das normas que regulam o *appalto* encontram aplicação no domínio do contrato *d'opera*[1].

III. Havia razões históricas e de Direito comparado para incluir o contrato de empreitada no Código Civil. Como refere VAZ SERRA[2], pareceu conveniente ao legislador, para não afastar o novo Código Civil do sistema, não só daquele (CC 1867), como de outros Códigos Civis que se ocupam do contrato de empreitada entre os vários contratos nele regulamentados, incluir, no diploma de 1966, a empreitada entre os negócios jurídicos bilaterais nominados.

Há ainda a aduzir uma razão de carácter formal. Se o contrato de empreitada não fosse incluído no actual Código Civil, para evitar que esta matéria ficasse por regulamentar ou que fosse objecto de diploma avulso, ter-se-ia de manter em vigor o Código Civil de 1867, na parte que respeitava a este negócio jurídico.

Acresce que, sendo o Direito Civil subsidiário do Direito Comercial (art. 3º CCom.), há institutos regulamentados no Código Civil que têm aplicação no âmbito mercantil.

§ 4. Distinção de figuras afins

1. Contrato de prestação de serviço

I. Tal como vem posteriormente indicado (*vd. infra* n.º II. § 1.2.c)), no Direito intermédio distinguiu-se a *locatio conductio* do Direito Romano em três modalidades: a *locatio conductio rei*, que corresponde à actual locação; a *locatio conductio operarum*, antecedente histórico dos contratos de trabalho e de prestação de serviço; e a *locatio conductio operis faciendo*, que veio a dar origem ao contrato de empreitada.

Daí certos diplomas de Direito Civil, ainda que aludam a arrendamento tanto de prédios como de obras e serviços[3], instituam regimes diferenciados para os dois tipos de contratos.

---

[1] Cfr. arts. 2222 *in fine* e 2226.3 CCIt. Veja-se igualmente RUBINO, *L'Appalto*, cit., n.º 9, pp. 17 s.; TRABUCCHI, *Istituzioni*, cit., n.º 339, p. 715.

[2] «Empreitada», BMJ, 145 (1965), p. 21. Sobre esta questão, *vd.* também, ANTUNES VARELA, Anot. ao Ac. STJ de 03/11/1983, RLJ, 121 (1988/89), pp. 185 ss.

[3] O Código Civil Espanhol, de entre os contratos de arrendamento, distingue o arrendamento de prédios (arts. 1546 a 1582 CCEsp.) do arrendamento de obras e serviços

III – Empreitada 327

O Código Civil de 1966 não seguiu esta terminologia e veio a designar a *locatio conductio operis faciendo* por contrato de empreitada, integrado na modalidade mais vasta de contrato de prestação de serviço (arts. 1154° ss. CC). Nos termos do art. 1155° CC, as modalidades do contrato de prestação de serviço são o mandato, o depósito e a empreitada.

Na medida em que aos contratos de prestação de serviço não regulados na lei se aplicam as disposições sobre o mandato (art. 1156° CC), importa distinguir a empreitada da prestação de serviço.

II. O contrato de empreitada é uma modalidade de prestação de serviço e as diferenças entre aquele e as formas atípicas deste não são muito claras. Mas sempre se poderá dizer que no contrato de prestação de serviço se promete uma actividade através da utilização do trabalho, quando na empreitada se promete o resultado desse trabalho; e que na prestação de serviço é o beneficiário dessa actividade que corre o risco, enquanto na empreitada o risco corre por conta do empreiteiro[1]. Assim, o médico, que é consultado por um paciente, promete uma actividade e tem direito à remuneração, mesmo que o doente não fique curado; a situação é diversa no caso do empreiteiro que se obriga a construir uma casa, pois a prestação deste é de resultado e, caso o não obtenha, o dono da obra fica dispensado de pagar o preço.

Poder-se-á ainda acrescentar que a remuneração, no contrato de prestação de serviço, é determinada em função do tempo de actividade; ao passo que, na empreitada, é fixada tendo em conta o resultado[2]. Este critério apresenta-se, todavia, como tendencial e não pode ser considerado factor de distinção. Por exemplo, os honorários do médico ou do advogado podem não ser determinados em função do tempo de actividade despendido, mas antes tendo em conta o resultado obtido.

III. A linha divisória é muito ténue e são várias as situações que suscitam polémica quanto à sua qualificação. Um dos casos duvidosos repor-

---

(arts. 1583 a 1603 CCEsp.). Da mesma forma, o Código Civil Francês, no art. 1708, distingue dois tipos de arrendamento: o arrendamento de coisas (arts. 1713 a 1778 CCFr.) e o arrendamento de obras (arts. 1779 a 1799 CCFr.).

[1] Cfr. BROX, *Besonderes Schuldrecht*, 17ª ed., Munique, 1991, §§ 17.II e 20.I.1, pp. 165 e 185; LARENZ, *Schuldrechts*, II-1, cit., § 52.I, pp. 309 e 310, LÖWISCH, *Vertragliche Schuldverhältnisse*, 2ª ed., Munique, 1988, § 18, p. 186; MEDICUS, *Schuldrecht*, Vol. II, 5ª ed., Munique, 1992, § 99.I.2.a), pp. 160 e 161.

Quanto à jurisprudência, cfr. Ac. Rel. Cb. de 08/06/1993, CJ, XVIII (1993), T. III, p. 56.

[2] *Vd.* LARENZ, *Schuldrechts*, II-1, cit., § 52.I, p. 310.

328   *Direito das Obrigações*

ta-se ao contrato celebrado com o arquitecto para este elaborar o plano da casa a construir[1]. Também é discutível a qualificação de certos contratos celebrados com médicos; por exemplo, o contrato mediante o qual o dentista se obriga a fazer e colocar uma dentadura no paciente aproxima-se mais da empreitada do que da prestação de serviço[2]. Quanto a esta dificuldade de qualificação, tem cabimento referir o caso debatido no Supremo Tribunal de Justiça[3] onde era discutido se o contrato pelo qual uma empresa que se obrigara a realizar uma série de doze programas de televisão, para a Rádio Televisão Portuguesa, era de empreitada ou de prestação de serviço.

No sistema jurídico português, o critério de distinção deve ser procurado no art. 1207° CC, através da interpretação que se venha a dar à expressão «realizar certa obra» (*vd. infra* n.° III. § 7). Consoante a interpretação que se faça do disposto no art. 1207° CC, assim se poderá qualificar como de empreitada ou de prestação de serviço certas figuras de fronteira.

E não sendo o contrato de empreitada, nem de mandato ou de depósito, será um negócio jurídico de prestação de serviço não regulado especialmente na lei, ao qual se aplicam as regras do contrato de mandato (art. 1156° CC).

IV. Mais facilmente se distingue a empreitada das outras duas modalidades de contrato de prestação de serviço.

No mandato, o mandatário obriga-se a praticar actos jurídicos por conta de outrem (art. 1157° CC); enquanto, na empreitada, o empreiteiro fica vinculado à realização de actos materiais[4].

---

[1] Quanto à polémica que esta situação tem suscitado, *vd.* LARENZ, *Schuldrechts*, II-1, cit., §§ 52.I e 53.I, pp. 310 e 343; LÖWISCH, *Vertragliche*, cit., § 19, p. 198; MEDICUS, *Schuldrecht*, cit., § 98.I.2, pp. 157 e 158. COSSIO Y CORRAL, *Instituciones de Derecho Civil*, T. I, Madrid, 1988, p. 532, defende que se trata de um contrato de prestação de serviço; enquanto SAINT-ALARY, *Droit de la Construction*, Paris, 1977, p. 554, considera o arquitecto como um locador de obra, ao qual se aplicam certas disposições do contrato de mandato. Para um estudo, na perspectiva anglo-saxónica, do contrato celebrado com o arquitecto, *vd.* BURNS, *The Legal Obligations of the Architect*, Londres, 1994, pp. 4 ss., em especial, pp. 6 a 8.

[2] Cfr. LARENZ, *Schuldrechts*, II-1, cit., § 52.I, pp. 310 e 311. Quanto à qualificação de tais contratos com dentistas como sendo de empreitada, cfr. as decisões do Supremo Tribunal Suíço citadas por GAUCH, *Werkvertrag*, cit., n.° 41, pp. 12 e 13.

[3] Ac. STJ de 03/11/1983, BMJ, 331 (1983), p. 489.

[4] O art. 1157° CC usa a expressão "actos jurídicos" por oposição a actos materiais e não como facto jurídico em sentido estrito, ou seja, actuação humana voluntária. Não se

III – Empreitada

Nada obsta a que o mandatário pratique actos materiais (p. ex., entregar uma coisa) e o empreiteiro pratique actos jurídicos (p. ex., obter uma licença camarária); a distinção referida é de grau. A prestação do mandatário tem por objecto principal a prática de actos jurídicos podendo, para tal, ser necessária também a realização de actos materiais. O mesmo se diga quanto ao empreiteiro, mas na perspectiva inversa.

Por outro lado, o mandatário tem de respeitar as instruções do mandante, o que não acontece com o empreiteiro[1]. Além disso, presume-se a gratuitidade do mandato (art. 1158°, n.° 1 CC), e a empreitada é, necessariamente, um contrato oneroso (*vd. infra* n.° III. § 8.1). Por último, o mandante responderá eventualmente como comitente (art. 500° CC) por danos causados a terceiros pelo mandatário, ao passo que o dono da obra não pode ser responsabilizado objectivamente, nos termos do art. 500° CC, por actos lesivos de direitos de terceiros praticados pelo empreiteiro[2].

A empreitada também se distingue do depósito, na medida em que a obrigação dominante deste último negócio jurídico consiste na guarda de uma coisa; enquanto, na empreitada, o empreiteiro obriga-se a realizar uma obra. Todavia, do contrato de empreitada pode surgir a obrigação de guardar a obra realizada; só que, nesse caso, tal obrigação tem carácter secundário. Assim, na empreitada, o eventual dever de guardar a coisa tem carácter secundário; e essa obrigação, no contrato de depósito, apresenta-se como principal.

Por outro lado, o depósito integra-se na classificação de contratos reais *quoad constitutionem*, porque para a sua perfeição negocial é necessária, para além da declaração de vontade, a entrega da coisa objecto do depósito, a *datio rei*. O mesmo não ocorre na empreitada, que é um contrato consensual.

---

pode pôr em causa que realizar uma obra não constitua uma actuação humana livre e, por conseguinte, um acto jurídico, mas tal actividade não corresponde ao objecto do mandato.

[1] No Ac. Rel. Pt. de 21/01/1977, BMJ, 265 (1977), p. 280, afirma-se: «Na empreitada não há qualquer mandato. O empreiteiro obedece às prescrições do contrato e deve ainda respeitar as regras da arte aplicáveis à execução da obra; mas estas são as únicas limitações que a lei lhe impõe, já que, propriamente na execução da obra, ele não deve obedecer ao dono, embora trabalhe sob a sua fiscalização».

[2] Cfr. Acórdãos do STJ de 30/01/1979 e de 17/05/1983, respectivamente, BMJ, 283 (1979), p. 301 e BMJ, 327 (1983), p. 646.

2. Contrato de trabalho

I. O empreiteiro, no cumprimento da prestação a que ficou adstrito, desenvolve um trabalho autónomo, no sentido de que não deve obediência ao dono da obra. Contrariamente, no contrato de trabalho, está-se perante uma relação de subordinação, na medida em que o trabalhador põe a sua energia ou capacidade de laboração às ordens ou sob a direcção da entidade patronal[1].

Além disso, o empreiteiro fica adstrito a obter um certo resultado, a conseguir um determinado efeito útil; e o trabalhador apenas se compromete a desenvolver prudente e diligentemente certa actividade. Em suma, o empreiteiro está adstrito a uma obrigação de resultado, enquanto sobre o trabalhador impende uma obrigação de meios[2]. É evidente que a prestação de meios, tendo em conta a existência de deveres acessórios, leva também à prossecução de um resultado, só que em moldes diversos da denominada obrigação de resultado.

Poder-se-á concluir no sentido de que, no contrato de trabalho, um dos contraentes põe à disposição do outro a sua actividade laboral que será, por este último, orientada dentro de certos limites para os fins que tiver por convenientes; e, na empreitada, uma das partes contrai o dever de proporcionar à outra certo resultado concreto, que procurará atingir por si mesmo, com independência[3].

II. A dependência do trabalhador em relação à entidade patronal está expressa na lei quando dispõe que aquele se obriga, mediante retribuição, a prestar a sua actividade intelectual ou manual a outra pessoa, sob auto-

---

[1] Neste sentido, cfr. PEREIRA DE ALMEIDA, *Empreitada*, cit., p. 13; GALGANO, *Diritto Privato*, 4ª ed., Pádua, 1987, n.º 30.2, p. 540; ORLANDO GOMES, *Contratos*, cit., n.º 229, p. 333; CUNHA GONÇALVES, *Tratado*, cit., n.º 1063, pp. 610 e 611; PIRES DE LIMA/ANTUNES VARELA, Coment. 1 ao art. 1207º, *Código Civil Anotado*, II, cit., p. 864; MALAURIE/AYNÈS, *Contrats Spéciaux*, cit., n.º 717, p. 397; RUBINO, *L'Appalto*, cit., n.º 6, pp. 10 e 11; VAZ SERRA, «Empreitada», BMJ, 145 (1965), pp. 19 e 34.
Vd. igualmente o Ac. STJ de 30/01/1979, BMJ, 283 (1979), p. 302.
[2] Cfr. ALBALADEJO, *Derecho de Obligaciones*, Vol. 2, 10ª ed., Barcelona, 1997, § 109.2, p. 279; PEREIRA DE ALMEIDA, *Empreitada*, cit., pp. 13 e 14; COSSIO Y CORRAL, *Instituciones*, cit., p. 525; ENNECCERUS/LEHMANN, *Obligaciones*, cit., § 145, pp. 433 e 434; ORLANDO GOMES, *Contratos*, cit., n.º 229, p. 332; BARROS MONTEIRO, *Obrigações*, cit., p. 195; SILVA PEREIRA, *Contratos*, 10ª ed., Rio de Janeiro, 1998, n.º 202, p. 222; RUBINO, *L'Appalto*, cit., n.º 5, pp. 8 e 9; VAZ SERRA, «Empreitada», BMJ, 145 (1965), pp. 35 e 36.
Vd. também o Ac. STJ de 20/07/1982, BMJ, 319 (1982), p. 273.
[3] *Vd.* GALVÃO TELLES, «Aspectos Comuns...», cit., p. 303.

III – Empreitada 331

ridade ou direcção desta[1]. Há uma vinculação jurídica do trabalhador relativamente ao empregador, vulgarmente designada por subordinação jurídica.

Esta vinculação jurídica tem sido o critério usado pela jurisprudência[2], apesar de complementado por outros elementos de carácter formal. Por exemplo, se aquele para quem a obra é feita paga subsídio de férias ou inscreve o nome do operário nas folhas da segurança social, o contrato não deve ser havido como de empreitada[3]. A existência de um local e horário de trabalho fixados pelo beneficiário da obra também pode ser indício da existência de uma relação de trabalho[4]. Por último, o regime fiscal e a sindicalização do prestador de trabalho podem igualmente ser elementos complementares de identificação para qualificar a relação como sendo laboral[5].

A autonomia, que caracteriza o contrato de empreitada, consiste na possibilidade de realizar a obra fora da ingerência da contraparte[6], pois o empreiteiro obriga-se apenas à consecução de um resultado, com liberdade de acção, designadamente quanto à escolha dos meios ou ao ritmo dos trabalhos[7], para o conseguir.

Esta autonomia não fica afectada pelo facto de o dono da obra poder, por si ou por intermédio de terceiro, elaborar os projectos (art. 1208° CC), fiscalizar os trabalhos de execução da obra (art. 1209° CC), exigir alterações (art. 1216° CC) e desistir da obra (art. 1229° CC), porquanto o empreiteiro age sob sua própria orientação no que respeita à execução dos trabalhos. Poder-se-ia admitir que há uma certa similitude entre a fiscalização, a que o empreiteiro está sujeito, e a subor-

---

[1] Cfr. art. 1152° CC bem como arts. 1° e 39° da Lei do Contrato de Trabalho (Decreto-Lei n.° 49408, de 24 de Novembro de 1969). Para maior desenvolvimento, *Vd.* ROMANO MARTINEZ, *Direito do Trabalho*, Vol. II, *Contrato de Trabalho*, T. 1, 3ª ed., Lisboa 1999, pp. 29 ss. e 59 ss.

[2] Cfr. Ac. STJ de 26/09/1990, ADSTA, XXIX (1990), n.° 348, p. 1627, Ac. STJ de 14/11/1990, ADSTA, XXX (1991), n.° 350, p. 265.

[3] Cfr. arestos referidos na n. anterior nos locais indicados.

[4] *Vd.* arestos citados anteriormente, bem como o Ac. STJ de 05/03/1992, ADSTA, XXXII (1993), n.° 375, p. 360.

[5] *Vd.* arestos citados anteriormente.

[6] No Ac. Rel. Lx. de 25/03/1993, CJ, XVIII (1993), T. II, p. 124, considerou-se que era de empreitada o contrato mediante o qual uma das partes se obrigava perante a outra a cortar eucaliptos de uma mata propriedade desta última, pois aquela, na execução do encargo, não ficava sob a autoridade e direcção da referida proprietária (p. 125).

[7] Quanto à possibilidade de o empreiteiro poder acelerar ou reduzir o ritmo do trabalho, *vd.* RUBINO, *L'Appalto*, cit., n.° 156, pp. 326 ss.

332   *Direito das Obrigações*

dinação, própria do contrato de trabalho; porém, fiscalizar não é o mesmo que dar ordens, pois o comitente limita-se a verificar se a obra está a ser feita em conformidade com os requisitos a que deve obedecer a execução.

III. Para além dos aspectos mencionados, há ainda a referir o facto de o empreiteiro suportar o risco, pelo menos, no respeitante ao trabalho despendido; ao passo que, no contrato de trabalho, o risco corre por conta do empregador. Assim, se o empreiteiro não conseguir realizar a obra por causa não imputável a nenhuma das partes, não tem direito a exigir o preço (*vd. infra* n.º VI. § 5.3); em contrapartida, mesmo que não se obtenha o resultado pretendido pela entidade patronal, o trabalhador mantém o direito ao salário[1].

Tem sido defendido que o contrato de empreitada se distingue do de trabalho, na medida em que o preço, no primeiro, é determinado em função do resultado, e, no segundo, com base no tempo despendido[2]. Este critério não parece decisivo, porquanto, por um lado, na empreitada, o preço pode ser determinado tendo em conta o tempo utilizado, e, por outro, o critério para fixar o montante do salário no contrato de trabalho pode não ser o do tempo despendido[3].

Os elementos de distinção mencionados são indicativos, pelo que, em última análise, deve ponderar-se se a celebração de um contrato de empreitada e, em especial, de subempreitada não corresponde a uma forma de obstar à aplicação do regime laboral, mais favorável ao prestador de trabalho; ter-se-á, pois, de verificar se a empreitada não é usada como uma forma de fraude à lei.

---

[1] Cfr. MEDICUS, *Schuldrecht*, cit., § 99.I.2.a), p. 160; BARROS MONTEIRO, *Obrigações*, cit., p. 195; RUBINO, *L'Appalto*, cit., n.º 6, pp. 10 e 11; VAZ SERRA, «Empreitada», BMJ, 145 (1965), p. 32, n. 18.

[2] Cfr. ORLANDO GOMES, *Contratos*, cit., n.º 229, p. 332; CUNHA GONÇALVES, *Tratado*, cit., n.º 1063, p. 611; MALAURIE/AYNÈS, *Contrats Spéciaux*, cit., n.º 717, p. 397; BARROS MONTEIRO, *Obrigações*, cit., p. 194.

A forma de determinação do preço foi o elemento ponderado como essencial no Ac. Rel. Lx. de 25/03/1993, CJ, XVIII (1993), T. II, p. 124, para qualificar o contrato como sendo de empreitada, na medida em que foi acordado um preço por cada metro cúbico de eucaliptos cortados.

[3] Cfr. ENNECCERUS/LEHMANN, *Obligaciones*, cit., § 145, p. 435; PIRES DE LIMA/ /ANTUNES VARELA, Coment. 1 ao art. 1207º, *Código Civil Anotado*, II, cit., p. 864.

III – Empreitada

3. Contrato de compra e venda

a) Regime geral

I. Os dois contratos apresentam-se como distintos, pois o empreiteiro está adstrito a uma prestação de facto (*de facere*), enquanto sobre o vendedor impende uma prestação de coisa (*de dare*)[1]. Por outro lado, a compra e venda é um contrato real *quoad effectum*, porque os efeitos reais, translativos da propriedade, se produzem por mero efeito do contrato (art. 408º CC), ao passo que a empreitada constitui um negócio consensual do qual emergem efeitos obrigacionais[2]. Mesmo quando o cumprimento de um contrato de empreitada acarrete a transferência da propriedade sobre uma coisa, esta transferência segue regras diferentes das da compra e venda (arts. 1212º e 408º CC)[3].

Por último, há a ter em conta que, na compra e venda, a iniciativa e o plano do objecto a executar cabem ao que constrói ou fabrica a coisa, ao passo que o empreiteiro realiza uma obra que lhe é encomendada, devendo executá-la segundo as directrizes e fiscalização daquele que lha encarregou.

Apesar destas diferenças, torna-se difícil distinguir a empreitada da compra e venda, principalmente no caso de alguém se obrigar a construir uma coisa com a obrigação de fornecer os materiais necessários à realização dessa obra. O facto de a obrigação de fornecer os materiais impender sobre o empreiteiro não é, só por si, decisiva para caracterizar o contrato como sendo de compra e venda de bens futuros[4], e perante casos concretos, podem levantar-se dificuldades de qualificação[5].

---

[1] Cfr. J. C. MOITINHO DE ALMEIDA, «A Responsabilidade Civil do Projectista e o seu Seguro», BMJ, 228 (1973), p. 14; DIAS JOSÉ, *Responsabilidade Civil do Construtor e do Vendedor pelos Defeitos*, Lisboa, 1984, p. 46; PIRES DE LIMA/ANTUNES VARELA, Coment. 4 ao art. 1207º, *Código Civil Anotado*, II, cit., p. 865; RESCIGNO, *Manuale*, cit., n.º 229, p. 812. Acerca da distinção entre as duas figuras, consulte-se o estudo de JOSÉ MANUEL VILALONGA, «Compra e Venda e Empreitada. Contributo para a distinção entre os dois Contratos», ROA 1997, I, pp. 183 ss.

[2] Cfr. J. C. MOITINHO DE ALMEIDA, «A Responsabilidade Civil do Projectista ...», cit., p. 15; DIAS JOSÉ, *Responsabilidade Civil*, cit., p. 46; RUBINO, *L'Appalto*, cit., n.º 14, p. 18.

[3] Cfr. PIRES DE LIMA/ANTUNES VARELA, Coment. 4 ao art. 1207º, *Código Civil Anotado*, II, cit., p. 866. Sobre esta questão, veja-se o que vem referido *infra* n.º VI. § 4.

[4] Cfr. PEREIRA DE ALMEIDA, *Empreitada*, cit., p. 15; PIRES DE LIMA/ANTUNES VARELA, Coment. 4 ao art. 1207º, *Código Civil Anotado*, II, cit., p. 866.

[5] Quanto a uma indicação de critérios de distinção entre os dois contratos, *vd.* JOSÉ MANUEL VILALONGA, «Compra e Venda e Empreitada ...», cit., pp. 198 ss.; mas o autor,

334 Direito das Obrigações

II. No Direito inglês é irrelevante que se qualifique o contrato como de empreitada ou de compra e venda, porque o *Suply of Goods and Services Act* não diverge muito do *Sale of Goods Act*[1].

Não assim no Direito continental, em que importa fazer essa distinção. Começou por defender-se a regra *accessorium sequitur principale*, nos termos da qual se considerava que o contrato seria de empreitada ou de compra e venda, consoante o elemento predominante. Assim, no caso de construção de imóveis em terreno do dono da obra, toda a construção seria acessória do solo. Mas a regra em apreço pode conduzir a dificuldades insuperáveis; principalmente no caso de construção de coisas móveis, quando se verifique uma equivalência de entregas[2]. Este critério é, todavia, válido nos casos em que a transferência da coisa seja acompanhada de uma prestação acessória (p. ex., venda de um automóvel com obrigação de fazer alterações na carroçaria ou venda de um computador com deveres de instrução e de assistência técnica). As dificuldades levantam-se, contudo, na determinação do que é acessório.

Em sentido algo semelhante, tem sido defendido, principalmente pela doutrina italiana, tendo em conta o disposto no art. 2223 CCIt., que existe empreitada, mesmo quando os materiais tenham sido fornecidos pelo empreiteiro, se as partes tiveram predominantemente em conta o trabalho incorporado na obra. O critério está na predominância do factor trabalho (empreitada) ou material (compra e venda) e, evidentemente, na vontade real das partes[3]. Discernimento idêntico aparece preconizado por VAZ SERRA[4], ao defender estar-se perante uma compra e venda quando o preço fosse determinado tendo em conta a coisa, e que seria empreitada se o preço tivesse sido fixado em função do trabalho. Não parece que este critério seja sustentável, na medida em que, por via de regra, o preço na

---

para a mencionada contraposição, opta por apresentar várias situações tipo: construção de imóvel, construção de móvel e contrato de fornecimento e instalação (pp. 202 ss.).

[1] Cfr. CHESHIRE/FIFOOT/FURMSTON, *Law of Contract*, 12ª ed., Londres, 1991, p. 134, a propósito do caso Samuels v. Davis, 1943, onde se discutia se se aplicavam as regras da empreitada ou da compra e venda ao contrato pelo qual um dentista se obrigara a fazer uma dentadura. Os dois referidos estatutos podem consultar-se em *Blackstone's Statutes on Contract and Tort*, Organizado por Rose, 3ª ed., Londres, 1991, pp. 101 ss. e 130 ss.

[2] Cfr. PLANIOL/RIPERT, *Traité Pratique de Droit Civil Français*, T. XI, 2ª ed., Paris, 1954, n.º 912, pp. 147 e 148; VAZ SERRA, «Empreitada», BMJ, 145 (1965), p. 45.

[3] Cfr. GALGANO, *Diritto Privato*, cit., n.º 30.2, p. 540; RESCIGNO, *Manuale*, cit., n.º 229, p. 812; TRABUCCHI, *Istituzioni*, cit., n.º 339, p. 716. O mesmo critério também encontra defensores em ORLANDO GOMES, *Contratos*, cit., n.º 229, p. 331; CUNHA GONÇALVES, *Tratado*, cit., n.º 1064, p. 612; LÖWISCH, *Vertragliche*, cit., § 18, p. 187.

[4] «Empreitada», BMJ, 145 (1965), pp. 173 e 174.

III – Empreitada 335

empreitada não é definido em função do trabalho, mas sim do resultado a obter. De certa forma semelhante é a posição sustentada por RUBINO[1], ao considerar que o contrato deve ser qualificado como sendo de compra e venda sempre que a coisa fornecida já tivesse sido produzida ao tempo do ajuste, sem ter por base a encomenda do cliente. Este juízo pode auxiliar na distinção, mas não é decisivo, pois se for pedida uma certa quantidade de tijolos que o fornecedor ainda tem de fabricar, o contrato não deixa de ser de compra e venda. Além disso, como refere GAUCH[2], também se estará perante um contrato de compra e venda se for encomendada uma coisa com base numa amostra ou num catálogo.

A doutrina germânica, na sequência do disposto no § 651 BGB, faz referência à figura do «Contrato de fornecimento de obra» (*Werklieferungsvertrag*)[3]. Nos termos do § 651 BGB, sendo os materiais fornecidos pelo empreiteiro, importa distinguir se a coisa é fungível ou não fungível. No primeiro caso, aplicam-se as regras da compra e venda[4] e, no segundo, recorre-se, cumulativamente, a certos preceitos da compra e venda e da empreitada. Há, então, um contrato misto de compra e venda e de empreitada[5]. Assim, quando alguém se obriga a fornecer um produto que fabrica em série, mesmo que ainda tenha de o construir, o contrato é de compra e venda; se, pelo contrário, uma parte se obriga a fornecer um fato por medida, um móvel conforme desenho e medidas, uma dentadura, o contrato será de fornecimento de obra.

---

[1] *L'Appalto*, cit., n.º 15, pp. 32, 33 e 34.

[2] *Wervertrag*, cit., n.º 116, p. 33.

[3] Refira-se, porém, que no projecto de alteração do BGB, relativo ao Direito das Obrigações (*Abschlussbericht der komission zur Überarbeitung des Schuldrechts*, organizado pelo Ministro de Justiça, Colónia, 1992) deixa de se fazer referência a esta figura, propondo-se a revogação do actual § 651 BGB (p. 301).

[4] Como refere FIKENTSCHER, *Schuldrecht*, 7ª ed., Berlim, 1985, § 80.III.2, p. 560, em tal caso haverá um contrato de venda de obra (*Werkkaufvertrag*). Este autor (*ob. e loc. cit.*) dá como exemplo deste contrato a encomenda de um móvel de fábrica por catálogo ou de uma máquina fabricada em série.

[5] Cfr. ENNECCERUS/LEHMANN, *Obligaciones*, cit., §§ 150.I.3 e 156, pp. 510 e 552 ss.; ESSER/WEYERS, *Schuldrecht*, Vol. II, 7ª ed., Heidelberga, 1991, § 31.3, pp. 252 s.; FIKENTSCHER, *Schuldrecht*, cit., § 80.III.3, p. 561; LARENZ, *Schuldrechts*, II-1, cit., § 53.IV, pp. 375 ss.; LÖWISCH, *Vertragliche*, cit., § 21, pp. 215 ss.; MEDICUS, *Schuldrecht*, cit., § 100, pp. 171 e 172.

Entendendo que o contrato de construção não se pode reconduzir ao contrato de fornecimento de obra, *vd.* LOCHER, *Das Private Baurecht*, 6ª ed., Munique, 1996, pp. 14 s.

Vd. Ac. STJ de 5/7/1994, CJ (STJ) II (1994), T. II, p. 174, em que se considerou contrato misto, de compra e venda e de empreitada, a alienação e instalação de um sistema informático, tendo-se aplicado o regime da empreitada aos defeitos da instalação.

336 *Direito das Obrigações*

III. Também em Portugal, e talvez por influência alemã, já foi sustentado que o contrato de empreitada, com fornecimento de materiais por parte do empreiteiro, tem um carácter misto de venda e de prestação de obra, desde que a coisa seja fungível[1]; estar-se-á, pois, perante um contrato misto combinado ou múltiplo.

Não tem sido esta a posição seguida pela jurisprudência. Assim, considerou-se que era de empreitada o contrato pelo qual alguém se comprometia a fornecer e montar uma caldeira nova[2]. Foi igualmente qualificado como sendo de empreitada o contrato mediante o qual uma das partes se obrigara a fazer uma casa pré-fabricada, com materiais por si subministrados, e mediante certa retribuição proporcional à quantidade de trabalho[3]. De igual forma, considerou-se que era de empreitada o contrato por força do qual uma empresa se obrigara a fornecer e montar tectos falsos pré-fabricados[4].

Do mesmo modo, também já se qualificou como sendo de empreitada o contrato através do qual uma empresa, que se dedicava à comercialização de elevadores, se obrigava, não só a fornecer como também a instalar um elevador no imóvel do adquirente[5]. Na realidade, se do bem

---

[1] Cfr. VAZ SERRA, «Empreitada», BMJ, 145 (1965), pp. 45, 59 e 60 e Anot. ao Ac. STJ de 14/06/1972, RLJ, 106 (1973/74), pp. 190 ss.

[2] Ac. STJ de 14/06/1972, RLJ, 106 (1973/74), p. 185.

[3] Ac. STJ de 16/03/1973, BMJ, 225 (1973), p. 210.

[4] Ac. Rel. Pt. de 14/01/1992, CJ, XVII (1992), T. I, p. 224.

[5] Ac. STJ de 15/03/1974, BMJ, 235 (1974), p. 271. No mesmo sentido, Ac. STJ de 06/07/1993, CJ (STJ), I (1993), T. II, p. 182; Ac. STJ de 17/11/1994, CJ (STJ) II (1994), T. III, p. 143; Ac. STJ de 14/2/1995, CJ (STJ) 1995, T. I, p. 88; Ac. STJ de 6/4/1995, CJ (STJ) 1995, T. II, p. 33; Ac. Rel. Lx. de 12/05/1988, BMJ, 377 (1988), p. 542; Ac. Rel. Lx. de 20/05/1993, CJ, XVIII (1993), T. III, p. 110; Ac. Rel. Lx. de 7/12/1993, CJ XVIII, T. V, p. 137; Ac. Rel. Lx. de 17/3/1994, CJ XIX, T. II, p. 86; Ac. Rel. Év. de 26/9/1996, CJ XXI, T. IV, p. 282.

Em sentido oposto, nos Ac. Rel. Lx. de 07/12/1989, BMJ, 392 (1990), p. 499, Ac. Rel. Lx. de 18/01/1990, CJ, XV (1990), T. I, p. 146 e Ac. Rel. Pt. de 12/01/1993, CJ, XVIII (1993), T. II, p. 175, qualificou-se como contrato de compra e venda idêntica situação de facto. A posição sustentada nestes últimos arestos não parece de aceitar, na medida em que os elevadores antes de serem montados – e, por via de regra, o dono da obra não tem capacidade para proceder à instalação de elevadores – não têm qualquer utilidade para aquele que os encomendou, pelo que o factor trabalho (instalação) se apresenta como mais relevante do que o mero fornecimento.

Nos arestos citados estava em causa a apreciação de validade de uma cláusula de reserva de propriedade (art. 409° CC) estabelecida pelos fornecedores de elevadores em seu benefício; nas situações em apreço, tal cláusula não parece ter qualquer sentido, pois os elevadores, depois de incorporados no prédio, passam a ser partes integrantes (ou até

III – Empreitada

em causa só se pode retirar utilidade depois de ter sido montado, e se essa montagem carece de uma determinada preparação técnica, não se pode qualificar o contrato como de compra e venda; é o que se passa, designadamente, no exemplo do fornecimento e instalação de elevadores. Sendo a prestação de montagem, apesar de acessória, indispensável para o uso do bem, o contrato, por via de regra, será de empreitada[1]. A solução passará, em última análise, pela interpretação da vontade e correspondentes interesses das partes.

IV. É de concluir, pois, que, no Direito português, o contrato pelo qual alguém se obriga a realizar certa obra é, em princípio, uma empreitada, e o fornecimento pelo empreiteiro das matérias necessárias à sua execução não vai, por via de regra, alterar a natureza do contrato. Deve, então, qualificar-se como de empreitada o contrato em que o subministro de material constitui um meio para a realização da obra. Em contrapartida, enquadra-se na noção de compra e venda o contrato mediante o qual alguém se obriga a fornecer um bem fabricado em série[2] ou por encomenda com base em amostra ou catálogo, desde que não haja que proceder a adaptações consideráveis[3].

Mas será, em última análise, a vontade real dos contraentes que, sobrepondo-se a todos os critérios de distinção, vai determinar o tipo de contrato e o seu regime[4].

---

componentes) do mesmo, perdendo a consequente autonomia para efeito de objecto de situações jurídicas (sobre esta questão cfr. Ac. STJ de 06/07/1993, CJ (STJ), I (1993), T. II, p. 183 e Ac. Rel. Lx. de 20/05/1993, CJ, XVIII (1993), T. III, p. 109, além disso *vd. infra* n.º VI. § 4). A solução defendida nos acórdãos que se critica (indicados no anterior parágrafo) parece assentar num raciocínio tópico: pretende-se proteger os credores quanto ao recebimento do preço dos elevadores fornecidos que, de outra forma, dificilmente obteriam de empreiteiros em risco de falência; é mais seguro exigir-se esse pagamento aos actuais proprietários dos andares. Mas esta solução só aparentemente se apresenta como equitativa, pois os condóminos acabam por pagar duas vezes os mesmos elevadores.

Sobre a questão, veja-se ainda as considerações tecidas no capítulo respeitante ao contrato de compra e venda.

[1] Considerando que se trata, normalmente, de dois contratos, que podem estar em coligação, *vd*. JOSÉ MANUEL VILALONGA, «Compra e Venda e Empreitada ...», cit., pp. 207 ss.

[2] Entendendo que se o bem é fabricado em série o contrato será de compra e venda, cfr. Ac. Rel. Lx. de 21/11/1996, CJ XXI, T. V, p. 109.

[3] Cfr. Ac. STJ de 30/11/2000, CJ (STJ) 2000, T. III, p. 150, onde se qualificou o contrato como de compra e venda, porque o trabalho desenvolvido não era relevante e o preço foi estabelecido tendo em conta a coisa.

[4] Neste sentido, veja-se o Ac. STJ de 25/6/1998, CJ (STJ) 1998, T. II, p. 138, onde, depois de se considerar que a situação era duvidosa, se optou por recorrer à vontade

338   *Direito das Obrigações*

b) Contrato de promoção imobiliária

I. A construção e a transferência da propriedade de edifícios (em especial, andares e moradias) podem estar relacionadas com um contrato de promoção imobiliária[1].

Considera-se promotor imobiliário aquele que constrói, por conta própria ou mediante contrato de empreitada, o prédio e promove a sua venda, normalmente por andares, antes ou depois da respectiva construção[2].

II. A recente jurisprudência espanhola, italiana e alemã, com o apoio da doutrina, tem considerado que, a tais contratos de transferência da propriedade, são de aplicar em parte as regras da empreitada[3].

Em França, o mesmo problema foi resolvido por via legislativa. A primeira alteração ao CCFr. foi introduzida pela Lei n.º 67-3, de 3 de

---

das partes a determinar em função das respectivas declarações negociais. Todavia, no caso em apreço, em que estava em causa o fabrico de 50.000 contentores segundo as especificações técnicas e controlo do beneficiário, o contrato devia ser qualificado como de empreitada, como se concluiu no acórdão, porque correspondia à realização de uma obra segundo modelo do respectivo dono.

[1] Sobre esta figura, *vd.* o desenvolvido estudo de BRYCH//PAUSE, *Bauträgerkauf und Baumodelle*, 3ª ed., Munique, 1999, e pode também consultar-se ROMANO MARTINEZ, *Cumprimento Defeituoso, em especial na Compra e Venda e na Empreitada*, reimpressão, Coimbra, 2001, n.º 15.d), pp. 153 ss.

[2] Neste sentido, cfr. CABANILLAS SANCHEZ, «La Responsabilidad del Promotor que Vende Pisos y Locales Defectuosamente Construidos (Comentario a la Sentencia del Tribunal Supremo de 9 de Marzo de 1981)», ADC, 1982, II, pp. 883 e 884. Para uma noção deste negócio jurídico, identificando pormenorizadamente muitas questões que ele suscita, em especial em matéria de incumprimento, *vd.* BRYCH//PAUSE, *Bauträgerkauf*, cit., pp. 18 ss. e 146 ss.

[3] Em relação à doutrina espanhola, *vd.* CABANILLAS SANCHEZ, «La Responsabilidad del Promotor ...» cit., pp. 922 e 924; PUIG BRUTAU, *Derecho de Obligaciones*, Barcelona, 1987, Cap. XXXVII.1, p. 495; RUBIO SAN ROMAN, *La Responsabilidad Civil en la Construcción*, Madrid, 1987, p. 247.

Com respeito à doutrina italiana, pode consultar-se ALPA, «Responsabilità Decennal del Costruttore e Garanzia Assicurativa», *Rischio Contrattuale e Autonomia Privata*, Nápoles, 1982, p. 415; GALGANO, *Diritto Privato*, cit., n.º 30.1, p. 539.

Na Alemanha esta é a opinião comum da doutrina, veja-se GRZIWOTZ, «Vertragliche Gewährleistungsregelungen im Bauträgervertrag», NJW, 1989, p. 194; MAUER, «Besonderheiten der Gewährleistungshaftung des Bauträgers», *FS Korbion*, Dusseldorfe, 1986, pp. 301 e 302; REITHMANN/BRYCH/MANHART, *Kauf vom Bauträger und Bauherrenmodelle*, 5ª ed., Colónia, 1983, II.A.4, 7 e 15 e VIII.B.2.b), pp. 46, 50, 61 e 295. Consulte-se ainda BRYCH//PAUSE, *Bauträgerkauf*, cit., pp. 15 s., com referências às regras do contrato de empreitada e do contrato de fornecimento de obra.

III – Empreitada

Janeiro de 1967 que impôs a aplicação das regras da empreitada às compras e vendas de imóveis recém construídos. Posteriormente, esta orientação foi confirmada pela Lei n.° 78-12, de 4 de Janeiro de 1978, tendo, por força destas inovações legislativas, sido introduzidos dois artigos no CCFr. (arts. 1642-1 e 1646-1)[1]. O contrato de promoção imobiliária aparece hoje regulamentado nos arts. 1831-1 ss. CCFr. e nos arts. 222-1 ss. do Código da Construção e da Habitação[2].

III. Podem indicar-se dois fundamentos para esta tomada de posição generalizada. Por um lado, o esquema clássico do cumprimento defeituoso adaptava-se mal à venda de andares, pois os prazos curtos de exercício dos direitos do comprador, estabelecidos na maioria das legislações, são insuficientes para detectar grande parte dos defeitos[3]. Por outro, as razões que levaram os vários legisladores a estabelecer um prazo mais longo de exercício de direitos, no caso de obras destinadas a longa duração (p. ex., art. 1225° CC), também se aplicam à venda de edifícios[4].

O princípio da aplicação das regras da empreitada à compra e venda de imóveis tem sido aceito, mesmo quando, na altura da celebração do contrato, só faltam pormenores de acabamento[5]. Todavia, se é vendido um edifício já totalmente construído torna-se difícil, do ponto de vista conceptual, justificar a aplicação dos preceitos relativos ao contrato de empreitada. Porém, se alguém compra, por exemplo, um andar àquele que

---

[1] Cfr. NANA, *La Reparation des Dommages Causés par les Vices d'une Chose*, Paris, 1982, pp. 263 e 264; SAINT-ALARY, «La Vente D'Immeubles à Construire», JCP, 1968, I n.° 2146, em especial, n.os 7 ss. Quanto à jurisprudência francesa podem ver-se os arestos CssFr. de 27/03/1969, D/S, 1969, Jurisprudence, pp. 633 s., de 14/06/1989, Gaz. Pal., 1989, 6, Panorama, p. 188 e de 22/11/1989, Gaz. Pal., 1990, 1, Panorama, p. 7.

[2] Sobre esta questão, *vd.* AUBY/PÉRINET-MARQUET, *Droit de L'Urbanisme*, cit., n.os 1601 ss., pp. 623 ss.; SAINT-ALARY/HOUIN, *Droit de la Construction*, 3ª ed., Paris, 1991, pp. 83 ss.

[3] Sobre a questão, veja-se BRYCH//PAUSE, *Bauträgerkauf*, cit., pp. 183 ss.

[4] Cfr. ROMANO MARTINEZ, «A Garantia contra os Vícios da Coisa na Compra e Venda e na Empreitada. Comentário ao Acórdão do Supremo Tribunal de Justiça de 23 de Fevereiro de 1988», TJ, n.os 4/5 (1990), p, 192. Esta posição foi claramente manifestada no Ac. Rel. Lx de 08/05/1990, TJ, n.os 4/5 (1990), p. 244. No mesmo sentido, *vd.* o Ac. STJ de 21/05/1981, BMJ, 307 (1981), p. 250 e os Ac. Rel. Lx. de 06/07/1977, CJ, II (1977), T. IV, p. 925 e de 15/01/1982, BMJ, 319 (1982), p. 328. Veja-se também o voto de vencido no Ac. Rel. Lx. de 02/10/1979, CJ, IV (1979), T. IV, p. 1201.

[5] Sobre esta questão, veja-se o Ac. STJ de 21/05/1981, BMJ, 307 (1981), p. 250. A mesma opinião parece ser defendida por VAZ SERRA, Anot. Ac. STJ de 18/12/1979, RLJ, 113 (1980/81), p. 254, quando afirma que, se o vendedor se obriga a construir um imóvel, é de aplicar o regime do art. 1225° CC.

340 *Direito das Obrigações*

mandou construir o edifício, os direitos deste (dono da obra) transferem--se para o comprador como um dos efeitos do contrato de compra e venda (*vd. infra* n.º VII. § 1.7)), mas se o adquirente celebra o negócio com o construtor do prédio ficará menos protegido.

Se é vendido um prédio ainda não construído ou em fase de acabamento, pode considerar-se que há um contrato misto de venda e de empreitada, na medida em que, ao adquirente, será concedido um poder de fiscalizar e, eventualmente, de alvitrar quanto à realização da obra. Mas, mesmo quando a obra é vendida depois de terminada, a solução mais justa consiste, sem dúvida, em aplicar as regras da empreitada. De outra forma, estabelece-se uma contradição de valores que afecta o princípio da unidade do sistema jurídico, na medida em que se solucionam questões idênticas de maneira diferente.

Assim, até 1994, seria de admitir a existência de uma lacuna no contrato de compra e venda, pois não estava prevista solução para o caso de venda de edifícios e outros imóveis destinados a longa duração, construídos ou reparados pelo vendedor, e a aplicação das regras gerais conduzia a resultados injustos. Perante a lacuna da lei, deveria ter-se em conta o disposto no contrato de empreitada (art. 1225º CC), em razão da similitude existente entre as duas situações[1]. Justificava-se o recurso à analogia, porque, no caso omisso, procediam as razões que estão na base da regulamentação estabelecida no art. 1225º CC (art. 10º, n.º 2 CC). Por outro lado, a norma constante do art. 1225º CC não é excepcional, mas sim especial, pois, sem contrariar substancialmente o disposto nos arts. 1220º e 1224º CC, adapta-se a circunstâncias particulares; e as normas especiais comportam aplicação analógica se houver outra situação especial idêntica, como é o caso.

Porém, salvo raras excepções[2], a jurisprudência portuguesa, contrariamente ao que se verificou noutros países, não se mostrou sensível a este problema[3]. Tendo isto em conta, o legislador sentiu a necessidade

---

[1] *Vd.* Romano Martinez, «A Garantia contra os Vícios da Coisa...», cit., p. 192.

[2] É o caso dos Acórdãos citados na anterior n. 4 da p. 339.

[3] A posição majoritária da jurisprudência portuguesa vai no sentido de aplicar as regras da compra e venda, mormente os prazos curtos dos arts. 916º e 917º CC, cfr. Ac. STJ de 18/12/1979, BMJ, 292 (1980), p. 357; Ac. STJ de 26/06/1980, BMJ, 298 (1980), p. 300; Ac. STJ de 26/05/1981, BMJ, 307 (1981), p. 257; Ac. STJ de 28/05/1981, BMJ, 307 (1981), p. 216; Ac. STJ de 23/02/1988, TJ, n.os 4/5 (1990), p. 173; Ac. STJ de 24/04/1991, BMJ, 406 (1991), p. 640; Ac. Rel. Lx. de 30/11/1977, CJ, II (1977), T. V, p. 1061; Ac. Rel. Lx. de 22/05/1979, CJ, IV (1979), T. III, p. 788; Ac. Rel. Lx. de 02/10/1979, CJ, IV (1979), T. IV, p. 1201; Ac. Rel. Év. de 02/11/1979, BMJ, 294 (1980),

III – Empreitada 341

de intervir, introduzindo dois novos preceitos no Código Civil (o n.º 3 do art. 916º e o n.º 4 do art. 1225º), mediante os quais se passou a considerar extensível à compra e venda de imóveis construídos, modificados ou reparados pelo vendedor a garantia de cinco anos. Tal alteração legislativa trouxe como vantagem uma uniformização de soluções nos dois contratos em apreço, evitando injustiças derivadas de tratamento desigual. A equiparação não é total, pois o vendedor que não tenha construído, modificado ou reparado o imóvel responde nos termos do disposto nos arts. 913º ss. CC[1], enquanto aquele que venda o edifício depois de o ter construído, modificado ou reparado, responde na qualidade de empreiteiro, nos termos dos arts. 1218º ss. CC.

---

p. 416; Ac. Rel. Lx. de 29/05/1981, CJ, VI (1981), T. III, p. 56, Ac. Rel. Lx. de 18/03/1982, BMJ, 321 (1982), p. 427; Ac. Rel. Lx. de 14/06/1982, CJ, VII (1982), T. III, p. 118; Ac. Rel. Lx. de 12/04/1983, CJ, VIII (1983), T. II, p. 133; Ac. Rel. Lx. de 13/03/1986, BMJ, 362 (1987), p. 591; Ac. Rel. Lx. de 21/02/1991, CJ, XVI (1991), T. I, p. 162. Em apoio desta jurisprudência, mas só na hipótese de o imóvel vendido estar totalmente pronto, *vd.* Vaz Serra, Anot. Ac. STJ de 18/12/1979, cit., p. 254.

Não obstante ser esta a posição majoritária, são frequentes os votos de vencido nos arestos citados. Veja-se, por exemplo, Ac. Rel. Lx. de 30/11/1977, CJ, II (1977), T. V, p. 1064; Ac. Rel. Lx. de 22/05/1979, CJ, IV (1979), T. III, p. 790; Ac. Rel. Lx. de 02/10/1979, CJ, IV (1979), T. IV, p. 1204; Ac. Rel. Lx. de 18/03/1982, BMJ, 321 (1982), p. 428.

[1] *Vd. supra* o capítulo relativo à compra e venda.

II. EVOLUÇÃO LEGISLATIVA

§ 1. Antecedentes históricos do Direito Português

1. Código de Hamurabi

a) Generalidades

Inicia-se este estudo pelo Direito sumério, não porque se saiba que tenha influenciado, directa ou indirectamente, o Direito português, mas porque nele se encontravam disciplinados certos aspectos que, em Portugal, só foram alvo de legislação no século XIX e, mesmo assim, de forma menos pormenorizada.

O Código de Hamurábi (1728-1686 a.C.), apesar de não ser o corpo de leis mais antigo de entre os conhecidos, é, sem dúvida, o melhor transmitido[1].

O termo «código», usado com referência a este conjunto de princípios jurídicos, deve-se a SCHEIL, que identificou e traduziu uma estela encontrada em Susa[2]. A própria divisão em duzentos e oitenta e dois parágrafos deve-se ao supracitado tradutor[3]. Todavia, a opinião majoritária tende hoje no sentido de considerar o conteúdo da referida estela como uma obra literária, não obstante nela estarem consagrados certos princípios jurídicos[4]. Esta tese sustenta-se, para além de outros aspectos, no facto de serem frequentes as passagens laudatórias à acção do rei (Hamurábi), bem como por constarem sentenças justas que o monarca proferira, as quais seriam o exemplo para os outros julgadores[5].

---

[1] *Vd.* BOUZON, *O Código de Hammurabi*, 4ª ed., Petrópolis, 1987, p. 23.

[2] *Vd.* BOUZON, *O Código de Hammurabi*, cit., p. 24.

[3] *Ibidem.*

[4] *Vd.* BOUZON, *O Código de Hammurabi*, cit., pp. 26 e 27.

[5] *Vd.* BOUZON, *O Código de Hammurabi*, cit., p. 28.

344 — Direito das Obrigações

b) Regulamentação específica

Nos §§ 215 a 250 C H encontram-se especificados os direitos e obrigações de diversas classes profissionais, entre as quais as de pedreiro (§§ 228 a 233 C H) e de construtor naval (§§ 234 e 235 C H).

Em relação a estas duas actividades, o Código resolve dois problemas: o da determinação do preço e o da responsabilidade do empreiteiro.

c) Preço

No que respeita à fixação do preço, os §§ 228 e 234 C H estabelecem o montante a pagar ao construtor que, respectivamente, edifica uma casa ou calafeta um barco. Nos termos do primeiro destes preceitos, por cada trinta e seis metros quadrados construídos o empreiteiro deveria receber dezasseis gramas de prata[1]. Tal como refere o § 234 C H, o calafetador de um barco de quinze (ou de dezoito) toneladas teria direito a receber dezasseis gramas de prata[2].

d) Responsabilidade do empreiteiro

Nos §§ 229 ss. e no § 235, o Código de Hamurábi apresenta um conjunto de regras, cujo tratamento pormenorizado da matéria só voltou a merecer o cuidado do legislador de Direito Civil com o BGB[3].

Se o empreiteiro não tivesse «reforçado» o trabalho e a casa construída caísse, ele teria de indemnizar o dono da mesma (§ 229 C H). O termo «reforçado» talvez seja de interpretar no sentido de que a responsabilidade do empreiteiro dependeria de culpa.

Relativamente à responsabilidade do construtor estabelecida no Direito sumério, podem distinguir-se três aspectos.

Quanto aos danos pessoais aplicava-se o *ius talionis*. Impunha-se a morte do pedreiro, se ele tivesse dado azo à morte do dono da obra (§ 229 C H), a morte do filho do mestre de obra, se este causasse a morte do filho do comitente (§ 230 C H), ou a entrega de um escravo equivalente, se o construtor tivesse morto um escravo do dono da obra (§ 231 C H).

---

[1] Vd. Bouzon, *O Código de Hammurabi*, cit., p. 194; Lara Peinado, *Codigo de Hammurabi*, Madrid, 1986, pp. 37 e 167.

[2] Vd. Bouzon, *O Código de Hammurabi*, cit., p. 197; Lara Peinado, *Codigo de Hammurabi*, cit., pp. 36 e 169. Este segundo autor (*ob. e loc. cit.*) fala em barco de quinze toneladas, enquanto Bouzon, *O Código de Hammurabi*, cit., p. 197, n. 806, faz referência a barco de dezoito toneladas.

[3] Vd. Romano Martinez, *Cumprimento Defeituoso, em especial na Compra e Venda e na Empreitada*, reimpressão, Coimbra, 2001, n.º 9. a), pp. 72 ss.

III – *Empreitada*   345

Os danos materiais causados noutros bens do comitente eram indemnizados (§ 232, 1ª Parte C H). Estava, por conseguinte, prevista a indemnização por danos *extra rem*.

Em relação ao defeito da obra, foi estabelecida a possibilidade de ser exigida uma pretensão de cumprimento. Se a obra ruísse, o empreiteiro teria de a reconstruir (§ 232, 2ª Parte C H); se a obra ameaçasse cair, o pedreiro teria de «reforçar» os muros à sua custa (§ 233 C H). Estavam, assim, consagrados os direitos de exigir, tanto a nova realização da obra como a eliminação dos defeitos.

Por último, se o barco calafetado sofresse de avaria durante um ano após a realização desse trabalho, o construtor teria de repará-lo com os seus próprios recursos (§ 235 C H). Mais uma vez, era imposto ao empreiteiro o dever de eliminar os defeitos durante um prazo de garantia.

2. Digesto[1]

a) *Generalidades*

Não obstante serem escassas as referências jurídicas ao contrato de empreitada, é sabido que a actividade de construção, principalmente a partir do final da República e com especial incidência no início do Império, teve um grande apogeu em Roma, tanto no que se refere a obras públicas como privadas. Num trecho de HORÁCIO[2] refere-se que as ruas de Roma, naquela época, estavam cheias de mulas carregadas de materiais de construção. Em Roma, o auge da construção ter-se-á verificado nos finais do séc. I e inícios do séc. II d.C.

b) *Origem da empreitada*

O contrato de empreitada parece que se terá desenvolvido no Direito Público e daqui veio a influenciar idênticos tipos de contratação no domínio privado[3].

---

[1] Neste ponto segue-se, com ligeiras alterações, um artigo do autor publicado na Revista *Direito e Justiça*, Vol. VII (1993), pp. 17 ss., intitulado «O Contrato de Empreitada no Direito Romano e no Antigo Direito Português. Contributo para o Estudo do Conceito de Obra na Empreitada».

[2] *Apud* MARTIN, *The Roman Jurists and the Organization of Private Building in the Late Republic and Early Empire*, Bruxelas, 1989, p. 9.

[3] *Vd.* MARTIN, *The Roman Jurists*, cit., p. 32; RIEZLER, *Der Werkvertrag nach dem Bürgerlichen Gesetzbuch für das Deutsche Reich*, Jena, 1900, pp. 2 e 3.

346 *Direito das Obrigações*

Os trabalhos públicos eram executados pelas legiões, por prisioneiros, por escravos e por homens livres. A direcção dos trabalhos públicos era confiada ao *curator operis* — que tinha a direcção e responsabilidade da obra pública (D. 50.8.11(9)) e representava os interesses do Estado e do Município —, aos inspectores e ao *mensor aedificarum* (verificador)[1]; mas eram os censores que se ocupavam das construções, especialmente em Roma, quando estas se apresentavam como essenciais para a cidade, tais como vias, condução de água e portos[2].

Sempre que os trabalhos públicos eram realizados com a *pecunia publica*, a sua execução era fiscalizada por magistrados (*aediles, duoviri e quattuorviri*)[3].

As construções públicas podiam ser financiadas pelo imperador, pelas cidades ou pelos cidadãos. Neste último caso, o financiamento poderia corresponder a um agradecimento pelas honras recebidas, como forma de se furtarem às obrigações para com o poder público ou como mecenas para perpetuarem a sua memória[4].

No Direito Privado romano, o contrato de empreitada era um tipo de *locatio conductio* e, como tal, o seu tratamento pode encontrar-se no Digesto (19.2), entremeado com a locação, a prestação de serviços e o contrato de trabalho. Também se encontram referências à empreitada no Digesto (45.1), a propósito da *stipulatio*[5].

c) *Locatio conductio*

A *locatio conductio* compreendia, pois, três modalidades distintas: a *locatio conductio rei*, que corresponde à actual locação[6]; a *locatio conductio operarum*, antecedente histórico dos contratos de trabalho[7] e de

---

[1] *Vd.* LEGER, *Les Travaux Publiques. Les Mines et la Métalurgie aux Temps des Romains. La Tradition Romaine jusqu'a nos Jours*, s. l., reimpressão, 1979, p. 44.

[2] *Vd.* JOUFFROY, *La Construction Publique en Italie et dans L'Afrique Romaine*, Estrasburgo, 1986, p. 59.

[3] *Vd.* JOUFFROY, *La Construction Publique*, cit., p. 105.

[4] *Vd.* JOUFFROY, *La Construction Publique*, cit., pp. 60, 105 e 139.

[5] Cfr. MARTIN, *Building Contracts in Classical Roman Law*, Michigan, 1981, pp. 2 e 5.

[6] Sobre a origem árabe do termo «aluguer», *vd.* PINTO FURTADO, «Vinculismo Arrendatício. Origens, Características e Tendência Evolutiva», TJ, 2 (1990), pp. 25 ss.

[7] Como refere MARTIN, *Building Contracts,* cit., p. 2, neste caso, o *locator* obrigava-se a fornecer o seu trabalho, enquanto na *locatio conductio operis*, o *conductor* ficava adstrito a fazer um trabalho.

III – Empreitada

prestação de serviços[1]; e a *locatio conductio operis faciendo*, que veio a dar origem ao contrato de empreitada[2].

A *locatio conductio operis* terá sido o último dos três tipos de *locatio* a aparecer, pois só se lhe encontram referências na parte final da República, como resulta dos trechos de Pompónio (D. 18.1.20) e de Paulo (D. 19.2.22.2), em que se procede a uma distinção entre a compra e venda e a empreitada, bem como da passagem de Paulo (D. 50.16.5.1), onde se delimita a empreitada do contrato de trabalho[3]. Até porque a empreitada só se autonomiza do contrato de trabalho quando se verifica uma maior especialização na execução das obras[4]. Por outro lado, não raras vezes, o *faber* (que hoje se poderia designar por empreiteiro) era um escravo e a sua eventual relação contratual com o comitente não estava bem definida.

Apesar desta origem mais recente, a empreitada não deriva da *locatio conductio operarum*, pois, como já foi referido, tem uma raiz publicista. Daí que a terminologia seja diversa: enquanto na *locatio conductio operarum* o que recebe a *merces* chama-se *locator* (o mesmo se passa na *locatio conductio rei*), na empreitada, o que aufere a *merces* é o *conductor* e, quem a paga, o *locator*[5].

---

[1] Kaser, *Das Römische Privatrecht*, T. I, 2ª ed., Munique, 1971, § 132.2.IV.1 e V.1, pp. 568 e 570, refere que a *locatio conductio operarum* deu origem ao contrato de prestação de serviço e a *locatio conductio operis* à empreitada. Por sua vez, Martin, *The Roman Jurists,* cit., p. 21, relaciona a primeira modalidade de *locatio* com a contratação de trabalhadores ou de artesãos.

No Ac. STJ de 14/11/1990, ADSTA, XXX (1991), n.º 350, p. 261, encontra-se uma divergência entre o sumário e o texto, pois, no primeiro relaciona-se a *locatio conductio operis* com o contrato de prestação de serviços (p. 262), o que parece duvidoso; e, no segundo, afirma-se que aquele tipo de locação deu origem à empreitada (p. 264). Neste último sentido, veja-se também o Ac. STJ de 26/09/1990, ADSTA, XXIX (1990), n.º 348, p. 1626.

[2] Esta distinção tripartida não remonta ao Direito Romano clássico, devendo tal classificação ser imputada ao Direito intermédio, *vd.* Romano Martinez, *Cumprimento Defeituoso,* cit., n.º 9.b), p. 77, n. 4.

[3] Cfr. Martin, *Building Contracts,* cit., p. 21; Riezler, *Der Werkvertrag,* cit., p. 17.

Em sentido oposto, Kaser, *Das Römische Privatrecht*, T. I, cit., § 132.2.V.1, p. 570, afirma ser a empreitada anterior à prestação de serviços. Segundo este autor, *Das Römische Privatrecht*, T. II, 2ª ed., Munique, 1975, § 266.I.2.c), pp. 402 s., o contrato de trabalho aparece depois do de empreitada, também como desenvolvimento da *locatio conductio*, e dependente da relação pessoal derivada da escravatura.

[4] Rothenbücher, *Geschichte des Werkvertrags nach Deutschen Rechte*, Breslau, 1906, p. 118, refere que, no antigo Direito alemão, o contrato de empreitada esteve bastante relacionado com o de trabalho.

[5] *Vd.* Riezler, *Der Werkvertrag*, cit., pp. 7 e 8.

348 *Direito das Obrigações*

Não obstante a aparente indistinção terminológica, que leva autores, como MELLO FREIRE[1], a afirmarem que «(...) a locação-arrendamento é o contrato sobre o uso duma coisa ou a prestação de serviço, mediante certa retribuição», os clássicos, apesar de não terem procedido a uma delimitação, conheciam as diferenças essenciais entre os três tipos de *locatio conductio*[2]. Daí PAULO (D. 50.16.5.1) esclarecer que *opere locato conducto* significa o objecto resultante de uma operação terminada, por oposição a trabalho («ergon», termo grego usado naquele trecho do Digesto). Do mesmo modo, JALOVENUS (D. 19.2.51.1) distingue a *locatio conductio operis* da *locatio conductio operarum*, consoante seja ou não necessária a *probatio operis*.

Na *locatio conductio* (*operis*), um dos contratos consensuais baseado na *bona fides*, o *conductor*[3] (empreiteiro) obrigava-se a realizar uma *opera*. No Digesto, as referências a este contrato apontam, quase sempre, para a construção de casas (p. ex., D. 19.2.30.3), tanto referidas por *insula* (D. 19.2.22.2), por *domus* (D. 19.2.59) ou por *villa* (D. 19.2.60.4). Há, todavia, excepções; por exemplo em D. 19.2.62 fala-se em empreitada de construção de um canal (*rivus*) e em D. 46.3.31 faz-se menção ao contrato para a construção de um navio.

A *locatio conductio* dava origem às *actiones locati* e *conducti*, sendo a primeira atribuída ao dono da obra e a segunda ao empreiteiro.

d) *Stipulatio*

A *stipulatio* era uma cláusula acessória que pressupunha ter alguém prometido realizar *certa res* (D. 45.1.75.7). No Digesto, as referências que se encontram a propósito da *stipulatio* à empreitada também são, na maioria das vezes, relativas a promessas de edificar uma *insula* (p. ex., D. 45.1.124); todavia, em D. 45.1.72, tendo em conta as prestações indivisíveis, faz-se referência à obrigação de cavar uma fossa, construir uma casa ou outra obra semelhante.

---

[1] *Institutiones Iuris Civilis Lusitani*, Vol. IV, *De Obligationibus et Actionibus*, Coimbra, 1815, trad. Pinto Menezes, BMJ, 168 (1967), p. 70.

[2] *Vd.* MENEZES CORDEIRO, *Da Natureza do Direito do Locatário*, Lisboa, 1980, p. 28; MARTIN, *The Roman Jurists*, cit., p. 36; RIEZLER, *Der Werkvertrag*, cit., p. 2. Por isso, o mesmo RIEZLER, *ob. cit.*, p. 1, afirma que, no Direito Romano, era impossível dar uma definição unitária de locação, pois os três tipos eram vistos como semelhantes. Todavia, KASER, *Das Römische Privatrecht*, T. I, cit., § 132.2.I.2, p. 563, é de opinião que os romanos viam a *locatio conductio* como um contrato unitário.

[3] MARTIN, *The Roman Jurists*, cit., p. 29, refere que, no Direito Privado, o empreiteiro era normalmente designado por «*conductor*», enquanto, no Direito Público, aparece com mais frequência o termo «*redemptor*».

III – Empreitada

O *stipulator* (*reus stipulandi*) perguntava se a contraparte se comprometia a edificar a obra, e o *promissor* (*reus promitendi*) respondia: *spondeo*[1].

Este negócio jurídico, ao contrário da *locatio conductio*, era formal quanto às palavras a pronunciar e tinha de se indicar o lugar de construção da casa, sob pena de invalidade da *stipulatio* (D. 13.4.2.5; D. 45.1.95; D. 45.1.115). Por via de regra, indicava-se a data de termo da obra (D. 45.1.124), mas a sua falta não a invalidava o negócio (D. 45.1.73)[2], pois pressupunha-se a existência de um prazo razoável para a terminar (D. 45.1.14).

Em caso de violação da *stipulatio*, o *stipulator* podia recorrer à *actio ex stipulatu*.

e) *Regime jurídico; generalidades*

Fundamental, nos dois tipos de contratos, era que o *locator/stipulator* fornecesse ao *conductor/promissor* o plano de construção e um pedaço de terra, que não tinha necessariamente de pertencer ao primeiro[3].

O empreiteiro (*conductor* ou *promissor*) não era um arquitecto — não obstante muitos arquitectos terem trabalhado como *redemptores*[4] —, mas sim um construtor ou um artesão[5]. O arquitecto podia ser contratado, mediante um contrato de mandato, para acompanhar a obra[6], mas havia casos de arquitectos, que eram contratados para fazer os planos e executar a obra[7].

Segundo MARTIN[8], desde o séc. I d.C. que as questões derivadas da construção apareciam referidas, em especial, a propósito da *locatio conductio*.

f) *Preço*

Neste tipo de contrato, o *conductor* estava adstrito a realizar uma obra em contrapartida da *merces* ou *pretium* que lhe era devido; sendo este último um elemento essencial do acordo (D. 19.2.22)[9].

---

[1] *Vd*. MARTIN, *Building Contracts,* cit., p. 15.
[2] *Vd*. MARTIN, *Building Contracts,* cit., pp. 15 ss.
[3] *Vd*. MARTIN, *The Roman Jurists,* cit., p. 19.
[4] *Vd*. MARTIN, *The Roman Jurists,* cit., p. 51.
[5] *Vd*. MARTIN, *Building Contracts,* cit., p. 30.
[6] *Vd*. MARTIN, *Building Contracts,* cit., p. 30.
[7] *Vd*. MARTIN, *The Roman Jurists,* cit., p. 57.
[8] *The Roman Jurists,* cit., p. 21.
[9] Cfr. MARTIN, *The Roman Jurists,* cit., p. 29.

A *merces* poderia ser determinada por várias formas, mas no Digesto só se encontram referências a duas delas: por *aversione* e *in pedes mensurasve*[1].

No caso de o preço ter sido determinado por *aversione* (D. 19.2.36 e D. 19.2.60.4), estabelecia-se uma soma total que, por via de regra, era paga em duas prestações, uma com o início dos trabalhos e a outra por altura da aprovação da obra[2].

Sendo o preço determinado *in pedes mensurasve*, como acontece nos casos previstos em D. 19.2.30.3 e D. 19.2.36, o seu cômputo dependeria da medida das unidades efectuadas. Este era um método seguido em obras que envolviam uma repetição linear do mesmo tipo de trabalho, nomeadamente no caso de construção de estradas ou de edificação de muros.

Tendo-se verificado alterações substanciais que levassem a um aumento do preço em mais de cinquenta por cento, o dono da obra podia pôr termo ao contrato (D. 19.2.60.4). MARTIN[3] considera que tal regra não valeria se a alteração fosse pequena, como, por exemplo, no caso de o aumento ser de dez ou de vinte e cinco por cento.

g) *Fornecimento dos materiais*

Com respeito ao fornecimento dos materiais, a questão não aparece referida no Digesto, pelo que deveria ficar na decisão das partes; mas parece aceitável que, por via de regra, fosse o empreiteiro encarregue de fornecer os materiais e utensílios necessários à execução da obra[4]. Caso o empreiteiro edificasse uma casa com materiais próprios, estes convertiam-se, com a incorporação, em propriedade do comitente (D. 6.1.39).

Para a realização da obra, o *conductor* podia celebrar contratos de *locatio conductio operarum*, mediante os quais ajustava trabalhadores[5].

---

[1] Sobre esta questão, *vd.* MARTIN, *Building Contracts,* cit., pp. 131 s. e *The Roman Jurists,* cit., pp. 31 s. e 114 s., cujos trabalhos se acompanham de perto na subsequente exposição.

[2] Nas empreitadas de Direito Público também era frequente que o preço fosse pago metade no início dos trabalhos e a outra metade com a *probatio, vd.* LEGER, *Les Travaux Publiques,* cit., p. 45.

[3] *Building Contracts,* cit., p. 136 e *The Roman Jurists,* cit., pp. 119 e 120.

[4] *Vd.* MARTIN, *The Roman Jurists,* cit., p. 38.

[5] *Vd.* MARTIN, *The Roman Jurists,* cit., p. 44; RIEZLER, *Der Werkvertrag,* cit., pp. 6 e 7.

III – Empreitada

h) Alterações

Durante a execução da obra, o comitente podia introduzir alterações no plano acordado (D. 19.2.60.3). Não se sabe, porém, se essas alterações dependiam ou não da aceitação do empreiteiro.

i) Prazo de execução da obra

As situações frequentes de violação do contrato de empreitada reportavam-se aos casos de atraso na execução da obra[1]. Tais hipóteses verificavam-se quando tivesse sido estabelecido um prazo para o termo dos trabalhos que, como foi referido, era a regra, apesar de não se impor a sua determinação. E no Direito Privado parece que a fixação do prazo era bastante flexível[2]; o *dies operis* aparece, por exemplo, referido em D. 19.2.13.10 e D. 19.2.24, como uma cláusula que eventualmente podia constar do contrato. A estipulação do prazo poderia não advir da *locatio conductio*, mas sim da *stipulatio* (p. ex., D. 5.1.43; D. 45.1.72.1; D. 45.1.113), ao impor-se uma pena pelo não cumprimento dentro do prazo.

Se as partes não acordassem inicialmente quanto a um *dies operis*, poderiam estabelecê-lo mediante um *pactum* subsequente. Mas caso não ajustassem esse acordo suplementar, valeria o prazo em que um construtor médio realizaria a obra (D. 19.2.58.1 e D. 45.1.72.2), podendo, todavia, o *conductor* terminar a obra depois do decurso daquele prazo razoável (D. 45.1.137.3), desde que o fizesse antes da interposição da acção judicial (D. 45.1.84). A mesma ideia de prazo razoável vale no que respeita ao início da obra (D. 45.1.72.2 e D. 45.1.98.1).

Tendo as partes acordado quanto a um prazo, a exigência de entrega da obra não pode ser anterior ao seu decurso (D. 45.1.14) e não há responsabilidade do empreiteiro mesmo quando o tempo que falta já não for suficiente para construir o edifício (D. 45.1.124), porque se presume que o prazo foi estabelecido a favor do devedor (D. 45.1.41.1).

j) Risco

Num trecho de LABEO (D. 19.2.62, 1ª Parte) parece apontar-se no sentido de o risco (*periculum*), derivado de *vis maior*, recair sobre o empreiteiro. Essa interpretação contradiz o disposto na parte final do

---

[1] *Vd.* MARTIN, *The Roman Jurists,* cit., p. 73.
[2] *Vd.* MARTIN, *The Roman Jurists,* cit., p. 74.

D. 19.2.36, assim como em D. 19.2.37 e D. 19.2.59[1]. A solução parece estar no comentário de PAULO à já referida passagem de D. 19.2.62, onde este jurista afirma que o comitente corre o risco dos vícios do solo (p. ex., um terramoto), enquanto o *conductor* assume o *periculum* dos vícios da obra[2]. No fundo, talvez se possa entender, como faz MARTIN[3], que LABEO, no citado trecho do Digesto (19.2.62), assim como em D. 19.2.36, 1ª Parte, pretendia esclarecer que o empreiteiro, tendo o controlo da obra e sendo um perito, à partida devia ser responsável pelos danos causados; ou seja, que o *conductor*, como qualquer devedor, presume-se culpado. Por outro lado, como ainda refere a mesma autora[4], quando PAULO relaciona a expressão «*vitium operis*» com o *periculum* a cargo do *conductor* está a estabelecer uma responsabilidade presumida deste em relação ao que ele tenha construído[5].

l) Probatio operis

A *probatio operis*, que consistia no exame da obra quanto à sua qualidade e conformidade e na aprovação final do trabalho, era o momento crucial para ambas as partes[6]. Esta figura era típica da *locatio conductio operis* e apresentava-se como um dos aspectos que distinguia este contrato da *locatio conductio operarum* (D. 19.2.51.1).

A *probatio* representa uma prática que terá tido a sua origem nos contratos de Direito Público, por volta do séc. II a.C.; inicialmente feita pelos *duoviri* e *duovirales*, tendo, com a República, passado a ser realizada pelos censores, pelos edís, por delegados destes ou pelo *curator operis*[7].

A *probatio* podia ser feita pelo *locator* ou pelo seu herdeiro (D. 19.2.24). Terminada a obra, o *conductor* submetia-a à inspecção do dono; este podia aceitá-la (*probatio*) ou não (*improbatio*), como se refere em

---

[1] Acresce que, relativamente ao prazo para a realização da obra, POMPÓNIO (D. 45.1.15) é de opinião que o risco corre por conta do comitente, pois se a obra ficar destruída, para a nova edificação, o empreiteiro tem um prazo idêntico ao anterior, não ficando circunscrito ao tempo que faltava.

[2] *Vd.* ROMANO MARTINEZ, *Cumprimento Defeituoso*, cit., n.º 9. b), p. 84.

[3] *The Roman Jurists,* cit., pp. 92, 99 e 100.

[4] MARTIN, *The Roman Jurists,* cit., p. 100.

[5] De forma algo diversa, KASER, *Das Römische Privatrecht*, T. I, cit., § 132.2.V.3, p. 571, sustenta que terá havido uma evolução: inicialmente o risco corria por conta do *conductor* e, mais tarde, fez-se uma distinção.

[6] *Vd.* MARTIN, *The Roman Jurists,* cit., pp. 103 e 105.

[7] *Vd.* LEGER, *Les Travaux Publiques.*, cit., p. 45; MARTIN, *Building Contracts,* cit., pp. 78 e 80.

III – Empreitada

D. 19.2.60.3. Mas esta faculdade não ficava ao arbítrio do comitente, pois dever-se-ia remeter para o critério de um homem médio (D. 19.2.24).

Caso o dono da obra a tivesse aceite, o empreiteiro ficava liberado de responsabilidade, excepto se obtivesse a *probatio* de forma dolosa (D. 19.2.24).

Com a aprovação da obra vencia-se a obrigação de pagamento do preço[1] e o empreiteiro, caso aquele não tivesse sido pago, podia recorrer à *actio conducti*. Mas o pagamento da totalidade do preço não implicava, só por si, a aprovação da obra[2].

Sempre que a contraprestação tivesse sido fixada *in pedes mensurasve*, a *probatio*, para além de consistir num exame quanto à qualidade e conformidade, também acarretava a medição ou contagem das unidades para determinação do preço.

Havendo *improbatio*, o dono da obra podia interpor a *actio locati*, a fim de obter o cumprimento pontual do acordado[3].

m) *Responsabilidade do empreiteiro*

O *locator* recorreria à *actio locati*, essencialmente, em três situações: danos causados na coisa durante a execução do contrato; atraso na realização da obra; *improbatio* baseada em defeito.

Em tais casos, o *conductor*, mediante uma *condemnatio pecuniaria*, ficava adstrito ao pagamento de uma quantia monetária de cariz indemnizatório, ou seja, no *id quod interest* (D. 19.2.58.1). O montante a pagar podia ter sido fixado por meio de uma cláusula penal (D. 45.1.72.1 e D. 45.1.113).

Tendo decorrido o prazo para a realização da obra sem que o empreiteiro a tivesse terminado, o dono podia contratar outro mestre de obra para a realização do mesmo trabalho (D. 19.2.13.10), sem, contudo, perder a *actio locati* em relação ao faltoso, não só com respeito aos prejuízos decorrentes do atraso, como também em relação a despesas complementares[4]. Quanto a este último aspecto, a opinião sustentada pode ter por base o disposto em D. 46.1.44, onde se admite que o fiador garanta os custos de uma empreitada celebrada com outro construtor.

No caso de *improbatio*, se havia *imperitia* do empreiteiro na realização da obra, era concedida ao locador a *actio locati*; acção esta que depen-

---

[1] *Vd.* MARTIN, *The Roman Jurists*, cit., p. 114.
[2] *Vd.* MARTIN, *The Roman Jurists*, cit., p. 115.
[3] *Vd.* MARTIN, *The Roman Jurists*, cit., p. 109.
[4] *Vd.* MARTIN, *The Roman Jurists*, cit., pp. 124 e 125.

354   *Direito das Obrigações*

dia de culpa do empreiteiro e permitia que o dono da obra exigisse o cumprimento da prestação inicial[1].

Para além da hipótese de *probatio* obtida com dolo, o empreiteiro não era responsável por defeitos ocultos da obra, que se detectassem após a sua aceitação[2].

n) Garantias

De forma a precaver-se para a hipótese de o empreiteiro não realizar a obra ou de a efectuar defeituosamente, o comitente poderia exigir a constituição de garantias (*praedes*)[3]. Esta figura tem a sua origem no Direito Público e era uma forma de o comitente se poder certificar que o empreiteiro tinha capital suficiente para levar a cabo a obra; a *praedes* servia como prova da capacidade do *conductor* para realizar o pedido de que fora incumbido.

A *praedes* podia corresponder a uma entrega de dinheiro ou de bens, e seria devolvida depois da *probatio*. Se houvesse *improbatio*, mediante recurso às vias judiciais, a *praedes* seria vendida ou servia directamente para compensar os danos.

Não se encontra prova da aplicação desta garantia nas empreitadas de Direito Privado antes do período imperial, mas provavelmente era comum o recurso a tal figura[4]. No Digesto detectam-se, sim, referências aos fiadores (*fideiussores*) do empreiteiro, por exemplo, em D. 46.1.44 e D. 46.3.31.

§ 2. Direito Português

1. Ordenações

As Ordenações não acompanharam a estrutura do Direito Romano no que respeita ao contrato de locação-condução. Deste modo, a matéria dos «Allugueres das Casas» (Ord. Af. Liv. IV, Tit. LXXIII ss.; Ord. Man.

---

[1] *Vd.* MARTIN, *Building Contracts,* cit., p. 87; RIES, *Bauverträge im Römischen Recht,* Munique, 1989, p. 154.

[2] Veja-se, todavia, o que, a propósito deste problema, vem referido por ROMANO MARTINEZ, *Cumprimento Defeituoso,* cit., n.º 9.b), pp. 86 s.

[3] *Vd.* MARTIN, *Building Contracts,* cit., pp. 122 e 123 e *The Roman Jurists,* cit., pp. 131 e 132.

[4] *Vd.* MARTIN, *Building Contracts,* cit., pp. 123 e 124 e *The Roman Jurists,* cit., pp. 29 e 133.

III – Empreitada   355

Liv. IV, Tit. LVII ss.; Ord. Fil. Liv. IV, Tit. XXIII ss.) aparece tratada sem qualquer relação com o contrato de prestação de serviços (Ord. Af. Liv. IV, Tit. XXV ss.; Ord. Man. Liv. IV, Tit. XVII ss.; Ord. Fil. Liv. IV, Tit. XXVIII ss.)[1].

Com respeito às duas primeiras Ordenações, verifica-se até que os dois contratos encontram regulamentação em locais distintos; o mesmo não se pode dizer quanto às Ordenações Filipinas, em que o contrato de prestação de serviços vem tratado a seguir ao de locação. Apesar desta sequência expositiva, na última das Ordenações não se encontra qualquer afinidade entre os dois negócios jurídicos; além de que, em nenhum dos casos, é usada a expressão «locação-condução».

A figura que actualmente se qualifica como sendo um contrato de empreitada não tinha, então, autonomia jurídica, pois, ou bem que se incluía no contrato de prestação de serviços, em especial no hoje designado contrato de trabalho, ou não se distinguia da compra e venda.

Quanto à primeira situação é de voltar a referir que a autonomia do contrato de empreitada com respeito ao de prestação de serviços só ocorre quando se verifica uma maior especialização na execução das obras; pois, até lá, a regra é estas serem realizadas sob a autoridade directa daquele a quem se destinam. A indistinção entre os dois contratos pode apreciar-se na seguinte passagem das Ord. Af. (Liv. IV, Tit. XXIX, n.º 1): «(...) que alguns serviçaaes (...) aas vezes demandão pelo serviço, que ham de fazer, mais do que val a cousa (...)». A própria doutrina, ainda no séc. XIX, continuava a reflectir a mesma tendência[2].

Em relação ao segundo aspecto, COELHO DA ROCHA[3], exprimindo o pensamento da sua época e, possivelmente, de épocas anteriores, refere

---

[1] Em sentido diverso, MÁRIO FROTA, *Contrato de Trabalho*, I, Coimbra, 1978, pp. 18 e 19, afirma que nas Ordenações Filipinas (Liv. IV, Tit. XXIII a XXXV) se qualificava como locação de obras o contrato mediante o qual alguém se obrigava a fazer algumas obras; abrangendo este negócio jurídico a prestação de serviços, tais como obras determinadas (recoveiros e empreiteiros) ou ajustadas por tempo (criados). Para além dos contratos com os criados, nenhuma das outras situações encontra regulamentação nos títulos citados das Ordenações Filipinas. Por outro lado, e contrariamente ao que o autor afirma, as Ordenações não só desconheciam a figura da locação de obras, com esta terminologia, como também não se encontra qualquer relação entre os contratos de prestação de serviços e de locação. Tal ligação só veio a ser estabelecida por alguma doutrina, designadamente, no séc. XIX (*vd. infra* n. 1 da p. 356).

[2] COELHO DA ROCHA, *Instituições de Direito Civil Portuguez*, T. II, 6ª ed., Coimbra, 1886, § 850, pp. 662 e 663.

[3] *Instituições*, cit., § 852, p. 664. *Vd.*, mais recentemente, BEVILAQUA, *Direito das Obrigações*, II Parte, 3ª ed., Rio de Janeiro, 1931, § 147, p. 351.

356   *Direito das Obrigações*

que se o empreiteiro fornece o material e a mão de obra, o contrato é uma verdadeira venda.

Apesar de as Ordenações não fazerem referência ao contrato de empreitada, a doutrina anterior ao primeiro Código Civil, tomando por base a legislação estrangeira, em especial o Código Civil Francês, estabelecia certos princípios válidos neste domínio, nomeadamente no que respeita à assunção do risco, ao pagamento do preço e à responsabilidade do empreiteiro[1].

2. Codificação oitocentista

a) *Código de Comércio de 1833*

Nos arts. 512° ss. do Código de Comércio de 1833, ao arrepio da tradição jurídica portuguesa e possivelmente por influência francesa, usa-se a expressão «locação-condução» com referência aos contratos de prestação de serviços e de empreitada.

Não obstante identificar-se a prestação de serviços e a empreitada com o contrato de locação, o código mandava aplicar àqueles negócios jurídicos as regras relativas a feitores, caixeiros, recoveiros e mais empregados do comércio (art. 514° CCom. 1833); ou seja, os arts. 154° ss. CCom. 1833.

A influência romanística não foi ao ponto de integrar aquelas categorias negociais no contrato de locação. A integração foi meramente terminológica.

A regulamentação específica do contrato de empreitada, estabelecida neste Código de Comércio nos arts. 515° a 525°, veio a passar, com algumas alterações, para o Código Civil de 1867.

A qualificação da empreitada como um contrato de locação, estabelecida no Código de Comércio de 1833, não só não tinha tradição no sistema jurídico português, como não teve seguimento, pois foi abandonada no Código Civil de 1867, diploma onde a empreitada passou a encontrar regulamentação.

---

[1] *Vd.* COELHO DA ROCHA, *Instituições*, cit., §§ 852 e 853, pp. 664 e 665; CORRÊA TELLES, *Digesto Portuguez*, T. III, nova ed. revista, Lisboa, 1909, n.os 877 ss. pp. 123 ss.

Foi esta doutrina que, também talvez por influência francesa, relacionou a empreitada com a *locatio conductio*.

III – Empreitada

b) Código Civil de 1867

I. O Código de Seabra, retomando a tradição do antigo Direito português e afastando-se da concepção defendida no Direito Comercial, alude ao contrato de empreitada na Secção III do Capítulo IV do Título II (Dos contratos em particular) do Livro II (Dos direitos que se adquirem por facto e vontade própria e de outrem conjuntamente), a propósito do contrato de prestação de serviços (arts. 1370° ss.).

No referido Capítulo IV, o Código Civil de 1867 começa por regular o serviço doméstico (Secção I, arts. 1370° ss.), depois o serviço assalariado (Secção II, arts. 1391° ss.) e, em terceiro lugar, a empreitada (Secção III, arts. 1396° ss.). Tendo em conta a coerência que presidiu à feitura e arrumação de matérias neste diploma civil, parece poder concluir-se que o contrato de empreitada, ao contrário do que se passou no Direito Romano e em outros sistemas jurídicos, como o francês e o espanhol, não se autonomizou do contrato de locação, mas sim do de prestação de serviço assalariado; e este último manteve-se independente com respeito ao arrendamento[1].

II. O Código Civil de 1867 começa por dar uma noção de empreitada (art. 1396°) que, em termos gerais, não se afasta muito do conceito do actual Código Civil. Nos termos deste preceito, os elementos do contrato seriam as partes (dono da obra e empreiteiro), a realização de uma obra e o pagamento do preço.

A obra deveria ser realizada no prazo acordado ou, na falta deste, naquele que fosse razoável para a sua execução (art. 1400° CC 1867).

O preço da empreitada, em princípio, seria pago aquando da entrega da obra (art. 1406° CC 1867) e o empreiteiro, em obras mobiliárias, gozava do direito de retenção (art. 1407° CC 1867). Preenchidos determinados pressupostos, os vendedores de materiais e os operários podiam exigir a sua remuneração ao dono da obra (art. 1405° CC 1867). Mesmo que o preço dos materiais ou da mão-de-obra tivesse aumentado, o empreiteiro não podia exigir qualquer aumento da remuneração (art. 1401° CC 1867), desde que não se encontrassem preenchidos os pressupostos do § único do mesmo preceito.

---

[1] Não parece, pois, de aceitar a posição sustentada por MÁRIO FROTA, *Contrato de Trabalho*, cit., p. 19, quando afirma que o Código de Seabra procedeu a uma ruptura conceptual, autonomizando o contrato de prestação de serviços da locação. Tal autonomização não se verificou nem se justificava, na medida em que os dois contratos, no antigo Direito português, nunca estiveram interligados.

A repartição do risco vinha prevista nos arts. 1397° e 1398° CC 1867, onde se estabelecia que o empreiteiro suportava o risco se subministrasse os materiais, pois sendo a empreitada de lavor, a perda ocasional da obra corria por conta do comitente.

Tal como no actual Código Civil, também então se admitia que o dono da obra desistisse da empreitada já começada, contanto que indemnizasse o empreiteiro (art. 1402° CC 1867).

A morte ou incapacidade do empreiteiro implicava a rescisão do contrato (art. 1403° CC 1867), pois partia-se do princípio que o negócio era celebrado *intuitu personae*. De modo diverso, o falecimento do dono da obra não afectava a execução do contrato (art. 1404° CC 1867).

Por último, a responsabilidade do empreiteiro baseava-se na culpa deste (arts. 1398° e 1408° CC 1867), mas, à excepção dos contratos de empreitada respeitantes à realização de edifícios ou de outras construções consideráveis, em que foi estabelecido um prazo de garantia de cinco anos (art. 1399° CC 1867), o mestre de obra não respondia por danos detectados após a aceitação.

III. Do que vem referido poder-se-á, então, concluir que, no actual Direito português, o contrato de empreitada surge com duas influências distintas.

Quanto ao objecto, a origem remonta às Ordenações, tendo o Código Civil de 1867 prosseguido na mesma senda. Nestes termos, a empreitada é tida como um tipo especial de prestação de serviços, cujo resultado consiste na realização de uma obra, entendida esta no sentido de coisa corpórea, desde que não esteja abrangida nos pressupostos da compra e venda. Dito de outra forma, a empreitada é um contrato que se autonomizou, destacando-se da prestação de serviços e da compra e venda.

No que diz respeito ao conteúdo, o contrato de empreitada, no actual Código Civil, tal como acontecia no precedente, baseou a sua regulamentação nos diplomas civis mais directamente influenciados pelo Direito Romano, onde a empreitada era havida como um tipo de locação. Assim, no Código Civil de 1867, não obstante se ter enquadrado a empreitada nos contratos de prestação de serviços, foi-se buscar a respectiva regulamentação ao Código Civil Francês, onde ela, por influência do Direito Romano, vem regulada como um contrato de locação. O Código Civil actual manteve esta dualidade; só que a influência, em termos de conteúdo, encontra-se no Código Civil Italiano.

Esta discrepância quanto às origens do objecto e do conteúdo do contrato de empreitada explica por que razão o Código Civil Português,

III – Empreitada

ao contrário de diplomas congéneres vigentes noutros espaços jurídicos, apresenta uma noção restrita de empreitada. Não obstante esta noção restrita, não foi tido em conta o facto de, nos outros ordenamentos jurídicos, certas prestações de serviços seguirem o regime da empreitada, pois este constitui o contrato paradigmático. De molde diverso, o legislador português manda aplicar a tais negócios jurídicos o regime do mandato (art. 1156° CC), o que nem sempre se mostra como adequado à realidade.

A remissão para o regime do mandato, estabelecida no art. 1156° CC, também parece estar relacionada com a indicada dualidade de fontes. O primeiro Código Civil Português, tendo em conta que a empreitada constituía um tipo específico de prestação de serviços com um regime próprio, erigiu o mandato como figura paradigmática da prestação de serviços, estabelecendo, no art. 1318° CC 1867, que «Dá-se o contrato de mandato ou procuradoria, quando alguma pessoa se encarrega de prestar, ou fazer alguma cousa (...)». O mandato constituía, então, uma figura muito ampla. O actual Código Civil restringiu, e parece que bem, o mandato à prática de actos jurídicos (art. 1157° CC), mas, inexplicavelmente, no art. 1156° CC, manteve este negócio jurídico como figura paradigmática dos contratos de prestação de serviços.

As mencionadas discrepâncias serão um dos factores que pode estar na base das dúvidas quanto ao que se deva entender por «realizar certa obra», estabelecido no art. 1207° CC. A origem histórica do objecto do contrato parece apontar para uma interpretação restritiva, mas a remissão para o regime do mandato pode, nalguns casos, suscitar dúvidas.

III. CONCEITO DE EMPREITADA

§ 1. Ideia geral

1. Noção

I. Frequentemente, nos códigos de Direito Civil, a regulamentação do contrato[1] de empreitada costuma ser precedida de uma definição do mesmo. Mas nem sempre isso acontece, como se verifica, *verbi gratia*, no Código Civil Brasileiro (arts. 1237 ss.) e no Código Civil Francês (arts. 1787 ss.)[2]. Nestes diplomas, o conceito de empreitada infere-se do regime estabelecido.

No Código Civil Espanhol (art. 1544), define-se empreitada (arrendamento de obras ou de serviços) como o contrato mediante qual uma das partes se obriga a executar uma obra ou a prestar um serviço, por preço certo.

Para o Código Civil Italiano (art. 1655), a empreitada (*appalto*) corresponde a um contrato pelo qual uma das partes se obriga para com a outra à realização de uma obra ou de um serviço, mediante uma retribuição em dinheiro. Definição idêntica consta do art. 2222 CCIt. para o contrato *d'opera*.

Segundo o Código Civil Alemão (§ 631.I), através da empreitada (*Werkvertrag*) o empreiteiro obriga-se a realizar a obra prometida e o comitente a pagar-lhe a retribuição convencionada.

---

[1] No presente estudo parte-se do pressuposto de que a realização da obra é consequência de um dever de origem contratual, mas nada obsta a que o empreiteiro a efectue na qualidade de gestor de negócios, caso em que encontram aplicação as disposições constantes dos arts. 464° ss. CC. Sobre este problema, *vd.* RUBINO, *L'Appalto*, 4ª ed., Turim, 1980, n.° 24, pp. 51 ss.

[2] É de notar que o art. 1237 CCBr. tem uma redacção muito similar à do art. 1787 CCFr.

362　　*Direito das Obrigações*

O Código das Obrigações Suíço (art. 363) considera como sendo de empreitada o contrato pelo qual uma das partes fica adstrita a executar uma obra, mediante um preço que a contraparte se vincula a pagar-lhe.

II. No art. 1207° CC define-se a empreitada como o contrato pelo qual uma das partes se obriga em relação à outra a realizar certa obra, mediante um preço. Daqui se infere que a noção dada pelo Código Civil Português[1], à excepção do que respeita ao objecto da empreitada (*vd. infra* n.° III. § 7), não difere substancialmente das definições que constam de outros diplomas de Direito Civil.

Das definições legais referidas, e em especial da constante do art. 1207° CC, resulta que são três os elementos do contrato de empreitada: os sujeitos; a realização de uma obra; e o pagamento do preço. Estes três elementos serão vistos separadamente nos números seguintes (*vd. infra* §§ 2 ss.).

2. Classificação

I. No que respeita à relação jurídica emergente de uma empreitada, há ainda a referir o facto de ela se qualificar como um contrato sinalagmático, oneroso, comutativo e consensual. É um contrato sinalagmático na medida em que dele emergem obrigações recíprocas e interdependentes: a obrigação de realizar uma obra tem, como contrapartida, o dever de pagar o preço. Por outro lado, o contrato apresenta-se como oneroso, porque o esforço económico é suportado pelas duas partes e há vantagens correlativas para ambas; de entre os contratos onerosos, classifica-se como sendo comutativo (por oposição a aleatório), na medida em que as vantagens patrimoniais dele emergentes são conhecidas das partes no momento do ajuste. Por último, trata-se de um contrato consensual, pois, não tendo sido estabelecida nenhuma norma cominadora de forma especial para a sua celebração, a validade das declarações negociais depende do mero consenso (art. 219° CC).

II. No contrato de empreitada levantam-se dúvidas quanto à classificação das suas prestações, em instantâneas e permanentes. É evidente que

---

[1] O art. 1207° CC (Noção de empreitada) teve também por fonte o art. 1396° CC 1867. Quanto à noção de empreitada apresentada pelo Código de Seabra, *vd.* CUNHA GONÇALVES, *Tratado de Direito Civil*, Vol. VII, Coimbra, 1933, n.° 1063, p. 610. Veja-se também PIRES DE LIMA/ANTUNES VARELA, Coment. 1 ao art. 1207°, *Código Civil Anotado*, Vol. II, 4ª ed., Coimbra, 1997, pp. 863 e 864, no que respeita a críticas a esta noção.

III – Empreitada 363

as partes podem ajustar um contrato de empreitada cujas prestações sejam permanentes[1]; por exemplo, uma empreitada respeitante à conservação de um imóvel. E pode igualmente ser acordada a realização de uma obra que se processe de forma instantânea; *verbi gratia*, colocar um vidro, afinar o carburador do automóvel.

As situações referidas não representam, porém, os casos mais frequentes. Regra geral, a execução da empreitada protela-se no tempo, e, nessa medida, assemelha-se aos contratos com prestações permanentes; mas, por outro lado, não se pode considerar a empreitada como um verdadeiro contrato de execução continuada ou periódica, porque cada acto singular de execução, realizado pelo empreiteiro, não satisfaz uma parte correspondente do interesse do comitente, que só se realiza plenamente com a entrega da obra[2].

A empreitada é um contrato do qual, por via de regra, para uma das partes emergem prestações de execução prolongada. Trata-se de uma categoria intermédia entre a tradicional bipartição de prestações instantâneas e permanentes[3]. Esta execução prolongada deriva não essencialmente de uma necessidade jurídica, mas sim de ordem prática. A protelação no tempo é tão frequente que há quem considere o «tempo» como um dos elementos da empreitada[4]. Esta ideia não é de aceitar, na medida em que, apesar de não ser frequente, podem, como foi visto, estabelecer-se contratos de empreitada cuja realização da obra se processa instantaneamente[5].

Sendo a empreitada um contrato cujas prestações se prolongam no tempo, é frequente que as partes acordem quanto aos termos inicial e final

---

[1] Cfr. ORLANDO GOMES, *Contratos*, 12ª ed., Rio de Janeiro, 1987, n.º 230, p. 333; MESSINEO, *Manuale di Diritto Civile e Commerciale*, Vol. IV, 8ª ed., Milão, 1954, p. 206; RUBINO, *L'Appalto*, cit., n.º 143, p. 297; VAZ SERRA, «Empreitada», BMJ, 146 (1965), p. 204.
GAUCH, *Der Werkvertrag*, 3ª ed., Zurique, 1985, n.ᵒˢ 272 s., pp. 76 s., considera que, sendo a execução da obra duradoura, o contrato é inominado, pois a empreitada pressupõe que o dever de realização por parte do empreiteiro tenha um fim a preencher. Todavia, o mesmo autor (*ob. cit.*, n.º 274, p. 77) afirma que o referido contrato inominado deve ser integrado com base nas regras da empreitada.

[2] *Vd.* RUBINO, *L'Appalto*, cit., n.º 143, p. 296; VAZ SERRA, «Empreitada», BMJ, 146 (1965), pp. 206 e 207. No mesmo sentido, veja-se também o Ac. STJ de 10/11/1987, TJ, 36 (1987), p. 21.

[3] *Vd.* RUBINO, *L'Appalto*, cit., n.º 143, pp. 295 ss.; VAZ SERRA, «Empreitada», BMJ, 146 (1965), p. 204.

[4] *Vd.* COSSIO Y CORRAL, *Instituciones de Derecho Civil*, T. I, Madrid, 1988, p. 529. O próprio RUBINO, *L'Appalto*, cit., n.ᵒˢ 142 ss., pp. 294 ss., dedica um capítulo ao tema «O tempo na execução da empreitada».

[5] Neste sentido, *vd.* LARENZ, *Lehrbuch des Schuldrechts*, Vol. II/1, 13ª ed., Munique, 1986, § 53.III, pp. 368 e 369.

364   *Direito das Obrigações*

de execução da obra, a fim de que a indeterminação dos mesmos não seja causa de incerteza. Não tendo as partes chegado a acordo – aquando da celebração do contrato ou em momento posterior – em relação àqueles prazos, pode qualquer uma delas recorrer a tribunal exigindo a respectiva fixação, nos termos dos arts. 400°, n.° 2 e 777°, n.° 2 CC. Apesar desta faculdade ser bilateral, na prática, só o dono da obra tem necessidade de enveredar por este caminho.

Nos números subsequentes, ao pretender apresentar-se um conceito de empreitada, vai-se um pouco mais longe e faz-se referência ao conteúdo do contrato (p. ex., §§ 3 a 6), na medida em que o conceito e o conteúdo de um negócio jurídico, designadamente da empreitada, se encontram em estreita interligação.

§ 2. Sujeitos

1. Partes

São partes no contrato de empreitada o dono da obra, também designado por comitente, e o empreiteiro.

Nas empreitadas de obras públicas, o dono da obra poderá ser a administração estadual, directa e indirecta, a administração regional e a administração local (art. 3°, n.° 1 REOP), além disso, também podem assumir o papel de dono da obra em tais empreitadas as empresas públicas e as sociedades anónimas de capitais majoritária ou exclusivamente públicos, bem como as empresas concessionárias de serviços públicos (art. 3°, n.° 1, alíneas g) e h) REOP).

Nas restantes empreitadas, o comitente pode ser uma pessoa, singular ou colectiva, que encarrega outra de executar certa obra.

Em qualquer dos tipos de empreitada, o empreiteiro será a pessoa, singular ou colectiva[1], a quem foi encomendada a execução de uma obra[2].

---

[1] Estas pessoas colectivas assumem normalmente a forma societária, mas nada obsta a que, em circunstâncias determinadas, possam revestir o carácter cooperativo. Sobre esta questão, *vd.* SAINT-ALARY/HOUIN, *Droit de la Construction*, 3ª ed., Paris, 1991, pp. 66 ss.

[2] Quanto às autorizações, mediante a concessão de certificados, para o exercício da actividade de empreiteiro e as suas várias categorias, *vd.* Decreto-Lei n.° 61/99, de 21 de Março.

Em relação às liberdades de estabelecimento e de prestação de serviços por parte

III – Empreitada

Para melhor se entender a posição relativa das partes, importa analisar os direitos e deveres que, do contrato, emergem para cada uma delas (*vd. infra* §§ 3 ss.); antes, porém, cabe tecer algumas considerações acerca de aspectos específicos deste contrato no que, em geral, respeita às partes.

2. Capacidade das partes; negócios de administração e de disposição

Os problemas relativos à capacidade das partes não apresentam qualquer especificidade no domínio do contrato de empreitada, pelo que não se torna necessário fazer-lhe referência. Todavia, em determinado tipo de empreitadas é necessário que o empreiteiro possua um certificado que o habilita a realizar tais obras e, em certos casos, a incapacidade dos sujeitos cinge-se à celebração de negócios de disposição (p. ex., os inabilitados nos termos do art. 153° CC) ou os poderes conferidos só abrangem a administração ordinária (p. ex., mandato nos termos do art. 1159°, n.° 1 CC), e então importa determinar se o ajuste de um contrato de empreitada constitui um acto de administração ou de disposição[1].

A distinção entre as duas categorias de negócios não é pacífica, mas pode dizer-se que o negócio jurídico será de administração se não atingir em profundidade a esfera jurídica da parte que o celebra[2]; sendo de disposição o negócio que importar essa alteração na substância do património[3]. Esta delimitação, por imprecisa, deixa em aberto a qualificação do contrato de empreitada.

Relativamente ao empreiteiro profissional, a celebração de um contrato de empreitada constitui um acto de administração ordinária, pois, correspondendo à prossecução da sua actividade normal, não se considera que altere substancialmente o seu património. Não sendo o empreiteiro

---

de empreiteiros que realizam obras públicas em Estados membros da Comunidade, *vd.* Directivas 71/304/CEE e 71/305/CEE, de 26 de Julho. Quanto à possibilidade de os empreiteiros levarem os seus próprios trabalhadores para a realização de qualquer obra num país comunitário, *vd.* Ac. do Tribunal Europeu de Justiça, de 27 de Março de 1990, caso C/113/89.

[1] Sobre este problema, *vd.* RUBINO, *L'Appalto*, cit., n.° 29, pp. 59 ss.

[2] *Vd.* MENEZES CORDEIRO, *Tratado de Direito Civil Português*, I, *Parte Geral*, I Tomo, Coimbra 1999, n.° 99, p. 267.

[3] *Vd.* MOTA PINTO, *Teoria Geral do Direito Civil*, 3ª ed., Coimbra, 1986, n.° 106.III, p. 409.

366 *Direito das Obrigações*

profissional, a questão tem de ser apreciada em concreto, tendo por base o critério anteriormente enunciado.

Com respeito ao dono da obra, o ajuste de uma empreitada de manutenção corresponde, na maioria dos casos, a um acto de administração; mas a própria manutenção pode exceder a mera administração do património. A mesma indefinição verifica-se, com maior acuidade, nas restantes empreitadas, sejam de construção, de modificação, etc.; dependendo das situações concretas, tanto podem ser qualificadas como negócios de administração ou de disposição.

3. Legitimidade das partes

No domínio do contrato de empreitada, os problemas da legitimidade não se colocam quanto ao empreiteiro, mas sim em relação ao dono da obra[1]; e só no caso de o negócio jurídico incidir sobre a reparação, modificação, manutenção, etc. de bens existentes. Em tais casos pode questionar-se se o dono da obra tinha poderes para mandar executar aqueles trabalhos.

A falta de legitimidade do comitente não invalida o contrato de empreitada[2], mas pode ser causa de responsabilidade deste, tanto em relação a terceiros como perante o empreiteiro.

Assim, estando o bem locado, nada obsta a que o seu proprietário o mande reparar ou modificar; porém, salva a hipótese de carência de reparações, o locador é responsável pelos danos que a execução dos trabalhos cause ao locatário. Também o locatário se pode colocar nas vestes de dono da obra, mas, à excepção dos casos em que houver urgência nas reparações, terá de indemnizar a contraparte por violação do contrato de arrendamento e do direito de propriedade[3].

Se sobre o bem incidirem direitos reais menores, por exemplo, *servitus altius non tollendi* ou uma servidão de passagem, não é inválido o con-

---

[1] Sobre esta questão, apesar de vista sob a perspectiva dos conflitos entre a empreitada com direitos de terceiros, *vd*. RUBINO, *L'Appalto*, cit., n.º 39, pp. 83 ss.

[2] No Ac. STJ de 14/03/1990, BMJ, 395 (1990), pp. 562 ss., foi decidido que o facto de aquele que encarregou as obras ser o amante da proprietária do imóvel não obstava a que ele, ainda assim, fosse o dono da obra, e o contrato celebrado consubstanciava uma empreitada e não uma doação a favor da amante, não sendo, por conseguinte, nulo nos termos dos arts. 953° e 2196°, n.º 1 CC (p. 564).

[3] *Vd. supra* as referências em relação à locação e, em especial, ao arrendamento.

III – Empreitada

trato de empreitada em que a execução das obras ponha em causa esses direitos. Todavia, o dono da obra e, eventualmente, o empreiteiro, se se deviam ter apercebido dessas limitações, são responsáveis pelos danos causados a terceiros. Sempre que a responsabilidade não possa ser imputada ao empreiteiro, este, quando isso se justifique, deverá ser indemnizado pelo incumprimento do contrato.

O proprietário de raiz pode encarregar um empreiteiro de realizar obras de reparação, modificação, etc. no bem que o usufrutuário detenha. Contudo, tendo-se este oposto a tais obras, o comitente será responsável pelo incumprimento do contrato. Por seu turno, o usufrutuário pode, na qualidade de comitente, acordar quanto a obras a executar, mas se não respeitar o destino económico do bem (art. 1446° CC), é responsável delitualmente perante o proprietário de raiz, e caso a violação acarrete o incumprimento do contrato de empreitada, deve o empreiteiro ser indemnizado.

Por último, se só um dos comproprietários for parte no contrato de empreitada, tendo-se os restantes comproprietários oposto à execução das obras, o comitente responde, perante o empreiteiro, por incumprimento do contrato, e em relação aos outros comproprietários, por violação do direito de propriedade. Todavia, se o dono da obra tiver agido dentro dos pressupostos da gestão de negócios regular (arts. 464° e 465° CC), encontra aplicação o disposto no art. 468° CC, conjugado com o art. 471° CC; mas, mesmo que a gestão de negócios tenha sido irregular, sempre pode ser aprovada nos termos do art. 469° CC.

4. Pluralidade de sujeitos

Havendo pluralidade de donos da obra e tendo o contrato natureza civil, os respectivos direitos e obrigações são exercidos conjuntamente (art. 513° CC); porém, muitas das vezes, os direitos dos vários comitentes correspondem a situações indivisíveis que seguem o respectivo regime (art. 538° CC). Poderá ainda acontecer que a referida pluralidade acarrete uma situação de compropriedade (arts. 1403° ss. CC). Resta referir que, tendo o contrato de empreitada natureza comercial, os vários donos da obra respondem solidariamente pelo pagamento do preço (art. 100° CCom.).

Se vários empreiteiros se obrigam a executar a mesma obra, há que distinguir se se está perante a figura da chamada «co-empreitada»[1], ou se,

---

[1] *Vd.* ROMANO MARTINEZ, *O Subcontrato*, Coimbra, 1989, n.° 11, p. 42. Em sentido diverso, RUBINO, *L'Appalto*, cit., n.° 34, p. 69, afirma que, se dois ou mais empreiteiros

368   *Direito das Obrigações*

pelo contrário, a pluralidade advém de um único contrato de empreitada[1]. A propósito desta distinção importa referir que, em qualquer das situações, num contrato de empreitada poder-se-á deparar com uma pluralidade de empreiteiros parciais, coordenados ou não por um ou mais empreiteiros gerais[2].

Os co-empreiteiros estão todos directamente relacionados com o dono da obra, mas por contratos distintos, e cada um deles só está obrigado pela respectiva execução. Diferentemente, se vários empreiteiros, no mesmo negócio jurídico, se obrigam a realizar uma obra, tendo o contrato natureza civil, respondem conjuntamente pela execução da mesma (art. 513° CC); contudo, sempre que o cumprimento desse dever corresponda a uma obrigação indivisível aplicar-se-ão os arts. 535° ss. CC.

Na eventualidade de a empreitada revestir uma natureza comercial, os empreiteiros que se vincularam por meio do mesmo contrato respondem solidariamente pela execução da obra (art. 100° CCom.).

Com respeito ao crédito do preço, os vários empreiteiros, partes no mesmo contrato, apresentam-se como credores conjuntos de uma obrigação divisível.

§ 3. Direitos do dono da obra

1. Obtenção de um resultado

O comitente que celebra com o empreiteiro um contrato de empreitada tem direito a que, no prazo acordado, lhe seja entregue uma obra rea-

---

se obrigam a realizar uma obra, estar-se-á perante uma sociedade. Esta conclusão não parece de aceitar, pois entre os vários empreiteiros pode não existir o *animus* societário; por via de regra, nas hipóteses de co-empreitada não se estabelece qualquer relação jurídica entre os vários empreiteiros.

[1] De forma diversa, AUBY/PÉRINET-MARQUET, *Droit de L'Urbanisme et de la Construction*, 3ª ed., Paris, 1992, n.os 1139 ss., pp. 443 s., distinguem entre agrupamentos conjuntos e solidários de empreiteiros.

Se os vários empreiteiros se encontram entre si numa relação societária não há pluralidade de sujeitos, mas sim de executantes, não se estabelecendo uma obrigação conjunta. Cfr. SOERGEL, Coment. 137 ao § 631, *Münchener Kommentar zum Bürgerlichen Gesetzbuch*, Parte 3, *Schuldrecht, Besonderer Teil*, 1ª Parte, 2ª ed., Munique, 1988, p. 2073. Em tal caso, o empreiteiro é um só, a sociedade, e encontram aplicação as regras do contrato de sociedade (arts. 980° ss. CC).

[2] Acerca desta questão, *vd.* GAUCH, *Der Werkvertrag*, cit., n.os 178 ss., pp. 52 ss.

III – Empreitada

lizada nos moldes convencionados. No fundo, o dono da obra, por força do contrato de empreitada, tem o direito subjectivo a exigir do empreiteiro a obtenção do resultado a que ele se obrigou. Este é o principal direito do dono da obra.

2. Fiscalização da obra

I. No art. 1209°, n.° 1 CC concede-se ao comitente a possibilidade de fiscalizar a execução da obra[1]. É lógico e razoável que o comitente tenha o direito de fiscalizar a execução da obra, a fim de verificar se ela está a ser realizada segundo as regras da arte[2], se o empreiteiro não ocultou vícios dificilmente detectáveis depois de concluída[3] e se os materiais empregues são da qualidade acordada.

Idêntico direito é concedido ao dono da obra no art. 1662 CCIt. Trata-se, todavia, de um direito inerente à qualidade de dono da obra, que existiria mesmo que não tivesse sido expressamente estatuído; daí que nos sistemas jurídicos onde essa faculdade não foi consagrada, ela não poderá ser negada ao comitente.

Tem sido mesmo defendido que o direito de fiscalização nem sequer pode ser afastado por vontade das partes, porque a norma estatuída no art. 1209° CC é imperativa[4]. Não parece, contudo, que se possa levar tão

---

[1] Da mesma forma, nos termos do art. 178°, n.° 1 REOP, o dono da obra designará um fiscal da obra para fiscalizar a execução dos trabalhos. A actividade de fiscalização vem regulada nos arts. 178° ss. REOP. Em certos casos, a fiscalização da obra é confiada a uma empresa especializada, *vd*. FERRY BORGES, *Qualidade na Construção*, Lisboa, 1988, p. 38. Como refere MARIA JOÃO ESTORNINHO, *Requiem pelo Contrato Administrativo*, Coimbra, 1990, n.° 28, p. 126, o poder de controlo da Administração numa empreitada de obras públicas em nada difere, quanto à sua natureza, do direito de fiscalização estabelecido no Direito Privado. É preciso ter, todavia, em conta que o poder de fiscalização estabelecido no REOP (arts. 178° ss.), designadamente a possibilidade de dar ordens ao empreiteiro (art. 182°, n.° 1 REOP), tem um conteúdo mais amplo do que no Direito Privado.

[2] *Vd*. VAZ SERRA, «Empreitada», BMJ, 145 (1965), p. 129.

[3] *Vd*. PIRES DE LIMA/ANTUNES VARELA, Coment. 1 ao art. 1209°, *Código Civil Anotado*, II, cit., p. 870.

[4] *Vd*. PEREIRA DE ALMEIDA, *Direito Privado*, Vol. II (*Contrato de Empreitada*), Lisboa, 1983, p. 44; AGOSTINHO GUEDES, «A Responsabilidade do Construtor no Contrato de Empreitada», *Contratos: Actualidade e Evolução*, Porto, 1997, pp. 317 s.; PIRES DE LIMA/ANTUNES VARELA, Coment. 1 ao art. 1209°, *Código Civil Anotado*, II, cit., p. 870; VAZ SERRA, «Empreitada», BMJ, 145 (1965), p. 130. Com respeito ao Direito italiano, também é esta a posição sustentada por RUBINO, *L'Appalto*, cit., n.° 176, pp. 389 e 390.

370   *Direito das Obrigações*

longe este direito do dono da obra, porquanto, através da fiscalização, poderia o comitente tomar conhecimento de certos dados técnicos que o empreiteiro não estaria interessado em revelar. Por exemplo, novas técnicas de tingir tecidos ou de perfuração de túneis.

É sabido que a fiscalização não deve perturbar o andamento ordinário da empreitada (art. 1209º, n.º 1 CC), e o empreiteiro pode opor-se à excessiva e sucessiva ingerência do comitente[1]. Porém, esta restrição é consequência do facto de o empreiteiro não executar a obra sob a autoridade e direcção do comitente[2], mas não impede que este último venha a tomar conhecimento dos processos técnicos de produção utilizados pelo empreiteiro. Deve, pois, admitir-se que, em determinadas circunstâncias, a faculdade de fiscalização por parte do dono da obra seja reduzida e inclusivamente afastada por convenção em contrário, pois, as mais das vezes, não se justifica que a liberdade das partes fique coarctada; havendo motivos plausíveis, nada impede que o direito de fiscalizar a obra seja excluído.

III. A fiscalização tanto pode ser feita pelo dono da obra como por um técnico por ele contratado. Em ambos os casos, as despesas relativas à fiscalização correm por conta do comitente. Sempre que a obra encomendada se apresenta como complexa, é natural que o respectivo dono não disponha da necessária preparação técnica para proceder a uma fiscalização eficiente. Em tais casos, justifica-se o recurso a um técnico, que pode assumir as funções de director dos trabalhos por conta do dono da obra, exercendo o direito de fiscalização deste último. O comitente e o director de trabalhos, que nas obras de construção civil costuma ser um engenheiro ou um arquitecto, por via de regra, estão relacionados entre si por um contrato de prestação de serviço; o mesmo se diga quanto à relação entre o dono da obra e o técnico simplesmente encarregado de fiscalizar a execução dos trabalhos.

O empreiteiro, ao contrário do que acontece relativamente à verificação, não tem de convidar o dono da obra a exercer o direito de fiscalização, e este, por seu turno, não é, regra geral, obrigado a fiscalizar a

---

[1] Cfr. Rubino, *L'Appalto*, cit., n.º 176, p. 389; Vaz Serra, «Empreitada», BMJ, 145 (1965), pp. 129 e 130.

[2] *Vd. supra*, n.º I. § 4.2, a propósito da distinção entre os contratos de empreitada e de trabalho.

Sobre esta questão, cfr. Ac. STJ de 30/01/1979 e Ac. STJ de 26/04/1988, respectivamente, BMJ, 283 (1979), p. 303 e BMJ, 376 (1988), p. 590

III – *Empreitada*

obra[1], mas se pretender usar esse seu direito, deverá fazê-lo de boa fé. A boa fé no exercício do direito de fiscalização implica que, por um lado, a actividade dele decorrente não deve ser realizada com fim vexatório, nem de forma a perturbar o normal andamento dos trabalhos, e, por outro, terá ser feita com rectidão, de modo a não *venire contra factum proprium*. Assim, se, por exemplo, o dono da obra não indica um vício de que se apercebeu aquando da fiscalização, não o deveria poder fazer valer na verificação final; mas se o fizer, o empreiteiro poderá exigir uma indemnização por maiores encargos[2].

IV. Nos termos do n.º 2 do art. 1209° CC, a fiscalização efectuada pelo dono da obra, ou por comissário deste, não exime o empreiteiro da responsabilidade por defeitos da obra[3], porque o comitente continua a poder fazer valer os seus direitos contra o empreiteiro (*vd. infra* n.os VII. § 2 ss.). E tais direitos do comitente não cessam, mesmo que os vícios sejam aparentes ou notória a má execução da obra, excepto se houver concordância expressa com a obra defeituosamente executada.

Contrariamente ao que poderia parecer, o disposto no preceito em análise é compatível com a conclusão anteriormente aduzida. Pois o dono da obra, se no decurso da fiscalização, se aperceber de um defeito, pode, após a verificação, recusar a aceitação da obra ou aceitá-la com reserva e exigir qualquer dos direitos que lhe conferem os arts. 1221° ss. CC. Todavia, o comitente que se apercebeu de um defeito da obra durante a sua execução, e não o indicou prontamente ao empreiteiro, está a actuar contra os ditames da boa fé; se ele não menciona o defeito e, mais tarde, se faz valer dessa situação está a *venire contra factum proprium* e, nessa medida, será responsável pelos danos causados ao empreiteiro.

Se, aquando da fiscalização, o comitente detectar vícios na execução da obra deve indicá-los ao empreiteiro, mas não tem o direito de exigir

---

[1] *Vd.* PIRES DE LIMA/ANTUNES VARELA, Coment. 5 ao art. 1209°, *Código Civil Anotado*, II, cit., p. 871; VAZ SERRA, «Empreitada», BMJ, 145 (1965), p. 130. Em sentido contrário, TETTENBORN, *An Introduction to the Law of Obligations*, Londres, 1984, pp. 54 e 55, considera o dono da obra obrigado a fiscalizar a mesma, para evitar que o empreiteiro cause danos a terceiros. Sobre esta questão, *vd. infra* n.º VII. § 1.1.

[2] *Vd.* RUBINO, *L'Appalto*, cit., n.º 177, p. 391; VAZ SERRA, «Empreitada», BMJ, 145 (1965), p. 131.

[3] Neste sentido, cfr. CUNHA GONÇALVES, *Tratado*, cit., n.º 1072, p. 642; PIRES DE LIMA/ANTUNES VARELA, Coment. 4 ao art. 1209°, *Código Civil Anotado*, II, cit., p. 870; SAINT-ALARY, *Droit de la Construction*, cit., p. 590. *Vd.* também o Ac. Rel. Pt. de 10/04/1970, BMJ, 196 (1970), p. 299.

372   *Direito das Obrigações*

a imediata reparação de tais defeitos[1]. Contudo, se verificar que perante os defeitos de que a obra já padece, há uma impossibilidade de execução da mesma, pode resolver o contrato antes da conclusão da obra[2]. Esta ilação pode retirar-se do disposto no art. 801°, n.° 1 CC. Da mesma forma, tendo o dono da obra verificado que os materiais a empregar não são da qualidade adequada, não pode exigir a sua substituição, se esse direito não tiver sido contratualmente estabelecido[3]. Em tais casos, o comitente deve indicar a falha à contraparte e se esta não substituir os materiais, o contrato poderá ser resolvido antes da conclusão da obra caso se verifiquem os pressupostos desta figura, nos termos anteriormente indicados.

§ 4. Deveres do dono da obra

1. Prestação do preço

A obrigação principal do dono da obra é a prestação do preço acordado[4]. A retribuição faz parte na noção legal de empreitada, pois, sem esse elemento, estar-se-á perante um contrato gratuito de prestação de serviço.

Na falta de cláusula ou de uso em contrário, o preço deve ser pago no acto de aceitação da obra (art. 1211°, n.° 2 CC).

---

[1] Cfr. Ac. Rel Lx. de 21/03/1991, CJ, XVI (1991), T. II, p. 159.

Não assim nas empreitadas de obras públicas em que o fiscal da obra pode exigir que o empreiteiro, num prazo razoável, elimine os defeitos de execução (art. 200°, n.° 1 REOP).

[2] Cfr. Pires de Lima/Antunes Varela, Coment. 6 ao art. 1209°, *Código Civil Anotado*, II, cit., p. 871; Rubino, *L'Appalto*, cit., n.os 178 e 179, pp. 391, 392 e 399; Vaz Serra, «Empreitada», BMJ, 145 (1965), pp. 131 ss. *Vd.* Ac. Rel. Cb. de 6/1/1994, CJ XIX (1994), T. I, p. 10.

Tal solução constava dos n.os 4 ss. do art. 9° do Anteprojecto referente ao contrato de empreitada, da autoria de Vaz Serra (BMJ, 146 (1965), p. 140), a qual, não obstante os referidos números terem sido omitidos na redacção final do Código Civil, vigora por aplicação dos princípios gerais.

[3] Em sentido diverso, Rubino, *L'Appalto*, cit., n.° 119, p. 235, sustenta que o comitente pode recusar os materiais fornecidos pelo empreiteiro, considerando que tal direito se infere de uma interpretação extensiva do art. 1662 CCIt.

[4] Cfr. Cunha Gonçalves, *Tratado*, cit., n.° 1066, p. 619; Medicus, *Schuldrecht*, Vol. II, 5ª ed., Munique, 1992, § 99.IV.1, p. 167; Barros Monteiro, *Direito das Obrigações*, 2ª Parte, 21ª ed., S. Paulo, 1987, p. 203; Silva Pereira, *Instituições de Direito Civil*, Vol. III, *Fontes das Obrigações*, 10ª ed., Rio de Janeiro, 1998, n.° 243, p. 205.

III – Empreitada

Na eventualidade de se ter estabelecido que o preço, ou parte dele, seria pago antes da aceitação da obra, o empreiteiro poderá usar a excepção de não cumprimento (art. 428° CC) e suspender a execução dos trabalhos, sempre que o dono da obra não efectue a prestação do preço nos termos acordados[1]. Na hipótese de a mora do dono da obra, quanto à prestação do preço, se converter em incumprimento definitivo, cabe ao empreiteiro o direito de resolver o contrato, nos termos do art. 801°, n.° 2 CC.

2. Colaboração necessária

Em certos casos, torna-se necessário que o comitente colabore na execução do trabalho do empreiteiro, a fim de este poder realizar a obra a que se obrigou. Por exemplo, fornecer o terreno, o plano ou os materiais e utensílios, comunicar instruções e colaborar para obter autorizações[2].

No sistema jurídico alemão, o dever de colaboração por parte do dono da obra tem consagração especial no § 642 BGB (assim como no § 9 VOB/B); mas no Direito português, apesar da omissão legislativa em sede de empreitada, o mesmo dever depreende-se do princípio geral de boa fé e tem assento nos arts. 762°, n.° 2 e 813°, 2ª parte CC.

O dever de colaboração que impende sobre o dono da obra não constitui uma verdadeira obrigação, mas antes um dever de credor[3], cuja violação faz incorrer o comitente em mora *accipiendi* (arts. 813° ss. CC).

---

[1] Cfr. Ac. Rel. Pt. de 04/11/1991, CJ, XVI (1991), T. V, pp. 179 ss.; como se refere neste aresto (p. 180), o empreiteiro que invoca a *exceptio non adimpleti contractus* não entra em mora, pelo que de tal actuação não advém qualquer responsabilidade para ele.

[2] Cfr. Brox, *Besonderes Schuldrecht*, 17ª ed., Munique, 1991, § 21.II.3, p. 191; Cunha Gonçalves, *Tratado*, cit., n.° 1066, p. 619; Larenz, *Schuldrechts*, II-1, cit., § 53.III, p. 370; Medicus, *Schuldrecht*, II, cit., § 99.IV.4.a), p. 168; Rubino, *L'Appalto*, cit., n.° 54, p. 131; Vaz Serra, «Empreitada», BMJ, 146 (1965), p. 170; Soergel, Coment. 1 ao § 642, *Münchener Kommentar,* cit., p. 2273.

No que respeita à colaboração do dono da obra para a obtenção de licenças, vd. caso Strongman Ltd. v. Sincock, 1955, onde se admitiu que o empreiteiro cobrasse o preço por inteiro, porque a falta de licença era imputável ao comitente, *cit. in* Treitel, *An Outline of the Law of Contract*, 4ª ed., Londres, 1989, p. 171. No Direito inglês, os deveres que impendem sobre o dono da obra de colocar o empreiteiro na posse dos meios para executar a obra, designadamente do terreno, assim como de colaborar com o mestre de obras naquilo que for necessariamente razoável, correspondem a cláusulas implícitas, vd. Powell-Smith/ /Furmston, *A Building Contract Casebook*, 2ª ed., Oxford, 1990, pp. 141 e 155.

[3] *Vd.* Brox, *Schuldrecht*, cit., § 21.II.3, p. 191; Enneccerus/Lehmann, *Recht der Schuldverhältnisse*, 15ª ed., Tubinga, 1958, tradução espanhola de Pérez González e

374   *Direito das Obrigações*

Assim sendo, o empreiteiro não pode exigir a colaboração necessária[1], mas, não sendo esta prestada espontaneamente, é-lhe lícito invocar a excepção de não cumprimento, pedir uma indemnização[2] ou, sendo caso disso, usar a condição resolutiva tácita, nos termos do art. 801°, n.° 2 CC[3]. Além do mais, tendo o dono da obra entrado em mora quanto à colaboração necessária, deverá ser concedido ao empreiteiro um correspondente aumento de prazo para executar a obra[4].

Relacionado com o dever de colaboração é de referir que sobre o dono da obra, tendo em conta a relação de confiança estabelecida, também podem impender deveres acessórios de conduta, tais como de esclarecimento, de conselho e de protecção[5].

3. Aceitação da obra

Uma situação especial de colaboração necessária consiste no dever, que impende sobre o comitente, de aceitar a obra depois de concluída, desde que esta tenha sido executada sem defeito e nos termos acordados[6].

Alguer, sob o título «*Derecho de Obligaciones*», Vol. II, 1ª Parte, 3ª ed., Barcelona, 1966, § 152.III, p. 532; LARENZ, *Schuldrechts*, II-1, cit., § 53.III, p. 371; RUBINO, *L'Appalto*, cit., n.° 139, p. 287; VAZ SERRA, «Empreitada», BMJ, 146 (1965), p. 170; SOERGEL, Coment. 2 ao § 642, *Münchener Kommentar*, cit., p. 2273.

[1] *Vd.* BROX, *Schuldrecht*, cit., § 21.II.3, p. 191; GAUCH, *Der Werkvertrag*, cit., n.° 898, p. 258; MEDICUS, *Schuldrecht*, II, cit., § 99.IV.4.a), p. 168. Todavia, como refere GAUCH, *Der Werkvertrag*, cit., n.os 905 s., pp. 260 s., do contrato pode expressa ou tacitamente depreender-se que certos deveres que impendem sobre o dono da obra, como, por exemplo, de fornecer os materiais, constituem verdadeiras obrigações e não meros deveres de credor.

[2] Quanto a saber se esta indemnização respeita só às maiores despesas (art. 816° CC), ou se se determina nos termos gerais, *vd.* BROX, *Schuldrecht*, cit., § 21.II.3, p. 192; ENNECCERUS/LEHMANN, *Obligaciones*, cit., § 152.III, p. 533; LARENZ, *Schuldrechts*, II-1, cit., § 53.III, pp. 370 e 371; LÖWISCH, *Vertragliche Schuldverhältnisse*, 2ª ed., Munique, 1988, § 19, p. 194; MEDICUS, *Schuldrecht*, II, cit., § 99.IV.4.a), p. 168; SOERGEL, Coment. 10 ao § 642, *Münchener Kommentar*, cit., p. 2275.

[3] *Vd.* BROX, *Schuldrecht*, cit., § 21.II.3, p. 192; ENNECCERUS/LEHMANN, *Obligaciones*, cit., § 152.III, p. 533; LARENZ, *Schuldrechts*, II-1, cit., § 53.III, p. 371; LÖWISCH, *Vertragliche*, cit., § 19, p. 194; MEDICUS, *Schuldrecht*, II, cit., § 99.IV.4.a), p. 168.

[4] *Vd.* LÖWISCH, *Vertragliche*, cit., § 19, p. 194; RUBINO, *L'Appalto*, cit., n.° 140, p. 290.

[5] Cfr. SOERGEL, Coment. 180 ss. ao § 631, *Münchener Kommentar*, cit., pp. 2083 s.

[6] *Vd.* BROX, *Schuldrecht*, cit., § 21.II.2, p. 190; ORLANDO GOMES, *Contratos*, cit., n.° 232, p. 335; LARENZ, *Schuldrechts*, II-1, cit., § 53.III, p. 363; LÖWISCH, *Vertragliche*,

III – Empreitada

Este dever é também de admitir na hipótese em que o defeito seja insignificante, pois, em tal caso, a recusa de aceitação contrariaria a boa fé[1].

A violação do dever de aceitar a obra faz incorrer o comitente em mora *accipiendi* (por desrespeito de um dever de colaboração) e, eventualmente, em mora *solvendi* se, por falta de aceitação culposa, a prestação do preço se vence na data em que a aceitação deveria ter sido efectuada (arts. 1211°, n.° 2 e 805°, n.° 2, alínea c) CC).

Perante a recusa injustificada de aceitação, o empreiteiro poderá consignar a obra em depósito (arts. 841° ss. CC), sempre que a natureza da prestação a isso o não impeça.

Por último, é de referir que o comitente não está obrigado a aceitar a obra por partes, se isso não foi acordado (art. 763°, n.° 1 CC), mas nada impede que o faça se o empreiteiro lhe fizer essa proposta. A aceitação por partes pode ter interesse, por exemplo, no caso de tardar a realização de parte da obra ou se se detectarem defeitos numa parte que não afecta o todo.

A aceitação tem importância, designadamente no que respeita ao vencimento da remuneração (art. 1211°, n.° 2 CC), à transferência da propriedade (art. 1212° CC), à assunção do risco (art. 1228° CC) e à responsabilidade por defeitos da obra (arts. 1218° ss. CC). Além disso, e como consequência da aceitação, nasce para o comitente o dever de receber a obra. Este último é também um dever de credor, cuja violação importa mora *accipiendi*.

§ 5. Direitos do empreiteiro

1. Ideia geral

O empreiteiro é titular dos direitos que correspondem a deveres do dono da obra.

Ele é não só credor da prestaçao do preço como de eventuais indemnizações derivadas do incumprimento de deveres de colaboração e de outros deveres acessórios que impendam sobre o dono da obra.

---

cit., § 19, p. 192; BARROS MONTEIRO, *Obrigações*, cit., p. 197; SILVA PEREIRA, *Instituições*, cit., n.° 243, p. 205; SAINT-ALARY, *Droit de la Construction*, cit., pp. 561 e 573; SOERGEL, Coment. 23 ao § 640, *Münchener Kommentar,* cit., p. 2261.

[1] *Vd.* ESSER/WEYERS, *Schuldrecht*, 7ª ed., Heidelberga, 1991, § 32.I.1, p. 255.

376 *Direito das Obrigações*

Perante o incumprimento de obrigações da contraparte, ao empreiteiro cabe recurso à excepção de não cumprimento (arts. 428° ss. CC)[1] ou à condição resolutiva tácita (art. 801°, n.° 2 CC), consoante as circunstâncias.

Na execução do dever de realizar a obra, o empreiteiro goza de liberdade de actuação tanto no que respeita aos meios como à forma, etc. de obter o resultado prometido[2]. Assim sendo, o empreiteiro pode, designadamente contratar ajudantes (p. ex., trabalhadores), bem como celebrar contratos de subempreitada (*vd. infra* n.° IV).

2. Direito de retenção

I. Para garantia do pagamento do preço e de certas indemnizações derivadas do incumprimento de deveres contratuais, o empreiteiro goza do direito de retenção sobre as coisas criadas ou modificadas, nos termos dos arts. 754° ss. CC[3].

Este direito de retenção pode, por força dos arts. 758° e 759° CC, incidir tanto sobre coisas móveis como imóveis.

O direito de retenção, a conceder ao empreiteiro, tem sido objecto de acesa discussão.

II. As garantias atribuídas ao empreiteiro variam de legislação para legislação.

No Brasil e em França concede-se ao empreiteiro um genérico direito de retenção[4]. Já em Espanha, o direito de reter a coisa em penhor

---

[1] *Vd.* Ac. STJ de 28/03/1996, CJ (STJ), IV (1996), T. I, p. 161, onde se aceitou como válida a suspensão de execução de trabalhos perante a falta de pagamento da parte do preço correspondente à obra já executada. Veja-se também o Ac. STJ de 08/06/1993, CJ (STJ), I (1993), T. II, p. 145, em que se considerou lícita a suspensão dos trabalhos por parte do empreiteiro, na medida em que o dono da obra não providenciara quanto à obtenção da licença de construção.

[2] *Vd.* SOERGEL, Coment. 133 ao § 631, *Münchener Kommentar,* cit., p. 2072. Como refere este autor (*ob. e loc. cit.*) tal liberdade de actuação tem uma relevância maior no que respeita à execução de obras incorpóreas, em especial, intelectuais. Sobre a admissibilidade de tais obras no âmbito da empreitada, *vd. infra* n.° III. § 7.

[3] Quanto a outras garantias relativas a créditos do empreiteiro, *vd.* RUIZ-RICO RUIZ, *Las Garantías del Contratista de Inmuebles*, Jaen, 1995.

[4] Cfr., respectivamente, BARROS MONTEIRO, *Obrigações*, cit., p. 204 e PLANIOL/RIPERT, *Traité Pratique de Droit Civil Français*, T. XI, 2ª ed., Paris, 1954, n.° 933, pp. 172 ss.; SAINT-ALARY, *Droit de la Construction*, cit., p. 564.

III – Empreitada

(art. 1600 CCEsp.), que, no fundo, corresponde a um direito de retenção, só é admitido com respeito a coisas móveis[1]. No sistema jurídico alemão foi concedido ao empreiteiro um direito de penhor sobre coisas móveis, se ele tiver a posse da obra (§ 647 BGB) e, relativamente a prédios construídos, o empreiteiro pode exigir a constituição de uma garantia hipotecária (§ 648 BGB)[2]. Por sua vez, o Direito italiano (art. 2756.1 CCIt.) atribui ao empreiteiro um privilégio para a obtenção do crédito sobre o preço da empreitada de coisa móvel.

III. A admitir que as situações derivadas do contrato de empreitada se encontram na previsão do art. 754° CC, o sistema jurídico português parece poder enquadrar-se entre os melhor concebidos.

No domínio do Código Civil de 1867, o empreiteiro tinha direito de retenção sobre coisas móveis (art. 1407° CC 1867)[3], mas a proposta de VAZ SERRA, no sentido de conceder ao empreiteiro um direito de retenção sobre coisas móveis e imóveis, não passou na revisão ministerial[4].

Todavia, no Código Civil de 1966 triunfou a concepção segundo a qual o direito de retenção é um instituto de âmbito geral. A qualquer credor será concedido o direito de retenção, desde que preenchidos os requisitos do art. 754° CC.

Ora o empreiteiro está obrigado a entregar uma coisa e o crédito do preço resulta de despesas feitas por causa dessa coisa[5]; são despesas de

---

[1] Cfr. ALBALADEJO, *Derecho de Obligaciones*, Vol. 2, 10ª ed., Barcelona, 1997, § 111.2, p. 286; DÍEZ-PICAZO/GULLÓN, *Sistema de Derecho Civil*, Vol. II, 8ª ed., Madrid, 1999, p. 387.

[2] Cfr. BROX, *Schuldrecht*, cit., § 21.VI.1 e 2, p. 201; ENNECCERUS/LEHMANN, *Obligaciones*, cit., § 154, p. 542; LARENZ, *Schuldrechts*, II-1, cit., § 53.III, pp. 373 e 374; MEDICUS, *Schuldrecht*, II, cit., § 99.IV.5, pp. 169 e 170; SOERGEL, Coment. 2 ss. ao § 647 e Coment. 4 ss. ao § 648, *Münchener Kommentar, cit.*, pp. 2291 s. e 2295 s.

[3] *Vd* CUNHA GONÇALVES, *Tratado*, cit., n.° 1066, p. 621; VAZ SERRA, «Empreitada», BMJ, 145 (1965), pp. 25 e 185.

[4] *Vd.* VAZ SERRA, «Empreitada», BMJ, 145 (1965), p. 185; PIRES DE LIMA/ANTUNES VARELA, Coment. 4 ao art. 1211°, *Código Civil Anotado*, II, cit., p. 875.

[5] *Vd.* GALVÃO TELLES, «O Direito de Retenção no Contrato de Empreitada», *Dir.*, 106-119 (1974/87), pp. 21, 22 e 23; FERRER CORREIA/SOUSA RIBEIRO, «Direito de Retenção. Empreiteiro», CJ, XIII (1988), T. I, pp. 17 e 18; CALVÃO DA SILVA, *Cumprimento e Sanção Pecuniária Compulsória*, Coimbra, 1987, n.° 88, pp. 339 ss. Em sentido contrário, *vd*. PIRES DE LIMA/ANTUNES VARELA, Coment. 4 ao art. 1211°, *Código Civil Anotado*, II, cit., p. 876.

Quanto à jurisprudência, cfr., em sentido favorável à posição tomada no texto, Ac. STJ de 19/11/1971, BMJ, 211 (1971), p. 297; Ac. Rel. Lx. de 12/10/1987, Dir., 120 I-II (1988), p. 173; Ac. Rel. Lx. de 6/4/2000, CJ XXV, T. II, p. 130. Em sentido diferente,

378   *Direito das Obrigações*

construção, de modificação ou de reparação. Nem seria de admitir que se atribuísse direito de retenção a quem realizou benfeitorias e não se concedesse ao empreiteiro que constrói, modifica ou repara uma coisa[1].

Mais problemática se torna a admissibilidade do direito de retenção como garantia do pagamento de indemnização derivada do incumprimento de outros deveres contratuais do dono da obra. Não se trata directamente de danos causados pela coisa, mas a similitude de situações pode, nalguns casos, justificar a aplicação do mesmo regime.

IV. É comum afirmar-se que o empreiteiro, se não é proprietário da obra, não tem a posse da mesma, mas uma mera detenção[2]. Esta tomada de posição parece ser, pelo menos, discutível. Na realidade, o empreiteiro que exerce o direito de retenção não se torna proprietário da obra por usucapião, mas, nos termos do art. 1251° CC, a posse também pode corresponder ao exercício de outros direitos reais, que não o de propriedade; por outro lado, aplicando-se ao titular do direito de retenção as regras do penhor (arts. 758° e 759°, n.° 3 CC), o empreiteiro pode usar as acções possessórias dos arts. 1276° ss. CC, mesmo contra o proprietário da obra.

V. Também se poderia discutir se o direito de retenção incide só sobre coisas que sejam propriedade do dono da obra, ou se também pode ter por objecto bens de terceiro. Por exemplo, no caso de o dono da obra ser locatário ou adquirente com reserva de propriedade ou na eventualidade de ser realizada uma subempreitada da obra propriedade do comitente. Parece nada obstar a que o direito de retenção recaia tanto sobre coisas propriedade do dono da obra como de terceiro[3], porque o art. 754° CC tão-só exige que a coisa seja certa e não faz qualquer restrição quanto

---

cfr. o Ac. Rel. Lx. de 05/06/1984, CJ, IX (1984), T. III, p. 137, onde vem negado o direito de retenção ao empreiteiro, com base no facto de se considerar que despesas é diferente de preço.

[1] *Vd.* GALVÃO TELLES, «O Direito de Retenção...», cit., p. 31.

[2] Cfr. RUBINO, *L'Appalto*, cit., n.° 137, pp. 283 e 284.

[3] No mesmo sentido, cfr. DÍEZ-PICAZO/GULLÓN, *Sistema*, cit., p. 387; ENNECCERUS/ /LEHMANN, *Obligaciones*, cit., § 154, p. 542; LARENZ, *Schuldrechts*, II-1, cit., § 53.III, pp. 373 e 374; MEDICUS, *Schuldrecht*, II, cit., § 99.IV.5.a), p. 169.

Diversa é a opinião de FIKENTSCHER, *Schuldrecht*, 7ª ed., Berlim, 1985, § 80.II.5, p. 558 e de SOERGEL, Coment. 5 e 6 ao § 647, *Münchener Kommentar,* cit., pp. 2291 s.

No Ac. STJ de 28/05/1981, *BMJ*, 307 (1981), pp. 270 e 271, não foi concedido o direito de retenção ao subempreiteiro contra o dono da obra (primeiro contraente) como forma de garantia dos créditos de que o empreiteiro lhe era devedor.

III – Empreitada 379

à propriedade da mesma; basta que o dono da obra a possua com base em qualquer título legítimo. Doutra forma, por um lado, a garantia que o legislador pretendeu conferir ao titular do direito de retenção estaria bastante minimizada e, por outro, não se justificaria que esta garantia real subsistisse caso o dono da obra, sendo o seu proprietário, a alienasse, e não se admitisse a constituição do direito de retenção na hipótese de o comitente não ser proprietário da obra.

Além disso, dos casos especiais de direito de retenção estabelecidos no art. 755° CC, pode-se chegar à conclusão de que não é pressuposto deste direito real de garantia o facto de o devedor ser proprietário do bem; basta que a coisa tenha sido legitimamente transportada, trazida para a pousada, etc. Em sentido oposto poder-se-ia alegar que, como ao direito de retenção se aplicam as regras do penhor (arts. 758° e 759°, n.° 3 CC), e na medida em que só tem legitimidade para empenhar quem pode alienar os bens (art. 667°, n.° 1 CC), não sendo o devedor proprietário do bem, não poderia o credor constituir um direito de retenção. Mas esta argumentação não colhe, porquanto os arts. 758° e 759°, n.° 3 CC só remetem para o regime do penhor e não para as regras da legitimidade estabelecidas neste instituto.

Contudo, o direito de retenção só pode ser exercido «(...) contra o seu credor (...)», pelo que o empreiteiro não fica titulado para exigir o pagamento a terceiro; ou seja, o princípio da relatividade nos contratos não é alterado. Deste modo, por exemplo o subempreiteiro que goza de direito de retenção contra o empreiteiro, não tem legitimidade de reter a coisa para exigir o pagamento do preço ao dono da obra.

De iure condito, o direito de retenção pode recair sobre bens propriedade de terceiro, desde que o dono da obra os possua com base num título legítimo. *De iure condendo* esta solução será contestável, na medida em que pode limitar o direito de propriedade de quem nada tem a ver com a realização daquele contrato e constitui fonte de eventuais prejuízos imprevisíveis para os financiadores da aquisição de bens, em especial no caso de venda com reserva de propriedade ou com a constituição de hipoteca e de locação financeira.

O empreiteiro não tem, evidentemente, direito de retenção no caso de construção de coisa móvel se os materiais são por ele fornecidos[1], pois só se pode exercer o direito de retenção sobre coisas alheias.

---

[1] *Vd.* GALVÃO TELLES, «O Direito de Retenção...», cit., pp. 21 e 22.

380　　*Direito das Obrigações*

§ 6. Deveres do empreiteiro

1. Realização da obra

O empreiteiro está adstrito a realizar uma obra, a obter certo resultado (art. 1207° CC) em conformidade com o convencionado e sem vícios (art. 1208° CC). Em suma, o contrato deve ser cumprido pontualmente (art. 406° CC) e de boa fé (art. 762°, n.° 2 CC). Esta é a obrigação principal do empreiteiro.

Conexo com este dever principal podem detectar-se certos deveres laterais derivados da boa fé.

Na realização da obra, o empreiteiro deve conformar-se, não só com o convencionado como também com regras da arte e normas técnicas, em especial, as de segurança[1]. Para além dos deveres de cuidado[2], do contrato de empreitada podem emergir deveres de informação, tais como dos vícios do projecto[3] ou dos materiais fornecidos pelo dono da obra, de um iminente excesso do orçamento[4], ou do perigo de utilização da coisa. Do contrato podem igualmente resultar outros deveres, *verbi gratia*, o dever de segredo.

Se o lugar do cumprimento do dever de realizar a obra — que pode ser distinto do lugar da entrega da coisa (*vd. infra* n.° 4 deste parágrafo) — não tiver sido acordado ou não estiver na dependência da natureza dos trabalhos a efectuar (p. ex., obras de reparação numa casa) deve ficar à discrição do empreiteiro; é este quem sabe qual o melhor local para levar a cabo a tarefa de que foi incumbido (na sua oficina, na casa do dono da obra, etc.). Esta escolha deve, evidentemente, ser informada pelos ditames da boa fé.

---

[1] *Vd.* RUBINO, *L'Appalto*, cit., n.° 131, p. 273.

Na construção de edifícios há a ter em conta as condições do Regulamento Geral de Edificações Urbanas (Decreto-Lei n.° 38382, de 7 de Agosto de 1951).

[2] Para um maior desenvolvimento acerca do dever de cuidado que impende sobre o empreiteiro, *vd.* GAUCH, *Der Werkvertrag*, cit., n.°s 571 ss., pp. 165 ss. Para o citado autor (*ob. cit.*, n.°s 578 ss., pp. 167 ss.) os deveres de esclarecimento, informação, etc. constituem concretizações dos deveres de cuidado do empreiteiro.

[3] *Vd.* J. C. MOITINHO DE ALMEIDA, «A Responsabilidade Civil do Projectista e o seu Seguro», BMJ, 228 (1973), p. 12.

[4] *Vd.* BROX, *Schuldrecht*, cit., § 21.I.2, p. 190.

III – *Empreitada*

2. Fornecimento de materiais e utensílios

I. Sobre o empreiteiro impende, supletivamente, a obrigação de fornecer os materiais[1] e utensílios necessários à realização da obra (art. 1210°, n.° 1 CC)[2]. Este preceito deverá ser interpretado extensivamente, de molde a abranger também outros meios de que o empreiteiro se serve. Por exemplo, a construção do estaleiro da obra, em que se inclui, nomeadamente, a montagem de barracas para guardar material ou dar dormida a operários e a abertura de estradas de acesso ao estaleiro e das serventias internas deste[3].

A solução estabelecida no art. 1210°, n.° 1 CC é não só a mais razoável como a melhor enraizada nos usos[4]; até porque a obrigação de fornecer os materiais, salvo convenção em contrário, depende, em larga medida, da natureza da obrigação assumida pelo empreiteiro; por exemplo, numa empreitada de reparação pode não ser necessário fornecer materiais.

II. Todavia, esta regra, nem sempre se encontra sancionada no Direito comparado.

Nos termos dos arts. 1237 ss. CCBr., só na empreitada mista — aquela que não é unicamente de lavor (arts. 1239 e 1240 CCBr.) — é que o empreiteiro fornece os materiais (art. 1238 CCBr.). Também no Direito espanhol (art. 1588 CCEsp.) admite-se que, no contrato de empreitada, o empreiteiro se obrigue a fornecer só o trabalho, ou que subministre igualmente o material. No mesmo sentido, o art. 1787 CCFr. estabelece que o empreiteiro se pode obrigar a fornecer somente o seu trabalho ou indústria ou também a matéria. Diferentemente, o art. 1658 CCIt. impõe

---

[1] A expressão «materiais» deve ser entendida em sentido amplo, de molde a abranger tanto as matérias primas como coisas pré-fabricadas a incorporar na obra.

[2] Para as empreitadas de obras públicas, no art. 8°, n.° 3 REOP, também se estabeleceu, como regra supletiva, a subministração pelo empreiteiro dos materiais a empregar. Posteriormente, no art. 23° REOP, com pouco apuro técnico, dispõe-se que «Constitui encargo do empreiteiro, salvo estipulação em contrário, o fornecimento dos aparelhos, instrumentos, ferramentas, utensílios e andaimes indispensáveis à boa execução da obra».

[3] *Vd.*, com respeito às empreitadas de obras públicas, o art. 24° REOP. Cfr. também, mas em relação às empreitadas de Direito Privado, RUBINO, *L'Appalto*, cit., n.° 125, pp. 258 e 259; VAZ SERRA, «Empreitada», BMJ, 145 (1965), p. 77.

[4] A lei prevê a hipótese de existência de usos contrários que afastem a aplicação do disposto no art. 1210°, n.° 1 CC. Não parece que tais situações sejam frequentes, mas, a existirem, configuram casos em que a lei determina a atendibilidade jurídica dos usos (art. 3°, n.° 1 CC).

ao empreiteiro, salvo convenção em contrário, a obrigação de fornecer a matéria necessária à realização da obra. No Direito inglês considera-se implícita no contrato de empreitada uma cláusula que impõe ao empreiteiro o dever de fornecer os bens e os materiais adequados à realização da obra[1].

III. O fornecimento dos materiais está quase sempre ligado à ideia de suporte económico dos mesmos, mas não tem de ser assim necessariamente[2]. Por via de regra, diz-se que fornece os materiais aquele em cuja esfera jurídica os mesmos se encontravam antes da incorporação na obra, mas os materiais podem ser «fornecidos» pelo empreiteiro e pagos pelo dono da obra, bem como vice-versa. Em tais casos, a expressão «fornecimento dos materiais» relaciona-se, antes, com a sua escolha; este aspecto vai ter relevância a nível de responsabilidade civil (n.º VII. § 1.5) e de risco (n.º VI. § 5.3).

IV. Quanto à qualidade, dispõe o n.º 2 do art. 1210º CC que os materiais devem corresponder às características da obra e não podem ser de qualidade inferior à média[3]. Relativamente a esta questão, estabelecia-se no art. 4º do anteprojecto respeitante ao contrato de empreitada[4] que os materiais deviam ser do género e qualidade exigidos pelas regras da arte, tida em atenção as características da obra. Era uma fórmula mais completa e condizente com um contrato em que se tem em conta a arte para a obtenção de certo resultado. A regra de que os materiais devem ser de qualidade média corresponde à aplicação dos juízos de equidade (art. 400º, n.º 1 CC), própria das obrigações genéricas.

É frequente, porém, que, nas obras de maior vulto, o tipo e a qualidade dos materiais constem do caderno de encargos e, nesse caso, o empreiteiro terá de empregar os materiais (quanto ao número e qualidade) constantes desse documento.

Não sendo respeitadas tais prescrições contratuais ou, na falta delas, a qualidade normal, tal como vem disposto no n.º 2 do art. 1210º CC,

---

[1] *Vd.* POWELL-SMITH/FURMSTON, *A Building Contract*, cit., p. 72.

[2] Sobre esta questão *vd.* GAUCH, *Der Werkvertrag*, cit., n.ºs 69 ss., pp. 20 ss., em especial na parte onde distingue as várias formas de fornecimento de materiais através do dono da obra (n.ºs 72 ss., pp. 21 e 22).

[3] Em sentido idêntico, *vd.* o art. 19º REOP e o art. 132º do Decreto-Lei n.º 38382, de 7 de Agosto de 1951 (Regime Geral das Edificações Urbanas).

[4] BMJ 146 (1965), pp. 216 e 217. *Vd.* também VAZ SERRA, «Empreitada», BMJ, 145 (1965), p. 78.

III – Empreitada

a obra deverá considerar-se defeituosa, independentemente da prova da existência de qualquer vício específico.

Se, por causa não imputável ao empreiteiro, faltarem no mercado os materiais do tipo e qualidade acordados estar-se-á perante uma alteração necessária (art. 1215° CC)[1].

Afora as hipóteses de alterações acordadas (art. 1214° CC), necessárias (art. 1215° CC) ou exigidas pelo dono da obra (art. 1216° CC), se o empreiteiro fornecer materiais de qualidade superior à que lhe era exigida pelo contrato ou pelas características da obra, não pode exigir o correspondente aumento de preço[2].

V. Pode acontecer que, contrariamente aos usos, fique estipulado deverem os materiais ser fornecidos pelo dono da obra. Esta hipótese não se encontra prevista no Código Civil, mas constava do art. 4°, n.° 3 do anteprojecto respeitante ao contrato de empreitada[3]. A disposição não foi incluída no articulado definitivo, porque se considerou que estatuía conforme as regras gerais das obrigações, não se justificando uma duplicação de normas. Pode então concluir-se que o empreiteiro terá de usar os materiais que lhe tenham sido fornecidos com cuidado, e deverá devolver os que restarem depois da execução da obra; além disso, caso os materiais fornecidos não correspondam às características da obra, sejam de qualidade inferior à média ou simplesmente de qualidade que prejudique o resultado a obter, o empreiteiro deve informar oportunamente o dono da obra de tais factos e, mesmo que este insista no emprego desses materiais, ele não deve utilizá-los se daí puder resultar a lesão de direitos de terceiro ou a violação de disposições de ordem pública[4].

3. Conservação da obra

O empreiteiro tem a obrigação de conservar a obra realizada até a entregar ao comitente. É um dever lateral que poderá emergir do contrato de empreitada[5], não em virtude de qualquer especificidade deste negócio

---

[1] *Vd*. RUBINO, *L'Appalto*, cit., n.° 110, pp. 244 e 245.

[2] *Vd*. PEREIRA DE ALMEIDA, *Empreitada*, cit., p. 34; RUBINO, *L'Appalto*, cit., n.° 110, p. 244; VAZ SERRA, «Empreitada», BMJ, 145 (1965), p. 78.

[3] BMJ, 146 (1965), p. 217.

[4] Solução idêntica consta do art. 1663 CCIt., excepto quanto a esta última parte.

[5] Cfr. ESSER/WEYERS, *Schuldrecht*, cit., § 32.I.1, p. 257.

384   *Direito das Obrigações*

jurídico, mas por, muitas das vezes, o empreiteiro ficar adstrito a guardar a coisa que, mais tarde, tem de entregar. O dever de conservação existe na medida em que o empreiteiro também se obrigue a efectuar uma prestação de coisa[1]; ou seja, se sobre ele impende tão-só uma prestação de *facere* sem um subsequente dever lateral de entrega, por exemplo, reparar o telhado da casa do comitente, não há que falar na obrigação de conservar a coisa.

Além disso, tal dever só tem razão de ser quando a coisa tiver sido confiada ao empreiteiro[2], ou no caso de a propriedade da obra se ter transmitido para o comitente antes da entrega, nos termos previstos no art. 1212° CC.

O mesmo dever de conservação também se aplica com respeito aos materiais fornecidos pelo comitente até à sua incorporação na obra.

A esta obrigação de custódia, tanto da obra como dos materiais fornecidos pelo comitente, aplicam-se, naquilo que for pertinente, as regras do contrato de depósito[3]. Se alguém entrega um automóvel numa oficina a fim de ser reparado e, feita a reparação, o mecânico deixa o veículo fora da garagem, aberto e com as chaves na ignição, razão pela qual foi furtado; o empreiteiro (mecânico) responde, não pelo incumprimento do contrato de empreitada, porque o veículo ficara convenientemente reparado, mas pela violação do dever de guardar a coisa (art. 1187°, alínea a) CC)[4].

É evidente que, por força do contrato ou da natureza das circunstâncias, os deveres de guardar a coisa e de conservação podem impender sobre o dono da obra. Por exemplo, se a obra tiver de ser realizada em casa do comitente, ou mesmo na hipótese em que o prédio é edificado em terreno do dono da obra pode a vigilância ficar a cargo deste.

4. Entrega da obra

Mediante um contrato de empreitada, o empreiteiro obriga-se, não só a realizar determinada obra, como também a proceder à sua entrega no prazo estabelecido ou após a respectiva aceitação. Se nada foi acor-

---

    [1] *Vd.* art. 1094 CCEsp. Veja-se, a propósito, Díez-Picazo/Gullón, *Sistema*, cit., p. 377.

    [2] Cfr. Ac. Rel. Pt. de 11/04/1989, CJ, XIV (1989), T. II, p. 217.

    [3] *Vd.* Pereira de Almeida, *Empreitada*, cit., p. 34; Rubino, *L'Appalto*, cit., n.os 136 e 336, pp. 282, 819 e 820.

    [4] Cfr. Ac. Rel. Év. de 5/06/97, CJ XXII, T. II, p. 269.

III – Empreitada

dado em sentido diverso, a obrigação de entrega só surge após a conclusão da obra.

Não tendo sido estabelecido prazo para a entrega da coisa, se as partes não chegaram a acordo quanto à sua determinação, deverá a fixação deste ser conferida ao tribunal (art. 777°, n.° 2 CC).

A obrigação de entrega tem natureza instrumental e é acessória do dever de realizar a obra[1]. A realização da obra é uma prestação de facto, e a entrega uma prestação de coisa, instrumental e acessória da primeira.

A entrega pode ser efectiva (p. ex., transferência da posse do móvel fabricado) ou simbólica (p. ex., entrega das chaves do prédio construído)[2]. E, regra geral, as despesas da entrega correm por conta do empreiteiro[3], na medida em que constituem despesas do cumprimento, as quais, salvo convenção em contrário, são suportadas pelo devedor[4].

Por último, o lugar de entrega vai depender do objecto da prestação. Sendo a obra realizada imóvel, o lugar da entrega deve ser o do local onde esta se encontra; nada obsta, porém, a uma entrega simbólica em lugar distinto. Sendo móvel a obra executada, deverá ser entregue no lugar onde foi realizada[5]. A primeira asserção fundamenta-se num motivo derivado da natureza própria da prestação; e a segunda solução baseia-se numa interpretação extensiva do art. 773°, n.° 1 CC.

5. Deveres acessórios

Derivados da boa fé podem detectar-se certos deveres laterais que impendem sobre o empreiteiro.

O contrato de empreitada pressupõe, as mais das vezes, a existência de uma relação de confiança, por força da qual podem emergir deveres de esclarecimento, de conselho, de cuidado, de segurança, etc.[6]

---

[1] *Vd.* PEREIRA DE ALMEIDA, *Empreitada*, cit., pp. 34 e 35; RUBINO, *L'Appalto*, cit., n.° 335, p. 819.

[2] *Vd.*, VAZ SERRA, «Empreitada», BMJ, 145 (1965), pp. 163 e 168

[3] *Vd.*, VAZ SERRA, «Empreitada», BMJ, 145 (1965), p. 163.

[4] Era esta a solução estabelecida nos arts. 744°, § único, 746°, 1570° e 1842° CC 1867. O actual Código Civil não resolve expressamente a questão, mas a solução mantém-se, cfr. ALMEIDA COSTA, *Direito das Obrigações*, 8ª ed., Coimbra, 2000, n.° 88, pp. 943 s.; GALVÃO TELLES, *Direito das Obrigações*, 7ª ed., Coimbra, 1997, n.° 98, p. 294.

[5] Em sentido diverso, VAZ SERRA, «Empreitada», BMJ, 145 (1965), pp. 163 e 178, considera que o lugar do cumprimento de coisa móvel deve ser o do domicílio do empreiteiro, por aplicação da regra geral do lugar do cumprimento (art. 772°, n.° 1 CC).

[6] *Vd.* SOERGEL, Coment. 139 ss. ao § 631, *Münchener Kommentar*, cit., pp. 2074 ss.

386 *Direito das Obrigações*

Os deveres de esclarecimento e de conselho, que variam substancialmente em função das circunstâncias, advêm do facto de o empreiteiro, sendo um técnico na matéria, conhecer as consequências e a melhor forma de obter o resultado pretendido[1].

Por outro lado, na medida em que na execução da obra podem ser causados danos ao comitente, sobre o mestre de obras impendem acrescidos deveres de cuidado e de segurança, a fim de evitar que sejam infligidos prejuízos à contraparte.

§ 7. Realização de uma obra

I. Nos termos do art. 1207° CC, o empreiteiro fica adstrito a realizar certa obra, a obter um resultado. Importa determinar em que sentido se deve entender a expressão «certa obra»; isto é, se ela comporta somente coisas corpóreas ou também incorpóreas. A solução deste problema é importante porquanto, se se optar por uma interpretação ampla, aos contratos cujo objecto corresponda a realização de uma obra incorpórea, aplicam-se as regras da empreitada, caso contrário, prevalecem as normas que regulam o contrato de mandato, na medida em que se estaria perante um contrato atípico de prestação de serviço (art. 1156° CC)[2].

II. No Código Civil Brasileiro (arts. 1237 ss.) faz-se referência somente à obra, facto que não tem impedido a doutrina brasileira de incluir, no objecto da empreitada, as obras intelectuais[3]. Poderiam, assim, ser objecto do contrato de empreitada, não só a construção de edifícios e de estradas, terraplanagens, corte de mato, plantações, conserto de móveis, etc., como também os trabalhos científicos, as obras artísticas, etc. E há mesmo quem afirme[4] que no objecto da empreitada se incluem os serviços, tais como o transporte.

---

[1] Sobre o dever geral de informação a cargo do empreiteiro, *vd.* AGOSTINHO GUEDES, «A Responsabilidade do Construtor ...», cit., pp. 318 s.

[2] Sobre a questão, vd. BRITO PEREIRA, «Do Conceito de *Obra* no Contrato de Empreitada», ROA, 54 (1994), II, pp. 569 ss.

[3] *Vd.* ORLANDO GOMES, *Contratos*, cit., n.° 228, p. 330; BARROS MONTEIRO, *Obrigações*, cit., p. 197; SILVA PEREIRA, *Instituições*, cit., n.° 242, p. 202. Não era, porém, esta a posição tradicional no Brasil, designadamente a de BEVILAQUA, *Direito das Obrigações*, II Parte, 3ª ed., Rio de Janeiro, 1931, §§ 145 e 147, pp. 349 e 351 s.

[4] ORLANDO GOMES, *Contratos*, cit., n.° 228, p. 330.

III – Empreitada

Para o Direito espanhol (art. 1544 CCEsp.), a empreitada, designada por arrendamento de obras ou serviços, é o contrato pelo qual uma parte se obriga para com outra a executar uma obra ou a prestar um serviço. Tendo em conta esta definição, admite-se, no direito do país vizinho, que um contrato nos termos do qual um jurista se obrigue a dar um parecer, ou um perito fique adstrito a prestar, em certa data, uma informação, seja qualificado como de empreitada[1].

Mesmo no Direito francês, apesar dos arts. 1787 ss. CCFr. só fazerem referência à realização de uma obra[2], a doutrina tem, por vezes, qualificado como de empreitada contratos que versam sobre coisas incorpóreas[3]. Como, por exemplo, o contrato em que o professor se obriga a dar aulas privadas a um aluno, ou o contrato por força do qual alguém fica adstrito a prestar um conselho jurídico, comercial, etc.

A situação é idêntica no espaço jurídico suíço onde, não obstante o art. 363 CO falar somente em executar uma obra, a jurisprudência e a doutrina têm admitido que as obras imateriais integram o objecto da empreitada[4].

Segundo o Código Civil Italiano, tanto em caso de *appalto* (art. 1665 CCIt.) como *d'opera* (art. 2222 CCIt.), no contrato de empreitada uma das partes obriga-se para com a outra à realização de uma obra ou de um serviço. Os serviços são constituídos por qualquer utilidade que pode ser criada e da qual advenha um imediato conteúdo económico ou, pelo menos, avaliável economicamente[5]. A empreitada de realização de serviço tem, pois, um objecto bastante impreciso. Como refere RUBINO[6], os contratos de empreitada de realização de obra e de realização de serviço podem não estar sujeitos às mesmas regras, na medida em que a natureza das situações assim o determine.

---

[1] *Vd.* ALBALADEJO, *Obligaciones*, cit., § 109.1, p. 279.

[2] No art. 1710 CCFr. define-se empreitada como o contrato mediante o qual uma das partes se obriga a fazer qualquer coisa para outra. É de referir, porém, que, nos termos do art. 1779 CCFr, há três espécies de arrendamento de obra e de indústria: arrendamento de trabalhadores (art. 1780); arrendamento de transporte (arts. 1782 ss.); e empreitada (arts. 1787 ss.).

[3] *Vd.* MALAURIE/AYNÈS, *Les Contrats Spéciaux*, 6ª ed., Paris, 1992, n.os 700, 742, 743 e 752, pp. 385 ss., 402, 403 e 409 s. Os autores em causa (*ob. cit.*, n.° 700, p. 385) começam por esclarecer que a empreitada constitui a «bonne à tout faire» dos contratos em especial.

[4] *Vd.* GAUCH, *Der Werkvertrag*, cit., n.os 22 e 31 ss., pp. 7 s. e 10 ss.

[5] *Vd.* RUBINO, *L'Appalto*, cit., n.° 59, p. 143.

[6] *L'Appalto*, cit., n.os 57 e 59, pp. 137, 143 e 144.

388   *Direito das Obrigações*

Conforme dispõe o § 631.II BGB, pode ser objecto do contrato de empreitada, tanto a construção ou modificação de um coisa como outro resultado a obter mediante trabalho ou prestação de serviço. Perante esta definição ampla, tem-se admitido que pode ser objecto de empreitada a realização de obras incorpóreas, quer estas se materializem no chamado *corpus mechanicum* (p. ex., escrever um guião de cinema) ou não (p. ex., transporte, representação teatral)[1].

III. Mais restrita é a definição apresentada pelo art. 1207° CC que, neste aspecto, segue de perto o art. 1396° do Código Civil precedente. No objecto do contrato de empreitada não se incluem, pois, os serviços (p. ex., transporte, representação teatral)[2].

Esta noção restrita talvez se possa justificar com base numa razão histórica[3]. O Direito português, ao contrário de outros sistemas jurídicos, como o francês, no que respeita à origem do contrato de empreitada, não terá sofrido uma influência considerável do Direito romano, mas antes do sistema vigente nas Ordenações. Desta forma, o contrato de empreitada não aparece como um tipo de locação, em que se pretendia regulamentar o arrendamento de serviços, vistos como um resultado, tal como, por exemplo, no CCFr., mas sim como um desdobramento dos contratos de prestação de serviços e de compra e venda. Na medida em que a empreitada, no sistema jurídico português, aparece como um tipo contratual que se autonomizou da prestação de serviços e da compra e venda, no objecto daquela só se incluem as obras, entendidas estas no sentido restrito do termo[4], e não os serviços, mesmo que através destes se obtenha

---

[1] *Vd.* LARENZ, *Schuldrechts*, II-1, cit., § 53.I, p. 344; LÖWISCH, *Vertragliche*, cit., § 18, p. 187. Quanto à multiplicidade de hipóteses de contratos de empreitada, *vd.* BROX, *Schuldrecht*, cit., § 20.I.1, p. 185; ENNECCERUS/LEHMANN, *Obligaciones*, cit., § 150.I, pp. 508 e 510; ESSER/WEYERS, *Schuldrecht*, cit., § 31.1, p. 250; MEDICUS, *Schuldrecht*, II, cit., § 99.I.1, p. 160. Consulte-se também LOCHER, *Das Private Baurecht*, 6ª ed., Munique, 1996, quanto às diversas modalidades de contrato de empreitada relacionadas com a construção.

[2] Por isso, como se conclui no Ac. STJ de 29/09/1998, CJ (STJ), 1998, T. III, p. 34, não é contrato de empreitada, mas de prestação de serviços, aquele em que alguém se obriga a zelar pela conservação e asseio de um jardim

[3] Este fundamento de ordem histórica baseia-se, em especial, no que vem referido *supra* n.ᵒˢ II. § 1.2.b) e c) e II. § 2.1 e 2.b).

[4] O termo «obra» tanto pode ter o sentido de resultado de uma acção como de trabalho científico, literário ou artístico. Da evolução histórica, talvez se possa entender «obra» no sentido de bem material, como aquilo que o artífice produz com o seu trabalho.

III – Empreitada

um resultado[1]. Diferentemente, noutros sistemas jurídicos mais directamente influenciados, neste aspecto, pelo Direito romano, a empreitada, descendente da *locatio conductio operis*, tinha por objecto a regulamentação de actividades que levassem à obtenção de um resultado final, até porque o termo latino «*opera –ae*» tanto significa *actio*, como *labor*, como *industria operantis*[2].

IV. Não obstante a referida noção restrita, tem-se discutido se a empreitada, no seu objecto, abrange as obras incorpóreas.

No sentido afirmativo, já foi sustentado que, por exemplo, elaborar um projecto, traduzir uma obra, escrever um livro ou um guião para um filme, bem como compor uma melodia, podem ser exemplos de objectos mediatos do contrato de empreitada, porque estas obras intelectuais se materializam no, por vezes, designado *corpus mechanicum*[3]. Além disso, as regras do contrato de empreitada, com as necessárias adaptações (p. ex., na aplicação da norma respeitante à transferência da propriedade, art. 1212° CC, dever-se-á ter em conta as excepções derivadas do Direito de Autor), estão mais ajustadas para regular estas situações do que as disposições do contrato de mandato, aplicáveis *ex vi* art. 1156° CC[4].

---

[1] Este argumento pode ser corroborado com o facto de no art. 1° do anteprojecto do contrato de empreitada da autoria de Vaz Serra (BMJ, 146 (1965), p. 215), na sequência da exposição do mesmo professor («Empreitada», BMJ, 145 (1965), pp. 19 ss.) se falar em «(...) criar ou modificar uma coisa (...)» e a alteração do termo «coisa» pelo de «obra» na redacção final não ter sido justificada por uma pretendida amplitude do objecto deste contrato.

[2] *Vd. Septem Linguarum Calepinus hoc est Lexicon Latinus*, 8ª ed., Vol. II, Pádua, 1758, p. 85.

[3] *Vd.* Ferrer Correia/Henrique Mesquita, Anot. Ac. STJ de 03/11/1983, ROA, 45 (1985), pp. 141 e 144.

Foi esta a solução preconizada no Ac. STJ de 03/11/1983, BMJ, 331 (1983), p. 489, ao admitir que, como a obrigação de realizar doze programas de televisão se materializa nas fitas magnéticas, o contrato era de empreitada. Em sentido contrário há a ponderar dois votos de vencido quanto à qualificação do contrato.

Acerca da obra intelectual, atendendo ao seu enquadramento no contrato de empreitada, *vd.* Musolino, *L'Opera Intellettuale. Obbligazioni e Responsabilità Professionale*, Pádua, 1995, pp. 67 ss.

[4] *Vd.* Ferrer Correia/Henrique Mesquita, Anotação, cit., p. 145.

Quanto à razão histórica e ao actual desajustamento da remissão estabelecida no art. 1156°, *vd. supra* n.° II. § 2.2.b).

Mais recentemente Brito Pereira, «Do Conceito de *Obra* ...», cit., p. 589, entende que «o contrato pelo qual uma das partes se obriga perante a outra a realizar

São, porém, bastantes os argumentos em sentido negativo; isto é, considerando que o contrato de empreitada só pode ter por objecto coisas corpóreas.

Em primeiro lugar, o legislador português, como acontece com os legisladores de outros diplomas civis, ao regulamentar o contrato de empreitada, preocupa-se, quase exclusivamente, com a construção de coisas corpóreas, muito em especial, de edifícios[1]. Razão pela qual, o regime estabelecido para este negócio jurídico adapta-se melhor à realização desse tipo de obras; designadamente, os direitos de fiscalizar (art. 1209°) e de exigir a eliminação dos defeitos (art. 1221° CC) não se coadunam bem com a realização de obras incorpóreas, tais como as intelectuais[2]. O mesmo se diga em relação à transferência da propriedade (art. 1212° CC), onde o legislador até fala em aceitação da coisa e não da obra, numa clara alusão de que a referida transferência se reporta a bens corpóreos.

Por outro lado, não há uma diferença fundamental entre criar uma coisa corpórea ou uma coisa incorpórea, mas a admitir esta última no objecto da empreitada, este contrato passará a constituir uma categoria demasiadamente ampla[3] e imprecisa. Esta amplitude levaria a que o con-

---

certa obra intelectual deve ser qualificado (...) como um contrato de empreitada»; o autor, ob. cit., pp. 592 ss., demonstra como as regras da empreitada se ajustam a este tipo de negócios, admitindo algumas especificidades relacionadas com o Direito de Autor (p. ex. p. 611).

[1] *Vd.* Díez-Picazo/Gullón, *Sistema*, cit., p. 375; Esser/Weyers, *Schuldrecht*, cit., § 31.2, p. 225; Cunha Gonçalves, *Tratado*, cit., n.° 1064, pp. 612 e 613.

Puig Brutau, *Compendio de Derecho Civil*, Vol. II, Barcelona, 1987, XXVII.1.c., p. 490, refere que o CCEsp. não contém disposições gerais sobre as obrigações do empreiteiro, mas tão-só previsões quanto a certas classes de mestres de obra, pelo que, em relação aos demais, ter-se-á de recorrer às regras gerais das obrigações e dos contratos.

[2] O Código do Direito de Autor e dos Direitos Conexos dá uma primordial relevância aos interesses do criador da obra; relevância essa que não é adaptável com os direitos do dono da obra estabelecidos em sede de empreitada. Assim, por exemplo, nos arts. 9° e 10° do mencionado Código, o reconhecimento e o conteúdo do Direito de Autor, nomeadamente o «(...) direito exclusivo de dispor da sua obra e de fruí-la e utilizá-la (...)» (art. 9°, n.° 2 do Código do Direito de Autor) apresentam-se de forma tão ampla que se torna difícil a sua aplicação no domínio da empreitada, tal como vem regulada no Código Civil. É evidente que esta amplitude pode ser mitigada sempre que a titularidade da obra, nos casos excepcionais previstos no art. 14° do Código em apreço, pertença a pessoa distinta da do seu criador; por conseguinte, se alguém encarrega outrem de realizar uma obra intelectual pode a titularidade desta, para efeito do Direito de Autor, pertencer ao dono da obra.

[3] *Vd.* Vaz Serra, «Empreitada», BMJ, 145 (1965), p. 43.

III – Empreitada

trato de empreitada, na prática, abrangesse todo o conteúdo do contrato de prestação de serviço (art. 1154° CC)[1].

Além disso, a exteriorização que se pode verificar no caso de serem realizadas obras intelectuais (p. ex., páginas do livro, fitas magnéticas, pautas de música) não se pode confundir com a obra em si[2], porque a obra intelectual não se converte em coisa corpórea.

Por último, as criações intelectuais não se devem enquadrar no conteúdo da empreitada, na medida em que, pela natureza da própria obrigação, tem de se admitir que o criador possa desistir a todo o tempo da actividade a que se obrigou, e, na empreitada, tal possibilidade só é concedida ao dono da obra (art. 1229° CC)[3].

Aos negócios pelos quais alguém se obriga a realizar uma obra intelectual aplicam-se, em primeiro lugar, as disposições respeitantes ao Direito de autor, e em tudo o que não estiver nestas regulado, poderão, em casos delimitados e por via analógica, aplicar-se as regras do contrato de empreitada. Apesar de se estar perante contratos atípicos de prestação se serviço, a identidade de problemas pode aconselhar a aplicação de certos preceitos do contrato de empreitada, a fim de que idênticos problemas tenham soluções similares. De facto, as normas reguladoras do contrato de mandato, aplicáveis *ex vi* art. 1156° CC, nem sempre se adaptam à resolução de problemas derivados da criação de obras intelectuais. Por exemplo, no caso de um engenheiro ou de um arquitecto se comprometer a elaborar um projecto para a construção de determinado edifício, justifica-se que, ao contrato celebrado, se apliquem, na medida do possível, as regras da empreitada[4]; até porque, em tais casos, não parece sustentável a apli-

---

[1] *Vd.* ANTUNES VARELA, Anot. Ac. STJ de 03/11/1983, RLJ, 121 (1988/89), p. 188.

[2] *Vd.* CALVÃO DA SILVA, «Direitos de Autor, Cláusula Penal e Sanção Pecuniária Compulsória», ROA, 47 (1987), p. 138; ANTUNES VARELA, Anotação, cit., p. 167.

Neste sentido, cfr. Ac. STJ de 02/02/1988, BMJ, 374 (1988), p. 449, onde se considerou que era de prestação de serviço o contrato mediante o qual um pintor se obrigara a retratar uma pessoa, porque não consistia numa «obra» material, mas numa criação intelectual do domínio artístico, exteriorizada pela pintura.

[3] *Vd.* CALVÃO DA SILVA, «Direitos de Autor...», cit., pp. 133 s.

[4] Neste sentido, Cfr. Ac. STJ de 17/6/1998, CJ (STJ), 1998, T. II, p. 116 e BMJ 478, p. 350. O regime jurídico da empreitada, a aplicar-se, não pode derrogar as regras derivadas do Direito de Autor, em especial os arts. 59° e 60° do Código do Direito de Autor e dos Direitos Conexos. Sobre esta questão, mas reportando-se ao Direito francês, *vd.* LIET-VEAUX/THUILLIER, *Droit de la Construction*, 10ª ed., Paris, 1991, pp. 225 ss.

No que respeita à aplicação das normas que regulam a empreitada ao contrato com o arquitecto, veja-se o art. 1779.3 CCFr. (com a redacção introduzida em 1967), cfr. LIET--VEAUX/THUILLIER, *Droit de la Construction*, cit., p. 273. Quanto ao Direito alemão,

cação de um prazo prescricional de vinte anos (art. 309° CC), na hipótese de defeitos do projecto[1].

V. Será então de concluir que, perante a definição restrita do art. 1207° CC, o contrato de empreitada poderá ter por objecto a realização de coisas corpóreas, materiais (p. ex., construir uma casa) ou imateriais[2] (p. ex., reparar um automóvel[3]), mas não de coisas incorpóreas, mesmo que materializáveis.

Este critério delimitativo não apresenta, só por si, uma solução definitiva, pois a distinção entre coisas corpóreas imateriais e coisas incorpóreas não corresponde a um aspecto intrínseco das mesmas; ela determina-se com base na interpretação da vontade das partes. Dito de outra forma, a mesma prestação pode corresponder, consoante as circunstâncias, a uma

---

vd. LOCHER, *Das Private Baurecht*, cit., pp. 181 ss., com extensas referências à relação contratual entre o dono da obra e o arquitecto. Sobre a responsabilidade do autor da obra intelectual, *vd.* MUSOLINO, *L'Opera Intellettuale*, cit., pp. 113 ss.

[1] Pode haver outras diferenças que justifiquem uma ponderação diversa. Por exemplo, quanto ao estabelecimento do preço, talvez do art. 1158° CC constem regras mais adequadas em relação a um contrato com um arquitecto do que no art. 883° CC. Sobre esta questão, *vd. infra* n.° III. § 8.2. Sobre a responsabilidade do arquitecto por violação do contrato e por actuação delitual, *vd.* BURNS, *The Legal Obligations of the Architect*, Londres, 1999, pp. 15 ss. e pp. 54 ss. Refira-se que, quanto ao prazo, no Direito Inglês, a responsabilidade contratual do arquitecto mantém-se por doze anos (cfr. autor e ob. cit., p. 55).

[2] Reconhece-se o ilogismo da expressão «coisas corpóreas imateriais», pois corpóreo é sinónimo de material e, linguisticamente, não pode haver coisas corpóreas imateriais, por ser um contra-senso. Quanto a este problema e à admissibilidade desta classificação do ponto de vista jurídico, *vd.* ROMANO MARTINEZ, *Cumprimento Defeituoso, em especial na Compra e Venda e na Empreitada*, reimpressão, Coimbra, 2001, n.° 20.d), p. 205, n. 1. Para evitar o referido ilogismo pode usar-se a classificação de MENEZES CORDEIRO, *Tratado de Direito Civil Português*, I, *Parte Geral*, Tomo I, 2ª ed., Coimbra, 2000, n.° 49, p. 173, que distingue os bens corpóreos em materiais e energéticos.

[3] Em sentido diverso, no Ac. Rel. Lx. de 07/01/1988, BMJ, 373 (1988), p. 588, qualificou-se como de prestação de serviço o contrato mediante o qual se entregara um veículo numa oficina para «reparação geral do motor». Nesta sequência, qualquer obra de reparação, seja num edifício, numa ponte, etc., também seria de qualificar como contrato de prestação de serviço, o que não é aceitável. No sentido de que a obrigação de proceder a uma revisão geral do motor conforma uma empreitada, cfr. as duas decisões do Supremo Tribunal Suíço citadas por GAUCH, *Der Werkvertrag*, cit., n.° 27, p. 8, bem como o Ac. STJ de 10/04/1980, BMJ, 296 (1980), p. 274 e o Ac. Rel. Cb. de 20/09/1988, BMJ, 379 (1988), p. 650; Ac. Rel. Lx. de 17/04/97, CJ XXII, T. II, p. 110 e Ac. Rel. Lx. de 5/06/1997, CJ XXII, T. III, p. 269 e Ac. Rel. Pt. de 6/4/2000, CJ XXV, T. II, p. 216, em que se entendeu ser de empreitada o contrato de reparação de um veículo.

III – *Empreitada*

coisa corpórea imaterial ou a uma coisa incorpórea. Assim, se alguém encarrega um pintor de lhe pintar o interior da casa, o contrato é de empreitada e o facto de aquele pintor, por ser um artista, também ter sido encarregue de desenhar e pintar figuras geométricas ou outras, segundo modelo fornecido pelo dono, nas ombreiras das portas de uma das salas, não altera a natureza do contrato. Se, porém, o mesmo pintor foi contactado para, com toda a liberdade e com base no seu espírito artístico e criativo, pintar um fresco na parede, já não se estará perante uma empreitada.

§ 8. Preço

1. Ideia geral

I. A retribuição é um elemento essencial do conceito de empreitada[1] pois, se não for estabelecido um preço estar-se-á perante um contrato gratuito de prestação de serviço.

Todavia, apesar de a retribuição ser um elemento essencial da noção de empreitada, não se exige, como o fazia o art. 1396 CC 1867, que a remuneração seja proporcional à quantidade de trabalho executado. Isto pode levar a que se qualifique como de empreitada um contrato em que o preço é meramente simbólico.

Da expressão «mediante um preço» utilizada no art. 1207° CC (*vd.* também o art. 1211° CC e, por remissão, o art. 883° CC) infere-se que a remuneração terá de revestir um valor expresso em moeda corrente; ou seja, a retribuição tem de ser fixada em dinheiro[2].

De facto, o Código Civil fala em «preço» e «(...) o preço é o valor dos bens expresso em unidades monetárias, é a expressão monetária do valor dos bens»[3]. Não se enquadra, pois, na noção de empreitada o contrato mediante o qual o dono da obra fica obrigado a uma prestação em

---

[1] Como referem MALAURIE/AYNÈS, *Contrats Spéciaux*, cit., n.° 709, p. 391, não há contratos de empreitada gratuitos. No mesmo sentido, *vd.* RUBINO, *L'Appalto*, cit., n.° 75, p. 177. Relativamente ao Direito alemão, como afirma SOERGEL, Coment. 1 ao § 632, *Münchener Kommentar,* cit., p. 2106, o § 632.I BGB ficciona a existência de um acordo quanto ao preço na empreitada.

[2] Cfr. PEREIRA DE ALMEIDA, *Empreitada*, cit., p. 8; PIRES DE LIMA/ANTUNES VARELA, Coment. 5 ao art. 1207, *Código Civil Anotado*, II, cit., p. 867. Em sentido contrário, *vd.* VAZ SERRA, «Empreitada», BMJ, 145 (1965), p. 64.

[3] *Vd.* SOARES MARTINEZ, *Economia Política*, 8ª ed., Coimbra, 1998, p. 616.

394   *Direito das Obrigações*

géneros[1]. Contudo, nada obsta a que, tendo sido estabelecido um determinado preço, o dono da obra, mediante recurso à figura da dação em cumprimento (arts. 837° ss. CC), se exonere com a entrega de outra prestação.

II. Também no Direito Civil espanhol (art. 1544 CCEsp.)[2], francês (art. 1710 CCFr.) e suíço (art. 363 CO) o dono da obra fica adstrito a pagar um preço. O Código Civil Italiano, quanto ao *appalto* (art. 1655 CCIt.) é peremptório ao afirmar que a contraprestação tem de ser em dinheiro, não assim no que respeita ao contrato *d'opera* (art. 2222 CCIt.), onde se exige só um correspectivo, sem qualquer especificação. Diferentemente, no sistema jurídico alemão (§ 632 BGB) exige-se que o dono da obra preste uma retribuição (*Vergütung*) e não um preço (*Preis*), pelo que a doutrina tem admitido que a prestação do dono da obra pode não ser em dinheiro[3].

III. Se, no momento da conclusão do contrato, a retribuição não for estabelecida em dinheiro poder-se-á estar perante um contrato misto. Por exemplo, o proprietário de certo prédio antigo bem localizado numa cidade e de um terreno nos arredores contrata um empreiteiro para este lhe construir um edifício neste terreno, recebendo, como contraprestação, o velho prédio. Ou, ainda mais frequente, o proprietário de um terreno cede-o em troca de um andar no imóvel que o adquirente promete construir. Nestes exemplos está-se perante contratos mistos acoplados, geminados ou de duplo tipo, na medida em que uma das partes se obriga à prestação típica de certo contrato e a contraparte à prestação típica de outro contrato. O regime da empreitada encontrará aplicação na parte correspondente à execução de uma obra.

---

[1] Em sentido contrário, *vd*. Ac. STJ de 20/07/1982, BMJ, 319 (1982), p. 277. Todavia, no caso *sub iudice*, ao contrário do que vem indicado no aresto, não se punha verdadeiramente o problema referido no texto, na medida em que fora acordado que a empreiteira receberia 5% da percentagem de 20% facturada e paga pela dona da obra; o preço era aqui determinado em dinheiro e não em géneros. Tratava-se era de uma prestação indeterminada.

No Ac. STJ 7/07/1994, CJ (STJ), II 1994, T. III, p. 56, considerou-se «fundamentalmente (como) de empreitada» o contrato mediante o qual o pagamento era feito mediante a transferência, para o «empreiteiro», de dois lotes de terreno do «dono da obra».

[2] Não obstante a lei espanhola (art. 1544 CCEsp.) falar em preço certo, ALBALADEJO, *Obligaciones*, cit., §109.5, p. 280, considera que a contraprestação pode ser em dinheiro, espécie ou serviços.

[3] *Vd*. BROX, *Schuldrecht*, cit., § 20.I.2, p. 186; ENNECCERUS/LEHMANN, *Obligaciones*, cit., § 150.II, p. 512.

III – *Empreitada*

2. Fixação

I. O preço da empreitada é normalmente fixado até ao momento da celebração do negócio jurídico. A remuneração costuma, inclusive, constar do orçamento aprovado aquando do ajuste do contrato.

Se o montante do preço for determinado por convenção das partes, ele pode ter sido fixado por várias formas[1]. Formas essas que o Direito Privado deixou na inteira disponibilidade das partes; não assim com respeito à empreitada de obras públicas, onde se determina que a retribuição pode ser estipulada: *a)* por preço global; *b)* por série de preços; *c)* por percentagem (art. 8°, n.° 1 REOP). Esta enumeração parece, todavia, ser meramente indicativa.

II. O preço pode ter sido determinado de um modo global, normalmente designado por preço *a forfait*, a corpo ou *per aversionem*[2]. Neste caso, é ajustado um preço para a totalidade da obra ou, como dispõe o art. 9°, n.° 1 REOP, o «(...) montante da remuneração correspondente à realização de todos os trabalhos necessários para a execução da obra ou parte da obra objecto do contrato é previamente fixado».

Nas obras de maior vulto é frequente a preexistência de um projecto, pormenorizado e completo, de todo o trabalho a realizar, com a fixação do respectivo preço. Esta forma de determinação do preço apresenta-se, em princípio, como mais vantajosa para o dono da obra, porque fica, de antemão, conhecedor do montante que lhe será exigido; em contrapartida,

---

[1] Sobre esta questão há uma abundante bibliografia. Em Portugal, *vd.*, designadamente, PEREIRA DE ALMEIDA, *Empreitada*, cit., pp. 9 e 10; CUNHA GONÇALVES, *Tratado*, cit., n.os 1063 e 1064, pp. 610, 611 e 615; VAZ SERRA, «Empreitada», BMJ, 145 (1965), p. 74. De entre os autores brasileiros pode ver-se BARROS MONTEIRO, *Obrigações*, cit., pp. 196 e 197; SILVA PEREIRA, *Instituições*, cit., n.° 242, pp. 202 ss. Em Espanha pode consultar-se DíEZ-PICAZO/GULLÓN, *Sistema*, cit., pp. 377 s. Quanto aos autores franceses, veja-se MALAURIE/AYNÈS, *Contrats Spéciaux*, cit., n.os 766 ss., pp. 416 ss. Na Itália, *vd.* GALGANO, *Diritto Privato*, 4ª ed., Pádua, 1987, n.° 30.1, p. 539; RUBINO, *L'Appalto*, cit., n.os 78 ss., pp. 182 ss. Com respeito a autores alemães, pode ver-se BROX, *Schuldrecht*, cit., § 20.I.2, p. 186.

[2] No art. 9°, n.° 2 REOP, dispõe-se: «Devem ser contratadas por preço global as obras cujos projectos permitam determinar a natureza e as quantidades dos trabalhos a executar bem como os custos dos materiais e da mão-de-obra a empregar». Trata-se de uma disposição que, em razão do carácter evidente do estipulado, talvez fosse desnecessária; refira-se que esta norma, que já constava do art. 8° do diploma de 1993, não foi incluída na versão original do actual regime, tendo sido introduzida pela Lei n.° 163/99, de 14 de Setembro.

396   *Direito das Obrigações*

o empreiteiro corre mais riscos, porquanto terá de suportar eventuais maiores despesas se a sua previsão, quanto à realização de toda a obra, não estava correcta.

III. Diferentemente, as partes podem estabelecer que o preço da obra seja determinado por cada artigo, por unidade a executar. Por exemplo, o empreiteiro obriga-se a fazer vinte cadeiras a X por objecto, ou a plantar mil eucaliptos a Y por unidade. A determinação do preço por unidades implica a perfeita diferenciação e divisão das partes que integram a obra, com respeito ao todo a obter. Nestes casos, constando do contrato o número de artigos que compõem a totalidade da obra, o preço global está implicitamente determinado.

Da mesma forma, se as partes estabeleceram um preço por medida, o preço total da obra vai depender da dimensão que esta tiver depois de concluída. Será o caso de o empreiteiro se obrigar a rasgar uma estrada a X por quilómetro, ou a desinfectar uma seara de trigo a Y por hectare, ou a alcatifar um apartamento a Z por metro quadrado. As obras cujo preço for determinado por medida não se concebem sem uma absoluta identidade e continuidade qualitativa do todo, mas com partes quantitativamente determinadas em razão da sua extensão.

Nestes dois casos, a remuneração do empreiteiro resulta da aplicação dos preços unitários, previstos no contrato para cada espécie de trabalho a realizar, às quantidades desses trabalhos efectivamente executados[1].

IV. Também se admite que a remuneração seja determinada em função do tempo de trabalho. Por exemplo, o empreiteiro obriga-se a erguer um muro e será pago tendo em conta o número de dias que leve a executar a obra. Em tais casos, a distinção relativamente ao contrato de trabalho pode ser ténue, mas se aquele que se obriga à realização da obra, não obstante a sua remuneração depender do tempo de trabalho despendido, se cobrar pelo risco que assume e tiver autonomia na execução dessa obra, estar-se-á perante um contrato de empreitada.

V. Diferente é a forma de determinação do preço na empreitada por administração. Nesta, o dono da obra fornece os materiais e paga a mão-de-obra, enquanto o empreiteiro recebe uma percentagem determinada em função do valor dos materiais e do trabalho incorporados na

---

[1] *Vd*. art. 8º REOP sobre a designada empreitada por série de preços.

III – Empreitada 397

obra[1]. Ao lado deste tipo de fixação do preço, vulgarmente designado de empreitada por administração co-interessada, ainda se pode admitir que a contraprestação monetária seja estabelecida numa forma de administração simples, caso em que a quantia, em vez de se determinar por percentagem, é fixa e invariável[2]. Neste último caso, levanta-se, todavia, o problema da delimitação com respeito ao contrato de trabalho[3].

Admite-se que, no mesmo contrato de empreitada, se combinem duas ou mais formas de fixação do preço[4], e, inclusivamente, que, durante a execução da obra, por acordo das partes, se altere o modo de proceder para determinar o montante da remuneração.

VI. Todavia, se as partes não estabeleceram uma forma de fixação do preço, ou se o orçamento tinha uma finalidade de mera orientação[5], terá de se estabelecer um critério para assentar no valor desta prestação do dono da obra. De facto, como se depreende do disposto no art. 1221° CC, a perfeição do contrato de empreitada não depende da fixação, por acordo, do preço[6]. O preço, apesar de ser um elemento integrador da noção de empreitada, pode ser determinado em momento ulterior ao do ajuste.

Na Alemanha, por força do § 632.II BGB, a remuneração determina--se em função das taxas médias[7]. Mas não existindo taxas naquele ramo de actividade, o preço será fixado em função dos usos[8].

Na Itália, nos termos do art. 1657 CCIt., o preço é determinado tendo em atenção as taxas existentes ou os usos e, na falta destes, será fixado pelo tribunal[9].

---

[1] Para as empreitadas de obras públicas, *vd*. arts. 39° ss. REOP.

Com respeito a esta forma de determinação do preço, veja-se igualmente o Ac. STJ de 20/07/1982, BMJ, 319 (1982), p. 276.

[2] *Vd*. RUBINO, *L'Appalto*, cit., n.° 83, p. 193.

[3] Acerca deste aspecto, cfr. Ac. STJ de 10/12/1971, BMJ, 212 (1972), p. 236.

[4] *Vd*. art. 8°, n.° 2 REOP. Cfr. também RUBINO, *L'Appalto*, cit., n.° 81, p. 188.

[5] *Vd*. LARENZ, *Schuldrechts*, II-1, cit., § 53.III, pp. 369 e 370.

[6] Cfr. Ac. STJ 5/05/1994, CJ (STJ), II (1994), T. II, p. 73

[7] Cfr. BROX, *Schuldrecht*, cit., § 20.III.2, p. 187; ENNECCERUS/LEHMANN, *Obligaciones*, cit., § 150.II, p. 513; LARENZ, *Schuldrechts*, II-1, cit., § 53.I, pp. 343 e 344; LÖWISCH, *Vertragliche*, cit., § 18, p. 188; MEDICUS, *Schuldrecht*, II, cit., § 99.IV.1, p. 167; SOERGEL, Coment. 13 ao § 632, *Münchener Kommentar*, cit., p. 2109.

[8] Cfr. LARENZ, *Schuldrechts*, II-1, cit., § 53.I, pp. 343 e 344; LÖWISCH, *Vertragliche*, cit., § 18, p. 188; SOERGEL, Coment. 14 ao § 632, *Münchener Kommentar*, cit., p. 2110.

[9] Cfr. GALGANO, *Diritto Privato*, cit., n.° 30.2, p. 541; RESCIGNO, *Manuale del Diritto Privato Italiano*, 7ª ed., Nápoles, 1987, n.° 229, p. 813; RUBINO, *L'Appalto*, cit., n.os 78, 86 e 89, pp. 183, 184, 199 ss. e 204 ss.

398 *Direito das Obrigações*

No Brasil, na falta de disposição do respectivo Código Civil, a doutrina tem defendido que o preço será determinado por arbitramento, judicial ou extrajudicial[1].

Neste ponto, o art. 1211°, n.° 1 CC remete para as regras da compra e venda (art. 883° CC). Assim, se o preço não for fixado por entidade pública (o que não será frequente nas empreitadas de Direito Privado), valerá como preço aquele que o empreiteiro normalmente pratica à data da conclusão do contrato; na falta deste, ter-se-á em conta o preço comummente praticado, para a realização de obras daquele tipo, no momento e no lugar do cumprimento da prestação do comitente. Não sendo estes critérios suficientes, recorre-se ao art. 400° CC e o preço é determinado pelo tribunal, segundo juízos de equidade[2]. O processo para a determinação judicial do preço da empreitada vem regulado no art. 1429° CPC.

3. Revisão

I. Tendo sido estabelecido um preço, o empreiteiro não pode, em princípio, pedir qualquer acréscimo, mesmo que os salários e os materiais tenham aumentado.

As partes podem, contudo, ter estipulado uma cláusula de revisão de preços e, nesse caso, a remuneração será alterada em função dos condicionalismos e na medida do critério acordado.

À revisão de preços convencional aplica-se, supletivamente, o regime do Decreto-Lei n.° 474/77, de 12 de Novembro, desde que o contrato tenha sido celebrado por escrito[3].

Mas para a eventualidade do silêncio dos contraentes — que é a situação mais comum —, VAZ SERRA[4], no anteprojecto, sustentava que, mesmo admitida a regra geral de resolução ou de modificação dos contratos por alteração das circunstâncias, deveriam ser incluídas no contrato de empreitada disposições especiais sobre a matéria. A necessidade de regras especiais deve-se ao facto de a empreitada, não sendo, por via de

---

[1] Cfr. BARROS MONTEIRO, *Obrigações*, cit., p. 203; SILVA PEREIRA, *Instituições*, cit., n.° 243, p. 205.

[2] A regra de determinação do preço na empreitada, por remissão para o art. 883° CC, é diversa da que vigora em relação ao mandato, por aplicação do art. 1158°, n.° 2 CC, só coincidindo os dois últimos critérios: usos e equidade.

[3] *Vd*. Ac. STJ de 15/04/1993, CJ (STJ), I (1993), T. II, p. 65.

[4] «Empreitada», BMJ, 145 (1965), pp. 148 e 149.

III – Empreitada   399

regra, um contrato aleatório, corresponder, todavia, a um negócio jurídico em que a margem de risco é muito elevada, e o legislador deveria preocupar-se em conservar um certo equilíbrio entre as prestações[1].

II. O § único do art. 1401° CC 1867[2] dispunha: «Se esse aumento exceder vinte por cento e resultar de desvalorização da moeda, o empreiteiro terá o direito de rescindir o contrato, desde que o dono da obra se não queira sujeitar a indemnizá-lo por esse excesso; no caso inverso, o mesmo direito assiste ao dono da obra».

O Código Civil Italiano, que influenciou sobremaneira o articulado do anteprojecto de VAZ SERRA, no seu art. 1664, pretendeu mitigar o risco da empreitada, estabelecendo a possibilidade de aumentar ou diminuir o preço da obra, quando se verifiquem alterações no valor da matéria e da mão-de-obra superiores a dez por cento. No n.° 2 do mesmo preceito faz--se uma enumeração exemplificativa de outras situações que poderão conduzir a modificações do preço. Por força do art. 1664 CCIt., o empreiteiro só pode exigir a alteração do preço e não a resolução do contrato, mas não lhe está vedado o recurso à regra geral da resolução do contrato por excessiva onerosidade (arts. 1467 ss. CCIt.)[3].

Também no Código das Obrigações Suíço (art. 373.2), permite-se que o juiz determine a elevação do preço da empreitada, sempre que se verifiquem circunstâncias extraordinárias e imprevisíveis[4].

III. Apesar do precedente estatuído no Código Civil anterior e da influência do diploma italiano, o art. 10° do anteprojecto não passou para a redacção final do actual Código Civil. Assim sendo, à empreitada aplicam-se unicamente as regras gerais respeitantes à resolução ou modificação dos contratos por alteração das circunstâncias (arts. 437° ss. CC). Todavia, as condições de admissibilidade deste instituto, nomeadamente a alteração anormal e os riscos próprios do contrato, vão impedir que, na maior parte dos casos, se restabeleça o equilíbrio entre prestações. Na prática, isto vai conduzir a que sobre o empreiteiro, durante a exe-

---

[1] *Vd*. VAZ SERRA, «Empreitada», BMJ, 145 (1965), pp. 148 e 149; TARTAGLIA, *Eccesiva Onerosità ed Appalto*, Milão, 1983, pp. 111, 112, 132 e 138.

[2] Introduzido pelo Decreto n.° 19126, de 16 de Dezembro de 1930.

[3] Cfr. GALGANO, *Diritto Privato*, cit., n.° 30.1, p. 537; RUBINO, *L'Appalto*, cit., n.° 291, pp. 697 ss.; TARTAGLIA, *Eccesiva Onerosità ed Appalto*, cit., pp. 119 ss., 128, 142, 153, 157 e 158.

[4] *Vd*. GAUCH, *Der Werkvertrag*, cit., n.os 711 ss., pp. 204 ss.

400 Direito das Obrigações

cução da obra, recaia a álea do aumento dos preços dos materiais e da mão-de-obra[1].

Diferentemente, nas empreitadas de obras públicas, a revisão dos preços por alteração das circunstâncias encontra previsão específica no art. 198° REOP[2]. Este preceito foi decalcado do art. 437° CC, o que não tem obstado a que se proceda com frequência à revisão dos preços. A diferente interpretação de uma norma idêntica, talvez se fique a dever ao facto de a repartição dos riscos próprios do contrato, no domínio do Direito Público, ser diversa da que vigora no Direito Privado.

4. Pagamento

Na falta de convenção ou uso em contrário, o preço deve ser pago no acto de aceitação da obra (art. 1211°, n.° 2 CC).

Solução idêntica vigora na Itália, por força do disposto no art. 1665 CCIt.[3]. Diferente era a solução preconizada no art. 1406° CC 1867, onde se estabelecia que o preço seria pago com a entrega da obra. Este é o sentido dos arts. 1599 CCEsp., 372 CO e § 641.I BGB[4].

No Direito português, a lei relaciona a aceitação da obra com o vencimento da prestação do preço[5], pois aquela, para além de outros efeitos

---

[1] Cfr. Ac. STJ de 17/01/1980, BMJ, 293 (1980), p. 305; Ac. Rel. Év. de 14/04/1983, CJ, VIII (1983), T. II, pp. 292 e 293; Ac. Rel. Év. de 13/10/1983, CJ, VIII (1983), T. IV, p. 325.

[2] Mais concretamente, a revisão de preços, em tais empreitadas, está ainda, parcialmente, regulada no Decreto-Lei n.° 348-A/86, de 16 de Outubro. Para uma explicação pormenorizada deste diploma, com explicações práticas dos sistemas de revisão de preços nestas empreitadas, *vd.* CORREIA MARQUES, *Contratos de Empreitada e Revisão de Preços*, Coimbra, 1992, pp. 73 ss. e 157 ss.

[3] *Vd.* RUBINO, *L'Appalto*, cit., n.° 281, pp. 674 e 675.

[4] Quanto ao Direito alemão, cfr. ENNECCERUS/LEHMANN, *Obligaciones*, cit., § 152.II, p. 532; LARENZ, *Schuldrechts*, II-1, cit., § 53.III, pp. 362 e 363; LÖWISCH, *Vertragliche*, cit., § 19, pp. 189 e 190; MEDICUS, *Schuldrecht*, II, cit., § 99.IV.2, p. 167. Todavia, é preciso ter em conta que, no sistema jurídico germânico, há dúvidas quanto a saber se a «*Abnahme*» corresponde a uma entrega corpórea, *vd. infra* n.° VI. § 3, em especial n. 3 da p. 438.

Solução diversa vigora no Direito alemão sempre que as partes decidirem afastar a aplicação do BGB em favor da VOB/B, cujo § 16 estabelece regras distintas quanto ao vencimento do preço, *vd.* SOERGEL, Coment. 7 ao § 641, *Münchener Kommentar*, cit., p. 2269.

[5] No que respeita à relação entre o vencimento da prestação e a aceitação da obra, *vd.* SOERGEL, Coment. 1 ao § 641, *Münchener Kommentar*, cit., p. 2267.

(vd. infra n.º VI. § 3), nos termos do art. 805°, n.º 1 CC, corresponde a uma interpelação do dono da obra para efeitos de pagamento da quantia devida.

Parece lógico que o vencimento da obrigação de pagar o preço se verifique no momento da aceitação, pois é nessa altura que, por via de regra, opera a transferência da propriedade da obra para o comitente (art. 1212°, n.º 1 CC).

Trata-se, todavia, de uma regra supletiva. E nas empreitadas de construção de coisas imóveis é frequente estabelecer-se que o preço seja pago escalonadamente, podendo-se acordar num preço a efectuar em períodos determinados, ou em função do trabalho executado[1].

A obrigação de pagamento do preço também não se vence com a aceitação se, nessa altura, o montante da remuneração ainda for ilíquido (art. 805°, n.º 3 CC)[2].

Sendo a obra executada e aceita por partes, também o pagamento deverá ser fraccionado.

O lugar do pagamento da prestação do preço será o do local onde a obra é entregue, por analogia com o disposto no art. 885°, n.º 1 CC, relativo à compra e venda. Não se compreenderia que, estando o empreiteiro obrigado a entregar a obra em determinado lugar, onde o comitente a aceita, ficasse este obrigado a pagar o preço no domicílio daquele (art. 774° CC)[3]. Todavia, se, por acordo das partes, o preço deve ser pago antes ou depois da aceitação, o lugar do cumprimento será o do domicílio do empreiteiro.

Se o comitente, em razão dos vícios de que a obra padece, a não aceita, também não está adstrito ao pagamento do preço. Mas na hipótese de o dono retirar algum proveito da obra defeituosa, é de admitir que tenha de pagar ao empreiteiro, não o preço acordado, mas o *quantum meruit*; isto é, o valor correspondente às vantagens que retira[4], mediante o recurso à figura da redução do preço prevista no art. 1222° CC (*vd. infra* n.º VII. § 4). Doutra forma haveria enriquecimento sem causa (arts. 473° ss. CC).

---

[1] Nas empreitadas de obra públicas, o pagamento do preço em prestações periódicas, fixas ou variáveis, vem regulado nos arts. 17°, 43°, 209° e 210° REOP. Relativamente às várias formas de pagamento neste tipo de empreitadas, *vd.* os arts. 202° ss. REOP.

[2] O preço pode ser ilíquido, por exemplo, na hipótese de ter sido determinado por medida não tendo esta sido feita, ou se foram introduzidas alterações.

[3] Em sentido contrário, no Ac. Rel. Cb. de 20/06/1973, BMJ, 230 (1973), p. 162, considerou-se que o lugar do pagamento do preço de uma empreitada era o do domicílio do empreiteiro, por aplicação do art. 774° CC.

[4] *Vd.* CHESHIRE/FIFOOT/FURMSTON, *Contract*, cit., p. 520; POWELL-SMITH, *Contract*, 6ª ed., Londres, 1982, p. 33.

IV. SUBEMPREITADA

§ 1. Questões gerais

1. Noção

I. O contrato de subempreitada, tal como acontece com respeito à empreitada, também encontra uma definição legal (art. 1213°, n.° 1 CC)[1]. Da definição legal depreende-se que são pressupostos deste negócio jurídico: a existência de um contrato prévio, nos termos do qual alguém (o empreiteiro) se vincula a realizar uma obra; e a celebração de um segundo negócio jurídico, por cujos termos um terceiro se obriga, para com o empreiteiro, a realizar toda ou parte da mesma obra.

A subempreitada é um contrato subordinado a um negócio jurídico precedente. É uma empreitada de «segunda mão», que entra na categoria geral do subcontrato[2], e em que o subempreiteiro se apresenta como um «empreiteiro do empreiteiro», também adstrito a uma obrigação de resultado.

II. Os contratos de empreitada e de subempreitada não se fundem num único negócio jurídico; antes pelo contrário, mantêm-se distintos e individualizados. O empreiteiro (dono da obra no contrato de subempreitada) continua adstrito para com o dono da obra principal a todas as obri-

---

[1] No Direito francês encontra-se uma definição legal de subempreitada mais desenvolvida na Lei n.° 75/334, de 31 de Dezembro de 1975, integralmente dedicada a este subcontrato.

[2] Sobre as noções de subcontrato e de subempreitada, *vd*. ROMANO MARTINEZ, *O Subcontrato*, Coimbra, 1989, respectivamente, n.os 61, 62 e 11, pp. 185 ss. e 36 ss., bem como a doutrina aí citada e ainda CARVALHO FERNANDES, «Da Subempreitada», Direito e Justiça, Vol. XII (1998), pp. 79 ss. Veja-se também Ac. Rel. Év. de 14/02/1991, CJ, XVI (1991), T. I, p. 301; Ac. Rel. Pt. de 16/09/1993, CJ, XVIII(1993), T. IV, p. 204.

gações emergentes deste negócio jurídico[1]. O subempreiteiro, por via do contrato de subempreitada, vincula-se a realizar uma prestação (uma obra) relacionada com a obra (dita principal).

Os dois contratos (empreitada e subempreitada) não só prosseguem, por via de regra, uma finalidade económica comum, como, sobretudo, têm identidade, pelo menos parcial, de conteúdo e de objecto. Além disso, a subempreitada encontra-se subordinada ao contrato de empreitada[2]. Daí que a relação existente entre a empreitada e a subempreitada seja a de uma união de contratos unilateral, funcional e necessária[3]; noutra perspectiva dir-se-á que, em tal caso, a união de contratos será processual, vertical, homogénea e hierárquica[4].

Os dois contratos (empreitada e subempreitada) prosseguem a mesma finalidade; isto é, apesar de serem contratos distintos, visam ambos a realização do interesse do dono da obra. A subempreitada enquadra-se no projecto geral, e é de toda a conveniência que esteja com ele harmonizada, de forma a que a sua realização não inutilize o resultado a obter por meio deste. Daí que, muitas vezes, no segundo contrato se façam referências às regras do contrato principal[5]. Os contratos de empreitada e de subempreitada estão funcionalizados um em relação ao outro, pois foram celebrados para a prossecução de uma finalidade comum. Daí que na subempreitada de obras públicas se determine que o empreiteiro é responsável perante o dono da obra pelo incumprimento da subempreitada ou de sub-subempreitadas (art. 271° REOP).

III. Do ponto de vista do empreiteiro, o recurso à subempreitada tem, em princípio, duas ordens de motivos. Por um lado, a necessidade de especialização; por exemplo, a montagem de elevadores, a instalação eléctrica ou a canalização de água num prédio a construir são, por via de regra, confiadas a empresas especializadas, mediante uma subcontratação. E, por outro, a falta de capacidade do empreiteiro para arcar com o volume do encargo, no prazo acordado; assim, quando o empreiteiro, não querendo rejeitar um negócio que lhe é proposto, mas verificando que não pode, por

---

[1] Cfr. Ac. Rel. Év. de 20/10/1994, CJ XIX (1994), T. IV, p. 278.

[2] *Vd.* Romano Martinez, *O Subcontrato,* cit., n.° 66, p. 195.

[3] Para maiores explicações, *vd.* Romano Martinez, *O Subcontrato,* cit., n.° 66, pp. 195 a 197.

[4] Uma justificação mais desenvolvida desta classificação encontra-se em Romano Martinez, *O Subcontrato,* cit., n.° 66, p. 197.

[5] *Vd.* Nicklisch, «Rechtsfragen des Subunternehmersvertrags bei Bau – und Anlagenprojekten im In – und Auslandsgesschäft», NJW, 1985, p. 2366.

III – Empreitada 405

si só e no prazo de que dispõe, realizar a obra, pode dar de subempreitada parte da mesma[1].

Além do mais, o recurso à subempreitada pode facilitar o crescimento de pequenas empresas, e aumentar o número de postos de trabalho.

A figura tem encontrado, nos últimos anos, uma grande divulgação. Como refere UFF[2], nos dias de hoje é frequente que o empreiteiro tenha só como função coordenar a actividade dos vários subempreiteiros que executam a obra.

2. Distinção de figuras afins

a) Cessão da posição contratual

I. A subempreitada e a cessão da posição contratual correspondem a duas categorias diferentes, com distintas finalidades, sendo fácil destrinçá-las em teoria[3].

Na cessão transfere-se um direito para terceiro, há uma modificação subjectiva pela qual um dos contraentes originários (o cedente) deixa de ser parte no contrato. Mesmo que o cedente fique garante do cumprimento das obrigações (art. 426°, n.° 2 CC), só responderá, por via de regra, subsidiariamente.

Pelo contrário, na subempreitada, como subsiste o vínculo inicial, o empreiteiro (intermediário) continua adstrito às mesmas obrigações para com o dono da obra, e, por força do novo contrato (derivado), gera-se outro direito; não há substituição, mas sobreposição de sujeitos.

O cessionário passa a ser parte no contrato originário, enquanto o subempreiteiro é parte num segundo contrato, derivado do originário.

Na cessão do contrato é indispensável o consentimento da contraparte (art. 424°, n.° 1 CC), o que, por princípio, não se exige na subempreitada.

A cessão da posição contratual depende das regras dos arts. 424° ss. CC e das do tipo negocial que lhe serve de base (compra e venda, doação, dação em cumprimento, etc.), independentemente do negócio cedido; enquanto a subempreitada segue as regras do contrato base (empreitada).

---

[1] *Vd*. CUNHA GONÇALVES, *Tratado de Direito Civil*, Vol. VII, Coimbra, 1933, n.° 1074, p. 649; LÓPEZ VILAS, *El Subcontrato*, Madrid, 1973, p. 355.

[2] *Construction Law*, 5ª ed., Londres, 1991, p. 153.

[3] *Vd*. ROMANO MARTINEZ, *O Subcontrato*, cit., n.° 28, pp. 87 ss.

O cessionário pode opor ao cedido os meios de defesa do cedente derivados da relação contratual básica e, em contrapartida, o subempreiteiro não pode opor ao dono da obra os meios de defesa do empreiteiro.

Tanto o dono da obra como o empreiteiro podem ceder a sua posição contratual, mas só este último tem o direito de celebrar uma subempreitada.

Na prática, todavia, a diferenciação apresenta múltiplas dificuldades, até porque, para um leigo, as duas figuras podem parecer idênticas.

II. Sempre que se levantem dúvidas de qualificação, deve presumir--se que o empreiteiro celebrou uma subempreitada e não uma cessão do contrato. Este juízo pode alicerçar-se em duas razões: primeiro, porque a subempreitada pode, por via de regra, estabelecer-se livremente, sendo para a cessão necessário o consentimento do cedido; segundo, porque, sendo os negócios jurídicos onerosos, a subempreitada, ao manter a primeira relação inalterada, conduz a um maior equilíbrio das prestações. De facto, persistindo as duas relações jurídicas, o dono da obra fica melhor garantido quanto à obtenção do resultado e o empreiteiro mantém, em relação a este, o seu crédito do preço.

III. Em relação às empreitadas de obras públicas, do art. 148° REOP (com redacção igual ao art. 131° Decreto-Lei n.° 405/93, de 10 de Dezembro) resulta que a cessão da posição contratual, total ou parcial, por qualquer das partes, segue as regras gerais dos arts. 424° ss. do Código Civil: além da autorização do cedido, a que o art. 148° REOP também alude, aplicam-se as restantes regras do Código Civil.

Nada impede a cessão sem autorização, desde que condicional, sujeita à condição da concordância da contraparte.

No n.° 2 do art. 148° REOP só se proíbe a cessão parcial não autorizada, mas do sentido do preceito e das regras gerais tem de se concluir no sentido de a cessão total por parte do dono da obra se encontrar igualmente proibida.

Refira-se que a autorização da cessão da posição contratual, para além das regras gerais e da previsão especial do art. 148° REOP, decorre da natureza pessoal do contrato de empreitada de obras públicas, em que, quanto ao empreiteiro se têm em conta qualidades profissionais, idoneidade e garantias dadas pela empresa. Situação que resulta até da necessidade de emissão de certificados de classificação de empreiteiros (Decreto-Lei n.° 61/99, de 2 de Março) e da idoneidade da empresa onde se alude à capacidade técnica da empresa (meios humanos, equipamento e experiência) e à capacidade económica e financeira da empresa [Portaria n.° 412-H/99, de 4 de Junho]

III – Empreitada

b) Contrato de fornecimento de materiais e utensílios

A subempreitada distingue-se do contrato de fornecimento de materiais e utensílios ao empreiteiro, na medida em que este último negócio consubstancia uma compra e venda[1] ou uma locação; não se verificando, por conseguinte, o exercício de uma actividade, característico da subempreitada. Há, porém, casos de fronteira nos quais, além do fornecimento de materiais e utensílios, se realiza, com eles, uma obra para o empreiteiro; assim, as portas e janelas instaladas num edifício podem corresponder ao objecto de um contrato de compra e venda ou de subempreitada, o mesmo se diga em relação às máquinas alugadas pelo empreiteiro em que a empresa locadora fornece o respectivo operador, subsistindo a dúvida quanto a saber se há um contrato de aluguer ou uma subempreitada. O problema prende-se, assim, com a distinção entre os contratos de compra e venda e de empreitada[2] ou de locação e de empreitada.

c) Contrato de trabalho

A subempreitada também deverá distinguir-se dos contratos de trabalho celebrados pelo empreiteiro. No contrato de trabalho, o prestador de serviço fica numa relação de subordinação perante o empreiteiro, e sobre ele impende, somente, uma obrigação de meios; pelo contrário, o subempreiteiro tem autonomia em relação ao empreiteiro e está adstrito a uma obrigação de resultado[3]. Por outro lado, o termo «subempreiteiro» subentende, as mais das vezes, a existência de uma empresa, o que dissipa confusões com os trabalhadores por conta do empreiteiro[4].

Esta distinção pode acarretar diferenças no que respeita ao horário e local de trabalho, tipo de remuneração, etc. Daí que o empreiteiro — e, por

---

[1] Vd. CUNHA GONÇALVES, Tratado, cit., n.º 1074, p. 649; GAUCH, Der Werkvertrag, 3ª ed., Zurique, 1985, n.º 124, p. 35; RÉMY, «Définition de la Sous-traitance de Construction», RTDC, 1985, n.º 4, p. 737.

[2] Vd. supra n.º I. § 4.3.a).

No que respeita propriamente à diferença entre o subempreiteiro e o fornecedor do empreiteiro e às dificuldades que a jurisprudência francesa tem enfrentado, vd. MALAURIE/ /AYNÈS, Les Contrats Spéciaux, 6ª ed., Paris, 1992, n.º 754, p. 412.

[3] Vd. PIRES DE LIMA/ANTUNES VARELA, Coment. 1 ao art. 1207º, Código Civil Anotado, Vol. II, 4ª ed., Coimbra, 1997, p. 864; ROMANO MARTINEZ, Direito do Trabalho, Vol. II, Contrato de Trabalho, T. 1º, 3ª ed., Lisboa, 1999, pp. 29 ss. e 59 ss.; VAZ SERRA, «Empreitada», BMJ, 146 (1965), pp. 31 e 32, n. 18; GALVÃO TELLES, «Aspectos Comuns aos vários Contratos», RFDUL, Vol. VII (1950), p. 303.

[4] Cfr. COLIN/CAPITANT, Cours Élémentaire de Droit Civil Français, T. II, 10ª ed., Paris, 1948, p. 574.

408   *Direito das Obrigações*

sua vez, o subempreiteiro — possa celebrar um subcontrato, enquanto o trabalhador não pode, sem o consentimento da entidade patronal, ser substituído no cumprimento dos deveres de que foi incumbido.

d) Cessão de trabalhadores

Similar, e muitas vezes confundida com a subempreitada, é a cessão de trabalhadores, que pode corresponder a uma cedência ocasional de trabalhadores (arts. 26° ss. Decreto-Lei n.° 358/89, de 17 de Outubro) ou a uma relação de trabalho temporário (arts. 9° ss. do mesmo diploma)[1].

Na cessão de trabalhadores, os operários contratados por uma entidade vão trabalhar sob a organização e a responsabilidade de outro sujeito; passam a exercer uma actividade sob as ordens daquele para quem executam o trabalho, o empreiteiro. E o cedente de trabalhadores não corre os riscos da execução da obra[2].

Na subempreitada, os operários executam os trabalhos sob as ordens daquele que os contratou, o subempreiteiro; e o risco é repartido, na devida proporção, entre o empreiteiro e o subempreiteiro.

Aquele que contrata trabalhadores para os ceder a um empreiteiro não está relacionado com este por um contrato de subempreitada, mas sim por um contrato atípico de prestação de serviços.

e) Co-empreitada

Também se poderá distinguir a subempreitada da chamada «co-empreitada»[3]. Nesta última, vários empreiteiros obrigam-se, em conjunto, por contratos distintos, a executar o mesmo trabalho, ficando cada um dos co-empreiteiros directamente relacionado com o dono da obra; há uma justaposição de contratos. Diferentemente, o subempreiteiro mantém um vínculo contratual só com o empreiteiro; há uma sobreposição de contratos. Na prática, a diferença nem sempre é muito clara.

---

[1] Relativamente a estas figuras, *vd.* ROMANO MARTINEZ, *Direito do Trabalho*, Vol. II, *Contrato de Trabalho*, T. 2°, 3ª ed., Lisboa, 1999, pp. 118 ss. e pp. 42 ss., respectivamente.

[2] Para maiores desenvolvimentos e critérios de distinção entre os dois negócios jurídicos, *vd.* NÉRET, *Le Sous-Contrat*, Paris, 1979, n.° 35, pp. 30 ss.

[3] *Vd.* MALAURIE/AYNÈS, *Les Contrats Spéciaux*, cit., n.° 757, p. 414; SAINT-ALARY, *Droit de la Construction*, cit., p. 572. A co-empreitada distingue-se da empreitada com pluralidade de empreiteiros, pois, naquela, cada empreiteiro celebra um contrato distinto com o dono da obra e, nesta, os vários empreiteiros são partes no mesmo negócio jurídico. Acerca desta última figura, *vd. supra* n.° III. § 2.4.

III – Empreitada

Em caso de co-empreitada poderá haver um empreiteiro principal, a quem foi encomendada a parte mais significativa da obra, ou mesmo um empreiteiro coordenador dos trabalhos a executar pelos demais, mas, em qualquer dos casos, os outros mestres de obra celebraram directamente contratos com o dono da obra. De forma diversa, se o comitente encarrega um empreiteiro geral da execução da obra e este, por sua vez, contrata e orienta outros empreiteiros, estas últimas relações jurídicas qualificam-se como subempreitadas[1].

3. Liberdade de celebração

I. A subempreitada, nos termos do art. 264°, n.° 1 CC, *ex vi* art. 1213°, n.° 2 CC, pode ser estabelecida sem autorização do dono da obra, se tal faculdade resultar do conteúdo do contrato principal, ou for necessária para a execução da obra[2]. Poder-se-á, portanto, dizer que, sendo o contrato base omisso, a subempreitada é admissível, sem consentimento da contraparte, essencialmente em duas situações. Quando o contrato derivado sirva para executar tarefas especiais que não estejam ao alcance do empreiteiro, mesmo que seja por razões de conveniência, como, por exemplo, o empreiteiro encarregado de reparar uma casa contrata uma empresa que coloca os andaimes. E também se tal faculdade resultar do carácter fungível da prestação do empreiteiro; até porque, regra geral, o comitente não demonstra interesse em que a obra seja executada pessoalmente pelo empreiteiro, podendo este livremente subcontratar.

Para além das razões aduzidas, a liberdade de celebração da subempreitada pode assentar em dois argumentos. Por um lado, o empreiteiro tem liberdade de actuação na escolha dos meios para obter o resultado e, de entre esses meios, é de destacar o ajuste de um contrato (a subempreitada) que visa auxiliar o mestre de obra no cumprimento do seu dever. Em segundo lugar, a celebração de um contrato de empreitada pressupõe, muitas das vezes, que o dono da obra confie no empreiteiro a ponto de não ter nada a obstar quanto ao facto de este realizar os trabalhos em subempreitada.

---

[1] Cfr. LOCHER, *Das Private Baurecht*, 6ª ed., Munique, 1996, § 37.1, p. 325.

[2] *Vd*. ROMANO MARTINEZ, *O Subcontrato*, cit., n.° 17, pp. 55 s. Veja-se igualmente CARVALHO FERNANDES, «Da subempreitada», cit., p. 83 e o Ac. Rel. Év. de 5/06/1997, CJ XXII, T. II, p. 269.

410 *Direito das Obrigações*

II. A mesma regra de liberdade de subcontratação parece ser válida também em caso de empreitada de obras públicas. No domínio do anterior Decreto-Lei n.º 235/86, de 18 de Agosto, art. 127º, n.º 1, só estava proibida a cessão da posição contratual, figura a que, com pouco apuro técnico, se designava por «Traspasse da empreitada». Hoje, no art. 148º REOP, na sequência do artigo 131º do diploma de 1993, sob a epígrafe «Cessão da posição contratual», o legislador também só estabelece limites em relação à cedência da posição contratual na empreitada, sendo de aplaudir a não utilização da expressão «traspasse da empreitada».

III. Há, todavia, casos em que é indispensável o consentimento do dono da obra para que a subempreitada produza efeitos em relação a ele[1]. Em tais situações, a falta de autorização não implica necessariamente a invalidade do subcontrato, mas só a ineficácia deste em relação ao dono da obra. Quando a subempreitada carece de autorização e esta não foi concedida, ela produz efeitos entre as partes (empreiteiro e subempreiteiro), mas é inoponível ao dono da obra. Assim, se no contrato de empreitada ficou vedada a faculdade de subempreitar[2], e se o empreiteiro encarregar terceiro de realizar, total ou parcialmente, a obra de que estava incumbido, o contrato de subempreitada é inoponível ao dono da obra[3] e o seu ajuste acarreta responsabilidade contratual do empreiteiro.

A falta de autorização não se pode equiparar à falta de legitimidade, por isso, se não houver consentimento, o negócio não é inválido, e aplica-se o art. 795º CC ou o art. 801º CC, consoante haja ou não culpa do empreiteiro.

A mera celebração de um contrato de subempreitada sem autorização, sendo esta necessária, não implica automaticamente o inadimplemento de uma obrigação negativa emergente do contrato principal e a correspondente responsabilidade do empreiteiro. O incumprimento dessa obrigação de *non facere* só se verificará no caso de a subempreitada, além de ter sido concluída, venha a ser executada.

---

[1] *Vd.* ROMANO MARTINEZ, *O Subcontrato*, cit., n.º 37, pp. 113 ss.

[2] Nos termos das Directivas 64/427/CEE e 64/429/CEE, de 7 de Junho de 1964, o dono da obra, em empreitadas de obras públicas, não pode impor ao empreiteiro nenhuma discriminação com respeito à nacionalidade dos subempreiteiros.

[3] *Vd.* TETTENBORN, *An Introduction to the Law of Obligations*, Londres, 1984, p. 200. Diferentemente, GIANNATTASIO, *L'Appalto*, 2ª ed., Milão, 1977, p. 75, considera que a falta de autorização acarreta a anulabilidade da subempreitada.

III. No caso de ser necessária a autorização, ela corresponde a uma declaração de vontade recipienda, que pode ser expressa ou tácita e, em princípio, não carece de forma especial.

A autorização pode ser dirigida a uma situação singular ou genérica, ou depender de uma aprovação *in concreto*. Se o dono da obra se limita a permitir a celebração de determinada subempreitada com certa pessoa, a autorização é singular, mas se não fizer restrição, nem quanto ao objecto, nem quanto à identidade do subempreiteiro, a autorização é genérica. Por último, a permissão pode ser dada *a posteriori* perante cada subempreitada que tenha sido celebrada; neste caso, a autorização permite ao dono da obra «vetar» o subempreiteiro ou o objecto da subempreitada.

Resta saber se é lícito ao dono da obra recusar a autorização de subcontratar sem fundamento; especialmente no caso de ter sido concedida uma autorização genérica dependendo de aprovação *in concreto*, pode questionar-se da licitude de uma recusa de permissão quanto à subempreitada, sem invocar quaisquer razões. Se a recusa integrar a *exceptio doli* ou o *venire contra factum proprium* poderá ser subsumível ao art. 334° CC; é sempre possível o recurso ao abuso de direito se o dono da obra excede manifestamente os limites indicados neste preceito.

Diferente é o caso em que o comitente indica ao mestre de obra a identidade do subempreiteiro. Dentro do domínio da autonomia privada, nada obsta a que a escolha do subempreiteiro seja feita pelo dono da obra, só que, nessa hipótese, o empreiteiro não responde por culpa *in eligendo*.

4. Subempreitada de obras públicas

A subempreitada de obras públicas vem definida no art. 266°, n.° 1 REOP, como contrato de empreitada subsequente a uma empreitada de obras públicas, directa ou indirectamente ajustada pelo primeiro empreiteiro[1].

O contrato de subempreitada é formal, tem de ser reduzido a escrito, contendo as formalidades constantes do art. 263°, n.° 3, alíneas a) a e) REOP. Para além da falta de forma implicar a nulidade do contrato, nos termos gerais (art. 220° CC) e reiterado no art. 266°, n.° 4 REOP, da falta de formalidades também decorre a nulidade (art. 266°, n.° 4 REOP). Mas

---

[1] Sobre a subempreitada de obras públicas podem ver-se algumas explicações em OLIVEIRA ANTUNES/COSTA POUSEIRO, *Subempreitadas de Obras Públicas e Subcontratação*, Lisboa, 2001, pp. 21 ss.

a nulidade é atípica — para ambas as situações —, pois não pode ser invocada pelo empreiteiro que deu a obra de subempreitada (art. 266°, n.° 5 REOP).

A liberdade de ajustar uma subempreitada de obras públicas, sem necessidade de prévia autorização do dono da obra decorre das seguintes razões:

1ª) não se aplica a limitação do art. 1213°, n.° 2 CC, com a remissão para o art. 264° CC (art. 272°, n.° 1 REOP);

2ª) do art. 265°, n.° 3 REOP resulta a liberdade de subempreitar 75% da obra;

3ª) no art. 265°, n.° 5 REOP, a autorização do dono da obra só é requerida para a substituição de subempreiteiros que figurem no contrato;

4ª) o dono da obra não se pode opor à liberdade de escolha do subempreiteiro por parte do empreiteiro;

5ª) a subempreitada só está sujeita a autorização se o empreiteiro carece dos certificados de subempreiteiros para se apresentar a concurso (art. 266°, n.°s 6 e 7 REOP, art. 268°, alínea d) REOP e art. 18° Decreto-Lei n.° 61/99, de 2 de Março).

Em sentido oposto, o art. 268°, alínea d) REOP, além de exigir o depósito prévio dos contratos de subempreitada, alude a outras autorizações, dando a entender que a autorização seria sempre necessária, mas como a liberdade de ajustar uma subempreitada pode ser afastada por cláusula em contrário, essas «outras autorizações» podem advir de exigências contratuais.

Não obstante a liberdade de celebração, estabeleceram-se limites à subempreitada: no que respeita ao certificado, à percentagem da obra a dar em subempreitada e em relação a contratos de prestação de serviços.

Em primeiro lugar, o subempreiteiro tem de possuir certificado de empreiteiro de obras públicas emitido pelo Instituto dos Mercados de Obras Públicas e Particulares e do Imobiliário (IMOPPI) ou estrangeiros, como se prescreve no art. 54° REOP (art. 265°, n.° 1 REOP).

Esta regra vale para as empreitadas subsequentes, as designadas sub-subempreitadas (art. 265°, n.° 2 REOP).

A solução constante desta norma carece de uma interpretação criteriosa.

Na remissão para o art. 54° REOP, tem de se atender à obra adjudicada em subempreitada.

Assim, sendo exigido para o empreiteiro um certificado de determinada categoria, nada obsta a que o subempreiteiro possua só o certificado

III – Empreitada 413

correspondente à subcategoria da obra parcial a executar (quanto às categorias e subcategorias, *vd*. Portaria n.° 412-I/99, de 4 de Junho).

Por isso, no art. 18° Decreto-Lei n.° 61/99, de 2 de Março admite-se que o empreiteiro possa socorrer-se de certificados de subempreiteiros que se proponha utilizar na obra para efeito de admissão a concurso. É este também o sentido do art. 266°, n.° 6 REOP.

Deste modo, se a empreitada é especializada, só será necessário que o subempreiteiro tenha o certificado correspondente à categoria ou subcategoria das trabalhos por ele a realizar.

Como segundo limite, o empreiteiro não pode dar de subempreitada mais de 75% da obra adjudicada. Está, pois, proibida a subempreitada total.

Esta regra vale também para as subempreitadas subsequentes (art. 265°, n.os 3 e 4 REOP)

Por último, para evitar a fraude, substituindo a subempreitada por prestação de serviços atípica, estas formas contratuais estão proibidas (art. 270°, n.° 1 REOP), excepto nos termos previstos no n.° 2 do art. 270° REOP.

5. Subempreitada em obra sujeita a licenciamento municipal

O regime da subempreitada de obras sujeitas a licenciamento municipal vem previsto nos arts. 50° ss. Decreto-Lei n.° 61/99, de 2 de Março. O contrato de subempreitada está sujeito à forma escrita, com várias formalidades (art. 51°, n.° 1 e alíneas Decreto-Lei n.° 61/99, de 2 de Março). A falta de forma e de formalidades gera a nulidade do contrato, mas a nulidade é atípica, na medida em que não pode ser invocada pelo empreiteiro que dá parte da obra de subempreitada, pois a responsabilidade pela invalidade é-lhe imputável (art. 51°, n.os 2 e 3 Decreto-Lei n.° 61/99, de 2 de Março)

Como requisitos do subempreiteiro, exige-se que detenha as autorizações de industrial de construção civil correspondentes à natureza e valor dos trabalhos a executar (art. 50°, n.° 2 Decreto-Lei n.° 61/99, de 2 de Março).

Quanto à liberdade de subcontratação não se aplica o art. 1213°, n.° 2 CC, assim como a remissão para o art. 264° CC (art. 53°, n.° 1 Decreto-Lei n.° 61/99, de 2 de Março), podendo o empreiteiro «(...) subempreitar partes das mesma (...)» (art. 50°, n.° 3 Decreto-Lei n.° 61/99, de 2 de Março). Assim sendo, é livre a subempreitada parcial, sendo, em princípio, ilícita a subempreitada total. Mas a regra é supletiva.

§ 2. Regime jurídico

I. A subempreitada é um contrato de tipo idêntico ao da empreitada, ao qual se aplicam as mesmas regras[1]; contudo, por vontade das partes, ela pode ficar sujeita a cláusulas diferentes das do contrato base. Inclusivamente, a subempreitada total pode divergir do negócio principal quanto ao preço ou à sua forma de determinação (a corpo, por medida, etc.), ou quanto ao termo final, que poderá ser mais curto[2]. Por outro lado, nada obsta a que certas disposições reguladoras do contrato de empreitada não sejam, por sua natureza, aplicáveis à subempreitada. É, designadamente, o caso da necessidade de autorização por escrito para as alterações da iniciativa do empreiteiro (art. 1214°, n.° 3 CC), que visa a protecção do dono da obra, no pressuposto de que a sua impreparação técnica pode permitir ao empreiteiro induzir a contraparte a consentir alterações que frustrem o seu plano de despesas; tal norma não se destina à protecção dos próprios empreiteiros perante os subempreiteiros[3].

II. Não tendo ficado esclarecido no contrato de subempreitada, podem levantar-se algumas dúvidas quanto à aceitação, garantia e pagamento do preço[4].

No que à aceitação concerne, cabe perguntar se ela deverá efectuar-se quando terminar a subempreitada, ou só no termo da obra principal. RUBINO[5] considera que a aceitação da obra por parte do empreiteiro está condicionada à aceitação, sem reserva, pelo dono da obra. Esta solução não tem, porém, directo apoio na lei italiana, nem na portuguesa. De facto, o art. 1670 CCIt. (como o art. 1226° do correspondente diploma português) estabelece unicamente que o empreiteiro deverá comunicar a denúncia ao subempreiteiro, para poder agir em regresso. Mas se o problema da aceitação não ficou resolvido no contrato de subempreitada, e se o emprei-

---

[1] Cfr. GIANNATTASIO, *L'Appalto*, cit., p. 70; RUBINO, *L'Appalto*, 4ª ed., Turim, 1980, n.° 46, p. 115; VAZ SERRA, «Empreitada», BMJ, 146 (1965), pp. 127 e 128.

[2] *Vd.* RUBINO, *L'Appalto*, cit., n.° 45, p. 114. No Ac. STJ de 10/2/1998, CJ (STJ) 1998, T. II, p. 58 e BMJ 474, p. 451, atendendo a um regime especial acordado entre o empreiteiro e o subempreiteiro quanto ao transporte das jóias reparadas por este último, admitiu-se a desresponsabilização deste, não obstante o empreiteiro poder ser responsável pela perda das jóias a reparar perante o cliente (dono da obra).

[3] Cfr. Ac. STJ de 17/03/1959, BMJ, 85 (1959), pp. 625 ss.

[4] *Vd.* NICKLISCH, «Rechtsfragen», cit., p. 2368.

[5] *L'Appalto*, cit., n.° 46, p. 116.

III – *Empreitada* 415

teiro não aceitou a obra sem reserva (art. 1219°, n.° 1 CC), a solução preconizada por RUBINO é a mais justa, tendo em conta a necessária cooperação entre subempreiteiro e empreiteiro na prossecução do interesse do dono da obra[1].

III. Com respeito à garantia, esta iniciar-se-á a partir da aceitação com reserva ou da recusa de aceitação para os vícios aparentes, e a partir da entrega para os vícios redibitórios, protelando-se por um ou por dois anos (art. 1224°, n.os 1 e 2 CC). Podendo o prazo de garantia atingir cinco anos a contar da entrega, se a empreitada tiver por objecto a construção, modificação ou reparação de edifícios ou de outros imóveis destinados a longa duração (art. 1225°, n.° 1 CC).

Da aplicação directa, em termos puramente teóricos, destes preceitos à subempreitada, concluir-se-ia no sentido de que o prazo de garantia, neste subcontrato, poderia terminar antes do do contrato principal.

Relativamente às regras da caducidade previstas no contrato de empreitada, a jurisprudência francesa tem decidido que os prazos previstos no art. 2270 CCFr. não são extensíveis à relação jurídica de subempreitada, sendo aplicáveis a este subcontrato as regras gerais da responsabilidade contratual[2]. Esta opinião não parece aceitável, pelo menos no sistema jurídico português, porquanto, por um lado, à subempreitada aplicam-se, por via de regra, os mesmos preceitos estabelecidos para o contrato de empreitada, e, por outro, tais prazos não foram só estabelecidos em favor do dono da obra, mas igualmente do empreiteiro; válidos, portanto, também em relação ao subempreiteiro.

Quanto aos vícios aparentes, se a aceitação da subempreitada coincidisse com a do contrato principal, o prazo de garantia seria o mesmo. Mas já quanto aos vícios ocultos, o prazo de garantia da subempreitada contar-se-ia a partir do momento em que o subempreiteiro entregasse a obra ao empreiteiro, o que poderia ocorrer antes da entrega ao dono da

---

[1] No Ac. Rel. Lx. de 3/5/1990, CJ, XV (1990), T. III, p. 104, admitiu-se que o empreiteiro aceitou a obra realizada pelo subempreiteiro (campos de ténis) antes de terminada a obra principal (hotel). Todavia, neste caso, a autonomia entre as duas obras era suficiente para considerar válida uma aceitação da obra realizada em subempreitada, antes de concluídos os trabalhos encomendados na empreitada.

[2] Cfr. BOUBLI, «La Responsabilité des Constructeurs devant le Juge Judiciaire», *La Responsabilité des Constructeurs, Travaux de L'Association Henri Capitant*, T. XLII (1991), Paris, 1993, pp. 89 e 97; MALAURIE/AYNÈS, *Les Contrats Spéciaux*, cit., n.° 756, p. 414; SAINT-ALARY, *Droit de la Construction*, Paris, 1977, p. 613.

416   *Direito das Obrigações*

obra. E nas empreitadas de imóveis destinados a longa duração, o prazo de garantia também se iniciaria no momento em que o subempreiteiro entregasse a obra ao empreiteiro[1].

É evidente que estas regras supletivas terão de se adaptar às circunstâncias de cada subempreitada. Se a parte entregue pelo subempreiteiro se integrar de tal forma na obra principal que os vícios não possam ser destacados, o prazo de garantia da subempreitada só pode iniciar-se com a entrega ao dono da obra ou com a aceitação deste último. Até porque os dois contratos estão funcionalizados à obtenção do mesmo resultado. Daí que no art. 1226° CC se admita que o empreiteiro exerça o direito de regresso contra o subempreiteiro, desde que lhe comunique, no prazo de trinta dias após a recepção, a denúncia dos defeitos que lhe tenha sido feita pelo dono da obra[2].

Só será admissível que o prazo de garantia da subempreitada termine antes do do contrato principal, quando a obra realizada pelo subempreiteiro tenha total autonomia, e, por isso, possa ser verificada e aceita pelo comitente antes do termo da obra principal[3].

O direito de regresso por defeitos da obra contra o subempreiteiro, previsto no art. 1226° CC, não carece de uma prévia condenação do empreiteiro, mas está condicionado ao pedido do comitente. Assim, se, por exemplo, o dono da obra exige a eliminação dos defeitos, não pode o empreiteiro, em regresso, pedir a redução do preço.

Discutível é a questão de saber se o dono da obra pode demandar directamente o subempreiteiro em caso de incumprimento do contrato por parte deste, quando o não cumprimento pontual da subempreitada lhe acarrete prejuízos[4]. Estando os contratos de empreitada e de subempreitada numa relação estreita, não é de excluir a conexão entre o dono da obra e o subempreiteiro, até porque a violação dos deveres deste para com aquele não deve ficar desprovida de uma tutela directa[5].

---

[1] Neste sentido, cfr. Ac. Rel. Lx. de 3/5/1990, CJ, XV (1990), T. III, p. 107.

[2] Acerca deste direito de regresso, cfr. Ac. Rel. Év. de 20/10/1994, CJ XIX (1994), T. IV, p. 278.

[3] COLIN/CAPITANT, *Cours*, cit., p. 574, são de opinião que, por via de regra, o subempreiteiro fica liberado de responsabilidade logo após a recepção da obra pelo empreiteiro, porque este tem a obrigação de verificar o trabalho que lhe é entregue. Todavia, os mesmos autores, *ob. e loc. cit.*, consideram a justificação apresentada como insuficiente.

[4] *Vd.* ROMANO MARTINEZ, *O Subcontrato*, cit., n.° 58, p. 173.

[5] Neste sentido, *vd.*, para além de ROMANO MARTINEZ, *O Subcontrato*, cit., n.° 58, p. 173, os autores citados nesta obra na p. 173, n. 122. A esses autores pode acres-

III – Empreitada

IV. Por último, a questão do pagamento está também relacionada com a resposta aos dois problemas antecedentes; se o pagamento do subcontraente não ficou na dependência da execução do contrato geral, e a obra parcial tem autonomia com respeito à principal, o subempreiteiro, para ser pago, não necessita de aguardar pelo fim de toda a obra[1]. Nos casos em que a remuneração não tenha sido fixada globalmente, mas sim por unidades ou por medida, a questão do vencimento da prestação do preço devida ao subempreiteiro pode ficar facilitada. Trata-se de uma questão que depende, em larga medida, do que foi convencionado.

Ainda no que respeita ao pagamento, é de referir que o facto de o empreiteiro não ter recebido a remuneração, não inibe, por via de regra, o subempreiteiro de demandar tanto a contraparte como, eventualmente, o comitente[2].

§ 3. Relações entre o dono da obra e o subempreiteiro; acção directa

I. A admissibilidade de uma relação entre o dono da obra e o subempreiteiro contraria a tradicional doutrina da relatividade dos contratos[3]. Mas, seja pela admissibilidade de excepções à dita teoria, pela condenação da mesma, ou considerando que o dono da obra e o subempreiteiro não são verdadeiros terceiros um em relação ao outro é de aceitar, nalgumas situações, a existência de uma acção directa com carácter de reciprocidade[4].

II. Assim sendo, o dono da obra, como credor de uma determinada prestação pode exigir o seu cumprimento ou a responsabilidade derivada do incumprimento ao subempreiteiro, em razão da íntima conexão

---

centar-se POWELL-SMITH/FURMSTON, *A Building Contract Casebook*, 2ª ed., Oxford, 1990, p. 471.

[1] *Vd.* NICKLISCH, «Rechtsfragen», cit., p. 2368.

[2] Relativamente à possibilidade de o subempreiteiro agir em acção directa contra o dono da obra, *vd.* ROMANO MARTINEZ, *O Subcontrato*, cit., n.º 59, pp. 174 ss.

[3] Sobre esta questão, *vd.* ROMANO MARTINEZ, *O Subcontrato*, cit., n.º 53, pp. 155 ss.

[4] Em sentido oposto, contestando estas razões, *vd.* CARVALHO FERNANDES, «Da Subempreitada», cit., pp. 94 s.

418   *Direito das Obrigações*

existente entre os dois negócios jurídicos que visam a prossecução do mesmo fim[1].

Esta asserção não vale só com respeito ao principal direito do dono da obra; designadamente, este, como pode fiscalizar a obra a executar pelo empreiteiro e introduzir-lhe alterações, não fica privado de tais direitos quando a obra, no todo ou em parte, seja executada por subempreiteiro[2]. No regime da subempreitada de obras públicas, o dono da obra também fiscaliza o subempreiteiro: primeiro, na fase inicial, verificando se tem condições legais para executar a subempreitada (art. 265°, n.° 6 REOP); e, ulteriormente, na fase de execução, com vista a assegurar o cumprimento da lei por parte de subempreiteiros, comunicando ou participando a entidades públicas as irregularidades, *verbi gratia* ao IMOPPI (art. 269° REOP).

III. Da mesma forma, ao subempreiteiro deve ser concedida uma acção directa contra o dono da obra para exigir o pagamento do preço da obra realizada em subempreitada[3]. E, caso este não seja pago, nada obsta a que o subempreiteiro exerça o direito de retenção com respeito à parte da obra por ele executada, mesmo que esta seja propriedade do primeiro contraente[4]. Esta acção directa apresenta-se legitimada por motivos de ordem económico-social, na medida em que, ao promover o estreitamento de relações entre quem não é parte no mesmo contrato, cria uma maior confiança entre os sujeitos e favorece o estabelecimento de relações contratuais, ao mesmo tempo que evita uma duplicação de pagamentos. Por outro lado, a existência de uma acção directa, do subem-

---

[1] *Vd.* ROMANO MARTINEZ, *O Subcontrato,* cit., n.° 58, p. 173.

No Ac. Rel. Cb. de 10/12/1996, RLJ 131, p. 113, admitiu-se que constituía um contrato a favor de terceiro a obrigação acordada no contrato de subempreitada de o subempreiteiro pagar uma cláusula penal ao dono da obra em caso de mora. Esta posição é reiterada por HENRIQUE MESQUITA em anotação a esse acórdão (RLJ 131, p. 121 ss.). Em tal caso, a acção directa baseia-se em cláusula contratual.

[2] CARVALHO FERNANDES, «Da Subempreitada», cit., p. 95 ss., aceitando tal implicação, considera que não resulta da acção directa, mas da projecção da subempreitada no conteúdo da situação contratual do dono da obra.

[3] *Vd.* ROMANO MARTINEZ, *O Subcontrato,* cit., n.° 59, pp. 174 ss.

[4] Quanto à possibilidade de o direito de retenção poder ser exercido sobre bens propriedade de terceiro, veja-se o que vem anteriormente referido em III. § 5.2. Com uma posição restritiva relativamente ao exercício do direito de retenção por parte do subempreiteiro, apesar de admitir que este exerça o direito de retenção contra o empreiteiro não obstante tal actuação poder afectar o direito de propriedade do dono da obra, vd. CARVALHO FERNANDES, «Da Subempreitada», cit., p. 102.

III – Empreitada 419

preiteiro contra o dono da obra, está mais adequada com a realidade porque, por via de regra, eles não se consideram entre si verdadeiramente como terceiros.

A nível de subempreitada de obras públicas, a questão encontra-se solucionada, pois a designada acção directa tem uma consagração específica através da figura mal apelidada de «Direito de retenção» (art. 267° REOP), que não obstante o nome, não é um direito real de garantia (art. 754° ss. CC), sendo a expressão enganadora. O subempreiteiro pode reclamar ao dono da obra pagamentos em atraso que sejam devidos pelo empreiteiro (art. 267°, n.° 1 REOP). Caso o empreiteiro não proceda ao pagamento nos 15 dias subsequentes à notificação que o dono da obra lhe faça para o efeito, este paga directamente ao subempreiteiro.

V. FORMAÇÃO E EXECUÇÃO DO CONTRATO

§ 1. Formação do contrato

I. No que respeita à formação do negócio jurídico, a empreitada não tem qualquer especificidade, pelo que se deve recorrer às regras gerais.

Nas empreitadas de vulto é frequente que a conclusão do contrato seja precedida de uma fase pré-negocial. Nesse *iter negotii* que, por vezes, é moroso devem as partes agir de acordo com os ditames da boa fé (art. 227° CC).

Normalmente, a fase negociatória começa com um pedido de orçamento ao empreiteiro, após se ter explicado qual a obra pretendida. O pedido de orçamento é feito, por via de regra, sem compromisso[1], o que não obsta, todavia, a que, estando preenchidos os respectivos pressupostos, haja lugar à responsabilidade com base em culpa *in contrahendo*[2].

A referida fase negociatória pode autonomizar-se ao ponto de ela constituir, por si, um contrato autónomo, por exemplo, de prestação de serviços que segue as regras próprias[3].

---

[1] Cfr. PEREIRA DE ALMEIDA, *Direito Privado*, Vol. II (*Contrato de Empreitada*), Lisboa, 1983, p. 27; MALAURIE/AYNÈS, *Les Contrats Spéciaux*, 6ª ed., Paris, 1992, n.° 703, p. 390.

Quanto a obrigações decorrentes para as partes nesta fase pré-negocial, veja-se o Ac. Rel. Lx. de 17/04/1997, CJ XXII, T. II, p. 110, em que, como tinha sido pedido um orçamento, cabia ao proprietário do veículo, que não quis a reparação, pagar o valor da permanência do automóvel nas instalações do potencial empreiteiro.

[2] *Vd.* POWELL-SMITH/FURMSTON, *A Building Contract Casebook*, 2ª ed., Oxford, 1990, pp. 3 e 4, a propósito do caso British Steel Corporation v. Cleveland Bridge & Engineering co. Ltd., 1981. No caso em apreço não se fala na figura da culpa *in contrahendo* – desconhecida no Direito anglo-americano –, mas de uma indemnização pelo *quantum meruit*, apesar da inexistência de contrato entre as partes; de facto, POWELL-SMITH/ /FURMSTON, *A Building Contract*, cit., pp. 4 ss., na explicação do aresto enunciado, não obstante haver concordância com a decisão final, sentem alguma dificuldade conceptual na sua justificação.

[3] Era o que se passava no caso William Lacey (Houslow), Ltd. v. Davis, 1957, em que o empreiteiro elaborara o plano de reconstrução da casa que o dono usou para

422 Direito das Obrigações

II. Nesta fase de planeamento[1] define-se o programa, selecciona-se o projectista[2], elabora-se o projecto com os consequentes estudos de materiais, solos, etc. e pede-se a aprovação pelas autoridades[3].

Seguidamente, o empreiteiro apresenta uma proposta que, por vezes, é bastante pormenorizada. Esta proposta, da qual podem constar os vários aspectos da realização da obra, baseia-se frequentemente no chamado caderno de encargos[4]. Sendo a proposta do empreiteiro aceita pelo comitente, esta e o caderno de encargos passam a fazer parte do contrato. Nestes casos, o negócio jurídico costuma ser reduzido a escrito, porque a complexidade do acordo não se coadunaria com um contrato celebrado, designadamente sob forma oral.

III. O contrato também poderá ser concluído mediante a aceitação das cláusulas gerais do negócio jurídico, remetendo-se para um projecto[5], um desenho, uma análise de preços, ou qualquer outra concretização da obra a elaborar ulteriormente, e que o passará a integrar. Neste caso, podem levantar-se problemas derivados de incompatibilidades entre cláusulas do primeiro e do segundo documentos; incompatibilidades essas que deverão ser solucionadas tendo por base as regras gerais da interpretação negocial dos arts. 236° ss. CC, relacionando-as com o disposto no art. 222° CC.

No que respeita à celebração do contrato de empreitada há, então, a ter em conta as regras constantes do diploma sobre cláusulas contratuais gerais (Decreto-Lei n.° 446/85, de 25 de Outubro), na medida em que, muitas das vezes, as propostas apresentadas pelos empreiteiros constam de formulários por eles elaborados de antemão[6].

---

negociar com a comissão de prejuízos de guerra, *vd*. POWELL-SMITH/FURMSTON, *A Building Contract*, cit., p. 11.

[1] Para maiores desenvolvimentos e distinção de outras fases, *Vd*. FERRY BORGES, *Qualidade na Construção*, Lisboa, 1988, pp. 6 ss.

[2] Em certos casos, a relação com o projectista e a elaboração do projecto podem preceder os contactos com o empreiteiro; isto é válido para as hipóteses em que o projectista é contratado pelo dono da obra.

[3] Sobre esta matéria, mas tendo em conta o Direito francês, *vd*. SAINT-ALARY/ /HOUIN, *Droit de la Construction*, 3ª ed., Paris, 1991, pp. 35 ss.

[4] No caderno de encargos é normal que se faça referência ao projecto, à qualidade, marca e fornecedor dos materiais, ao prazo ou prazos de execução da obra, ao preço e à sua forma de pagamento e eventual revisão do mesmo, etc.

[5] Quanto a um estudo desenvolvido acerca da noção, natureza jurídica, etc. do projecto, *vd*. RUBINO, *L'Appalto*, 4ª ed., Turim, 1980, n.°s 68 ss., pp. 162 ss.

[6] No mesmo sentido, cfr. LARENZ, *Lehrbuch des Schuldrechts*, Vol. II/1, 13ª ed., Munique, 1986, § 53.I, p. 345; MEDICUS, *Schuldrecht*, Vol. II, 5ª ed., Munique, 1992,

IV. São igualmente frequentes as situações em que o contrato de empreitada, depois de concluído, em razão de alguma indeterminabilidade quanto a certos aspectos da obra — indeterminabilidade essa que, contudo, não pode constituir causa de nulidade do contrato (art. 280°, n.° 1 CC) —, carece de uma concretização ulterior. Estas situações devem-se, por vezes, ao facto de não se poderem prever todos os aspectos inerentes à obra em causa. Se as partes nada tiverem previsto quanto a esta questão, e não chegarem a acordo para ultrapassar o problema, a determinação da prestação será feita pelo tribunal (art. 400°, n.° 2 CC). Tendo, porém, uma das partes sido incumbida de determinar a prestação a efectuar, ela deverá actuar segundo juízos de equidade (art. 400°, n.° 1 CC).

V. Não raras vezes, a empreitada é adjudicada[1] como prémio de um concurso público (art. 463° CC)[2]. O dono da obra pode, então, através de um concurso, que segue as regras por ele determinadas, comparar várias propostas, optando pela que lhe parecer mais favorável. Mas a melhor proposta não é, necessariamente, aquela que oferece um preço mais baixo, pois nas empreitadas há também que atender a outras condições, como sejam a competência técnica, a organização financeira, o prazo de execução, etc.[3].

Nas empreitadas de obras públicas é este o processo normal que se deve seguir para a contratação[4].

---

§ 99.I.1.b), p. 160. A propósito, veja-se também o caso Levison v. Patent Steam Cleaning Co., 1977, referido por POWELL-SMITH, *Contract*, 6ª ed., Londres, 1982, p. 78, onde se considerou válida uma cláusula de exclusão da responsabilidade constante de um contrato de limpeza a seco

[1] «Adjudicação» é um termo usado no REOP (arts. 104° ss.) com o sentido de aceitação, por parte do dono da obra, da proposta do empreiteiro (art. 110°, n.° 1 REOP); todavia, nos arts. 115° ss. REOP prevê-se que o contrato seja celebrado dias depois de aceita a proposta. Assim sendo, no domínio das empreitadas de obras públicas, a proposta e a aceitação nem sempre formam um contrato.

[2] Diferentemente, MENEZES CORDEIRO, «Da Abertura de Concurso para a Celebração de um Contrato no Direito Privado», BMJ, 369 (1988), pp. 41 ss. e *Tratado de Direito Civil Português*, I, *Parte Geral*, Tomo I, Coimbra, 1999, n.° 116, p. 311, considera que o art. 463° CC não tem em vista a regulamentação dos concursos para a celebração de um contrato, pois é um preceito «(...) com outros objectivos».

[3] Neste sentido, cfr. CUNHA GONÇALVES, *Tratado de Direito Civil*, Vol. VII, Coimbra, 1933, n.° 1065, pp. 617 e 618.

[4] *Vd.* em especial, arts. 47° ss. e 59° ss. REOP. Há, porém, excepções, cfr. arts. 136° s. REOP, no que respeita ao ajuste directo.

Sobre o concurso público, *vd.* FAUSTO DE QUADROS, «O Concurso Público na Formação do Contrato Administrativo», ROA, 47 (1987) III, pp. 701 ss.; MARCELO REBELO

424 Direito das Obrigações

Tendo o dono da obra optado por um dos concorrentes, deve comunicar-lhe que foi ele o escolhido[1].

VI. Em certos contratos de empreitada, as partes devem também ater-se a regras especiais, como, por exemplo, as constantes do Decreto-Lei n.° 555/99, de 16 de Dezembro (arts. 4° ss.), que respeitam à exigência de licenças camarárias para se proceder à construção, alteração, demolição, etc. de edifícios. Em tais casos, a falta de licença constitui a preterição de uma formalidade que não afecta a validade do contrato de empreitada, acarretando tão-só responsabilidade a cargo daquele que deveria ter pedido a autorização em causa. Se nada foi acordado, a obrigação de requerer a licença necessária para a realização da obra impende sobre o respectivo dono[2].

VI. O contrato de empreitada, salvo disposição especial em contrário, pode ser celebrado por mero consenso das partes (art. 219° CC)[3]. O formalismo não foi estabelecido em relação ao contrato de empreitada,

---

DE SOUSA, *O Concurso Público na Formação do Contrato Administrativo*, Lisboa, 1994 e MARGARIDA OLAZABAL CABRAL, *O Concurso Público nos Contratos Administrativos*, Coimbra, 1997. Com respeito aos vários procedimentos pré-contratuais no contrato de empreitada de obras públicas, *vd.* MELO ALEXANDRINO, *O Procedimento Pré-contratual nos Contratos de Empreitada de Obras Públicas*, Lisboa, 1997.

O critério de maior exigências no processo formativo que antecede a celebração do negócio jurídico é um dos aspectos que autonomiza o contrato administrativo da contratação privada, *vd.* MARIA JOÃO ESTORNINHO, *Requiem pelo Contrato Administrativo*, Coimbra, 1990, n.° 14, p. 79.

[1] *Vd.* Ac. STJ de 12/02/1987, TJ, 30 (1987), p. 23.

[2] *Vd.* RUBINO, *L'Appalto*, cit., n.° 54, p. 131.

[3] Em sentido contrário, veja-se, designadamente, o revogado art. 489° CCom. e, actualmente, o art. 12° do Decreto-Lei n.° 201/98, de 10 de Julho, que exige a redução a escrito dos contratos que tiverem por objecto a construção de um navio, assim como o art. 9°, n.° 1 REOP, com respeito às empreitadas de obras públicas. Relativamente a estas últimas, a exigência de forma é um dos aspectos que caracteriza o contrato administrativo em confronto com os negócios jurídicos de Direito Privado, *vd.* MARIA JOÃO ESTORNINHO, *Requiem pelo Contrato Administrativo*, cit., n.° 14, p. 79.

Mas já não se pode considerar um desvio ao princípio geral do consensualismo a exigência de formalidades administrativas (p. ex., licença de construção) para a realização da obra acordada.

Também pode acontecer que a exigência de forma seja indirecta. Assim, se as partes quiserem que o contrato de empreitada esteja sujeito ao regime da revisão de preços (Decreto-Lei n.° 474/77, de 12 de Novembro) têm de celebrar o contrato por escrito (art. 1° do referido diploma). Sobre esta questão, *vd.* Ac. STJ de 15/04/1993, *CJ (STJ)*, I (1993), T. II, p. 68.

III – Empreitada   425

na medida em que acarretaria alguns inconvenientes, como sejam a dificuldade de celebrar contratos de pequeno valor, demoras, incómodos e despesas para a conclusão de contratos. E, principalmente, por conduzir a injustiças, na medida em que contratos que as partes tivessem de facto celebrado, seriam nulos por falta de forma (art. 220° CC)[1].

Não obstante a regra geral de liberdade de forma, principalmente nos contratos de construção, as partes costumam reduzi-los a escrito, muitas vezes, com remissões para tipos estandardizados, como por exemplo as normas do FIDIC[2].

§ 2. Consignação da obra

Nalguns contratos de empreitada justifica-se que se autonomize a fase de consignação da obra, pois só a partir desse momento se poderão iniciar os trabalhos.

O legislador utiliza unicamente esta expressão a propósito das empreitadas de obras públicas, mas nada obsta ao uso da mesma locução no domínio privado e, na prática, em especial nos contratos de empreitada de construção de edifícios, é frequente que as partes, por influência do REOP, lhe façam referência.

A consignação da obra é o acto pelo qual o comitente faculta ao empreiteiro os locais onde irão ser executados os trabalhos, bem como os materiais e plantas complementares do projecto que sejam necessários para se proceder à realização da obra encomendada[3]. Trata-se, pois, de um dos deveres do dono da obra que advém da colaboração necessária (*vd. supra* n.° III. § 2.2).

O prazo fixado para a execução da obra começa a contar-se, não da data da celebração do contrato, mas sim da da consignação da obra[4], pois só a partir desta última o emprcitciro está em condições de executar os trabalhos a que se obrigou.

---

[1] *Vd*. GALVÃO TELLES, *Manual dos Contratos em Geral*, 3ª ed., Lisboa, 1965, p. 120.

[2] Estes tipos padronizados estão muito divulgados na Grã-Bretanha onde se encontram várias «*standard forms*», como, por exemplo, a *JCT Standard Form of Building Contract*, a *ICE Conditions of Contract* e o modelo governamental designado por *GC/Works/1*. *Vd*. UFF, *Construction Law*, 5ª ed., Londres, 1991, pp. 210 ss.

[3] *Vd*. art. 150° REOP.

[4] *Vd*. art. 151°, n.° 1 REOP.

§ 3. Alterações ao plano convencionado

No decurso da execução da obra pode o projecto inicial ser alterado. Se essas variações se limitarem a modificar o tipo ou a qualidade, a estrutura, o tempo ou o lugar de execução, etc., denominam-se alterações[1]. As alterações são, portanto, aquelas transformações que não modificam a natureza e não têm autonomia em relação à obra convencionada.

Não se incluem nesta categoria as simples instruções complementares do projecto que sejam de pequena importância[2].

1. Alterações da iniciativa do empreiteiro

I. A regra geral, consagrada no n.° 1 do art. 1214° CC, estabelece que o empreiteiro não pode fazer alterações na obra relativamente ao plano convencionado, sem autorização do dono da obra. Neste preceito, o legislador limitou-se a sancionar a norma estatuída no art. 406°, n.° 1 CC, que impede a modificação do contrato sem o consentimento dos contraentes.

No art. 1214° CC pretendeu-se acautelar o comitente contra expedientes do empreiteiro tendentes a elevar o custo da obra; evita-se, assim, que o empreiteiro coloque o dono da obra perante o facto consumado e se aproveite da inexperiência deste último.

Nos termos do preceito em apreço, torna-se necessário distinguir entre as alterações autorizadas e as não autorizadas.

II. Podem as alterações propostas pelo empreiteiro ter sido autorizadas pelo dono da obra. Em tal caso haverá uma modificação do contrato por mútuo consenso, nos termos do n.° 1 do art. 406° CC.

Mas há ainda que distinguir se a remuneração foi fixada globalmente (*a forfait*) para toda a obra, ou se se estabeleceu qualquer outra forma de determinação do preço.

Na primeira hipótese, nos termos do art. 1214°, n.° 3 CC, a autorização para proceder a alterações ao plano convencionado da iniciativa do empreiteiro tem de ser dada por escrito, com fixação do aumento do preço. No mesmo sentido dispunha o art. 1401° CC 1867. É idêntica a solução preconizada no art. 1793 CCFr. Mais exigentes são os arts. 1246 CCBr. e

---

[1] *Vd*. VAZ SERRA, «Empreitada», BMJ, 145 (1965), p. 89.
[2] *Vd*. RUBINO, *L'Appalto*, cit., n.os 183 e 192, pp. 408 e 431.

III – Empreitada

1659 CCIt., assim como o Direito inglês que impõem forma escrita para a autorização, seja qual for a natureza da empreitada[1].

A exigência de forma escrita para autorizar as alterações da iniciativa do empreiteiro, mesmo no caso de o contrato de empreitada não ter revestido tal forma, apresenta-se como excepção à regra do art. 219° CC.

Pode questionar-se da *ratio legis* deste requisito de forma escrita.

A necessidade de autorização por escrito com a fixação do aumento de preço destina-se, por um lado, a assegurar uma maior ponderação do dono da obra e, por outro, a proteger o comitente contra manobras do empreiteiro geradoras de equívocos, que mais facilmente prejudicarão aquele do que este[2]. De facto, são mais fáceis os expedientes do empreiteiro lesivos dos interesses do dono da obra depois de o contrato já ter sido celebrado; pois, no momento inicial, o empreiteiro, para concluir o contrato, mostra-se menos exigente e, posteriormente, pode recorrer a tais expedientes[3]. Mas esta regra também é vantajosa para o empreiteiro, na medida em que o protege dos caprichos do dono da obra[4].

A exigência de forma constitui um requisito *ad substantiam*.

Poder-se-ia considerar que a necessidade de autorização por escrito é uma exigência demasiado gravosa para o empreiteiro, principalmente no caso de as alterações serem executadas à vista do dono da obra, sem impugnação por parte deste[5]; mas esta objecção não colhe, porque se a autorização não tiver sido dada por escrito, com fixação do aumento do preço, o empreiteiro pode exigir do dono da obra uma indemnização correspondente ao enriquecimento sem causa (art. 1214°, n.° 3, *in fine* CC).

III. Com respeito aos contratos de empreitada em que o preço tenha sido determinado por medida, por unidade, por tempo de trabalho, etc., não se exige que a autorização seja dada por escrito. É, assim, válida uma autorização, ainda que verbal (art. 222°, n.° 2 CC), mas a prova de que a autorização foi dada cabe ao empreiteiro (art. 342°, n.° 1 CC).

---

[1] Quanto ao Direito italiano, cfr. TARTAGLIA, *Eccessiva Onerosità ed Appalto*, Milão, 1983, p. 115. No que respeita ao Direito inglês, *vd.* o caso Bastel Brothers, Ltd. v. Hurlock, 1948, referido por POWELL-SMITH, *Contract*, cit., p. 15, bem como a posição sustentada por TREITEL, *An Outline of the Law of Contract*, 4ª ed., Londres, 1989, p. 40.

[2] *Vd.* RUBINO, *L'Appalto*, cit., n.° 186, p. 416.

[3] *Vd.* VAZ SERRA, «Empreitada», BMJ, 145 (1965), pp. 95 e 96.

[4] *Vd.* MALAURIE/AYNÈS, *Contrats Spéciaux*, cit., n.° 768, p. 418.

[5] *Vd.* BARROS MONTEIRO, *Direito das Obrigações*, 2ª Parte, 21ª ed., S. Paulo, 1987, p. 203.

428   *Direito das Obrigações*

Em qualquer dos casos, se houver uma autorização válida, o comitente deve aceitar a obra com as modificações introduzidas no plano, e o empreiteiro tem o direito de exigir o respectivo aumento do preço.

IV. Não tendo a alteração sido autorizada, a obra é havida como defeituosa e se, mesmo assim, o comitente a aceitar não lhe pode ser exigido qualquer aumento de preço, nem sequer indemnização com base no enriquecimento sem causa (art. 1214°, n.° 2 CC).

2. Alterações necessárias

I. No decurso da execução, para evitar imperfeições da obra ou em consequência de direitos de terceiro, haverá eventualmente necessidade de proceder a alterações ao plano convencionado (art. 1215°, n.° 1 CC).

A necessidade de alteração pode ficar a dever-se a uma imperfeição ou a uma insuficiência do plano não imputável a nenhuma das partes[1]. Mesmo no caso em que seja imputável a uma das partes, pode esta, ou a contraparte, recorrer ao art. 1215° CC, suportando, todavia, o culpado os danos resultantes dos erros ou omissões do projecto[2].

II. Neste preceito não está abrangida a matéria respeitante à alteração das circunstâncias (art. 437° CC)[3], apesar de, em certos aspectos, poder haver pontos de contacto. Assim, se o legislador estabelecer que os prédios novos com mais de dez andares, incluindo os que estejam em construção, têm de possuir aquecimento central, pode haver alterações necessárias a efectuar que se prendem com o instituto da alteração das circunstâncias.

Por outro lado, também não está prevista no art. 1215° CC a hipótese de impossibilidade superveniente não imputável às partes, regulada no art. 1227° CC[4]; mas, para determinar quem suporta os prejuízos da alteração, ter-se-á de ter em conta as regras da repartição do risco da obra (art. 1228°

---

[1] No caso decidido no Ac. Rel. Pt. de 28/02/1991, CJ, XVI (1991), T. I, p. 262, discutia-se se, havendo incompatibilidade entre os projectos de betão armado e de arquitectura, o empreiteiro podia optar por seguir um em detrimento do outro. No aresto em apreço (p. 263) decidiu-se, e bem, que o executante da obra não tinha tal direito de opção, devendo consultar o dono da obra sobre o problema.

[2] Neste sentido, veja-se o art. 15°, n.° 2 REOP. A posição contrária pode ser confrontada em PEREIRA DE ALMEIDA, *Direito Privado*, cit., pp. 58 e 59.

[3] *Vd*. VAZ SERRA, «Empreitada», BMJ, 145 (1965), p. 104.

[4] *Vd*. PEREIRA DE ALMEIDA, *Direito Privado*, cit., p. 58.

III – Empreitada 429

CC) e da impossibilidade superveniente não imputável às partes (*vd. infra* n.º VI. § 5.2 e 3).

III. Verificando-se a necessidade da alteração, podem as partes chegar a acordo quanto às modificações a introduzir no contrato. Nesse caso estar-se-á perante uma modificação do negócio jurídico derivada do mútuo consenso (art. 406º, n.º 1 CC), que segue os termos gerais (arts. 219º e 222º, n.º 2 CC).

Não tendo as partes chegado a acordo, compete ao tribunal determinar quais as alterações que, por necessárias, devem ser introduzidas no plano convencionado, e fixar as correspondentes modificações quanto ao preço e prazo de execução (art. 1215º, n.º 1, 2ª parte CC)[1].

Admite-se que o empreiteiro comece a executar as alterações que lhe parecerem necessárias antes da decisão do tribunal, a fim de que uma eventual paragem na execução dos trabalhos não lhe acarrete maior prejuízo. Mas, nesse caso, ele corre o risco de realizar uma obra que será tida por defeituosa (art. 1214º, n.º 2 CC), na hipótese de a sentença lhe não ser favorável.

IV. Se o tribunal determinar uma alteração que implique correspondente elevação do preço em mais de vinte por cento, é concedido ao empreiteiro o direito de denunciar o contrato e exigir uma indemnização equitativa (art. 1215º, n.º 2 CC)[2]. Quando, no decurso da execução da obra, se verificar mais de uma alteração que, de *per si*, não perfaça uma elevação do preço em mais de vinte por cento, poder-se-ão somar todas até atingir essa quantia[3]. Justifica-se que, neste caso, se conceda ao empreiteiro o direito de denunciar o contrato, pois ele pode não estar em condições de executar uma obra de valor muito superior[4], por inadequação técnica, económica, etc.

---

[1] No art. 14º REOP, estabelecem-se prazos que o empreiteiro deverá respeitar para reclamar dos erros e omissões do projecto que lhe foi apresentado pelo dono da obra, e no art. 151º, n.º 2 REOP, admite-se que o prazo de execução da obra seja, por força disso, prorrogado.

[2] *Vd.* arts. 31º, 32º e 33º REOP, respectivamente, quanto à denúncia (a que, incaracteristicamente, se chama «rescisão»), prazo para o seu exercício e cálculo da compensação nas empreitadas de obras públicas. Todavia, no domínio do REOP (art. 26º), para a execução de trabalhos a mais, que nos termos da noção apresentada no preceito parecem ser as alterações necessárias, só há que proceder à abertura de novo concurso se elas excederem 25% do valor da adjudicação (art. 45º, n.º 1 REOP).

[3] *Vd.* Rubino, *L'Appalto*, cit., n.º 201, p. 462.

[4] *Vd.* Pires de Lima/Antunes Varela, Coment. 3 ao art. 1215º, *Código Civil Anotado*, Vol. II, 4ª ed., Coimbra, 1997, p. 885.

Apesar de a lei nada dizer, também é de admitir que o empreiteiro venha a denunciar o contrato se as alterações determinadas pelo tribunal implicarem uma modificação na natureza da obra, pois o empreiteiro pode não ter a preparação técnica necessária para realizar uma obra de tipo diferente.

A denúncia do contrato não será de aceitar sempre que o empreiteiro tenha dado início aos trabalhos de alteração da obra[1], pois tal atitude integraria um *venire contra factum proprium*.

A indemnização equitativa a que o empreiteiro tem direito (art. 1215°, n.° 2 CC) deverá ser ponderada tendo em conta critérios idênticos aos que presidem à aplicação do art. 1227° CC. De forma diversa, VAZ SERRA[2] considera que esta indemnização deve ser fixada com base nas despesas efectuadas e na utilidade que o dono da obra dela vier a retirar por força dessas alterações. A mesma solução aparece defendida no Direito italiano[3], mas aí justifica-se, na medida em que a indemnização devida ao empreiteiro em caso de impossibilidade, nos termos do art. 1672 CCIt., pauta-se por esses critérios. Tendo o Código Civil seguido um regime diferente no que respeita à impossibilidade (*vd. infra* n.° VI. § 5.2), e havendo alguma similitude entre as alterações necessárias e a impossibilidade superveniente de execução da obra — ambas podem ter por base factos não imputáveis às partes —, parece que a indemnização prevista no art. 1215°, n.° 2 CC se deve pautar pelos mesmos critérios do art. 1227° CC.

A não ser assim, se a obra não puder ser executada com as dimensões projectadas sem uma substancial elevação do preço (p. ex., a garagem não podia ter as dimensões pretendidas ao lado da casa, salvo se fosse construída subterraneamente, sob pena de colidir com o direito de propriedade do vizinho), o empreiteiro que tivesse iniciado a execução da obra, da qual não advinha qualquer utilidade para o comitente, nada receberia nos termos do art. 1215° CC. Tal solução não se justificaria no confronto com o disposto no art. 1227° CC; supondo que a dita garagem não era construída por a obra ter sido embargada por causa não imputável às partes, apesar de o comitente não retirar dela qualquer utilidade, o empreiteiro seria ressarcido pelo trabalho executado e despesas realizadas.

---

[1] *Vd.* RUBINO, *L'Appalto*, cit., n.° 201, p. 461.

[2] «Empreitada», BMJ, 145 (1965), pp. 108 ss. Em edições anteriores deste estudo concordou-se com esta opinião de VAZ SERRA pelos motivos apresentados pelo professor e reproduzidas no texto; entretanto, um estudo mais aturado das regras da repartição do risco (arts. 1227° e 1228° CC) levou a que se inflectisse a anterior posição, pelas razões seguidamente indicadas.

[3] Com respeito ao Direito italiano, cfr. a opinião sustentada por RUBINO, *L'Appalto*, cit., n.° 202, pp. 462 ss.

III – Empreitada 431

V. O direito de denúncia não foi estabelecido com carácter de reciprocidade[1], na medida em que, mesmo perante alterações de notável importância, ao dono da obra não foi concedido tal direito. Cabe-lhe, todavia, a faculdade de desistir da empreitada (art. 1229° CC), só que, neste caso, a indemnização a que ficará adstrito será superior à devida nos termos do n.° 2 do art. 1215° CC.

3. Alterações exigidas pelo dono da obra

I. O art. 1216° CC corresponde a uma das excepções ao disposto no art. 406°, n.° 1 CC, pois é um dos casos admitidos na lei em que se pode modificar o contrato mediante manifestação unilateral de vontade.

Esta excepção tem a sua razão de ser, em virtude de o resultado que se pretende obter com a empreitada interessar, quase exclusivamente, ao dono da obra; permite-se, pois, que o comitente, em função dos seus interesses, possa exigir alterações ao plano convencionado.

II. O direito a exigir alterações não é, todavia, ilimitado. O art. 1216°, n.° 1 CC reduz o âmbito de aplicação deste direito, na medida em que o empreiteiro não fica adstrito, por um lado, a executar modificações que excedam no seu valor a quinta parte do preço total convencionado, e, por outro, realizar as alterações que impliquem uma modificação da natureza da obra[2].

Diferentemente, nas empreitadas de obras públicas, o empreiteiro só se pode recusar a executar as alterações, resolvendo o contrato, se as mesmas forem de espécie diferente das obras previstas no contrato e o empreiteiro não possua o equipamento indispensável para a sua execução

---

[1] Em sentido diverso, veja-se o disposto no art. 1660.3 CCIt., bem como o art. 6°, n.° 4 do anteprojecto respeitante ao contrato de empreitada da autoria de VAZ SERRA (BMJ, 146 (1965), p. 219); preceito que, todavia, não passou para o articulado final.

[2] Em sentido idêntico, veja-se o art. 1661 CCIt. e cfr. TARTAGLIA, *Eccessiva Onerosità*, cit., pp. 118 e 119.

No anteprojecto referente ao contrato de empreitada, art. 7°, n.° 1, alínea c) (BMJ, 146 (1965), p. 220), fazia-se referência aos seguintes requisitos: serem tecnicamente realizáveis; não comprometerem, tratando-se de imóveis ou de coisas perigosas, a solidez da obra, pondo em risco o interesse público; não serem contrárias a disposições de ordem pública. Estes requisitos não foram incluídos na versão definitiva do Código Civil, porquanto consagravam regras gerais de cumprimento (arts. 762°, n.° 2°, 790° e 793° CC), da empreitada (art. 1208° CC), da responsabilidade civil (art. 483° CC) e do conteúdo da obrigação (art. 398°, n.° 2 CC).

(art. 26°, n.° 3 REOP)[1]. Porém, quando o valor acumulado dos trabalhos a mais ou a menos, resultante de ordens dadas pelo dono da obra, atingir vinte por cento do preço da adjudicação, terá o empreiteiro direito a resolver o contrato (art. 31°, n.° 1 REOP).

Da mesma forma, também nas empreitadas de Direito Privado, tal como acontece em relação às alterações necessárias, somam-se as várias modificações do plano exigidas pelo dono da obra, até perfazerem, no seu valor, a quinta parte do preço[2].

III. Apesar de ter sido concedido ao dono da obra o direito de modificar unilateralmente o contrato de empreitada, teve-se em conta a situação do empreiteiro, designadamente no que respeita à sua capacidade para realizar uma obra de valor muito superior ao inicialmente previsto ou fora da sua área da actividade. De facto, o empreiteiro pode não ter disponibilidade financeira ou meios técnicos para executar a obra em condições diferentes[3].

E sempre que as alterações exigidas pelo dono da obra violarem o disposto no art. 1216°, n.° 1 CC (exceder a quinta parte do preço, ou modificar a natureza da obra), o empreiteiro pode recusar-se a realizar essas obras.

IV. A lei não exige que as alterações ordenadas pelo dono da obra sejam dadas por escrito[4], tal como acontece relativamente às modificações da iniciativa do empreiteiro, em empreitadas cujo preço seja determinado de forma global (art. 1214°, n.° 3 CC); porque, quanto às primeiras, prevalecem as razões que levaram ao estabelecimento da regra da consensualidade na celebração destes contratos. Prepondera uma razão de defesa do empreiteiro[5]. Levanta-se, todavia, a questão de determinar de quem terá partido a iniciativa das alterações; mas este é um problema de prova. Nos termos gerais do ónus da prova, em caso de responsabilidade contra-

---

[1] Quanto ao equilíbrio financeiro decorrente de trabalhos a mais executados por determinação do dono da obra em empreitada de obras públicas, *vd.* PAULO OTERO, «Estabilidade Contratual, Modificação Unilateral e Equilíbrio Financeiro em Contrato de Empreitada de Obras Públicas», ROA 56 III (1996), pp. 913 ss., em especial pp. 928 ss. (sobre a natureza dos trabalhos a mais) e pp. 938 ss. (sobre o equilíbrio financeiro).

[2] *Vd.* VAZ SERRA, «Empreitada», BMJ, 145 (1965), p. 118.

[3] *Vd.* PIRES DE LIMA/ANTUNES VARELA, Coment. 4 ao art. 1216°, *Código Civil Anotado*, II, cit., p. 811.

[4] Não assim nas empreitadas de obras públicas em que deve ser entregue ao empreiteiro a ordem escrita para a execução das alterações (arts. 26°, n.° 4 e 28° REOP, respectivamente, para o acréscimo e para a redução de trabalhos).

[5] *Vd.* VAZ SERRA, «Empreitada», BMJ, 145 (1965), pp. 95, 114 e 116.

III – Empreitada 433

tual (arts. 342° e 799°, n.° 1 CC) impende sobre o empreiteiro a prova de que as alterações foram exigidas pelo dono da obra[1].

V. Nos n.ºs 2 e 3 do art. 1216° CC estabelece-se um princípio de equivalência das prestações. Deste modo, em razão das alterações exigidas pelo dono da obra, o empreiteiro tem direito, por um lado, a um aumento do preço proporcional ao acréscimo das despesas e, por outro, a um prolongamento do prazo para a execução da obra, se tal protelamento se justificar[2].

Mas se, pelo contrário, das alterações resultar uma diminuição das despesas ou do custo do trabalho, o empreiteiro tem direito ao preço inicialmente estipulado, deduzido das despesas que poupou e daquilo que adquiriu por outras aplicações da sua actividade. A solução, apesar de não ser similar à preconizada a propósito da desistência do dono da obra (*vd. infra* n.° VI. § 6), pode conduzir a idêntico resultado. Na realidade, neste preceito usa-se um método negativo para o cálculo da contraprestação, pois este valor obtém-se por via de subtracção ao preço estipulado; enquanto, nos termos do art. 1229° CC, a indemnização devida determina-se com recurso a um método positivo, na medida em que se somam o valor dos materiais e da mão-de-obra utilizados com o lucro total do empreiteiro. Os dois métodos conduzem, por via de regra, ao mesmo resultado, mas eventualmente pode haver divergências (*vd. infra* n.° VI. § 6).

Por último, se as alterações implicarem uma inutilização de trabalhos já efectuados de harmonia com o contrato, não são estes deduzidos ao montante do preço total da empreitada, e terá ainda o empreiteiro direito a receber a importância despendida com as demolições a que houver procedido[3].

Não tendo as partes chegado a acordo quanto ao aumento do preço, ou à dedução a fazer-lhe, caberá recurso para o tribunal, nos termos dos arts. 1211°, n.° 1 e 883° CC.

Nas empreitadas de obras públicas prevê-se a possibilidade de qualquer das partes recorrer à arbitragem para dirimir os conflitos derivados da execução de tais alterações (art. 27°, n.° 7 REOP). Mas, neste tipo de empreitadas, o legislador estabeleceu regras específicas para apreciar a revisão do preço dos trabalhos a mais ou a menos (arts. 27° e 199° REOP).

---

[1] No mesmo sentido, cfr. RUBINO, *L'Appalto*, cit., n.° 185, pp. 410 e 411.

[2] Este é igualmente o sentido do art. 27°, n.° 2 REOP. Quanto à prorrogação do prazo de execução da obra, *vd.* Ac. Rel. Pt. de 25/11/1996, CJ XXI, T. V, p. 197.

[3] Neste sentido dispõe o art. 29° REOP, com respeito às empreitadas de obras públicas.

§ 4. Obras novas e alterações posteriores à entrega

Obras novas ou trabalhos extracontratuais são aqueles que têm autonomia relativamente à obra prevista no contrato, ou que foram realizados depois da entrega (art. 1217°, n.° 1 CC).

São, por conseguinte, os trabalhos que constituem uma obra independente, como, por exemplo, a elevação de outro andar, ou que foram executados depois de a obra ter sido entregue.

Após a entrega da obra já não se justificam as alterações da iniciativa do empreiteiro, nem as necessárias. E, por outro lado, não seria de admitir que fosse conferido ao comitente o direito de exigir alterações, na medida em que isso acarretaria uma grande insegurança para o empreiteiro.

O empreiteiro pode recusar-se a realizar quaisquer obras novas e alterações posteriores à entrega da iniciativa do comitente. Mas, caso o empreiteiro esteja de acordo em executar aquilo que lhe é proposto pelo dono da obra — e não exigido —, estar-se-á perante um novo contrato de empreitada[1]. Este novo contrato não fica, em princípio, sujeito às regras estabelecidas no anterior, designadamente no que respeita aos preços convencionados.

Contudo, se o empreiteiro, por sua iniciativa e sem autorização da contraparte, realizar uma obra autónoma ou introduzir alterações na obra depois de a ter entregue, o comitente poderá recusá-la ou exigir, se isso for possível, a sua eliminação (art. 1217°, n.° 2 CC). Tais direitos que assistem ao dono da obra são independentes de um pedido de indemnização pelo prejuízo sofrido, nos termos gerais.

Se o comitente, apesar de na obra terem sido executados trabalhos extracontratuais ou introduzidas alterações depois da entrega, aceitar a obra e retirar vantagens da actividade extracontratual do empreiteiro, deverá compensar a contraparte. Esta compensação basear-se-á, consoante os casos, nas regras de um novo contrato de empreitada[2], ou nos institutos da gestão de negócios (arts. 464° ss. CC), da acessão (arts. 1340° e 1341° CC) ou do enriquecimento sem causa (arts. 473° ss. CC)[3].

---

[1] Cfr. Ac. STJ de 08/04/1987, TJ, 38 (1988), p. 19.

[2] No caso de o comitente estar disposto a receber a obra nova, pode considerar-se que há aceitação da proposta de um novo contrato de empreitada, apresentada pelo empreiteiro. Neste sentido, *vd.* PEREIRA DE ALMEIDA, *Direito Privado*, cit., p. 69; VAZ SERRA, «Empreitada», BMJ, 145 (1965), p. 127.

[3] Sobre esta questão, *vd.* o art. 2°, n.° 2, 2ª parte do anteprojecto respeitante ao contrato de empreitada (BMJ, 146 (1965), p. 216). Veja-se também PIRES DE LIMA/ /ANTUNES VARELA, Coment. 4 ao art. 1217°, *Código Civil Anotado*, II, cit., p. 813.

VI. EXTINÇÃO DO CONTRATO

§ 1. Verificação da obra

I. Depois de concluída a obra, o empreiteiro deve avisar o dono de que ela está em condições de ser verificada. O comitente vai, então, averiguar se a obra foi realizada nas condições convencionadas e se não apresenta vícios (art. 1218°, n.° 1 CC).

A verificação[1] corresponde, em simultâneo, a um direito do dono da obra e a um ónus que sobre ele impende. É um direito, na medida em que ela confere ao comitente a possibilidade de averiguar se a obra foi realizada a seu contento. Por outro lado, constitui um ónus, pois a falta de verificação importa a aceitação da obra sem reserva (art. 1218°, n.° 5 CC)[2].

II. Tendo o empreiteiro convidado o dono da obra a fazer a verificação, se este a não realiza, sem justo motivo, num prazo razoável, a obra tem-se por aceita (art. 1218°, n.os 2 e 5 CC)[3], desde que o comitente não tenha demonstrado a sua vontade de a rejeitar. A «falta» de verificação a que se refere o n.° 5 do art. 1218° CC deve ser entendida como incumprimento definitivo e não como mora na verificação, por duas razões. Primeiro, porque o legislador só estabelece as consequências mais gravo-

---

[1] Nas empreitadas de obras públicas chama-se vistoria, *vd.* art. 217° REOP.

[2] Optou-se por atribuir ao silêncio o mesmo valor da aceitação expressa ou tácita (art. 218° CC), como forma de sancionar o dono da obra negligente.

No mesmo sentido dispõe o art. 1665 CCIt. Regra que, todavia, não constava do art. 12° do anteprojecto de contrato de empreitada (BMJ, 146 (1965), pp. 224 e 225), na medida em que o seu autor considerava que esta seria uma sanção excessiva, só sendo admissível uma aceitação tácita nos termos gerais, quando as circunstâncias o reclamassem (cfr. VAZ SERRA, «Empreitada», BMJ, 145 (1965), p. 168).

[3] Para as empreitadas de obras públicas, *vd.*, em sentido idêntico, o art. 217°, n.° 5 REOP.

436   *Direito das Obrigações*

sas do incumprimento depois de preenchidos os pressupostos do art. 808°
CC. Em segundo lugar, porque do art. 1228°, n.° 2 CC deduz-se que a
mora quanto à verificação não importa a transferência da propriedade, mas
tão-só a assunção do risco, e, nos termos do art. 1212° CC, a transferência
da propriedade é uma consequência da aceitação; por conseguinte, se a
mora na verificação importasse aceitação da obra, transferia-se a propriedade (art. 1212° CC) e o n.° 2 do art. 1228° CC era desnecessário, pois a
solução encontrar-se-ia no n.° 1 do mesmo preceito.

O prazo para efectuar a verificação, não estando estipulado no contrato nem nos usos, deve ser determinado pelo tribunal, tendo em conta os
circunstancialismos de cada caso[1]. O lugar da verificação, em princípio,
deverá ser aquele onde a obra se encontra ao tempo em que ela vai ser
feita, lugar esse que, na maioria dos casos, coincide com o da sua execução. Para as coisas móveis, o lugar da verificação será, supletivamente,
o local onde forem realizados os trabalhos[2].

Sempre que a obra encomendada se componha de unidades distintas
ou for realizada por medida, pode ser verificada por partes[3].

III. As despesas de verificação, na falta de convenção em contrário,
correm por conta do empreiteiro. Exceptuam-se os casos em que, por força
das circunstâncias, a verificação se deva protelar no tempo (p. ex., se foi
concedido ao dono da obra um período experimental), hipótese em que os
encargos deverão correr por conta do comitente[4].

Se o comitente encarregar um perito de proceder à verificação da
obra, serão as despesas deste custeadas por aquele (art. 1218°, n.° 3 CC).
É frequente que o dono da obra, tendo em vista a sua inaptidão para dar
conta dos defeitos, exija que a verificação seja feita por pessoas versadas;
neste caso, não seria justo que as despesas de tais peritos fossem suporta-

---

[1] Como refere DIAS JOSÉ, *Responsabilidade Civil do Construtor e do Vendedor pelos Defeitos*, Lisboa, 1984, p. 49, deve ser o prazo usual ou razoável, normalmente curto.

No Direito alemão, para a construção de edifícios, podem ser acordados os prazos
(de recepção) de doze e de seis dias (§ 12, n.° 3.5 VOB-B); cfr. BROX, *Besonderes
Schuldrecht*, 17ª ed., Munique, 1991, § 21.V.1, p. 199.

[2] *Vd.* RUBINO, *L'Appalto*, 4ª ed., Turim, 1980, n.° 310, p. 753; VAZ SERRA,
«Empreitada», BMJ, 145 (1965), p. 155.

[3] *Vd.* SILVA PEREIRA, *Contratos*, 10ª ed., Rio de Janeiro, 1998, n.° 243, p. 204.

[4] *Vd.* PIRES DE LIMA/ANTUNES VARELA, Coment. 4 ao art. 1218°, *Código Civil
Anotado*, Vol. II, 4ª ed. Coimbra, 1997, pp. 890 s.; VAZ SERRA, «Empreitada», BMJ, 145
(1965), p. 167.

III – Empreitada 437

das pelo empreiteiro. Mas na hipótese contrária, quando é o empreiteiro a exigir que a verificação seja feita por perito, as despesas deste serão encargo daquele (art. 1218°, n.° 3 CC).

IV. A verificação não se confunde com a fiscalização que o dono da obra pode efectuar durante o período de execução dos trabalhos (art. 1209° CC). As fiscalizações efectuadas no decurso de execução da obra são provisórias, e mesmo que então não se tenha formulado qualquer reserva, não fica comprometida a liberdade de verificação final, que pode ter um resultado negativo (*vd. supra* n.° III. § 3.2).

§ 2. Comunicação do resultado da verificação

I. Efectuada a verificação, deve o resultado dela ser comunicado ao empreiteiro (art. 1218°, n.° 4 CC). A verificação é uma operação material que, logicamente, precede a comunicação[1]. A comunicação, designada no sistema jurídico italiano por *collaudo*, consiste na declaração mediante a qual se transmitem ao empreiteiro os resultados da verificação. Trata-se de um acto unilateral e receptício, que não assume a forma negocial[2]; ou seja, a comunicação é um acto jurídico (art. 295° CC).

Depois de se ter procedido à verificação, o prazo para fazer a comunicação, na falta de acordo ou de usos, deve ser aquele que se julgue razoável.

II. A falta de comunicação dentro do prazo, implica a aceitação sem reserva da obra (art. 1218°, n.° 5 CC). Daí que esta, à semelhança da verificação, seja igualmente um ónus[3]; mas, tal como foi então referido, só o incumprimento definitivo e não a simples mora quanto à comunicação importa a consequência estabelecida na lei.

---

[1] *Vd.* PIRES DE LIMA/ANTUNES VARELA, Coment. 5 ao art. 1218°, *Código Civil Anotado*, II, cit., p. 891.

[2] *Vd.* RUBINO, *L'appalto*, cit., n.° 314, pp. 769 e 771. O mesmo autor (*ob. e loc. cit.*) refere que a jurisprudência italiana continua, erradamente, a qualificar o acto de comunicação como um negócio jurídico.

[3] *Vd.* TRABUCCHI, *Istituzioni di Diritto Civile*, 32ª ed., Pádua, 1991, n.° 339, p. 717.

438　　　*Direito das Obrigações*

III. Dúvidas se levantam quanto à natureza jurídica da comunicação[1]. A comunicação propriamente dita identifica-se com uma mera operação técnica de informação ou, como refere RUBINO[2], com uma declaração de ciência.

No caso de o comitente informar o empreiteiro de que a obra não apresenta vícios, esta comunicação consubstancia uma aceitação, ainda que tácita. Se, pelo contrário, na comunicação se indicarem os defeitos da obra, o comitente está a proceder a uma denúncia, e a obra considerar-se-á, salvo indicação em contrário, como não aceita.

Nestas situações, a comunicação ou se identifica com a aceitação ou com a respectiva recusa.

A comunicação já terá autonomia quando o dono da obra se limita a informar a contraparte que efectuou a verificação em determinado dia, ou que necessita de tempo para exames mais prolongados e peritagens. Todavia, neste último caso, estar-se-á perante uma comunicação provisória, tornando-se necessário que o comitente, mais tarde, faça uma segunda comunicação, sendo esta definitiva.

§ 3. Aceitação da obra

I. Diferente da comunicação é o acto de aceitação. Esta corresponde a um acto de vontade pelo qual o comitente declara que a obra foi realizada a seu contento, ao mesmo tempo que reconhece a obrigação de a receber e de pagar o preço.

A figura da aceitação não está autonomizada em todos os sistemas jurídicos. Por exemplo, no Direito alemão, o que se tem em conta é o momento da entrega (§ 640 BGB), excepto nos casos em que esta não existe, designadamente no que respeita a trabalhos realizados em imóvel do dono da obra e em situações de prestação de serviços, como sejam o transporte, a representação teatral, hipóteses em que a lei se atem ao momento da conclusão da obra (§ 646 BGB)[3]. Também no Direito espa-

---

[1] Sobre esta questão, *vd.* VAZ SERRA, «Empreitada», BMJ, 145 (1965), pp. 156 e 157.

[2] *L'Appalto*, cit. n.° 314, p. 769. *Vd.* também PIRES DE LIMA/ANTUNES VARELA, Coment. 3 ao art. 1219°, *Código Civil Anotado*, II, cit., p. 893.

[3] Cfr. BROX, *Schuldrecht*, cit., § 21.II.2, pp. 190 e 191; ENNECCERUS/LEHMANN, *Recht der Schuldverhältnisse*, 15ª ed., Tubinga, 1958, tradução espanhola de Pérez González e Alguer, sob o título «*Derecho de Obligaciones*», Vol. II, 1ª Parte, 3ª ed., Barcelona, 1966, § 152.I, pp. 530 e 531; LARENZ, *Lehrbuch des Schuldrechts*, Vol. II/1,

III – Empreitada

nhol, o legislador não autonomizou a figura da aceitação (art. 1598 CCEsp.) e quando a jurisprudência recorreu a este meio jurídico foi criticada pela doutrina, não obstante esta, sem base legal, falar na aprovação da obra[1]. Não assim no sistema jurídico italiano onde os arts. 1665.4 e 5, 1666.2 e 1667.1 CCIt. fazem expressa referência a esta figura.

A aceitação pode ser expressa, tácita (art. 217° CC) ou presumida por lei (art. 218° CC). A aceitação expressa, muitas das vezes, principalmente estando em causa a construção ou reparação de edifícios, é feita mediante um protocolo assinado pelas partes[2]. Será tácita a aceitação, *verbi gratia*, quando, mediante uma comunicação, se informa o empreiteiro de que a obra foi executada segundo o convencionado e sem vícios; também são de

---

13ª ed., Munique, 1986, § 53.III, p. 364; LÖWISCH, *Vertragliche Schuldverhältnisse*, 2ª ed., Munique, 1988, § 19, p. 193; MEDICUS, *Schuldrecht*, Vol. II, 5ª ed., Munique, 1992, § 99.IV.2, p. 167.

Todavia, a ideia de que a «*Abnahme*», mesmo fora dos casos excepcionados no texto, corresponde à entrega material da obra apresenta-se como duvidosa. Assim, LARENZ, *Schuldrechts*, II-1, cit., § 53.III, pp. 364 e 365, faz referência a um outro entendimento, mediante o qual deve-se atender à declaração negocial do comitente, no sentido de a obra ter sido realizada a contento; BROX, *Schuldrecht*, cit., § 21.II.2, p. 191, considera que a aceitação corresponde a uma declaração mediante a qual o comitente reconhece que a obra foi efectuada nos termos contratuais. No mesmo sentido, *vd.* MEDICUS, *Schuldrecht*, cit., § 99.IV.2, p. 167, que acrescenta estar ultrapassado o pressuposto de a «*Abnahme des Werks*» se entender como entrega corpórea da obra.

De certo modo diversa é a posição sustentada por FIKENTSCHER, *Schuldrecht*, 7ª ed., Berlim, 1985, §80.II.2.b), p. 555, ao considerar que a «*Abnahme*» corresponde simultaneamente à entrega material e ao reconhecimento de que a obra foi realizada nos termos acordados.

Quanto às dúvidas na doutrina alemã, *vd.* SOERGEL, Coment. 2 e 3 ao § 640, *Münchener Kommentar*, Parte 3, *Schuldrecht, Besonderer Teil*, 1ª Parte, (§§ 433-651k), 2ª ed., Munique, 1988, pp. 2255 e 2256.

Contudo, mesmo autores que não consideram a «*Abnahme*» como uma pura entrega material da coisa, acabam por concluir que dela não se depreende ter a obra sido concluída sem defeito, pois ela não representa uma declaração de execução conforme ao contrato no que respeita à inexistência de vícios, *vd.* SOERGEL, Coment. 4 ao § 640, *Münchener Kommentar, cit.*, p. 2256.

No projecto de alteração do BGB (§§ 196.4 e 640.2 BGB – Projecto) pretende-se dar resposta a estas dúvidas. Cfr. *Abschlussbericht der Komission Zur Überarbeitung des Schuldrechts*, organizado pelo Bundesminister der Justiz, Colónia, 1992, pp. 42 ss.

[1] *Vd.* DÍEZ-PICAZO/GULLÓN, *Sistema de Derecho Civil*, Vol. II, 8ª ed., Madrid, 1999, pp. 378 ss.; PUIG BRUTAU, *Compendio de Derecho Civil*, Vol. II, Barcelona, 1987, XXVI.1.E, p. 498.

[2] *Vd.* BROX, *Schuldrecht*, cit., § 21.V.1, p. 199.

É, por exemplo, o que acontece na hipótese prevista no § 12, n.° 4 VOB/B, *Vd.* SOERGEL, Coment. 32 ao § 640, *Münchener Kommentar, cit.*, p. 2263.

440   *Direito das Obrigações*

considerar como casos de aceitação tácita aqueles em que há uma recepção material da obra, como, por exemplo, se o comitente vai buscar à oficina o veículo que lá foi reparado[1]. A aceitação é presumida por lei na falta de verificação ou de comunicação (art. 1218°, n.° 5 CC).

II. O comitente, em vez de aceitar, pode rejeitar a obra, mas, ao contrário do que se passa com respeito à verificação e à comunicação, lei não sanciona a falta de aceitação, e não se pode presumir a rejeição da obra na falta daquela.

Parece, contudo, defensável uma solução idêntica à estabelecida no art. 1218°, n.° 5 CC para a hipótese de o dono da obra estar em falta[2] quanto à aceitação. Esta tese pode basear-se em três argumentos: em primeiro lugar, sobre o comitente impende a obrigação de aceitar a obra[3], e não parece aceitável admitir-se que este dever não tem sanção, na hipótese de ser incumprido; por outro lado, não seria justificável que, estando sancionada a falta de verificação e de comunicação, não fosse punível a omissão de aceitar a obra; por último, no art. 1228°, n.° 2 CC, quanto à transferência do risco, põe-se em pé de igualdade a mora na verificação e na aceitação da coisa.

Sempre que a obra encomendada se componha de unidades distintas com autonomia ou for realizada por medida, pode ser aceita por partes[4].

---

[1] *Vd.* Larenz, *Schuldrechts,* II-1, cit., § 53.III, p. 366; Rubino, *L'Appalto,* cit., n.° 324, p. 793; Soergel, Coment. 8 e 9 ao § 640, *Münchener Kommentar,* cit., p. 2257. Todavia, segundo Rubino, *L'Appalto,* cit., n.° 325, pp. 798 ss., se a obra foi recebida sem ter sido previamente verificada, a aceitação é presumida e não tácita.

No Direito brasileiro (art. 1241, § único CCBr.) presume-se que foi verificada – com um sentido mais amplo do que no Direito português – a obra que se pagou.

Mas o pagamento do preço, salvo disposição ou acordo nesse sentido, não corresponde a uma aceitação tácita, cfr. Powell-Smith/Furmston, *A Building Contract Casebook,* 2ª ed., Oxford, 1990, p. 211.

Também não se pode considerar uma aceitação tácita quando o dono da obra toma a posse da mesma por o empreiteiro a ter abandonado incompleta, cfr. Ac. STJ de 11/11/1976, BMJ, 261 (1976), p. 146.

[2] «Falta» aqui entendida como incumprimento definitivo, pela mesmas razões anteriormente aduzidas, a propósito da verificação (*vd. supra* n.° VI. § 1).

[3] *Vd.* Ac. STJ de 10/12/1987, TJ, 39 (1988), p. 18. Do Ac. Rel. Lx. de 03/05/1990, CJ, XV (1990), T. II, p. 104, parece poder concluir-se que a omissão de aceitação imputável ao dono da obra produz os efeitos de uma aceitação (p. 107).

[4] *Vd.* Ac. STJ de 11/01/1974, BMJ, 233 (1974), p. 167; Ac. Rel. Pt. de 13/04/1973, BMJ, 327 (1973), p. 216.

III – Empreitada 441

III. A aceitação pode ser feita com ou sem reserva.

Se o comitente detectar vícios aparentes ou desconformidades com o convencionado, poderá aceitar a obra com reserva, indicando essas deficiências; trata-se de uma aceitação condicional, nos termos da qual o dono da obra não prescinde dos direitos que lhe são conferidos pelos arts. 1221° ss. CC.

Diferentemente, se o comitente considerar que a obra foi realizada a seu contento, aceita-la-á sem reserva; o que acarreta a liberação da responsabilidade do empreiteiro com respeito aos vícios conhecidos (art. 1219°, n.° 1 CC)[1]. Para este efeito, consideram-se conhecidos os vícios de que o dono da obra sabia, assim como os defeitos aparentes relativamente aos quais o comitente deveria ter tomado conhecimento, usando da diligência normal (art. 1219°, n.° 2 CC)[2].

IV. No n.° 2 do art. 1219° CC estabeleceu-se uma presunção *iuris tantum* quanto ao conhecimento dos defeitos: considera-se que, sendo aparentes, são conhecidos do dono da obra. Porém, para se determinar se o defeito é ou não aparente há a ter em conta a capacidade de percepção do dono da obra, desde que ele não tenha incumbido nenhum técnico de proceder à verificação, pois pode determinado defeito ser aparente para um especialista e não para um leigo.

A opção entre aceitar com reserva ou sem reserva fica, em larga medida, ao arbítrio do dono da obra, tendo em conta as circunstâncias anteriormente referidas. Ao optar, deve o dono da obra agir segundo os ditames da boa fé.

A aceitação sem reserva não impede que o comitente demande o empreiteiro por vícios ocultos. Quanto a estes não há liberação da respon-

---

[1] No mesmo sentido, com respeito ao Direito alemão, tendo por base o estatuído no § 640.II BGB, cfr. SOERGEL, Coment. 17 e 18 ao § 640, *Münchener Kommentar,* cit., p. 2259. Todavia, segundo o mesmo autor (Coment. 20 ao § 640, *Münchener Kommentar,* cit., p. 2260), e com base no mesmo preceito, a aceitação sem reserva da obra com vícios aparentes não afecta o direito de indemnização, previsto no § 635 BGB, mas tão-só os direitos de eliminação dos defeitos, de resolução do contrato e de redução do preço, estabelecidos nos §§ 633 e 634 BGB. Em face do exposto, SOERGEL, Coment. 21 ao § 640, *Münchener Kommentar,* cit., p. 2260, conclui que a aceitação sem reserva tem, no Direito alemão, consequências diversas, consoante haja ou não culpa do empreiteiro, pois só a responsabilidade objectiva, estatuída nos §§ 633 e 634 BGB, é afastada no caso de o dono da obra, conhecendo os defeitos, a aceitar sem reserva.

[2] Quanto à qualificação de vícios como aparentes, por serem «cognoscíveis facilmente», cfr. Ac. STJ de 4/07/1995, CJ (STJ), III (1995), T. II, p. 161.

442   *Direito das Obrigações*

sabilidade do empreiteiro, pois, doutra forma, violar-se-ia o disposto no art. 809° CC. Nos termos deste preceito será de concluir no sentido de o dono da obra não poder renunciar antecipadamente aos direitos que lhe são conferidos em caso de cumprimento defeituoso por vícios ocultos, na medida em que as consequências não são conhecidas no acto de aceitação. Pode considerar-se que há sempre uma reserva implícita relativamente aos defeitos ocultos[1].

V. A validade da aceitação não depende da observância de forma especial (art. 219° CC), mesmo quando é exigida forma para a celebração do contrato de empreitada (p. ex., construção de navios, art. 12° do Decreto-Lei n.° 201/98, de 10 de Julho), ou para executar alterações ao plano convencionado (art. 1214°, n.° 3 CC). Só excepcionalmente, na hipótese de se pretender que a aceitação tenha também como efeito a transferência da propriedade de uma obra imóvel, ela terá de revestir a solenidade necessária a tal transferência (*vd. infra* n.° VI. § 4). Na medida em que a aceitação corresponde a uma declaração de vontade recipienda, torna-se eficaz logo que chega ao poder do empreiteiro, ou é dele conhecida (art. 224°, n.° 1 CC).

A aceitação é um acto jurídico em sentido estrito, porquanto a autonomia privada não permite que o dono da obra seleccione o tipo de efeitos que ela irá produzir. À aceitação aplicam-se, porém, as regras dos negócios jurídicos, na medida em que a analogia da situação o justifique (art. 295° CC).

VI. Como consequência da aceitação, para além das já mencionadas, há ainda a referir os deveres de receber a obra (*vd. supra* n.ºs III. § 4.3) e III. § 6.4), de pagar o preço (*vd. supra* n.ºs III. § 4.1) e III. § 8) e, em certos casos, a transferência da propriedade (*vd. infra* n.° VI. § 4). No que respeita ao início do prazo de garantia, este tem a ver com a entrega e não com a aceitação (*vd. infra* n.° VII. § 8.1).

Na hipótese de o comitente aceitar a obra com reserva, os efeitos mencionados podem não se verificar na sua totalidade. Será uma questão a apreciar caso a caso[2].

Nas empreitadas de obras públicas distingue-se a recepção provisória (art. 219° REOP) da recepção definitiva (art. 227° REOP). Uma tem lugar

---

[1] Cfr. SAINT-ALARY, *Droit de la Construction*, Paris, 1977, p. 575.

[2] Pode, por exemplo, o dono da obra recusar o pagamento de parte do preço, cfr. Ac. STJ de 10/12/1987, TJ, 39 (1988), p. 18.

III – Empreitada 443

após a primeira vistoria, e a outra depois da segunda inspecção, sendo esta última realizada findo o prazo de garantia[1]. Este é o sistema estabelecido, na prática, para todo o tipo de empreitadas, no Direito espanhol[2]; e Cunha Gonçalves[3] também o considerava válido no domínio do Código Civil anterior, pois admitia que era provisória a recepção de obras imóveis, por haver um prazo de garantia de cinco anos (art. 1399° CC 1867). Não parece que tal solução seja defensável, nem sequer perante o Código de Seabra, pois, no termo do prazo da garantia, não há que proceder a uma nova aceitação; ou seja, no Direito Privado, a aceitação da obra é definitiva[4]. Diferente é o caso de o comitente receber a obra para testá-la, caso em que há uma recepção provisória, mas não chega a haver aceitação.

§ 4. Transferência da propriedade da obra

1. Problemas gerais

I. Só se justifica discutir a questão da transferência da propriedade no caso de obras de construção, pois estando em causa a alteração, reparação, etc. de coisas, os problemas de transferência da propriedade só eventualmente se levantam em relação aos materiais a utilizar ou a retirar da obra.

II. O art. 408° CC estabelece o princípio geral quanto à transferência da propriedade, mas, nos termos do n.° 2 deste preceito, a regra constante do n.° 1 não se aplica em sede de contrato de empreitada. Todavia, podia questionar-se se as lacunas do art. 1212° CC deveriam ser integradas pelo art. 408°, n.° 1 CC. Esta solução não parece de aceitar, pois, por exemplo, no caso de obra imóvel a construir no terreno do empreiteiro (hipótese não contemplada no art. 1212° CC), não seria aceitável que a propriedade se transferisse com a celebração do contrato de empreitada, até porque, nessa data, a obra ainda não existia. Poder-se-ia, então, considerar aplicável o n.° 2 do art. 408° CC, transferindo-se a propriedade e o consequente risco

---

[1] O *modus faciendi* da recepção consta normalmente do caderno de encargos, *vd.* Ferry Borges, *Qualidade na Construção*, Lisboa, 1988, p. 38.

[2] *Vd.* Díez-Picazo/Gullón, *Sistemas*, cit., p. 378.

[3] *Tratado de Direito Civil*, Vol. VII, Coimbra, 1933, n.° 1069, pp. 631 e 632.

[4] Cfr. Ac. Rel. Pt. de 17/11/1992, CJ, XVII (1992), T. V, p. 224.

444   *Direito das Obrigações*

«(...) quando a coisa (futura) for adquirida pelo alienante (...)». Mas levanta-se o problema da determinação desse momento: será quando a obra estiver quase pronta; totalmente acabada; ou depois de ter sido aceita. A aplicação de tal regra levaria a uma incerteza quanto à data da transferência da propriedade e do risco; designadamente, o dono da obra não saberia a partir de que altura deveria celebrar um contrato de seguro.

Acresce outra dificuldade de ordem prática; como se trata de coisa imóvel, a transferência da propriedade carece de certas formalidades, pelo que não pode operar de modo automático. As considerações aduzidas parecem suficientes para afastar a aplicação directa ou analógica do art. 408°, n.° 2 CC.

III. Relacionado com este aspecto também importa discutir se o art. 409° CC (reserva da propriedade) poderá ter aplicação no domínio do contrato de empreitada ou se, pelo contrário, as regras da transferência da propriedade estabelecidas neste negócio jurídico são imperativas. Este problema não parece poder ter uma solução linear, a resposta vai depender da situação concreta. Se a propriedade da obra se transfere com a aceitação (art. 1212°, n.° 1, 1ª parte CC), nada obsta a que se estebeleça uma cláusula de reserva de propriedade; nos outros dois casos previstos no art. 1212° CC, tal cláusula não parece ter qualquer sentido, porque o bem vai ser incorporado noutro, dele passando a fazer parte integrante e perdendo a consequente autonomia para efeito de objecto de situações jurídicas[1].

No art. 1212° CC pretende resolver-se, supletivamente, a questão da transferência da propriedade da obra, estabelecendo dois regimes diversos, consoante se trata de coisas móveis ou imóveis.

2. Coisas móveis

Do art. 1212°, n.° 1 CC constam as regras para a determinação da propriedade da obra no caso de empreitada de construção de coisa móvel. Há então a distinguir se as matérias foram, no todo ou na sua maior parte, fornecidas pelo empreiteiro ou pelo dono da obra.

A lei usa a expressão «na sua maior parte», enquanto no projecto da autoria de VAZ SERRA[2] se falava em «parte principal». À primeira vista

---

[1] Cfr. Ac. STJ de 06/07/1993, CJ (STJ), I (1993), T. II, p. 184; Ac. Rel. Lx. de 20/05/1993, CJ, XVIII (1993), T. III, p. 109.

[2] «Empreitada», BMJ, 146 (1965), p. 225.

III – Empreitada

parece que o critério do projecto era qualitativo e o da lei quantitativo. Se o critério actual fosse meramente quantitativo, através de novos fornecimentos poder-se-ia alterar a propriedade da obra, o que não parece aceitável. Deverá, então, entender-se que a lei, na locução «na sua maior parte», recorre a um critério simultaneamente quantitativo e qualitativo.

No primeiro caso, a transferência da propriedade da coisa para o dono da obra dá-se com a aceitação por parte deste. Se o comitente forneceu parte reduzida dos materiais, perde a respectiva propriedade quando forem incorporados na obra, e fica credor do empreiteiro pelo preço dos mesmos[1].

Solução diversa preconiza a lei para a hipótese de a obra ter sido executada com materiais fornecidos, no todo ou na sua maior parte, pelo dono da obra. Neste caso, a obra surge logo na propriedade do comitente; a transferência da propriedade verifica-se, *ipso iure*, com a conclusão da obra, sendo a aceitação irrelevante[2]. Por conseguinte, o dono da obra não perde a propriedade sobre os materiais fornecidos quando tenham sido incorporados na obra. Se o empreiteiro tiver subministrado parte reduzida dos materiais, perde a propriedade sobre os mesmos desde o momento em que eles tenham sido incorporados na obra; o dono da obra adquire, então, a propriedade sobre tais materiais através do instituto da acessão industrial mobiliária (art. 1333° CC), pois estes são de valor inferior aos fornecidos pelo comitente e, muito naturalmente, também são de valor inferior ao da obra realizada[3].

3. Coisas imóveis

I. No n.° 2 do art. 1212° CC estabelecem-se as regras para a determinação da propriedade, no caso de empreitada para a construção de coisa imóvel. Assim, sendo o dono da obra proprietário do solo ou da superfície, mesmo que os materiais sejam fornecidos, na sua totalidade, pelo empreiteiro, a obra é propriedade daquele[4]. Considera-se, pois, que os materiais

---

[1] *Vd*. Pires de Lima/Antunes Varela, Coment. 2 ao art. 1212°, *Código Civil Anotado*, II, cit., p. 878.

[2] *Vd*. Vaz Serra, «Empreitada», BMJ, 145 (1965), p. 177.

[3] *Vd*. Vaz Serra, «Empreitada», BMJ, 145 (1965), p. 159.

[4] Neste sentido, cfr. Ac. Rel. Lx. de 12/05/1988, BMJ, 377 (1988), p. 542, em cujo sumário se afirma: «Um elevador que se incorpora num imóvel, dele passando a fazer parte integrante, pertence desde logo ao dono deste, sendo inadmissível ou nula qualquer cláusula de reserva de propriedade». Solução oposta pode confrontar-se no Ac. Rel. Lx. de 18/01/1990, CJ, XV (1990), T. I, p. 147.

446   *Direito das Obrigações*

vão sendo adquiridos pelo comitente, à medida que forem incorporados na obra; mas até esse momento, eles continuam na propriedade do empreiteiro.

O Código civil não teve aqui em conta as regras da acessão (art. 1340° CC), sendo irrelevante que o valor dos materiais e do trabalho fornecido pelo empreiteiro se apresentem como superiores ao do terreno sem a obra[1].

No caso de empreitada de construção de imóveis em que o solo seja propriedade do dono da obra, a aceitação não tem como efeito a transferência da propriedade da obra.

II. Diferente será a solução na hipótese de o solo ou de a superfície onde se constrói o edifício ser propriedade do empreiteiro. Tal situação não vem prevista no Código Civil, mas será de entender que, nesse caso, o proprietário da coisa seja o empreiteiro, mesmo que os materiais tenham sido fornecidos pelo comitente e sejam de valor superior ao do terreno, pois, nos termos do n.° 2 do art. 1212° CC, não se deve recorrer às regras da acessão. Numa tal hipótese, a propriedade do solo e da obra realizada só se transferirá para o comitente com a aceitação[2]. Há quem entenda que, em tais casos, o negócio se deverá considerar misto, devendo ser acompanhado de uma promessa de venda[3]; mas este caminho não chega a resolver o principal problema de aplicação prática que tal hipótese suscita. De facto, tanto o terreno onde vai ser implantada a obra como ela em si constituem bens imóveis (art. 204° CC) e a respectiva transferência carece de uma forma solene. Assim sendo, poder-se-á estar perante uma de três hipóteses.

Com a celebração do contrato de empreitada procedeu-se também à transferência da propriedade do terreno e, em tal caso, estar-se-á perante uma obra a construir em terreno do comitente (art. 1212°, n.° 2 CC).

Sendo a obra realizada em terreno do empreiteiro, a propriedade do terreno e da obra nele implantada transfere-se para o comitente com a

---

[1] *Vd.* Pires de Lima/Antunes Varela, Coment. 4 ao art. 1212°, *Código Civil Anotado*, cit., p. 802. Não era esta a solução preconizada pelo autor do anteprojecto de contrato de empreitada, que, na sequência de Rubino (*L'Appalto*, cit., n.° 327, p. 805), preconizava a aplicação das regras da acessão (cfr. Vaz Serra, «Empreitada», BMJ, 145 (1965), p. 162).

[2] *Vd.* Vaz Serra, «Empreitada», BMJ, 145 (1965), pp. 162 e 163.

[3] *Vd.* Pereira de Almeida, *Direito Privado*, Vol. II (*Contrato de Empreitada*), Lisboa, 1983, p. 48; Pires de Lima/Antunes Varela, Coment. 5 ao art. 1212°, *Código Civil Anotado*, II, cit., p. 879; José Manuel Vilalonga, «Compra e Venda e Empreitada. Contributo para a Distinção entre os dois Contratos», ROA, 1997 I, pp. 202 ss. Cfr. Ac. Rel. Pt. de 9/05/1996, CJ XXI (1996), T. III, p. 185.

III – Empreitada 447

aceitação, desde que esta revista a formalidade necessária para a transferência da propriedade de imóveis.

Por último, se a obra foi realizada em terreno do empreiteiro, a propriedade da obra pode transferir-se depois da aceitação por força da celebração de um negócio autónomo, que não tem necessariamente de ser uma compra e venda ou uma doação.

Se tanto o terreno como os materiais empregues na obra forem propriedade do empreiteiro, o negócio pode apresentar-se como uma compra e venda de bens futuros[1], desde que a obra não seja realizada segundo as directrizes e fiscalização daquele a quem se destina. Mas este é um problema que se prende com a distinção entre empreitada e compra e venda (*vd. supra* n.° I. § 4.3).

§ 5. Impossibilidade de cumprimento; risco

1. Impossibilidade originária

I. A impossibilidade originária da prestação produz a nulidade do negócio jurídico (art. 401°, n.° 1 CC); e, sendo o contrato de empreitada nulo, não há que discutir o problema do seu incumprimento. Mas a fronteira entre as duas figuras nem sempre é clara[2]. Imagine-se que um empreiteiro se obriga a construir uma casa num local arenoso, onde a consistência do terreno não permite a sustentação de uma obra com a envergadura que ela deveria possuir.

A impossibilidade da prestação relativamente à pessoa do empreiteiro não acarreta a nulidade do contrato de empreitada (art. 401°, n.° 3 CC); pelo que, no exemplo referido, se aquele empreiteiro não tinha os meios técnicos adequados para erguer a obra no local indicado, sendo, porém, com meios sofisticados, viável a construção de tal casa, não há impossibilidade, mas incumprimento.

Também não é nulo o negócio que as partes celebraram na expectativa de a prestação vir a ser possível (art. 401°, n.° 2 CC). Sendo, portan-

---

[1] *Vd*. PEREIRA DE ALMEIDA, *Direito Privado*, cit., p. 47.

[2] Quanto à distinção entre a impossibilidade originária e a superveniente com respeito ao cumprimento defeituoso, *vd*. ROMANO MARTINEZ, *Cumprimento Defeituoso em especial na Compra e Venda e na Empreitada*, reimpressão, Coimbra, 2001, n.os 4 e 13.b), pp. 31 ss. e 123 ss.

448 *Direito das Obrigações*

to, válido o contrato pelo qual o empreiteiro se obrigava a construir a casa no local arenoso se as partes tiveram em conta que, num futuro próximo, o desenvolvimento tecnológico permitiria tal construção.

A nulidade só existe, assim, no caso de a obra ser originária e objectivamente impossível, não tendo as partes admitido a eventualidade de ela se tornar possível. Mas para melhor precisar a noção de impossibilidade originária e objectiva da obra, importa recorrer aos requisitos do objecto negocial (art. 280° CC); destes infere-se que aquela noção está relacionada com a inviabilidade física ou legal do objecto, com a contrariedade à lei e com a indeterminabilidade.

II. Os pontos de contacto entre o incumprimento da empreitada e a sua impossibilidade relacionam-se com a inviabilidade física do objecto. Esta diz respeito a aspectos materiais derivados da natureza das coisas, mormente a inexistência. Assim, se o empreiteiro se obrigou a reparar o telhado de uma casa que, dias antes da celebração do contrato, ficara destruída num incêndio, a execução da obra é originária e objectivamente impossível. Porém, não é qualquer impossibilidade física que pode implicar a nulidade do contrato de empreitada; a impossibilidade terá de ser absoluta no sentido de abranger todos os aspectos da prestação. Desta forma, se a obra prometida só puder ser realizada com defeitos, o contrato não é nulo; a impossibilidade da prestação verificar-se-á, unicamente, no caso de a obra não ser, de todo, realizável, em razão do actual estado da técnica.

Só se pode falar em impossibilidade originária quando a obra, em abstracto, for insusceptível de ser efectuada.

2. Impossibilidade superveniente

I. Com respeito à impossibilidade superveniente de execução da obra há que fazer uma distinção. Sendo ela imputável ao empreiteiro, o legislador, no art. 801°, n.° 1 CC, equiparou-a ao não cumprimento. Trata-se de uma equiparação de regimes por força do qual tanto a impossibilidade imputável como a falta de cumprimento acarretam a responsabilidade do empreiteiro. Razão pela qual, no que se relaciona com este tipo de impossibilidade, remete-se para as regras da responsabilidade civil contratual (*vd. infra* n.° VII. § 1.2).

Se, pelo contrário, a impossibilidade superveniente de execução da obra não for imputável ao empreiteiro nem ao comitente, a obrigação do primeiro extingue-se (art. 790° CC) e o segundo fica desobrigado do pagamento do preço (art. 795° CC), salvo as regras especiais do art. 1227° CC (*vd. infra* n.° 3 deste parágrafo).

II. A impossibilidade superveniente tem de ser efectiva, absoluta e definitiva[1], e pode ser total ou parcial.

A impossibilidade efectiva contrapõe-se ao agravamento da prestação. Se a prestação do empreiteiro se torna mais onerosa, designadamente por aumento imprevisível dos salários ou do preço dos materiais, não se está perante um caso de impossibilidade podendo, quando muito, recorrer-se ao instituto da alteração das circunstâncias (arts. 437° ss. CC). Da mesma forma, a denúncia prevista no n.° 2 do art. 1215° CC não se enquadra necessariamente numa situação de impossibilidade. A prestação será impossível se se verificar uma inviabilidade total, nos termos de um padrão geral de conduta.

A impossibilidade é absoluta se a obra não puder ser realizada pelo empreiteiro, nem por terceiro. Todavia, se a prestação do empreiteiro for infungível, na medida em que o dono da obra, ao celebrar o contrato, teve em especial atenção as aptidões daquele, já a impossibilidade relativa se apresentará como relevante (art. 791° CC).

A impossibilidade terá de ser definitiva, no sentido de a obra não poder ser realizada mais tarde. Assim, se, por exemplo, a obra não foi concluída porque os trabalhadores entraram em greve por causa não imputável à entidade patronal, ou porque as condições climatéricas atrasaram a execução dos trabalhos, ou ainda porque os materiais estiveram esgotados durante algum tempo, há apenas um atraso no cumprimento. Se a obra não foi entregue no prazo acordado, mas ainda pode vir a sê-lo mais tarde (art. 792° CC), não há verdadeira impossibilidade.

Por último, a impossibilidade pode ser total ou parcial. A impossibilidade total não tem qualquer especificidade; as dúvidas podem suscitar-se a propósito da impossibilidade parcial. Tendo o empreiteiro realizado parte da obra, se se tornar impossível terminá-la, ele exonera-se entregando a obra parcialmente efectuada, devendo o preço ser reduzido na proporção do que foi executado (art. 793°, n.° 1 CC). Neste caso, a contraprestação do dono da obra será determinada tendo em conta o trabalho realizado, os materiais fornecidos pelo empreiteiro e o lucro deste proporcionalmente reduzido.

---

[1] *Vd.* MENEZES CORDEIRO, *Direito das Obrigações*, Vol. II, Lisboa, 1986, n.° 273, pp. 174 ss.

Porém, nos termos do n.º 2 do art. 793º CC, o dono da obra pode resolver o contrato se não tiver, justificadamente, interesse no cumprimento parcial da obrigação. Só que, nesta hipótese, o empreiteiro tem direito a ser indemnizado pelo trabalho executado e despesas realizadas (art. 1227º, 2ª parte CC).

De facto, nos termos do art. 795º, n.º 1 CC, os direitos e obrigações recíprocos das partes extinguem-se quando uma das prestações se torna impossível por causa não imputável a nenhum dos contraentes. Mas, tendo havido começo de execução, o dono da obra é obrigado a indemnizar o empreiteiro do trabalho executado e das despesas realizadas. Era já esta a solução estabelecida no § único do art. 1403º CC 1867. No mesmo sentido dispõem o art. 1595 CCEsp. e o art. 1672 CCIt.; todavia, nos termos destes dois preceitos, o dono da obra só é obrigado a indemnizar, na medida da utilidade que retirar da obra parcialmente executada[1].

III. No Direito português, esta obrigação de indemnizar o empreiteiro mantém-se mesmo na hipótese de o dono da obra não retirar dela qualquer utilidade no estado em que ficou. Mas o empreiteiro também não vai lucrar com a indemnização, na medida em que o montante desta só cobre os trabalhos executados e as despesas realizadas.

No fundo, na 2ª parte do art. 1227º CC consagra-se uma regra de repartição do risco. Tal solução tem especial acuidade nas empreitadas de construção de coisas móveis em que os materiais sejam, no todo ou na sua maior parte, fornecidos pelo dono da obra e nas empreitadas de construção de bens imóveis em que o solo ou a superfície pertença ao dono da obra[2]. Doutra forma, nestes casos, o comitente continuava a ser proprietário da obra e nada teria de pagar ao empreiteiro[3].

---

[1] Com respeito ao Direito italiano, cfr. RESCIGNO, *Manuale del Diritto Privato Italiano*, 7ª ed., Nápoles, 1987, n.º 229, pp. 814 e 815. Para o Direito inglês é apresentada uma solução similar por TREITEL, *An Outline of the Law of Contract*, 4ª ed., Londres, 1989, p. 301.

[2] Nas empreitadas de construção de coisa móvel em que os materiais sejam fornecidos, no todo ou na sua maior parte, pelo empreiteiro e nas empreitadas de construção de coisa imóvel em que o solo ou a superfície pertença ao empreiteiro, a obra inacabada continua a ser propriedade deste.

[3] É de notar que, em última análise, sempre se poderia recorrer ao instituto do enriquecimento sem causa (arts. 473º ss. CC).

3. Risco

I. No contrato de empreitada, apesar de não se poderem dissociar, importa distinguir a repartição do risco por impossibilidade de execução da prestação (art. 1227°, 2ª parte CC) do risco da perda da coisa (art. 1228°, n.° 1 CC).

No primeiro caso, o empreiteiro corre o risco da remuneração e o dono da obra o risco do trabalho e despesas realizadas; isto é, o empreiteiro perde o proveito que poderia tirar da obra e o comitente tem de desembolsar o respeitante ao trabalho e despesas efectuadas. Esta repartição do risco contratual deve ser tida em conta na hipótese de impossibilidade de execução da obra; mas, por analogia, é de admitir a aplicação de regra idêntica no caso de alterações necessárias (art. 1215° CC). Assim, se por força das variações necessárias, há que demolir parte da obra já construída, o dono da obra tem de pagar essa fracção, deduzindo o valor proporcional do lucro do empreiteiro. A demolição e a nova construção serão igualmente pagas pelo comitente. Se a alteração implicar uma redução da obra a executar e a parte a suprimir já tiver sido concluída, o dono tem de pagar a demolição e o preço total será reduzido do valor proporcional correspondente ao lucro do empreiteiro. Caso a parte a suprimir ainda não tenha sido construída, há uma redução do preço com base no valor da fracção não realizada e do correspondente lucro do empreiteiro[1].

Quanto ao risco da perda da coisa foi consagrada a regra *res suo domino perit* (art. 1228°, n.° 1 CC). Terá, pois, de se verificar quem é o proprietário da obra. O princípio de que o risco corre por conta do proprietário aplica-se não só à obra, como igualmente aos materiais nela a incorporar[2].

II. Relacionando os dois preceitos (arts. 1227° e 1228° CC) poderá então concluir-se que o empreiteiro corre o risco da remuneração e o dono da obra o risco do trabalho e despesas. Quanto à obra e materiais há que determinar quem é o proprietário; para tal importa distinguir quatro hipóteses[3].

---

[1] Em sentido idêntico, mas com algumas divergências, designadamente quanto ao abatimento do lucro do empreiteiro, *vd*. RUBINO, *L'Appalto*, cit., n.° 200, p. 458; VAZ SERRA, «Empreitada», BMJ, 145 (1965), p. 106.

[2] O proprietário corre o risco da perda da coisa e também pode ser responsável, independentemente de culpa, por danos que a obra cause a terceiros no caso de abrir minas ou poços, bem como se fizer escavações no seu prédio (art. 1348°, n.° 2 CC).

[3] No que respeita às situações de defeito da obra derivado do risco, *vd*. ROMANO MARTINEZ, *Cumprimento Defeituoso*, cit., n.° 34, pp. 326 ss.

Na empreitada de construção de coisa móvel com materiais fornecidos pelo empreiteiro, se a obra perecer por causa não imputável a nenhuma das partes, o empreiteiro fica adstrito ao dever de realizar nova obra, desde que isso não lhe acarrete um prejuízo desmesurado; mas tem direito a receber, não só a remuneração acordada, como as despesas realizadas e o valor do trabalho incorporado na obra destruída. Esta solução melhor se compreende comparando as seguintes hipóteses: se A. se obriga a reparar uma cadeira de B. e esta perece antes da aceitação, como não há possibilidade de repetir a obra, A. perde o proveito que retiraria da sua execução, mas pode exigir uma indemnização respeitante ao trabalho executado e às despesas realizadas (art. 1227° CC); se A. se obriga a fazer uma cadeira para B. e esta perece antes da aceitação, ele deverá repetir a obra e tem direito a receber o preço, mas as despesas realizadas e o trabalho executado na obra que pereceu deverão ser indemnizados nos mesmos termos da hipótese anterior. Contudo, se parte dos materiais forem fornecidos pelo dono da obra e perecerem antes da incorporação na mesma, este deverá entregar outros em sua substituição[1]. Por conseguinte, o empreiteiro corre o risco dos materiais utilizados e da remuneração, e o dono da obra o risco das despesas e do trabalho realizado, bem como dos materiais por ele fornecidos que ainda não tenham sido incorporados na obra.

Sendo os materiais fornecidos pelo dono da obra, se a coisa móvel perecer, não se podendo imputar a causa a nenhuma das partes, o empreiteiro é obrigado a executar a obra de novo, desde que isso seja possível sem gastos desproporcionados; mas deve-lhe ser paga a remuneração acordada, bem como as despesas realizadas e o valor do trabalho incorporado na obra destruída[2]. Além disso, nesta última hipótese, o empreiteiro tem direito a que o dono da obra lhe entregue materiais em substituição dos que pereceram. No caso de o empreiteiro estar obrigado a fornecer parte dos materiais, é ele que corre o risco da sua perda até à incorporação dos mesmos na obra. Assim, o empreiteiro corre o risco dos materiais ainda não incorporados por ele fornecidos e da sua remuneração, ao passo que

---

[1] Em sentido diverso, Vaz Serra, «Empreitada», BMJ, 146 (1965), p. 164, considera que, mesmo após a incorporação, o risco corre por conta de quem fornece os materiais. Esta solução não parece correcta, porquanto, depois da incorporação, os materiais perdem autonomia, integram-se na obra, e o risco deve correr por conta do proprietário desta.

[2] Como se refere no Ac. Rel. Pt. de 26/1/98, CJ XXIII, T. I, p. 190, na empreitada de coisa móvel (calçado) com materiais fornecidos pelo dono da obra o risco corre por conta deste.

III – Empreitada 453

o dono da obra suporta o risco dos materiais empregues, incorporados ou não, e das despesas e trabalho realizados na obra.

Nas empreitadas de construção de coisa imóvel em que o solo seja propriedade do dono da obra, perecendo esta sem culpa das partes, ao empreiteiro pode ser exigida uma nova construção, desde que esta não seja excessivamente onerosa; devendo-lhe ser pago, além do preço acordado, o valor das despesas efectuadas e do trabalho despendido na obra que se perdeu. Relativamente aos materiais fornecidos pelo empreiteiro, ele corre o risco da perda dos mesmos até à sua incorporação na obra. Portanto, o empreiteiro suporta o risco em relação aos materiais fornecidos e ainda não incorporados, assim como quanto à sua remuneração. Sobre o dono da obra impende o risco respeitante à obra em si e às despesas e trabalho efectuados pelo empreiteiro. Até porque o valor da obra — de que o comitente corre o risco — é determinado no momento da sua perda, e nele incluem-se os materiais, as despesas e o trabalho do empreiteiro. Em apoio desta solução podem confrontar-se exemplos idênticos aos referidos anteriormente. Se um empreiteiro se obriga a construir uma casa com determinado material, cuja utilização veio a ser proibida, tem direito a receber as despesas efectuadas e o trabalho executado (art. 1227º CC). Da mesma forma, se o edifício ruir por causa não imputável ao empreiteiro (p. ex., em razão de um tremor de terra), ele também tem direito a receber o montante correspondente ao trabalho executado e às despesas realizadas. Não há razão para tratar diferentemente estas duas situações.

Por último, se o solo é propriedade do empreiteiro, ele também é obrigado a repetir a obra, se isso não lhe causar um prejuízo desmesurado, sendo devido o preço estipulado, acrescido do montante correspondente às despesas e trabalhos efectuados na obra destruída. Quanto aos materiais entregues, o risco da sua perda corre por conta de quem os forneceu, até serem incorporados na obra. O empreiteiro corre então o risco dos materiais por ele fornecidos e da remuneração; enquanto o dono da obra assume o risco de materiais entregues, desde que não incorporados, e das despesas e trabalho realizados.

III. O disposto no n.º 1 do art. 1228º CC sofre uma aparente excepção no caso de a obra ser propriedade do empreiteiro e o dono estar em mora quanto à verificação ou aceitação da coisa; o risco corre então por conta do dono da obra (art. 1228º, n.º 2 CC)[1]. A solução estabelecida no

---

[1] Com base neste preceito e no disposto no art. 807º CC, no Ac. STJ de 4/10/1994, RLJ 128, p. 154, concluiu-se que o risco seria suportado pelo empreiteiro sempre que se

454 *Direito das Obrigações*

n.º 2 do art. 1228° CC não assenta no princípio *res suo domino perit*, na medida em que, nos termos do art. 1218°, n.º 5 CC, se o comitente estiver simplesmente em mora quanto à verificação ou aceitação da obra, não se dá uma aceitação presumida por lei, com a consequente transferência do direito de propriedade, nos termos do art. 1212° CC (*vd. supra* n.ᵒˢ VI. § 1 e VI. § 3). Neste caso, o risco não corre por conta do proprietário da obra; tratando-se de uma sanção que visa punir a inércia do comitente, também estatuída no art. 815° CC.

§ 6. Desistência do dono da obra

I. O dono da obra pode desistir da empreitada a todo o tempo (art. 1229° CC). Trata-se de uma excepção à regra estabelecida no art. 406°, n.º 1 CC, segundo a qual os contratos extinguem-se por mútuo consentimento dos contraentes.

Nos termos da lei, parece que nada obsta a uma desistência depois de a obra estar concluída, mas antes de aceita[1]; só que, em tal caso, se a obra não padecer de defeitos, a indemnização devida corresponde ao preço total da obra.

Se, do ponto de vista material, não houver impedimentos, nada obsta a que a desistência seja parcial. Mas nesta hipótese podem levantar-se dificuldades de delimitação entre a figura em causa e as alterações exigidas pelo dono da obra de que resulte uma diminuição do trabalho (art. 1216°, n.º 3 CC)[2].

II. A *ratio legis* deste preceito é perfeitamente justificável; motivo pelo qual disposições análogas constam de outros diplomas de Direito

---

encontrasse em mora, apesar de a obra ser propriedade do dono da obra, solução corroborada por HENRIQUE MESQUITA em anotação ao acórdão, RLJ 128, p. 187.

[1] Diversa é a posição sustentada por SOERGEL, Coment. 2 ao § 642, *Münchener Kommentar*, cit., p. 2303, opinião que, todavia, se baseia no facto de o § 642 BGB estabelecer que tal direito do dono da obra só existe até à conclusão da mesma. No mesmo sentido, com base no disposto no art. 377 CO, *vd.* GAUCH, *Der Werkvertrag*, 3ª ed., Zurique, 1985, n.ᵒˢ 386 ss., pp. 109 ss.

[2] Em princípio, o recurso a um ou outro dos preceitos conduz ao mesmo resultado, mas, em certos casos, as soluções podem ser diversas, na medida em que o art. 1216°, n.º 3 CC recorre a um método negativo (por subtracção) de determinação do preço (*vd. supra* n.º V. § 3.2) e o art. 1229° CC a um método positivo (por soma); *vd. infra* neste número.

III – Empreitada

Civil, designadamente, art. 1247 CCBr., art. 1594 CCEsp., art. 1794 CCFr., art. 1671 CCIt. e § 649 BGB, assim como do art. 234° REOP. Também era idêntica a solução prevista no art. 1402° CC 1867[1]. De facto, mediante um contrato de empreitada pretende-se que o dono da obra obtenha um determinado resultado; a realização de uma obra. Ora pode acontecer que o comitente perca o interesse na obtenção desse resultado — por alteração da sua vida, da sua situação económica, etc. — e então não se justifica que ele continue vinculado àquele negócio jurídico. Por outro lado, o comitente pode pretender que a obra seja realizada por outro empreiteiro, porque, por exemplo, perdeu a confiança no primeiro, ou querer realizar a obra por outra forma, *verbi gratia*, por administração directa[2].

A desistência por parte do dono da obra é uma faculdade discricionária, não carece de fundamento, apresenta-se como insusceptível de apreciação judicial[3] e não carece de qualquer pré-aviso[4], nem de forma especial. A desistência tem eficácia *ex nunc*[5].

Este direito do dono da obra é duvidoso que possa ser exercido pelos seus credores em acção sub-rogatória (arts. 606° ss. CC)[6], mas já o poderá ser pelo liquidatário, em caso de falência, por interpretação extensiva dos arts. 161°, 162°, 163° e 167° do Código dos Processos de Recuperação de Empresas e de Falência, tal como anteriormente dispunha o art. 1197° CPC.

---

[1] Segundo COELHO DA ROCHA, *Instituições do Direito Civil Portuguez*, T. II, 8ª ed., Coimbra, 1917, § 853, p. 579, no Direito anterior ao Código de Seabra, o dono da obra podia igualmente desistir da empreitada.

A mesma solução vigora no Direito inglês, mediante o recurso ao chamado «*set--off*», cfr. BURROWS, *Remedies for Torts and Breach of Contract*, Londres, 1987, pp. 132 e 133; CHESHIRE/FIFOOT/FURMSTON, *Law of Contract*, 12ª ed., Londres, 1991, pp. 650 e 651; POWELL-SMITH/FURMSTON, *A Building*, cit., p. 183; TREITEL, *An Outline*, cit., p. 350.

[2] *Vd.* CUNHA GONÇALVES, *Tratado*, cit., n.° 1073, p. 644; PIRES DE LIMA/ANTUNES VARELA, Coment. 2 ao art. 1229°, *Código Civil Anotado*, II, cit., p. 908; VAZ SERRA, «Empreitada», BMJ, 146 (1965), p. 132.

[3] *Vd.* FERRER CORREIA/HENRIQUE MESQUITA, Anot. Ac. STJ de 03/11/1983, ROA, 45 (1985), pp. 148 e 149.

Por isso, uma resolução infundada pode entender-se como desistência (Ac. STJ de 21/10/1997, CJ (STJ), 1997, T. III, p. 88).

[4] *Vd.* RUBINO, *L'Appalto*, cit., n.° 342, p. 830.

[5] *Vd.* VAZ SERRA, «Empreitada», BMJ, 146 (1965), p. 131.

[6] Em sentido negativo, considerando que tal direito não pode ser exercido pelos credores em acção sub-rogatória, *vd.* RUBINO, *L'Appalto*, cit., n.° 342, p. 832.

III. O art. 1229° CC, talvez propositadamente, utiliza um termo sem conotação jurídica: «desistência». Com pouco apuro técnico, o art. 234° REOP usa a expressão «rescisão». Caberá perguntar se o direito que é conferido ao dono da obra deverá ser entendido como uma resolução, uma revogação ou uma denúncia do contrato[1].

A desistência não se pode enquadrar na figura da resolução, porque esta é vinculada (há que alegar um fundamento) e opera retroactivamente; em contrapartida, a desistência é discricionária e tem eficácia *ex nunc*.

Mais difícil se apresenta a distinção com respeito à revogação, que também é discricionária e não retroactiva. Porém, a revogação do contrato tem origem bilateral e a desistência é unilateral.

Por último, a denúncia, além de discricionária e não retroactiva, também se apresenta como unilateral; mas a denúncia é específica dos contratos de duração indeterminada e o contrato de empreitada, apesar de dele poderem constar prestações que se protelam no tempo (*vd. supra* n.° III. § 8), não é, por via de regra, de execução continuada.

A desistência do contrato é uma situação *sui generis*[2]; algo intermédio entre a revogação e a denúncia.

IV. Havendo razões plausíveis para se consagrar uma excepção à regra *pacta sunt servanda*, seria injusto que não se tivessem tido em conta os direitos do empreiteiro. Assim, admite-se que o comitente possa desistir da realização da obra, desde que indemnize o empreiteiro das despesas e trabalhos realizados, bem como do proveito que este poderia retirar da obra (art. 1229° CC). A desistência da obra é lícita, mas conduz, todavia, a uma obrigação de indemnizar; trata-se, por conseguinte, de um dos exemplos de responsabilidade por intervenções lícitas.

A mesma a solução encontra-se nos arts. 1247 CCBr., 1594 CCEsp., 1794 CCFr. e 1671 CCIt., que mandam indemnizar o empreiteiro por despesas feitas, trabalhos executados e proveito perdido.

Diferentemente, nos termos do § 649 BGB — assim como no art. 34° do anteprojecto referente ao contrato de empreitada[3] — a indemnização deve ser determinada tendo em conta o preço total da empreitada, deduzido do que o empreiteiro poupou em despesas, ou adquiriu

---

[1] Sobre estas figuras, *vd.* MENEZES CORDEIRO, *Obrigações, cit.*, Vol. II, n.ºs 267 ss., pp. 162 ss.

[2] *Vd.* PEREIRA DE ALMEIDA, *Direito Privado*, cit., p. 104; PIRES DE LIMA/ANTUNES VARELA, Coment. 2 ao art. 1229°, *Código Civil Anotado*, II, cit., p. 908.

[3] BMJ, 146 (1965), pp. 241 e 242.

III – Empreitada

mediante a aplicação da sua força de trabalho, ou deixou de má vontade de adquirir[1].

Por via de regra, a aplicação do critério positivo (Códigos Civis Brasileiro, Espanhol, Francês e Italiano) ou do critério negativo (Código Civil Alemão) conduz ao mesmo resultado. Com a ressalva de que o critério negativo, de fácil aplicação nas empreitadas em que o preço foi fixado *a forfait*, se torna mais difícil nas empreitadas cuja remuneração tenha sido determinada de outra forma. E, por outro lado, segundo a regra do BGB, a prestação a que o dono fica adstrito pode ser superior àquela que se determinaria pela aplicação de um critério positivo, no caso de o empreiteiro, sem culpa, não poder aplicar a sua força de trabalho noutra actividade. Esta diferença melhor se explica recorrendo a um exemplo. Admitindo que o preço total da obra ascende a 25000, sendo os materiais a empregar no valor de 15000, o trabalho a efectuar por 9000 e o lucro a retirar de 1000, estando realizados dois terços da obra, chegar-se-á às seguintes conclusões. Critério negativo (ex. 1): [25000 – 5000 – 3000 = 17000], ou seja, preço total deduzido de um terço dos materiais e do trabalho. Critério negativo (ex. 2): [25000 – 5000 = 20000], ou seja, ao preço total só se deduz um terço dos materiais que poupou, porque não pôde aplicar a sua força de trabalho noutra actividade[2]. Critério positivo: [10000 + 6000 + 1000 = 17000], ou seja, somam-se os dois terços do valor dos materiais e da mão de obra utilizados com o lucro total que o empreiteiro obteria.

No Código Civil de 1966, no seguimento do art. 1402° do Código precedente, adoptou-se um critério positivo para determinar o montante da indemnização a atribuir ao empreiteiro. Por conseguinte, o dono da obra, caso desista da empreitada, terá de pagar ao empreiteiro a soma das despesas que este teve com a aquisição dos materiais[3], transporte, etc., acrescida do valor do trabalho incorporado na obra, em que se inclui o trabalho do empreiteiro e o daqueles que trabalharam para ele (empregados, subempreiteiros, etc.). Às despesas e ao trabalho será aduzido o proveito que o empreiteiro poderia retirar da obra; entenda-se da obra completa e não daquela que efectivamente se realizou. Este proveito não é visto no

---

[1] Sobre esta questão, *vd.* ENNECCERUS/LEHMANN, *Obligaciones*, cit., § 155, p. 550; SOERGEL, Coment. 10 ss. ao § 649, *Münchener Kommentar*, cit., pp. 2305 s.

[2] As situações em que o empreiteiro não pode aplicar a sua força de trabalho noutra actividade poderão ser frequentes em períodos de recessão económica.

[3] Se os materiais ainda não tiverem sido incorporados na obra e o empreiteiro estiver interessado em ficar com eles, o seu custo não é computado na indemnização, cfr. Ac. STJ de 25/06/1987, TJ, 38 (1988), p. 19.

458   *Direito das Obrigações*

sentido amplo de *lucrum cessans*, mas no de benefício económico que o empreiteiro auferiria daquele negócio.

Assim, o proveito será determinado pela subtracção, ao preço total fixado (que nas empreitadas em que o preço não foi acordado de forma global pode ser difícil de estabelecer), do custo total da obra[1].

O empreiteiro é, pois, indemnizado pelo interesse contratual positivo[2]. Trata-se de uma obrigação de indemnizar pelo *quantum meruit*, como consequência de uma responsabilidade por factos lícitos danosos[3].

§ 7. Morte ou incapacidade do empreiteiro

I. No art. 1230, n.º 1 CC estabelece-se a regra de que o vínculo obrigacional existente entre o dono da obra e o empreiteiro não se extingue por morte ou incapacidade dos seus titulares. É uma solução que se depreenderia dos princípios gerais, e talvez não fosse necessário que a lei o reafirmasse; mas a inclusão desta norma, em sede de contrato de empreitada, deve-se ao facto de disposição similar já constar do art. 1404º CC 1867[4]. Por outro lado, encontra-se uma disposição idêntica no art. 1674 CCIt.; diversa foi a solução do art. 1595 CCEsp. e do art. 1795 CCFr., na medida em que os respectivos legisladores partiram do princípio de que o contrato de empreitada era celebrado *intuitu personae*[5].

Em caso de falência do empreiteiro, o contrato será ou não cumprido, consoante o que o liquidatário julgue mais conveniente para a massa falida, por interpretação extensiva dos arts. 161°, 162°, 163° e 167° do

---

[1] *Vd*. Pires de Lima/Antunes Varela, Coment. 6 ao art. 1229°, *Código Civil Anotado*, II. cit., p. 909. Vejam-se também Ac. STJ de 14/05/1957, BMJ, 67 (1957), p. 427; Ac. STJ de 30/06/1970, BMJ, 198 (1970), p. 132; Ac. STJ de 17/07/1986, TJ, 23 (1986), p. 19, Ac. Rel. Lx. de 15/12/1994, CJ XIX, (1994), T. V, p. 137.

[2] *Vd*. Vaz Serra, Anot. Ac. STJ de 30/06/1970, RLJ, 104 (1971/72), pp. 207 s.

[3] Em sentido contrário, Enneccerus/Lehmann, *Obligaciones*, cit., § 155, p. 550, consideram que não se trata de uma indemnização, mas da própria retribuição, porque não há que pagar outros prejuízos.

[4] *Vd*. Vaz Serra, «Empreitada», BMJ, 146 (1965), p. 182.

[5] Em relação ao Direito italiano, *vd*. Rubino, *L'Appalto*, cit., n.º 354, pp. 860 ss. Quanto aos sistemas jurídicos espanhol e francês, veja-se, respectivamente, Díez-Picazo//Gullón, *Sistema*, cit., p. 382 e Malaurie/Aynès, *Contrats Spéciaux*, cit., n.º 780, p. 422.

No que respeita aos efeitos da morte, interdição e falência relacionados com os certificados concedidos aos empreiteiros, *vd*. art. 25° do Decreto-Lei n.º 61/99, de 2 de Março.

III – Empreitada

Código dos Processos Especiais de Recuperação de Empresas e de Falência, tal como anteriormente dispunham os arts. 1197° e 1135° CPC.

Mas apesar de o contrato não se extinguir por morte ou incapacidade do empreiteiro, o dono da obra pode resolvê-lo se os herdeiros daquele ou o liquidatário não derem garantias de boa execução da obra[1]. Porém, aos herdeiros que não estejam em condições de cumprir o contrato não se lhes pode exigir a realização da obra[2].

II. Da 2ª parte do n.° 1 do art. 1230° CC pode concluir-se que o contrato de empreitada não é, por via de regra, estabelecido *intuitu personae*. Só na hipótese de o dono da obra, aquando da celebração do contrato, ter tido em conta as qualidades pessoais do empreiteiro, é que a prestação deste último será infungível.

A prova de que o contrato foi celebrado tendo em conta os dotes pessoais do empreiteiro, cabe ao dono da obra[3]. O *intuitus personae* não se presume.

Se o contrato de empreitada foi concluído *intuitu personae*, ou se os herdeiros não estão em condições de cumprir o acordado, por morte ou incapacidade do empreiteiro, considera-se o negócio jurídico extinto por impossibilidade de execução da obra não imputável às partes (art. 1230°, n.° 2 CC)[4]. O dono da obra terá, portanto, de pagar aos herdeiros do empreiteiro ou ao empreiteiro incapacitado o trabalho executado e as despesas realizadas (art. 1227° CC)[5].

Nas empreitadas de obras públicas presume-se que o contrato foi celebrado *intuitu personae*, na medida em que o mesmo caduca se o empreiteiro falecer ou se for declarado interdito, inabilitado ou em estado de falência, por sentença judicial (art. 147°, n.° 1 REOP). Mas o dono da obra, tem de aceitar que os herdeiros do empreiteiro falecido tomem sobre si o encargo do cumprimento, desde que se habilitem para o efeito nos termos legais, bem como que o contrato continue com a sociedade formada pelos credores, quando estes o requeiram e as obras nao tenham sofrido, entretanto, interrupção (art. 147°, n.° 2, alíneas a) e b) REOP).

---

[1] *Vd.* VAZ SERRA, «Empreitada», BMJ, 146 (1965), p. 176.

[2] *Vd.* VAZ SERRA, «Empreitada», BMJ, 146 (1965), p. 177.

[3] *Vd.* VAZ SERRA, «Empreitada», BMJ, 146 (1965), p. 177.

[4] Não assim na hipótese de suicídio em que, pelo menos teoricamente, há responsabilidade do empreiteiro pelo incumprimento do contrato, cfr. TETTENBORN, *An Introduction to the Law of Obligations*, Londres, 1984, p. 185.

[5] Nas empreitadas de obras públicas há regras específicas para determinar esta indemnização, cfr. art. 147°, n.° 3 REOP.

VII. RESPONSABILIDADE DO EMPREITEIRO

§ 1. Ideia geral

1. Responsabilidade civil

I. O empreiteiro é responsável, não só pela violação dos deveres emergentes do contrato de empreitada, mas também por, no exercício dessa sua actividade, desrespeitar ilicitamente e com culpa direitos de outrem ou qualquer disposição destinada a proteger interesses alheios (art. 483°, n.° 1 CC).

A violação de deveres emergentes do negócio jurídico faz incorrer o empreiteiro em responsabilidade contratual; enquanto o desrespeito, no exercício da sua actividade de empreiteiro, dos direitos de outrem (p. ex., direitos dos proprietários de prédios vizinhos daquele onde se executa a obra[1], ou direitos absolutos do dono da obra, designadamente a sua integridade física), ou de disposições legais destinadas a proteger interesses alheios (p. ex., normas sobre a emissão de ruídos ou fumos[2]) dá origem à responsabilidade extracontratual.

---

[1] No art. 135° do Decreto-Lei n.° 38382, de 7 de Agosto de 1951 (Regulamento Geral das Edificações Urbanas) estabelece-se: «Durante a execução de obras de qualquer natureza serão obrigatoriamente adoptadas as precauções e as disposições necessárias para garantir a segurança do público (...)». Sobre esta questão, veja-se também os arts. 136° ss. do mesmo diploma. Quanto à responsabilidade do empreiteiro por danos no prédio vizinho, cfr. Ac. Rel. Cb. de 5/12/1995, CJ XX (1995), T. V, p. 52 e, em particular, ROMANO MARTINEZ, «Responsabilidade Civil do Empreiteiro por Danos Causados a Terceiros na Execução da Obra», *Estudos em Homenagem ao Professor Doutor Soares Martínez*, Vol. I, Coimbra, 2000, pp. 795 ss.

[2] Estas disposições legais procuram assegurar níveis mínimos de segurança e de satisfação. Sobre esta questão veja-se os arts. 108° ss. do Regulamento Geral das Edificações Urbanas, bem como as indicações apresentadas por TEIXEIRA TRIGO/ /GASPAR BACALHAU, *O Desafio da Qualidade na Construção de Edifícios*, Lisboa, 1979, p. 9.

462 · *Direito das Obrigações*

Tanto a responsabilidade contratual como a aquiliana fazem parte de um todo: a responsabilidade civil, cuja consequência consiste, normalmente, no dever de indemnizar, ou seja, colocar o lesado sem dano (*in + damno*). Em qualquer dos casos, o empreiteiro só é responsável se tiver culpa[1]; há porém que distinguir.

II. A regra é a de que a culpa do empreiteiro tem de ser provada pelo lesado (art. 487°, n.° 1 CC), mas em caso de violação do contrato presume--se a culpa daquele (art. 799°, n.° 1 CC)[2]. Esta presunção de culpa é, teoricamente, ilidível; todavia, tratando-se de prestações de resultado, como acontece no caso da empreitada, na prática, ela apresenta-se como uma presunção *iure et de iure*, pelo que a responsabilidade do empreiteiro só é afastada nos casos previstos nas alíneas e) e f) deste número.

Para além das situações subsumíveis ao art. 799°, n.° 1 CC, presume-se igualmente a culpa do empreiteiro no caso de danos causados por obras (p. ex., andaimes) em razão de defeito de conservação ou por vício de construção (art. 492° CC); a solução é a mesma na hipótese de os danos terem sido causados no exercício de uma actividade perigosa, por

---

[1] À excepção da responsabilidade objectiva do empreiteiro pelos actos das pessoas que utiliza na execução dos trabalhos (empregados, subempreiteiros, etc.), nos termos do art. 800°, n.° 1 CC, como se verá adiante, o dono da obra também é responsável objectivamente no caso de abrir minas ou poços e fazer escavações no seu prédio (art. 1348°, n.° 2 CC). Sobre esta última questão, *vd.* o Ac. STJ de 26/04/1988, BMJ, 376 (1988), p. 587, em que o dono da obra não foi condenado a indemnizar os danos causados no prédio vizinho pelo facto de o empreiteiro não ter devidamente escorado o mesmo, porque considerou-se que o autor das obras, no sentido do n.° 2 do art. 1348° CC, não era o comitente, mas sim o empreiteiro. Do aresto em causa constam dois votos de vencido, por considerarem que o dono da obra, mesmo não sendo o seu autor material, é quem dela aproveita, pelo que se integra no espírito do art. 1348°, n.° 2 CC. Com base em idêntica matéria de facto, no Ac. STJ de 07/11/1972, BMJ, 221 (1972), p. 198, foram condenados solidariamente o dono da obra e o engenheiro responsável; também, responsabilizando o empreiteiro, *vd.* Ac. STJ de 28/05/1996, BMJ 457, p. 317 e Ac. Rel. Pt. de 2/12/97, CJ XXII, T. V, p. 212. Já no Ac. Rel. Pt. de 30/04/1981, CJ, VI (1981), T. II, p. 128, chegou-se à conclusão de que o responsável pelos danos era o dono da obra, por força do art. 493° CC, e não o empreiteiro (p. 130). Tendo por base o disposto no Código Civil anterior, no Ac. STJ de 05/05/1970, BMJ, 197 (1970), p. 278, e perante situação de facto similar à anteriormente descrita, a responsabilidade foi imputada ao arquitecto.

O dono da obra também pode ser responsabilizado por intervenções lícitas danosas, por exemplo, nos termos do art. 1349°, n.os 1 e 3 CC, se colocar andaimes em prédio vizinho para proceder à reparação do seu edifício.

[2] Cfr. Ac. Rel. Év. de 31/10/1996, CJ XXI, T. IV, p. 291.

III – Empreitada   463

sua natureza ou pela natureza dos meios utilizados (p. ex., uso de explosivos) — art. 493°, n.° 2 CC[1].

Na apreciação da existência da culpa do empreiteiro, o pressuposto geral de actuar com a diligência de um bom pai de família (art. 487°, n.° 2 CC) deve ser aferido tendo, além do mais, em conta que, ao realizar uma obra, o executante deve respeitar as regras da arte vigentes naquele domínio. Como as regras da arte não constituem verdadeiras normas jurídicas, a sua violação não conforma uma ilicitude, mas antes um caso de actuação negligente ou dolosa. A situação é diversa no que diz respeito à violação de normas técnicas, como, por exemplo, de segurança, que constitui um caso de ilicitude[2].

Um aspecto em que importa discutir se as regras gerais da responsabilidade do empreiteiro por defeito da obra se encontram afastadas é aquele que respeita à eventual imputação sem culpa do mestre de obra. Nos termos do n.° 1 do art. 1225° CC, o empreiteiro responde por vício do solo ou da construção, modificação ou reparação da obra. Quanto ao vício da construção, modificação ou reparação da obra não parece poder estar em causa qualquer alteração do pressuposto geral da culpa; o mesmo não se pode dizer em relação ao vício do solo. Se do preceito se puder concluir que o empreiteiro responde por qualquer vício do solo, a responsabilidade seria objectiva. Tal interpretação contraria, porém, o pressuposto básico da responsabilidade civil em geral (arts. 483°, n.° 2, 487° e 799° CC) e da

---

[1] No Ac. Rel. Lx. de 23/03/1993, CJ, XVIII (1993), T. II, p. 121, considerou-se que, tendo o empreiteiro «(...) em seu poder determinadas máquinas próprias para proceder à abertura de valas, as quais máquinas rebentaram tubos das canalizações de água instalados (...), presume-se a culpa dele nos termos do art. 493°, n.° 1». No caso em apreço não parece ser questionável a presunção de culpa, mas tão-só a sua subsunção ao art. 493°, n.° 1 CC. Os danos não foram causados por incumprimento do dever de vigilância de uma coisa móvel (a escavadora); a causa do prejuízo ficou a dever-se ao modo como a escavadora foi utilizada, situação prevista no art. 493°, n.° 2 CC. No sentido da aplicação deste último preceito, cfr. Ac. Rel. Lx. de 25/03/1993, CJ, XVIII (1993), T. II, p. 126. Importa, contudo, esclarecer que, como se afirma no Ac. STJ de 19/01/1977, BMJ, 263 (1977), p. 255, para efeitos do disposto no n.° 2 do art. 493° CC, a actividade de construção civil não é, por sua natureza, perigosa; foi diversa, todavia, a posição sustentada no Ac. STJ de 10/01/1975, BMJ, 243 (1975), p. 242 e no Ac. Rel. Pt. de 22/02/1990, BMJ, 394 (1990), p. 538. Entendendo que o abate de árvores constitui uma actividade perigosa para efeitos do art. 493°, n.° 2 CC, cfr. Ac. Rel. Cb. de 20/01/1998, CJ XXIII, T. I, p. 9.

[2] No que respeita ao incumprimento do contrato de empreitada que advém de uma actuação discordante com normas técnicas, *vd.* ROMANO MARTINEZ, *Cumprimento Defeituoso em especial na Compra e Venda e na Empreitada*, reimpressão, Coimbra, 2001, n.° 16.f), pp. 179 ss.

464 Direito das Obrigações

responsabilidade do empreiteiro em especial (arts. 1218° ss. CC), pelo que só deverá ser admitido o vício do solo de que o empreiteiro se deveria ter apercebido.

III. O empreiteiro já poderá ser responsável, independentemente de culpa, pela actuação de terceiro que empregue na execução da obra, tanto trabalhadores como subempreiteiros (art. 800° CC)[1]. Em caso de incumprimento ou de cumprimento defeituoso imputável ao subempreiteiro, a responsabilidade perante o dono da obra recai sobre o empreiteiro, mesmo na hipótese de o subcontraente ter escondido a falta de modo doloso[2].

No que respeita à responsabilidade objectiva, pode questionar-se se, tendo o empreiteiro agido com diligência, tanto na escolha como nas instruções e fiscalização, mesmo assim deverá ser responsabilizado pela actuação culposa de trabalhadores ou de subempreiteiros. A esta questão deve dar-se uma resposta afirmativa.

Em apoio deste juízo podem apresentar-se três argumentos. Como o empreiteiro tira benefícios da actuação dos terceiros (trabalhadores ou subempreiteiros), deve suportar os prejuízos inerentes; *ubi commoda ibi incommoda*. Por outro lado, o dono da obra não deverá sofrer as consequências da actuação dos terceiros contratados pelo empreiteiro; isto é, deverá ficar em situação idêntica à que estaria se a prestação tivesse sido cumprida, na totalidade, pelo empreiteiro. De facto, o dono da obra tem o direito de exigir um cumprimento diligente, quer ele seja realizado pelo empreiteiro, ou por quem este utilize na execução das suas obrigações. Por último, a responsabilidade sem culpa do empreiteiro é sociologicamente vantajosa, porque reduz a frequência das falhas dos trabalhadores e dos subempreiteiros[3].

O empreiteiro é, pois, responsável objectivamente nos termos do art. 800° CC, porque tanto o trabalhador como o subempreiteiro são pessoas utilizadas no cumprimento da sua obrigação[4].

---

[1] *Vd.* ROMANO MARTINEZ, *O Subcontrato*, Coimbra, 1989, n.° 49, p. 141. Veja-se também, a propósito, o art. 1596 CCEsp., cfr. ALBALADEJO, *Derecho de Obligaciones*, Vol. 2, 10ª ed., Barcelona, 1997, § 111.3, p. 289.

[2] *Vd.* ROMANO MARTINEZ, *O Subcontrato,* cit., n.° 49, p. 141 e n. 29 da mesma página.

[3] *Vd.* ROMANO MARTINEZ, *O Subcontrato,* cit., n.° 49, p. 142. Cfr. também o Ac. STJ de 17/06/1982, BMJ, 318 (1982), p. 437

[4] Todavia, o contrato de empreitada, como o de subempreitada, não consubstancia uma relação de comissão, pelo que não gera responsabilidade nos termos do art. 500° CC, *vd.* ROMANO MARTINEZ, *O Subcontrato,* cit., n.° 50, p. 148. No mesmo sentido, cfr. Ac.

III – Empreitada 465

Para haver responsabilidade objectiva do empreiteiro, torna-se necessário que sobre o subempreiteiro ou sobre o trabalhador também recaia a obrigação de indemnizar pelos mesmos danos. Esta responsabilidade do trabalhador e do subempreiteiro tanto pode encontrar fundamento na culpa, como no risco, como ainda em intervenções lícitas danosas.

2. Responsabilidade contratual

I. No domínio da responsabilidade civil do empreiteiro tem especial interesse aquela que deriva da violação de deveres emergentes do contrato de empreitada[1].

O empreiteiro, por força do contrato que o liga ao comitente, está obrigado a realizar uma obra (art. 1207° CC). A execução dessa obra deve ser feita em conformidade com o convencionado e sem vícios que lhe reduzam ou excluam o valor ou a aptidão para o uso ordinário ou o previsto no contrato (art. 1208° CC).

Se o empreiteiro deixa de efectuar a sua prestação em termos adequados, dá-se o inadimplemento da obrigação, com a consequente responsabilidade.

STJ de 30/01/1979, BMJ, 283 (1979), p. 303; Ac. STJ de 26/04/1988, BMJ, 376 (1988), p. 590; Ac. Rel. Lx. de 15/05/1990, CJ XV, T. III, p. 122; Ac. Rel. Lx. de 25/03/1993, CJ, XVIII (1993), T. II, p. 125. Daí que o empreiteiro não seja responsável por danos causados a terceiros pelo subempreiteiro ou por empregados deste último, cfr. Ac. Rel. Év. de 08/11/1990, CJ, XV (1990), T. V, p. 247; em sentido contrário, *vd*. Ac. STJ de 10/01/1975, BMJ, 243 (1975), p. 242.

Não assim se se detectar culpa do dono da obra na escolha do empreiteiro ou nas instruções que lhe deu. A responsabilidade delitual não é excluída pelo facto de se usarem terceiros na realização de actos ilícitos (art. 490° CC).

[1] Para a resolução de conflitos derivados do incumprimento do contrato de empreitada, principalmente estando em causa obras de valor considerável, é frequente que as partes, em especial por motivos de celeridade e de melhor preparação técnica, admitam que o litígio seja dirimido por via arbitral. Sobre esta questão, *vd*. CALLAHAN/ BRAMBLE/ /LURIE, *Arbitration of Construction Disputes*, Nova Iorque, Toronto, Singapura, 1990, Cap. 9 ss., pp. 211 ss.; UFF, *Construction Law*, 5ª ed., Londres, 1991, pp. 39 ss.

O recurso à via arbitral é igualmente usual na resolução de litígios em contratos internacionais de empreitada; sobre este tema cfr. BERNINI, «L'Arbitrato nel Contratto di Appalto...», *Il Contratto Internazionale D'Appalto*, organizado por Draetta e Vaccà, Milão, 1992, pp. 221 ss.; BERTA, «Le Consequenze della "Trasparenza" ...», *Il Contratto Internazionale D'Appalto*, organizado por Draetta e Vaccà, Milão, 1992, pp. 215 ss.

466 *Direito das Obrigações*

O não cumprimento da prestação do empreiteiro será definitivo se a obra, não tendo sido realizada, já o não puder ser, por o comitente ter nela perdido o interesse (art. 808°, n.° 1, 1ª parte CC), ou por não ter sido realizada dentro do prazo que razoavelmente for fixado pelo dono da obra (art. 808°, n.° 1, 2ª parte CC).

Se a obra não foi atempadamente realizada e já não puder vir a sê-lo, na medida em que, entretanto, se tornou impossível a sua execução por causa imputável ao empreiteiro, a situação é equiparada ao incumprimento definitivo (art. 801°, n.° 2 CC)[1].

As estas três situações pode acrescentar-se a hipótese de o empreiteiro ter expressamente declarado que já não realizaria a obra[2]. Perante o incumprimento definitivo imputável ao empreiteiro, cabe ao dono da obra resolver o contrato e exigir uma indemnização (art. 801°, n.° 2 CC).

Se a obra não foi entregue na data acordada, mas ainda pode vir a sê-lo e o dono da obra mantiver o interesse nessa prestação, há um simples retardamento ou mora. Todavia, o empreiteiro só entra automaticamente em mora se foi estabelecido um termo certo para a entrega da obra; caso contrário, a situação de mora surge após a interpelação que o comitente faça (art. 777°, n.° 1 CC), tendo em conta o prazo razoável para a execução da obra (art. 777°, n.° 2 CC). Depois de se ter constituído em mora, o empreiteiro pode efectuar um cumprimento retardado, desde que indemnize o dono da obra dos danos causados pelo atraso (purgação da mora).

II. É frequente que nos contratos de empreitada se incluam cláusulas penais para a eventualidade de não cumprimento do acordado. Salvo estipulação em contrário, a cláusula penal aplica-se nas hipóteses de não

---

[1] Foi este o entendimento no Ac. STJ de 16/3/1999, CJ (STJ), 1999, T. I, p. 163, em que o empreiteiro se atrasou na publicação da brochura laudatória da obra do Presidente da Junta de Freguesia, não podendo a mesma ser usada antes das eleições.

[2] Sobre este problema, *vd.* MENEZES CORDEIRO, *Direito das Obrigações*, Vol. II, Lisboa, 1986, n.° 383.I, p. 457.

No sentido de que a conduta do empreiteiro reveladora de uma intenção firme e definitiva no sentido de não cumprir a obrigação contratual de concluir a respectiva obra, ainda que anterior ao termo do prazo convencionado para a execução desta, integra uma situação de não cumprimento definitivo, *vd.* Ac. STJ 3/10/1995, CJ (STJ), III (1995), T. III, p. 42, Ac. Rel. Év. de 30/10/1986, BMJ, 362 (1987), p. 613; Ac. Rel. Pt. de 26/09/1994, CJ XIX (1994), T. IV, p. 194. A solução é idêntica se a vontade de não querer cumprir é manifestada pelo dono da obra (Ac. STJ 25/06/1998, CJ (STJ) 1998, T. II, p. 138).

III – Empreitada 467

cumprimento definitivo (art. 811° CC), mas nada impede que se estabeleça uma cláusula penal para casos de mora[1] ou de cumprimento defeituoso. Em qualquer dos casos, o valor da cláusula penal não pode exceder o do prejuízo resultante do incumprimento da obrigação principal (art. 811°, n.° 3 CC), sob pena de ser reduzida pelo tribunal de acordo com a equidade (art. 812°, n.° 1 CC).

Por outro lado, neste âmbito também é usual o estabelecimento de cláusulas de limitação da responsabilidade. Estas serão válidas na medida em que não contrariem o disposto no art. 809° CC e na Lei das Cláusulas Contratuais Gerais[2].

Recentemente, talvez por influência da figura da caução, estabelecida para as empreitadas de obras públicas (arts. 112° ss. REOP), verifica-se que, em muitos contratos de empreitada, a forma de abonar o cumprimento pontual da obrigação de realizar a obra se obtém mediante uma garantia bancária[3]. Por força desta, caso o empreiteiro não termine a obra no prazo acordado ou a execute com defeitos, o garante, regra geral um banco, paga ao comitente uma indemnização correspondente ao incumprimento definitivo, à mora ou ao cumprimento defeituoso, consoante os casos, ou uma prestação fixa independentemente do tipo de não cumprimento. O recurso à garantia bancária tem como desvantagem o facto de encarecer a obra. Para além da garantia bancária também usualmente se acorda um seguro caução, que garante ao dono da obra o cumprimento da empreitada[4].

---

[1] Neste sentido, *vd*. o art. 201° REOP. No âmbito da empreitada é até frequente o estabelecimento de cláusulas penais moratórias por cada dia de atraso (*vd*. GALVÃO TELLES, *Direito das Obrigações*, 7ª ed., Coimbra, 1997, n.° 151.C).g), p. 444). Sobre a cláusula penal compulsória aposta a um contrato de empreitada veja-se o extenso e bem fundamentado Ac. STJ de 29/4/1998, BMJ 476, p. 400.

[2] *Vd. supra* n.° V. § 1.
Cfr. LÖWISCH, *Vertragliche Schuldverhältnisse*, 2ª ed., Munique, 1988, § 20, p. 215; POWELL-SMITH, *Contract*, 6ª ed., Londres, 1982, p. 78; TETTENBORN, *An Introduction to the Law of Obligations*, Londres, 1984, pp. 192 e 193.

[3] Cfr. Ac. Rel. Pt. de 13/11/1990, CJ, XV (1990), T. V, p. 187; Ac. Rel. Lx. de 11/12/1990, CJ, XV (1990), T. V, p. 134; Ac. Rel. Pt. de 17/11/1992, CJ, XVII (1992), T. V, p. 223, Ac. Rel. Év. de 15/04/1999, CJ XXIV, T. II, p. 272.
No Direito francês, tendo em conta o uso generalizado da figura, a mesma encontra-se regulamentada desde a Lei de 16 de Julho de 1971, *vd*. AUBY/PÉRINET-MARQUET, *Droit de L'Urbanisme et de la Construction*, Paris, 1992, n.° 1062, pp. 408 ss.

[4] Cfr. Ac. Rel. Lx. de 24/4/1996, CJ XXI (1996), T. II, p. 121.

468 *Direito das Obrigações*

3. Cumprimento defeituoso

a) *Noção*

No que respeita ao não cumprimento, as especificidades da empreitada reportam-se às hipóteses de cumprimento defeituoso[1]. Estar-se-á perante uma situação de cumprimento defeituoso sempre que o empreiteiro entregue pronta uma obra que não tenha sido realizada nos termos devidos; isto é, quando o cumprimento efectuado não corresponda à conduta devida.

Na empreitada, o cumprimento ter-se-á por defeituoso quando a obra tenha sido realizada com deformidades ou com vícios. As deformidades são as discordâncias relativamente ao plano convencionado (p. ex., encomendou-se uma mesa com três metros de comprimento e foi realizada uma mesa com dois metros e meio de comprimento). Os vícios são as imperfeições que excluem ou reduzem o valor da obra ou a sua aptidão para o uso ordinário ou o previsto no contrato (art. 1208° CC), designadamente, por violação de regras especiais de segurança[2]. Ao conjunto das deformidades e dos vícios chamar-se-á, tal como faz o Código Civil, defeitos.

b) *Defeitos aparentes e ocultos*

I. Os defeitos aparentes são aqueles de que o dono da obra se deveria ter apercebido, usando da normal diligência[3]. Para efeitos de exclusão da responsabilidade do empreiteiro, equiparam-se aos defeitos aparentes

---

[1] Para um tratamento desenvolvido desta matéria, *vd.* ROMANO MARTINEZ, *Cumprimento Defeituoso*, cit. Veja-se também RUI SÁ GOMES, «Breves Notas sobre o Cumprimento Defeituoso no Contrato de Empreitada», *Ab Uno ad Omnes, 25 Anos da Coimbra Editora*, Coimbra, 1998, pp. 587 ss.

O cumprimento defeituoso, à excepção de uma mera referência que lhe é feita no art. 799°, n.° 1 CC, encontra a sua regulamentação específica a propósito de alguns contratos em especial (compra e venda, arts. 905° ss. e 913° ss. CC; locação, art. 1032° CC; empreitada, arts. 1218° ss. CC). Neste último contrato foi onde o legislador regulou a matéria do cumprimento defeituoso de forma mais completa e aperfeiçoada.

[2] *Vd.*, por exemplo, os arts. 15° ss. e 128° ss. do Decreto-Lei n.° 38382, de 7 de Agosto de 1951 (Regulamento Geral das Edificações Urbanas). Para uma explicação sobre as noções de valor da obra, uso o ordinário e uso previsto no contrato, *vd.* RUI SÁ GOMES «Breves notas ...», cit., pp. 592 ss.

[3] Cfr. Ac. Rel. Pt. de 17/11/1992, CJ, XVII (1992), T. V, p. 224, no qual se considerou que, sendo a errada localização da escadaria facilmente perceptível, até porque não coincidia com o que fora fixado no projecto, o defeito deve-se qualificar como aparente. Veja-se também Ac. STJ de 4/07/1995, CJ (STJ), III, (1995), T. II, p. 161.

III – Empreitada 469

aqueles relativamente aos quais o dono da obra tinha conhecimento ao tempo da aceitação (art. 1219° CC); a lei estabelece, assim, uma presunção de conhecimento com respeito aos vícios aparentes.

Contrariamente, são ocultos os defeitos desconhecidos do dono da obra e não detectáveis pelo *bonus pater familias*. Este critério objectivo deve ser apreciado atentas as circunstâncias do caso — como acontece nos termos do art. 487°, n.° 2 CC —, na medida em que será de ter em conta, nomeadamente, o facto de o dono da obra ser ou não um especialista. Mesmo que o dono da obra não seja um técnico daquele ramo, se tiver contratado um perito para proceder à verificação da obra, dever-se-á ter por base a capacidade média de um técnico quanto à determinação da existência dos defeitos[1].

De entre os defeitos ocultos, costuma fazer-se referência aos vícios redibitórios. Trata-se de vícios ocultos de que a obra padece no momento da aceitação e que a tornam imprópria para o seu uso regular ou lhe diminuem o valor[2]. Esta expressão «vícios redibitórios» era comummente usada no antigo Direito português, todavia, o actual Código Civil substituiu-a por vícios ocultos, o que não impede o uso da antiga nomenclatura em sinonímia com a actual.

II. Discutível é a questão de saber se a responsabilidade do empreiteiro se circunscreve aos defeitos existentes na obra à data da entrega[3], ou se se pode estender aos defeitos subsequentes, tais como o caruncho da madeira ou a salitração dos rebocos. Sendo estes prejuízos consequência directa do cumprimento defeituoso, o empreiteiro é responsável. Se, por exemplo, o empreiteiro fez a mobília com madeira não tratada ou se não isolou as paredes da humidade antes de lhes colocar a argamassa, será responsável, respectivamente, pelo caruncho da madeira e pela salitração dos rebocos[4].

O cumprimento defeituoso do contrato de empreitada funda-se na ideia de que o empreiteiro está adstrito a uma obrigação de resultado. Ele está obrigado a realizar a obra conforme o acordado e segundo os

---

[1] Cfr. Ac. Rel Lx. de 21/02/1991, CJ, XVI (1991), T. I, p. 161.

[2] *Vd.* SILVA PEREIRA, «Responsabilidade Civil do Fabricante», *Revista de Direito Comparado Luso-Brasileiro*, Ano II, n.° 2 (1983), p. 28, GALVÃO TELLES, *Manual dos Contratos em Geral*, 3ª ed., Lisboa, 1965, n.° 35, p. 88.

[3] Neste sentido, cfr., CUNHA GONÇALVES, *Tratado de Direito Civil*, Vol. VII, Coimbra, 1933, n.° 1072, p. 641.

[4] Para um maior desenvolvimento desta matéria, *vd.* ROMANO MARTINEZ, *Cumprimento Defeituoso*, cit., n.° 25.b).1), pp. 236 ss.

470   *Direito das Obrigações*

usos e regras da arte. Se a obra apresenta defeitos, não foi alcançado o resultado prometido.

c) Autonomia

A execução defeituosa da obra pode reconduzir-se, nalguns casos, a situações de incumprimento definitivo ou de mora. Se a obra foi realizada com defeitos aparentes ou conhecidos do comitente, este tem o direito de enjeitá-la[1]. Perante a recusa legítima de aceitação da obra, terá de se verificar se a prestação do empreiteiro pode ser realizada mais tarde ou não. No primeiro caso, haverá mora e, no segundo, incumprimento definitivo. Assim, se A. se obrigar a fazer as janelas para a casa que B. está a construir, e este, aquando da aceitação, verificar que as mesmas são demasiado pequenas, pode legitimamente recusar a obra; se entretanto A. elimina o defeito e entrega as janelas segundo o modelo acordado em data posterior, estar-se-á perante uma situação de mora. Diferentemente, se A. se obrigar a fazer uma mesa com certas dimensões para o casamento da filha de B. e vier a executar uma mesa demasiado pequena e, portanto, inapropriada para a boda, o comitente pode rejeitar a obra; não podendo A. reparar a mesa ou entregar outra com as dimensões acordadas na data estabelecida, há incumprimento definitivo.

O cumprimento defeituoso só terá autonomia se o dono da obra, por desconhecer os defeitos de que ela padece, a aceitar sem reserva, ou se, conhecendo os defeitos, a aceitar com reserva.

Como já foi referido, a obra é defeituosa nas situações em que se verifique uma execução com deformidades ou com vícios; mas levanta-se o problema de saber se também há cumprimento defeituoso na hipótese de terem sido introduzidas alterações na obra da iniciativa do empreiteiro, sem autorização do respectivo dono. Em tal caso, a lei, no art. 1214°, n.° 2 CC, faz uma equiparação, afirmando que «A obra (...) é havida como defeituosa (...)». Esta equiparação talvez fosse desnecessária, pois se o empreiteiro introduzir alterações na obra sem o consentimento do comitente estar-se-á perante uma execução com deformidades, à qual se aplicaria o regime do cumprimento defeituoso.

Mas já na hipótese de o empreiteiro ter realizado trabalhos extracontratuais sem autorização do dono da obra (art. 1217° CC), não há uma

---

[1] O direito de recusar a obra defeituosa advém dos princípios gerais que informam o cumprimento das obrigações, *vd.* ROMANO MARTINEZ, *Cumprimento Defeituoso,* cit., n.° 29, pp. 288 ss.

III – Empreitada 471

verdadeira situação de cumprimento defeituoso, porque, ou os trabalhos foram executados depois da entrega da obra, ou seja, após ter sido cumprida a prestação do empreiteiro, ou, como têm autonomia, constituem um caso de *aliud pro alio* que não se pode considerar cumprimento da prestação[1].

d) Regime

I. O empreiteiro torna-se responsável por todos os defeitos relativos à execução dos trabalhos ou à qualidade, forma e dimensão dos materiais aplicados, quer quando o contrato não fixe as normas a observar, quer quando sejam diferentes das aprovadas[2].

Como a existência do defeito é um facto constitutivo dos direitos atribuídos ao dono da obra, nos termos do art. 342°, n.° 1 CC, cabe a este a respectiva prova. Mas não basta provar a existência do defeito. O dono da obra tem igualmente de demonstrar a sua gravidade, de molde a afectar o uso ou a acarretar uma desvalorização da coisa[3]. Além disso, na medida em que o exercício das pretensões edilícias tem de ser precedido da denúncia, incumbe ao comitente a prova da sua realização[4]. Nada impede, porém, que o pedido seja concomitante com a denúncia do defeito, desde que se faça no prazo desta, caso em que não é necessária a respectiva prova.

II. Tem-se discutido se as consequências derivadas do cumprimento defeituoso, que impendem sobre o empreiteiro, se baseiam nos princípios da responsabilidade civil ou em regras de garantia.

É certo que o empreiteiro tem uma obrigação de resultado, mas se se entender que ele assume o risco da não verificação do efeito pretendido,

---

[1] A prestação de *aliud* que não advenha de trabalhos extracontratuais já integra a figura do cumprimento defeituoso, *vd*. ROMANO MARTINEZ, *Cumprimento Defeituoso*, cit., n.° 22.b) e c), pp. 221 e 224.

[2] Relativamente às empreitadas de obras públicas, *vd*. o art. 38°, n.° 1 REOP.

[3] Sobre esta questão, *vd*. ROMANO MARTINEZ, *Cumprimento Defeituoso*, cit., n.° 33, pp. 319 ss. Todavia, no Ac. Rel. Lx. de 21/03/1991, CJ, XVI (1991), T. II, p. 159, afirma--se que incumbe ao empreiteiro a prova de que realizou a obra nos termos do contrato. Esta tomada de posição não parece de aceitar, porquanto o empreiteiro tem o ónus da prova do cumprimento (art. 342°, n.° 1 CC), e à contraparte cabe a demonstração de que o cumprimento foi defeituoso (art. 342°, n.° 2 CC). Nem seria razoável que o empreiteiro, quando exige o pagamento do preço, tivesse de fazer a prova da inexistência de defeitos na obra realizada.

[4] Cfr. Ac. Rel. Pt. de 25/05/1992, CJ, XVII (1992), T. III, p. 292. Mas como se refere neste aresto, é ao empreiteiro que cabe a prova da extemporaneidade da denúncia.

472   *Direito das Obrigações*

a sua obrigação será de garantia[1]. Neste caso, o empreiteiro é responsável independentemente de culpa e não pode invocar qualquer causa estranha que tenha levado à impossibilidade da prestação.

Nesta sequência, tem-se admitido que após a entrega da coisa, a natureza da responsabilidade do empreiteiro enquadra-se numa situação de garantia[2]. A garantia assenta na obrigação de construir bem[3], sendo independentemente de culpa, isto é, a culpa não lhe é inerente[4], pelo que basta provar o defeito[5].

É, todavia, majoritária a opinião contrária, que sustenta estarem as consequências do cumprimento defeituoso assentes nas regras da responsabilidade civil[6]. A responsabilidade do empreiteiro baseia-se, pois, na culpa, mas há uma presunção de negligência do devedor (art. 799°, n.° 1 CC); provado o defeito e a sua gravidade, que incumbe ao dono da obra, presume-se que o cumprimento defeituoso é imputável ao empreiteiro. Não se torna necessário recorrer à importação de novas figuras jurídicas sempre que os problemas se podem solucionar mediante recurso às existentes; no caso, a responsabilidade civil.

---

[1] Sobre a distinção entre obrigações de resultado e de garantia, *vd.* ALMEIDA COSTA, *Direito das Obrigações*, 8ª ed., Coimbra, 2000, n.° 94.1, p. 961.

[2] *Vd.* DIAS JOSÉ, *A Responsabilidade Civil do Construtor e do Vendedor pelos Defeitos*, Lisboa, 1984, pp. 60 ss. e, em especial, p. 63

[3] *Vd.* DIAS JOSÉ, *A Responsabilidade Civil*, cit., p. 68.

[4] *Vd.* DIAS JOSÉ, *A Responsabilidade Civil*, cit., p. 66; SILVA PEREIRA, *Contratos*, 10ª ed., Rio de Janeiro, 1998, n.° 243, p. 206. Também assim no Direito inglês, cfr. TETTENBORN. *An Introdution*. cit., pp. 39, 40, 46 e *passim*.

Em sentido semelhante, VAZ SERRA, «Empreitada», BMJ, 146 (1965), p. 38, considera que os pedidos de redução do preço, resolução do contrato e eliminação dos defeitos poderiam operar independentemente de culpa; a culpa só seria necessária para o pedido de indemnização. *Vd.* também ESSER/WEYERS, *Schuldrecht*, 7ª ed., Heidelberga, 1991, § 32.II.4.a) e 5.a), pp. 264 e 266.

Esta posição recebeu acolhimento no Ac. Rel. Lx. de 27/11/1981, CJ, VI (1981), T. V, p. 165 e, em relação ao art. 1225° CC, também JOSÉ MANUEL VILALONGA, «Compra e Venda e Empreitada», cit., pp. 218 ss., considera que a responsabilidade do empreiteiro é extracontratual e objectiva.

[5] *Vd.* DIAS JOSÉ, *A Responsabilidade Civil*, cit., p. 71.

[6] *Vd.* ROMANO MARTINEZ, *Cumprimento Defeituoso*, cit., n.° 28.a) e c), pp. 229 ss. e 273 ss. e doutrina aí citada. Cfr. também J. C. MOITINHO DE ALMEIDA, «Responsabilidade Civil do Projectista e o seu Seguro», BMJ, 228 (1973), pp. 18 e 30; BROX, *Besonderes Schuldrecht*, 17ª ed., Munique, 1991, § 21.III.1, p. 192; LARENZ, *Lehrbuch des Schuldrechts*, 13ª ed., Munique, 1986, § 53.II, p. 351; PIRES DE LIMA/ANTUNES VARELA, Coment. 2 ao art. 1219°, *Código Civil Anotado*, Vol. II, 4ª ed., Coimbra, 1997, p. 893; RUBINO, *L'Appalto*, 4ª ed. Turim, 1980, n.os 206 e 237, pp. 476 ss. e 579 ss.

III – Empreitada   473

Dever-se-á, então, concluir no sentido de o cumprimento defeituoso constituir um tipo de não cumprimento das obrigações ao qual se aplica o regime geral deste último[1], designadamente, para além da já referida presunção de culpa, o princípio da excepção do não cumprimento dos contratos que, no domínio do cumprimento defeituoso, se assume como *exceptio non rite adimpleti contractus*[2]. Deste modo, como qualquer das partes pode recusar a sua prestação perante o comportamento defeituoso da contraparte, ao dono da obra cabe excepcionar o pagamento do preço se a obra não está executada em conformidade com o devido.

4. Concurso entre responsabilidade contratual e aquiliana

I. O concurso em causa tem especial acuidade no domínio do cumprimento defeituoso, na medida em que neste tipo de violação contratual se verifica uma maior propensão para ocasionar diferentes prejuízos, em simultâneo, no domínio contratual e delitual[3].

O cumprimento defeituoso pode originar danos do defeito, bem como subsequentes a este. Esta classificação só poderia ser aceita se se restringisse o conceito de dano subsequente, pois se, por exemplo, o dono da obra teve de encarregar um técnico de fazer um estudo para determinar da existência do defeito, as despesas deste são teoricamente subsequentes ao defeito, mas não podem estar sujeitas a um regime diverso.

---

[1] Para maiores desenvolvimentos, *vd.* ROMANO MARTINEZ, *Cumprimento Defeituoso,* cit., n.º 15, em especial alínea c), pp. 143 ss. e 158 ss.

[2] *Vd.* ROMANO MARTINEZ, *Cumprimento Defeituoso,* cit., n.º 30, pp. 290 ss. Cfr. Ac. Rel. Cb. de 6/01/1994, CJ XIX, (1994), T. I, p. 10, Ac. Rel. Pt. 21/01/1996, CJ XXI, T. V, p. 192; Ac. Rel. Pt. 14/06/1999, CJ XXIV, T. III, p. 211.

[3] Sobre esta questão, *vd.* ROMANO MARTINEZ, *Cumprimento Defeituoso,* cit., n.ᵒˢ 24 ss., pp. 231 ss.

É evidente que estão afastados deste concurso os casos em que uma parte causa danos à outra por motivos alheios à execução do contrato; como, por exemplo, se fora do recinto da obra o empreiteiro atropela o comitente. *Vd.* CAVANILLAS MÚGICA, «La Concurrencia de Responsabilidad Contractual y Extracontractual...», *La Concurrencia de la Responsabilidad Contractual y Extracontratual...*, organizado por Cavanillas Múgica e Tapia Fernández, Madrid, 1992, p. 11. Todavia, as hipóteses de concurso aumentam na medida em que a «criação» de novos deveres contratuais de protecção e de segurança alargam o âmbito da responsabilidade contratual, cfr. CAVANILLAS MÚGICA, «La Concurrencia», cit., p. 10; ROMANO MARTINEZ, *Cumprimento Defeituoso,* cit., n.ᵒˢ 25.b).2) e 26.b).1), pp. 242 ss. e 249 ss.

474   *Direito das Obrigações*

Os danos derivados do defeito podem ser directos ou indirectos. Esta distinção, formulada em termos amplos, não é de aceitar, pois, por um lado, leva a um certo arbítrio e, por outro, há alguns prejuízos, como os lucros cessantes, que são indirectos, mas que devem ficar sujeitos ao regime dos danos directos, na medida em que não se justificaria que se lhe aplicassem regras diversas.

Pode estabelecer-se também uma diferença entre o interesse no cumprimento e o interesse na manutenção. O primeiro caso tem a ver com as vantagens que advêm da realização do contrato, e o segundo com a protecção de bens jurídicos, pessoais e patrimoniais, dos contraentes.

II. No seguimento destas três posições e, em especial, da última delas, propõe-se uma distinção entre danos *extra rem* e *circa rem*. Utiliza--se uma nova nomenclatura, não pelo mero interesse de inovar, mas com a finalidade de estabelecer fronteiras precisas, sem carecer de introduzir alterações nas teorias que já têm sido defendidas.

Nos danos *extra rem* são de incluir unicamente duas situações: danos pessoais sofridos pelo dono da obra; danos ocasionados no restante património do comitente. Nestes últimos inserem-se os danos causados na pessoa ou no património de terceiros que o dono da obra tenha de indemnizar. Em qualquer destes casos, usando a terminologia clássica, dir-se-á que a responsabilidade do empreiteiro é delitual. Exemplificando, se o dono da obra ficou ferido em razão da queda de uma viga mal colocada no tecto da casa, ou se a viga defeituosamente colocada em obras de reparação foi causa da ruína da casa, os danos são *extra rem*[1].

Os danos *circa rem* reconduzem-se aos prejuízos causados no objecto da prestação[2].

A distinção referida não afasta as hipóteses de concurso em que o mesmo facto causa simultaneamente danos *circa rem* e *extra rem*[3]. E, em tal caso, não se pode considerar que estejam fundamentadas pretensões distintas; há uma única *causa petendi*: o dano. A qualificação de contratual ou aquiliana não altera a identidade do pedido. Tal qualificação é um sim-

---

[1] Acerca da polémica sobre a distinção entre danos causados na obra e no restante património do dono, *vd.* Romano Martinez, *Cumprimento Defeituoso*, cit., n.º 25.b).1), pp. 239 ss.

[2] Para uma distinção mais pormenorizada, *vd.* Romano Martinez, *Cumprimento Defeituoso*, cit., n.º 25.b).1), pp. 236 ss.

[3] Sobre esta questão, *vd.* Romano Martinez, *Cumprimento Defeituoso*, cit., n.º 26.c), pp. 254 ss.

III – Empreitada 475

ples fundamento de direito para a prossecução do pedido indemnizatório e, como fundamento de direito, é alterável em virtude do princípio *iura novit curia*[1]. Há uma só pretensão — a indemnização — com um duplo fundamento. Parte-se, portanto, do pressuposto de que existe um concurso de normas e não um concurso de acções[2].

III. Sendo o pedido fundado, simultaneamente, na violação de normas contratuais e delituais, a acção deverá ser interposta no tribunal correspondente ao lugar onde o facto ocorreu (arts. 74°, n.° 2 e 100°, n.° 1 CPC).

No caso de ser pedida indemnização por danos *extra rem*, ao dono da obra não pode ser aplicado um prazo prescricional que, com respeito a esses prejuízos, o coloque em situação pior da que estaria nos termos do disposto no art. 498° CC; ou seja, com respeito a tais danos, o comitente dispõe sempre do prazo de prescrição de três anos, a contar da data em que teve conhecimento do direito que lhe compete[3].

Esta tomada de posição, naquilo que não encontra expressa consagração legal, baseia-se nalguns postulados[4]. Em primeiro lugar, deve tentar ultrapassar-se a rigidez dos conceitos jurídicos de responsabilidade contratual e de responsabilidade aquiliana, sempre que isso seja necessário em benefício da justiça. Por outro lado, estes conflitos de normas devem ser superados com alguma flexibilidade, até porque as diferenças de regimes consagradas na lei não têm uma base estrutural, sendo mais o resultado da tradição[5]. Por último, tanto da intervenção do legislador como

---

[1] Quanto a uma interpretação restritiva das máximas *iura novit curia* e *da mihi factum et dabi tibi ius*, *vd*. TAPIA FERNÁNDEZ, «Tratamiento Procesal de las Acciones de Responsabilidad Contractual y Extracontractual ...», *La Concurrencia de Responsabilidad Contractual y Extracontractual...*, organizado por Cavanillas Múgica e Tapia Fernández, Madrid, 1992, pp. 227 ss.

[2] Sobre esta questão, *vd*. TEIXEIRA DE SOUSA, *O Concurso de Títulos de Aquisição da Prestação*, Coimbra, 1988, pp. 150 ss. e 229 ss.; TAPIA FERNÁNDEZ, «Tratamiento», cit., pp. 205 ss.

[3] Apesar de os pressupostos serem diversos, foi esta a conclusão a que se chegou no Ac. STJ de 22/10/1987, BMJ, 370 (1987), p. 533.

Aponta também no sentido do texto o projecto de alteração do BGB (§§ 199 ss. BGB-KE – (Komission Entwurf), cfr. *Abschlussbericht der Komission zur Überarbeitung des Schuldrechts*, organizado pelo Bundesminister der Justiz, Colónia, 1992, pp. 69 ss.

[4] Acerca destes postulados, *vd*. CAVANILLAS MÚGICA, «La Concurrencia», cit., pp. 127, 130, 131 e 139 ss.

[5] *Vd*. ROMANO MARTINEZ, *Cumprimento Defeituoso,* cit., n.° 25.a).1) e 2), pp. 232 ss.

476 *Direito das Obrigações*

da prática jurisprudencial pode detectar-se a existência de um princípio *pro damnato* de defesa da vítima.

5. Exclusão e limitação legais da responsabilidade

Dúvidas se levantam quanto à exclusão e limitação da responsabilidade do empreiteiro, tendo por base a aplicação dos princípios gerais.

Será de excluir a sua responsabilidade quando o defeito se tenha ficado a dever a erro de concepção do projecto ou a dados, estudos ou previsões fornecidos pelo dono da obra, ou ainda se for o resultado do cumprimento de ordens ou instruções transmitidas por este[1]. Porém, o empreiteiro é um conhecedor da sua arte e os elementos fornecidos pelo dono da obra, bem como as instruções deste devem ser apreciados criteriosamente; daí que sobre ele recaia o dever de avisar o comitente de qualquer incorrecção (art. 573º CC). Assim sendo, só na hipótese de o empreiteiro, em condições normais, não poder aperceber-se das falhas do projecto, estudos, instruções, etc., é que a sua responsabilidade deverá ser excluída[2].

A responsabilidade do empreiteiro pelo não cumprimento do contrato também será de afastar sempre que esta se fique a dever a causa de força maior, como sejam «Actos de guerra ou subversão, epidemias, ciclones, tremores de terra, fogo, raio, inundações, greves gerais ou sectoriais e quaisquer outros eventos da mesma natureza que impeçam o cumprimento do contrato»[3]. Esta exclusão da responsabilidade advém da aplicação dos preceitos relativos à impossibilidade do cumprimento e mora não imputáveis ao devedor (arts. 790º ss. CC).

---

[1] *Vd.* arts. 36º, n.º 2 e 37º REOP. No mesmo sentido, veja-se também a lei inglesa denominada «*The Defective Premises Act*» 1972 (secção 1 (2)), *cit. in Blackstone's Statutes on Contract and Tort*, organizado por ROSE, 3ª ed., Londres, 1991, p. 50. Cfr. ainda os casos decididos pela jurisprudência inglesa neste sentido citados por POWELL--SMITH/FURMSTON, *A Building Contract Casebook*, 2ª ed., Oxford, 1990, pp. 61 ss. *Vd.* também UFF, *Construction Law*, 5ª ed., Londres, 1991, p. 196, onde se faz referência à exclusão da responsabilidade do empreiteiro no caso de os defeitos se ficarem a dever aos materiais fornecidos pelo dono da obra.

Estatisticamente verifica-se que a maior parte dos defeitos de obras têm a sua origem no projecto, cfr. o gráfico fornecido pelo «Architecture and Engineering Performance Information Center», relativo ao período de 1978/82, referido por FERRY BORGES, *Qualidade na Construção*, Lisboa, 1988, pp. 23 e 24.

[2] Em sentido diferente, veja-se o art. 36º, n.º 2 REOP, quanto à empreitada de obras públicas, com uma solução menos exigente para o empreiteiro.

[3] *Vd.* art. 195º, n.º 3 REOP, respeitante às empreitadas de obras públicas.

III – Empreitada

A responsabilidade do empreiteiro poderá igualmente ser afastada noutras três situações. Caso a realização da obra seja impossível tendo em conta o actual estado da técnica. Se os vícios que constam daquela obra aparecem geralmente noutras da mesma natureza, em razão do avanço da técnica com que hoje se pode contar não permitir uma execução mais perfeita (art. 762°, n.° 2 CC). Quando o defeito não podia ser evitado perante o grau de perícia exigível ao empreiteiro[1].

Também é de admitir a exclusão da responsabilidade do empreiteiro, sempre que, durante a execução da obra, os defeitos forem aparentes ou notória a má execução e o comitente tiver dado a sua concordância expressa com a obra assim executada (art. 1209°, n.° 2, *in fine* CC) ou se os defeitos da obra forem conhecidos ou reconhecíveis pelo dono e este a tenha aceite sem reserva (art. 1219° CC)[2].

Por último, a responsabilidade do empreiteiro pelo atraso na realização ou pela recusa de entrega da obra será afastada quando ele recorrer à excepção de não cumprimento (arts. 428° ss. CC) ou ao direito de retenção (arts. 754° ss. CC), em razão do não pagamento das prestações do preço.

A crescente complexidade das intervenções no processo de construção leva a uma diluição de responsabilidade dos intervenientes[3]. De facto, num processo de construção podem intervir: o dono da obra e o seu representante, autores de projectos (coordenador de projectos, projectista geral, projectista de estruturas e fundações, projectista de equipamento, decorador, paisagista), consultores especializados, empreiteiros (empreiteiro geral, empreiteiros parciais, subempreiteiros), fornecedores de materiais, etc. Nestes processos complexos há uma tendência para a não personalização de competências e de responsabilidades, até porque cada técnico, por via de regra, não actua isoladamente, mas integrado em *equipes*. A responsabilidade dos vários intervenientes no processo de

---

[1] *Vd.* LARENZ, *Schuldrechts*, II-1, cit., § 53.II, p. 346; RUBINO, *L'Appalto*, cit., n.° 221, pp. 536 e 537; VAZ SERRA, «Empreitada», BMJ, 146 (1965), p. 41.

[2] Cfr. Ac. Rel. Lx. de 21/02/1991, CJ, XVI (1991), T. I, p. 160, no qual se afirma que a referida exclusão da responsabilidade é válida, mesmo no caso de empreitada de construção de imóveis destinados a longa duração.

No Ac. Rel. Pt. de 16/09/1993, CJ, XVIII(1993), T. IV, p. 204, considerou-se que, como as deficiências do mobiliário executado eram manifestamente visíveis, o dono da obra, que a aceitou sem reserva, não podia invocar a excepção de não cumprimento.

[3] *Vd.* FERRY BORGES, *Qualidade*, cit., p. 13; TEIXEIRA TRIGO, *Competências e Responsabilidades Individuais dos Técnicos*, Lisboa, 1979, pp. 2 e 3.

478 *Direito das Obrigações*

construção é conjunta (art. 513° CC)[1]; ou seja, cada um só responde pelos danos que tenha causado. A dificuldade está em determinar quem é o responsável pelo prejuízo. Verificando-se que o mesmo dano é, em simultâneo, imputado a mais do que um interveniente no processo de realização da obra — o que teoricamente se pode apresentar como difícil — e estando eles relacionados com o comitente por contratos distintos, parece ser de admitir que o dono da obra possa demandar qualquer um deles pela totalidade[2].

Nesta sequência, importa ainda referir que, caso a execução da obra tenha sido autorizada por entidades públicas, designadamente câmaras municipais, cabe questionar se a responsabilidade do empreiteiro e do arquitecto não poderá ser repartida com a da entidade que licenciou a obra, no caso de os vícios de execução constarem do projecto que, tendo sido objecto de apreciação, foi aprovado[3].

6. Limitação e exclusão convencionais da responsabilidade

A limitação e a exclusão convencionais da responsabilidade estão sujeitas às regras gerais dos arts. 809° ss. CC e, em sede de empreitada, só importa fazer referência às especificidades que, do regime deste negócio jurídico, possam advir. Tais especificidades relacionam-se com alterações aos prazos de caducidade estabelecidos na lei (*vd. infra* n.° VIII. § 6).

---

[1] Em sentido contrário, mas com reticências, cfr. a posição tomada pelo Supremo Tribunal Federal Alemão referida por ESSER/WEYERS, *Schuldrecht*, cit., § 32.II.5.c), p. 266. A jurisprudência francesa também sustenta a regra da solidariedade entre empreiteiros, só levantando algumas dúvidas relativamente à solidariedade entre arquitectos e empreiteiros. Cfr. LIET-VEAUX/THUILLIER, *Droit de la Construction*, 10ª ed., Paris, 1991, pp. 370 ss.

No sistema jurídico português, a responsabilidade já será solidária no que respeita ao prejuízo extracontratual (art. 497° CC).

[2] Neste sentido, RUBINO, *L'Appalto*, cit., n.° 166, pp. 360 ss., apesar de considerar que a responsabilidade entre empreiteiro e projectista não é solidária, admite que o dono da obra pode, em alternativa, demandar um ou outro pela totalidade. O mesmo autor, *ob. cit.*, n.ᵒˢ 172 e 174, pp. 374 s. e 383 ss., defende idêntica ideia quando haja concurso de responsabilidades entre o empreiteiro e o fiscal ou o director de trabalhos, sempre que estes últimos tenham sido directamente contratados pelo dono da obra.

[3] No sentido de considerar responsável por danos extracontratuais a entidade que autoriza a obra, *vd.* casos Dutton v. Bognor Regis Urban District Council, 1971 e Anns v. The London Borough of Merton, 1977, citados por UFF, *Construction Law*, cit., pp. 330 ss.; todavia, como refere este autor (*ob. e loc. cit.*), nos últimos anos verificou-se uma inversão jurisprudencial na Inglaterra, de forma a não condenar a autoridade licenciadora da obra.

III – Empreitada

Os prazos de caducidade podem ser aumentados por via convencional, mas, pelo menos quanto ao prazo estabelecido no n.° 1 do art. 1225° CC, é dificilmente admissível a sua redução. Por via de regra, a redução do prazo estabelecido neste preceito vai afectar os direitos do dono da obra, na medida em que lhe torna excessivamente difícil o respectivo exercício. Certa doutrina considera que a redução de tal prazo é inadmissível porque isso iria pôr em causa o interesse público na solidez dos edifícios e de outras construções destinadas a longa duração[1]. Contudo, o prazo de garantia de cinco anos não se apresenta como sendo de ordem pública por três razões. A responsabilidade em causa é contratual; o prazo referido seria exíguo se se pretendesse tutelar o interesse colectivo; e não teria sentido admitirem-se os casos de irresponsabilidade do empreiteiro previstos no art. 1219° CC, extensíveis ao art. 1225° CC[2]. Não sendo o prazo de ordem pública, não há nenhum impedimento genérico quanto à admissibilidade da sua redução. Por outro lado, o art. 1225°, n.° 1 CC estatui que o empreiteiro é responsável «(...) no decurso de cinco anos a contar da entrega, ou no decurso do prazo de garantia convencionado (...)», sem impor que este tenha de ser superior àquele.

Apesar de nada obstar à redução do prazo de garantia de cinco anos, serão raras as situações em que esse encurtamento se apresenta como justificável. Nas obras destinadas a longa duração, cinco anos a contar da entrega constitui, na grande maioria das situações, um prazo demasiadamente curto para detectar os vícios de construção, pelo que, abreviá-lo, pode tornar excessivamente difícil o exercício dos direitos do dono da obra e, em tais casos, é inadmissível[3]. O mesmo juízo é extensível em relação ao prazo de caducidade de dois anos do art. 1224°, n.° 2 CC.

Uma cláusula que reduza estes prazos também pode ser relativamente proibida na hipótese de se subsumir ao disposto no art. 22°, alínea f) da LCCG (Decreto-Lei n.° 446/85, de 25 de Outubro).

---

[1] *Vd*. SAINT-ALARY, *Droit de la Construction*, Paris, 1977, p. 611; VAZ SERRA, «Empreitada», BMJ, 146 (1965), pp. 105 e 106 e Anot. Ac. STJ de 11/07/1972, RLJ, 106 (1973/74), pp. 298, 300 e 301.

Em sentido contrário, cfr. PIRES DE LIMA/ANTUNES VARELA, Coment. 4 ao art. 1225°, *Código Civil Anotado*, II, cit., p. 902; RUBINO, *L'Appalto*, cit.., n.° 254, pp. 621 e 622.

[2] *Vd*. ROMANO MARTINEZ, *Cumprimento Defeituoso, c*it., n.° 53.a).2), p. 447.

[3] *Vd*. ROMANO MARTINEZ, *Cumprimento Defeituoso,* cit., n.° 53.a).2), p. 447 s.

480   *Direito das Obrigações*

7. Transmissão dos direitos emergentes da responsabilidade

Alguns dos direitos derivados do cumprimento defeituoso podem ser objecto de uma cessão convencional, podendo igualmente ser transferidos *ipso iure*, mediante transmissão *inter vivos* ou *mortis causa* da obra defeituosa[1]. Se o comitente alienar a obra após a aceitação, transmite para o adquirente os direitos que tinha contra o empreiteiro[2]; solução questionável antes de 1994, mas que foi expressamente aceite na alteração introduzida na parte final do n.° 1 do art. 1225° CC, ao estabelecer-se que «(...) o empreiteiro é responsável pelo prejuízo causado (...) a terceiro adquirente».

Nos arts. 1220° ss. CC. surge uma regulamentação específica tendente a resolver os problemas derivados do cumprimento defeituoso.

§ 2. Denúncia dos defeitos

I. Mesmo que o comitente tenha tido conhecimento de que a obra padece de defeitos, pode aceitá-la com reserva. Quando o dono da obra a aceita com reserva dá a entender que pretende receber a obra, mas, ao mesmo tempo, denuncia os defeitos, a fim de poder exercer os direitos que lhe são conferidos nos arts. 1221° ss. CC.

A denúncia dos defeitos, no acto de aceitação, é válida ainda que o comitente tenha realizado regulares fiscalizações no decurso de execução da obra, sendo já então os vícios aparentes ou notória a má execução do contrato (art. 1209°, n.° 2 CC)[3].

Sendo os defeitos ocultos, o dono da obra deve, no prazo de trinta dias após os ter descoberto, denunciá-los ao mestre de obras (art. 1220°, n.° 1 CC). O mesmo se diga no que respeita ao empreiteiro na relação com o subempreiteiro (art. 1226° CC); só que, neste caso, o prazo de trinta dias conta-se a partir da recepção da denúncia feita pelo dono da obra.

---

[1] *Vd.* ROMANO MARTINEZ, *Cumprimento Defeituoso,* cit., n.° 43.b), pp. 403 ss.

[2] *Vd.* ROMANO MARTINEZ, «A Garantia contra os Vícios da Coisa...», TJ, n.os 4/5 (1991), p. 182; RUBINO, *L'Appalto*, cit., n.° 247, pp. 609 e 610; VAZ SERRA, «Empreitada», BMJ, 146 (1965), pp. 106 ss.

Com respeito à jurisprudência portuguesa, vejam-se os arestos citados por ROMANO MARTINEZ, *Cumprimento Defeituoso,* cit., n.° 43.b), p. 404, n. 3.

[3] Sobre esta questão, *vd.*, todavia, *supra* n.° III. § 3.2.

III – Empreitada 481

A denúncia não é, contudo, exigida em duas situações.

Se o empreiteiro, após a prestação ter sido aceita, reconheceu a existência do defeito, não se justifica que a contraparte tenha de o denunciar. A denúncia seria então perfeitamente inútil. Tal regra consta do art. 1220°, n.° 2 CC[1]. Todavia, caso o reconhecimento do defeito por parte do empreiteiro tenha sido anterior à aceitação da obra, estar-se-á perante defeitos conhecidos e se o comitente, mesmo assim, aceitar a obra sem reserva, já não se poderá fazer valer dos direitos que lhe são conferidos nos arts. 1221° ss. CC (art. 1219° CC).

Sempre que o empreiteiro tenha usado de dolo no encobrimento do defeito não se torna necessário proceder à denúncia deste[2].

Em princípio, o protesto feito aquando da aceitação equivale a denúncia, mas se o dono da obra tiver aceitado a obra com uma reserva genérica, terá ainda de denunciar os defeitos concretos nos trinta dias subsequentes à descoberta dos mesmos[3]. A solução é idêntica no caso de o comitente receber a obra para prova[4].

A declaração de denúncia é válida independentemente da forma que revestir (art. 219° CC) e para ser eficaz basta que chegue ao poder do empreiteiro, ou que seja dele conhecida (art. 224°, n.° 1 CC) ou que por sua culpa não seja oportunamente recebida (art. 224°, n.° 2 CC).

Na denúncia têm de se indicar os defeitos concretos de que a obra padece, mas não se torna necessário especificar qual dos direitos conferidos nos arts. 1221° ss. CC se pretende exercer[5]. A opção entre a eliminação dos defeitos, a construção de obra nova, a redução do preço e a resolução do contrato, bem como o pedido de indemnização pode ser exercida posteriormente, tendo em conta as circunstâncias do caso.

---

[1] É também este o sentido do art. 1667.2 CCIt. Sobre este ponto, *vd*. ROMANO MARTINEZ, *Cumprimento Defeituoso*, cit., n.° 35, p. 374.

[2] Sobre as razões pelas quais se alterou a posição sustentada em anterior edição desta obra, *vd*. ROMANO MARTINEZ, *Cumprimento Defeituoso*, cit., n.° 35, p. 334. Aderindo a esta solução JOSÉ MANUEL VILALONGA, «Compra e Venda e Empreitada. Contributo para a Distinção entre os dois Contratos», ROA, 1997, I, pp. 213 ss. Em sentido oposto, entendendo que o dolo do empreiteiro não altera o regime de denúncia do dono da obra, *vd*. RUI SÁ GOMES, «Breves Notas», cit., pp. 637 s.

[3] No mesmo sentido, cfr. DIAS JOSÉ, *A Responsabilidade Civil*, cit., p. 50.

[4] *Vd*. DIAS JOSÉ, *A Responsabilidade Civil*, cit., p. 52.

[5] *Vd*. PIRES DE LIMA/ANTUNES VARELA, Coment. 4 ao art. 1220°, *Código Civil Anotado*, II, cit., p. 895.

482   *Direito das Obrigações*

A denúncia constitui mera condição de que depende o exercício dos direitos do dono da obra estabelecidos nos arts. 1221° ss. CC; como mera condição, ela pressupõe o exercício posterior desses direitos[1].

Se a obra não é aceita em razão dos defeitos, ou se os mesmos são denunciados atempadamente, a prestação não se considera plenamente realizada[2].

§ 3. Eliminação dos defeitos e realização de nova obra

I. Perante a existência de defeitos, a lei concede ao dono da obra vários direitos, o primeiro dos quais é o de exigir a sua eliminação.

A exigência de eliminação dos defeitos é uma forma de execução específica característica do contrato de empreitada; pretende-se exigir o cumprimento do acordado[3].

O dono da obra deve começar por exigir que o defeito seja eliminado pelo próprio empreiteiro (art. 1221°, n.° 1 CC)[4].

Mas se os defeitos não puderem ser eliminados, cabe ao comitente o direito de exigir do empreiteiro a realização de uma nova obra (art. 1221°, n.° 1, 2ª parte CC). Justifica-se esta solução porque, se o dono da obra não obteve o resultado pretendido, o empreiteiro continua adstrito a uma prestação de facto positivo.

II. Ao empreiteiro não pode ser imposta a eliminação dos defeitos ou a realização de nova obra, porque *nemo ad factum praecise cogi potest*. Perante a recusa do empreiteiro, pode o dono da obra requerer a execução específica da prestação de facto, nos termos do art. 828° CC, se ela for fungível. A execução específica prevista no art. 828° CC opera por via judicial, pelo que só após a condenação do empreiteiro na eliminação do defeito ou na realização de nova obra, e perante a recusa deste, pode

---

[1] Cfr. Ac. STJ de 19/11/1971, BMJ, 211 (1971), p. 299; Ac. Rel. Pt. de 09/02/1984, CJ, IX (1984), T. I, p. 236.

[2] Neste sentido, veja-se DIAS JOSÉ, *A Responsabilidade Civil*, cit., p. 53.

[3] Cfr. ESSER/WEYERS, *Schuldrecht*, cit., § 32.II.2.b) e 3.c), pp. 260 e 263; LARENZ, *Schuldrechts*, II-1, cit., § 53.II, p. 350.

[4] No mesmo sentido, *vd.* o art. 1668 CCIt. e o § 633 BGB.

É distinto o direito de exigir a eliminação de alterações posteriores à entrega e de obras novas, conferido ao dono da obra no art. 1217°, n.° 2 CC, porque não se trata verdadeiramente de uma eliminação de defeitos (*vd. supra* n.° V. § 4).

III – Empreitada

o comitente encarregar terceiro de proceder à realização dos trabalhos necessários para fazer suprimir o defeito, a expensas do empreiteiro[1]. Sendo requerida a execução específica nos termos do art. 828° CC, os defeitos são eliminados ou a obra realizada de novo por outrem à custa do empreiteiro. Não é, porém, admissível que o dono da obra proceda, em administração directa, à eliminação dos defeitos ou à realização de nova obra, pois isso seria uma forma de autotutela não consentida na lei[2]. Todavia, sendo urgente a reparação e não tendo o empreiteiro procedido atempadamente à eliminação, cabe ao dono da obra, com base nos princípios gerais, em particular a acção directa, proceder à reparação, exigindo o respectivo custo ao empreiteiro[3].

---

[1] *Vd.* PIRES DE LIMA/ANTUNES VARELA, Coment. 2 ao art. 1221°, *Código Civil Anotado*, II, cit., p. 896; AGOSTINHO GUEDES, «A Responsabilidade do Construtor ...», cit., p. 329; RUBINO, *L'Appalto*, cit., n.° 216, pp. 511, 512 e 513.

[2] *Vd.* Ac. STJ de 13/07/1976, BMJ, 259 (1976), p. 212; Ac. STJ de 20/07/1982, BMJ, 319 (1982), p. 273; Ac. STJ de 15/06/1988, TJ, 45 (1988), p. 38; Ac. STJ de 11/05/1993, CJ (STJ), I (1993), T. II, p. 98; Ac. STJ de 18/10/1994, CJ (STJ), II (1994), T. III, p. 93; Ac. Rel. Év. de 07/12/1983, BMJ, 334 (1984), p. 547; Ac. Rel. Pt. de 09/02/1984, CJ, IX (1984), T. I, p. 235; Ac. Rel. Év. de 14/02/1991, CJ, XVI (1991), T. I, p. 299; Ac. Rel. Lx. de 15/12/1994, CJ XIX (1994), T. V, p. 137; Ac. Rel. Cb. de 10/12/1996, RLJ, 131, p. 113; Ac. Rel. Év. de 26/9/1996, CJ XXI, T. IV, p. 282.

Neste sentido, cfr. PEREIRA DE ALMEIDA, *Direito Privado*, Vol. II, (*Contrato de Empreitada*), Lisboa, 1983, p. 84; J. C. MOITINHO DE ALMEIDA, «A Responsabilidade», cit., p. 16; BURROWS, *Remedies for Torts and Breach of Contract*, Londres, 1987, p. 130; PIRES DE LIMA/ANTUNES VARELA, Coment. 2 ao art. 1221°, *Código Civil Anotado*, II, cit., p. 896; ROMANO MARTINEZ, *Cumprimento Defeituoso*, cit., n.° 36.e), pp. 346 ss.

Contra, *vd.* BROX, *Schuldrecht*, cit., § 21.III.1.a), p. 194; ENNECCERUS/LEHMANN, *Recht der Schuldverhältnisse*, 15ª ed., Tubinga, 1958, tradução espanhola de Pérez González e Alguer, sob o título «*Derecho de Obligaciones*», Vol. II, 1ª Parte, 3ª ed., Barcelona, 1966, § 151.II, p. 522; ESSER/WEYERS, *Schuldrecht*, cit., § 32.II.3.b), pp. 262 e 263; LARENZ, *Schuldrechts*. II-1, cit., § 53.II, p. 347. Estes autores baseiam-se, porém, no § 633.III BGB, regra que se mantém no projecto de alteração do BGB (§ 636 BGB-Projecto).

Sob influência daquele preceito do Código Civil Alemao, no art. 18°, n.° 3 do anteprojecto referente ao contrato de empreitada (BMJ, 146 (1965), p. 229) dispunha-se: «Se o empreiteiro se constituir em mora de eliminar os defeitos da obra, pode o dono proceder a essa eliminação e reclamar indemnização por despesas necessárias». Deste preceito, que não passou para o articulado definitivo relativo ao contrato de empreitada, talvez se pudesse inferir a possibilidade de autotutela.

Parece também ser esta última a solução que, no domínio das empreitadas de obras públicas, se retira do disposto no art. 237° REOP; neste caso, a possibilidade de o comitente executar por sua conta a obra será possivelmente uma consequência do privilégio da execução prévia.

[3] Cfr. ROMANO MARTINEZ, *Cumprimento Defeituoso*, cit., pp. 346 s. e Ac. Rel. Pt. de 22/01/1996, CJ XXI (1996), T. I., p. 202.

484 *Direito das Obrigações*

Sendo a prestação de facto do empreiteiro infungível, o dono da obra pode requerer em tribunal a condenação daquele no pagamento de uma quantia pecuniária por cada dia de atraso na eliminação dos defeitos ou na realização da obra nova (art. 829°-A CC).

III. A opção entre eliminar os defeitos ou realizar uma nova obra não fica ao critério do comitente. Cabe ao empreiteiro, tendo em conta a sua arte e conhecimento, averiguar se os defeitos são elimináveis. Quando o dono da obra discordar da opinião do empreiteiro, compete ao tribunal decidir se os defeitos são ou não elimináveis[1].

Caso o empreiteiro opte pela realização de nova obra, o comitente pode opor-se, justificando que isso lhe causa prejuízo excessivo[2], designadamente em razão de não poder usar a coisa por largo período.

O empreiteiro não é obrigado a proceder à eliminação dos defeitos, mesmo que viável, ou à realização de uma nova obra se as despesas inerentes forem manifestamente superiores ao interesse que o comitente daí retiraria (art. 1221°, n.° 2 CC)[3]. É a consagração de uma regra de justiça comutativa; se as despesas do empreiteiro forem desproporcionadas em relação ao proveito do dono da obra, não parece justo que sobre aquele impenda a obrigação de eliminar os defeitos ou de realizar uma nova obra.

Enquanto o defeito não for eliminado, o dono da obra pode recusar-se a pagar, parte ou a totalidade do preço, usando a excepção de não cumprimento dos contratos (arts. 428° ss. CC)[4].

A eliminação dos defeitos ou a realização de nova obra, para além de exigida, também pode ser oferecida pelo empreiteiro[5]. De facto, dentro

---

[1] Para maiores desenvolvimentos, *vd.* ROMANO MARTINEZ, *Cumprimento Defeituoso,* cit., n.° 40, pp. 389 ss. Em sentido diverso, considerando que a decisão cabe ao empreiteiro, que será, assim, juiz em causa própria, *vd.* RUI SÁ GOMES, «Breves Notas», cit., p. 617.

[2] Cfr. ESSER/WEYERS, *Schuldrecht,* cit., § 32.II.3.b), p. 262.

[3] Cfr. BROX, *Schuldrecht,* cit., § 21.III.1.a), p. 194; ENNECCERUS/LEHMANN, *Obligaciones,* cit., § 151.II, p. 522; ESSER/WEYERS, *Schuldrecht,* cit., § 32.II.3.b), p. 262; LARENZ, *Schuldrechts,* II-1, cit., § 53.II, pp. 347 e 350; MEDICUS, *Schuldrecht,* Vol. II, 5ª ed., Munique, 1992, § 99.II.1, p. 162. Estes autores baseiam-se no § 633.II.3 BGB. Com respeito ao Direito inglês, veja-se, no mesmo sentido, TETTENBORN, *An Introduction,* cit., p. 218; TREITEL, *An Outline of the Law of Contract,* 4ª ed., Londres, 1989, p. 315.

Sobre esta questão, *vd.* o Ac. STJ de 13/07/1976, BMJ, 259 (1976), p. 221.

[4] Cfr. PIRES DE LIMA/ANTUNES VARELA, Coment. 2 ao art. 1221°, *Código Civil Anotado,* II, cit., p. 896. *Vd.* Ac. Rel. Cb. de 6/01/1994, CJ XIX (1994), T. I, p. 10.

[5] *Vd.* com maiores desenvolvimentos, ROMANO MARTINEZ, *Cumprimento Defeituoso,* cit., n.os 36.a) e 37.a), pp. 341, 342 e 351.

III – *Empreitada* 485

de certos limites, o devedor tem direito a cumprir a prestação e, nessa medida, pode impor a eliminação dos defeitos ou a realização de nova obra, sob pena de se extinguir a sua responsabilidade, em caso de recusa injustificada. Desde que o meio jurídico proposto pelo empreiteiro seja adequado e o dono da obra não tenha perdido o interesse na prestação, que é apreciado objectivamente (art. 808°, n.° 2 CC), a proposta daquele não deverá ser recusada; mas tendo sido ineficaz a primeira eliminação ou a realização de nova obra, admite-se que o comitente não esteja disposto a aceitar outra tentativa, não obstante manter interesse na prestação.

§ 4. Redução do preço

Se a obra foi executada com defeitos e estes não foram eliminados ou a obra realizada de novo, tem o comitente direito a exigir a redução do preço acordado (art. 1222°, n.° 1 CC)[1].

Só se justifica que o dono da obra requeira a redução do preço, no caso de ele, apesar do defeito, poder retirar qualquer utilidade da obra; isto é, desde que tenha interesse em recebê-la.

A redução do preço não integra uma forma de ressarcimento dos danos[2], pois advém da *actio quanti minoris* do Direito Romano, estabelecida em sede de compra e venda, mediante a qual se pretendia restabelecer o equilíbrio entre as prestações. Esta função de reajustamento do preço, que não corresponde necessariamente a um pedido indemni-

---

[1] Em sentido algo diferente, o § 634 BGB – assim como no projecto de alteração deste diploma (§§ 637 e 638 BGB-Projecto) – faz depender o pedido de redução do preço (bem como o de resolução do contrato) da fixação ao empreiteiro, pelo dono da obra, de um prazo razoável para a eliminação do defeito, com a ameaça de que, decorrido aquele prazo, será exigida a redução do preço (ou a resoluçao do contrato). *Vd.* Brox, *Schuldrecht*, cit., § 21.III.1.b) e V.2.a), pp. 195 e 199; Ennecerus/Lehmann, *Obligaciones*, cit., § 151 II, pp. 522 e 524; Esser/Weyers, *Schuldrecht*, cit., § 32 II 4 a), p. 263; Larenz, *Schuldrechts*, II-1, cit., § 53.II, pp. 347 e 348; Medicus, *Schuldrecht*, cit., § 99.II.2.b) e d), p. 163. Era também esta a solução preconizada por Vaz Serra, «Empreitada», BMJ, 146 (1965), pp. 53 e 54, no anteprojecto referente ao contrato de empreitada.

No Direito inglês, permite-se igualmente que o preço seja reduzido apesar de não ter havido uma *substancial performance*, tendo em conta o *quantum meruit* que da obra defeituosa advém para o comitente, cfr. Cheshire/Fifoot/Furmston, *Law of Contract*, 12ª ed., Londres, 1991, pp. 518 e 520.

[2] Cfr. Ac. Rel. Pt. de 17/11/1992, CJ, XVII (1992), T. V, p. 223.

486 *Direito das Obrigações*

zatório, continua a ser a finalidade prosseguida pelo instituto ora em apreço[1].

O dono da obra não pode pedir cumulativamente a eliminação dos defeitos ou a realização de novo da obra e a redução do preço. São pedidos alternativos que poderão, sem dúvida, ser requeridos em termos subsidiários[2].

Por outro lado, o dono da obra não poderá exigir a redução do preço, caso o empreiteiro esteja disposto a eliminar os defeitos — sendo isso possível — ou a realizar de novo a obra.

A redução do preço, na falta de acordo em contrário, far-se-á segundo o preceituado no art. 884° CC para a compra e venda (art. 1222°, n.° 2 CC)[3].

Assim, se o preço da empreitada foi fixado por unidade, por medida, por tempo de trabalho ou por administração e se só parte da obra padecer de defeito, o preço será reduzido em função da parte defeituosa. Por exemplo, se das dez janelas encomendadas só duas é que não respeitam o modelo acordado, o preço total deverá ser reduzido em um quinto; ou seja, só são pagas oito unidades.

De forma idêntica, se foi determinado um preço global para toda a obra, mas estabelecidos os preços das várias parcelas da mesma e se só parte dela é que padece de defeito, o preço será reduzido nos termos referidos no parágrafo anterior.

As maiores dificuldades suscitam-se nos casos em que os defeitos afectam a obra no seu todo, não sendo exclusivos de determinadas parcelas da mesma. Por exemplo, se todos os vinte quilómetros de auto-estrada foram construídos em desrespeito de normas técnicas de segurança, ou se o prédio foi edificado sem as necessárias vigas de ferro. A situação é igualmente complicada na hipótese de, apesar de os defeitos só afectarem partes da obra, não ter ficado discriminado o valor das várias parcelas que a compõem; e mesmo que se tenha determinado o valor de cada parcela da obra, nem sempre é linear a relação entre o valor do todo

---

[1] Para maiores desenvolvimentos, *Vd.* ROMANO MARTINEZ, *Cumprimento Defeituoso,* cit., n.° 38.a), pp. 357 ss., em especial, pp. 360 s.

[2] Um tratamento mais desenvolvido desta problemática pode ser confrontado em ROMANO MARTINEZ, *Cumprimento Defeituoso,* cit., n.° 40, pp. 389 ss.

[3] Como se refere no Ac. Rel. Pt. de 17/11/1992, CJ, XVII (1992), T. V, p. 223, na medida em que o art. 1222° CC manda aplicar o art. 884° CC, e não correspondendo a redução do preço a uma indemnização, não é de aplicar o art. 566°, n.° 3 CC.

Com respeito à redução do preço na empreitada, veja-se também o Ac. Rel. Lx. de 13/04/1989, CJ, XIV (1989), T. II, p. 130.

III – Empreitada 487

e o das partes, pois a soma do valor das partes pode não corresponder à estimação total da obra[1].

Em tais hipóteses, a redução do preço será feita por meio de avaliação (art. 884°, n.° 2 CC)[2]. A referência feita neste preceito à avaliação pouco adianta com respeito à determinação de um modo de apreciar o *quantum* a reduzir. Para tal torna-se necessário recorrer a um método objectivo em que se proceda a uma ponderação de três factores: preço acordado; valor da obra com defeito; e valor ideal do bem[3]. Se as partes não acordarem quanto a uma avaliação extrajudicial, deverão então recorrer a instâncias judiciais.

§ 5. Resolução do contrato

I. O dono da obra só poderá exigir a resolução do contrato se, para além de não terem sido eliminados os defeitos ou realizada de novo a obra — como acontece para a exigência de redução do preço —, tais defeitos tornarem a obra inadequada para o fim a que se destina (art. 1222°, n.° 1, 2ª parte CC). Se, por exemplo, o armário de cozinha encomendado tem mais cinco centímetros de comprimento e, por isso, não encaixa no lugar pretendido, a obra é inapta para o fim a que se destina[4].

Deste último requisito (obra imprópria para o uso normal ou o previsto no contrato) não está dependente o direito de exigir a redução do preço.

---

[1] Neste sentido, cfr. ESSER/WEYERS, *Schuldrecht*, cit., § 32.II.4.c), pp. 264 e 265.

[2] Não foi consagrada a teoria da diferença, preconizada por VAZ SERRA («Empreitada», BMJ, 146 (1965), p. 153), segundo a qual o montante a reduzir no preço deveria ser calculado comparando o valor que a obra teria sem defeitos e o que teria com eles ao tempo do cumprimento.

[3] Para uma explicação mais pormenorizada deste método, *vd.* ROMANO MARTINEZ, *Cumprimento Defeituoso*, cit., n.° 38.b), pp. 362 ss.

[4] No Direito alemão, com base no § 634.III BGB, tem-se admitido que os pequenos defeitos não dão lugar ao pedido de resolução do contrato, cfr. ENNECCERUS/LEHMANN, *Obligaciones*, cit., § 151.II, p. 522; ESSER/WEYERS, *Schuldrecht*, cit., § 32.II.4.c), p. 264; LARENZ, *Schuldrecht*, II-1, cit., § 53.II, p. 348; MEDICUS, *Schuldrecht*, cit., § 99.II.2.c), p. 163.

Todavia, um pequeno defeito, como o apresentado no exemplo referido no texto, pode, em determinadas circunstâncias, ser causa de resolução do contrato. Entendendo como precipitado o pedido de resolução do contrato de empreitada, *vd.* Ac. Rel. Pt. de 25/11/1996, CJ XXI, T. V, p. 197.

488 *Direito das Obrigações*

A opção entre a exigência de redução do preço ou de resolução do contrato, para além da diferença referida, está no critério do dono da obra. É o interesse do credor que justifica a existência da obrigação (arts. 398°, n.° 2 e 808° CC). Assim, se o dono da obra, como consequência dos defeitos, tiver perdido o interesse na prestação — que é apreciado objecti-vamente (art. 808°, n.° 2 CC) —, pode resolver o contrato[1]. Mas se, pelo contrário, a obra defeituosa, apesar de não ser adequada ao fim a que se destina, for querida pelo comitente, a este somente caberá o direito de exigir a redução do preço.

II. Os efeitos da resolução do contrato de empreitada regulam-se pelas regras gerais (arts. 432° ss. CC)[2]. Resolvido o contrato, o dono da obra fica exonerado da obrigação de pagar o preço, e se já o tinha pago, pode exigir a sua restituição por inteiro (art. 289° CC).

Nas empreitadas de construção de coisa móvel em que os materiais tenham sido fornecidos pelo empreiteiro, o comitente que recebeu a obra só pode pedir a resolução do contrato, se estiver em condições de a res-tituir (art. 432°, n.° 2 CC). Sendo requerida a resolução, a propriedade da obra, quando se chegou a transmitir para o comitente, reverte para o empreiteiro. Nestes casos, se parte dos materiais foram fornecidos pelo dono da obra, tem este, cumulativamente com o pedido de resolução do contrato, o direito de exigir a entrega de materiais do mesmo género, qua-lidade e quantidade ou, na falta destes, do seu valor.

Nas empreitadas de construção de coisa móvel em que os materiais são fornecidos pelo comitente, depois da resolução do contrato, a obra continua na propriedade deste e ele poderá exigir do empreiteiro que a der-ribe e devolva os materiais empregues ou materiais do mesmo género, qualidade e quantidade ou, na falta destes, do seu valor.

---

[1] A simples mora do empreiteiro na execução da obra não concede ao comitente o direito de resolver o contrato, conquanto não tenha perdido o interesse, cfr. Ac. STJ de 12/05/1983, BMJ, 327 (1983), p. 643 e Ac. Rel. Pt. de 13/11/1990, CJ, XV (1990), T. V, p. 193. Em sentido algo diferente, no Ac. Rel. Lx. de 16/01/1990, CJ, XV (1990), T. I, p. 138, considerou-se que, como a empreitada constitui uma relação contratual duradoura, a resolução do negócio jurídico não depende do mecanismo do art. 808° CC (p. 140).

[2] No Ac. STJ de 10/11/1987, TJ 37 (1988), p. 21, entendeu-se que, embora a empreitada não seja, em rigor, um contrato de execução continuada, é-lhe aplicável a regra do art. 434°, n.° 2 CC. Em sentido diverso, entendendo que deve ser restituída a totalidade do preço pago, cfr. Ac. Rel. Lx. de 23/5/2000, CJ XXV, T. III, p. 96.

III – Empreitada

Nas empreitadas de construção de coisa imóvel em terreno do dono da obra, com materiais fornecidos pelo empreiteiro, o comitente poderá, conjuntamente com o pedido de resolução do contrato, exigir a demolição da obra à custa do empreiteiro. Se o dono da obra forneceu materiais poderá, além disso, exigir a devolução dos mesmos ou de outros de idêntico género, qualidade e quantidade ou, na falta destes, do seu valor.

Nestes dois últimos casos, se o empreiteiro não proceder à derribada da obra, como ela continua propriedade do comitente, este pode ser obrigado a compensar o primeiro, atento o princípio *compensatio lucri cum damno*. Esta restituição não se deve basear nas regras do enriquecimento sem causa, porquanto, se assim fosse, por via de regra, o empreiteiro ficaria em situação pior daquela em que estaria se não tivesse celebrado o contrato; o recurso a este instituto contrariaria o princípio da retroactividade (art. 289°, n.° 1, *ex vi* art. 433° CC)[1]. A eventual compensação deve ter, pois, por base o princípio da restituição integral, com efeito retroactivo, do que tiver sido prestado[2].

Contrariamente, se a coisa imóvel for construída em terreno do empreiteiro, caso tenha sido requerida a resolução do contrato, a propriedade da obra reverte para aquele (ou não se chega a transferir para o dono), e se o comitente forneceu materiais poderá exigir a sua devolução ou, sendo isso impossível, a entrega de outros materiais do mesmo género, qualidade e quantidade e, na falta destes, do seu valor.

Por último, nas empreitadas de manutenção, cujas prestações são de execução continuada ou periódica[3], não estão abrangidas pelos efeitos da resolução do contrato as obrigações que já tenham sido efectuadas (art. 434°, n.° 2 CC).

---

[1] Neste sentido, cfr. ESSER/WEYERS, *Schuldrecht*, cit., § 32.II.4.c), p. 264. No Ac. STJ de 25/02/1987, TJ, 29 (1987), p. 24, considerou-se igualmente que, ao empreiteiro, devia ser satisfeito o valor correspondente aos materiais e mão-de-obra incorporados num edifício, não sendo possível a sua restituição em espécie, porque a resolução da empreitada tem eficácia retroactiva.

Diferentemente, J. C. MOITINHO DE ALMEIDA, «A responsabilidade ...», cit., p. 18 e GIANNATTASIO, *L'Appalto*, 2ª ed., Milão, 1977, n.° 121, p. 221, sustentam que a restituição ora em apreço se deve fazer com base no instituto do enriquecimento sem causa.

[2] *Vd*. ROMANO MARTINEZ, *Cumprimento Defeituoso,* cit., n.° 31.d), p. 306.

[3] Também designadas por prestações permanentes, contínuas ou sucessivas, *vd*. MENEZES CORDEIRO, *Obrigações,* cit., Vol. I, n.° 136, p. 357.

490   *Direito das Obrigações*

§ 6. Indemnização

Mesmo que o defeito tenha sido eliminado, ou a obra realizada de novo, ou reduzido o preço, ou resolvido o contrato podem não ter ficado reparados todos os danos causados ao dono da obra[1]. Se assim acontecer, o comitente tem direito a exigir uma indemnização nos termos gerais (art. 1223° CC).

Por força do art. 801°, n.° 2 CC, com a resolução do contrato, pode cumular-se um pedido de indemnização pelo interesse contratual negativo. Também no que respeita à empreitada, a indemnização pode ser pedida cumulativamente com os direitos enunciados nos artigos anteriores (eliminação dos defeitos, realização de nova obra, redução do preço e resolução do contrato)[2]. Todavia, a indemnização a arbitrar nos termos do art. 1223° CC, tanto pode ser pelo interesse contratual negativo como igualmente pelo interesse contratual positivo do dono da obra.

A indemnização pelo dano negativo ou de confiança cumular-se-á com o pedido de resolução do contrato, a fim de colocar o dono da obra na situação em que estaria se não tivesse celebrado o negócio[3]. E, por sua vez, a indemnização pelo interesse positivo dever-se-á cumular com os pedidos de eliminação dos defeitos, de realização de nova obra e de redução do preço, com vista a colocar o comitente na situação em que estaria se o contrato tivesse sido pontualmente cumprido[4]. Excepcionalmente, pode ocorrer que os defeitos não sejam elimináveis e os

---

[1] *Vd.* exemplos em DIAS JOSÉ, *Responsabilidade Civil*, cit., p. 69.

[2] *Vd.* Ac. STJ de 13/07/1976, BMJ, 259 (1976), p. 212; Ac. STJ de 20/07/1982, BMJ, 319 (1982), p. 278; Ac. STJ de 15/06/1988, TJ, 45 (1988), p. 38.
Em sentido diferente, o § 635 BGB estabelece que a indemnização deverá ser pedida alternativamente em relação aos outros direitos conferidos ao dono da obra, cfr. BROX, *Schuldrecht*, cit., § 21.III.1.c), pp. 195 e 196; ENNECCERUS/LEHMANN, *Obligaciones*, cit., § 151.II, p. 523; ESSER/WEYERS, *Schuldrecht*, cit., § 32.II.3.b) e 5.d), pp. 262 e 266 ss.; LARENZ, *Schuldrechts*, II-1, cit., § 53.II, p. 348. Não assim, nos termos do § 13, n.° 7 VOB-B, onde se prevê que a indemnização pode ser cumulada com a reclamação de emenda ou de redução do preço, cfr. BROX, *Schuldrecht*, cit., § 21.V.2.b), p. 200.

[3] De modo diverso, no Ac. STJ de 4/3/1997, CJ (STJ), 1997, T. I, p. 127, BMJ 465, p. 527, admitiu-se que, resolvido o contrato, o dono da obra, com base no art. 1223° CC, podia pedir o valor dos defeitos da obra executada. A solução compreende-se porque a resolução não destrói todos os efeitos do contrato, pois salvaguardam-se as consequências negociais relacionadas com a parte da obra executada.

[4] Cfr. Ac. Rel. Lx. de 23/02/1995, CJ XX (1995), T. I, p. 143, que, a p. 145, cita este parágrafo.

III – Empreitada

outros meios jurídicos se mostrem desajustados, atendendo à proporcionalidade exigida, caso em que a indemnização pode ser pedida isoladamente[1].

A este direito conferido ao dono da obra no art. 1223° CC aplicam-se as regras gerais da obrigação de indemnizar (arts. 562° ss. CC).

§ 7. Relação entre os diversos meios jurídicos[2]

De entre os cinco meios jurídicos que a lei concedeu ao dono da obra em caso de cumprimento defeituoso, importa distinguir três grupos. No primeiro dos quais se integram as clássicas resolução do contrato e redução do preço; no segundo, as pretensões de eliminação dos defeitos e de realização de nova obra; e, no terceiro, o direito a ser indemnizado.

Em relação ao primeiro grupo, estando preenchidos os respectivos pressupostos, o dono da obra tem a possibilidade de optar entre exigir a redução do preço ou a resolução do contrato[3].

Diferentemente, no que respeita às pretensões de eliminação dos defeitos e de realização de nova obra, na medida em que ambas sejam possíveis e satisfaçam igualmente o interesse do dono da obra, a escolha cabe ao empreiteiro.

A diversidade de regimes justifica-se, na medida em que, no primeiro caso, é o comitente que sabe se tem ou não interesse em ficar com a obra. Além disso, como estão preenchidos os pressupostos, quer da resolução do contrato, quer da redução do preço, o interesse em ficar com a obra pode ser determinado por parâmetros subjectivos. Em sentido inverso, se tanto a eliminação do defeito como a realização de nova obra satisfazem o interesse do comitente, cabe ao empreiteiro determinar qual é a menos gravosa; até porque o empreiteiro, sendo especialista naquela arte, pode mais facilmente verificar da inviabilidade ou onerosidade de qualquer destes meios jurídicos.

---

[1] No Ac. Rel. Év. de 13/1/2000, CJ XXV, T. I, p. 261, admitiu-se que o dono da obra só pedisse a indemnização, pois os defeitos implicaram tão-só despesas na Câmara Municipal num processo de legalização da obra com um novo projecto.

[2] Para maiores desenvolvimentos, *vd*. ROMANO MARTINEZ, *Cumprimento Defeituoso,* cit., n.os 40 ss., pp. 389 ss.

[3] Estes pedidos não podem ser cumulados, cfr. Ac. Rel. Lx. de 23/02/1995, CJ XX (1995), p. 143, em especial, p. 145.

492 *Direito das Obrigações*

A eliminação dos defeitos ou a realização de nova obra prevalecem sobre os pedidos de redução do preço e de resolução do contrato, pois constituem a forma de melhor obter a reconstituição natural.

No sistema jurídico português pode, então, dizer-se que, nos termos do art. 1222º CC, há uma espécie de sequência lógica: em primeiro lugar, o empreiteiro está adstrito a eliminar os defeitos ou a realizar nova obra; frustrando-se esta pretensão, pode ser exigida a redução do preço ou a resolução do contrato[1].

Resta fazer referência ao direito à indemnização, o qual foi incluído num terceiro grupo de pretensões.

Em matéria de cumprimento defeituoso do contrato de empreitada vigora o princípio de que a indemnização é subsidiária relativamente aos pedidos de eliminação dos defeitos, de nova realização da obra, de redução do preço e de resolução do contrato; tem, pois, função complementar destes meios jurídicos, com os quais se pode cumular.

A indemnização por sucedâneo pecuniário, prevista no art. 1223º CC, não funciona em alternativa e só se justifica a sua exigência na medida em que os outros meios jurídicos não se possam efectivar, ou em relação a prejuízos que não tenham ficado totalmente ressarcidos[2].

§ 8. Caducidade

1. Ideia geral

O Código Civil, nos arts. 1220º, n.º 1, 1224º e 1225º CC, estabeleceu prazos curtos de caducidade para a denúncia dos defeitos da

---

[1] *Vd.* ROMANO MARTÍNEZ, *Cumprimento Defeituoso,* cit., n.º 40, p. 392. Quanto à jurisprudência, cfr. Ac. STJ de 13/07/1976, BMJ, 259 (1976), p. 220; Ac. Rel. Lx. de 21/04/1988, CJ, XIII (1988), T. II, p. 268; Ac. Rel. Pt. de 11/04/1989, CJ, XIV (1989), T. II, p. 219; Ac. Rel. Pt. de 14/01/1992, CJ, XVII (1992), T. I, p. 224; Ac. Rel. Pt. de 25/05/1992, CJ, XVII (1992), T. III, p. 292, Ac. Rel. Év. de 19/1/1995, CJ XX (1995), T. I, p. 274; Ac. Rel. Cb. de 10/12/1996, RLJ, 131, p. 113; Ac. Rel. Lx. de 18/05/1999, CJ XXIV, T. III, p. 102.

[2] *Vd.* ROMANO MARTÍNEZ, *Cumprimento Defeituoso,* cit., n.º 32.a) e b).2) e n.º 41, pp. 311 s., 316 e 394 ss. Quanto à jurisprudência, cfr. os arestos citados na n. anterior, bem como o Ac. STJ de 15/06/1988, TJ, 45/46 (1988), p. 38; Ac. STJ de 11/05/1993, CJ (STJ), I (1993), T. II, p. 98; Ac. Rel. Év. de 21/02/1991, CJ, XVI (1991), T. I, p. 302; Ac. Rel. Lx. de 21/03/1991, CJ, XVI (1991), T. II, p. 159; Ac. Rel. Pt. de 9/05/1996, CJ XXI, (1996), T. III, p. 185.

III – Empreitada

obra e para o exercício dos direitos que são conferidos ao comitente nos arts. 1221° ss. CC. Não foram estabelecidos prazos de prescrição[1], mas de caducidade[2], pelo que não estão sujeitos à interrupção nem à suspensão (art. 328° CC) e só poderão ser impedidos (art. 331° CC)[3]. Caso contrário, os direitos do dono da obra poder-se-iam protelar no tempo, com o inconveniente da insegurança jurídica que daí adviria para o empreiteiro.

Os prazos de caducidade só derrogam as regras gerais da prescrição quando se estiver perante situações de cumprimento defeituoso da obra, pois se se tratar de mora ou de incumprimento definitivo encontram aplicação os arts. 309° ss. CC[4].

Nos artigos citados foram estabelecidos prazos de caducidade curtos no interesse do empreiteiro, a fim de o desvincular da responsabilidade emergente dos defeitos da obra, em caso de inércia do comitente. Os motivos que presidiram a tal tomada de posição foram, por um lado, evitar que o decurso de um longo lapso venha a dificultar a prova e, por outro, permitir que o empreiteiro mais facilmente proceda à eliminação do defeito.

---

[1] Nos Códigos Civis Alemão (§ 638) e Italiano (art. 1667.3), assim como no anteprojecto do contrato de empreitada (art. 21°) estabeleceram-se prazos de prescrição. No projecto de alteração do BGB (§§ 194 ss. BGB-Projecto) mantêm-se esta tendência.

[2] *Vd.* Ac. STJ de 10/12/1986, TJ, 27 (1987), p. 21. Quanto à fundamentação e à razão de ser de tais prazos como sendo de caducidade, *vd.* Romano Martinez, *Cumprimento Defeituoso*, cit., n.° 39.a).3), p. 371.

[3] Esta disposição tem, contudo, sido interpretada pela doutrina e jurisprudência de forma bastante restritiva, cfr. Pires de Lima/Antunes Varela, Coment. 2 ao art. 331°, *Código Civil Anotado*, Vol. I, 4ª ed., Coimbra, 1987, pp. 295 e 296; Vaz Serra, «Prescrição e Caducidade», BMJ, 107 (1961), p. 232. Quanto à jurisprudência, veja-se Ac. STJ de 10/12/1986, *TJ*, 27 (1987), p. 21; Ac. STJ de 20/09/1988, TJ, 48 (1988), p. 27; Ac. Rel. Lx. de 30/11/1977, CJ, II (1977), T. V, p. 1061; Ac. Rel. Lx. de 12/04/1983, CJ, VIII (1983), T. II, p. 133; Ac. Rel. LX. de 10/05/1988, CJ, XIII (1988), T. III, p. 138. Em sentido oposto pode consultar-se Ac. STJ de 24/04/1991, BMJ, 406 (1991), p. 440; Ac. Rel. Pt. de 20/02/1992, CJ, XVII (1992), T. I, p. 237.

Em crítica a esta corrente majoritária, *vd.* Romano Martinez, *Cumprimento Defeituoso*, cit., n.° 39.d), pp. 380 ss.

[4] Cfr. Ac. STJ de 27/07/1985, BMJ, 349 (1985), p. 515.

2. Denúncia dos defeitos

Se, após a aceitação, o dono da obra detectar defeitos, deverá denunciá-los ao empreiteiro, no prazo máximo de trinta dias após a descoberta (art. 1220°, n.° 1 CC)[1].

No caso de empreitadas que tenham por objecto a construção, modificação ou reparação de imóveis destinados por sua natureza a longa duração, a denúncia dos defeitos deverá ser feita no prazo de um ano (art. 1225°, n.° 2 CC) a contar da sua descoberta. Neste caso, a lei não refere a partir de que momento se inicia o prazo, mas, por analogia com o disposto no art. 1220°, n.° 1 CC, tem de se entender que, também aqui, o prazo começa a correr a partir da descoberta dos defeitos[2].

Se a acção judicial com pedido de eliminação dos defeitos, de realização de nova obra, de redução do preço, de resolução do contrato e de indemnização for interposta, consoante as situações em causa, no prazo de trinta dias e de um ano após a descoberta do defeito, não se torna necessário proceder à denúncia prévia do mesmo; a citação do empreiteiro funciona como denúncia do defeito (*vd. supra* n.° VII. § 2).

Tem-se entendido que, no caso de o empreiteiro ter agido com dolo no encobrimento dos vícios, a denúncia não está sujeita aos prazos apertados dos arts. 1220°, n.° 1 e 1225°, n.° 2 CC, porque então se aplicam as regras respeitantes ao dolo (arts. 253° e 286° CC), ou seja, *dolus omnia corrumpit*[3]. Esta tese poderia ser posta em causa se se considerassem as regras respeitantes ao cumprimento defeituoso na empreitada como especiais, afastando o regime do erro e do dolo. Todavia, entre as normas que regulam o cumprimento defeituoso e as respeitantes ao erro e ao dolo não há nenhuma relação de especialidade, porque tais preceitos têm previsões diferentes que não permitem a existência de um concurso[4]. Tal como foi anteriormente referido (n.° VII. § 2), o problema não deve ser visto à luz

---

[1] São de sessenta e de oito dias, respectivamente para o *appalto* (art. 1667 CCIt.) e para a *opera* (art. 2226.2 CCIt.), os prazos de denúncia dos defeitos no Direito italiano. Noutros sistemas jurídicos (p. ex., brasileiro, espanhol, francês e alemão) não se estabelecem prazos para a denúncia dos defeitos.

[2] Cabe ao empreiteiro provar que o dono da obra conhecia dos defeitos em data anterior àquela que invoca, cfr. Ac. STJ 18/10/1994, CJ (STJ), II (1994), T. III, p. 93.

[3] Cfr. J. C. MOITINHO DE ALMEIDA, «A Responsabilidade Civil», cit., p. 26; ENNECCERUS/LEHMANN, *Obligaciones*, cit., § 151.II, p. 525; DIAS JOSÉ, *Responsabilidade Civil*, cit., pp. 32 e 76; MEDICUS, *Schuldrecht*, cit., § 99.II.5, p. 164. Vd. também *supra* n.° VII. § 2.

[4] *Vd.* ROMANO MARTINEZ, *Cumprimento Defeituoso*, cit., n.° 5.b), pp. 45 ss.

das regras do dolo, previstas nos arts. 253° e 254° CC, mas tendo em conta os princípios do não cumprimento, em especial, do cumprimento defeituoso, nos termos dos quais a denúncia não tem sentido em relação a quem actuou de forma dolosa.

Nas empreitadas de obras públicas, a denúncia dos defeitos é feita aquando da primeira ou segunda vistorias que, respectivamente, antecedem a recepção provisória e a definitiva (arts. 219° e 227° REOP).

Se, na segunda vistoria, o dono da obra denunciar a existência de defeitos, pode o empreiteiro reclamar no próprio auto ou nos oito dias subsequentes, devendo o comitente pronunciar-se sobre a referida reclamação no prazo de quinze dias (art. 218°, n.° 3, *ex vi* art. 227°, n.° 3 REOP).

3. Direitos de eliminação dos defeitos, de realização de nova obra, de redução do preço, de resolução do contrato e de indemnização

Os direitos conferidos ao dono da obra nos arts. 1221° ss. CC estão sujeitos, para o seu exercício, a prazos de caducidade curtos (art. 1224°, n.° 1 e n.° 2, 1ª parte CC). De seguida, fixou-se o prazo limite de dois anos a contar da entrega da obra, para o caso de defeitos ocultos que forem descobertos e denunciados após a aceitação (art. 1224°, n.° 2, 2ª parte CC)[1].

No Direito italiano, o dono da obra tem dois anos (*appalto*, art. 1667 CCIt.) ou um ano (*opera*, art. 2226.2 CCIt.) a contar da entrega para exercer os seus direitos contra o empreiteiro[2]. No Direito alemão (§ 638 BGB) estabeleceram-se prazos de seis meses para a generalidade das empreitadas, de um ano para trabalhos realizados em terrenos, e de trinta anos para o caso de o empreiteiro ter ocultado dolosamente o defeito; prazos estes que se contam a partir da entrega[3]. No Direito francês, a garantia é bienal ou decenal em razão da natureza dos defeitos, podendo,

---

[1] DIAS JOSÉ, *Responsabilidade Civil*, cit., p. 56, considera que este prazo não é de caducidade, mas sim um termo final de direito.

[2] Cfr. RUBINO, *L'Appalto*, cit., n.° 228, pp. 557 ss.

[3] Cfr. ENNECCERUS/LEHMANN, *Obligaciones*, cit., § 151.I e II, pp. 520 e 525; ESSER/WEYERS, *Schuldrecht*, cit., § 32.II.3.c), p. 263; LARENZ, *Schuldrechts*, II-1, cit., § 53.II, p. 352; MEDICUS, *Schuldrecht*, cit., § 99.II.5, p. 164. Saliente-se que no projecto de alteração do BGB (§ 195 BGB-Projecto) os prazos são de três anos – regra geral –, cinco anos – edifícios – e dez anos – actuação dolosa do empreiteiro. Cfr. *Abschlussbericht der Komission*, cit., pp. 42 ss.

em certos casos, também ser anual (arts. 1792-3, 1792-6 e 2270 CCFr.)[1]. No Direito inglês, o prazo de prescrição é de seis anos para os contratos consensuais e de doze anos para os formais (secções 5 e 8 (1) do *Limitation Act*) e, no caso de fraude, o prazo só começa a correr a partir do momento em que o lesado tem conhecimento do defeito (secção 32 (1)(a) do mesmo diploma)[2].

No sistema jurídico português, o prazo de dois anos começa a correr a partir da entrega, pois é desde esse momento que o dono da obra pode, com maior facilidade, dar conta dos defeitos de que a obra padece. A lei presume que o comitente, se não tiver descoberto os defeitos nesse prazo, terá sido pouco diligente, porque, na maior parte dos casos, não se torna necessário o decurso de um lapso superior para a descoberta dos defeitos ocultos.

Sendo a obra entregue por partes, desde que estas não tenham autonomia, o prazo conta-se a partir da entrega da última parte[3].

Para além do prazo de garantia de dois anos (art. 1224°, n.° 2, 2ª parte CC), a lei estabeleceu o prazo de um ano para interpor a acção judicial, prazo esse que se conta da recusa de aceitação, da aceitação com reserva ou, sendo os defeitos ocultos, da respectiva denúncia[4] (art. 1224°, n.os 1 e 2, 1ª parte CC).

Nas empreitadas de obras públicas fixou-se um prazo de garantia de cinco anos para a hipótese de nada se ter estabelecido a esse respeito no caderno de encargos (art. 226° REOP).

---

[1] Cfr. AUBY/PÉRINET-MARQUET, *Droit de L'Urbanisme*, cit., n.os 1238, pp. 489 ss.; MALAURIE/AYNÈS, *Les Contrats Spéciaux*, 6ª ed., Paris, 1992, n.° 746, p. 406; SAINT--ALARY, *Droit de la Construction*, cit., pp. 603 e 604. Para uma explicação mais desenvolvida das diferenças e consequências entre a tradicional garantia decenal, a nova garantia bienal (1967) e a mais recente garantia de perfeito acabamento – anual – (1978), *vd.* BOUBLI, «La Responsabilité Civile des Constructeurs devant le Juge Judiciaire», *La Responsabilité des Constructeurs, Travaux de L'Association Henri Capitant*, T. XLII, 1991, Paris, 1993, pp. 90 ss. e 92 ss.; LIET-VEAUX/THUILLIER, *Droit de la Construction*, cit., pp. 386 ss.

[2] Cfr. CHESHIRE/FIFOOT/FURMSTON, *Law of Contract*, cit., pp. 619 e 620; UFF, *Construction Law*, cit., p. 112. Com respeito ao indicado estatuto inglês sobre a prescrição, *vd. Blackstone's Statutes on Contract and Tort*, organizado por Rose, 3ª ed., Londres, 1991, pp. 112, 113 e 119

[3] *Vd.* PIRES DE LIMA/ANTUNES VARELA, Coment. 3 ao art. 1224°, *Código Civil Anotado*, II, cit., p. 900; VAZ SERRA, «Empreitada», BMJ, 146 (1965), p. 78.

[4] Cfr. Ac. Rel. Pt. de 17/11/1992, CJ, XVII (1992), T. V, p. 225.

4. Direitos do dono da obra em empreitadas de imóveis destinados a longa duração

I. O prazo de dois anos (art. 1224°, n.° 2 CC) é alargado para cinco, também a contar da entrega, na hipótese de a empreitada ter por objecto a construção, modificação ou reparação de edifícios ou outros imóveis, destinados por sua natureza, a longa duração (art. 1225°, n.° 1 CC)[1].

O prazo estabelecido nos Códigos Civis Francês (art. 2270), Espanhol (art. 1591) e Italiano (art. 1669) é de dez anos. No Código Civil Alemão (§ 638 BGB), bem como no anterior Código Civil Português (art. 1399°), estabeleceu-se um prazo de cinco anos.

Mas neste tipo de empreitadas, para o exercício dos direitos do dono da obra, mantém-se o prazo de um ano a contar da recusa de aceitação, da aceitação com reserva (art. 1224°, n.° 1 CC) ou da denúncia dos defeitos (art. 1225°, n.° 2 CC), se se tiver verificado qualquer destas ocorrências.

Dados os perigos especiais dos defeitos de construção de edifícios e de outros imóveis destinados a longa duração e a maior dificuldade em descobrir esses vícios, parece justificarem-se aqui alguns desvios às regras gerais sobre responsabilidade do empreiteiro por defeitos da obra[2].

II. Para aplicação do prazo mais longo do art. 1225° CC exige-se o preenchimento de dois requisitos.

Por um lado, torna-se necessário que a obra seja destinada a longa duração. Esta longa duração resulta da natureza objectiva da obra (p. ex., prédio, barragem, ponte) e não do destino que subjectivamente o comitente lhe queira dar. O problema pode ser apreciado não só em relação à obra edificada como também com respeito a uma outra que se incorpora naquela. Estão, portanto, abrangidas as obras acessórias importantes (p. ex., forno construído numa padaria) e as obras de renovação geral,

---

[1] Mas há quem defenda (L. P. MOITINHO DE ALMEIDA, «Responsabilidade Civil do Construtor-Vendedor do Edifício com Defeitos», Portugal Judiciário, IV (1980), p. 64), que se deve aplicar o prazo geral de prescrição de vinte anos, estabelecido no art. 309° CC. Neste sentido, veja-se também o Ac. Rel. Lx. de 15/01/1982, BMJ, 319 (1982), p. 328; mas contra, vd. Ac. STJ de 19/01/1984, BMJ, 333 (1984), p. 435. De facto, sendo o art. 1225° CC norma especial que pretende ver a situação do empreiteiro rapidamente resolvida, não parece admissível a aplicação do prazo ordinário que, ainda por cima, é de prescrição e não de caducidade.

[2] Vd. VAZ SERRA, «Empreitada», BMJ, 146 (1965), p. 96.

498 Direito das Obrigações

assim como a ruína funcional (p. ex., montagem de uma instalação fabril que não tem possibilidade de funcionar)[1].

Por outro lado, é preciso que a obra tenha ruído total ou parcialmente, que esteja em perigo de ruína, ou que apresente defeitos. Este segundo requisito também deve ser interpretado em termos objectivos, de molde a entender a ruína parcial como a destruição de uma parte considerável da obra e, além disso, só devem ser tomados em conta os vícios que façam temer a derrocada iminente da obra ou que sejam graves, e não qualquer defeito, mesmo que diga respeito a toda ou a uma parte importante da obra.

Tanto o «perigo de ruína» como os «defeitos» constituem conceitos indeterminados que carecem de ser preenchidos perante as situações concretas; no que respeita a este último, tendo em conta a *ratio legis* do preceito onde está inserido, há quem o interprete no sentido de abranger os defeitos estruturais de certa monta e não os meramente funcionais[2]. Esta ideia não colhe, porquanto a lei não distingue entre defeitos estruturais e funcionais e a *ratio legis* do art. 1225° CC não aponta no sentido de excluir esta última. Por exemplo, se o sistema de aquecimento central, em razão de deficiente montagem, não pode trabalhar em condições, há um defeito grave funcional.

III. Com a alteração introduzida em 1994, a expressão «defeitos graves», que constava da versão original do preceito, foi substituída pelo termo «defeitos», dando a entender que qualquer defeito, mesmo insignificante, justificava a responsabilidade do empreiteiro por cinco anos; não obstante a alteração legislativa, no espírito do preceito parece que ainda se justifica distinguir defeitos graves e não graves, pois será inaceitável que se demande o empreiteiro por uma pequena deficiência da obra (p. ex., fechadura da porta do prédio que encravou) ao fim de cinco anos[3].

Preenchidos os requisitos acima mencionados, pela leitura do art. 1225° CC, poder-se-ia entender que o empreiteiro só estaria obrigado a

---

[1] *Vd.* Giannattasio, *L'Appalto*, 2ª ed., Milão, 1977, p. 230; Cunha Gonçalves, *Tratado*, cit., n.° 1070, p. 640.

[2] Com base no art. 1669 CCIt. que, neste aspecto, tem uma redacção muito similar ao art. 1225° CC, cfr. a opinião referida em Cosentino, «La Responsabilità Civile dell'Appaltatore...», *Il Contratto Internazionale D'Appalto*, organizado por Draetta e Vaccà, Milão, 1992, p. 179.

[3] Distinguindo defeitos graves e ocultos, *vd.* Ac. Rel. Pt. de 9/5/1996, CJ XXI, T. III, p. 85.

III – Empreitada

indemnizar o dono da obra[1]. Esta interpretação não parece totalmente correcta, porquanto o preceito, ao determinar que o empreiteiro é responsável pelo prejuízo, remete para as regras gerais dos arts. 562° ss. CC. Por conseguinte, se o empreiteiro é obrigado a reparar um prejuízo, só indemnizará em dinheiro se não for possível a reconstituição natural, se esta não reparar integralmente os danos ou se for excessivamente onerosa (art. 566°, n.° 1 CC). No contrato de empreitada, este espírito da lei infere-se da conjugação dos arts. 1221° e 1222° CC com o art. 1223° CC. Também nas situações previstas no art. 1225° CC se deve seguir a regra geral. O empreiteiro, responsável pelo prejuízo, deverá, em primeiro lugar, proceder à reconstituição natural, nos termos dos arts. 1221° ss. CC; solução que, hoje, encontra consagração legal após a inclusão de um n.° 3 no art. 1225° CC.

Resta referir que este regime de responsabilidade por defeitos em imóvel destinado a longa duração é invocável pelo adquirente do mesmo, tanto na hipótese de o ter adquirido ao dono da obra (art. 1225°, n.° 1 CC), como no caso de o imóvel ter sido construído, modificado ou reparado pelo vendedor (art. 1225°, n.° 4 CC)[2].

---

[1] Cfr. RUBINO, *L'Appalto*, cit., n.os 241 e 249, pp. 589 e 610. Quanto às razões em defesa desta tese, *vd*. DIAS JOSÉ, *Responsabilidade Civil*, cit., p. 74; todavia, este último autor (*ob. cit.*, p. 75) vem a refutar todas as razões invocadas. No sentido do texto, cfr. SILVA CAMPOS, «Construção Defeituosa, Direito à Reparação ou Substituição. Prazos», TJ, 47 (1988), p. 19, n. 16; VAZ SERRA, «Empreitada», BMJ, 146 (1965), pp. 111 e 112.

[2] Como se refere no Ac. STJ de 27/6/1996, BMJ 458, p. 315, o art. 1225°, n.° 4 CC contém uma norma interpretativa.

500   *Direito das Obrigações*

Bibliografia geral sobre o contrato de empreitada:

ALBALADEJO, Manuel – *Derecho Civil*, Tomo II, *Derecho de Obligaciones*, Volume 2, *Los Contratos en Particular y las Obligaciones no Contractuales*, 10ª edição, Bosch, Barcelona, 1997, pp. 278 a 296;

ALEXANDRINO, José Alberto de Melo – *O Procedimento Pré-Contratual nos Contratos de Empreitada de Obras Públicas*, AAFDL, Lisboa, 1997;

ALMEIDA, António PEREIRA de – *Direito Privado, II, Contrato de Empreitada*, Lisboa, 1983;

ALMEIDA, José Carlos MOITINHO DE – «A Responsabilidade Civil do Projectista e o seu Seguro», *Boletim do Ministério da Justiça*, nº 228 (1973), pp. 5 a 59;

ALMEIDA, Luis P. MOITINHO DE – «A Responsabilidade Civil do Construtor-Vendedor do Edifício com Defeitos», *Portugal Judiciário*, Ano IV, nº 41 (1980), pp. 61 a 64;

ALPA, Guido – «Errore di Progettazione e Responsabilità del Costruttore», *Giurisprudenza Italiana*, 1973, I, pp. 1205 a 1212;

– «Responsabilità Decennal del Costruttore e Garanzia Assicurativa», *in Rischio Contrattuale e Autonomia Privata*, organizado por Guido Alpa, Mario Bessone e Enzo Roppo, Jovene, Nápoles, 1982, pp. 415 a 447;

– «Rapport Italien» *in La Responsabilité des Constructeurs, Travaux de L'Association Henri Capitant*, T. XLII (1991), Litec, Paris, 1993, pp. 115 a 132.

AUBY, Jean-Bernard – «La Responsabilité Civile des Constructeurs devant le Juge Administratif» *in La Responsabilité des Constructeurs, Travaux de L'Association Henri Capitant*, Tomo XLII (1991), Litec, Paris, 1993, pp. 101 a 114.

AUBI, Jean-Bernard e Hugues PÉRINET-MARQUET – *Droit de L'Urbanisme et de la Construction*, 3ª ed., Montchrestien, Paris, 1992;

BERNINI, Giorgio – «L'Arbitrato nel Contratto di Appalto: Problemi Generali e Riflessioni sulla Quarta Edizione delle Regole FIDIC», *Il Contratto Internazionale D'Appalto*, Organizado por Draetta e Vaccà, EGEA, Milão, 1992, pp. 221 a 240;

BERTA, Alessandro – «Le Conseguenze della «Transparenza» del Sub-Contratto sulle Procedure di Risoluzione delle Controversie», *Il Contratto Internazionale D'Appalto*, Organizado por Draetta e Vaccà, EGEA, Milão, 1992, pp. 211 a 220;

BORGES, Júlio FERRY – *Qualidade na Construção*, Laboratório Nacional de Engenharia Civil, Lisboa, 1988;

BOUBLI, Bernard – *La Responsabilité et L'Assurance des Architectes, Entrepreneurs et autres Constructeurs*, 3ª edição, Librairie du Journal des Notaires et des Avocats, Paris, 1991;

– «La Responsabilité Civile des Constructeurs devant le Juge Judiciaire» *in La Responsabilité des Constructeurs, Travaux de L'Association Henri Capitant*, Tomo XLII (1991), Litec, Paris, 1993, pp. 87 a 100;

BRICMONT, Georges – *La Responsabilité des Architecte et Entrepreneur en Droit Belge et en Droit Français*, 2ª edição, Larcier e Dalloz, Bruxelas e Paris, 1965;

BRYCH, Friedrich e Hans-Egon PAUSE – *Bauträgerkauf und Baumodelle*, 3ª ed., Beck, Munique, 1999;

BURNS, Andrea – *The Legal Obligations of the Architect*, Londres, 1994;

CABANILLAS SANCHEZ, Antonio – «La Responsabilidad del Promotor que Vende Pisos y Locales Defectuosamente Construidos (Comentario a la Sentencia del Tribunal Supremo de 9 de Marzo de 1981)», *Anuario de Derecho Civil*, 1982, III, pp. 878 a 926;

III – Empreitada

CALLAHAN, Michael T., Barey B. BRAMBLE e Paul M. LURIE – *Arbitration of Construction Disputies*, Wiley & Sons Law Publications, Nova Iorque, Toronto, Singapura, 1990;

CAMPOS, Carlos da SILVA – «Construção Defeituosa. Direito à Reparação ou Substituição. Prazos», *Tribuna da Justiça*, nº 47 (1988), pp. 14 a 19;

CAPITANT, Travaux de L'Association Henri – *La Responsabilité des Constructeurs*, T. XLII, Paris, 1991;

CARVALHO, Pedro NUNES DE – *Dos Contratos: Teoria Geral dos Contratos; Dos Contratos em Especial*, Lisboa, 1994, pp. 187 a 199;

CASTAN TOBEÑAS, José – *Derecho Civil Español Común y Foral*, Tomo IV, *Derecho de Obligaciones. Las Particulares Relaciones Obligatorias*, 15ª ed., actualizada por José Fernandis Vilella, Madrid, 1993, pp. 504 a 519;

CAVANILLAS MÚGICA, Santiago – «La Concurrencia de Responsabilidad Contractual y Extracontractual. Derecho Sustantivo», *La Concurrencia de Responsabilidada Contractual y Extracontractual. Tratamiento Sustantivo y Procesal*, Organizado por Cavanillas Múgica e Tapia Fernández, Centro de Estudios Ramon Areces, Madrid, 1992, pp. 3 a 161;

CORREIA, António FERRER e Joaquim de SOUSA RIBEIRO – «Direito de Retenção. Empreiteiro», *Colectânea de Jurisprudência*, XIII (1988), T. I, pp. 16 a 23;

COSENTINO, Paolo – «La Responsabilità Civile dell'Appaltatore, del Progettista e del Direttore del Lavori», *Il Contratto Internazionale D'Appalto*, Organizado por Draetta e Vaccà, EGEA, Milão, 1992, pp. 165 a 194;

DÍEZ-PICAZO, Luis e Antonio GULLÓN BALLESTEROS – *Sistema de Derecho Civil*, Volume II, *El Contrato en General. La Relación Obligatoria. Contratos en Especial. Cuasi Contratos. Enriquecimiento sin Causa. Responsabilidad Extracontractual*, 8ª edição, Tecnos, Madrid, 1999, pp. 375 a 389;

DRAETTA, Ugo e Cesare VACCÀ (organizadores) – *Il Contratto Internazionale D'Appalto*, Milão, 1992;

DUTILLEUL, François Collart e Philippe DELEBEQUE – *Contrats Civils et Commerciaux*, 3ª ed., Paris, 1996, pp. 557 a 622;

ELVINGER, Marc – «Rapport Luxembourgeois» in *La Responsabilité des Constructeurs, Travaux de L'Association Henri Capitant*, Tomo XLII (1991), Litec, Paris, 1993, pp. 157 a 183;

ESTORNINHO, Maria João – *Requiem pelo Contrato Administrativo*, Almedina, Coimbra, 1990;

– «Para uma Comparação entre a Empreitada Civil e Empreitadas celebrads por Entidades Públicas», Direito e Justiça, Separata, pp. 1 a 26;

ESSER, Josef e Hans-Leo WEYERS – *Schuldrecht*, Tomo II, *Besonderer Teil*, 7ª ed., Heidelberga, 1991, §§ 31 a 34a, pp. 250 a 296;

FERNANDES, Luís CARVALHO – «Da Subempreitada», Direito e Justiça XII (1998), T. I, pp. 79 a 102;

FORTINO, Marcella – *La Responsabilità Civile del Professionista, Aspetti Problematici*, Giuffrè, Milão, 1984;

FRIGNANI, Aldo – «L'Appalto nei Sistemi CEE e GATT: Transparenza e Concorrenza», *Il Contratto Internazionale D'Appalto*, Organizado por Draetta e Vaccà, EGEA, Milão, 1992, pp. 23 a 47;

GARCÍA GIL, F. Javier – *El Contrato de Ejecution de Obra y su Jurisprudencia*, Madrid, 1995;

502   *Direito das Obrigações*

GAUCH, Peter – *Der Werkvertrag. Ein Systematischer Grundriss*, 3ª ed., Zurique, 1985;

GIANNATTASIO, Carlo – *L'Appalto in Tratatto di Diritto Civile e Commerciale*, organizado por Cicu e Messineo, Volume XXIV, Tomo 2, 2ª edição, Giuffrè, Milão, 1977.

GLAVINIS, Panayotis – *Le Contrat International de Construction*, Paris, 1993;

GOMES, Rui SÁ – «Breves Notas sobre o Cumprimento Defeituoso no Contrato de Empreitada», *Ab Uno Ad Omnes. 75 Anos da Coimbra Editora*, Coimbra, 1998, pp. 587 a 639;

GÓMEZ DE LA ESCALERA, Carlos – *La Responsabilidad Civil de los Promotores, Constructores y Técnicos por los Defectos de Construcción*, 2ª ed., Barcelona, 1993;

GUEDES, Agostinho Cardoso – «A Responsabilidade do Construtor no Contrato de Empreitada», *Contratos: Actualidade e Evolução*, Porto, 1997, pp. 315 a 330;

JOSÉ, Rosendo DIAS – *Responsabilidade Civil do Construtor e do Vendedor pelos Defeitos*, Lisboa, 1984;

KAISER, Gisbert – *Das Mängelhaftungsrecht der Verdingungsordnung für Bauleistungen, Teil B, Ein Lehr – und Handbuch für die Praxis mit einer Einführung in das VOB-Recht*, 5ª edição, Müller, Heidelberga, 1986;

KLECKNER, Mark Edward – «Condizioni Generali, Modelli di Contratto e Appalto Internazionale», *Il Contratto Internazionale D'Appalto*, Organizado por Draetta e Vaccà, EGEA, Milão, 1992, pp. 51 a 61;

KNOCKE, Jens – «Existe-t-il un Lien entre la Qualité dans la Construction et la Responsabilité et L'Assurance Post-Réception ?» in *Encontro Nacional sobre a Qualidade na Construção*, Laboratório Nacional de Engenharia Civil, Lisboa, 1986, pp. 47 a 59;

KURSCHEL, Irene – *Die Gewährleistung beim Wervertrag*, Viena, 1989;

LARENZ, Karl – *Lehrbuch des Schuldrechts*, Tomo II-1, *Besonderer Teil*, 13ª ed., Munique, 1986, § 53, pp. 341 a 378;

LIET-VEAUX, Georges e Andrée THUILLIER – *Le Droit de la Construction*, 10ª ed., Paris, 1991;

LIMA, Fernando PIRES DE e João ANTUNES VARELA – *Código Civil Anotado*, Volume II (Artigos 762° a 1250°), 4ª edição, Coimbra Editora, Coimbra, 1997;

LOCHER, Horst – *Das Private Baurecht*, 6ª ed., Munique, 1996;

MALAURIE, Philippe e Laurent AYNÈS – *Droit Civil. Les Contrats Spéciaux*, 6ª ed., Paris, 1992, pp. 387 a 424;

MARTINEZ, Pedro ROMANO – *Cumprimento Defeituoso, em especial na Compra e Venda e na Empreitada*, reimpressão, Coimbra, 2001;
 – «A Garantia contra os Vícios da Coisa na Compra e Venda e na Empreitada. Comentário ao Acórdão do Supremo Tribunal de Justiça de 23 de Fevereiro de 1988», Tribuna da Justiça, nos 4/5 (1990), pp. 173 a 192;
 – «A Responsabilidade Civil do Empreiteiro por Danos Causados a Terceiros na Execução da Obra», *Estudos em Homenagem ao Professor Doutor Pedro Soares Martínez*, Vol. I, Coimbra, 2000, pp. 785 a 801;

MARTINEZ, Pedro ROMANO e José MARÇAL PUJOL – *Empreitada de Obras Públicas. Comentário ao Decreto-Lei n° 405/93, de 10 de Dezembro*, Coimbra, 1995;

MAUER, Dietrich – «Besonderheiten der Gewährleistungshaftung des Bauträgers» *in Festschrift für Hermann Korbion zum 60. Geburtstag am 18. Juni 1986*, Werner, Dusseldorfe, 1986, pp. 301 a 313;

MESSINEO, Francesco – *Manuale di Diritto Civile e Commerciale*, Vol. IV, *Singoli Rapporti Obbligatori*, 8ª ed., Milão, 1954, pp. 194 a 209 e pp. 237 a 243;

III – Empreitada 503

MOSCARINI, Lucio Valerio – «Linee Evolutive del Contratto di Appalto», *Il Contratto Internazionale D'Appalto*, Organizado por Draetta e Vaccà, EGEA, Milão, 1992, pp. 7 a 21;

NICKLISCH, Fritz – «Rechtsfragen des Subunternehmervertrags bei Bau – und Anlagenprojekten im In-und Auslandsgeschäft», *Neue Juristische Wochenschrift*, 1985, pp. 2361 a 2370;

OTERO, Paulo – «Estabilidade Contratual, Modificação Unilateral e Equilíbrio Financeiro em Contrato de Empreitada de Obras Públicas», ROA, 56 (1996) III, pp. 913 a 958;

PAIVA, Alfredo de ALMEIDA – *Aspectos do Contrato de Empreitada*, 2ª ed., Rio de Janeiro, 1997;

PENNEAU, Anne – *Règles de L'Art et Normes Techniques*, Librairie Générale de Droit et de Jurisprudence, Paris, 1989;

PEREIRA, Caio Mário da SILVA – *Instituições de Direito Civil*, Volume III, *Fontes das Obrigações*, 10ª edição, Forense, Rio de Janeiro, 1998, pp. 201 a 208;

PEREIRA, Jorge de BRITO – «Do Conceito de *Obra* no Contrato de Empreitada», ROA, 54 (1994) II, pp. 569 a 622;

POILVACHE, François – «Rapport Belge» *in La Responsabilité des Constructeurs, Travaux de L'Association Henri Capitant*, Tomo XLII (1991), Litec, Paris, 1993, pp. 37 a 49;

POWELL-SMITH, Vincent e Michael FURMSTON – *A Building Contract Casebook*, Oxford, 1990;

PUIG BRUTAU, José – *Compendio de Derecho Civil*, Vol. II, Barcelona, 1987, pp. 417 a 455;

PUJOL, José Manuel MARÇAL – *25 Anos de Jurisprudência sobre o Contrato de Empreitada*, Lisboa, 1995;

REITHMANN, Christoph, Friedrich BRYCH e Hans MANHART – *Kauf vom Bauträger und Bauherrenmodelle*, 5ª edição, Schmidt, Colónia, 1983;

RÉMY, Philippe – «Définition de la Sous-traitance de Construction», *Revue Trimestrielle de Droit Civil*, 1985, n° 4, pp. 737 e 738;

RESCIGNO, Pietro – *Manuale del Diritto Privato Italiano*, 7ª ed., Nápoles, 1987, pp. 812 a 815;

RUBINO, Domenico – *L'Appalto in Trattato di Diritto Civile Italiano*, organizado por Filippo Vassalli, Volume VII, Tomo 3, 4ª edição, com notas de Enrico Moscati, Unione Tipografico, Turim, 1980;

RUBIO SAN ROMAN, José Ignacio – *La Responsabilidad Civil en la Construcción*, Colex, Madrid, 1987.

SAINT-ALARY, Roger – *Droit de la Construction*, Presses Universitaires de France, Paris, 1977;

SAINT-ALARY, Roger e Corine Saint-Alary HOUIN – *Droit de la Construction*, 3ª ed., Paris, 1991;

SCHLECHTRIEM, Peter – *Schuldrecht. Besonderer Teil*, 2ª ed., Tubinga, 1991, pp. 144 a 164;

SCHMALZL, Max – *Die Haftung des Architekten und des Bauunternehmers*, 4ª edição, Beck, Munique, 1980;

SERRA, Adriano VAZ – «Empreitada», BMJ, n°s 145 e 146, pp. 19 a 190 e pp. 33 a 247, respectivamente;

SOERGEL, Carl – Comentário aos §§ 631 a 651 do BGB *in Münchener Kommentar zum Bürgerlichen Gesetzbuch*, Volume 3, *Schuldrecht, Besonderer Teil*, Tomo 1, (§§ 433-651k), 2ª edição, Beck, Munique, 1988, pp. 2035 a 2319;

504   *Direito das Obrigações*

SOINNE, Bernard – *La Responsabilité des Architectes et Entrepreneurs après la Réception des Travaux (Contribution à L'Étude Comparative de la Garantie Décennale et de la Responsabilité de Droit Commun)*, Tomos I e II, Librairie Générale de Droit et de Jurisprudence, Paris, 1969;

TARTAGLIA, Paolo – *Eccessiva Onerosità ed Appalto*, Giuffrè, Milão, 1983;

TELLES, Inocêncio GALVÃO – «Contratos Civis», *Revista da Faculdade de Direito da Universidade de Lisboa*, Vol. X (1954), pp. 161 a 245;

– «O Direito de Retenção no Contrato de Empreitada», *O Direito*, nos 106-119 (1974-87), pp. 13 a 34;

TRABUCCHI, Alberto – *Istituzioni di Diritto Civile*, 33ª ed., Pádua, 1992, pp. 715 a 719;

UFF, John – *Construction Law*, 5ª ed., Londres, 1991;

VACCÀ, Cesare – «Standardizzazione dei Building Contracts e "Nuove" Esperienze di Composizione "Out-of-Court" delle Controversie», *Il Contratto Internazionale D'Appalto*, Organizado por Draetta e Vaccà, EGEA, Milão, 1992, pp. 63 a 95;

VISINTINI, Giovanna – *La Responsabilità Contrattuale*, Jovene, Nápoles, 1979;

WALD, Arnoldo – *Curso de Direito Civil Brasileiro*, Volume II, *Obrigações e Contratos*, 13ª edição com a colaboração de Semy Glanz, Editora Revista dos Tribunais, São Paulo, 1998, pp. 398 a 419;

– «Rapport Brésilien» in *La Responsabilité des Constructeurs, Travaux de L'Association Henri Capotant*, T. XLII (1991), Litec, Paris, 1993, pp. 51 a 59.

ÍNDICE DE DISPOSIÇÕES LEGAIS

1. Código Comercial
arts.:
2º, 324
3º, 326
100º, 367, 368
230º, 324
463º, 23, 99
464º, 99
466º, 49, 100
467º, 65, 100, 110, 119
468º, 47, 47(1)
469º, 80, 131
470º, 76, 100
471º, 78, 80, 142, 142(4)
472º, 67
473º, 44
475º, 44, 45
477º, 20
480º, 20
481º, 181(2)
489º, 424(3)
490º, 28(3)

2. Código Civil
arts.:
3º, 78, 381(4)
4º, 49(2)
10º, 340
11º, 73
12º, 179(2), 180, 304(1)
13º, 144(1)
82º, 105
122º, 120
153º, 365

160º, 120
203º, 22
204º, 62, 64, 446
207º, 139
210º, 46
211º, 60
213º, 46(1)
216º, 250
217º, 27, 173, 439
218º, 77, 107, 435(2), 439
219º, 23, 27, 105, 176, 213(1), 225, 362, 424, 427, 429, 442, 481
220º, 29, 178, 179, 180(3), 411, 425
222º, 422, 427, 429
223º, 29
224º, 442, 481
227º, 124, 129(1), 189(1), 421
228º, 77
232º, 50
236º, 422
240º, 51, 58(2)
247º, 51, 68, 101, 125
249º, 68
251º, 51, 130(1)
253º, 129(1), 494, 495
254º, 495
255º, 51
261º, 129(1)
264º, 409, 412, 413
265º, 222(3)
268º, 110(3)
270º, 35, 60, 63(1), 228
274º, 39

279º, 198(1)
280º, 22, 100, 120, 223(2), 423, 448
282º, 51, 51(1), 108
283º, 108
285º, 125, 217
286º, 29, 113, 115, 121, 494
287º, 137
288º, 116, 126
289º, 113, 125(2), 180(3), 488, 489
291º, 125(2)
292º, 50, 112, 126(1), 171, 180, 241
293º, 178
295º, 437, 442
296º, 74
298º, 146, 226, 227
309º, 74, 75, 392, 493
310º, 75
316º, 74(2)
328º, 493
331º, 493
334º, 192, 411
342º, 59, 136, 427, 433, 471, 471(3)
398º, 24(1), 431(2), 488
400º, 49, 49(3), 100, 364, 382, 398, 423
401º, 447
405º, 22, 173, 182
406º, 39, 168, 380, 426, 429, 431, 454
407º, 160, 165
408º, 25, 30, 31, 33, 36(2), 60, 63, 67, 333, 443, 444
409º, 35, 36, 37, 37(3), 38, 38(1), 39, 39(1), 54, 64, 89, 336(5), 444
410º, 121
414º, 265, 265(2)
416º, 265, 265(2)
417º, 266(2)
418º, 265, 265(2)
419º, 247, 267
424º, 205(2), 210, 405, 406
425º, 210(3)
426º, 405
428º, 47, 52, 53, 54, 168, 196, 259, 373, 376, 477, 484
432º, 78, 82(5), 85, 92, 125(2), 218, 220, 488

433º, 125(2), 488
434º, 96, 104, 125(2), 217, 220, 488(2), 489
435º, 39, 85, 125(2)
436º, 104, 125(2), 216, 218(2), 220
437º, 196, 268(2), 339, 400, 428, 449, 450(3)
463º, 423, 423(2)
464º, 129(1), 361(1), 367, 434
465º, 367
468º, 367
469º, 110(3), 367
471º, 110(3), 367
473º, 129(1), 202(1), 401, 434, 450(3)
483º, 129(1), 431(2), 461, 463
487º, 462, 463, 469
490º, 464(4)
492º, 462
493º, 462(1), 463, 463(1)
497º, 478(1)
498º, 110, 475
500º, 204(1), 329, 464(4)
513º, 367, 368, 478
535º, 368
538º, 367
541º, 25, 34, 43, 67, 134
542º, 34
543º, 35
550º, 48
551º, 50
552º, 48
558º, 48
559º, 244, 244(2), 244(3)
562º, 47, 139, 139(1), 197, 198, 199, 491, 499
566º, 486(3), 499
573º, 476
577º, 20
579º, 120, 121
592º, 118
596º, 221(3)
606º, 455
612º, 129(1)
655º, 201, 260, 261
667º, 379
669º, 39

Índice de Disposições Legais

676°, 20(4)
694°, 83, 84
727°, 20(4)
754°, 40, 376, 377, 378, 419, 477
755°, 379
758°, 376, 378, 379
759°, 376, 378, 379
762°, 43, 44, 52, 138, 269, 373, 380, 431(2), 477
763°, 136, 375
767°, 43, 52(2)
772°, 385(5)
773°, 44, 53, 385
774°, 53, 195, 401(2)
777°, 44, 364, 385, 466
780°, 89
781°, 88
790°, 43, 52, 221, 431(2), 449, 476
791°, 228(3), 449
792°, 449
793°, 50, 431(2), 449, 450
795°, 410, 449, 450
796°, 33, 41, 42, 46, 79, 81, 85, 99, 104, 199, 203, 204
797°, 44, 98
798°, 52, 109, 134, 135
799°, 46, 47, 122(1), 135, 140, 188, 188(5), 195, 433, 462, 463, 468(1), 472
800°, 190, 462(1), 464
801°, 54, 88, 90, 92, 122(1), 199, 200, 218, 220, 221, 372, 373, 374, 376, 410, 448, 466, 490
802°, 70, 90, 90(3), 270(2)
804°, 47, 52, 70, 127(1), 197
805°, 375, 401
806°, 53, 94(1), 197, 198, 198(2), 199
807°, 453(1)
808°, 90, 92, 199, 200, 218, 436, 466, 485, 488, 488(1)
809°, 241, 442, 467, 478
810°, 94
811°, 467
812°, 94, 412
813°, 195, 200, 202(1), 373
815°, 454

816°, 374(2)
817°, 54
821°, 205
824°, 206, 207, 207(2)
827°, 47
828°, 258, 482, 483
829°-A, 484
830°, 163(2), 282
837°, 394
838°, 19
841°, 45, 200, 261, 375
857°, 260
863°, 260
868°, 42, 297(4)
874°, 21, 22, 23
875°, 22, 23, 27
876°, 22, 120, 121
877°, 58, 58(4), 59, 59(1)
878°, 54, 55, 55(1)
879°, 22, 24, 30, 42, 48
880°, 60, 62, 62(4), 63, 65, 111
881°, 62(4), 65, 66
882°, 45, 46
883°, 49 49(2), 99, 392(1), 393, 398, 398(2), 433
884°, 50, 128, 486, 486(3), 487
885°, 53, 53(1), 401
886°, 42, 53, 88, 90(1), 92, 109
887°, 50(3), 67, 68, 68, 69, 69(1), 70, 71
888°, 70, 71, 72, 72(1)
889°, 72, 73
890°, 74, 74(1), 75
891°, 67, 68, 69, 73, 74, 75
892°, 61, 110, 112, 115, 118, 121
893°, 111
894°, 111, 113, 114, 119
895°, 115, 116
896°, 116
897°, 51(2), 116
898°, 116, 117
899°, 116, 117, 129
900°, 116, 117
901°, 117
902°, 50(3), 112

508 — Direito das Obrigações

903°, 111, 118, 119
904°, 111
905°, 122, 122(1), 124, 125, 127, 136, 137, 188, 468(1)
906°, 127, 128, 138
907°, 126, 128
908°, 129, 139
909°, 126, 129
910°, 128, 129, 139
911°, 50, 126, 126(1), 128, 130, 139
912°, 124, 127
913°, 70, 122(1), 130, 130(1), 131, 132, 133, 134, 135, 136, 137, 139, 148, 188, 341, 468(1)
914°, 135, 138, 139, 147
915°, 140, 147
916°, 137, 140, 142, 142(4), 143, 143(2), 144, 145, 145(1), 146, 340(3), 341
917°, 137, 143(2), 144, 144(2), 144(4), 145, 145(1), 340(3)
918°, 45(2), 46, 127, 133, 134, 135
919°, 131
920°, 146
921°, 140, 141
922°, 142
923°, 75, 76, 77, 107
924°, 75, 76, 77, 78
925°, 79, 80, 81
926°, 82
927°, 82
928°, 83, 84
929°, 84
930°, 85
931°, 85
932°, 39(2), 82(5), 85
934°, 86, 88, 89, 90(2), 92, 92(1), 93, 191(1)
935°, 93, 94, 94(1), 94(2)
936°, 95, 96
937°, 97
938°, 97, 98, 99
939°, 19, 95
940°, 23
953°, 366(2)
980°, 368(1)

1007°, 129(1)
1022°, 159, 160, 164, 164(2), 167, 168, 170, 252(2)
1023°, 181, 182
1024°, 174
1025°, 171, 249
1026°, 170
1027°, 172
1028°, 172, 184, 185
1029°, 177, 180, 180(3)
1030°, 191, 264
1031°, 164, 169, 170, 187, 190, 256
1032°, 188, 188(5), 220, 468(1)
1033°, 189
1034°, 188, 220
1035°, 189
1036°, 190, 250, 252(2), 258
1037°, 160, 161, 162, 190, 190(1)
1038°, 164, 172, 175, 191, 192, 201, 211, 212, 213, 268, 270, 271, 294, 295, 298, 303
1039°, 193, 194, 195
1040°, 196, 243
1041°, 197, 197(2), 198, 199, 201
1042°, 86, 200, 201, 261
1043°, 192(2), 193, 201, 202, 256(3), 269, 278(5)
1044°, 202, 203, 204
1045°, 202, 203, 216
1046°, 191, 203, 216
1047°, 218
1048°, 200, 219, 244, 262, 268
1049°, 210, 213
1050°, 189, 207, 220, 221
1051°, 173, 174, 204, 210, 227, 228, 229, 229(3), 230, 231, 232, 250, 251, 281, 292
1052°, 229
1053°, 232
1054°, 171, 171(2), 171(3), 182(3), 223, 227, 242, 254, 283(3)
1055°, 223, 224
1056°, 230
1057°, 162, 172, 173, 205, 206, 206(2), 230, 250

Índice de Disposições Legais

1058º, 205
1059º, 207, 210
1060º, 172, 212
1061º, 213
1062º, 214, 271
1063º, 216
1064º, 238, 248, 252(2)
1079º, 241
1082º, 238, 252(2)
1083º, 252(2)
1085º, 293(1)
1093º, 252(2), 255
1094º, 213, 272(3)
1096º, 273(2)
1117º, 266, 266(2)
1120º, 252(2)
1129º, 169
1142º, 86, 175(3)
1152º, 331(1)
1154º, 327, 391
1155º, 327
1156º, 327, 328, 359, 386, 389, 391
1157º, 328, 328(4), 359
1158º, 329, 392(1), 398(2)
1159º, 365
1170º, 222(3)
1180º, 110
1182º, 110
1185º, 25
1187º, 384
1207º, 321, 328, 359, 362, 362(1), 380, 386, 388, 392, 393, 465
1208º, 331, 380, 431(2), 465, 468
1209º, 331, 369, 370, 371, 390, 437, 477
1210º, 381, 381(4), 382
1211º, 372, 375, 393, 398, 400, 433
1212º, 333, 375, 384, 389, 390, 401, 436, 443, 444, 445, 446, 454
1213º, 403, 409, 412, 413
1214º, 383, 414, 426, 427, 428, 429, 432, 442, 470
1215º, 383, 428, 429, 430, 431, 449, 451
1216º, 331, 383, 431, 432, 433, 454, 454(2)
1217º, 434, 470, 482(4)

1218º, 122, 341, 375, 435, 436, 437, 440, 454, 464, 468(1)
1219º, 415, 441, 469, 477, 479, 481
1220º, 340, 480, 481, 492, 494
1221º, 138, 322(3), 371, 390, 397, 441, 480, 481, 482, 484, 493, 495, 499
1222º, 401, 485, 486, 486(3), 487, 492, 499
1223º, 490, 490(3), 491, 492, 499
1224º, 340, 415, 479, 492, 495, 496, 497
1225º, 144, 144(3), 145, 339, 339(5), 340, 341, 415, 463, 472(4), 479, 480, 492, 494, 497, 497(1), 498, 498(2), 499
1226º, 414, 416, 480
1227º, 428, 430, 430(2), 449, 450, 451, 452, 453, 459
1228º, 375, 428, 430(2), 436, 440, 451, 453, 454
1229º, 331, 391, 431, 433, 454, 454(2), 456
1230º, 458, 459
1251º, 378
1253º, 161
1264º, 33, 43, 47
1270º, 113(3)
1271º, 113(3)
1273º, 118, 203, 245, 245(1), 246
1275º, 118, 203
1276º, 160, 378
1278º, 47
1301º, 38
1311º, 47
1333º, 445
1340º, 434, 446
1341º, 434
1348º, 451(2), 462(1)
1349º, 462(1)
1380º, 247, 266(1)
1403º, 367
1408º, 110(2)
1409º, 59, 266
1410º, 221(3), 265
1444º, 20, 229
1446º, 367

1451°, 175
1535°, 247, 266
1555°, 247, 266, 267
1682°-A, 165, 165(3), 287
1714°, 58
1793°, 163(2), 211(2)
1892°, 58(4)
1893°, 58(4)
2076°, 114
2124°, 22(1)
2126°, 28
2196°, 366(2)

3. Regime do Arrendamento Rural (RAR)
arts.:
1°, 239, 240
2°, 192(2), 240, 240(1)
3°, 176, 177(2), 179, 240
4°, 191(1), 228(2), 240
5°, 241, 242
6°, 242, 245
7°, 168, 193, 195, 242, 243
8°, 197, 243
9°, 197, 243
10°, 243, 244
11°, 244
12°, 199, 244
13°, 212, 213
14°, 244, 245, 245(1), 246
15°, 245
17°, 225, 247
18°, 224, 225, 247
19°, 247
20°, 247
21°, 192(2), 219, 247
22°, 205(1), 229(3)
23°, 207, 208, 209, 246
24°, 209
25°, 231
27°, 246
28°, 246
29°, 242
30°, 242
31°, 242(4)

32°, 242(4)
35°, 179, 218
39°, 242

4. Regime do Arrendamento Florestal
(RAF)
arts.:
2°, 248
4°, 176
5°, 179, 180
6°, 177(2)
7°, 171(1), 248
8°, 191(1)
10°, 168, 193, 249
11°, 197
12°, 195
13°, 199
14°, 250
18°, 224, 225
19°, 205(1), 207, 208, 209, 229(3), 250, 251
20°, 231
21°, 224, 248
23°, 210(3), 212, 213(1)
24°, 251
27°, 218

5. Regime do Arrendamento Urbano
(RAU)
arts.:
1°, 159(1), 164(2), 252
2°, 184, 185, 254, 276(2)
3°, 172, 172(2), 183, 253, 276, 303
4°, 192(2), 256, 269
5°, 176, 177(2), 180, 214(3), 254, 276(2), 304, 304(2), 305, 306, 306(3)
6°, 239, 253(2), 254, 276(2), 304, 306
7°, 176, 177, 178, 180, 180(3), 222, 265, 280
8°, 174, 177, 178
9°, 172(1), 172(5), 178, 253
10°, 170, 254
11°, 191, 256

Índice de Disposições Legais

12º, 256, 257
13º, 257, 257(1)
14º, 257
15º, 258, 259, 263(3)
16º, 258
17º, 259
18º, 259
19º, 168, 193, 254, 259, 264
20º, 194, 260
21º, 260
22º, 201, 261
23º, 257(3), 261
24º, 261
30º, 196, 261, 262(1), 285
31º, 262, 262(3)
32º, 262, 163, 279
33º, 225, 262
34º, 262
35º, 262
36º, 263, 263(1)
37º, 263
38º, 257, 262, 263
39º, 263
40º, 191(1), 264, 265
41º, 265
44º, 212, 213, 254
45º, 215, 216
46º, 214
47º, 205(2), 265, 266, 266(2), 267, 283, 285
48º, 266
49º, 265, 265(2)
51º, 217, 267
52º, 217
53º, 203, 217, 275
54º, 192(3), 203
55º, 217, 218, 267, 274, 275
56º, 275
57º, 275
58º, 275
59º, 275
60º, 216, 275
61º, 276
62º, 222
63º, 218, 275

64º, 219, 228, 228(2), 267, 267(2), 268, 271, 271(2), 287
65º, 219, 220, 272, 272(3)
66º, 230, 281
67º, 231
68º, 224, 255
69º, 212, 226, 267, 272, 273, 287
70º, 224, 225, 274
71º, 222, 272, 273, 287
72º, 226, 273, 274
73º, 252, 272
74º, 183, 185, 252, 276
75º, 269, 277, 277(1), 278
76º, 270, 277, 278, 279
77º, 169, 279
78º, 262, 279, 299
79º, 280, 280(4)
81º, 280, 281(1)
81º-A, 280, 285
82º, 281
83º, 285
84º, 211, 211(1), 285, 286, 288
85º, 207, 208, 209, 286, 292
86º, 208, 208(2), 285
87º, 208, 280, 285, 286
88º, 209
89º, 208, 208(5), 209
89º-A, 208, 208(4), 221, 226, 285, 287
89º-B, 208
89º-C, 208
89º-D, 208, 208(5), 210(2)
90º, 215, 230, 231, 280, 281, 282, 282(1), 282(3), 285
91º, 208(2), 282
92º, 282, 283
93º, 282, 283
94º, 282
95º, 163(2), 282
97º, 283
98º, 255, 267, 276,283, 284, 299, 304, 306
99º, 209, 267, 279(3), 283, 285, 286, 299
100º, 222, 225, 226, 283, 284, 299
101º, 275, 299, 304, 306
102º, 285, 286

103°, 286, 300(3)
104°, 286, 300(3)
107°, 224, 273, 285, 286, 287
108°, 274
109°, 273
110°, 183, 252, 253, 253(2), 288, 291, 301
111°, 292, 293, 294, 301
112°, 210, 210(1), 291, 292, 303
113°, 291, 295, 299, 300
114°, 291, 300, 300(2), 300(3)
115°, 20, 22(1), 160, 211, 291, 292, 294, 295, 296, 298, 301, 302
116°, 291, 296, 298, 302, 303
117°, 255, 267, 298, 299, 304, 306
118°, 298, 299
119°, 262, 263, 298, 299
120°, 191(1), 257, 264, 265, 301, 304, 306
121°, 183, 252, 255, 267, 288, 300, 301, 302
122°, 211, 252, 253, 300, 301, 303
123°, 180, 183, 252, 253, 254, 303, 304, 306, 306(3)

6. Decreto-Lei 59/99, de 2 de Março, (Regime das Empreitadas de Obras Públicas) arts.:
3°, 321, 364
8°, 381(2), 395, 396(1), 397(4)
9°, 395, 395(2), 424(3)
14°, 429(1)
15°, 428(2)
17°, 401(2)
19°, 382(3)
23°, 381(2)
24°, 381(3)
26°, 429(2), 432, 432(4)
27°, 433, 433(2)
28°, 432(4)
29°, 433(3)
31°, 429(2), 432
32°, 429(2)
33°, 429(2)
36°, 476(1), 476(2)
37°, 476(1)

38°, 471(1)
39°, 397(1)
43°, 401(1)
45°, 429(2)
47°, 423(4)
54°, 412
59°, 423(4)
104°, 423(1)
110°, 423(1)
112°, 467
115°, 423(1)
136°, 423(4)
147°, 459, 459(5)
148°, 406, 410
150°, 425(3)
151°, 425(4), 429(1)
178°, 369(1)
182°, 369(1)
185°, 322, 322(2)
195°, 476(3)
199°, 433
200°, 372(1)
201°, 467(1)
202°, 401(1)
209°, 401(1)
210°, 401(1)
217°, 435(1), 435(3)
218°, 322, 322(3), 495
219°, 442, 495
226°, 496
227°, 442, 495
228°, 322, 322(3)
234°, 455, 456
236°, 322
237°, 322, 483(2)
263°, 411
265°, 412, 413, 418
266°, 411, 412, 413
267°, 419
268°, 412
269°, 418
270°, 413
271°, 404
272°, 412
273°, 321

Índice de Disposições Legais

277º, 320
278º, 320

7. Decreto-Lei n.º 143/2001, de 26 de Abril
(Venda celebrada fora do estabelecimento
comercial)
arts.:
2º, 101
3º, 101
4º, 102
5º, 102
6º, 102, 103, 104
7º, 102
8º, 102, 104
9º, 102

10º, 102
13º, 105
14º, 105
16º, 103, 105
18º, 106
20º, 102(1)
21º, 106
22º, 106
23º, 106
24º, 106
26º, 108
27º, 107
28º, 107, 108
29º, 108
30º, 107
32º, 108

Índice

Nota introdutória 5

Nota à 2.ª edição 7

Lista das principais abreviaturas 9

Plano 11

I
Compra e venda

Plano 15

Principal legislação 17

I. Noção e efeitos essenciais 19

    § 1. Noção legal; aspectos complementares 19
    § 2. Classificação do contrato 23

        1. Contrato típico 23
        2. Contrato oneroso 24
        3. Contrato sinalagmático 24
        4. Contrato obrigacional e real 25
        5. Contrato de execução instantânea; excepções 25

    § 3. Forma 27
    § 4. Efeitos reais 30

        1. Ideia geral 30
        2. Excepções 34
        3. Cláusula de reserva de propriedade 36

            a) Noção 36
            b) Eficácia 38
            c) Risco 41

    § 5. Efeitos obrigacionais 42

        1. Regras gerais 42
        2. Entrega da coisa 42
        3. Pagamento do preço 48

            a) Aspectos gerais; determinação 48
            b) Cumprimento 52

516 *Direito das Obrigações*

c) Particularidades		53
d) Despesas do contrato		54

II. Modalidades típicas de compra e venda 57

§ 1. Questão prévia 57
§ 2. Venda a filhos ou netos 57
§ 3. Venda de bens futuros, frutos pendentes e partes componentes ou integrantes 60

1. Aspectos gerais 60
2. Venda de bens futuros 60
3. Venda de frutos pendentes 63
4. Venda de partes componentes ou integrantes 63

§ 4. Venda de bens de existência ou titularidade incerta 65
§ 5. Venda de coisas sujeitas a contagem, pesagem ou medição 67

1. Caracterização 67
2. Venda de coisas *ad mensuram* e *ad corpus* 71
3. Correcção 72
4. Resolução 73
5. Prazo 74

§ 6. Venda a contento 75
§ 7. Venda sujeita a prova 79
§ 8. Venda a retro 82
§ 9. Venda a prestações 86

1. Noção 86
2. Regime 88
3. Imperatividade 93
4. Cláusula penal 93
5. Aplicação do regime a outros contratos 95

§ 10. Venda-locação 96
§ 11. Venda sobre documentos 97
§ 12. Venda de coisa em viagem 97
§ 13. Compra e venda comercial 99
§ 14. Venda celebrada fora do estabelecimento comercial 100

1. Razão de ser 100
2. Venda a distância 101
3. Venda ao domicílio 105
4. Venda automática 106
5. Venda esporádica 106
6. Vendas em cadeia e forçadas 107

III. Particularidades no regime do não cumprimento 109

§ 1. Princípios gerais da responsabilidade contratual; a presunção de culpa 109
§ 2. Venda de bens alheios 110

1. Noção 110

Índice 517

2. Regime 112
    a) Nulidade 112
    b) Convalidação do contrato 116
3. Imperatividade 118
4. Venda comercial de coisa alheia 119

§ 3. Venda de coisa ou direito litigioso 120
§ 4. Venda de bens onerados 121

1. Noção de bem onerado 121
2. Consequências 125
    a) «Anulabilidade» 125
    b) «Convalescença» do contrato 127
    c) Redução do preço 128
    d) Indemnização 129

§ 5. Venda de coisas defeituosas 130

1. Noção de defeito 130
    a) Qualidade normal e acordada 130
    b) Valor e utilidade da coisa 132
2. Defeito oculto e defeito aparente 132
3. Coisa defeituosa e cumprimento defeituoso 133
4. Consequências 135
    a) Resolução 136
    b) Reparação do defeito ou substituição da coisa 138
    c) Redução do preço 139
    d) Indemnização 139
    e) Relação entre os diversos meios jurídicos 140
    f) Garantia 141
5. Exercício dos direitos; prazos 141
6. Regimes especiais 146
    a) Animais 146
    b) Responsabilidade do produtor 147
    c) Defesa do consumidor 148

Bibliografia geral sobre o contrato de compra e venda 150

II
Locação

Plano 155

Principal legislação 158

I. Conceito e aspectos preliminares 159

§ 1. Noção legal 159

1. Questões gerais 159

518   *Direito das Obrigações*

2. Direito de gozo 160
3. Transitoriedade 167
4. Onerosidade 167

§ 2. Classificação do contrato 168
§ 3. Formação do contrato 173

1. Regime regra 173
2. Legitimidade 173
3. Objecto 174

§ 4. Forma do contrato 176

II. Modalidades de locação 181

§ 1. Arrendamento e aluguer 181
§ 2. Tipos de arrendamento 183

III. Efeitos essenciais 187

§ 1. Obrigações do locador 187

1. Enunciação 187
2. Entregar a coisa 187
3. Assegurar o gozo da coisa 190

§ 2. Obrigações do locatário 191

1. Enunciação 191
2. Pagamento da renda ou aluguer 193

   a) Aspectos gerais 193
   b) Vencimento 194
   c) Lugar do pagamento 194
   d) Alteração do montante 196
   e) Incumprimento 197
   f) Garantia 201

3. Restituição da coisa 201

IV. Vicissitudes da relação contratual 205

§ 1. Transmissão da posição contratual 205

1. *Emptio non tollit locatum* 205
2. Transmissão da posição do locatário 207

   a) Transmissão *mortis causa* 207
   b) Transmissão *inter vivos* 210

§ 2. Sublocação 211

1. Noção 211
2. Autorização e limites 212
3. Regime 215

Índice

V. Cessação do contrato	217
§ 1. Remissão	217
§ 2. Resolução	217
1. Resolução exercida pelo locador	218
2. Resolução exercida pelo locatário	220
§ 3. Revogação	221
§ 4. Denúncia	223
1. Noção	223
2. Exercício	223
§ 5. Caducidade	226
1. Sentidos estrito e amplo	226
2. Excepções	229
3. Direito a novo arrendamento	230
4. Consequências	231
VI. Arrendamento	233
§ 1. Vicissitudes na recente evolução histórica	233
§ 2. Arrendamento rural	239
1. Noção	239
2. Forma e conteúdo do contrato	240
3. Renda	242
4. Benfeitorias	244
5. Vicissitudes	246
§ 3. Arrendamento florestal	248
1. Noção	248
2. Duração	248
3. Renda	249
4. Benfeitorias	250
5. Vicissitudes	250
§ 4. Arrendamento urbano	251
1. Regras gerais	251
a) Caracterização	251
b) Duração	254
c) Obras	255
d) Renda	259
e) Outras despesas	264
f) Direito de preferência	265
g) Cessação do contrato	267
1) Resolução	267
2) Denúncia	272
3) Acção de despejo	274

520 Direito das Obrigações

2. Arrendamento para habitação 276
   a) Questões prévias 276
   b) Âmbito 276
   c) Renda 279
   d) Novo arrendamento 281
   e) Duração limitada 283
   f) Transmissão da posição contratual 285
   g) Cessação 286

3. Arrendamento para comércio ou indústria 288
   a) Caracterização 288
   b) Transmissão *mortis causa* 291
   c) Transmissão *inter vivos* 292

      1) Cessão de exploração 293
      2) Trespasse 295

   d) Duração limitada 298
   e) Cessação 299

4. Arrendamento para o exercício de profissões liberais 300
5. Arrendamento para outros fins 303

Bibliografia geral sobre o contrato de locação 307

III
Empreitada

Plano 311

Principal legislação 315

I. Introdução 317

§ 1. Importância prática 317
§ 2. Empreitada de Direito Público e de Direito Privado 319
§ 3. Natureza civil ou comercial da empreitada 324
§ 4. Distinção de figuras afins 326

   1. Contrato de prestação de serviço 326
   2. Contrato de trabalho 330
   3. Contrato de compra e venda 333

      a) Regime geral 333
      b) Contrato de promoção imobiliária 338

II. Evolução histórica 343

§ 1. Antecedentes históricos do Direito português 343

   1. Código de Hamurabi 343

      a) Generalidades 343
      b) Regulamentação específica 344

Índice 521

c) Preço 344
d) Responsabilidade do empreiteiro 344

2. Digesto 345

a) Generalidades 345
b) Origem da empreitada 345
c) *Locatio conductio* 346
d) *Stipulatio* 348
e) Regime jurídico; generalidades 349
f) Preço 349
g) Fornecimento dos materiais 350
h) Alterações 351
i) Prazo de execução da obra 351
j) Risco 351
l) *Probatio operis* 352
m) Responsabilidade do empreiteiro 353
n) Garantias 354

§ 2. Direito português 354

1. Ordenações 354
2. Codificação oitocentista 356

a) Código de Comércio de 1833 356
b) Código Civil de 1867 357

III. Conceito de empreitada 361

§ 1. Ideia geral 361

1. Noção 361
2. Classificação 362

§ 2. Sujeitos 364

1. Partes 364
2. Capacidade das partes; negócios de administração e de disposição 365
3. Legitimidade das partes 366
4. Pluralidade de sujeitos 367

§ 3. Direitos do dono da obra 368

1. Obtenção de um resultado 368
2. Fiscalização da obra 369

§ 4. Deveres do dono da obra 372

1. Prestação do preço 372
2. Colaboração necessária 373
3. Aceitação da obra 374

§ 5. Direitos do empreiteiro 375

1. Ideia geral 375
2. Direito de retenção 376

522   *Direito das Obrigações*

§ 6. Deveres do empreiteiro 380

   1. Realização da obra 380
   2. Fornecimento de materiais e utensílios 381
   3. Conservação da obra 383
   4. Entrega da obra 384
   5. Deveres acessórios 385

§ 7. Realização de uma obra 386
§ 8. Preço 393

   1. Ideia geral 393
   2. Fixação 395
   3. Revisão 398
   4. Pagamento 400

IV. Subempreitada 403

§ 1. Questões gerais 403

   1. Noção 403
   2. Distinção de figuras afins 405

     a) Cessão da posição contratual 405
     b) Contrato de fornecimento de materiais e utensílios 407
     c) Contrato de trabalho 407
     d) Cessão de trabalhadores 408
     e) Co-empreitada 408

   3. Liberdade de celebração 409
   4. Subempreitada de obras públicas 411
   5. Subempreitada em obra sujeita a licenciamento municipal ... 413

§ 2. Regime jurídico 414
§ 3. Relações entre o dono da obra e o subempreiteiro; acção directa ... 417

V. Formação e execução do contrato 421

§ 1. Formação do contrato 421
§ 2. Consignação da obra 425
§ 3. Alterações ao plano convencionado 426

   1. Alterações da iniciativa do empreiteiro 426
   2. Alterações necessárias 428
   3. Alterações exigidas pelo dono da obra 431

§ 4. Obras novas e alterações posteriores à entrega 434

VI. Extinção do contrato 435

§ 1. Verificação da obra 435
§ 2. Comunicação do resultado da verificação 437
§ 3. Aceitação da obra 438

§ 4. Transferência da propriedade da obra		443
1. Problemas gerais		443
2. Coisas móveis		444
3. Coisas imóveis		445
§ 5. Impossibilidade de cumprimento; risco		447
1. Impossibilidade originária		447
2. Impossibilidade superveniente		448
3. Risco		451
§ 6. Desistência do dono da obra		454
§ 7. Morte ou incapacidade do empreiteiro		458
VII. Responsabilidade do empreiteiro		461
§ 1. Ideia geral		461
1. Responsabilidade civil		461
2. Responsabilidade contratual		465
3. Cumprimento defeituoso		468
a) Noção		468
b) Defeitos aparentes e ocultos		468
c) Autonomia		470
d) Regime		471
4. Concurso entre responsabilidade contratual e aquiliana		473
5. Exclusão e limitação legais da responsabilidade		476
6. Limitação e exclusão convencionais da responsabilidade		478
7. Transmissão dos direitos emergentes da responsabilidade		480
§ 2. Denúncia dos defeitos		480
§ 3. Eliminação dos defeitos e realização de nova obra		482
§ 4. Redução do preço		485
§ 5. Resolução do contrato		487
§ 6. Indemnização		490
§ 7. Relação entre os diversos meios jurídicos		491
§ 8. Caducidade dos direitos do dono da obra		492
1. Ideia geral		492
2. Denúncia dos defeitos		494
3. Direitos de eliminação dos defeitos, de realização de nova obra, de redução do preço, de resolução do contrato e de indemnização		495
4. Direitos do dono da obra em empreitadas de imóveis destinados a longa duração		497
Bibliografia geral sobre o contrato de empreitada		500
Índice de disposições legais		505